CW01647424

实用、规范的辞书才是好的辞书。这套“新课标·学生实用系列辞书”是编者孜孜以求的结晶，更是广大小读者的明智选择！

编者寄语

双色版

学生实用

成语小词典

CHENGYU XIAO CIDIAN

唐文辞书编委会 编

中原出版传媒集团
大地传媒
海燕出版社

前　言

学好语文是学好一切的根本，语文课程的主要任务是使学生掌握好书面语，这其中就包括成语。

学生在学习和生活中会经常和成语打交道，比如积累成语、进行成语接龙游戏、说话或作文时选择成语来使语言变得精彩等等。所以，成语词典这位“不说话的老师”就显得尤为重要了。

本次推出的这本学生实用《成语小词典》，具有以下显著的特色：

一、收词方面，涵盖了各版本中小学语文教材与常见课外读物中出现的成语，总量达到了6000余条，特别适合中小学生使用。加之体形小巧玲珑，装书包、放案头都是上上之选。

二、内容方面，保留了传统成语词典的特色，以释义与例句为主。释义尽量明了简捷、通俗易懂，符合中小学生的理解能力范围。例句多来源于生活，语境清晰明朗，对释义的理解有极大的帮助与补充作用。

三、创新方面，选择经典的成语故事穿插于正文之中，丰富了国学知识。将常用的容易读错或写错的成语罗列出来，于后环上集中展示，方便读者查阅。

亲爱的朋友，希望这本书能帮助你提高掌握和运用成语的能力，在言谈中妙语连珠，在写作中妙笔生花！

编　者

凡 例

一、本词典共收成语6000余条，除一般成语外，也酌收了部分常用熟语和日趋定型的新成语。

二、本词典正文词目按汉语拼音顺序排列，首字相同的按第二个字的音序排列，以此类推。

三、本词典词目下分列注音、释义、例句，部分词目下有成语典故。

1. 注音：各词目用汉语拼音给每个单字标注普通话读音，不注连读变调。

2. 释义：一般先解释难懂的字、词，然后串讲整条成语的意思。先列本义，再列引申义和比喻义。

3. 例句：每条成语都给出例句，例句多为现实生活当中的使用示例，有助于读者准确把握成语的运用。例句中用“～”代表该条成语。

4. 典故：选择经典的成语故事，以通俗流畅的语言加以叙述，放在相关词目之后，帮助读者增长知识，并增加查阅过程中的乐趣。

5. 主副条：对一些意义相同，但词序不同或只有一两个字有所变化的成语，以其中一条作为主条，其余作为副条处理。主条详细解释，副条只出词目和注音，标明“见××××(主条)”。

四、本词典正文前有《词目首字音序索引》《典故音序索引》，正文后有《词目笔画索引》以供读者查检。

词目首字音序索引

词目首字音序索引

词目首字音序索引

Z

词目首字音序索引

典故音序索引

A

A a

ai

【哀兵必胜】 āi bīng bì shèng 哀兵:因受欺压而哀愤的军队。两军相抗时,因受欺压而愤激的一方一定能取胜。[例句]在古代战争中,有许多~的战例。

【哀而不伤】 āi ér bù shāng 形容诗歌、音乐等含优雅的哀怨情调却又感情适度而不过分。后也用来形容流露出悲哀的神色,但不伤心。[例句]这篇散文,作者感情把握适度,作品~。

【哀鸿遍野】 āi hóng biàn yě 哀鸿:哀鸣的大雁;野:郊外。比喻到处都是流亡在外、痛苦号呼的灾民。[例句]旧社会一遇到灾年,到处都是逃荒的老百姓,~,惨不忍睹。

【哀毁骨立】 āi huǐ gǔ lì 哀毁:因过度哀伤而损伤了身体;骨立:消瘦到就像只剩骨架支撑着身体。由于过度哀伤而消瘦到只剩骨架支撑着身体。形容孝子在居丧期间过分哀伤而损害了健康。[例句]祖母因病去世,父亲伤心得~。

【挨肩擦背】 āi jiān cā bèi 挨:靠近;擦:贴近。人与人之间紧挨着、没有距离。形容人很多。[例句]演唱会上,人山人海,~。

【挨肩搭背】 āi jiān dā bèi 肩膀相靠,手搭在对方背上。形容人与人非常亲昵。[例句]这对情侣~地走了过来。

【挨门逐户】 āi mén zhú hù 挨、逐:顺次;门、户:人家。一家挨一家地,不漏掉任何一家。[例句]这个排的干部战士在执行守桥任务的同时,还利用节假日,深入到附近的山寨,~地进行构建和谐社会的宣传。

A

【唉声叹气】āi shēng tàn qì 因烦躁郁闷、悲伤痛苦等感情不畅而不停发出叹息声。[例句]遇到困难要想办法解决，～是没有用的。

【矮子看戏】ǎi zǐ kàn xì 矮子在人群里看不清戏的内容，只好人云亦云。比喻随声附和，没有自己的见解。[例句]对事物的看法，我们要有自己的见解，不能如～，人云亦云。

【爱不释手】ài bù shì shǒu 释：放下。喜欢到一直拿在手里舍不得放下。形容非常喜欢。[例句]这本《红楼梦》让她～。

【爱才若渴】ài cái ruò kě 对人才的爱慕就像口渴时急切想要喝水一样。形容非常爱慕人才。[例句]他是一位～的院长。

【爱财如命】ài cái rú mìng 像爱惜性命一样爱惜钱财。形容极端贪吝。[例句]巴尔扎克把葛朗台～的形象刻画得入木三分。

【爱民如子】ài mín rú zǐ 称赞做官的像爱护自己的子女一样爱护百姓。[例句]在党中央反腐倡廉的号召下，我们相信会有越来越多的～的好官涌现出来。

【爱莫能助】ài mò néng zhù 爱：怜悯、同情；莫：不。虽然同情，却无力帮助。表示无可奈何的意思。[例句]对你的困难，我实在～，请多多原谅。

【爱屋及乌】ài wū jí wū 及：连及、连带。爱一个人连带爱他屋上的乌鸦。比喻喜欢一个人连带也喜欢与之相关的一切。[例句]王老师一直珍藏着学生制作的纪念品，同事们都说他这是～。

【爱憎分明】ài zēng fēn míng 憎：恨。是爱是恨，态度明确。[例句]在我的印象当中，李老师是一个～的人。

【碍手碍脚】ài shǒu ài jiǎo 处处妨碍别人。[例句]他在这儿帮不上忙，倒有些～，不如让他去做别的事吧。

an

【安邦治国】ān bāng zhì guó 安：安定、稳定；治：治理；邦：国家。使国家稳定而得以治理。[例句]周恩来总理具有～的雄才大略。

【安不忘危】ān bù wàng wēi 危:危险、灾难。在安定太平的时候,不忘记可能出现的危难。[例句]国际形势虽然趋于缓和,但我们依然要~。

【安步当车】ān bù dàng chē 安:从容、徐缓。慢步行走,权当是乘车。[例句]我家离公司不远,上下班我都是~。

【安分守己】ān fèn shǒu jǐ 分:本分;己:指自己该做的事。安守本分,只做自己该做的事。[例句]老人种了一辈子地,习惯于~地过日子。

【安家立业】ān jiā lì yè 安置好家庭并创业。[例句]他大学毕业后就奔赴农村,决心在那里~,为建设社会主义新农村出一份力。

【安家落户】ān jiā luò hù 安家:安置家庭;落户:在他乡定居。在异乡重新安家定居。[例句]大学毕业后,他积极响应党的号召,到西藏~了。

【安居乐业】ān jū lè yè 安:安稳;居:住的地方;乐:喜欢;业:职业。安定愉快地生活和劳动。[例句]国家繁荣昌盛,人民~,这是我们每个中华儿女的心愿。

【安内攘外】ān nèi rǎng wài 攘:抵御。原就药的功效而言。后多指安定内部,抵御外患。[例句]我们应该把内部协调好,~,团结起来对付共同的敌人。

【安贫乐道】ān pín lè dào 安于清贫,以追求圣贤之道为乐。[例句]作为一名乡村教师,他~,教书育人,不折不扣。

【安然无恙】ān rán wú yàng 恙:疾病、灾患。平平安安地,没有遭受任何疾病或祸患。[例句]地震过后,全村只有这幢老屋~,真是令人称奇。

【安如磐石】ān rú pán shí 磐石:巨大的石块。像巨大的岩石一样稳定。形容事物非常稳固,不可动摇。[例句]洪水泛滥,几乎与堤顶相平。然而在防汛大军的守护下,千里大堤~。

【安如泰山】ān rú tài shān 安:安稳。像泰山一样安稳。形容极其平安稳固。[例句]历经无数次枪林弹雨,这座城堡依然~。

A

【安身立命】ān shēn lì mìng 安身:存身,指在某地生活;立命:使精神安定。生活有着落,精神有寄托。[例句]进城打工多年,他有了不少积蓄,但他仍感觉城市不是他的~之处。

【安土重迁】ān tǔ zhòng qiān 重:看得很重。在家乡住惯了,不愿轻易迁移。[例句]现在年轻人大多志在四方,~的观念正在悄然发生改变。

【安闲自在】ān xián zì zài 安静清闲、自由自在的样子。[例句]他过惯了~的生活,哪里受得了风霜之苦。

【安营扎寨】ān yíng zhā zhài 安、扎:安置、建立;营:营房;寨:军营四周的栅栏。指军队驻扎下来。也比喻建立临时的工作基地。[例句]为了寻找矿藏,地质工作者不畏艰险,在人迹罕至的深山里~。

【安于现状】ān yú xiàn zhuàng 满足于现有状况,不思改变。[例句]我们青年人应该锐意进取,而不应该~。

【安之若素】ān zhī ruò sù 安:安然;之:文言代词,指人或事物;素:平素、往常。平静地对待,就和以往一样。[例句]有些同志听到别人宣扬主观主义竟能~,太没有原则了。

【鞍马劳顿】ān mǎ láo dùn 鞍马:鞍子和马,指长途跋涉或打仗。形容旅途或战斗的劳苦。[例句]骑兵连的战士们不顾~,连夜袭击敌人。

【鞍前马后】ān qián mǎ hòu 鞍:马鞍。追随在左右,马前马后地奔波。形容殷勤侍奉别人。[例句]司机小张终日为领导们~地奔波忙碌着,深受他们的信任。

【按兵不动】àn bīng bù dòng 按:止住;兵:军队。让军队驻扎下来暂不行动。泛指观望等待而不行动。[例句]目前股市大起大落,走向不明,~才是上策。

【按兵束甲】àn bīng shù jiǎ 按兵:放下武器;束:捆、绑;甲:铠甲。放下武器,捆绑铠甲。指停止作战。[例句]经过四天四夜的激战,双方终于~,这里又恢复了以往的宁静。

【按部就班】àn bù jiù bān 原指写文章时按行文布局安排段落词

句。后用来指遵照规章办事或有步骤地部署某项工作。[例句]一百多年来,汉堡港早就形成了自己的节奏——有条不紊,～。

【按图索骥】àn tú suǒ jì 按:按照;索:寻找;骥:好马。按照画像去寻求骏马。比喻办事情不灵活,拘泥成规。[例句]刑侦人员根据案发现场留下的照片,～,终于抓到了犯罪嫌疑人。

【暗淡无光】àn dàn wú guāng 形容昏暗不明亮。[例句]望着外面～的天空,她打消了郊游的念头。

【暗度陈仓】àn dù chén cāng 陈仓:古县名。原指楚汉相争时,刘邦对项羽作战,绕道偷袭敌人。也比喻暗中进行某种活动。常与"明修栈道"连用。[例句]八路军主力转移时,游击队～,奇袭敌后,攻下日寇多处据点。

典故

秦朝灭亡以后,项羽依仗势力强大,自称西楚霸王,擅自做主,给各路反秦将领分地封王。他把劲敌刘邦封为汉王,把巴、蜀、汉中三个郡分给刘邦,建都南郑。刘邦领兵西去时,采纳张良的计策,把一路走过的栈道烧毁,表示不再回关中了。到了南郑后刘邦又拜韩信为大将,采用韩信的计策,表面上派人去修栈道,暗中却统率主力部队抄小路袭击关中的陈仓,一举占领了关中地区,打开了东进的大门。

【暗箭难防】àn jiàn nán fáng 从暗处射出来的箭难于防备。比喻阴谋手段难以防备。[例句]吃了这么大的亏,却还不知是谁在背地里捣鬼,真是～啊!

【暗箭伤人】àn jiàn shāng rén 暗地里放冷箭伤害别人。比喻暗中使用某种手段害人。[例句]你有意见就当面提,不要～。

【暗送秋波】àn sòng qiū bō 秋波:比喻美女的眼睛像秋天明净的水波。原指女子暗中以眉目传情。后引申为献媚取宠,暗中勾搭。[例句]风度翩翩且又才华出众的小王很受女孩子喜欢,有不少姑娘向他～。

A

【暗无天日】àn wú tiān rì 天日：天空和太阳，喻指光明。看不到一点儿光明。多形容社会黑暗，政治腐败。[例句]他是从～的旧社会熬过来的人，尤其珍惜今天的幸福生活。

【暗箱操作】àn xiāng cāo zuò 指暗地里做一些不公正、不合法的事情。[例句]为提高公路建设质量，省交通厅出台了新的管理办法，旨在用“阳光作业”遏制“～”。

【黯然失色】àn rán shī sè 黯然：暗淡无光的样子；失色：失去了原有的光彩。相比之下，事物仿佛失去了原有的色泽、光彩。[例句]夜晚的首都灯火辉煌，天上的星星都显得～。

ang

【昂首阔步】áng shǒu kuò bù 抬起头大步向前。形容精神抖擞，意气风发。[例句]在军训汇报表演中，同学们～地列队入场，接受检阅。

ao

【嗷嗷待哺】áo áo dài bǔ 嗷嗷：哀鸣声；待：等待；哺：喂养。形容饥饿时急于求食的样子。多比喻百姓在贫苦饥寒中痛苦挣扎的情景。[例句]鹿妈妈受伤了，～的小鹿只好由饲养员人工喂养了。

【傲睨万物】ào nì wàn wù 傲睨：傲慢地斜着眼睛看。形容目空一切，什么都瞧不起。[例句]那种自命清高，～，自以为是的人，是注定要失败的。

【傲然屹立】ào rán yì lì 傲然：坚强不屈的样子；屹立：像山峰那样稳固地矗立着。形容坚定挺拔，不可动摇。[例句]风雪中，我边防战士～，纹丝不动。

【傲雪欺霜】ào xuě qī shuāng 傲视冰雪，漠视寒霜。形容不怕寒冷。多用来比喻人对冷酷无情的打击和迫害毫不畏惧。[例句]革命志士～的大无畏精神，令我们肃然起敬。

B b

ba

【八拜之交】 bā bài zhī jiāo 八拜：古代世交子弟见长辈时的礼节，旧时异姓结拜也采用这种礼节。指结拜成异姓兄弟姐妹的关系。[例句]他俩的父亲是～。

【八斗之才】 bā dǒu zhī cái 八斗：指量多；才：才华。比喻人极有才气。[例句]李白虽有～，但在唐王朝也很难一展抱负。

【八公山上，草木皆兵】 bā gōng shān shàng，cǎo mù jiē bīng 八公山：山名，在安徽淮南市西，俯瞰平野，形势险要。把八公山上的草和树木都当成伏兵。形容极度惊恐、畏惧。[例句]这伙狼狈逃窜的毒贩，此时已成为惊弓之鸟，正所谓～。

典故

南北朝时，北朝前秦皇帝苻坚统一黄河流域后，又亲率大军进攻东晋。双方在淝水两岸对峙。一天苻坚带领苻融等将领，登上寿阳城头，亲自察看淝水东岸晋军的动静。只见河对面的八公山上影影绰绰，山上晃动的草木像无数士兵在奔跑（草木皆兵）。他便回头对苻融说："这是一支劲敌，怎能说它是弱兵呢？"并由此产生了怯敌的心理。

【八面见光】 bā miàn jiàn guāng 八面：上下左右、东西南北，泛指各方面。形容为人世故、圆滑，善于应酬交际。[例句]这种～、四处讨好的人，往往使人生厌。

B

【八面来风】bā miàn lái fēng 比喻来自四面八方的信息、资源等。[例句]地理位置优越的广东，～，吸纳了中外文化的精髓，造就了今日的文化风貌和特质。

【八面玲珑】bā miàn líng lóng 玲珑：灵活敏捷。原指窗户多而明亮。形容人处世圆滑，各个方面都照顾得到，不得罪人。[例句]《红楼梦》里的王熙凤，可算是一个～的人物。

【八面威风】bā miàn wēi fēng 形容非常有声威，气派很大。[例句]在长坂桥上，张飞立马横枪，～，一声怒喝，吓得曹兵望风而逃。

【八面圆通】bā miàn yuán tōng 形容人处世圆滑，方方面面都能够应付得很好。[例句]选拔干部要注重真才实学，要防止～的人钻空子。

【八仙过海，各显神通】bā xiān guò hǎi，gè xiǎn shén tōng 八仙：道教传说中的八位神仙，即汉钟离、张果老、吕洞宾、铁拐李、韩湘子、曹国舅、蓝采和、何仙姑；神通：佛教用语，原指无所不能的力量，现指特别高明的本领。各人有各人的一套本领和办法。比喻各自施展本领，互相竞赛。[例句]竞赛开始了，选手们～。

典故

传说，吕洞宾等八位神仙有一次去赴西王母的蟠桃会。途经东海，只见巨浪汹涌。于是，吕洞宾建议大家各自拿出自己的本领来，渡过海去。这个建议得到了大家的响应。最后，经过同妖魔的恶斗，八位神仙都靠自己的神通渡过了东海。

【八字打开】bā zì dǎ kāi 像“八”字那样，一撇一捺，向两边分开。比喻说话明白无隐，开门见山。[例句]领导已～，说明了情况，请大家发表意见吧。

【拔本塞源】bá běn sè yuán 本：树根；源：源头。拔掉树木的根，堵住水的源头。比喻毁灭根本或背弃根本。也指从根源上杜绝，使不再滋生。[例句]林则徐虎门销烟，是为了～，清除鸦片流毒中国的祸患。

【拔刀相助】bá dāo xiāng zhù 拔出刀来帮助别人。多指打抱不平,见义勇为。[例句]武侠小说中,塑造了很多路见不平、~的侠客形象。

【拔地而起】bá dì ér qǐ 从地面上突兀而起。[例句]一幢幢新盖的居民住宅楼~。

【拔地摇山】bá dì yáo shān 翻动大地,震撼山岳。比喻声势浩大,令人振奋。[例句]两军交战的战鼓一响,大有~之势。

【拔地倚天】bá dì yǐ tiān 拔:高出;倚:靠着。从地面突兀而起,贴近天空。形容形象高大和气势雄伟。[例句]那悬崖之上,一株株苍松翠柏,~,傲然屹立。

【拔来报往】bá lái fù wǎng 报:通“赴”,快速。很快地跑来跑去。形容往来频繁。[例句]女主人一会儿端凳,一会儿倒茶,~,十分殷勤。

【拔类超群】bá lèi chāo qún 见“出类拔萃”。

【拔苗助长】bá miáo zhù zhǎng 把苗拔起来,帮助苗快长。比喻不顾事物自身发展规律而强求其成,只能适得其反。[例句]对孩子的教育,应顺其规律,切不可~。

典故

古时候,有一个急性子的农夫,他老是嫌自己家的禾苗长得太慢。于是他便把禾苗一棵一棵地往上拔,帮助它们快快长高。他从早上一直干到晚上才回家,并且还向家人炫耀自己的聪明。第二天一大早,他的儿子急忙跑到田里去看,只见禾苗全都枯死了。

【拔山扛鼎】bá shān gāng dǐng 扛鼎:双手把鼎举起来。拔起高山,举起大鼎。形容力大无比。[例句]此人有~之能,却握不得笔,写不得字。

【拔宅上升】bá zhái shàng shēng 连房子都随着飞升。道教指一人修道成仙,全家跟着成仙。后多指一人当了官,全家人跟着得势。

［例句］他当上巡抚后，兄弟姐妹都提升了，真是～。

【跋扈自恣】bá hù zì zì　跋扈：专横粗暴；自恣：随心所欲。形容专横强暴，为所欲为。［例句］他～，为害一方，落得今天这个下场，也是咎由自取。

【跋山涉水】bá shān shè shuǐ　跋山：翻山越岭；涉水：徒步趟水。翻过山岭，趟过河水。形容旅途艰苦。［例句］为了采集民歌，这位音乐家～，走遍了当地数十个村寨。

bai

【白璧微瑕】bái bì wēi xiá　璧：一种圆形、扁平、中间有孔的玉器；瑕：玉上的斑点。洁白的玉器上有很小的斑点。比喻整体很好却有些小缺点。［例句］作品中的这点不足，也只能算是～了。

【白璧无瑕】bái bì wú xiá　璧：一种圆形、扁平、中间有小孔的玉器；瑕：玉上的斑点。比喻人或事物十全十美。［例句］他为人正直，品德高尚，～。

【白发苍苍】bái fà cāng cāng　苍苍：灰白色。头发灰白。形容人年老而头发花白。［例句］参加这次郊游的，既有年轻的男孩、女孩，也有～的老人。

【白发红颜】bái fà hóng yán　头发已花白，面色很红润。形容老年人容光焕发。［例句］虽然已七十五岁了，但见他～，精神焕发。

【白面书生】bái miàn shū shēng　指只有些书本知识，阅历不多的年轻读书人。［例句］新时代的大学生不再是～，都自愿下基层锻炼。

【白日见鬼】bái rì jiàn guǐ　大白天撞见鬼。旧指官府太冷清。现多比喻事情荒诞离奇，出乎意外。［例句］我刚放在这儿的东西一眨眼就不见了，真是～了。

【白日做梦】bái rì zuò mèng　大白天做起梦来。比喻幻想一些根本不可能实现的事情。［例句］贩毒分子要想从这里蒙混过关，那是～。

【白手起家】bái shǒu qǐ jiā 白手：空手。形容在物质条件不具备的情况下艰苦奋斗、创立事业。[例句]他～，艰苦创业，从经营一家小店到今天拥有上千万元的资产。

【白首如新】bái shǒu rú xīn 白首：白了头发，指年老，形容时间长；新：指初识。互相交往虽然很久，但相互之间并不了解，还跟刚认识一样。[例句]我和她虽是十几年邻居，但相知甚少，彼此间可谓～。

【白头到老】bái tóu dào lǎo 见"白头偕老"。

【白头偕老】bái tóu xié lǎo 偕老：一同到老。指夫妇共同生活到老。常用来称颂婚姻美满。[例句]祝新婚夫妇百年好合，～。

【白衣苍狗】bái yī cāng gǒu 苍：黑色。云彩一会儿像白衣裳，一会儿又变得像只黑狗。比喻世事变化无常。[例句]那种～的动荡岁月已经一去不复返了，如今老百姓都过上了好日子。

【白纸黑字】bái zhǐ hēi zì 在白色纸张上写着黑字。指有确凿的文字凭证，不容抵赖否认。[例句]～写得清清楚楚，你俩就别再争辩了。

【百般刁难】bǎi bān diāo nàn 用各种手段使对方为难。[例句]在谈判过程中，对方～，所以未能达成协议。

【百般奉承】bǎi bān fèng chéng 奉承：讨好、巴结别人。形容用各种方法迎合、恭维、讨好别人。[例句]他虽在领导面前～，却始终没能得到重用。

【百弊丛生】bǎi bì cóng shēng 百：形容很多；弊：弊端。各种各样的弊端都同时产生。[例句]只有正风气，严执法，才能一举改变～的局面。

【百不失一】bǎi bù shī yī 失：差错。一百次里面也不会有一次差错。形容绝对可靠。[例句]这次教材修订工作已经做到了～。

【百步穿杨】bǎi bù chuān yáng 能射中百步以外定为目标的杨柳树叶。形容射箭或射击的技术高超。[例句]想练就～的本领，需要付出辛勤的汗水。

B

【百尺竿头,更进一步】 bǎi chǐ gān tóu, gèng jìn yī bù 百尺竿头:百尺高的竿子,佛教用以比喻道行修养到极高的境界。后来泛用以勉励人们不要满足于已取得的成就,还要继续努力,不断前进。[例句]我衷心祝愿我们的文学事业~。

【百川归海】 bǎi chuān guī hǎi 川:河流。每条河流最终都汇入大海。比喻大势所趋。也比喻许多分散的事物最终汇聚到一起。[例句]全国人民盼望中华民族的振兴,就像~,殷殷心切。

【百读不厌】 bǎi dú bù yàn 厌:厌烦。读一百遍也不会感到厌烦。形容诗文或书籍写得非常好。[例句]我国的四大名著真是令人~。

【百端待举】 bǎi duān dài jǔ 端:项目;待:等待;举:办、做。很多事情等着要去做。[例句]新公司刚建立,~,我们的任务很艰巨。

【百二山河】 bǎi èr shān hé 形容边防牢固,国力强盛。[例句]于华山之巅,俯瞰~,真有雄视千里之概。

【百发百中】 bǎi fā bǎi zhòng 发:发射。形容射击准确,每次都命中目标。也比喻做事有充分把握,绝不落空。[例句]①他是个~的神枪手。②影响股票市场的因素太多了,任何人都难以做到~。

【百废待兴】 bǎi fèi dài xīng 废:指废置的事。许多被废弃的事都需要兴办。[例句]新工厂刚建成,~,需要各方面的人才投入到建设中去。

【百废俱兴】 bǎi fèi jù xīng 俱:全、都。各种荒废了的事情一下子都兴办起来。[例句]战争结束才几年,这个国家已~,各项事业都有了很大的发展。

典故

范仲淹是北宋著名的政治家和文学家。后来,他被贬官,好友滕子京也同时被贬到巴陵郡任太守。滕子京到任后,经过一年的努力,政务办得很顺利,人民安居乐业,和谐相处,过去一切荒废的事情都兴办起来了。于是重新修建了岳阳楼,并请范仲淹写篇文章来记述这件事。范仲淹就写了《岳阳楼记》一文，对滕子京的政绩大加颂扬："越明年，政通人和，百废具（同'俱'）兴。"

【百感交集】bǎi gǎn jiāo jí 感：感触；交：一齐；集：聚拢。各种感触交织在一起。形容感触良多，心情复杂。[例句]面对久别重逢的女儿，她真是～。

【百花齐放】bǎi huā qí fàng 百花：各种花卉。各种花卉一起开放。比喻各种不同形式和风格的艺术自由发展。[例句]这次文艺汇演汇集了多剧种、多流派，～，各显身手。

【百花争艳】bǎi huā zhēng yàn 艳：鲜艳、艳丽。各种花木竞相开放出艳丽的花朵。也比喻新生事物层出不穷，相互比美。[例句]春天，～的景色令人陶醉。

【百计千方】bǎi jì qiān fāng 见"千方百计"。

【百家争鸣】bǎi jiā zhēng míng 百家：指各种学术流派。原指春秋战国时期各家学说蜂起，各种流派互相争论、互相批评的局面。现指文化学术上的不同流派的自由争论。[例句]为了提高作品质量，文艺界必须认真贯彻百花齐放、～的方针。

【百孔千疮】bǎi kǒng qiān chuāng 孔：洞；疮：伤口。到处都是洞和伤口。形容残缺破漏得很厉害。比喻到处是弊病，难以解决。[例句]新厂长上任才一年，就把这家原已～的企业变成了一个利税大户。

【百口莫辩】bǎi kǒu mò biàn 莫：不能；辩：辩解、辩白。即使有一百张嘴也难以辩清。形容有理难明。[例句]你总要猜疑，我也～。

【百里挑一】bǎi lǐ tiāo yī 一百个里面挑一个。形容超群出众或挑选非常严格。[例句]小玉是村里的"女秀才"，也是～的靓女。

【百炼成钢】bǎi liàn chéng gāng 比喻经过长期锻炼，才能成为杰出的人才。[例句]青年人吃大苦耐大劳，～，才能成为国家的有用人才。

B

【百伶百俐】 bǎi líng bǎi lì 形容很伶俐、很聪明。[例句]小玉是个～、人见人爱的女孩子。

【百灵百验】 bǎi líng bǎi yàn 灵、验:有效果。试验一百次,一百次效果都好,没有落空的。原指测算预卜非常灵验。后多用以形容效果良好,没有不灵验的。[例句]这小小银针真神,扎中穴位,一会儿头就不疼了,拿它镇痛,～。

【百年不遇】 bǎi nián bù yù 一百年也遇不到。形容很难遇到或机会难得。[例句]军民团结,众志成城,我们最终战胜了这场～的特大洪水。

【百年大计】 bǎi nián dà jì 关系重大的长远计划。[例句]水利工程是～,容不得半点马虎。

【百年树人】 bǎi nián shù rén 树:种植、栽培。指培养人才是长久之计。也指培养人才不容易,需要长期的工夫。[例句]办教育是～的大业,要有长远的规划。

【百年偕老】 bǎi nián xié lǎo 百年:人的一生;偕:一起、共同。夫妇共同生活到老。[例句]我衷心祝愿你俩生活甜美,～。

【百年之好】 bǎi nián zhī hǎo 永远好合。指男女结为夫妻。[例句]他俩在经历了一番波折后,终于结成了～。

【百年之后】 bǎi nián zhī hòu 人生不过百年,因以"百年之后"婉言死后。[例句]这种绘画风格,在老先生～,由他的弟子们发扬光大了。

【百念皆灰】 bǎi niàn jiē huī 各种各样的念头都消失成灰。比喻心灰意冷。[例句]一次又一次的打击已使他～了。

【百世之师】 bǎi shì zhī shī 品德才学可以作为后世百代人的师表。[例句]孔子是我国历史上伟大的思想家、教育家,被推崇为～。

【百事无成】 bǎi shì wú chéng 成:成功。指做什么事情都不成功。[例句]一个人如果没有持之以恒的精神,必将～。

【百顺百依】 bǎi shùn bǎi yī 见"百依百顺"。

B

【百思不解】 bǎi sī bù jiě 反复思索，还是不能理解。[例句]大自然有许多千古之谜，至今仍令科学家～。

【百万雄师】 bǎi wàn xióng shī 人数众多，气势威武雄壮的军队。[例句]我们的国家有～，一定能维护长久的安定繁荣。

【百闻不如一见】 bǎi wén bù rú yī jiàn 闻：听到。听到人家说一百次，不如亲自见上一次。表示耳闻不如亲见更可靠或印象更深刻。[例句]我生平第一次过三峡，那瑰奇的景象令我激动不已，真是～。

【百无禁忌】 bǎi wú jìn jì 禁忌：忌讳，犯忌讳的话或行动。一切都不忌讳。[例句]我们不搞封建迷信，自然～。

【百无聊赖】 bǎi wú liáo lài 聊赖：依赖，指生活或情感上的依托。没有精神寄托，感到任何事都没有意义。[例句]由于～，他随手拿起一本小说翻阅，谁知越看越感兴趣。

【百无一能】 bǎi wú yī néng 一百件事中没有一件能做好。形容人无能。多为自谦之词。[例句]她对自己那～的儿子倒偏爱有加。

【百无一是】 bǎi wú yī shì 是：正确。一百件事中没有一件是对的。形容对人或事的全盘否定。[例句]你别把孩子说得～，可能是你还没有发现他善于做什么。

【百无一用】 bǎi wú yī yòng 没有一点用处。[例句]他没有任何技能，简直就是～之人。

【百依百顺】 bǎi yī bǎi shùn 依：依从。不论什么，都依从。表示一味顺从，对方怎么说就怎么做。[例句]家长对子女要关怀，但对子女的不合理要求，绝不能～。

【百战百胜】 bǎi zhàn bǎi shèng 每战必胜。形容所向无敌。[例句]人民军队靠人民，这是～的法宝。

【百折不挠】 bǎi zhé bù náo 折：挫折；挠：弯曲。不管经受多少挫折，决不屈服。形容意志坚强。[例句]当你选择好最高的顶峰，选择好攀登上去的道路以后，这就需要有坚定不移的决心，～的勇气。

B

【百足之虫，死而不僵】bǎi zú zhī chóng, sǐ ér bù jiāng 百足：即马陆，虫名，约一寸长，全身有很多个环节，切断后仍能蠕动不倒；僵：仆、倒。比喻某些人或事物虽已衰亡，但影响仍然存在。[例句]王家如今虽然衰落了，但"～"，他们在当地依然有很大的影响力。

【败军之将】bài jūn zhī jiàng 吃了败仗的将领。通常用来讽刺失败的人。[例句]他这个～，居然还好意思在大家面前吹他战绩如何如何。

【败兴而归】bài xìng ér guī 败兴：兴致被破坏，扫兴。扫兴地回来。常与"乘兴而来"连用。[例句]现在许多商场搞的所谓有奖销售，常使许多人乘兴而来，～。

【拜将封侯】bài jiàng fēng hóu 任为将帅，授予侯爵。形容功成名就，做上了高官。[例句]李广从青年时代起，就对前程充满憧憬，向往凭借真刀真枪干一番事业，弄个～的不世之功。

ban

【班马文章】bān mǎ wén zhāng 汉代史学家班固与司马迁的文章的并称。泛指可与班固、司马迁相媲美的文章。[例句]老作家的这篇佳作真可称之为～了。

【班门弄斧】bān mén nòng fǔ 班：鲁班，春秋时鲁国有名的巧匠，传说姓公输名般。在鲁班门前摆弄斧子。比喻不知轻重地对着行家卖弄自己的本领。[例句]在你这大书法家面前提笔，我岂不是～？

【斑驳陆离】bān bó lù lí 斑驳：指一种颜色中杂有其他颜色；陆离：色彩繁杂不一。形容色彩绚丽纷繁。[例句]重阳时节，在这～、五彩缤纷的山色里，野菊花显得更加娇艳。

【搬弄是非】bān nòng shì fēi 搬弄：挑拨。在别人背后传闲话，说长道短，引起纠纷。[例句]有些人闲得无聊，专干那些～的事情。

【板上钉钉】bǎn shàng dìng dīng 比喻事情已经确定，不容变更。

[例句]这件事情早就～了,你们尽管放心吧。

【半壁江山】bàn bì jiāng shān 半壁:半边;江山:国土。一半的江山。指遭受侵略后残存或丧失的部分国土。现也用来比喻很大的一部分市场。[例句]文天祥辗转回到永嘉,面对宋王朝的～,悲愤之情油然而生。

【半斤八两】bàn jīn bā liǎng 八两:即半斤(旧制一斤等于十六两)。一个半斤,一个八两,轻重相等。比喻彼此不分上下。[例句]这两支球队～,没有赛出精彩场面。

【半老徐娘】bàn lǎo xú niáng 见"徐娘半老"。

【半路出家】bàn lù chū jiā 成年后才出家修行。比喻中途才学着干某一行,不是本行出身。[例句]学习音乐,对我来说是～,但我一定下苦功把它学好。

【半面之交】bàn miàn zhī jiāo 只见过一次面的交往。[例句]我与你不曾有～,你怎么可能认识我呢?

【半生不熟】bàn shēng bù shú 没有完全煮熟或成熟。也比喻不熟悉或不熟练。[例句]①她第一次学做饭,结果做得～。②一路上,司机操着～的普通话和我们聊天。

【半死不活】bàn sǐ bù huó 形容快要死的样子。也形容没有精神,没有活力。[例句]这家公司如今已是～,随时都有倒闭的可能。

【半途而废】bàn tú ér fèi 废:停止。半路上停止。指做事有始无终,还没做完就放弃了。[例句]我们每做一件事都要有始有终,不能～。

【半推半就】bàn tuī bàn jiù 推:推辞;就:靠近。一边推辞,一边却靠拢上去。形容内心愿意却又假装推辞。[例句]谭科长对这些茅台酒～地接受了。

【半信半疑】bàn xìn bàn yí 有点相信,又不能完全确定。[例句]有些商品广告自吹自擂,令人～。

【半夜三更】bàn yè sān gēng 三更:过去把一夜分为五更,三更约为深夜11时至次晨1时。泛指深夜。[例句]考试临近,为了顺利考取研究生，这段时间她总是学习到～。

【半真半假】bàn zhēn bàn jiǎ 一半真，一半假。指不是完全真实的。[例句]他说的话常常是～，因而总让人捉摸不透。

B

bang

【榜上无名】bǎng shàng wú míng 张榜公布的名单上没有名字。多指考试未被录取或未获得批准。[例句]这次评选先进工作者，他～。

【棒打鸳鸯】bàng dǎ yuān yāng 鸳鸯：水鸟，羽色鲜丽，雌雄双栖不离，常用来比喻夫妻。用木棒打散一对鸳鸯。指用强硬手段拆散恩爱的夫妻或情侣。[例句]他～，拆散了这对相爱的年轻人。

【傍人门户】bàng rén mén hù 比喻依赖别人，不能自立或自主。[例句]学术研究要有独到之处，不能～。

bao

【包办代替】bāo bàn dài tì 包办：一手办理，独自负责。指把所有工作一手包揽，不让旁人参与。[例句]这种～的作风，极大地挫伤了大家的积极性。

【包藏祸心】bāo cáng huò xīn 祸心：害人的主意。心里藏着祸害别人的念头。[例句]对那些～的坏家伙，决不能麻痹大意。

【包罗万象】bāo luó wàn xiàng 包罗：包括；万象：宇宙间一切景象或事物。形容内容丰富，包含一切。[例句]儿童文学的题材非常广泛，简直～。

【褒善贬恶】bāo shàn biǎn è 赞扬好的，贬斥坏的。[例句]有关市民生活的社会新闻要做到～，发挥教育作用。

【饱经沧桑】bǎo jīng cāng sāng 饱：充分；经：经历；沧桑：沧海桑田的略语，比喻世事变化。经历过无数的世事变迁，有丰富的阅历。[例句]他几十年来～，对世事有着深刻的认识。

【饱经风霜】bǎo jīng fēng shuāng 饱：充分；经：经历；风霜：比喻艰

难困苦。形容经历过许多艰难困苦生活的磨炼。[例句]老人那～的脸上透着一股坚毅的神色。

【饱经忧患】 bǎo jīng yōu huàn 饱:充分;经:经历。形容经历过许多的困苦患难。[例句]巨大的挫折并没有改变苏轼豪爽的性格,～的人生体验反而激发了他创作的热情。

【饱食终日】 bǎo shí zhōng rì 见"饱食终日,无所用心"。

【饱食终日,无所用心】 bǎo shí zhōng rì,wú suǒ yòng xīn 每天吃饱了饭,什么事情也不考虑。[例句]作为新时代的年轻人应努力学习,提高自身素质,不能～。

【饱学之士】 bǎo xué zhī shì 饱学:学识渊博。指学识渊博的人。[例句]出席这次讨论会的专家,都是～。

【宝刀不老】 bǎo dāo bù lǎo 指使用日久的宝刀仍不减当年的锋利。比喻人的年纪增大,而技艺、胆力仍不减当年。[例句]老刘尽管已七十多岁了,但是～,干活的速度不减当年。

【宝马香车】 bǎo mǎ xiāng chē 见"香车宝马"。

【宝山空回】 bǎo shān kōng huí 进到宝山里面却空着手回来。比喻处在某个优良的学习环境却无收获。[例句]有幸进入大学,决不能～,一无所获。

【保国安民】 bǎo guó ān mín 保卫国家,使百姓生活安定。[例句]人民军队有～之责。

【报仇雪恨】 bào chóu xuě hèn 雪:洗刷、除去。报复冤仇,洗刷怨恨。[例句]林冲在山神庙手刃仇人,终于得以～。

【抱残守缺】 bào cán shǒu quē 抱:守住不放。原作"保残守缺",本指汉代儒生固守残缺的今文经典,拘执一家片面之言。后泛指保存、固守残缺不全的事物,不肯放弃。多指泥古守旧。[例句]改革必须清除～的旧观念。

【抱恨终天】 bào hèn zhōng tiān 抱:存在心里;恨:遗憾;终天:一辈子。一辈子都存有遗憾。常指因父母去世而一辈子都感到悲痛。[例句]没在临终前见父亲一面,他～。

B

【抱头大哭】 bào tóu dà kū 指彼此都很伤心或感动而相抱大哭。[例句]听到这个不幸的消息，母女俩～起来。

【抱头鼠窜】 bào tóu shǔ cuàn 抱着头像老鼠一样迅速逃跑。形容狼狈逃跑的景象。[例句]我军发扬了英勇顽强的精神，把敌人打得～，狼狈不堪。

【抱薪救火】 bào xīn jiù huǒ 薪：柴草。抱着柴草去灭火。比喻用错误的方法去消灭灾害，反而使灾害扩大。[例句]对于犯错误人的处理，一定要采取慎重的态度，否则～，适得其反。

【暴风骤雨】 bào fēng zhòu yǔ 骤：急速。来势猛烈而急速的风雨。现多比喻蓬勃兴起的革命群众运动。[例句]雷声过后，～夹杂着冰雹猛打下来。

【暴露无遗】 bào lù wú yí 暴露：显露；遗：遗漏。隐蔽的野心、问题、矛盾等全部显示出来。[例句]案件侦破，这个贩毒集团的罪行～。

【暴殄天物】 bào tiǎn tiān wù 暴：损害、糟蹋；殄：灭绝；天物：指鸟兽、草木等。原指残害灭绝自然界万物。后泛指任意损害、糟蹋物品。[例句]你不把这些东西吃完，反而到处乱倒，简直是～。

【暴跳如雷】 bào tiào rú léi 暴跳：猛烈地跳脚。跳起脚来喊叫，像打雷一样猛烈。形容盛怒或情急时大怒大吼的样子。[例句]听到这个对自己不利的消息，他气得～。

bei

【杯弓蛇影】 bēi gōng shé yǐng 把酒杯中的弓影当成了蛇。比喻因疑神疑鬼而惊恐忧虑。[例句]大家不要～，疑神疑鬼，派人把事情调查清楚就行了。

典故

东汉时，有个叫应郴的人，曾任汲县县令。有一次他请主簿杜宣到家中喝酒，当时，挂在墙上的弓映在酒杯里，杜宣以为是蛇，勉强喝了下去，回去后就得了胸腹疼痛的毛病。杜宣身体日渐消瘦，遍访名医，久治不愈。后来，应郴有事到杜宣家，问起他患病的原因，杜宣说出了实情。应郴回到家中思索良久，猛然他看见挂在墙上的弓，才恍然大悟。于是，应郴派差役把杜宣请来，还在上次请他的地方准备了酒席，酒杯中果然又出现了蛇，应郴向杜宣解释说："杯中的蛇乃是挂在墙上的弓的影子。"听完应郴的解释，杜宣疑虑消除了，病也就完全好了。

B

【杯觥交错】bēi gōng jiāo cuò 觥：古代的盛酒器。形容酒宴中频频举杯畅饮的热烈气氛。[例句]近三十年未见的几个同学欢聚一堂，～，畅饮起来。

【杯盘狼藉】bēi pán láng jí 狼藉：杂乱的样子。杯子、盘子等餐具乱七八糟地堆放着。形容酒宴结束或将要结束时席面上的情景。[例句]我赶到时，酒席已经散了，只见桌上～。

【杯水车薪】bēi shuǐ chē xīn 薪：柴草。一杯水救不了一大车着了火的柴草。比喻力量单薄，于事无补。[例句]国际人道主义的救济，对于地震灾区的灾民来说，犹如～。

【卑鄙无耻】bēi bǐ wú chǐ 品行极端恶劣，不知道廉耻。[例句]这个犯罪团伙用种种～的方法谋害别人。

【卑躬屈膝】bēi gōng qū xī 卑躬：低头弯腰；屈膝：下跪。低头弯腰，屈膝下跪。形容极力向人谄媚、奉承，没有气节，不知羞耻。[例句]我们是有骨气的，决不向任何人～。

【悲不自胜】bēi bù zì shèng 胜：能够承受。悲伤得无法承受。[例句]老战友病逝的噩耗使他～。

【悲从中来】bēi cóng zhōng lái 中：内心。悲痛之情从内心发出来。[例句]听了老人的话，大家顿觉～，许多人已泣不成声了。

【悲歌慷慨】bēi gē kāng kǎi 慷慨：意气风发，情绪激昂。多指用激昂高唱来抒发感情。形容壮烈的气概。[例句]战士们～，誓死保卫国土。

【悲欢离合】bēi huān lí hé 悲伤、欢乐、别离、团聚。泛指生活中的各种不同境遇。[例句]经历过人生的酸甜苦辣、~后,他才真正领悟了生活的真谛。

B

【悲天悯人】 bēi tiān mǐn rén 天:本指天命,借指时世;悲天:哀叹时世;悯:怜惜;悯人:怜惜众人。哀叹时世的艰辛,同情人民的疾苦。[例句]在她给朋友的信中充满了~和郁郁寡欢的情绪。

【悲痛欲绝】 bēi tòng yù jué 绝:气息中止,指断气。悲哀伤心到了极点。[例句]儿子英年早逝,两位老人~。

【悲喜交集】 bēi xǐ jiāo jí 交集:同时出现。悲痛和喜悦的心情交织在一起。[例句]陈君自台湾归来,回到故乡见到亲人,不由得~,老泪滂沱。

【北门锁钥】 běi mén suǒ yuè 北城门上的锁和钥匙。指军事重镇。也指担当守御要地重任的人。[例句]这座边城处于战略要地,是我国的~。

【北面称臣】 běi miàn chēng chén 古代君主面南而坐,臣子朝见时则面北。因用以指称臣于人。[例句]南宋统治者软弱无能,为了能偏安一隅,向金国~,年年交纳贡赋。

【备尝艰辛】 bèi cháng jiān xīn 备:全、遍。任何困苦都经历过。[例句]她为了实现自己的理想,~,终于成功了。

【备而不用】 bèi ér bù yòng 备:准备。准备好了而暂时不用,以应急需。[例句]再运些石料来,即使~也好。

【备位充数】 bèi wèi chōng shù 指徒在其位,凑数而已。多作自谦之词。[例句]我担任这个学会的理事只是~而已。

【背道而驰】 bèi dào ér chí 道:道路。在道路上彼此向相反的方向快跑。比喻彼此的目标完全相反。[例句]弄虚作假的作风与我党实事求是的优良传统是~的。

【背恩忘义】 bèi ēn wàng yì 辜负别人对自己的恩情,忘记别人对自己的情义。[例句]他虐待自己的养父母,真是一个~的小人。

【背井离乡】 bèi jǐng lí xiāng 背:离开;井:家乡。离开家乡,客居外地。[例句]当年爸爸带领我们全家~来到北京谋生,经过多年打拼，如今终于在这儿有了立足之地。

【背水一战】bèi shuǐ yī zhàn 背水：背向水，没有退路。指不给自己退路，只能向前战斗。[例句]当时，我们下定～的决心，终于杀出数倍于我们的敌人的包围圈。

典故

汉将韩信率兵攻打赵国，出了井陉(xíng)口，他命令上万士兵背水列阵。许多将领认为背水作战，前临大敌后无退路，是兵家大忌。韩信说："兵法不是说'陷之死地而后生，置之亡地而后存'吗？背水而战就是要坚定战士拼死求胜的决心。"结果这一战，果真大败赵军。

【背信弃义】bèi xìn qì yì 背：违背；信：信用；弃：抛弃；义：道义。违背信用，不讲道义。[例句]～的人永远不会有真正的朋友。

【倍道兼行】bèi dào jiān xíng 兼：加倍。一天的时间走两天的路程。形容快速行进。[例句]乐清人～，用二十多年走完了西方国家两百多年才走完的工业化之路。

【悖入悖出】bèi rù bèi chū 悖：违背道理，不合理。用不正当的手段得来的财物也会被别人用不正当的手段拿走。也指胡乱弄来的钱又胡乱花掉。[例句]投机商人～，钱来得容易去得快。

ben

【奔流不息】bēn liú bù xī 形容水急速地、不停地流动。也比喻时光消逝和事物在永远运动。[例句]时光如同长江之水～。

【奔走呼号】bēn zǒu hū háo 走：跑。一边奔跑，一边喊叫。形容为了寻求援助而到各处宣传呼吁以引起人们的觉醒。[例句]为了弱智儿童的教育问题，他～，终于建立了这座启智学校。

【奔走如市】bēn zǒu rú shì 走：跑；市：集市。形容为某种目的而四处活动的人很多。[例句]毕业临近，人才市场上找工作的人～。

B

【奔走相告】bēn zǒu xiāng gào 走：快跑。人们奔跑着相互转告一些共同关心的重大消息。［例句］铁路很快就要通到这个小山村了，村民们激动地～，人人喜笑颜开。

【本末倒置】běn mò dào zhì 本：树根；末：树梢；置：放置。指把事物主要的和次要的、重要的和不重要的位置弄颠倒了。［例句］放弃自己的专长而去做一份生疏的工作，似乎是～了。

【本末源流】běn mò yuán liú 树根和树梢，源头与支流。比喻事物的主次、始末、先后。［例句］要想完全了解某一事物，必须掌握它的～。

【本同末异】běn tóng mò yì 本：树根，比喻事物的开头；末：树梢，比喻事物的结尾。比喻事物本原相同而发展到后来却不相同了。也比喻事物的开头相同而结尾不同。［例句］这两篇文章～，没有大的差别。

【本乡本土】běn xiāng běn tǔ 指家乡或本地。［例句］咱们都是～的，干吗总闹矛盾呢？

【本小利微】běn xiǎo lì wēi 本钱很小，获利也很微薄。指小本经营，收益极少。［例句］我们这种小生意～，只能勉强维持生计。

【本性难移】běn xìng nán yí 移：改变。原本的个性很难转变。［例句］江山易改，～，他刚出狱又因盗窃被抓了进去。

【笨鸟先飞】bèn niǎo xiān fēi 飞得慢的鸟先行动。比喻做事慢、能力差的人怕落后，就比别人先走一步。多用于自谦。［例句］～，我必须早做准备。

【笨手笨脚】bèn shǒu bèn jiǎo 形容人动作不灵敏。［例句］一个～的人做了一个灵巧的动作会使人觉得新奇。

【笨嘴拙舌】bèn zuǐ zhuō shé 形容人表达能力差，没有口才。［例句］我～的，怎能参加辩论会呢？

bi

【逼上梁山】bī shàng liáng shān 《水浒传》中描写林冲等人被官府

逼迫而上梁山聚义造反。后用来比喻被迫进行反抗或被迫采取某种行动。[例句]你们明明知道我不会唱歌，却把我～，使我在台上大出洋相！

【鼻青脸肿】bí qīng liǎn zhǒng 鼻子发青，脸部肿起。形容因跌打、磕碰等而面部伤势很重。[例句]他走夜路不小心，跌得～。

【比比皆是】bǐ bǐ jiē shì 比比：一个挨一个，引申为处处。到处都是，极为常见。[例句]你找彩色贝壳吗？海滩上～。

【比肩而立】bǐ jiān ér lì 比肩：并肩。肩靠着肩地站立。形容距离很近。[例句]和小王～的那位长者，就是你要求见的赵先生。

【比肩继踵】bǐ jiān jì zhǒng 比：紧靠、挨着；继：一个挨一个；踵：脚后跟。肩膀挨着肩膀，脚跟着脚。形容人多拥挤。[例句]节日观看焰火的人真是～，人山人海。

【比目连枝】bǐ mù lián zhī 比目：比目鱼，传说只有一只眼睛，须两鱼并游；连枝：连在一起的树枝。比喻夫妻或情侣形影不离。[例句]他俩婚后如～，形影不离。

【比上不足，比下有余】bǐ shàng bù zú，bǐ xià yǒu yú 跟水平高的比较，差一些；跟水平低的比较，强一些。今用来指满足于现状，甘居中游，不求进取。[例句]生产上要赶超先进，不能抱有～的中游思想。

【比手划脚】bǐ shǒu huà jiǎo 形容说话时用手势示意或加强语气。[例句]他～地说了半天，大家才明白他的意思。

【比翼双飞】bǐ yì shuāng fēi 比翼：翅膀紧靠翅膀。翅膀挨着翅膀成双作对地飞。比喻恩爱夫妻形影不离。[例句]我们祝愿新婚夫妇在事业上～，并肩前进！

【彼此彼此】bǐ cǐ bǐ cǐ 指互相都一样，没有什么差别。[例句]咱们俩～，谁也不要笑话谁。

【彼竭我盈】bǐ jié wǒ yíng 竭：尽；盈：旺盛。对方的士气低落，我方的斗志正旺盛。[例句]球赛进行到最后时刻，我队抓住～的战机，攻进一球。

B

【彼弃我取】bǐ qì wǒ qǔ 别人不要的我用。形容与世无争，淡泊名利。［例句］～是一种境界，能够真正做到这一点确实不容易。

【彼一时，此一时】bǐ yī shí，cǐ yī shí 见“此一时，彼一时”。

【笔饱墨酣】bǐ bǎo mò hān 酣：酣畅。形容文章或书法流畅雄浑，很有气势。［例句］杨先生这幅字写得～，使观者大饱眼福。

【笔墨官司】bǐ mò guān sī 官司：旧指诉讼，引申为争辩。用文字来表达的争论。［例句］双方为这个问题在报上争论不休，一直在打～。

【笔扫千军】bǐ sǎo qiān jūn 运笔挥洒如同横扫千军万马。形容书法气势豪放。也形容诗文气魄宏大，没有可与之相比的。［例句］最近几年，虽然她的作品数量不多，但篇篇都是～的力作。

【笔头生花】bǐ tóu shēng huā 形容诗文写得绚丽多彩。［例句］作家～，写出了生活中许多美好的事物。

【笔走龙蛇】bǐ zǒu lóng shé 笔移动起来像龙舞蛇行一般。形容书法笔势流畅洒脱。［例句］他的书法的确达到了～的境界。

【必不得已】bì bù dé yǐ 不得已：无可奈何。实在不得不如此。［例句］王经理出此下策也是～。

【必恭必敬】bì gōng bì jìng 见“毕恭毕敬”。

【必由之路】bì yóu zhī lù 由：经过。一定要经过的道路。也指事物必须遵循的规律。［例句］勤于学习，勇于实践，是增长才干的～。

【毕恭毕敬】bì gōng bì jìng 毕：完全；恭：有礼貌。形容非常尊敬而有礼貌。［例句］虽然毕业已经很多年了，但是大家在老师面前还是～。

【闭关锁国】bì guān suǒ guó 关：古代在交通要塞或边境设的守卫处所。封闭国门，不同别的国家往来。［例句］我们要开放搞活，不搞～。

【闭关自守】bì guān zì shǒu 封闭关口，并加以防守。原指不与外国往来。现比喻保守,不与外界接触。[例句]学术上不能搞～,要广泛交流才能互相促进。
【闭门羹】 bì mén gēng 羹:用肉或菜熬成的带汁的食物。登门拜访被主人拒之门外,或主人不在未能被邀进入门内。[例句]我两次登门拜访,都因你不在家而吃了～。
【闭门思过】 bì mén sī guò 过:过失、过错。关起门来反思错误。指独自反省。[例句]这几天,他在家～。我看,让他冷静地反省一下也好。
【闭门谢客】 bì mén xiè kè 关闭家门,谢绝来客。表示不与外界往来。[例句]老画家近来身体不适,已经～了。
【闭门造车】 bì mén zào chē 原意是由于规格相同,关起门来造成的车子,用起来也能合辙。现比喻办事脱离实际而只凭主观想象。[例句]想要产品畅销,就不能～,应该首先进行市场调查。
【闭目塞听】 bì mù sè tīng 闭住眼睛,堵住耳朵。形容对外界事物不闻不问或全不了解。[例句]你～,不了解下情,不要瞎指挥。
【闭月羞花】 bì yuè xiū huā 使月亮见了躲藏起来,使花儿见了感到羞愧。形容女子容貌美丽。[例句]她们二人一个有沉鱼落雁之容,一个有～之貌。
【敝帚千金】 bì zhǒu qiān jīn 敝:坏的、破旧的。把自家的破扫帚看得像千金般贵重。比喻把自己并不好的东西当作宝贝。[例句]不竞争,就容易抱残守缺,～,而不思创造。
【敝帚自珍】 bì zhǒu zì zhēn 珍:贵重、爱惜。比喻东西虽然不好,自己却非常珍视。[例句]以前编集的时候,那篇东西漏了网,未免有点～的心情,觉得可惜。
【筚路蓝缕】 bì lù lán lǚ 筚路:柴车;蓝缕:破衣服。驾着柴车,穿着破旧衣服去开辟山林。形容创业的艰辛。[例句]大庆人～,创立了我国石油工业基地,其业绩人们是不会忘记的。
【碧落黄泉】 bì luò huáng quán 碧落:天上、天空;黄泉:地下的泉水,指人死后埋葬的地方。从天上到地下。形容范围很广。

[例句]他们二人情投意合,誓结同心,~,生死相随。

【碧血丹心】 bì xuè dān xīn 碧血:指为正义事业而流的血;丹心:赤诚的心。用来称颂为国壮烈牺牲的忠臣志士。[例句]无数先烈的~才换得了今天的幸福生活。

【壁垒分明】 bì lěi fēn míng 壁垒:古代军营周围的防御建筑物。比喻双方界限划得非常清楚。[例句]这场较量中,对立的两派在观点上~,针锋相对。

【壁垒森严】 bì lěi sēn yán 壁垒:古代军营周围的防御建筑物;森严:严整不可侵犯。形容防守严密,做好充分战斗准备。后也比喻界限分明。[例句]我军早已~,一旦敌人来犯,必将给予沉重打击。

【壁立千仞】 bì lì qiān rèn 壁立:像墙壁一样陡立;仞:古时以八尺或七尺为一仞。形容山峰高耸。也比喻人才德超群或文章风格峭拔。[例句]华山山势陡峭,~,险峰奇景随处可见。

【避而不谈】 bì ér bù tán 指有意回避事实。[例句]无论我们怎么追问,他对那天发生的事就是~。

【避繁就简】 bì fán jiù jiǎn 就:接近。避开繁杂的,去做简要的。[例句]不论做事还是做文章,都要~,抓住重点。

【避难就易】 bì nán jiù yì 就:接近。避开难办的,去做容易的。也指先从容易的做起。[例句]他干工作总是~,所以工作能力的提高自然就慢,业绩也不显著。

【避实就虚】 bì shí jiù xū 实:坚实的部分;就:接近;虚:空虚的部分。在军事上指避开敌人的主力,攻击其薄弱环节。也指回避问题的要害,找空当进行攻击。[例句]此战中我军采用~的战略,取得了极大的胜利。

【避世离俗】 bì shì lí sú 避世:逃避现实;离俗:脱离世俗。指避世隐居,与世俗隔绝。[例句]青年应该经风雨,见世面,绝不能把自己关在房子里~、修身养性。

【避重就轻】 bì zhòng jiù qīng 避开较重的责任,只拣轻的来承担。

也指躲开要害问题，只谈无关紧要的事。[例句]这个司机对肇事的原因，只作了～的交代。

bian

【鞭长莫及】 biān cháng mò jí 莫：不；及：到。原意是鞭子虽长，但不应该打到马腹上。后比喻距离太远，不在力量范围之内。[例句]儿子要到外地读书了，父亲有些担心，怕他染上坏习惯而自己却～。

【鞭辟入里】 biān pì rù lǐ 鞭辟：鞭策、激励；里：最里层。本指深入剖析，使靠近最里层。形容分析说明问题非常透彻，能击中要害。[例句]巴尔扎克小说中的景物描写诗意盎然，议论～。

【变本加厉】 biàn běn jiā lì 厉：厉害、猛烈。原指在本来的基础上更加发展。后形容情况不仅没有向好的方向发展，而且比原来更加严重。[例句]如若打击不力，黑恶势力的猖獗必将～。

【变化多端】 biàn huà duō duān 端：方面、项目。形容变化的项目、样子极多。[例句]这位乒乓球运动员～的发球，使对手无所适从。

【变化无常】 biàn huà wú cháng 常：准则。形容事物变来变去，没有规律。[例句]市场行情～，这些批发商都谨慎行事，不敢大批进货。

【变化无穷】 biàn huà wú qióng 穷：穷尽。变化多种多样，没有穷尽。[例句]万花筒里的图案～。

【变幻莫测】 biàn huàn mò cè 变幻：没有规律地变化；测：推测。变化多端，使人无法推测。[例句]世界杯足球赛连爆冷门，形势～，大出球迷的预料。

【便宜行事】 biàn yí xíng shì 便宜：方便。处理事务时根据实际情况进行权宜，不需上报请示。[例句]因禁毒前线的特殊性，上级命缉毒小分队～。

【遍地开花】 biàn dì kāi huā 到处都出现好事物、好现象。[例句]

私营企业～，促进了经济大发展。

【遍体鳞伤】 biàn tǐ lín shāng 鳞：鱼鳞。浑身布满像鱼鳞一样的伤痕。形容伤痕累累，伤势很重。［例句］儿子竟被亲生母亲打得～，实在出人意料。

biao

【标同伐异】 biāo tóng fá yì 维护同党，攻击异己。［例句］唐朝进入宪宗统治时期，无论是牛党还是李党，互相～，是造成唐朝走向衰落，直至灭亡的主要原因之一。

【标新立异】 biāo xīn lì yì 标：显现、标明；立：建立、树立；异：特别、奇异。原指独创新意，立论与众不同。后指提出新奇的主张，显示与众不同。也指敢于打破陈规陋习，解放思想，进行革新创造。［例句］她设计的服装～，很受消费者的喜爱。

【彪炳千古】 biāo bǐng qiān gǔ 彪炳：照耀；千古：千年，形容时间长。形容功绩、成就、名誉等永存，照耀千秋万代。［例句］爱因斯坦和他的相对论一起～，流芳百世。

【彪形大汉】 biāo xíng dà hàn 彪：小老虎，比喻躯干魁梧，体格健壮。指身材高大结实的男子。［例句］这个～在足球场上的抢球动作倒很灵活。

【表里如一】 biǎo lǐ rú yī 表：外表；里：指内心。形容人的想法和言行完全一致。［例句］张老师为人一向光明磊落，～，深受学生的爱戴。

【表里山河】 biǎo lǐ shān hé 山：太行山；河：黄河。外有河，内有山。形容地势险要。［例句］这个地方，进可攻、退可守，～，乃是兵家必争之地。

bie

【别出机杼】 bié chū jī zhù 别：另外；机杼：织布机。比喻诗文的构思和布局不落俗套，有所创新。［例句］王丽同学的抒情散文～，受到了老师的赞扬。

【别出心裁】bié chū xīn cái 别：另外；心裁：心中的设计、策划。与别人不同的、非常巧妙的创意。[例句]这首～的短诗很快在校园里流行开来。

【别具匠心】bié jù jiàng xīn 匠心：精巧的构思。指在文学、艺术、设计等方面构思巧妙、与众不同。[例句]这篇散文在构思布局上～，语言也十分浅显易懂。

【别具一格】bié jù yī gé 别：另外；格：风格。具有一种与众不同的风格。[例句]这组散文，和他许多行文力求明白晓畅而不追求辞藻雕琢的散文作品比较起来，显出～的特点。

【别开生面】bié kāi shēng miàn 生面：新的面目。比喻另外开创一种和以往完全不同的新形式、新局面。[例句]作者用～的烘托手法让罗敷一出场就以她惊人的美丽吸引着读者。

【别来无恙】bié lái wú yàng 无恙：没有疾病，没有伤害。分别以来一切安好，平安无事。旧时用以再次见面时问候的话。[例句]马老兄～？

【别树一帜】bié shù yī zhì 树：树立；帜：旗帜。另外树起一面旗帜。指另创一家或另创局面。[例句]在众多的词人中，苏轼～，有自己独特的豪放风格。

【别无长物】bié wú cháng wù 长物：多余的东西。再也没有别的多余的东西。形容贫困或俭朴。[例句]这个屋子布置得简朴、素雅，除了几个书橱和几盆花草外，也就～了。

【别无所求】bié wú suǒ qiú 其他什么要求也没有。[例句]老华侨说："我做这些只是想让家乡的孩子们有一个更好的学习环境，其他～。"

【别有洞天】bié yǒu dòng tiān 洞天：道教称仙人居住的地方，指境界。另有一番不同一般的优美境界。[例句]山间小溪潺潺，绿草如茵，～。

【别有风味】bié yǒu fēng wèi 另有一种特色或趣味。[例句]他那普通话里偶尔夹杂一点苏州话，听起来的确～。

【别有天地】bié yǒu tiān dì 天地：指境界。另有一种境界。形容风景或艺术创作引人入胜。[例句]敦煌莫高窟艺术珍品如林，在西北荒漠中真是～。

【别有用心】bié yǒu yòng xīn 用心：居心、打算。心中另有打算。多指心中存有不可告人的坏主意。[例句]他～地说了这些话。

bin

【宾客盈门】bīn kè yíng mén 盈：充满。来客充满门庭。形容来往的客人很多。[例句]老画师家里总是～。

【宾朋满座】bīn péng mǎn zuò 宾客和朋友坐满了席位。形容宾客和朋友很多。[例句]他家今天办喜事，～，热闹非凡。

【宾至如归】bīn zhì rú guī 归：回到家中。客人到这里就像回到自己的家里一样。形容待客热情周到。[例句]香格里拉宾馆的服务生特别热情，在那里住宿的旅客都有～的感觉。

【彬彬有礼】bīn bīn yǒu lǐ 彬彬：文雅的样子。举止文雅，待人礼貌。[例句]她文静娴雅，待人接物总是～。

bing

【冰清玉洁】bīng qīng yù jié 像冰一样清亮，像玉一样洁白。比喻德行高洁。[例句]石评梅女士的一生虽然短促，但是～，纤尘不染。

【冰山一角】bīng shān yī jiǎo 比喻暴露出来的部分只是事物的一小部分。[例句]《红楼梦》的思想艺术成就被人们认识到的只是“～”，还有更多有待于深入挖掘。

【冰天雪地】bīng tiān xuě dì 冰雪漫天盖地。形容极其寒冷。[例句]北方～，寒风凛冽。但是，一过江淮，便是另外一番景象了。

【冰消瓦解】bīng xiāo wǎ jiě 事物的分裂、分离，就像冰融化、瓦分解一样。比喻彻底消失或崩溃。[例句]在警方和禁毒局人员的联合严打下，广东制毒第一大村终于～了。

【冰雪聪明】bīng xuě cōng míng 像冰雪般通透，形容人非常聪明。[例句]没想到～的作家，竟写出这样的作品，真让人失望。

B

【兵败如山倒】bīng bài rú shān dǎo 军队打了败仗，士气低落，就像山丘倒塌那样彻底崩溃。形容作战惨败，不可收拾。[例句]我军接连进攻，敌人则～，溃不成军。

【兵不血刃】bīng bù xuè rèn 兵：武器；刃：刀剑等的锋利部分。兵刃上没有沾上血。指不经交战就取得胜利。[例句]人民解放军～，和平解放了北平。

【兵不厌诈】bīng bù yàn zhà 厌：排斥；诈：欺骗。用兵打仗要尽可能多地采用迷惑敌人的方法。[例句]谈到军事或作战上来，似乎欺骗就有绝对的必要了。所谓"～"，便肯定了诡诈的效力。

【兵多将广】bīng duō jiàng guǎng 将：将领。兵多将多。形容军队实力雄厚。[例句]如果仗恃～便麻痹轻敌，必然难逃失败的命运。

【兵贵神速】bīng guì shén sù 贵：以某种情况为可贵；神速：特别地迅速。出兵时行动特别迅速至为重要。也比喻处理事务以果断迅速为重。[例句]百里奔袭，～，稍有迟缓就将贻误战机。

【兵荒马乱】bīng huāng mǎ luàn 形容战争时期动荡混乱的局面。[例句]爷爷是从～的年月闯过来的人。

【兵来将挡，水来土掩】bīng lái jiàng dǎng, shuǐ lái tǔ yǎn 掩：遮蔽、盖住。比喻根据具体情况决定对策。[例句]依我看，这事用不着发愁，～，到时候自有应付的办法。

【兵连祸结】bīng lián huò jié 兵：战争；连：连续；祸：灾祸；结：集结。指战争接连不断，灾祸又频频发生。[例句]"安史之乱"～时，杜甫被迫逃到四川避难。

【兵临城下】bīng lín chéng xià 临：到。敌军已到城下。形容情势紧急。[例句]《空城计》中塑造了诸葛亮足智多谋的形象，虽然

B

～，但他镇定如常。

【兵强马壮】bīng qiáng mǎ zhuàng 兵力强盛，马匹健壮。形容军队力量强大。[例句]这支球队～，保证输不了。

【兵戎相见】bīng róng xiāng jiàn 兵戎：指武器、军队。指发生武装冲突。[例句]两国终因边界问题而～。

【秉烛夜游】bǐng zhú yè yóu 手执灯烛，在夜间游乐。旧指及时行乐。也指珍惜光阴。[例句]游览北海公园的灯会，与古人的～有天壤之别。

【屏气敛息】bǐng qì liǎn xī 屏：抑制；敛：收住；气、息：呼吸时出入的气。指因心情紧张或注意力集中，暂时止住了呼吸。[例句]发试卷的那会儿，她～，心跳加快，十分紧张。

【屏气凝神】bǐng qì níng shén 屏气：抑制呼吸；凝神：凝聚精神。形容注意力高度集中。[例句]实弹打靶时，我～地注视着靶心。

【并驾齐驱】bìng jià qí qū 驾：驾车；驱：快速前进。几匹马并排拉一辆车，一齐快跑。比喻并肩前进，不分高下。[例句]小英和小明在学习上互相督促、互相帮助，～，都取得了好成绩。

【并行不悖】bìng xíng bù bèi 悖：违背、抵触。指几件事同时进行，互不抵触。[例句]出版工作既要抓经济效益，更要抓社会效益，要保证二者～。

【病从口入】bìng cóng kǒu rù 指致病的原因，多在于饮食不慎。[例句]“～”这句老话是经验的总结，人人都应牢记。

【病入膏肓】bìng rù gāo huāng 膏：我国古代医学上指心尖脂肪；肓：我国古代医学上指心脏和膈膜之间。疾病已经侵入到药力无法达到的膏、肓两个部位。形容病情严重，无法医治。也比喻事态严重，难以挽回。[例句]我知道我的病已经很严重了，已是～了。

典故

《左传·成公十年》记载：成公得了病，到秦国去请名医来医治。秦伯听说后，命令医生不要着急，拖一段时间再去。后来医生到了，对成公说："你的病不能医治了。因为你得的病在肓(心脏和膈膜之间)之上，膏(心尖脂肪)之下，不能用猛药，其他药又治不了，药到不了那个地方，所以不能治了。"

bo

【拨乱反正】 bō luàn fǎn zhèng 拨：治理；乱：乱世；反：回复。治平乱世，恢复正常秩序。也指纠正错误，整顿混乱局面，使之恢复正常。[例句]这次～，他的功劳最大。

【拨云见日】 bō yún jiàn rì 拨开乌云，看到太阳。比喻冲破黑暗的阻挡而见到光明，前途大有希望。也指受到启发，思想豁然开朗。[例句]听了老教授的一番话，如～，我恍然大悟。

【波澜不惊】 bō lán bù jīng 波澜：波涛。水势平稳，没有波涛。比喻局势平静，没有什么变化或曲折。[例句]这次足球小组赛上，各个球队表现基本正常，虽有个别场次爆出冷门，但总体上～。

【波澜老成】 bō lán lǎo chéng 波澜：波涛；老成：老练成熟。常用来形容文章气势雄壮。[例句]这篇文章行文流畅，～，真是大家手笔。

【波澜起伏】 bō lán qǐ fú 澜：大波浪。波浪起起落落。形容局势、情节、内心等起伏不平。形容文章的气势起伏不平。[例句]这篇文章写得～，引人入胜。

【波澜壮阔】 bō lán zhuàng kuò 澜：大波浪。波浪浩大汹涌。比喻声势浩大，规模宏伟。[例句]在"五四"精神的感召下，一场～的爱国救亡运动在全国迅速兴起。

【波涛汹涌】 bō tāo xiōng yǒng 汹涌：水奔腾上涌的样子。形容水势盛大，奔腾起伏。[例句]北风呼号，细雨绵绵，两百多米宽的乌江～。

【伯仲之间】 bó zhòng zhī jiān 伯仲：兄弟排行的次序，老大为伯，老二为仲。兄弟之间。比喻人或事物不相上下，难分优劣。

[例句]这二位的球技在～，难分高低。

【勃然大怒】bó rán dà nù 勃然：生气时变色的样子。突然大怒，变了脸色。[例句]将军～，严厉斥责部下的无能。

B

【博采众长】bó cǎi zhòng cháng 广泛吸取众人多方面的优点。[例句]只有～，才能充实自己，丰富自己。

【博大精深】bó dà jīng shēn 博大：宽广、丰富。形容理论、思想、学识、作品等广博深奥。[例句]为了研究鲁迅～的学问，我们要深入研读鲁迅的作品。

【博而不精】bó ér bù jīng 学识广博而不精通。[例句]做学问切忌～，一知半解。

【博古通今】bó gǔ tōng jīn 博、通：通晓。通晓古代和现代的事情。形容知识渊博。[例句]王先生见多识广，～，深受大家推崇。

【博览群书】bó lǎn qún shū 广泛地阅读各种书籍。形容读书很多，学识渊博。[例句]李先生～，文学造诣相当深厚。

【博士买驴】bó shì mǎi lǘ 博士：古代一种学官名。比喻写文章废话连篇，抓不住要领。[例句]他这篇文章是～，废话连篇。

【博学多才】bó xué duō cái 博：广博。有渊博的学识和多方面的才能。[例句]他～，不但精通好几门外语，而且忠实可靠，能够委以重任。

【薄情寡义】bó qíng guǎ yì 感情淡薄，不讲情义。[例句]他利欲熏心，～，竟骗自己的朋友。

bu

【补天浴日】bǔ tiān yù rì 比喻贡献非常大。[例句]我们的领袖毛泽东，为中国人民的解放事业做出了～的贡献。

【捕风捉影】bǔ fēng zhuō yǐng 比喻说话、做事缺乏事实根据。[例句]他的这番猜测完全是～，你不必放在心上。

【不白之冤】bù bái zhī yuān 白：弄清楚、弄明白；冤：冤枉。无法申诉或得不到辩白而被迫含忍的冤枉。[例句]他像是蒙了～似的，急得说不出话来。

【不败之地】bù bài zhī dì　地：境地。由于占据优势而不会陷入挫败的境地。指做事有成功的把握。[例句]只要万众一心，我们就可以立于～。

【不卑不亢】bù bēi bù kàng　既不低下，也不高傲。形容待人接物得体，有分寸。[例句]谈判中，她～，据理力争，最终签下了这笔大订单。

【不辨菽麦】bù biàn shū mài　菽：豆类。分不清豆子和麦子。形容愚昧无知。也用来指脱离生产实践，缺乏实际知识或判断能力。[例句]两年多的劳动锻炼，使我这个～的人，增长了不少生产知识。

【不辨真伪】bù biàn zhēn wěi　分不清真假。[例句]珠宝玉器，有许多赝品，如果～，就会受骗的。

【不测风云】bù cè fēng yún　难以预料的气象变化。比喻难以推测的局势变化。[例句]人的一生，总难免会有～，不可能一帆风顺。

【不测之祸】bù cè zhī huò　测：预料；祸：灾难。不能预料到的灾祸。多指死亡。[例句]一连串的～使原本富裕的他一贫如洗。

【不差毫厘】bù chā háo lí　毫、厘：古代两种微小的计量单位。形容十分准确，一点都不错。[例句]这份工作图表十分精细，绘制与事实～。

【不逞之徒】bù chěng zhī tú　不逞：不得志、不如意。因不得志而寻衅闹事的人。[例句]只有严惩这帮～，才能维护社会治安。

【不耻下问】bù chǐ xià wèn　不认为向学问不如自己或地位比自己低的人请教是耻辱。[例句]老张勤奋好学，～。

【不出所料】bù chū suǒ liào　没超出预料。表示原来就预料到的。[例句]大家从王龙平时的表现估计他这次准能评上先进，果然～。

【不揣冒昧】bù chuǎi mào mèi　揣：揣度、考虑；冒昧：言行轻率、鲁莽。没有考虑自己言行轻率。多用作自谦之词。[例句]我～提了这样的问题，请见谅。

【不辞而别】bù cí ér bié 辞：告辞。不打招呼就走了。[例句]他有些不高兴，竟～了。

B

【不辞劳苦】bù cí láo kǔ 辞：推辞。形容能吃苦，不怕劳累。[例句]张科长～，每件事都带头去干。

【不存芥蒂】bù cún jiè dì 芥蒂：细小的梗塞物，比喻心中的怨恨或不快。心里没有怨恨或不快。形容心地开阔，襟怀坦荡。[例句]老王是一个～的人，他决不会为这点小事而记仇的。

【不打自招】bù dǎ zì zhāo 指没有用刑，自己就招认了罪行。也指无意中讲出了自己的打算。[例句]你的这些辩护，实际成了～。

【不得而知】bù dé ér zhī 得：能够。没有办法知道。[例句]关于这个人的来历，我也～。

【不得人心】bù dé rén xīn 不能得到人们的支持和拥护。指所作所为不符合人们的心愿。[例句]做事～，必然会遭到群众的反对。

【不得要领】bù dé yào lǐng 要：腰、腰部；领：衣领；要领：衣服的腰部和领部，比喻事物的关键部分。看问题找不到关键。[例句]他东拉西扯地说了大半天，我还是～。

【不动声色】bù dòng shēng sè 动：变动；声：言谈；色：脸色。不让内心的感情从说话声音、语气和脸色上流露出来。形容态度非常镇静。[例句]他坐在那里，～地听着大伙争论。

【不二法门】bù èr fǎ mén 法门：佛教称修行者入道的门径。佛教用语，原指平等而没有差异的途径。指独一无二的道路或方法。[例句]大量阅读古籍，是挖掘古典文学宝库的～。

【不乏其人】bù fá qí rén 乏：缺少。不缺少那样的人。[例句]这样的工程师，在我们那里是～的。

【不分彼此】bù fēn bǐ cǐ 彼：那、对方；此：这、我方。不分你我或不分那个和这个。形容关系密切或一样对待。[例句]我们两人情同手足，～。

【不分皂白】bù fēn zào bái　皂：黑色。比喻不问原因，不判断是非曲直。[例句]她～地把他数落了一顿，弄得他丈二和尚——摸不着头脑。

【不孚众望】bù fú zhòng wàng　孚：使人信服。不合于众人的期望。[例句]新上任的厂长，因～，不久就下台了。

【不负众望】bù fù zhòng wàng　负：辜负。没有辜负大家的期望。[例句]2014年感动中国人物黄旭华先生～，带领其团队为我国研制出了第一艘核潜艇，被誉为"中国核潜艇之父"。

【不改初衷】bù gǎi chū zhōng　初：本来的；衷：心意。不改变本来的心意。[例句]工作上虽然受了挫折，但他～，仍然热爱这一行。

【不甘雌伏】bù gān cí fú　甘：甘心、情愿；雌伏：雌鸟伏在那儿，比喻躲藏，不进取，无所作为。指不甘心无所作为。[例句]只有～的人才会有辉煌的前程。

【不甘寂寞】bù gān jì mò　不甘心被冷落或不声不响地置身事外。多指急于想要表现自己或加入进来。[例句]看到不少人下海经商，她～，也准备加入进去。

【不甘示弱】bù gān shì ruò　示：显示、表现；弱：差、软弱。不甘心显得比别人差，要追上或胜过对方。[例句]在激烈的市场竞争中，他们厂～，奋起直追。

【不尴不尬】bù gān bù gà　义同"尴尬"，形容办事或处境很为难。[例句]你这样做，让我陷入了～的境地。

【不敢告劳】bù gǎn gào láo　告：告诉、诉说。不敢向别人诉说自己的劳累辛苦。形容勤勤恳恳。多用于自谦，表示理应效劳。[例句]他只是一味地埋头干活，～。

【不敢后人】bù gǎn hòu rén　不敢落在别人后面。表示尽量努力。[例句]我基础很差，但～，正在努力学习，争取迎头赶上。

【不攻自破】bù gōng zì pò　不用攻击就自行破灭。比喻观点、言论漏洞太多，经不起反驳或攻击。[例句]在事实面前，谎言～。

【不共戴天】bù gòng dài tiān　戴：头上顶着。不和仇敌在同一个天底下并存。形容仇恨极深，不能共存。[例句]周威和任中元结下了～的深仇大恨，发誓不报那一刀之仇，死不瞑目。

【不苟言笑】bù gǒu yán xiào 苟：随便。不随便说笑。形容态度严肃。[例句]冯去疾是个～的人，有时他尽管心中宛如吹进春风一般，脸上却没什么表情。

【不过尔尔】bù guò ěr ěr 尔(前)：如此、这样；尔(后)：罢了。也不过如此罢了。意思是就是这一点儿或没有什么了不起的。[例句]他的本事，～。

【不寒而栗】bù hán ér lì 栗：战栗、颤抖。由于恐惧而发抖。[例句]他一想起那次遇到歹徒的事，便～。

【不合时宜】bù hé shí yí 不符合社会时尚或形势需要。[例句]现在你还死抱着家长制作风不放，未免太～了。

【不欢而散】bù huān ér sàn 散：分开、分手。很不愉快地分手。[例句]酒席桌上为了一点小事两人争吵了起来，弄得大家～。

【不慌不忙】bù huāng bù máng 慌：慌张；忙：匆忙。不慌张也不忙乱。形容态度从容镇定。[例句]大家急切地想知道最后结果，可是爷爷却～地要从头道来。

【不惑之年】bù huò zhī nián 惑：迷惑。遇事能明辨不疑的年龄。指四十岁。[例句]父亲刚到～，可头发却已经白了不少。

【不即不离】bù jí bù lí 即：接近；离：疏远、离开。原为佛教用语，表示既不同一，又不相异。现指对人的关系或所持态度不太亲近，也不太疏远。[例句]他和周围的人始终保持着一种～的关系。

【不急之务】bù jí zhī wù 务：事情。不是急于要做的事情或就当前来说是无关紧要的事情。[例句]现在工作这样紧张，那些～可以暂时不去管它。

【不计其数】bù jì qí shù 计：计算。没法计算数目。形容数量极多。[例句]我从教四十余年，改过的学生作文～。

【不加思索】bù jiā sī suǒ 见“不假思索”。

B

【不假思索】bù jiǎ sī suǒ 假：假借，依靠。不用思考就做出反应。形容言行敏捷。[例句]有人提到唐诗《春望》，他便～地随口吟出。

【不见经传】bù jiàn jīng zhuàn 不见：不见于；经：指典范的著作；传：阐明经义的文字。经典文献中没有记载。常指人或事物没有大名气或某种理论缺乏文献上的依据。[例句]这位世界冠军竟然败在一位名～的小将手中。

【不见天日】bù jiàn tiān rì 看不到天和太阳。形容社会黑暗。[例句]沙尘暴袭来时，一片昏黑，～。

【不骄不躁】bù jiāo bù zào 不骄傲，不急躁。形容谦虚谨慎。[例句]我们要虚心学习，～，继续前进。

【不教而诛】bù jiào ér zhū 诛：惩罚。事先不进行教育，犯了错误就惩罚或诛杀。[例句]要大力进行法制教育，不能～。

【不解之缘】bù jiě zhī yuán 缘：缘分。解不开的缘分。形容关系密切。[例句]他从小就和足球结下了～。

【不矜不伐】bù jīn bù fá 矜、伐：自夸。不骄傲自大，不自己夸耀自己。[例句]她虽然在艺术上获得了惊人的成就，却从来都是～。

【不矜细行】bù jīn xì xíng 矜：注重；细行：小节。不注重小节。[例句]他干什么事都大大咧咧，～。

【不进则退】bù jìn zé tuì 进：前进；退：后退。不前进就会后退。[例句]学习如逆水行舟，～。

【不近人情】bù jìn rén qíng 近：接近、靠近。指人的性格或行为乖戾，不合乎人们的正常感情。[例句]不要怪他～，他只是遵照原则办事。

【不经一事，不长一智】bù jīng yī shì，bù zhǎng yī zhì 不经历那件事情，就不能增长关于那件事情的知识。[例句]俗话说"～"，希望你能从这件事情中吸取教训。

【不经之谈】bù jīng zhī tán 不经：不合常理。没有经典作根据的话。荒唐的、没有根据的话。[例句]这种～，你怎么能把它当作真的听进去了呢？

【不胫而走】bù jìng ér zǒu　胫：小腿；走：快跑。没有腿却能奔跑。比喻消息传播很快，不用专门宣扬。[例句]这个消息～，很快就传遍了整个小镇。

【不拘小节】bù jū xiǎo jié　拘：拘泥；小节：无关原则的生活琐事。本指待人处事不拘泥于小事，后多指不注意生活小事。[例句]这个人性情洒脱，～。

【不拘一格】bù jū yī gé　格：格式、规格。不局限于一种规格、标准。[例句]联欢会上请你出个节目，～，什么都行。

【不绝于耳】bù jué yú ěr　绝：断。指声音不断在耳边回响。[例句]菜市上人声鼎沸，小贩的叫卖声～。

【不刊之论】bù kān zhī lùn　刊：修改，用刀削除竹简上的误字。指完全正确的、没有修改余地的言论。[例句]实践是检验真理的唯一标准，确为～。

【不堪回首】bù kān huí shǒu　堪：忍受；回首：回忆、回顾。不忍回头再想过去的事。表示境遇或思想发生了巨大变化后对往昔的感慨。[例句]她把自己年轻时那段～的痛苦经历深深地埋藏在心底，从没向人提起过。

【不堪入耳】bù kān rù ěr　堪：忍受。形容言语粗俗下流，使人听不下去。[例句]那～的话，他听了却当没事人一样。

【不堪入目】bù kān rù mù　堪：忍受。形容行为粗俗或东西粗劣，让人无法看下去。[例句]网络上有不少～的东西，我们要尽量避免去接触它们。

【不堪设想】bù kān shè xiǎng　堪：能够；设想：对将来情况的推测、想象。对将来的情况不能想象。指预料到事情会发展到很坏或很危险的地步。[例句]如果不是及时切断电源，这台机器的损坏程度更～。

【不堪一击】bù kān yī jī　不堪：经不起，承受不了。经不起一打。

形容力量十分薄弱或文章论点不严密，经不起反驳。[例句]这篇论文观点含糊，漏洞百出，实在～。

【不堪造就】 bù kān zào jiù 堪：能够；造就：通过培养，使有成就。指素质太低，没有培养前途。[例句]老师要善于发现学生的优点，纯粹～的人是没有的。

【不可多得】 bù kě duō dé 得：得到。形容人或事物很难得。[例句]你千万别错过了这次国际学术研讨会，这可是～的好机会啊！

【不可告人】 bù kě gào rén 不能告诉别人。多指不良打算不敢公开宣示。[例句]在法庭上他把过去所做的～之事都交代了。

【不可估量】 bù kě gū liáng 指太多太大，无法估计。[例句]环境污染会造成～的损失。

【不可或缺】 bù kě huò quē 或：稍微。一时也不能缺少。[例句]饮茶对他来说是每天～的事情。

【不可救药】 bù kě jiù yào 药：治疗。指病情严重到无法医治的程度。比喻人或事物坏到无法挽救的地步。[例句]他还没有堕落到～的程度，我对他并没有绝望。

典故

西周时，周厉王凶残无道，非常暴虐。当时有位叫凡伯的大臣曾写了一首诗来规劝周厉王。诗的大意是这样的：忧患要及早防止。做坏事多，罪恶也多，以后就像得了重病一样不可救药了。周厉王不听，终于引起百姓的暴动，他自己不得不逃离京城。从此，西周也渐渐衰落了。

【不可开交】 bù kě kāi jiāo 开：解开；交：相错、纠缠；开交：结束、解决。形容无法摆脱或结束。[例句]我正忙得～，哪有闲工夫出去逛街！

【不可理喻】 bù kě lǐ yù 喻：使明白。无法用道理使之明白。形容蛮不讲理。[例句]这个人蛮不讲理，简直是～。

B

【不可名状】bù kě míng zhuàng　名:说出;状:描绘。无法用语言形容。[例句]他听到自己的那篇学术论文获得了大奖的消息,激动的心情～。

【不可磨灭】bù kě mó miè　磨灭:消失、埋没。指功业、事迹或道理永远不会消失。[例句]中国人民解放军在革命战争和国防建设中,立下了～的功勋。

【不可偏废】bù kě piān fèi　偏废:因重视一方,而忽视另一方。不能因强调一个方面,而忽视另一个方面。[例句]经济建设与环境保护我们都要高度重视,～。

【不可企及】bù kě qǐ jí　企及:赶得上。无法达到。形容差距大。[例句]我们社会主义制度的优越性是过去任何社会制度所～的。

【不可胜数】bù kě shèng shǔ　胜:尽。数也数不过来。形容数量很多。[例句]古今文学作品中提到酒的诗文～。

【不可收拾】bù kě shōu shí　收拾:整顿、整理。原指事物没法归类整顿。后借指情况糟糕,坏到无法挽救的地步。[例句]等我们赶到村里的时候,事态已发展到～的地步。

【不可思议】bù kě sī yì　原为佛教用语,指言语思维不能达到的神秘境界。现多指难以理解,难以想象。[例句]老王!你简直是个～的地质学家。

【不可同日而语】bù kě tóng rì ér yǔ　不能同时谈论。形容不能相比,两者不能相提并论。[例句]在崇高的理想和健康感情基础上产生的趣味,和趣味主义是～的。

【不可限量】bù kě xiàn liàng　限量:限定止境、数量。不可限定止境或数量。形容前途远大。[例句]这孩子如此聪明,又很用功,前程～。

【不可言传】bù kě yán chuán　言:言语;传:传出、说出。指无法用言语来说明。[例句]有些事情只可意会,～。

【不可一世】bù kě yī shì　可:认可、称赞;一世:一个时代,当世。自以为当世第一,谁都比不上。形容人狂妄自大到了极点。

[例句]这副对联正是他那野心勃勃、自命不凡、～的狂妄心态的写照。

【不可逾越】bù kě yú yuè 不能超过。形容障碍、阻力很大。[例句]在生活的道路上,没有～的鸿沟。

【不可终日】bù kě zhōng rì 终日:过完一天。一天都过不下去。形容心中慌乱或局势危急而日子难过。[例句]有关地震的传闻闹得人心惶惶,～。

【不可捉摸】bù kě zhuō mō 捉摸:预料、猜测。抓不住真相,摸不透本意。[例句]这个人整天不言不语,令人～。

【不稂不莠】bù láng bù yǒu 稂:狼尾草;莠:狗尾草。稂、莠都是田里同谷子相似的野草。原意是田里没有野草。后比喻人不成才,没有出息。[例句]这个人半辈子～的,没有做出什么成绩。

【不劳而获】bù láo ér huò 自己不付出,占有别人的劳动成果。[例句]劳动光荣,～可耻,这是我们新社会的特点。

【不了了之】bù liǎo liǎo zhī 了:了结、结束;不了:不结束,即不过问。该办的事情没有办完,搁置起来不再管,就算完事。[例句]这件事拖了半年,最后～了。

【不留余地】bù liú yú dì 不留一点空余的地方。指言语行动不留下回旋的地方。[例句]这个人做事绝,一点也～。

【不露锋芒】bù lù fēng máng 锋芒:刀剑等的尖端,比喻人的才干。指不显露出才能来。[例句]她不是没才能,而是平时～。

【不露声色】bù lù shēng sè 声:说话的声音、语气;色:脸部表情。不让感情、想法从说话的声音、语气和表情上流露出来。[例句]她察觉到了男朋友对自己的冷淡,心里很不是滋味。但她丝毫～。

【不伦不类】bù lún bù lèi 伦:类;不伦:不同类。既不像这一种,又不像那一类。形容不像样、不正派、不规范或不成体统。[例句]这几个男青年留着染成红色的头发,一身打扮～,让人看了很不舒服。

B

【不落窠臼】bù luò kē jiù 窠臼：现成格式，老一套。指文章或艺术不落老套子，有所创新。［例句］作家对周围的人和事，最敏感、也最可贵的素质便是～，跑在时代的前面。

【不蔓不枝】bù màn bù zhī 原指莲花的茎挺直而不蔓生枝杈。后比喻说话作文简明扼要。［例句］写作的一条重要原则就是中心突出，～。

【不毛之地】bù máo zhī dì 毛：地面上生长的谷物、草木。原指不长五谷、草木的地方。后泛指最贫瘠的或未被开垦的地方。［例句］这里过去曾是～，后经治理盐碱，改良土壤，成了大片良田。

【不名一钱】bù míng yī qián 名：占有。穷到一文钱也没有。［例句］这个横行霸道的纨绔子弟，怎么也不会想到后来竟会落到～的地步。

【不明不白】bù míng bù bái 不清楚，不明白。有时表示来路不正，不光明正大。［例句］顾客～地多花了钱，这个饭店遭到不少人的质疑。

【不明真相】bù míng zhēn xiàng 真相：真实情况。不了解事情的真实情况。［例句］～，如何能判定是非？

【不谋而合】bù móu ér hé 谋：商量；合：相符。彼此间没有经过商量，行动或意见却完全一致。［例句］他二人对这一问题的看法～。

【不能自拔】bù néng zì bá 自拔：主动地从恶劣的境地中脱身出来。指深陷某种境地，自己无法挣脱。［例句］有的人不清醒、不坚定，让私心膨胀，以致堕入泥坑，～。

【不能自已】bù néng zì yǐ 已：止。自己控制不住自己的感情。［例句］小莉说完自己的遭遇，～，忍不住哭了起来。

【不偏不倚】bù piān bù yǐ 倚：偏。原指儒家的中庸之道。现指不偏向任何一方，表示中立或公正。也形容一点不歪，正中目标。［例句］小丽抛出的藤圈～，正好套在洋娃娃身上。

【不平则鸣】bù píng zé míng 鸣:发出声音,指有所抒发或表示。遇到不公平的事情,就发出不满的呼声。[例句]这种作品,只是对旧社会的一种愤怒的控诉,一种~的呐喊。

【不破不立】bù pò bù lì 破:破除;立:建立。不破除旧的东西,就不可能建立新的东西。[例句]~,敢于否定自己,勇于对自己的经验说"不",是树立新观念所必需的前提。

【不期而遇】bù qī ér yù 期:约定时间。没有事先约定而意外碰到。[例句]在展览馆里,我和分别多年的老友~。

【不情之请】bù qíng zhī qǐng 情:合情。不合情理的请求。多用作有所请求时的客套话。[例句]我实在没办法才提出这些~,希望你不要见怪。

【不求甚解】bù qiú shèn jiě 原意是说读书只求领会要旨,不过分在字句上花功夫。后指只想懂个大概,不求彻底了解。[例句]这种粗枝大叶、~的风气是学习的大敌。

【不屈不挠】bù qū bù náo 屈:屈服;挠:弯曲。形容非常顽强,不屈服于困难、恶势力等。[例句]他~,向着目标继续前进,继续攀登。

【不仁不义】bù rén bù yì 既不讲仁爱,也不讲道义。形容品性卑劣。[例句]自从他做了那件~的事后,已经没什么人和他来往了。

【不容争辩】bù róng zhēng biàn 由不得他人争论。表示事实或道理已十分清楚,无须再说什么。[例句]中国城市普遍的环境污染是~的事实。

【不容置疑】bù róng zhì yí 容:允许。不允许有怀疑。意思是没有什么可怀疑的。[例句]我们要建设有中国特色的社会主义,就必须坚持四项基本原则,这是~的。

【不入虎穴,焉得虎子】bù rù hǔ xué,yān dé hǔ zǐ 穴:洞穴;焉:怎么。不进老虎洞,怎能抓到小老虎?比喻不亲临险境,便不能成功。[例句]~,我们不打入敌人阵营内,就很难取得敌人的情报。

B

【不三不四】bù sān bù sì 形容不像样子或不正派。[例句]交友要慎重,不要同那些～的人来往。

【不上不下】bù shàng bù xià 上不来,下不去。形容事情无着落,处境困难。[例句]像现在这样～的,我们该怎么办?

【不甚了了】bù shèn liǎo liǎo 了了:明白、懂得。模模糊糊,不十分了解。[例句]这个问题我也～,怎么能去教人?

【不声不响】bù shēng bù xiǎng 不说话,不出声。常形容不声张,暗中进行。[例句]他一个人～地坐在小河边,望着河水发呆。

【不胜枚举】bù shèng méi jǔ 胜:尽;枚:个。无法一个一个全列举出来。形容为数极多。[例句]像这样的事例简直多得～。

【不失时机】bù shī shí jī 时机:具有一定时间性的机会。不错过当时的机会。指做事要抓住有利的机会。[例句]刚下过一场春雨,我们要～,赶紧播种。

【不时之需】bù shí zhī xū 不时:不定什么时候,随时。随时都会出现的需要。[例句]我存这点钱,无非是为了有备无患,以应～。

【不识大体】bù shí dà tǐ 识:知道、懂得;大体:大局或重要的道理。指不懂得关系到大局的道理。[例句]在一个公司内,～、不顾大局的行为是坚决不允许的。

【不识高低】bù shí gāo dī 指说话、做事不懂轻重深浅。[例句]小李说话～,得罪了客户,被经理狠狠批评了一顿。

【不识好歹】bù shí hǎo dǎi 歹:坏。不懂得好和坏。指不辨是非。也指不理解别人对自己的好意。[例句]他对你一片好心,你怎么～,反而去埋怨他?

【不识时务】bù shí shí wù 时务:当前的重大事情或客观形势。不了解当前的情势或潮流。也指待人接物不会察言观色。[例句]改革开放是大势所趋,如果还要搞闭关自守,就是～。

【不识抬举】bù shí tái jǔ 识:认识、理解;抬举:称赞、提拔。不理解或不接受别人给予的好处,多用于责骂人。[例句]这都什么时候了,你不要～。

B

【不识一丁】 bù shí yī dīng 丁：指最简单的字。一个字也不认识。［例句］如今我们国家大力发展教育，～的人越来越少了。

【不是冤家不聚头】 bù shì yuān jiā bù jù tóu 不是前世的对头，今世也就不会相聚在一起。本是一种宿命论，多用来指相互依赖，在感情上牵连不断，而又经常闹矛盾的一对人。［例句］这对夫妇常为些小事争吵，真是～。

【不死不活】 bù sǐ bù huó 形容处境尴尬或毫无生气、勉强维持的状态。［例句］他上任不久，就使这个～的企业又重新恢复了活力。

【不速之客】 bù sù zhī kè 速：邀请。没有邀请而突然光临的客人。［例句］西方习惯先用电话预约，很少有人会做～。

【不祧之祖】 bù tiāo zhī zǔ 祧：古时候国君的宗庙分为家庙和远祖庙，远祖庙称祧。家庙中供奉的神主，凡辈分远的都要依次迁入祧庙中合祭，永远不迁移的叫"不祧"。后用来比喻因开创某种事业而永远受到尊崇的人或不可废除的事物。［例句］司马迁的《史记》被誉为"史家之绝唱，无韵之离骚"，是史学上的～。

【不通人情】 bù tōng rén qíng 不懂得为人处世的道理。［例句］他这样做，实在是～。

【不同凡响】 bù tóng fán xiǎng 凡响：平凡的音乐。不同于一般的音乐。形容事物特别出色，非同一般。［例句］这是幅～的油画，有摄人心魄的感染力。

【不同流俗】 bù tóng liú sú 流俗：世俗。不同于世俗。形容不平凡，不一般。［例句］战国时期著名诗人屈原～，创作了许多有深远影响的诗歌。

【不痛不痒】 bù tòng bù yǎng 比喻议论、批评等不中肯，没有触及要害。也比喻没有彻底解决问题。［例句］艺术最忌温吞水似的，～，不冷不热，平淡无味。

【不闻不问】 bù wén bù wèn 闻：听。不打听，也不过问。形容漠不关心。［例句］你怎么能对这场纠纷采取～的态度呢？

B

【不无小补】bù wú xiǎo bǔ 不是没有一点帮助。指虽然作用不大,也还有点用处。[例句]这点钱虽然解决不了大问题,但也~。

【不舞之鹤】bù wǔ zhī hè 不肯跳舞的仙鹤。指无能之人,也用作自谦之词。[例句]我是~,还是请别人上场吧!

【不务正业】bù wù zhèng yè 务:从事;正业:正当的职业。不从事正当的职业。指不注重甚至丢下本职工作,而去搞其他无关的事情。[例句]这些年他~,一点积蓄也没攒下。

【不惜工本】bù xī gōng běn 工本:制造物品所用的成本。指舍得下本钱。[例句]这家工艺品厂~,其工艺品深受大众的喜爱。

【不相上下】bù xiāng shàng xià 分不出高低、好坏。形容彼此之间没有差距。[例句]他俩的学习成绩在班里~。

【不祥之兆】bù xiáng zhī zhào 不吉利的预兆。[例句]古人把白虹贯日看作~,是因为他们对自然现象缺乏科学的了解。

【不肖子孙】bù xiào zǐ sūn 不肖:不像(先人)、不贤。指不能继承祖先事业或违背祖先遗志的后代儿孙。[例句]这位老艺人去世后,他的几个~贪图安逸,都把家传手艺荒废了。

【不屑一顾】bù xiè yī gù 不屑:认为不值得(做);顾:看。非常轻视,连看一眼都觉得不值。[例句]她对任何事情都显示出一种~的神情。

【不屑置辩】bù xiè zhì biàn 不值得去辩解。[例句]对于这些流言蜚语,我是~的。

【不省人事】bù xǐng rén shì 省:明白。指昏迷不醒,失去知觉。也指不懂得人情世故。[例句]他被惊马撞倒,当即昏迷过去,~了。

【不修边幅】bù xiū biān fú 修:修饰;边幅:布帛的边缘,借指衣着、容貌、仪表。比喻不注意衣着的整洁,常形容人生活随便,不拘小节。[例句]这个人把全部精力用在了科研上,所以时常~。

【不虚此行】bù xū cǐ xíng 没有白跑这一趟。[例句]因为我们做了充分准备,所以这次一定会~。

【不学无术】bù xué wú shù 学:学识、学问;术:技能、方法。原指没有学问，因而没有好办法。现指没有学问，没有本领。[例句]这个人～，偏又喜欢附庸风雅。

【不徇私情】bù xùn sī qíng 徇：屈从。不屈从私情。指秉公办事。[例句]他执法严厉、～，被当地群众称为"三铁局长"。

【不言不语】bù yán bù yǔ 沉默不语。[例句]一路上他俩～，各自想着心事。

【不言而喻】bù yán ér yù 言：说明、解释；喻：明白、了解。不用说明就能明白。[例句]企业的发展，需要借鉴先进的管理经验，更需要有优秀的人才做后盾，这是～的道理。

【不厌其烦】bù yàn qí fán 厌：嫌；烦：麻烦。不嫌麻烦。指人极有耐心。[例句]苏玫耐心地示范，和蔼地讲解，～地纠正他们的一举一动、一言一语。

【不厌其详】bù yàn qí xiáng 厌：嫌；详：详细。不嫌详细。指越详细越好。[例句]作者～地描述了那件事的细节。

【不依不饶】bù yī bù ráo 不依从，不宽恕。[例句]对方骂了他一句，他就～，闹得不可开交。

【不遗余力】bù yí yú lì 遗：留。不留下一点剩余的力量。指把全部力量都使出来。[例句]他不论在什么岗位上，都～地工作。

【不以为耻】bù yǐ wéi chǐ 不认为是可耻的。指不知羞耻。[例句]这个贪污分子不但～，反而滔滔不绝地强调了种种客观原因。

【不以为然】bù yǐ wéi rán 然：对。不认为是对的。形容不认可或不在乎。[例句]父亲再三劝告他不要上网玩游戏，他每次都～。

【不以为意】bù yǐ wéi yì 不把事情放在心上。表示轻视。[例句]我们提醒过他要注意安全生产，可他就是～。

【不义之财】bù yì zhī cái 不义：不正当、不合理。采用不正当手段得来的财物。[例句]他利用手中的权力大肆攫取～，结果受到法律的严厉制裁。

【不亦乐乎】bù yì lè hū 亦：也；乎：吗。不也是很快乐吗？常用来表示某种状态、动作等达到极端、过甚的程度。[例句]王叔叔是个推销员,整天东奔西跑,忙得~。

【不易之论】bù yì zhī lùn 易:变化、更改。不可更改的言论。形容议论或见解精辟、正确。[例句]先生的精辟见解可谓~。

【不翼而飞】bù yì ér fēi 翼:翅膀。没有翅膀,却能飞行。形容传播迅速。也指东西突然不见了。[例句]尽管美术馆保安措施严密,还是有一幅名画~了。

【不由分说】bù yóu fēn shuō 不由:不听从、不容许;分说:辩白。不给别人分辩的机会。[例句]他~,就把我拉到操场上。

【不由自主】bù yóu zì zhǔ 不由自己控制。[例句]由于连日来的疲劳,两个人~地打起盹来。

【不远千里】bù yuǎn qiān lǐ 不远:不以为远。不以千里为远。形容不怕长途跋涉。[例句]他~,到边疆考察去了。

【不远万里】bù yuǎn wàn lǐ 见"不远千里"。

【不约而同】bù yuē ér tóng 约:约定、商定。未经约定而采取了一致的意见或行动。[例句]节目演到精彩之处,观众们~地鼓起掌来。

【不在其位,不谋其政】bù zài qí wèi,bù móu qí zhèng 谋:谋虑、谋划;政:政务、事务。不处于某种职位,就不去考虑这一职位所管的事务。[例句]~,这事你还是找赵局长吧!

【不择手段】bù zé shǒu duàn 择:选择。指为了达到目的,无论什么手段都可以采用。[例句]作品把这个~向上爬的人物刻画得栩栩如生。

【不折不扣】bù zhé bù kòu 折、扣:原是商业用语,买卖货物,照标价减去一定成数叫作打折扣。没有折扣。形容完全彻底、一点不差的。[例句]对上级的这项指示,我们应当~地贯彻执行。

【不枝不蔓】bù zhī bù màn 见"不蔓不枝"。

【不知不觉】bù zhī bù jué 没有意识到,无意之中。[例句]一路上踏着软软的衰草,一会儿走田埂,一会儿走沟畔,~就是十里八里。

【不知进退】bù zhī jìn tuì　不知道是进还是退。形容人的言行没有分寸,轻举妄动。[例句]你这个人真是～,怎么能在老刘面前提起这件事呢?

【不知轻重】bù zhī qīng zhòng　不知道权衡事情的重要和不重要。多指言行没有分寸。[例句]我～,把这件事告诉给了她,让她伤心了许久。

【不知深浅】bù zhī shēn qiǎn　不知道水是深是浅。多指没有正确估量自己的才能等。指言行冒失,没有分寸。[例句]真是～,那样的人他也想结交吗?

【不知死活】bù zhī sǐ huó　指行为鲁莽,不知利害。[例句]公安局长再三叮嘱下属:"一定要加倍小心,我们要抓捕的罪犯都是些～的亡命之徒。"

【不知所措】bù zhī suǒ cuò　措:安置。不知道该怎么办。形容受窘或发慌。[例句]当人们告诉她儿子被车撞伤的消息后,她一时～。

【不知所以】bù zhī suǒ yǐ　所以:为什么。不明白为什么会是这样。[例句]对学习,不求甚解、～是不行的。

【不知所云】bù zhī suǒ yún　云:说。不知道说的是些什么。指说的话紊乱,令人难懂。[例句]他～地在那里东拉西扯,听众早就不耐烦了。

【不知所终】bù zhī suǒ zhōng　终:结局。不知道最终的结局或下落。[例句]我听说那和尚后来云游四方,～。

【不值一钱】bù zhí yī qián　一钱都不值。形容毫无价值。比喻才能低下或品格卑下。[例句]我们光明正大、为国为民的行为,简直被你说得～。

【不治之症】bù zhì zhī zhèng　无法救治的病。也比喻无法解决的问题或无法根除的祸患。[例句]随着医学的发达,好多疾病过去认为是～,现在却得到了很好的治疗。

B

【不置可否】bù zhì kě fǒu 置:放,这里用为“表示”;可:行、可以;否:不行、不可以。既不说行,也不说不行。指不表示态度,不发表意见。[例句]这次你必须表明态度,不能再～。

【不置一词】bù zhì yī cí 置:安放,这里是表示的意思。不发表意见。[例句]他怕得罪人,对谁是谁非～。

【不着边际】bù zhuó biān jì 着:接触到。挨不上边儿。形容说话空泛、离谱。[例句]他跟人谈话的时候,总爱说些～的话。

【不自量力】bù zì liàng lì 不能正确估量自己的力量,对自己估量过高。[例句]他很清楚自己的实力,从不做～的事。

【不足挂齿】bù zú guà chǐ 挂齿:放在口头上。形容人或事情轻微,不值得一提。[例句]为人民服务是我们的光荣责任,我们不过做了一点～的小事,就来信表扬,真是十分惭愧。

【不足为凭】bù zú wéi píng 凭:证据、依据。不能作为凭证、根据。[例句]几张荣誉证书～,公司看重的是你实际的工作能力。

【不足为奇】bù zú wéi qí 不值得奇怪。指很一般,很常见。[例句]对于一个离家多年的人来说,认不出同村的年轻人,那是～的。

【布衣蔬食】bù yī shū shí 蔬食:粗食。穿布衣,吃粗食。形容生活俭朴。[例句]爷爷久居乡下,～倒也其乐融融。

【布衣之交】bù yī zhī jiāo 布衣:古时平民的衣着。平民之间的交谊。也指显贵者与平民的交谊。[例句]他们原是～,所以感情很深厚。

【步步为营】bù bù wéi yíng 步:古时以五尺为一步;步步:表示距离短。古时军队每前进一步,就设下一道营垒。形容防守严密。也比喻行动谨慎而周密。[例句]黄立山认为商场如战场,兵贵神速,对父亲～的经营方针很不以为然,极力主张改变。

【步履蹒跚】bù lǚ pán shān 步履:行走;蹒跚:因为腿脚不灵便,走路缓慢、摇摆的样子。形容行走缓慢,迈步不稳的样子。[例句]那位老太太～地走了过来。

【步履维艰】bù lǚ wéi jiān 步履：行走；维：文言助词。形容行走困难。[例句]我们在泥泞的山路上～地行走了将近两个小时，才到达目的地。

【步人后尘】bù rén hòu chén 步：踏着；后尘：走路时脚后扬起的尘土。跟在别人后面走。比喻追随效仿他人，没有自己的创新。[例句]在人生之路上，一味地～是不会大有作为的。

C

C

ca

【擦肩而过】cā jiān ér guò 双方肩挨着肩相向通过。指两者靠得很近但没有碰上。比喻本来可能得到某种好处或遭遇某种境况却没有得到或遇到。[例句]在探险途中，他几次与死神～。

cai

【才德兼备】cái dé jiān bèi 见“德才兼备”。

【才高八斗】cái gāo bā dǒu 才：才华。形容极有才华。[例句]他学富五车，～，在学术界很有名气。

【才华横溢】cái huá héng yì 横溢：充分显露。指才华充分显露出来。[例句]他属于那种另类的人，悠然自得，～，却又漫不经心。

【才貌双全】cái mào shuāng quán 才能、外貌俱佳。[例句]这几位姑娘～，真是太难得了。

【才疏学浅】cái shū xué qiǎn 才识不广，学问不深。常用作自谦之词。[例句]我实在是～，老先生过誉了。

【才艺卓绝】cái yì zhuó jué 卓绝：高超无比。才能和技艺都异常出众，高超无比。[例句]他～，在戏曲表演界颇有名气。

【才子佳人】cái zǐ jiā rén 才子：有才华的男子；佳人：年轻貌美的女子。有才华的男子与美貌的女子。泛指才貌出众的青年男女。[例句]那部描写古代～爱情故事的小说十分畅销。

【材大难用】cái dà nán yòng 木材特别高大，难以派给普通用场。

比喻大才者难以用于小事。指怀才不遇。[例句]你不要怨天尤人,一味强调～,而应脚踏实地做好本职工作。

【财大气粗】cái dà qì cū 因富有财产而气派不凡。[例句]请得起名人做广告的企业通常给人一种～、实力雄厚的印象。

【财迷心窍】cái mí xīn qiào 由于一心爱财而犯糊涂。[例句]这副对联一针见血地揭露了那些～者的丑恶面目。

can

【餐风宿露】cān fēng sù lù 餐:吃饭;宿:住宿。在风中吃饭,在露天睡觉。形容旅途或野外生活的艰辛。[例句]我的爸爸是一名军人,对这种～的生活早已习以为常了。

【残杯冷炙】cán bēi lěng zhì 残:残余;炙:烤肉。吃剩的酒食。泛指别人吃剩的饭菜,用来形容受冷遇。也比喻别人给的施舍。[例句]只剩下～了,怎么招待客人呢?

【残兵败将】cán bīng bài jiàng 残:残余。打了败仗后残余的兵将。形容溃败的军队。后常用以戏称比赛中失败的一方。[例句]你们这些～还敢跟我们再赛一场吗?

【残茶剩饭】cán chá shèng fàn 剩下的茶水和食品。[例句]他为办这件急事,胡乱吃了些～,便出门去了。

【残冬腊月】cán dōng là yuè 腊月:十二月。指严冬季节。也指岁末。[例句]～时,花城十里,人潮涌动,万花竞相争艳。

【残花败柳】cán huā bài liǔ 残:残败。凋零的花朵,枯槁的柳树。比喻被蹂躏、遗弃的女子。[例句]那些处于社会最底层,被称为～的不幸女子,新中国成立后都获得了新生。

【残酷无情】cán kù wú qíng 残:凶狠。残暴、冷酷,毫无人情。[例句]真想不到,他竟然是一个～的人。

【残缺不全】cán quē bù quán 残:残破;缺:短缺。指残破短缺,不完整。[例句]这本书～,我不想买。

【残汤剩饭】cán tāng shèng fàn 残:残余。指剩下的饭食。[例句]

当我们匆忙赶到他家时，人已不在了，只剩下一桌的～。

【残渣余孽】 cán zhā yú niè 孽：妖孽，一般用以指代坏人。指在消灭或淘汰过程中残存下来的人。［例句］那个犯罪团伙的大部分成员都已被抓获，只剩下几个～流窜在外。

【蚕食鲸吞】 cán shí jīng tūn 蚕食：蚕吃桑叶，比喻逐渐侵占；鲸吞：鲸一口吞食，比喻一下子全部吞并。如同蚕慢慢吃桑叶，如同鲸大口吞食物。比喻用种种方式进行侵略。［例句］第二次世界大战期间，纳粹德国曾～了大片别国领土。

C

【惨不忍睹】 cǎn bù rěn dǔ 睹：看。凄惨得令人不忍看下去。［例句］车祸现场一片血迹，～。

【惨不忍闻】 cǎn bù rěn wén 指悲惨到让人不忍心去听。［例句］他的悲惨遭遇让人～。

【惨淡经营】 cǎn dàn jīng yíng 惨淡：苦费心思；经营：筹划、组织。指下笔之前竭力劳神构思。也指苦心谋划、经营（某事）。［例句］这些进步人士在非常艰难的条件下～新闻出版事业。

【惨绝人寰】 cǎn jué rén huán 惨：狠毒、残酷；绝：穷尽；人寰：人间。人世间再没有比这更残酷的了。［例句］这一～的浩劫，实在是我国内战史上前所未有的。

【惨无人道】 cǎn wú rén dào 惨：狠毒、残暴。狠毒、残暴，毫无人道。形容残暴之极，灭绝人性。［例句］奴隶社会时期，大小不同的奴隶主，对奴隶们进行着～的残酷剥削。

【灿烂辉煌】 càn làn huī huáng 形容光彩闪烁，鲜明耀眼。也形容前程光明，事业卓著。［例句］一轮红日从海天相接处冉冉升起，一片～。

【灿然一新】 càn rán yī xīn 灿然：鲜明的样子。指给人一种全新的感觉。［例句］经重新装裱，原本破旧的字画变得～。

【灿若繁星】 càn ruò fán xīng 灿烂得像天上众多的星星一样。比喻才能出众的人很多。［例句］唐代诗人～，他们在世界文化殿堂中占有重要的地位。

cang

【仓卒从事】cāng cù cóng shì 仓卒:仓促、匆忙;从事:参加做某件事。匆匆忙忙就处理了。[例句]~往往会导致事情的失败。

【仓皇失措】cāng huáng shī cuò 仓皇:匆忙而慌张。由于匆忙慌张而不知道怎么办。[例句]那匹枣红马突然受惊狂奔起来,他~,无从应付。

【苍白无力】cāng bái wú lì 苍白:灰白。形容贫弱无力。[例句]这篇文章缺乏真情实感,显得~。

【苍翠欲滴】cāng cuì yù dī 苍翠:深绿。形容草木长得茁壮,枝叶绿油油的像要滴下来似的。[例句]久雨初晴,白云山外露出蓝天一角,阳光穿过云层直射下来,山坡上绿茸茸的青草~。

【沧海横流】cāng hǎi héng liú 沧海:大海。海水往四处奔流。比喻政治混乱,社会动荡不安。[例句]在~的年月,他始终保持着一个共产党人的节操。

【沧海桑田】cāng hǎi sāng tián 沧海:大海;桑田:农田。大海变成桑田,桑田变成大海,比喻世事发生了巨大变化。[例句]这个地区过去是一片荒地,而现在新房子鳞次栉比,到处绿叶成荫,真是~,变化很大。

典故

传说古代有位叫麻姑的仙女,有一次到人间来巡视,人们看到她还像一个十八九岁的姑娘,便好奇地问她的年龄。她想了想说:"自从我被人间供奉以来,已经见过东海三次变为桑田了。这次我经过东海,看到海水比以前浅了一半,也许又要变成桑田了。"

【沧海一粟】cāng hǎi yī sù 沧海:大海;粟:谷子。大海中的一粒谷子。比喻极其渺小。[例句]千车载石,不满一船;百船填海,不过~。

【沧海遗珠】cāng hǎi yí zhū 遗：遗漏、遗留。在大海里被采珠的人遗漏的珍珠。比喻被埋没的人才或珍贵事物。[例句]在古文字研究方面，他有着很深的造诣，但长期以来却让他埋没在这里，岂非～吗？

【藏锋敛锷】cáng fēng liǎn è 敛：收起；锷：刀剑的刃。隐藏起锋刃。比喻不露任何锋芒。[例句]此人城府很深，做事往往～，不露痕迹。

【藏垢纳污】cáng gòu nà wū 垢、污：脏东西；纳：容纳。包藏容纳肮脏的东西。比喻包容坏人坏事。[例句]他外表老实，家里却是～、窝赃销赃的据点，真是叫人意想不到。

【藏龙卧虎】cáng lóng wò hǔ 比喻潜藏着人才或不同寻常的人。[例句]莫看十里码头风吹沙扬，肮脏杂乱，这可是个～的地方。

【藏器待时】cáng qì dài shí 器：用具，指才能；时：时机。身怀才能，等待施展的时机。[例句]要实现自己的理想，必须～。

【藏头露尾】cáng tóu lù wěi 形容说话、办事躲躲闪闪，不肯把真实情况全部摊出来。[例句]这个家伙鬼鬼祟祟、～的，好像有什么不可告人的事。

【藏形匿影】cáng xíng nì yǐng 匿：藏、隐蔽。指隐藏形迹，不露真相。[例句]尽管这几个犯罪嫌疑人～，最后还是被警察发现了。

cao

【操之过急】cāo zhī guò jí 操：做、从事。处理事情过分急躁，不冷静。[例句]修养需要多方面进行，技巧也得长期训练，切勿～。

【操纵自如】cāo zòng zì rú 操纵：原意指收与放，引申为掌握。指控制或驾驭时能灵活自如，完全如意。[例句]他～地开着汽车，完全不像是一个初学者。

【草草了事】cǎo cǎo liǎo shì 草草：草率；了事：使事情得到平息或结束。指草率地把事情结束了。[例句]这项工作很重要，必须认真办理，不能～。

【草菅人命】cǎo jiān rén mìng　菅:一种多年生的野草。把人命看作野草一样。指当权者轻视人命,任意杀戮。[例句]过去贪官污吏~,百姓有冤难申。

【草庐三顾】cǎo lú sān gù　顾:拜访。诸葛亮躬耕南阳,刘备为了请他出来帮助自己,三次亲自到草庐中去拜访他。后用此典故表示帝王对臣下的知遇之恩。也比喻诚心诚意地邀请或拜访。[例句]为了全厂的效益,我们~,去请那位工程师。

【草莽寒门】cǎo mǎng hán mén　草莽:指民间;寒门:指微贱的家庭。民间的寒微门第。[例句]中国的历史观,一向是只有朝廷的观念而没有国家的观念,有秦皇汉武而没有~。

【草木皆兵】cǎo mù jiē bīng　见"八公山上,草木皆兵"。

【草率从事】cǎo shuài cóng shì　草率:随便、不认真。办事敷衍潦草,不认真。[例句]清货盘点工作要认真做好,不能漫不经心,~。

【草率收兵】cǎo shuài shōu bīng　草率:马虎、不仔细、不认真。马马虎虎地就收了兵。比喻做工作不负责任,草草了事。[例句]由于计划得不周全和技术上的失误,这项工作只得~了。

【草行露宿】cǎo xíng lù sù　草行:在草地里行走。在草野中行进,在露天睡觉。形容行旅的艰苦或急迫。[例句]红军不畏艰险,~,终于胜利到达了陕北。

【草长莺飞】cǎo zhǎng yīng fēi　莺:黄鹂。绿草茂密,黄鹂飞舞。形容江南春天明媚的景色。[例句]花香鸟语,~,这是大自然表达自己"感情"的方式和"语言"。

ce

【侧目而视】cè mù ér shì　由于惧怕或愤恨而斜着眼睛看。[例句]过去,恶霸横行乡里,百姓对之~。

【恻隐之心】cè yǐn zhī xīn　恻隐:怜悯、同情。怜悯不幸、同情弱者的心态。[例句]至于邻人街坊们,或过路人看见了她在庙台上哭，也会引起一点～的。

cen

【参差不齐】cēn cī bù qí 长短、高低、大小不齐。形容很不整齐或水平不一。[例句]我们谈天说地，打牌下棋，比劲赌狠，还扯着破喉咙，～地唱流行歌曲。

【参差错落】cēn cī cuò luò 错落：交错纷乱的样子。长短、高低、大小不一地交错在一起。[例句]这座假山是由～的石头堆砌而成的。

ceng

【层出不穷】céng chū bù qióng 层：重复；穷：尽。接连不断地出现，没有穷尽。[例句]各种新技术、新产品如雨后春笋，～。

【层峦叠翠】céng luán dié cuì 山峦重叠绵延，草木青翠茂密。[例句]这里～，茂林修竹间隐现一座千年古寺。

【层峦叠嶂】céng luán dié zhàng 峦：连绵的山；嶂：直立像屏障的山。连绵不断的高险山峰。[例句]登高一望，群山万壑，～，从脚下一直延伸到天边。

【层见叠出】céng xiàn dié chū 一次又一次地出现。指同一类的事物或情状反复出现。[例句]社会上助人为乐的事～，蔚然成风。

【曾几何时】céng jǐ hé shí 曾：曾经；几何：多少，表示疑问。才过了多少时候。指时间没过多久。[例句]那年我从这里经过，触目尽是低矮的破旧平房，～，一幢幢高大的楼房在这里拔地而起。

【曾经沧海】céng jīng cāng hǎi 曾：曾经；经：经历；沧海：大海。比喻人见过大世面，眼界很高。[例句]这位白发苍苍的老人，可是个～的老将军啊！

cha

【差强人意】chā qiáng rén yì 差：稍微、大致；强：振奋。原指还能振奋人心。后表示勉强还能让人满意。[例句]这篇稿子尽管还有许多不足，但相比之下，也算～了。

【差三错四】chā sān cuò sì 指差错很多，虚假不实。[例句]账目要清楚正确，千万不要～的。

【差之毫厘，谬以千里】chā zhī háo lí，miù yǐ qiān lǐ 差：差错；毫、厘：都是很小的计量单位，形容微小；谬：错误。开始之时稍微有一点儿差错，结果会造成很大的错误。多用来强调不能有丝毫差错。[例句]绘制图纸一定要精确，须知"～"，千万马虎不得。

【插翅难飞】chā chì nán fēi 插上翅膀也飞不了。形容被包围或陷入困境，无法逃脱。[例句]公安干警已布下了天罗地网，那几个毒贩是～了。

【插科打诨】chā kē dǎ hùn 科：中国古代戏曲用语，指剧中人的表情和动作；诨：诙谐逗趣的道白。演员在戏曲表演中插进一些滑稽的言语动作来搞笑。[例句]他～，逗得大家大笑不止。

【茶余饭后】chá yú fàn hòu 茶饭之后的闲暇时间。[例句]三百多斤的废铜烂铁，都是老王～拣来的。

【搽脂抹粉】chá zhī mǒ fěn 指化妆打扮。[例句]她整天没事干，就爱～，消磨时间。

【察颜观色】chá yán guān sè 察：细看、详审；颜、色：脸色。观察对方脸色来揣摩其意图。[例句]每一个擅长交际的人都是善于～、察觉别人体态语言并做出有效反应的人。

【姹紫嫣红】chà zǐ yān hóng 姹：美丽；嫣：美好、娇艳。指各种各样颜色斑斓、娇艳美丽的花朵。[例句]公园里百花竞放，～，游人如织。

chai

【拆东补西】chāi dōng bǔ xī 拆掉东边的墙去修补西边的墙。比喻思想、学识贫乏或经济拮据，仅仅勉强应付。[例句]我不知道她怎样～地去解决这个问题。

C

【柴米油盐】chái mǐ yóu yán 泛指生活必需品。[例句]现在他也成家了,才知道要挣得~也并不轻松。

【豺狼成性】chái láng chéng xìng 像豺狼那样凶残成性。形容人阴险狠毒。[例句]那群~的毒贩杀人放火,无恶不作,当地老百姓对他们恨之入骨。

【豺狼当道】chái láng dāng dào 豺:野兽名,像狼一样残猛;当道:横在道路中间。比喻暴虐奸邪的人执掌国政。[例句]当时,政治黑暗,~,加上苛捐杂税多如牛毛,百姓生活苦不堪言。

chan

【谗言佞语】chán yán nìng yǔ 谗言:诬陷别人的话;佞语:取悦别人的甜言蜜语。指陷害他人和阿谀奉承的话语。[例句]作为一名好的领导,不应该听信~。

【馋涎欲滴】chán xián yù dī 涎:口水;欲:将要。馋得连口水都要滴下来了。形容食欲或贪欲十分强烈。[例句]那玻璃制作的葡萄,看上去几可乱真,使人~。

【缠绵悱恻】chán mián fěi cè 缠绵:情意深长,纠缠不已,不能排遣;悱恻:内心悲苦。形容心情悲苦或情感纠结,无法解脱。也指诗文、音乐哀婉凄切。[例句]那些~的爱情故事大多是小说家们精心创作出来的。

【谄词令色】chǎn cí lìng sè 说奉承人家的话,扮作讨好人家的表情。[例句]父亲为人正直,从不看风使舵,更不会与~之人为伍。

【谄上傲下】chǎn shàng ào xià 谄:谄媚、奉承;傲:傲慢。对上面的人奉承,对下面的人傲慢。[例句]这些~的当权者是不会得到人民群众拥护的。

chang

【长此以往】cháng cǐ yǐ wǎng 长期地这样下去。[例句]领导者高高在上,不深入基层,~,必然失去群众的信任。

【长恶不悛】cháng è bù quān 悛:改过、悔改。长期作恶,不肯悔改。[例句]对于~的顽固分子,我们应用法律的手段制裁他们。

【长风破浪】cháng fēng pò làng 见"乘风破浪"。

【长歌当哭】cháng gē dàng kū 长歌:放声歌咏,引申指写表达悲痛的诗文;当:当作。用放声歌咏来代替痛哭,指借诗文以抒发悲愤之情。[例句]爱国诗人陆游面对沦丧的河山,~,抒发满腔的悲愤之情。

【长久之计】cháng jiǔ zhī jì 计:打算、计划。长远的打算。[例句]这种拆东补西的办法不是~。

【长命百岁】cháng mìng bǎi suì 寿命很长,可以活到一百岁。多用作祝福的话。[例句]敬祝二老身体健康,~。

【长年累月】cháng nián lěi yuè 长年:一年到头、整年;累月:一月又一月。形容经历的时间很久。[例句]他经过~的磨砺苦学,大胆创新,终于自成一家。

【长篇大论】cháng piān dà lùn 指冗长的发言和文章。[例句]我们讨厌那种下笔千言、离题万里的~。

【长篇累牍】cháng piān lěi dú 累:连续;牍:古代写字用的木片。指文章的篇幅很长。[例句]写文章不能只追求~,而要讲求实际内容。

【长驱直入】cháng qū zhí rù 长驱:长距离不停顿地策马快跑;直入:一直往前。不停顿地向远方目标快速前进。多形容进军顺利。[例句]由于遭到顽强阻击,敌军~的梦想破灭了。

【长生不老】cháng shēng bù lǎo 老:衰老。永远活着,不会衰老。指人长寿。表示祝愿之词。[例句]生老病死,自然之理,所谓~,不过是一种幻想罢了。

【长途跋涉】cháng tú bá shè 形容路程遥远,旅途艰辛。[例句]他们经过~,最终到达了目的地。

【长袖善舞】cháng xiù shàn wǔ 长的衣袖有利于起舞。原指有便利条件更容易成功。后形容有手腕的人善于投机钻营。[例句]

他～，因此在官场上飞黄腾达。

【长吁短叹】cháng xū duǎn tàn 吁：叹气。长一声、短一声不停地叹气。形容心情愁闷，郁结不舒。[例句]他老是一个人坐在屋里～。

【长夜难明】cháng yè nán míng 漫长的黑夜难以看到光明。比喻反动统治下的黑暗岁月。[例句]在那～的岁月里，他冒着生命危险宣传革命真理。

【长治久安】cháng zhì jiǔ ān 治：太平；安：安定。指国家、社会长期太平，人民生活安定。[例句]社会的物质产品丰富，人们的道德水平普遍提高，国家才能～。

【肠肥脑满】cháng féi nǎo mǎn 肠肥：指身体胖，肚子大；脑满：指肥头大耳。形容养尊处优的人吃得饱、养得胖。[例句]老百姓最痛恨的就是那些～的贪官。

【常备不懈】cháng bèi bù xiè 备：防范、防备；懈：懈怠、放松。时刻防范着，不敢懈怠。[例句]对于水旱风雹等对农业生产影响极大的自然灾害的预防要～。

【怅然若失】chàng rán ruò shī 怅然：失意的样子。形容心情不痛快，好像丢了什么似的。[例句]独坐窗前，想到心上人即将离他而去，远到异国求学，他不禁～。

【畅所欲言】chàng suǒ yù yán 畅：尽情、痛快；欲：想要。把心里要说的话痛痛快快地全说出来。[例句]在这次研讨会上，大家～，各抒己见。

【畅通无阻】chàng tōng wú zǔ 畅：通畅、通达。毫无阻碍地通过。[例句]由于在维多利亚港口修筑了海底隧道，港岛和九龙之间的交通已经～了。

chao

【超凡入圣】chāo fán rù shèng 凡：凡人、普通人。超过常人，达到圣人的境界。后多用来指学术、技艺、修养达到炉火纯青、登峰造极的地步。[例句]所谓～的天才，其实大多都是在长期的学习和实践中脱颖而出的。

【超凡脱俗】chāo fán tuō sú 凡：一般、普通；俗：世俗。超出一般，脱离世俗。形容与众不同，非常特别。[例句]寂寞是一种～的境界，这种境界只有乐于身处其中的人才能品味出其中独特的韵味。

【超群绝伦】chāo qún jué lún 超群：超出众人；绝：没有；伦：同辈。超出众人，同辈中没有可以相比的。形容很不平凡。[例句]《红楼梦》这部小说表明，曹雪芹的智慧和艺术才能～，非同寻常。

【超然物外】chāo rán wù wài 超：超脱；物外：世事之外。超脱于世事之外。指对世事都淡然处之，与人无争。也指置身事外。[例句]他淡泊名利、与世无争的处世态度，往往使他～。

【超然自得】chāo rán zì dé 自得：自己得到快乐、满足。指超出尘世，自己感到快乐、满足。[例句]能够～的人，是一个会生活的人。

【嘲风弄月】cháo fēng nòng yuè 嘲：咏。诗文中一味描写风月，辞藻华美，内容贫乏。也指吟诗作赋。[例句]那些～、往来酬唱之作，同杜甫忧国忧民的诗歌真是不可同日而语。

che

【车马盈门】chē mǎ yíng mén 盈：充满。车马充满门庭。形容来往宾客众多。[例句]当年的名门望族～，如今却已败落了。

【车水马龙】chē shuǐ mǎ lóng 车辆像流水，马首尾相接如游龙。形容车马往来不绝，非常繁华热闹。[例句]华灯四射的长安街上，～。

【车载斗量】chē zài dǒu liáng 载：装载。多得可以用车装，用斗量。形容数量极多，不足为奇。[例句]在海南岛～的椰子，一到北方就成了稀罕东西。

【彻头彻尾】chè tóu chè wěi 从头到尾，完完全全。[例句]这些传销活动其实是～的骗局。

chen

【臣门如市】chén mén rú shì 臣：封建官员的自称；市：市场。形容权贵之家宾客如云，来来往往的人很多。[例句]这部作品揭示了和珅如何一步步从"臣心如水"发展到"～"的历程。

【尘埃落定】chén āi luò dìng 尘埃虽然在空中飘浮，最终要落到地面上。比喻事情经过变化后终于有了结果。也比喻事情已经有了结果，成为定局。[例句]这起轰动全国的大案在历时半年之后终于～。

【沉默寡言】chén mò guǎ yán 沉默：不出声；寡：少。话说得很少，默然不语。[例句]他这个人，虽然～，但却很有心计。

【沉思默想】chén sī mò xiǎng 沉思：深思；默：不说话。深深地思索，默默地考虑。[例句]在～的时候，我仿佛听到一种深沉有力的呼喊。

【沉吟不决】chén yín bù jué 沉吟：迟疑；不决：不能下决心。迟疑犹豫，下不了决心。[例句]她一遇到难事就～。

【沉吟不语】chén yín bù yǔ 沉吟：迟疑。因犹豫迟疑而一言不发。[例句]他低着头，站在那里～。

【沉吟未决】chén yín wèi jué 见"沉吟不决"。

【沉鱼落雁】chén yú luò yàn 形容女子美得鱼见了沉入水底，雁见了飞落平沙，不敢与之比美。[例句]用～来形容小蓉的美貌，并不过分。

【沉郁顿挫】chén yù dùn cuò 文辞深沉蕴藉，抑扬有致。[例句]杜甫的诗～，内容深刻，而章法又富于变化，耐人寻味。

【沉冤莫白】chén yuān mò bái 冤：冤屈；莫：没有；白：申雪。指积久的冤屈无从辩白，得不到申雪。[例句]在封建社会中，～的事情比比皆是。

【沉渣泛起】chén zhā fàn qǐ 已经沉下底的渣滓重新浮上来。比喻本已消失的落后的东西突然出现。[例句]在改革开放的今天，我们一定要提高警惕，防止那些丑陋的社会现象～。

【陈陈相因】chén chén xiāng yīn 陈：旧的；因：继。本指仓库的粮食每年增加，旧粮食一年年被压在下边。比喻不断因袭旧事物而没有创新。[例句]艺术性的准则，在于它的风格是既多且新呢，还是寥寥无几而又～呢？

【陈词滥调】chén cí làn diào 陈：陈腐；滥：空泛、不合实际。陈腐的言辞和空泛的论调。[例句]一行优秀的短句，胜过一千行～。

【陈规陋习】chén guī lòu xí 陋：鄙陋、粗野。不合时宜的旧制度，不文明的旧习惯。[例句]这个市场的管理人员经常征求群众的意见，以破除～，提高服务质量。

【陈言务去】chén yán wù qù 陈：陈旧；言：言辞；务：一定。陈旧的言辞一定要去掉。多指说话、写作要排除俗套，努力创新。[例句]我们写文章一定要遵循～的原则。

【晨兴夜寐】chén xīng yè mèi 兴：起；寐：睡。早上很早起床，夜里很晚睡觉。形容勤勉辛劳。[例句]他每天～，废寝忘食地学习，终于以优异的成绩考入了大学。

【晨钟暮鼓】chén zhōng mù gǔ 佛教规矩，寺庙早晨撞钟，黄昏击鼓。后指时日推移。也比喻令人警醒的话。[例句]他的一番话，犹如～，发人深省。

【称心如意】chèn xīn rú yì 称心：合乎心意。完全符合心愿，心满意足。[例句]活儿虽然辛苦，但她获得了～的报酬。

【趁火打劫】chèn huǒ dǎ jié 趁：乘机。趁别人家失火的时候去抢劫。比喻趁别人危急的时候捞取好处或趁机害人。[例句]一些不法分子利用灾荒～，哄抬物价，想发不义之财。

【趁热打铁】chèn rè dǎ tiě 趁着铁烧红的时候捶打它。比喻趁着有利的时机或条件，抓紧去做。[例句]这件事要～，落到实处，切勿半途而废。

【趁水和泥】chèn shuǐ huó ní 利用现成的水来和泥。比喻乘机行事。[例句]小珍善于～,再难办的事一到她手里也会迎刃而解。

【趁虚而入】 chèn xū ér rù 趁着力量虚弱而侵入其中。[例句]我们要加强体育锻炼,不要让疾病～。

cheng

C

【称孤道寡】 chēng gū dào guǎ 孤、寡:古代帝王的自称。指居于帝王之位或自封为王。现多比喻狂妄地以权威、首脑自居。[例句]我们坚决反对自以为是、～的思想作风。

【称王称霸】 chēng wáng chēng bà 王:帝王;霸:古时诸侯联盟的首领。比喻凭借权势,飞扬跋扈,横行霸道。也比喻以首领自居。[例句]任何一个国家都不能在这个地区～,恃强凌弱。

【称贤荐能】 chēng xián jiàn néng 称:称赞;荐:推荐。指非常重视人才,能够推举出贤能的人。[例句]作为老干部,培养接班人,要尽到～的责任。

【称兄道弟】 chēng xiōng dào dì 关系亲密,以兄弟相称。[例句]你看他们一帮人,～的,好不亲热。

【撑天拄地】 chēng tiān zhǔ dì 撑、拄:支撑。上顶着天,下撑着地。形容形象高大,气势豪迈。[例句]知识可以让人～,成为精神上的巨人。

【瞠乎其后】 chēng hū qí hòu 瞠:瞪着眼睛看;乎:同"于",在;其:代词,他。落在别人后面,眼睁睁地看着却赶不上。[例句]跟那伙丧心病狂的歹徒相比,野兽又显得～了。

【瞠目而视】 chēng mù ér shì 瞠目:瞪着眼。瞪大眼睛看着。形容极端惊异或恐惧。[例句]前面的那个人走得飞快,后面的人只是～,毫无办法。

【瞠目结舌】 chēng mù jié shé 瞠:瞪着眼看;结舌:舌头好像被拴住了,说不出话来。瞪着眼睛说不出话来。形容受窘吃惊的样子。[例句]这些小演员们惊险刺激的杂技表演使在场的观众无不～。

【成败利钝】chéng bài lì dùn 利:锋利,指顺利;钝:不锋利,指不顺利。成功与失败,顺利与困难。指事情的各种情况。[例句]总之,不管~,我都要去尝试。

【成家立业】chéng jiā lì yè 建立了家庭,创立了事业。[例句]老人的儿女们都已~了。

【成年累月】chéng nián lěi yuè 累:积累。年复一年,月复一月。形容历时长久。[例句]他~在外打工,难得回家一次。

【成千上万】chéng qiān shàng wàn 形容数量非常多。[例句]上海是文化比较发达的地方,高级知识分子~。

【成群结队】chéng qún jié duì 一群一伙地聚集在一起。[例句]天然林区里边古树参天蔽日,地上积腐叶尺把厚,还有各种飞禽走兽~。

【成人之美】chéng rén zhī měi 成:成全;美:好事。原意是勉励并帮助别人做好事。后多指成全别人的好事。[例句]这是~的好事,他何乐而不为呢?

【成仁取义】chéng rén qǔ yì 仁:仁爱;义:正义。为了正义的事业而牺牲自己的生命。[例句]在中国革命战争年代里,好多志士~。

【成事不足,败事有余】chéng shì bù zú, bài shì yǒu yú 成事:把事情办好;不足:指没有办法或力量;败事:把事情弄坏。不能把事情办好,反而把事情办坏。多用于办事无能的人。[例句]此人不学无术,~,不可重用。

【成事在人】chéng shì zài rén 事情的成功取决于人的努力。[例句]这件事虽然障碍重重,但~,我们一定要努力去办。

【成也萧何,败也萧何】chéng yě xiāo hé, bài yě xiāo hé 成:成全;败:败坏、毁坏。成事是萧何,败事也是萧何。指事情的成全和破坏都由于同一个人或同一事物。[例句]真是"~",现在胜负的关键就在于你一个人。

C

典故

秦朝快要灭亡的时候，萧何曾经把韩信推荐给刘邦，但没有得到重用。韩信不高兴，便趁夜离开了汉营，又被萧何追回。萧何说服刘邦，让韩信做了大将。后来，韩信为建立汉朝立下了大功，又想约同陈豨(xī)一起谋反。刘邦的夫人吕后便与萧何设下计谋，将韩信骗来抓获杀掉。这段故事广为流传，被后世演为评话、小说、杂剧等，因而流传出"成也萧何，败也萧何"的俚语。

C

【成一家言】chéng yī jiā yán 成：成为；言：言论、学说。指某一学问自成体系或派别。[例句]赵树理的文章具有浓厚的乡土气息，这一特点使得他～。

【成竹在胸】chéng zhú zài xiōng 成竹：完整的竹子；胸：心里。画竹子之前，心里就有了竹子的形象。比喻做事前早有通盘的考虑和谋划。[例句]看他～的样子，我们便知道这件事必定能成功。

【诚惶诚恐】chéng huáng chéng kǒng 诚：的确、实在；惶：害怕；恐：畏惧。封建时代奏章中的套语，表示臣子对君王忠诚、敬畏而又惶恐不安。现多形容极端谨慎小心，以至于害怕不安。[例句]为那件事，木沙见了哈力，至今都要～地感谢一番。

【诚心诚意】chéng xīn chéng yì 真实的心意。形容十分诚恳，毫无虚伪。[例句]大家都～地帮助你，你还这样固执，真是不可理喻。

【承欢膝下】chéng huān xī xià 承欢：侍奉父母，使他们开心；膝下：指在父母跟前。指在父母面前殷勤侍奉，以博得父母的欢心与喜爱。[例句]您老真是有福，儿子们个个事业有成，～，日子多舒心啊！

【承前启后】chéng qián qǐ hòu 承：接续；启：开、起。指在学术、事业等方面继承前人并启发后人。[例句]我们青年一代担负着～的历史重任。

【承上启下】chéng shàng qǐ xià 承：接续；启：开、起。承接上面的，传到下面或引出下面的。[例句]人们往往忽略了康德哲学在哲学史上～的作用。

【城狐社鼠】chéng hú shè shǔ 社:土地庙。城墙洞里的狐狸,土地庙里的老鼠。比喻有所依仗而胡作非为的人。[例句]这～一旦失去了依靠,便成了丧家之犬,无处容身。

【城门失火,殃及池鱼】chéng mén shī huǒ,yāng jí chí yú 殃:祸害;池:护城河。城门着了火,就用护城河的水来救火,水用尽了,护城河里的鱼都干死了。比喻无端被牵连而遭受祸害。[例句]谁能想到～,那帮强行拆迁的人,把我家的墙也推倒了。

【乘风破浪】chéng fēng pò làng 乘:趁着。船趁着风势,飞速航行。形容志向远大,不怕困难,奋勇前进。[例句]长庆轮～,很快到达了上海港码头。

【乘龙快婿】chéng lóng kuài xù 指令人满意的女婿。多用来称赞别人的女婿。[例句]沈姨妈母女眼看杨见秋选着了一个这样的～,很是羡慕。

【乘人之危】chéng rén zhī wēi 乘:趁;危:危难。利用别人的危难为自己谋利。[例句]19 世纪末期,列强～,胁迫清王朝签订了一系列不平等条约。

【乘胜逐北】chéng shèng zhú běi 逐:追逐;北:指逃跑者。趁着胜利去追赶溃逃的敌兵。[例句]作战要～,一鼓作气,消灭所有敌人。

【乘兴而来】chéng xìng ér lái 兴:兴致。指趁着兴致来到。[例句]我们不能让他们～,败兴而去。

【乘虚而入】chéng xū ér rù 原指打仗时向对方没有设防或兵力薄弱的地方进攻。泛指钻空子。[例句]你准备得不好,敌人就会～;准备好了,敌人就不敢轻举妄动。

【程门立雪】chéng mén lì xuě 程:指宋代理学家程颐;立雪:在雪中侍立。指尊敬师长,恭敬求教。[例句]古时候的好多学者都有～的精神。

典故

程颐是宋代理学家，著名学者。一日，他的两个学生杨时、游酢去拜见他，当时程颐正坐着打瞌睡，两人就不声不响地侍立等候，等程颐醒来，门外雪已一尺深了。

C

【惩恶劝善】chéng è quàn shàn 惩罚坏人，劝勉向善。[例句]～是加强精神文明建设的必要措施。

【惩前毖后】chéng qián bì hòu 惩：警诫；毖：谨慎。把以往的错误作为教训，以后谨慎小心，不再重犯。[例句]对待犯错误的同志，我党的一贯政策是～，治病救人。

【惩一儆百】chéng yī jǐng bǎi 儆：告诫、警告。通过惩罚一个人来达到警诫众人的目的。[例句]在处理这起涉及多人的贪污案件时要采取～的做法，严惩首犯，区别对待，教育多数。

【逞强称能】chěng qiáng chēng néng 逞：夸耀。炫耀自己的才能和本事。[例句]你不要总是～，因为天外有天，人外有人。

chi

【吃糠咽菜】chī kāng yàn cài 糠：谷物籽实的皮或壳；咽：吞；菜：野菜。吃谷糠，吞野菜。形容生活非常贫穷困苦。[例句]衣衫褴褛的乡村父母，～送儿子走进了大学的校门。

【吃苦耐劳】chī kǔ nài láo 形容不怕辛苦劳累，任劳任怨。[例句]农村的孩子大都～，淳朴善良。

【吃里爬外】chī lǐ pá wài 享受着这一方的好处，暗地里却为那一方尽力。[例句]大家对他～的丑恶行径无不深恶痛绝。

【吃一堑，长一智】chī yī qiàn，zhǎng yī zhì 堑：壕沟，比喻挫折。受一次挫折，便得到一次教训，增长一分才智。[例句]～，我们应该认真总结这方面的经验教训。

【嗤之以鼻】chī zhī yǐ bí 嗤：讥笑，表示蔑视。用鼻子出声冷笑，表示瞧不起。[例句]别人对他诽谤中伤，他～。

【痴男怨女】chī nán yuàn nǚ 沉迷于爱情而有怨恨的男女。[例句]湖水涟漪像是日夜诉说着许多～的故事。

【痴人说梦】chī rén shuō mèng 痴：傻。原指对着痴人说梦话，而痴人信以为真。现多用来指说荒唐话，胡言乱语。[例句]你们那些什么回旋余地的打算完全是镜花水月，不然，也等于～。

【痴心妄想】chī xīn wàng xiǎng 痴心：沉迷于某人或某事的心思；妄想：荒唐的打算。指一心想着不可能实现的事情。也指虚妄荒唐的想法。[例句]这些坏家伙的～化为泡影了。

【魑魅魍魉】chī mèi wǎng liǎng 指古代传说中的鬼怪。比喻各种各样的坏人。[例句]随着法制的一步步健全完善，那些～将再也无处躲藏了。

【池鱼林木】chí yú lín mù 比喻因牵连而蒙受祸害者。[例句]在军阀混战期间，老百姓难免遭受～之殃。

【池鱼笼鸟】chí yú lóng niǎo 池中的鱼，笼中的鸟。比喻陷入困境，没有自由。[例句]他现在已成了～，苦不堪言。

【池鱼之祸】chí yú zhī huò 见“池鱼之殃”。

【池鱼之殃】chí yú zhī yāng 殃：灾祸。比喻无故而受到牵连所遭受的灾难。[例句]你赶快换一个地方吧，免得遭受～。

【驰名天下】chí míng tiān xià 名声广为传播，全国甚至全世界都知道。[例句]桂林山水～，吸引了许多中外游客。

【驰名中外】chí míng zhōng wài 见“驰名天下”。

【迟疑不决】chí yí bù jué 迟疑：犹豫。犹豫疑惑，拿不定主意。[例句]你要再～的话，就会坐失良机。

【持平之论】chí píng zhī lùn 持平：保持公正，没有偏向。公允的意见。[例句]这篇评论对作品既有褒，也有贬，并无偏颇之处，可以算是～了。

【持之以恒】chí zhī yǐ héng 持：坚持；之：代词，指所要保持、坚持的东西；恒：恒心。拿出恒心来加以坚持。指长久地坚持下去。

[例句]要想在写作上获得成功,就要做～的艰苦努力。
【踟蹰不前】chí chú bù qián 踟蹰:犹豫不决。拿不定主意,不敢前进。[例句]～常常会使机遇从身边溜走。
【尺寸之功】chǐ cùn zhī gōng 尺寸:形容微小。指微小的功劳。[例句]在你这儿未立～,却对我如此重用,实在让我汗颜。
C
【尺短寸长】chǐ duǎn cùn cháng 短:不足;长:有余。尺比寸长,但由于应用场合不同,一尺有不够长的时候,一寸也有多余的时候。比喻人或事物各有其长处和短处。[例句]在生活中,每一个人都有长处和不足。～,千万不可轻视你周围任何一个人。
【尺幅千里】chǐ fú qiān lǐ 一尺长的图画,能够把千里的景象画进去。形容事物的外形虽小,却包含着许多内容。[例句]这幅画～,向人们展示了祖国山河的壮丽。
【齿如齐贝】chǐ rú qí bèi 贝:贝壳。牙齿像编起来的贝壳一样整齐雪白。[例句]你对面那位谈笑风生、～的年轻人,就是你要找的王经理。
【耻居人下】chǐ jū rén xià 居:处于。以身份或地位在别人之下为耻。形容有很高的志向。[例句]他从小就～,因此一直在不懈地努力学习。
【叱咤风云】chì zhà fēng yún 叱咤:怒喝声。一声怒喝,就使风云变化。形容威力声势极大。[例句]那个已经逝去的～的时代吸引着我的全部心灵。
【赤膊上阵】chì bó shàng zhèn 赤:光着、露着。不穿盔甲,赤裸着上身出阵打仗。形容不顾一切地进行战斗。也比喻脱下伪装,公然跳出来干坏事。[例句]眼看爪牙们一个个暴露,他终于沉不住气,从幕后出来～了。
【赤胆忠心】chì dǎn zhōng xīn 赤:忠诚。形容非常忠诚,没有二心。[例句]他以鲜明的爱憎,表现了他对祖国的一片～。
【赤地千里】chì dì qiān lǐ 赤:光秃秃的;赤地:寸草不生的土地;千里:广阔的区域。形容由于灾荒严重或战乱频繁,大量土地荒芜的景象。[例句]残酷的战争和严重的旱灾已使这个国家～，人民陷入了无边的痛苦之中。

【赤身露体】chì shēn lù tǐ 赤：光着、露着。指露着大部分身子。也指全身裸露，一丝不挂。[例句]这些农民工长年在太阳下～地劳动，都有着古铜色一般的皮肤。

【赤手空拳】chì shǒu kōng quán 赤手：空手。两手空空，没有一点东西。指作战或搏斗时手中没有任何武器。比喻毫无凭借或手里一无所有。[例句]就是这些人，～创造了全部的生活。

【赤子之心】chì zǐ zhī xīn 赤子：初生的婴儿。形容纯真无邪的心。[例句]这封寄自大洋彼岸的信昭示了几百名留学生决心报效祖国的～。

chong

【充耳不闻】chōng ěr bù wén 充：塞住。塞住耳朵不听。指故意不听。也形容对某些事漠不关心。[例句]他对群众的意见～，一意孤行，终于落了个众叛亲离的下场。

【冲锋陷阵】chōng fēng xiàn zhèn 冲锋：向前冲击；陷：深入。冲向敌人的防线，深入敌人的阵地。形容作战勇猛。泛指站在战斗的最前列。[例句]他想起了在解放战争中和在朝鲜战场上跟同志们一起～的情景。

【重操旧业】chóng cāo jiù yè 见“重温旧业”。

【重蹈覆辙】chóng dǎo fù zhé 蹈：踏；覆：翻、倒；辙：车轮碾过的痕迹。又走上翻车的老路。比喻没有吸取教训，重犯前人或过去的错误。[例句]你屡教不改，难免会～。

【重见天日】chóng jiàn tiān rì 重新看见天和太阳。比喻脱离黑暗，重见光明。[例句]这几件埋在地下几千年的青铜器～，对研究殷商文化有重要意义。

【重起炉灶】chóng qǐ lú zào 比喻从头再来，重新做起。[例句]虽然比赛失利，但他们并不气馁，下决心～，再振雄风。

C

【重山峻岭】chóng shān jùn lǐng 形容山多而高。[例句]黄山远眺，云烟雾气弥漫在～之间。

【重温旧梦】chóng wēn jiù mèng 旧梦：过去的梦。重新经历或回忆过去美好的情景。[例句]二十年后她回到母校，有一种～的感觉。

【重温旧业】chóng wēn jiù yè 重新干以前从事过的职业。[例句]没有其他的办法，他只好～了。

【重整旗鼓】chóng zhěng qí gǔ 重：重新；整：整顿；旗鼓：古代作战时用来指挥军队的战旗和战鼓。比喻失败后，重新整顿力量再干。[例句]这家公司改组后，员工们决心～，再展雄风。

【崇论宏议】chóng lùn hóng yì 宏：大。指超出一般，与众不同的见解或议论。[例句]他洋洋洒洒地说了一堆～，但是听众都没听出什么所以然来。

【崇山峻岭】chóng shān jùn lǐng 崇：高；峻：山高而陡。高而险峻的山岭。[例句]公路从弥天大雾的～中冲出来，然后攀附在奔腾的盘龙江上向东南方向延伸。

【崇洋媚外】chóng yáng mèi wài 崇拜洋人的一切，向外国人谄媚。[例句]在改革开放的进程中，我们一定要反对一味～的思想。

【宠辱不惊】chǒng rǔ bù jīng 受宠受辱都不动心。形容不在乎个人得失。[例句]繁华的尘世中，真正～的又有几人呢？

chou

【抽钉拔楔】chōu dīng bá xiē 楔：楔子。抽掉钉子，拔出楔子。比喻彻底解决疑难问题。[例句]我们要～，彻底根除弊病。

【抽丝剥茧】chōu sī bō jiǎn 丝得一根一根地抽，茧须一层一层地剥。形容对事物的分析细致而有层次。[例句]这起案件关系重大，一定要认真勘查现场，～，迅速找到破案的线索。

【抽薪止沸】chōu xīn zhǐ fèi 薪：柴草；止沸：使水停止沸腾。比喻从根本上处理问题或消除祸患。[例句]解决水质污染，必须～，从源头上加以治理。

【稠人广众】chóu rén guǎng zhòng 稠：多而密。形容人特别多。[例句]～之中，他一眼就认出了多年前的老同学。

【愁肠百结】chóu cháng bǎi jié 百结：结了许多疙瘩。愁闷的心肠好像结了许多的疙瘩。形容愁绪郁结心中，无法排解。[例句]按常情想来，这个遭遇坎坷的女青年准定～、郁郁不欢的，但事实却不尽如此。

【愁肠寸断】chóu cháng cùn duàn 因为忧愁，肠子断成一截一截的。形容极其愁苦。[例句]儿子考上了大学，家里却供不起，父亲～。

【愁眉不展】chóu méi bù zhǎn 展：舒展。由于忧愁而紧皱眉头。形容心事重重的样子。[例句]他独自坐在办公室里，一副～的样子。

【愁眉苦脸】chóu méi kǔ liǎn 皱着眉头，哭丧着脸。形容忧愁苦闷的神情。[例句]他的实验虽多次失败，但并不～，心境还是很开朗的。

【愁云惨雾】chóu yún cǎn wù 形容让人感到忧愁凄惨的景象。[例句]大多数人都默不作声，～笼罩在他们心头。

【踌躇不决】chóu chú bù jué 踌躇：犹豫。犹豫而拿不定主意。[例句]这件事因牵连的人太多，所以他～，不敢妄下定论。

【踌躇不前】chóu chú bù qián 踌躇：犹豫。犹豫不敢前进。[例句]他在困难面前～。

【踌躇满志】chóu chú mǎn zhì 踌躇：从容自得的样子；满：满足；志：意愿。形容为自己的成就而得意。[例句]这孩子在向母亲讲述他获科技奖的经过时，表现出一副～的样子。

【丑态百出】chǒu tài bǎi chū 丑态：令人厌恶的举动或样子。形形色色的丑恶姿态都表现出来了。[例句]记者们不信他那套谎话，穷追猛问，把他问得张口结舌，～。

【丑态毕露】chǒu tài bì lù 毕：完全。丑恶的姿态完全暴露出来。

[例句]为了与兄弟争夺遗产,他这个一向颇有绅士风度的人竟大打出手,在大庭广众之下～。

【臭不可当】chòu bù kě dāng　当:承受。臭得让人无法忍受。形容气味极臭。也比喻人或事物名声极糟。[例句]这个人不讲诚信、出尔反尔,在生意场上～,人尽皆知,因此没人愿意和他合作谈生意。

【臭名远扬】chòu míng yuǎn yáng　名:名声;扬:传播。坏名声传得很远。[例句]他因为好赌,家当全部赔光了,在当地～。

【臭名昭著】chòu míng zhāo zhù　名:名声;昭著:明显。坏名声人人知道。形容名声极差。[例句]他在这部影片中,塑造了一个～的反动派形象。

chu

【出尔反尔】chū ěr fǎn ěr　尔:你。原意是你怎样对待人家,人家就怎样对待你。今指人说话不算数,反复无常。[例句]做人要重情义,说话要讲信用,不能～。

【出乖露丑】chū guāi lù chǒu　出、露:露出;乖:荒谬;丑:丑恶、不光彩。当着众人的面出错、丢脸。[例句]参加比赛前一定要认真准备,免得到时～。

【出乎意料】chū hū yì liào　出:超出;意料:预先的估计。超出人们的设想,使人意料不到。[例句]～的是,一向没人敢惹的赵东今天对小勇的挑衅竟无反应。

【出将入相】chū jiàng rù xiàng　出征为大将,入朝为宰相。原指文武双全的人才。也指担任文武要职的人。[例句]他文武双全,～,是朝廷重臣。

【出口成章】chū kǒu chéng zhāng　脱口而出的话就是文章。形容人文思敏捷或口才好。[例句]我身旁这位小伙子走笔题诗,～,令人佩服。

【出口伤人】chū kǒu shāng rén　说出话来伤害人或有损人的尊严。

［例句］他～，使妻子愤然回了娘家。

【出类拔萃】 chū lèi bá cuì 出：超过；类：同类；拔：超出；萃：草丛生的样子，指聚集在一起的人或物。形容才德超出同类人。［例句］他们俩才华横溢，～。

【出没无常】 chū mò wú cháng 无常：变化不定，没有常规。行动没有一定规律，使人捉摸不定。［例句］原始森林里，只有～的各类动物和偶尔出现的护林人。

【出谋划策】 chū móu huà cè 谋：谋略、主意；策：计策、方法。出主意，想办法。［例句］他善于～，因而得到上司的赏识。

【出其不意】 chū qí bù yì 其：代词，指对方；不意：不料、没想到。原指攻击对方未防备的地方。后多指行动出乎别人的意料。［例句］～，攻其不备，是我们游击队常用的作战策略。

【出奇制胜】 chū qí zhì shèng 制胜：制敌取胜。用对方意想不到的奇招取得胜利。［例句］从这几件事情可以看出，李自成是一位～、善于用兵的军事统帅。

【出人头地】 chū rén tóu dì 原意是说我应当让他高出我一头。后用来指高出普通人一等。［例句］一些家长为了让孩子将来能～，不惜在他们身上投资。

【出人意表】 chū rén yì biǎo 意表：意料外。在人们的意料之外。［例句］没想到他们班得到了流动红旗，真是～。

【出人意料】 chū rén yì liào 出：超出；意料：预先的估计。超出人们的预计，让人想不到。［例句］在这次运动会上，他脱颖而出，一举夺魁，～。

【出神入化】 chū shén rù huà 神、化：指神妙的境界。形容技艺达到了绝妙神奇的境界。［例句］这位画家不论是画虾，还是画马，都画得栩栩如生，～。

【出生入死】 chū shēng rù sǐ 原指从出生到死去。后指冒着生命的危险。［例句］他在公安战线～地奋战了三十多年，为国为民做出了重要贡献。

【出水芙蓉】chū shuǐ fú róng 见“芙蓉出水”。

【出头露面】chū tóu lù miàn 出面活动或出现于公众场合。有时有爱出风头、好表现自己的意思。[例句]早该有这么个人～,碰碰他们,取消这个老规矩。

【出头之日】chū tóu zhī rì 指从困苦处境中摆脱出来的日子。[例句]在这种嫉贤妒能的人手下干,什么时候才有～呢?

C

【出言不逊】chū yán bù xùn 逊:谦让、恭顺。说话不谦让,没礼貌。[例句]他～,被父亲狠狠教训了一顿。

【出淤泥而不染】chū yū ní ér bù rǎn 比喻人虽处不良环境,却能保持纯真的品质而不沾染坏习气。[例句]她最值得我敬佩的是～的品格。

【初出茅庐】chū chū máo lú 茅庐:草房。原意指诸葛亮刚离开南阳茅庐就打了胜仗。比喻才进入社会,缺乏经验。也比喻刚参加工作。[例句]谁也没有料到,一个～的小伙子,竟敢大胆地向亚里士多德的权威挑战。

典故

东汉末年,群雄纷争。诸葛亮隐居在卧龙岗,刘备三次登门拜访,诸葛亮才出山辅佐刘备。诸葛亮刚刚担任军师,曹操就派十万大军前来进攻新野,而驻守新野的刘备只有几千兵马。诸葛亮见敌强我弱,不能硬拼,就巧用火攻、伏击等计策对付敌人。结果,曹军大败。从此,人们称赞这是诸葛亮“初出茅庐第一功”。

【初来乍到】chū lái zhà dào 乍:刚刚。刚刚来到(某个陌生的地方)。[例句]他～,对公司的整体运转情况还不是很熟悉。

【初露锋芒】chū lù fēng máng 锋芒:刀、剑等兵器的刃口和尖端,引申为人的锐气。比喻刚刚显露出某种才能或力量。[例句]参加这次比赛的运动员,很多都是～的新手。

【除暴安良】chú bào ān liáng 暴:凶恶残暴的人;良:善良的人。铲除暴徒,使善良的人民过安定的生活。[例句]人们在遇到不平事的时候，总希望能像电影里一样，有～的侠客站出来。

【除恶务尽】chú è wù jìn 恶：邪恶；务：必须。清除坏人坏事，一定要彻底。[例句]打黑扫黄，～。

【除旧布新】chú jiù bù xīn 除：除掉；布：设置。清除旧事物，建立新事物。[例句]我们肩负着～的历史重任。

【锄强扶弱】chú qiáng fú ruò 铲除强暴，扶持弱小。[例句]他从小就崇拜～的人。

【处变不惊】chǔ biàn bù jīng 处在多变的情势中而不惊惶失措。[例句]具有较强应变能力的人，在交际中能～，沉着应付。

【处心积虑】chǔ xīn jī lǜ 处心：存心；积虑：经过长时间考虑。指千方百计地谋划。[例句]这伙歹徒～，在保护区内偷捕大熊猫，被公安干警当场擒获。

【处之泰然】chǔ zhī tài rán 泰然：形容心情安定。形容在困难、窘迫的境况里安然自得，毫不在乎。[例句]他一生持平，守正不阿，虽屡遭贬谪而～。

【楚楚动人】chǔ chǔ dòng rén 楚楚：娇美的样子。形容姿态美好，动人心神。[例句]这首诗准确地描绘出了少女～的韵致以及依依惜别的情怀。

【楚楚可怜】chǔ chǔ kě lián 楚楚：娇弱的样子；可怜：可爱。形容娇弱可爱的样子。也形容神情凄楚，让人怜悯。[例句]她～的样子，真令人心疼。

【触景生情】chù jǐng shēng qíng 触：接触。看到眼前的景象因而引起感触。[例句]面对山川美景，他不由～，当即赋诗一首。

【触类旁通】chù lèi páng tōng 触类：接触某一方面的事物；旁通：广泛贯通同类的其他事物。掌握了关于某一事物的知识，就可以推知同类中其他事物。[例句]青年人如果不能～，那么研究哪一门学问都难有成就。

【触目皆是】chù mù jiē shì 触目：目光所及；皆：都。眼睛看到的都是。形容极多。[例句]花园里，千姿百态、色彩缤纷的秋菊～。

【触目惊心】chù mù jīng xīn 眼睛一看到(某种情况),就使内心震惊。形容事态的严重。[例句]这场因违章操作而引起的火灾,损失惨重,现场使人～。

chuan

C

【川流不息】chuān liú bù xī 川:河流;息:停止。像河水一样长流不断。比喻来来往往的行人、车辆等很多,接连不断。[例句]电灯把井下照得通亮,一列列电车在巷道里～地来往行驶。

【穿云裂石】chuān yún liè shí 穿透云天,震裂石头。形容声音高亢嘹亮。[例句]训练场上传来了战士们足以～的口号声。

【穿凿附会】chuān záo fù huì 穿凿:本来不是这样而硬讲成这样;附会:把没有关联的事物比附在一起,说成有关联。指说话或写文章生拉硬扯,胡乱解释。[例句]有的人由于对这句话的意思理解得不够透彻,只能～地胡乱翻译。

【穿针引线】chuān zhēn yǐn xiàn 比喻从中牵线撮合,使双方接通关系。[例句]这次我们的商业合作,老李起了～的作用。

【传诵一时】chuán sòng yī shí 诗文字画及其他艺术品等在一个时期内为人所传扬称道。[例句]王先生的诗脍炙人口,每有新作,往往～。

【传宗接代】chuán zōng jiē dài 一代接一代地延续下去。[例句]做好计划生育工作,首先必须破除一些人头脑中固有的～的封建思想。

【串通一气】chuàn tōng yī qì 串通:暗中互相勾结。相互勾结,一起算计别人。[例句]经过周密布置,公安干警终于把这伙～的歹徒一网打尽了。

chuang

【窗明几净】chuāng míng jī jìng 几:小桌子。形容室内干净明亮。[例句]我们的教室～,给人以清新舒适的感觉。

【床上安床】chuáng shàng ān chuáng　安：放。比喻事物重复。[例句]写文章要简洁，不要～。

【怆然涕下】chuàng rán tì xià　悲伤地流下眼泪。[例句]他读了老朋友的来信，回想起当年的坎坷经历，不禁～。

chui

【吹灰之力】chuī huī zhī lì　吹灰尘的力气。形容极其微小的力量。[例句]这点小事让他去做那是不费～的。

【吹毛求疵】chuī máo qiú cī　疵：小毛病。吹开毛在皮上寻找毛病。比喻故意挑剔别人，找寻毛病。[例句]金无足赤嘛，你怎么老是对公司里的先进人物采取～的态度呢？

【吹牛拍马】chuī niú pāi mǎ　吹嘘奉承。[例句]把掌声送给别人，不是要刻意地抬高别人，贬低自己，更不是～，而是对别人的闪光点予以肯定。

【垂帘听政】chuí lián tīng zhèng　听：治理。太后或皇后在朝廷上隔着帘子处理政事。[例句]咸丰帝驾崩后，慈禧皇太后开始～。

【垂手可得】chuí shǒu kě dé　垂手：双手下垂。无需动手就能获得。形容非常容易得到，毫不费力。[例句]有用的东西并不都是～的。

【垂首帖耳】chuí shǒu tiē ěr　低垂着脑袋，耷拉着耳朵。形容顺从的样子。[例句]海狗～地伏在驯兽师的脚边。

【垂死挣扎】chuí sǐ zhēng zhá　垂：接近。临死前或即将灭亡时的最后挣扎。[例句]～的敌人又发起了进攻，但这次被我军全部歼灭了。

【垂头丧气】chuí tóu sàng qì　低着脑袋，无精打采。形容失望沮丧的样子。[例句]大家都不作声，～地坐着，不知该怎么办。

【垂涎三尺】chuí xián sān chǐ　涎：口水。口水流下来三尺长。形容嘴馋想吃。也形容见了别人的好东西眼红而想得到的丑态。[例句]他望着桌上的美味佳肴，不禁～。

【捶胸顿足】chuí xiōng dùn zú 用拳头捶打胸膛，用脚跺地。表示极度悲痛或悔恨。[例句]看见他那～的样子，很多人都产生了同情之心。

【椎心泣血】chuí xīn qì xuè 椎：敲打；泣血：哭出血来。形容非常悲痛。[例句]儿子犯下了这么大的错，他～，但已经无法挽回了。

C

chun

【春风得意】chūn fēng dé yì 得意：称心如意。在春风吹拂中感到心满意足。本指读书人考中功名后的得意心情。后多形容官场顺利或事业亨通时兴奋得意的心情。[例句]小李今年考上了大学，正是～之时。

【春风满面】chūn fēng mǎn miàn 见"满面春风"。

【春光明媚】chūn guāng míng mèi 明媚：鲜明可爱。形容春天的景色十分鲜明美好。[例句]在一个～的星期天，我们结伴去春游。

【春花秋月】chūn huā qiū yuè 春天的鲜花，秋天的明月。春天、秋天的美好景象。泛指美好时光。[例句]人生匆匆，不要辜负了～，虚度一生。

【春华秋实】chūn huá qiū shí ①春天的花朵，秋天的果实。比喻文采、才华和品德。②春天开花，秋天结果。比喻事物的因果关系。[例句]社科院的余教授淡泊名利，专心致学，至今已经出版了多本专著，真可谓是～。

【春兰秋菊】chūn lán qiū jú 春天的兰花和秋天的菊花。指物当其时，各有其美。比喻各有专长和特点。[例句]这两位姑娘，犹如～，各具风韵。

【春暖花开】chūn nuǎn huā kāi 春天气候温暖，百花盛开，景色宜人。[例句]江南三月是～的时节。

【春去秋来】chūn qù qiū lái 春天过去了，秋天来了。形容时光流逝。[例句]～几十载，他已由一个小伙子变成了一位老大爷。

【春色满园】chūn sè mǎn yuán 园内满是春天的气息。形容充满生机的景象。[例句]不知不觉中,又到了～的季节。

【春意盎然】chūn yì àng rán 春意:春天的气象;盎然:指气氛、趣味等洋溢的样子。形容春天的气息正浓。[例句]郊游路上,山花烂漫,～,大家都兴奋不已。

【唇齿相依】chún chǐ xiāng yī 像嘴唇和牙齿一样互相依存。比喻关系密切,不可分离。[例句]中朝两国山水相连,～。

【唇红齿白】chún hóng chǐ bái 嘴唇鲜红,牙齿雪白。形容貌美。[例句]她生得～,眉清目秀。

【唇焦口燥】chún jiāo kǒu zào 焦:干燥。说话过多而使口内津液都干了。形容费尽口舌。[例句]尽管妈妈说得～,但对于他来说却似耳旁风,不起任何作用。

【唇焦舌敝】chún jiāo shé bì 焦:干燥;敝:破。嘴唇干了,舌头破了。形容费尽口舌。[例句]我已说得～,他还是不信。

【唇枪舌剑】chún qiāng shé jiàn 嘴唇像枪,舌头像剑。形容争辩非常激烈。[例句]那场～的会谈,进行了整整三个小时。

【唇亡齿寒】chún wáng chǐ hán 嘴唇没有了,牙齿就会感到寒冷。比喻关系密切,利害相关。[例句]我们两个厂是协作关系,～,你们有困难我们一定会帮。

【鹑衣百结】chún yī bǎi jié 鹑衣:指有很多补丁的破烂衣服;百结:形容衣服缝补的地方多。形容衣服破烂不堪。[例句]他每次遇到那些～的乞丐都会伸出援助之手。

【蠢蠢欲动】chǔn chǔn yù dòng 蠢蠢:蠕动的样子。比喻敌人或作恶者阴谋进行破坏,制造骚乱。[例句]对于那些伺机破坏、～的人,我们要提高警惕。

chuo

【踔厉风发】chuō lì fēng fā 踔厉:精神奋发,谈论纵横;风发:像风吹过一样迅速,指奋发。形容精神振奋,谈论雄辩有力,意气风发。[例句]毛泽东青年时代便～,指点江山,激扬文字。

C

【绰绰有余】chuò chuò yǒu yú 绰绰：宽裕的样子。形容足够用，非常宽绰。［例句］这些钱买两本字典还是～的。

【绰有余力】chuò yǒu yú lì 绰：宽裕；力：能力。形容才干优裕，应付自如。［例句］做一名中学老师对他来说～。

【绰约多姿】chuò yuē duō zī 绰约：体态柔美的样子。形容女子体态优美，容颜秀丽。［例句］她不但扮相好，而且舞技纯熟，～，受到了广大观众的好评。

ci

【词不达意】cí bù dá yì 词句不能准确、充分地表达思想感情。［例句］我写作有困难，常常感到～。

【词严义正】cí yán yì zhèng 措词严肃，道理正当充足。［例句］老人的一番话～，几个挨批评的小青年都低下了头。

【辞简意足】cí jiǎn yì zú 简：简洁、简练；足：充分。指用语简洁但表示的含义充分。［例句］这种～的写作风格应得到提倡。

【辞旧迎新】cí jiù yíng xīn 辞：辞别。辞别旧岁，迎接新年。［例句］伴随着～的鞭炮声，可怜而又可悲的祥林嫂在风雪中悄然死去了。

【慈眉善目】cí méi shàn mù 形容慈祥和善的样子。［例句］老奶奶～，使人很乐意接近。

【此起彼落】cǐ qǐ bǐ luò 此：这；彼：那。这里起来，那里落下。形容连续不断。［例句］远远望去，大海上波涛～，景象十分壮观。

【此一时，彼一时】cǐ yī shí，bǐ yī shí 此：这，近指；彼：那，远指。现在是一种情况，那时又是一种情况。指时间不同，情况已经大不相同。［例句］昔日的小渔村变成了大都市，真是～。

cong

【聪明才智】cōng míng cái zhì 指人发达的智力和出众的才能。［例句］一个人的～主要是后天逐渐培养出来的。

【聪明伶俐】cōng míng líng lì 伶俐：聪明、机灵。形容人聪明机灵。[例句]这个小姑娘～，各种乐器一学就会。

【从长计议】cóng cháng jì yì 把时间放长点再做决定，慎重考虑。[例句]这事涉及的面太广，搞得不好，影响很大，需要～。

【从谏如流】cóng jiàn rú liú 从：听从；谏：直言规劝；如流：像水顺流而下一样迅速而自然。接受别人的直言规劝，像流水一样迅速而自然。形容乐于接受别人的意见。[例句]领导干部应当虚怀若谷，～，这样才能集思广益，团结群众，搞好工作。

【从容不迫】cóng róng bù pò 从容：不慌不忙；不迫：不急促。态度镇静，不慌不忙，非常沉着。[例句]他的一举一动都～，落落大方。

【从容自若】cóng róng zì ruò 自若：不拘束、不变常态。沉着镇静，神态如常。[例句]在众多的老师面前，他～地回答了全部问题。

【从善如流】cóng shàn rú liú 从：听从；善：好的、正确的；如流：像流水一样迅速自然。听从好的意见，像流水一样迅速自然。形容乐于接受别人的好意见。[例句]老张为人正派，～，你们会相处得很好的。

【从天而降】cóng tiān ér jiàng 形容突然到来或出现。[例句]喜讯～，她高兴得跳了起来。

【从头至尾】cóng tóu zhì wěi 头：开始；尾：结束。从开始到结束。指事情发展的全过程。[例句]他～都是扮演了一个守财奴的角色。

【从心所欲】cóng xīn suǒ yù 本指在礼教法度范围内，顺应着心意自由地行动处世。后指任凭自己的意愿，想要怎样就怎样。[例句]王老研习国画数十年，造诣很深，泼墨挥毫，～。

【从一而终】cóng yī ér zhōng 封建时代女子的爱情婚姻观念，指女子一生只可嫁一个丈夫，夫死不得再嫁。[例句]～的观念束缚了中国女性很多年。

【从中渔利】cóng zhōng yú lì 渔：谋取。从中间谋取不正当的利益。[例句]我们要防止这些不法商人囤积居奇，～。

【从中作梗】cóng zhōng zuò gěng 作梗：干扰、捣乱。在当中干扰破坏，阻碍事情的顺利进行。[例句]反腐败斗争关系到国家的前途和命运，谁要是阳奉阴违，～，谁就会遭到人民的唾弃。

cu

C

【粗茶淡饭】cū chá dàn fàn 粗：粗糙、简单。指简单的、不讲究的饮食。形容生活俭朴。[例句]我家生活虽然比较困难，但～还能自给。

【粗心大意】cū xīn dà yì 做事不细心，不谨慎，随便马虎。[例句]办事情，不能～，必须认真谨慎。

【粗枝大叶】cū zhī dà yè 形容文字或话语简略概括。也形容做事粗糙，不精细。[例句]你老是这么～，不求甚解，这可不行。

【粗制滥造】cū zhì làn zào 滥：多而不精。原指东西造得很粗糙，只追求数量，不讲究质量。也泛指工作草率马虎，不负责任。[例句]我们严禁～的商品充塞市场。

【粗中有细】cū zhōng yǒu xì 粗鲁的人也有细心的时候。也形容人表面上举止粗疏，实际上包含着精细的用心。[例句]别看他整天大大咧咧的，论办事，他可是个～的人。

【促膝谈心】cù xī tán xīn 促：挨近；促膝：膝盖挨着膝盖，指坐得近。坐在一起亲密谈心。[例句]那两位好朋友正在那儿～呢！

【猝不及防】cù bù jí fáng 猝：突然；防：防备。事情发生得突然，来不及防备。[例句]事情的突变，使她感到～。

cui

【摧枯拉朽】cuī kū lā xiǔ 摧：摧折；枯：枯草；朽：朽木。折断腐朽的树木。形容很容易就将腐朽势力摧毁。[例句]我军以～之势攻下了敌人的阵地。

【摧眉折腰】cuī méi zhé yāo 摧眉：指低头，不敢抬头直视；折腰：

弯腰。向别人低头弯腰。形容恭顺巴结的样子。[例句]他不能适应～的官场生活，就愤然辞职了。

【璀璨夺目】cuǐ càn duó mù 璀璨：美玉光彩闪烁的样子。形容光彩耀眼。[例句]这颗宝珠～，光芒四射，十分罕见。

cun

【存而不论】cún ér bù lùn 存：留下；论：讨论。把问题暂时留置一边，不进行讨论。[例句]这个问题大家都不了解，就暂且～吧。

【存心不良】cún xīn bù liáng 存心：怀着某种心思或打算。存着坏心眼。[例句]他竟然作伪证，可见他～。

【寸步不离】cùn bù bù lí 寸步：指极短的距离。一步也不离开。形容关系密切。也形容紧紧跟随某人。[例句]母亲病了，我～地守在她床边，希望她早日康复。

【寸步难行】cùn bù nán xíng 形容行动非常困难。也比喻处境很艰难，什么事也做不成。[例句]我们的工作如果得不到群众的支持，将～。

【寸草不留】cùn cǎo bù liú 寸草：小草。连根小草也不留下。常用以形容遭受天灾人祸后严重破坏的景象。也指斩尽杀绝。[例句]原子弹爆炸的中心地带，～。

【寸草不生】cùn cǎo bù shēng 寸草：小草。连根小草也不生长。形容土地贫瘠。[例句]这茫茫大沙漠里～。

【寸草春晖】cùn cǎo chūn huī 寸草：小草；春晖：春天的太阳。本指小草报答不了春天阳光给予的恩泽。比喻儿女难以报答父母的恩惠。[例句]沉浸在博大无私的母爱之中，我们是否有～之感呢？

【寸积铢累】cùn jī zhū lěi 铢：古代重量单位，二十铢为一两。指由很小的数量一点一滴慢慢积累起来。[例句]这点家业是～的，经不起你浪费。

【寸进尺退】cùn jìn chǐ tuì 进：前进；退：后退。前进一寸，后退一尺。指得到的少而失去的多，得不偿失。[例句]背诵英语单词，必须持之以恒，不可三天打鱼，两天晒网，否则会～。

【寸土必争】cùn tǔ bì zhēng　每寸土地都要争夺。形容针锋相对。[例句]我们的对敌方针是针锋相对，～。

CUO

C

【搓手顿足】cuō shǒu dùn zú　搓手：两只手相互摩擦；顿足：跺脚。形容人焦急而不耐烦的样子。[例句]开会时间快到了，车还没来，她急得～。

【蹉跎岁月】cuō tuó suì yuè　蹉跎：光阴白白地过去；岁月：时间。白白浪费年月，虚度光阴。[例句]那几年我一事无成，真是～。

【措手不及】cuò shǒu bù jí　措手：着手处理。指事出意外，来不及应付。[例句]这场比赛我们采用了新战术，打得他们～。

【错落有致】cuò luò yǒu zhì　错落：交错纷杂。形容布局交错而有层次感，富有情趣。[例句]颐和园的亭台楼阁造型多变，～。

【错综复杂】cuò zōng fù zá　错：交错、交叉；综：合在一起。各种情况交杂在一起。形容头绪繁多，情况复杂。[例句]这件事～，一时很难说清楚，还是让我再想想吧。

D d

da

【达官贵人】dá guān guì rén 职位高的官吏和社会地位尊贵显赫的人。[例句]从前，游山玩水多为～的风流雅事，如今旅游观光已成为广大群众的休闲方式之一。

【达权通变】dá quán tōng biàn 不死守同一规则，能根据不同的情势采取不同的对策。[例句]我们既要做到～，又要量力而行。

【达人知命】dá rén zhī mìng 达人：通达事理的人。通达事理的人，能安守命运的安排。[例句]他从不相信～的说法，认为人应当敢于拼搏，通过创造来实现自已的理想。

【答非所问】dá fēi suǒ wèn 答：回答的内容；非：不是。回答的不是提问的内容。[例句]他支吾其词，～，一定有什么蹊跷。

【打抱不平】dǎ bào bù píng 为别人遭遇不公平而愤慨，站出来帮助被欺凌的人。[例句]他疾恶如仇，最爱～。

【打草惊蛇】dǎ cǎo jīng shé 打的是草，可惊动了藏在草丛里的蛇。比喻做事不谨慎、不严密而惊动了对方。[例句]这次抓捕行动一定要谨慎，千万不能～。

【打成一片】dǎ chéng yī piàn 原来指形成一个整体。现指紧密结合在一起，不分彼此。[例句]领导干部要与群众～，了解群众疾苦，倾听群众呼声。

【打躬作揖】dǎ gōng zuò yī 打躬：两手向上合抱；作揖：合手向下施礼。旧时男子见面时的一种礼节。[例句]王乡长一下车，李老汉一家连忙～，满脸堆着笑把他引进屋来。

【打鸡骂狗】dǎ jī mà gǒu 比喻旁敲侧击地谩骂，发泄对某人的怒气。[例句]在谈到一些中国教育可能存在的弊端时，他一再声明，他绝非想～地责骂谁，只是想谈谈他眼中看到的问题。

【打家劫舍】dǎ jiā jié shè 打、劫：抢掠；舍：居住的房子。指盗匪成群结伙到人家里抢夺财物。[例句]这伙匪徒～，无恶不作。

【打落水狗】dǎ luò shuǐ gǒu 落水狗：比喻受到重大打击的凶恶的坏人或敌人。指对失败了的凶恶敌人仍须狠狠打击，绝不能宽容姑息。[例句]～是正义之举，不应对落水狗有怜悯之情。

D

【打情骂俏】dǎ qíng mà qiào 情：风情；俏：风趣、玩笑。指男女间调情。[例句]这个泼辣的村妇，虽不拘小节，却也不同于那些惯于～的女人们。

【打退堂鼓】dǎ tuì táng gǔ 退堂：指封建官吏从办公或审理案件的大堂上退回私邸。封建官吏退堂前要击鼓以示停止办公或结束对案件的审理。比喻做事中途退缩或撤手不干。[例句]碰到一点困难就～的人将一事无成。

【大白于世】dà bái yú shì 大白：完全明白。指事情的原委已为社会所了解。[例句]经过几番周折，公安机关终于查清了事情的原委，使得真相～。

【大饱眼福】dà bǎo yǎn fú 尽情地看个够。[例句]参观海底博物馆，会让你～。

【大笔如椽】dà bǐ rú chuán 椽：椽子，放在房檩上架着屋面板和瓦的长条形木料。像椽子一样大的笔。比喻文章有气势或文笔雄健有力。[例句]苏轼的《念奴娇·赤壁怀古》气势恢弘，～。

【大步流星】dà bù liú xīng 迈着大步像流星一样迅速。形容走得飞快。[例句]将军～直奔前方指挥所。

【大材小用】dà cái xiǎo yòng 把大材料用在小地方。比喻人事安排不合适，浪费人才。[例句]让张老师做这项工作，真是有点～了。

【大彻大悟】dà chè dà wù 彻:透彻;悟:醒悟、领会。指对事理了解透彻,全部领悟。[例句]听君一席话,我终于~了。

【大吃一惊】dà chī yī jīng 形容很惊讶的样子。[例句]听说忠厚老实的李老汉被传讯了,邻居们都~,一时很难相信。

【大处落墨】dà chù luò mò 原指作画、写文章要统观全局,从关键处下笔。比喻做事抓住要点,从大处入手。[例句]做任何工作,都要有大局观念,从~,而不能仅仅纠缠于枝枝节节的小事上。

【大吹大擂】dà chuī dà léi 吹:吹喇叭;擂:打鼓。原意是敲锣打鼓,器乐齐鸣,表示庆贺。比喻大肆宣扬或过分吹嘘。[例句]这部作品并不怎么出色,有人却在报刊上~,为之捧场。

【大错特错】dà cuò tè cuò 错得很厉害。[例句]如果侵略者把中国人民的忍让克制当成软弱可欺的话,那么,他们就~了。

【大打出手】dà dǎ chū shǒu 打出手:戏曲中一种武打动作,以一个角色为中心,同时与几个对手开打,形成种种武打场面。指逞凶打人或相互殴斗。[例句]他们兄弟俩因争夺财产而~,最终酿成了这场悲剧。

【大刀阔斧】dà dāo kuò fǔ 刀、斧:古代兵器。用大刀斧砍杀敌人。比喻做事果断而有魄力。[例句]我们的工作只要方向对头,计划周密,就可以~地干,不要畏首畏尾,顾虑重重。

【大得人心】dà dé rén xīn 指得到广大民众的拥护。[例句]凡是促进生产力发展的改革措施,必定~。

【大敌当前】dà dí dāng qián 强大的敌人已经攻到眼前。形容形势非常险恶。[例句]~,我们丝毫不能懈怠。

【大地回春】dà dì huí chūn 春天来了,气候变暖,万物苏醒,充满生机。也用来比喻形势好转。[例句]~,万物复苏,到处都是生机勃勃的景象。

【大跌眼镜】dà diē yǎn jìng 指对出乎意料的结果或不可思议的事物感到非常惊讶。[例句]这个年仅十四岁男孩的书法表演,令在场的行家里手~。

【大动干戈】dà dòng gān gē 干:古代指盾;戈:古代一种像矛的兵器;干戈:泛指武器,比喻战争。指发动大规模战争。比喻花大力气做某事。[例句]一点点小事,值得你们~吗?

【大恩大德】dà ēn dà dé 巨大的恩情。[例句]等我长大了一定要报答您的~。

【大而化之】dà ér huà zhī 原意是指光大德业,以感化万民。后形容做事不认真、不谨慎。[例句]他这人做事总是~,叫人不放心。

D

【大发雷霆】dà fā léi tíng 霆:极响的雷。比喻大发脾气,高声训斥。[例句]看见父亲那~的样子,我连大气也不敢出。

【大方之家】dà fāng zhī jiā 大方:大道理。原指见多识广、懂事理的人。现多指学识渊博的专家学者或内行人。[例句]在学术上我们一定要虚心向前辈请教,切不可妄自尊大,见笑于~。

【大放厥词】dà fàng jué cí 厥:其、他的。本指诗文极力铺陈辞藻。现指狂妄地滥发议论。[例句]这种不负责任、~的行为,在与会代表中引起了强烈不满。

【大腹便便】dà fù pián pián 便便:肥大的样子。形容肚子肥大。[例句]多年未见,如今他~,不再是当年那副瘦削的模样了。

典故

东汉有个人叫边韶,字孝先。他得了肥胖病,肚子肥大,行动迟缓,大白天也老是躺着休息。有几个学生就编了首歌谣笑话他:"边孝先,腹便便;懒读书,但欲眠。"边韶听到了很生气,于是他也编了几句作为回答:"边为姓,孝为字;腹便便,五经笥(sì,装五经的箱子,当时有人称他为'五经笥')。但欲眠,思经事。寐与周公同梦,静与孔子同意。师而可嘲,出何典记?"这几句的意思是说:我边孝先的肚子大是因为里面装满了经书,我睡觉是在梦中会见周公,连片刻的静息也念念不忘孔子的理想和教导呢!学生嘲笑老师,这是哪里的规矩?

【大公无私】dà gōng wú sī 秉公办事,没有私心。现多指为国家集体考虑,不贪图个人利益。[例句]优秀的领导者应该襟怀坦白,~,毕生为人民的利益着想。

【大功告成】dà gōng gào chéng 重大的工程、任务宣告完成。[例句]熬了几个通宵,那篇论文才算~。

【大海捞针】dà hǎi lāo zhēn 在大海里捞一根针。比喻很难找到,白费力气。[例句]在几百万人口的城市找一个普通人,无异于~。

【大汗淋漓】dà hàn lín lí 淋漓:汗水往下滴落的样子。形容出汗很多。[例句]手潮湿或者~时,去接触电器是很危险的。

【大呼小叫】dà hū xiǎo jiào 乱喊乱叫,吵吵嚷嚷。[例句]在公共场合~是不礼貌的行为。

【大获全胜】dà huò quán shèng 取得了全面的、彻底的胜利。[例句]曹操在官渡之战中~,但在赤壁之战中却一败涂地。

【大祸临头】dà huò lín tóu 见"大难临头"。

【大惑不解】dà huò bù jiě 原意是一辈子迷惑不明白。后多指感到非常疑惑,无法理解。[例句]所见到的"奔驰"车绝大多数都丢失了车标,这使一个德国客人~:"难道你们准备换上别的标志吗?"

【大家风范】dà jiā fēng fàn 大家:旧时指有身份地位的人家;风范:风度气质。指有地位或有学识之家的特有气度。[例句]她的举止间透着~。

【大家闺秀】dà jiā guī xiù 大家:世家望族;闺秀:出身名门的女子。旧指世家望族中有才德的女子。泛指大户人家的女儿。[例句]封建社会重等级,~必须配豪门公子,因此不知酿成多少悲剧。

【大街小巷】dà jiē xiǎo xiàng 城镇中宽敞的街道和狭小的胡同。泛指城镇的各处。[例句]元宵节期间,~张灯结彩,热闹异常。

【大惊失色】dà jīng shī sè 失色:脸色失常。惊恐得变了脸色。

[例句]几个窃贼一听到警车急鸣,~,丢下赃物,四散奔逃。

【大惊小怪】dà jīng xiǎo guài 对不值得惊异的事情表示过分惊讶。[例句]一个人说一两句过头话是难免的,用不着~。

【大开眼界】dà kāi yǎn jiè 极大地开阔了视野,增长了见识。[例句]看过航空展览会后,真叫我~。

【大快朵颐】dà kuài duǒ yí 朵颐:鼓动腮帮子。指嚼食物的样子。后用来形容尽情享受美味。也比喻尽情欣赏优美的文学艺术作品等。[例句]读先生近作诗词,真令人~。

D

【大快人心】dà kuài rén xīn 快:使痛快。某件有益于公众的事,使老百姓非常痛快。[例句]公安机关严惩了这些流氓分子,为人民解除了祸害,真是~。

【大梦初醒】dà mèng chū xǐng 像从沉睡中刚醒过来。比喻刚从错误或迷惑中醒悟过来。[例句]多年解不开的难题,经过名家指点,我如~,心里顿时明亮起来。

【大名鼎鼎】dà míng dǐng dǐng 鼎鼎:盛大的样子。名声很大。[例句]站在你面前的就是~的"数学大王"刘小帅。

【大谬不然】dà miù bù rán 谬:错误;然:如此、这样。指大错特错,实际完全不是这样。[例句]从穿着上看他像是个普通农民,其实~,他是这一带远近闻名的乡镇企业家。

【大模大样】dà mú dà yàng 行动没有顾忌,毫不拘束的样子。形容傲慢自大。[例句]主人还没请他,他倒~地进去了。

【大难不死】dà nàn bù sǐ 难:灾难。经过巨大的灾难而存活下来。形容幸运脱险。[例句]他的经历富有传奇色彩,一生多次历险,但最终都能~。

【大难临头】dà nàn lín tóu 临:到、来。大灾难落到身上。[例句]当敌人冲进屋子时,他全然没有~的恐慌,而是镇定自若地把最后一份机密文件扔进火炉里。

【大逆不道】dà nì bù dào 逆:叛逆;道:指封建道德;不道:不合封建道德的标准。旧时指犯上作乱的重大罪行。[例句]虐待老人是～的行为！

【大起大落】dà qǐ dà luò 大幅度地起落。形容变化很大。[例句]相信自己，可以使我们立于流言的狂风中岿然不动，顶得住大风大浪，～。

【大气磅礴】dà qì páng bó 磅礴：广大无边的样子。形容气势宏大。[例句]他的文章～，有很强的感染力。

【大器晚成】dà qì wǎn chéng 大的器物需要经过长时间的加工才能做成。指能担当重任的人要经过长期锻炼，所以成就较晚。[例句]他年届花甲才闯出了自己的一番事业，真可谓～啊！

【大千世界】dà qiān shì jiè 佛教用语。世界的千倍叫小千世界，小千世界的千倍叫中千世界，中千世界的千倍叫大千世界，总称三千大千世界。后泛指广阔无边的世界。[例句]从古至今，人类探索～奥秘的活动从来都没有停止过。

【大巧若拙】dà qiǎo ruò zhuō 巧：灵巧；若：好像；拙：笨拙。真正灵巧的人不炫耀自己，看上去好似笨拙。[例句]他擅长微雕，技术高超，但虚怀若谷，～，从不在人前炫耀。

【大权独揽】dà quán dú lǎn 揽：把持。指独自把持处理重大事务的权力。[例句]我们公司人事部的李主任～，凡是与人事有关的变动都得他点头才能定下来。

【大权旁落】dà quán páng luò 实权落到别人手里。[例句]～的光绪帝，只能任人摆布，甚至没有了人身自由。

【大杀风景】dà shā fēng jǐng 杀：减少、削弱。大大地损伤美好的景致。比喻在别人兴高采烈时让人扫兴。[例句]这样优美的环境却被肆意扔上垃圾，真是～。

【大厦将倾，一木难支】dà shà jiāng qīng，yī mù nán zhī 倾：倒塌。高大的房屋将要倒塌时，一根木头是很难支撑住的。比喻反动政权或局势动荡面临崩溃时，即使出现一个所谓栋梁之材也无法挽回。[例句]～，这个临近破产的公司靠他一个人恐怕很难起死回生了。

【大声疾呼】dà shēng jí hū 疾:快。高声而急促地呼喊,促使人们注意。[例句]在会上,许多专家~,要求大力整治环境污染,保护我们赖以生存的地球。

【大失所望】dà shī suǒ wàng 原来的希望全落空了。[例句]母亲没有带回他爱吃的巧克力,令他~。

【大势所趋】dà shì suǒ qū 大势:整个局势;趋:趋向。整体形势的发展趋向。[例句]海峡两岸的同胞渴望祖国统一,这是人心所向,~。

D

【大势已去】dà shì yǐ qù 大势:整体的趋势。整体趋势已经丧失,没有了发展前途。[例句]他知道~,便率领着自己的人马向东南方向逃走了。

【大是大非】dà shì dà fēi 是:正确;非:错误。指原则上的对与错。[例句]这又不是什么~,无需计较太多。

【大手大脚】dà shǒu dà jiǎo 形容对财物毫不吝惜,没有节制地随便花费。[例句]他花钱总是~的,没有一点节制。

【大庭广众】dà tíng guǎng zhòng 大庭:宽大的场所;广:多。指聚集了很多人的公开场合。[例句]他最不擅长的就是在~之下讲话。

【大同小异】dà tóng xiǎo yì 大体相同,只在小的方面有差异。[例句]这两本书内容上~,看过一本之后,可以不看另一本。

【大喜过望】dà xǐ guò wàng 所得超过了自己原来的希望,因而感到很高兴。[例句]原来他估计能取上名次就不错了,没想到得了冠军,真令他~。

【大显身手】dà xiǎn shēn shǒu 身手:指本领。指在一定的时间和场合充分显露自己的本领。[例句]改革开放为那些有才能的人提供了~的好机会。

【大显神通】dà xiǎn shén tōng 神通:原为佛教用语,指无所不能的力量,泛指特别高超的本领。充分显示出高超的本领。[例句]他留学归国后,在纳米技术研究领域里~,很快成为这一学科的

“领头雁”。

【大相径庭】dà xiāng jìng tíng 径：门外的小路；庭：厅堂前的院子。比喻两者相差很远或截然不同。[例句]他们一个说东，一个说西，如此～，怎么能达成协议呢？

【大兴土木】dà xīng tǔ mù 兴：建；土木：代指建筑。大规模地兴建土木工程。多指盖房子。[例句]近来，因不少单位～，建筑材料非常紧缺。

【大言不惭】dà yán bù cán 惭：羞惭。说大话而不觉得羞愧。[例句]他刚有几篇小作品发表，就自称作家，真是～。

【大摇大摆】dà yáo dà bǎi 走路摇摇摆摆，一副高傲的神态。[例句]会议开到一半时，老张才～地走进来。

【大义凛然】dà yì lǐn rán 大义：正义；凛然：严肃而令人敬畏的样子。为维护正义而显出严峻、令人敬畏的神态。[例句]面对这个～的警察，几名歹徒丝毫没有了嚣张气焰。

【大义灭亲】dà yì miè qīn 亲：亲属。为了维护正义，对犯罪亲属不徇私情，使之受到应有的惩罚。[例句]这部小说塑造了一个公正无私、～的法官形象。

【大有可为】dà yǒu kě wéi 指事情很值得做，有发展前途。[例句]随着时代的发展，信息产业～。

【大有人在】dà yǒu rén zài 形容某一种人为数很多。[例句]在毕业生中，愿意献身西藏教育的～。

【大有作为】dà yǒu zuò wéi 指能充分发挥才能，做出显著成绩。[例句]农村是一个广阔的天地，在那里是可以～的。

【大展宏图】dà zhǎn hóng tú 宏图：远大的设想，宏伟的计划。大规模地实施宏伟的计划。多用于祝颂开创新业。[例句]推进社会主义和谐社会建设的伟大实践，也期待着每个中华儿女～。

【大张旗鼓】dà zhāng qí gǔ 张：陈设、布置；旗鼓：作战指挥军队所用的旗帜和战鼓。原指军队高举旗帜，擂响战鼓，大规模地摆开阵势。比喻某一活动声势和规模很大。[例句]我们要～地宣传党的十八大报告精神。

【大智若愚】dà zhì ruò yú 智:聪明;若:好像;愚:愚笨。很聪明的人不露锋芒,表面上反而像很愚笨。[例句]只有这种~的人,才是最可怕的对手。

dai

【呆若木鸡】dāi ruò mù jī 呆:发愣的样子。原指经过训练的鸡能镇定自若,跟木头鸡一样。现用来形容因恐惧或惊讶而发愣的样子。[例句]听到这个消息,他~,长久地站在路旁,像生了根似的拔不起脚来。

【呆头呆脑】dāi tóu dāi nǎo 呆:呆板、不灵活。形容反应迟钝,行动笨拙。[例句]他看似~,实质大巧若拙。

【代人受过】dài rén shòu guò 代:代替。代替别人承担过错。[例句]谁犯错误谁负责,~虽有君子之风,但缺乏实事求是的精神。

【代人捉刀】dài rén zhuō dāo 捉刀:代别人写文章。指代人做事,多指写文章。[例句]他在公司并不是什么主要负责人,只不过是一个文秘人员,~而已。

【代为说项】dài wéi shuō xiàng 替人说好话。[例句]你别在这儿~了,他是不可能被提拔的。

【待价而沽】dài jià ér gū 沽:卖。等有了好价钱再卖。比喻怀才待用。[例句]他看不上这些小职位,无非是~。

【待人接物】dài rén jiē wù 物:众人。与别人接触交往。[例句]现代社会,~是一门技巧和学问。

【待时而动】dài shí ér dòng 时:时机、机会。指等待机会合适才采取行动。[例句]我们要~,不可打草惊蛇。

【戴罪立功】dài zuì lì gōng 戴:头上顶着。以有罪之身立功劳以减免惩罚。[例句]一些犯人经过教育与改造,认清了犯罪的危害,决心~、重新做人。

dan

【担惊受怕】dān jīng shòu pà 形容提心吊胆，又惊又怕的样子。[例句]他再也不愿过～的日子了。

【单刀赴会】dān dāo fù huì 指三国时蜀将关羽携单刀独自去见鲁肃的故事。泛指独自冒着危险，去跟对方会见。[例句]他～，舌战群雄，最终把那个工程项目拿到了手中。

【单刀直入】dān dāo zhí rù 用短柄刀直接刺入。比喻认定目标，勇猛精进。也比喻说话做事直截了当，不绕弯子。[例句]～不能取胜，就应该采用迂回的办法，有时效果会更好。

【单枪匹马】dān qiāng pǐ mǎ 一人一马。指只身一人上阵。比喻没有帮助，单独行动。[例句]这事全靠大家，我～是什么也干不成的。

【胆大包天】dǎn dà bāo tiān 人的胆量比天还大。形容胆子极大，什么也不怕。[例句]这两个～的歹徒，竟然在光天化日下当街抢劫。

【胆大妄为】dǎn dà wàng wéi 肆无忌惮地干坏事。[例句]他～，竟然勾结境外不法分子，干起了贩毒的勾当。

【胆大心细】dǎn dà xīn xì 形容做事勇敢而又考虑周密。[例句]小王一向～，这个任务交给他应该没问题。

【胆小如鼠】dǎn xiǎo rú shǔ 形容胆子非常小。[例句]别看他五大三粗的，其实～。

【淡而无味】dàn ér wú wèi 什么味道也没有。也形容没有趣味。[例句]这道菜～，实在引不起人的食欲。

【淡妆浓抹】dàn zhuāng nóng mǒ 妆：妆饰；抹：涂抹。指淡雅和浓艳两种不同的妆饰。[例句]有的演员既演朴实无华的村姑，也演珠光宝气的贵妇，～，都能恰如其分。

【弹尽粮绝】dàn jìn liáng jué 弹药用完，粮食吃光。形容陷入困境，情况危急。[例句]狼牙山五壮士英勇作战，最后～，壮烈地跳下悬崖，谱写了一曲悲壮的英雄颂歌。

【弹丸之地】dàn wán zhī dì 弹丸：弹弓所用的泥丸、石丸或铁丸。像弹丸那么小的地方。比喻狭小的地方。[例句]不论是纵横千里的大国，还是～的小国，国际地位都是平等的。

【弹无虚发】dàn wú xū fā 弹：弹弓所射的球状东西，后来也指子弹；虚发：空发。没有一发子弹不射中目标。形容射击技术高，弹弹击中目标。[例句]小王是全连有名的神枪手，～。

D

dang

【当机立断】dāng jī lì duàn 当机：抓住时机；断：决断。在关键时刻立即做出决断。[例句]军区聂司令员～，立即做出进攻敌军的决定。

【当局者迷，旁观者清】dāng jú zhě mí, páng guān zhě qīng 局：棋局；当局者：下棋的人，比喻当事人；旁观者：看下棋的人，比喻局外的人。当事人往往因为对利害得失考虑得太多，看问题反而糊涂，旁观的人却看得较全面、清楚。[例句]彼此争执不下的时候，最好听听第三者的意见，因为～。

【当仁不让】dāng rén bù ràng 当：面对。原意是为了仁义，就是老师也不用和他谦让。现指遇到应该做的事，就积极主动地去做。[例句]王先生～，马上就起草了那篇演讲稿。

【当世无双】dāng shì wú shuāng 当世：当代。当代没有第二个。形容非常优秀，无可比及。[例句]中国民间的剪纸艺术是～的。

【当头棒喝】dāng tóu bàng hè 佛教禅宗和尚接待初学者的时候，常常用棒虚空一击或朝他大喝一声，促他领悟。比喻使人觉悟的警告或劝诫。[例句]老师一席话如～，才使得他没有误入歧途。

【当务之急】dāng wù zhī jí 当务：当前应当办理的事。指当前所有应做的事情中最要紧的、最急需办的事。[例句]解决这一意外事件是～，原来的计划只好撤销了。

【当之无愧】dāng zhī wú kuì 当：承当、承受；无愧：不惭愧。能毫无惭愧地承当某种称号或荣誉。[例句]老舍被授予"人民艺术家"的称号是～的。

【当之有愧】dāng zhī yǒu kuì 当:接受、承受。接受某种荣誉或奖励名实不符,感到惭愧。常作自谦之词。[例句]我只不过做了一点对祖国和人民应该做的事,如此受奖,真是～。

【党同伐异】dǎng tóng fá yì 党:偏袒;同:与自己意见相同的人;异:与自己意见不同的人。指无原则地分立门户派别,偏袒同党,攻击持不同意见的人。[例句]封建时代官场中拉帮结派成风,～的事情史不绝书。

【荡然无存】dàng rán wú cún 荡然:完全消失的样子;无存:什么也不存在了。形容原有的东西一点不剩,完全都失去了。[例句]经过一场大火之后,这几间草房～,只剩下一片灰烬。

dao

【刀耕火种】dāo gēng huǒ zhòng 把草烧成灰作为肥料,用刀挖坑下种。泛指最原始的耕作方法。[例句]我们的祖先,曾在这片土地上茹毛饮血,～。

【刀光剑影】dāo guāng jiàn yǐng 挥刀击剑时的闪光和影子。形容杀机已露、一触即发的凶险场面。也形容激烈的搏斗场面。[例句]战场上一片～,哪里分得出谁是谁呢?

【刀山火海】dāo shān huǒ hǎi 比喻极其危险、困难的地方。[例句]纵然是～,千难万险,也难不倒共产党人!

【刀头舔蜜】dāo tóu tiǎn mì 比喻为小利冒大险,因小失大。[例句]这种～的事,你千万不能去干。

【岛瘦郊寒】dǎo shòu jiāo hán 岛:指唐代诗人贾岛;郊:指唐代诗人孟郊。二人诗中多凄苦之词。形容诗文类似贾、孟二者的意境和风格。[例句]贾岛和孟郊的诗歌风格冷峻,合称～。

【倒戈卸甲】dǎo gē xiè jiǎ 倒戈:放下武器,指停止抵抗;卸甲:把战袍脱下来。放下武器,脱下战袍。指战败投降。[例句]敌人已到穷途末路，纷纷～，举手投降。

【蹈人旧辙】dǎo rén jiù zhé 蹈：踩；辙：车轮的印迹，指道路。走别人走过的老路。比喻没有创新。[例句]在艺术创作中要力求创新，～是没有出路的。

【倒背如流】dào bèi rú liú 如流：像流水一样。把文章倒过来背诵，像流水一样顺畅。形容诗文背诵得极熟、极流利。[例句]父亲留给她的那本《唐诗三百首》她已～。

D

【倒打一耙】dào dǎ yī pá 比喻犯了错误或干了坏事不承认，反而倒咬别人一口。[例句]明明是产品质量不合格，供应商却～，责怪用户使用不当。

【倒屣而迎】dào xǐ ér yíng 屣：鞋子。因急于迎接客人而倒穿着鞋子跑出去。形容热情待客。[例句]我到他家做客，他～，让我大受感动。

【倒行逆施】dào xíng nì shī 原指做事违反常理。现多指做违反时代潮流和社会正义的反动行为。[例句]暴君的～并不表示他的强大，只会加速他的灭亡。

【道不拾遗】dào bù shí yí 遗：丢失的东西。遗失在路上的东西没人捡。形容社会风气好。[例句]人们都向往着"夜不闭户，～"的良好社会风气。

【道高一尺，魔高一丈】dào gāo yī chǐ，mó gāo yī zhàng 道：道行，指正气；魔：魔障，指邪气。指邪气容易高过正气，要保持正气，需要不断战胜邪恶。也指一种力量战胜另一种力量。[例句]～。为了堵塞税制漏洞，防止偷税漏税，政府制订了更为完善的税收征管办法。

【道貌岸然】dào mào àn rán 道貌：正经、严肃的外貌；岸然：严肃的样子。形容神态严肃的样子，常用来讥讽人假装正经。[例句]别看他平日里～，其实是个十足的伪君子。

【道听途说】dào tīng tú shuō 从路上听来的，马上就在路上传播给别人。指没有根据的传闻。[例句]根据～而下结论是极不负责的态度。

de

【得不偿失】dé bù cháng shī 偿:抵偿。得到的抵偿不了损失的。[例句]他不赞成轻率地发动一场没有经过酝酿和计划的示威,因为那样做是~。

【得寸进尺】dé cùn jìn chǐ 得到一寸就想再进一尺。比喻贪婪的欲望越来越大。[例句]做事情要懂得适可而止,而不要~。

【得道多助】dé dào duō zhù 见"得道多助,失道寡助"。

【得道多助,失道寡助】dé dào duō zhù, shī dào guǎ zhù 符合正义的就会得到多数人的支持和帮助,违背正义的必然被孤立。[例句]~,只要是正义的事业,终究会取得胜利。

【得过且过】dé guò qiě guò 且:暂且。指过一天算一天,不进行长远打算。也指马虎应付,不负责任。[例句]生活上~,仅止于自己;工作上~,却有害于社会。

典故

传说五台山上有一种寒号(háo)鸟。夏天,它看着自己鲜艳而漂亮的羽毛,天天高唱"凤凰不如我",也不准备过冬的东西。到了冬天,它全身的羽毛都脱落了,一到夜晚便躲在石缝里发抖。白天,阳光明媚,寒号鸟便忘记了夜晚的寒冷,一边晒太阳,一边高声唱道:"得过且过,得过且过。"天气一天比一天冷,终于有一天,寒号鸟被冻死在石缝中。

【得天独厚】dé tiān dú hòu 天:自然、天然;厚:优厚。独自得到天然的优厚条件。指所处的条件或所处的环境特别优越。[例句]这里经济快速增长的原因之一是具有~的地理条件。

【得心应手】dé xīn yìng shǒu 心里想怎么做,手就能做得出来。形容技艺纯熟或学识融会贯通,使用自如。也形容做事顺手如意。[例句]他琴艺高妙,~,那流水之声仿佛从他手指下缓缓泻出。

【得意门生】dé yì mén shēng 老师最欣赏、喜欢的学生。[例句]她是历史老师的～。

【得意忘形】dé yì wàng xíng 形容人高兴得失去常态。[例句]有这样一种人:稍有成绩就～,稍遇挫折就灰心丧气。

【得意洋洋】dé yì yáng yáng 形容非常得意的样子。[例句]看他那～的样子,就知道他今天一定有高兴的事。

【德才兼备】dé cái jiān bèi 同时具备良好的品德和出众的才能。[例句]为了搞好工作,我们要大胆使用和提拔～的知识分子。

D

【德高望重】dé gāo wàng zhòng 德:品德;望:声望。品德高尚,很有声望。多用于称颂年长而名望高的人。[例句]这位老科学家～,上门请教的人很多。

deng

【灯蛾扑火】dēng é pū huǒ 见“飞蛾投火”。

【灯红酒绿】dēng hóng jiǔ lǜ 形容欢宴的场面或穷奢极侈的糜烂生活。[例句]他整日沉迷于那种～、纸醉金迷的糜烂生活。

【灯火辉煌】dēng huǒ huī huáng 辉煌:光辉灿烂。灯火光辉灿烂。形容夜晚灯光、烛火光彩耀眼的景象。[例句]元宵节晚上,街上～,到处洋溢着欢乐祥和的气氛。

【灯火万家】dēng huǒ wàn jiā 每家都点上了灯。指天黑上灯的时候。也形容一片灯光灿烂的夜景。[例句]站在大厦的顶端往四下望,～,一片迷人的夜色。

【登峰造极】dēng fēng zào jí 登:上;峰:山顶;造:到达;极:顶点。攀登到山峰的顶点。比喻达到高深的境地。也泛指到了极点。[例句]想在学术上达到～的程度,实在太难了,它是以辛勤和汗水为基础的。

【登高一呼】dēng gāo yī hū 比喻有影响的人物发出倡议或号召,会产生很大影响。[例句]“五四”时期,国势日危,不少仁人志士～,四方响应,革命思潮迅速传播。

【登堂入室】dēng táng rù shì　堂：古代宫室的前厅；室：古代宫室的后屋。登上厅堂，再进入内室。比喻在技艺、文学艺术和其他学问方面由浅入深，有了高深的造诣。[例句]他的诗歌水平还未达到～的地步。

【等而下之】děng ér xià zhī　等：等级；下：往下；之：代词，指原来的等级。从这一等级再往下。指事物的等级向下递减。[例句]上次的原料就有部分不合格，这次更是～，这能保证产品质量吗？

【等量齐观】děng liàng qí guān　等：同等；量：估计、衡量；齐：一齐、同样。把有差别的事物不加区别地同等看待。[例句]在分配方式上～，搞"一刀切"，在很大程度上挫伤了劳动者的积极性。

【等米下锅】děng mǐ xià guō　等着米来下锅烧饭。形容家穷无粮。也指缺乏某种生产原料或资金。[例句]改革开放以来，这个企业一改过去～的窘况，生产呈现良性循环的局面。

【等闲之辈】děng xián zhī bèi　等闲：平常。指平平常常的人。多用于否定句。[例句]这名选手绝不是～，我们千万不可掉以轻心。

di

【低三下四】dī sān xià sì　形容卑微下贱，没有骨气。[例句]做人要有骨气，～，曲意逢迎只会让人看不起。

【低声下气】dī shēng xià qì　形容态度谦卑，说话小心。[例句]为了能让女儿到一所好的学校就读，他不得不～地去四处求人。

【滴水不漏】dī shuǐ bù lòu　一滴水也不漏掉。形容说话办事周到严谨，没有破绽。[例句]也只有他能把这宗事安排得～。

【滴水成冰】dī shuǐ chéng bīng　水滴下去就结成冰。形容天气十分寒冷。[例句]在强大寒流的袭击下，这座号称春城的南国城市居然也大雪纷飞，～。

【地大物博】dì dà wù bó　博：多，丰富。指国家疆土辽阔，物产丰富。[例句]中国～，有许多资源正等待着开发利用。

D

【地动山摇】dì dòng shān yáo 高山和大地都在摇动。形容声势浩大。[例句]一声～的爆炸声从远处传来。

【地广人稀】dì guǎng rén xī 地方广阔而居民很少。[例句]西部地区～，有很大的开发价值。

【地利人和】dì lì rén hé 地利：在地理上占有利地形；人和：得人心，指上下团结一致。地形有利，人心又齐。指具有有利的地理条件和群众基础。[例句]要取得这场战争的胜利，必须占据～。

【地主之谊】dì zhǔ zhī yì 地主：当地的主人；谊：通“义”，义务，今多指情谊。当地主人对客人应尽的情谊。[例句]只要你到我们那儿观赏游玩，我一定会尽～。

dian

【颠倒黑白】diān dǎo hēi bái 把黑的说成白的，把白的说成黑的。形容故意歪曲事实，混淆是非。[例句]小王气愤地喊：“他是这么告诉你的？这简直是～！”

【颠倒是非】diān dǎo shì fēi 是：对；非：不对。故意把对的说成不对的，把不对的说成对的。[例句]对于这种在网上发布假消息、～的行为，人们纷纷给予了严厉谴责。

【颠倒阴阳】diān dǎo yīn yáng 阴阳：我国古代哲学家认为宇宙中有阴和阳两大对立面。指颠倒黑白，混淆是非。[例句]事实就是事实，岂容你～，混淆是非。

【颠来倒去】diān lái dǎo qù 翻来覆去。形容多次重复。[例句]这么一点小事，值得你～一直说吗？

【颠沛流离】diān pèi liú lí 颠沛：跌倒，比喻穷困或受挫折；流离：由于灾荒战乱而流转离散。形容生活困苦，四处流浪。[例句]这首诗概括地叙述了他～的一生，也从侧面反映出当时的社会面貌。

【颠扑不破】diān pū bù pò 颠：跌倒；扑：敲打。无论怎么摔打都不破。比喻言论、学说等极其正确，永远不会被推翻。[例句]这是古往今来～的真理。

颠三倒四】 diān sān dǎo sì 形容说话、做事没有条理。也形容神志不清。[例句]如果教学语言～，东拉一句西扯一句，学生就会摸不着头脑，理不清思路，抓不住重点。

点水不漏】 diǎn shuǐ bù lòu 指一点水都不漏。形容做事细密。[例句]这件事校长处理得～，不透半点风声。

点铁成金】 diǎn tiě chéng jīn 神话故事中说仙人用手一点便能使铁变成黄金。比喻高屋建瓴地进行指点，使之变得出色。[例句]文字编辑要有～的功夫。

点头哈腰】 diǎn tóu hā yāo 哈腰：弯腰。形容过分恭敬或客气。[例句]林叔在路上遇到熟人，总免不了要～地应酬一番。

电光石火】 diàn guāng shí huǒ 闪电的光，燧石的火。比喻稍纵即逝。也形容速度快。[例句]这个念头似～，转眼便消失了。

电闪雷鸣】 diàn shǎn léi míng 雷电交加。形容暴雨即将到来的气象。比喻轰轰烈烈。[例句]开车时，如果赶上～的天气，车窗一定要全部关紧。

diao

刁钻古怪】 diāo zuān gǔ guài 刁钻：狡诈；古怪：违反一般情况，使人感到离奇。形容为人狡诈，不同常人。也形容事物或主意等稀奇古怪又别扭。[例句]他这人～的，专会出鬼主意。

雕虫小技】 diāo chóng xiǎo jì 雕：雕刻；虫：鸟虫书，古代汉字的一种字体。比喻不值一提的技艺。多指文字技巧。[例句]我偶尔写几首小诗，只不过是～，难登大雅之堂。

雕梁画栋】 diāo liáng huà dòng 梁：支撑屋顶的横木；栋：房屋的正梁。雕刻、彩绘的屋梁。也指经过彩绘的富丽堂皇的房屋。[例句]这些楼房富丽堂皇，～，古色古香。

调兵遣将】 diào bīng qiǎn jiàng 调动、派遣兵将。泛指人事调动。[例句]比赛场上，她～得法，最终在主场获得了胜利。

【调虎离山】diào hǔ lí shān 设法使老虎离开山头。比喻用计使对方离开原来的有利地势，以便袭击。[例句]我军使用～之计，把敌人主力引出，半路伏击，全歼了敌军。

【掉以轻心】diào yǐ qīng xīn 掉：摆弄；轻心：漫不经心。对事物采取漫不经心的态度。[例句]这次商贸谈判关系到我公司的发展，务必慎重行事，切不可～。

die

D【跌宕起伏】diē dàng qǐ fú 跌宕：富于变化，有顿挫波折。形容文章、故事等富于变化。[例句]这篇文章的内容～，句式多样，适宜于进行朗读和词句训练。

【跌脚捶胸】diē jiǎo chuí xiōng 又跺脚，又捶打胸脯。形容非常悲伤或恼恨。[例句]她得知儿子去世的消息，～地号啕大哭起来。

【喋喋不休】dié dié bù xiū 喋喋：形容说话多；休：停止。形容话语逼人，没完没了地唠叨。[例句]发言要简明扼要，不要重复啰嗦，～。

ding

【丁一卯二】dīng yī mǎo èr 形容确实、牢靠。[例句]爸爸做事是～，从不出错。

【顶礼膜拜】dǐng lǐ mó bài 顶礼：行礼时五体投地，以头碰及受礼人的脚，是佛教最尊敬的礼节；膜拜：两手加额，长跪而拜，是表示极端恭敬或畏服的一种行礼式。形容对神虔诚地跪拜或对人极端崇拜。[例句]她整天对着神佛～，却始终都没有奇迹发生。

【顶天立地】dǐng tiān lì dì 头顶苍天，脚踏大地。形容形象高大，气概豪迈。[例句]像这样英勇不屈、～的英雄，我们都很钦佩。

【鼎鼎大名】dǐng dǐng dà míng 见“大名鼎鼎”。

【鼎力相助】dǐng lì xiāng zhù 鼎力：大力。大力相助。[例句]他能有今天的成就，全靠朋友的～。

【鼎足而立】dǐng zú ér lì 鼎：古代的烹煮器具，多用青铜制成，一般为圆形，三足两耳。比喻三方面分立对峙。[例句]一个令国人瞩目和骄傲的非常可乐品牌就这样在世界强手的夹缝中找到了自己的位置，形成了与可口可乐 、百事可乐～、三分天下的局面。

diu

【丢盔弃甲】diū kuī qì jiǎ 盔：作战时保护头部的装备，多为金属制成；甲：作战时护身的铠甲。形容战败后狼狈逃跑的样子。[例句]他的棋艺一向不错，但这次却被一个十几岁的孩子杀得～、一败涂地。

【丢三落四】diū sān là sì 落：遗漏。形容粗心或记忆力差，不是丢了这个，就是忘了那个。[例句]李大爷年龄大了，常常～的。

【丢卒保车】diū zú bǎo jū 象棋战术用语，舍弃卒，保住车。比喻牺牲次要的，保护主要的。[例句]到了这种境地，他也只得～了。

dong

【东奔西跑】dōng bēn xī pǎo 奔：快跑。形容到处奔忙。[例句]他是单位的采购人员，经常在各地～。

【东奔西走】dōng bēn xī zǒu 见“东奔西跑”。

【东窗事发】dōng chuāng shì fā 发：暴露。指阴谋败露或秘密勾当被发觉。[例句]这种伤天害理的事干不得，一旦～，后果不堪设想。

典故

南宋时期，太师秦桧在东窗内同妻子王氏密谋，杀害了抗金名将岳飞。后来遭到了报应，秦桧和儿子秦熺接连去世。王氏请来了道士驱鬼，道士在迷蒙中看见秦熺戴着铁枷，就问：“太师在什么地方？”秦熺说：“在酆都。”道士到了酆都，看见秦桧戴着铁板枷，受了很多苦刑。秦桧说：“麻烦你传话给我的夫人，东窗密谋杀害岳飞的事情暴露了。”

【东床坦腹】dōng chuáng tǎn fù 指才能出众的好女婿。[例句]能有这样一位～，也是张老头的一大幸事。

【东倒西歪】dōng dǎo xī wāi 形容站立不稳或建筑物等不牢固。也形容杂乱无章。[例句]一场大风过后，院子里的向日葵被吹得～。

【东躲西藏】dōng duǒ xī cáng 指到处躲藏。[例句]为躲避上门讨债的人，他不得不～。

D

【东拉西扯】dōng lā xī chě 指说话抓不住中心或随意乱讲。也指东拿一点，西取一点，到处寻找或拼凑。[例句]晚饭后，李婶到了我家，～地与奶奶聊了老半天。

【东拼西凑】dōng pīn xī còu 指各处挪借，凑集钱款，也指从多方把零星事物拼凑起来。[例句]这篇文章前后不连贯，意思也不通，一看就是～的。

【东山再起】dōng shān zài qǐ 原指隐退后再出来任要职。后也比喻失势一段时间后又重新得势或恢复力量再干。[例句]这位棋坛老将这次虽败于后辈之手，但凭其实力，将来仍有～的机会。

典故

东晋时有个叫谢安的人，年轻时就很出名。他曾经做过几天官，但后来辞了职并跑到会稽东山隐居起来。二十多年后，征西大将军桓温请他，他才又出山为官。桓温死后，他升任宰相。当时北方前秦皇帝苻坚领兵九十万南侵，谢安任命将领，带领八万晋军发动了“淝水之战”，一举击败了前秦军。东山再起的谢安也成了一代名相。

【东施效颦】dōng shī xiào pín 效：仿效；颦：皱眉头。比喻不知道人家好在哪里，自己又没有条件而胡乱仿效，结果适得其反。[例句]外国行之有效的办法，用在中国不一定奏效，如果生搬硬套，就会闹～的笑话。

典故

春秋时，越国有个出名的美女叫西施。她患有心痛病，病情发作时，便用手按住胸口，皱着眉头走路。同村有个丑姑娘叫东施，她觉得西施生病时走路的样子很好看，也学着人家按着胸口，皱着眉头走路，这样一来，反而显得更丑了。

东逃西窜】 dōng táo xī cuàn 四处逃窜躲避。[例句]我军连夜攻下了那座城，使得敌人～，不知所措。

东张西望】 dōng zhāng xī wàng 张：望。向四处张望。[例句]他从站台出来，～，却连一个熟人也没有。

东征西讨】 dōng zhēng xī tǎo 指四处出兵征战讨伐。[例句]自古开国帝王都要经过一番～，才能成其霸业。

动人心弦】 dòng rén xīn xián 形容非常感动人或使人非常激动。[例句]这首交响乐气势宏大，是那样的～。

动手动脚】 dòng shǒu dòng jiǎo 手脚有所动作。形容施于对方的动作不庄重。多指男女之间带有挑逗、戏弄性质的举动。也指动武打人。[例句]他这个人总爱对女士～的，很令人讨厌。

动辄得咎】 dòng zhé dé jiù 辄：即、就；咎：过失、罪责。动不动就受到指责、处分。形容处境困难。[例句]不要给孩子们立太多的规矩，这也不行，那也不准，让孩子们感到～。

栋梁之材】 dòng liáng zhī cái 栋：房屋的正梁。能做房屋栋梁的木材。比喻能够担当国家重任的人才。[例句]社会主义现代化建设需要大批有真才实学而又踏实肯干的～。

洞若观火】 dòng ruò guān huǒ 洞：透彻。形容对事物的观察如同观看火一样清楚透彻。[例句]这位经济学家对房地产场的分析～，令人信服。

洞天福地】 dòng tiān fú dì 道家指神仙居住的胜地。泛指幽美的境地。[例句]当我们走入水帘洞时，就像进入了～一般。

dou

【斗方名士】dǒu fāng míng shì 斗方：书画所用的一二尺见方的纟
张，指小幅的诗文或书画；名士：有名望但未做官的读书人。指bj
些喜欢舞文弄墨、自以为风雅的无聊文人。[例句]他在书画上有
很深的造诣，远非那些～可比。

【斗转星移】dǒu zhuǎn xīng yí 斗：北斗；星：星座。星斗位置转移
形容季节变换、时光流逝。[例句]～，十易寒暑，罗田才由县、专
区、省的科技站逐步升级，辗转返回水城。

D

【斗志昂扬】dòu zhì áng yáng 斗争的意志高扬、饱满。[例句]我
体育健儿～，夺得了本次乒乓球赛的全部金牌。

【豆蔻年华】dòu kòu nián huá 豆蔻：多年生草本植物，初夏开花
比喻女子十三四岁。[例句]这些～的姑娘们对未来充满着梦一
般的幻想。

du

【独霸一方】dú bà yī fāng 独自霸占一个地方（一般指坏人）
[例句]这个～、作恶多端的歹徒被绳之以法了。

【独步当时】dú bù dāng shí 独步：独一无二。指在当时无人能比
得上。[例句]他的琴艺～，曾一度蜚声海内外。

【独步天下】dú bù tiān xià 在天下独一无二。形容超群出众，没
有谁可与之相比。[例句]王羲之被誉为“书圣”，他的书法，铁画
银钩，～。

【独出心裁】dú chū xīn cái 心裁：心中的设计或筹划。原指诗文
的构思有独到的地方。后泛指想出的办法与众不同。[例句]他
这个～的办法，不妨一用。

【独当一面】dú dāng yī miàn 单独承担一个方面的工作。[例句]
诸葛亮错把马谡看成～的将才，结果导致街亭失守。

【独到之处】dú dào zhī chù 与众不同的地方或见解。[例句]这篇

小说的～在于赋予常见题材以新意，发人深思。

【独断专行】dú duàn zhuān xíng 专行：按个人的意思办事。做事全凭自己的意志，不考虑别人的意见。形容作风不民主。[例句]那种～、对同盟者置之不理的态度，是不对的。

【独夫民贼】dú fū mín zéi 独夫：指荒淫残暴、众叛亲离的统治者；民贼：残害人民的人。指众叛亲离、残害人民的统治者。[例句]我国儒家经典把封建暴君称为～。

【独具匠心】dú jù jiàng xīn 匠心：巧妙的心思。具有独到的巧妙的心思。多指在文学艺术或技术方面具有独创性。[例句]《记金华的两个岩洞》～的艺术构思，很值得研究一番。

【独具只眼】dú jù zhī yǎn 具有独特的、与众不同的见解。[例句]他对这篇文章的见解，可谓～，很吸引人。

【独立自主】dú lì zì zhǔ 独立：不依赖别人而存在；自主：自己做主。自己掌握自己的命运，不受外力支配、控制。[例句]我们不应事事听从别人，要注意培养～的能力。

【独木难支】dú mù nán zhī 支：支撑。一根木头难以支撑即将倒塌的大厦。比喻一个人的力量单薄，维持不住全局。[例句]战场上，敌人已到了～的地步，我军胜利在望。

【独辟蹊径】dú pì xī jìng 蹊径：小路。独自开辟一条新路。比喻独创新法或新的风格。[例句]新来的营销总监～的营销策略，为公司的新产品打开了销路，赢得了市场。

【独树一帜】dú shù yī zhì 树：树立；帜：旗帜。独自树立一面旗帜。比喻创造出独特的风格或另外开创一个局面。[例句]在中唐诗坛，乃至整个诗歌史上，他都可以说是异军突起、～的天才诗人。

【独往独来】dú wǎng dú lái 独自行动，不与任何人接触、来往。[例句]他这人总是～，很少与别人打交道。

【独行其是】dú xíng qí shì 不考虑别人意见，自己认为对的就做。[例句]有事要同群众商量，～是不对的。

【独一无二】dú yī wú èr 只此一个，没有相同的或可以与之相比的。[例句]这种种族制度在世界上是～的吗？不，除了这个国家，在其他一些古国也有。

【独占鳌头】dú zhàn áo tóu 鳌头：宫殿门前台阶上的巨鳌浮雕，殿试录取进士发榜时，状元在这里迎榜。原指中了状元。后比喻居于首位。[例句]他在那年 3 月美国哥伦比亚大学举行的博士资格考试中～。

【读书破万卷】dú shū pò wàn juàn 万卷书都被翻破。形容读书多而熟。[例句]历史上的大诗人、大作家哪个不曾～呢？

D

【睹物思人】dǔ wù sī rén 看到与某人有关的东西，就想起这个人。[例句]女儿刚去国外读书，她有些不习惯，整天～。

【杜渐防微】dù jiàn fáng wēi 见"防微杜渐"。

【杜口结舌】dù kǒu jié shé 结舌：指不敢说话。闭上嘴，不敢作声。形容十分害怕。[例句]他被逼问得～，一时答不上话来。

【杜门谢客】dù mén xiè kè 杜：关闭。关闭大门，谢绝来客。指不与外界接触。[例句]科研任务太重，为了节约时间，他不得不～。

【妒贤嫉能】dù xián jí néng 妒、嫉：妒忌。对贤德、有才能的人心怀妒忌。[例句]在激烈的社会竞争中，不能有～的不健康心态。

【度日如年】dù rì rú nián 度：过。过一天像过一年那样长。形容因焦急或困苦而感觉日子难熬。[例句]在等消息的那段时间里，她简直～。

duan

【短小精悍】duǎn xiǎo jīng hàn 形容人身材矮小而精明强干。也形容文章、发言简短而有力。[例句]这篇小说写得～，很精彩，你应该好好读一读。

【断壁残垣】duàn bì cán yuán 残：不完整；垣：矮墙。倒塌、残败的墙壁。形容破败的景象。[例句]地震过后，只见处处～。

【断壁颓垣】duàn bì tuí yuán 见"断壁残垣"。

【断编残简】duàn biān cán jiǎn 编：穿简的细长皮条；简：古代用竹

片削制而成的书写材料。指残缺不全的书籍。[例句]这些古代抄本书,虽是~,却有很大的史料价值。

【断长续短】duàn cháng xù duǎn 截断长的部分,接续短的部分。比喻吸取别人的长处,弥补自己的短处。[例句]每个人都有各自的优缺点,在一起共事要~。

【断断续续】duàn duàn xù xù 时断时续。[例句]他听到从公园尽头传来~的唱戏声。

【断梗飘蓬】duàn gěng piāo péng 梗:植物的茎和枝;蓬:一种叫作飞蓬的草本植物,枝茎容易被风吹断而飞转。被风吹断的树枝和飘飞的蓬草。比喻漂泊不定的人。[例句]他为了筹集办学资金,如~,四海为家。

D

【断井颓垣】duàn jǐng tuí yuán 井:指井栏;颓:倒塌;垣:矮墙。废弃的水井和坍塌的墙壁。形容荒废破败的景象。[例句]经敌机的一阵猛轰滥炸之后,这里已是~,残破不堪。

【断决如流】duàn jué rú liú 如流:形容多而迅速。决断事物多而快。[例句]他办事有主见,处理问题往往~。

【断线风筝】duàn xiàn fēng zhēng 比喻一去之后,杳无音信。也比喻一去不返的人或事物。[例句]此去万里,一定要常写信给家里,切不可如~一样。

【断章截句】duàn zhāng jié jù 连缀章句构成文章。指割裂全文,截其所需者。[例句]他写文章就爱~,所以一直没有长进。

【断章取义】duàn zhāng qǔ yì 本来是指截取《诗经》中诗篇的某一章来表达自己的意思,并不考虑诗篇的原意。泛指引证文章或话语,只取合乎己意的一句两句,不问原意,不顾全文。[例句]~,是一种恶劣文风!

dui

【堆积如山】duī jī rú shān 东西堆积得像山一样。形容数量极多或大量积压。[例句]码头上,还没运走的货物~。

D

【对床夜雨】duì chuáng yè yǔ 风雨之夜，两人对床共语。指亲友或兄弟相聚的欢悦。[例句]想当年～，倾心畅叙，一晃已经数载，不知何时还能与君相聚。

【对答如流】duì dá rú liú 答话像流水一样迅速、通畅。形容口齿伶俐、反应敏捷。[例句]在论文答辩会上，这位研究生～，博得了全体评委的一致称赞。

【对酒当歌】duì jiǔ dāng gē 对着酒应当放声高歌。原指人生短促，应有所作为。后也指及时行乐。[例句]今天大家聚在一起不容易，～，请你为我们唱一曲吧！

【对牛弹琴】duì niú tán qín 比喻说话做事不看对象，对愚蠢的人讲高深的道理。[例句]白妮觉得，跟这个女人讲道理，简直是～。

典故

古代有个音乐家叫公明仪。一天，他正要弹琴，抬头看见旁边有一头牛正在吃草，就想，我来弹几个曲子让牛听听吧。于是他对着牛弹了一曲高雅的曲子，可是那头牛一点反应也没有，低着头只顾吃草。

【对症下药】duì zhèng xià yào 针对病症用药。比喻针对具体情况、问题，制订具体的解决办法。[例句]①医生治病，必须～，才能手到病除。②解决任何问题都应事先做好调查研究，找出原因，～，才能收到预期的效果。

dun

【遁入空门】dùn rù kōng mén 遁：逃跑；空门：指佛教，佛教认为一切皆空。逃离尘世，进入佛门。[例句]小说中屡有对主人公～、大彻大悟的描述。

duo

【多才多艺】duō cái duō yì 具有多种才能和技艺。[例句]他的夫人的确～，精明强干。

【多愁善感】duō chóu shàn gǎn　善：容易。形容感情脆弱，容易发愁，容易伤感。[例句]在男人中，他算是一个～的人。

【多此一举】duō cǐ yī jǔ　举：行动。指做多余的、不必要的事。[例句]他经过我身边时，我不敢惊动他。我怕我～，大家都蜂拥而上，就要花他很多时间了。

【多多益善】duō duō yì shàn　益：更加；善：济、成。原指带兵越多越能成事。泛指越多越好。[例句]对于合理化建议，我们的态度一向是～，热烈欢迎。

【多钱善贾】duō qián shàn gǔ　贾：做买卖。本钱多，生意就做得开。比喻有基础，有实力，事情就好办。[例句]俗话说"～"，你没有那个条件，就别异想天开了。

【多如牛毛】duō rú niú máo　像牛身上的毛那样多。形容极多。[例句]小李刚买了新房，但面对～的装修公司却不知该如何选择。

【多事之秋】duō shì zhī qiū　秋：年，指时期。事故多发的时期。[例句]我们的国家走过了～，正在平稳地向前发展。

【多灾多难】duō zāi duō nàn　灾难一个接一个，不停地出现。[例句]他们家今年～，老人去世，孩子生病，原本就不富裕的家庭更加困难了。

【多嘴多舌】duō zuǐ duō shé　说很多不该说的话。[例句]他总改不掉～的毛病。

【咄咄逼人】duō duō bī rén　咄咄：呵斥的声音。指说话刺人，使人难堪。形容气势逼人，让人惊惧。后也形容后辈超越前人，令人赞叹。[例句]她说话毫不客气，有点儿～。

【咄咄怪事】duō duō guài shì　咄咄：呵斥的声音。让人无法理解，无法接受的奇怪事情。[例句]在这个多事之秋，～何其多矣。

【夺眶而出】duó kuàng ér chū　（眼泪）从眼眶中一下子涌出来。[例句]此时此刻，我再也无法忍住眼眶的炽热，一天的幸福终于化作泪水～。

【夺人所好】 duó rén suǒ hào　强取别人所喜爱的人或物。[例句]这是您的心爱之物，我焉能～？

【夺胎换骨】 duó tāi huàn gǔ　本为道家语。指夺别人之胎而转生，换去凡骨成仙骨。后比喻作诗文模仿前人而不露痕迹，并能创新。[例句]学术研究应当在继承传统的基础上～，稳中求新。

【度德量力】 duó dé liàng lì　度、量：衡量、估算。从德行和能力上估量自己。[例句]野心家总是不能～，所以总是以失败而告终。

E e

e

【阿其所好】ē qí suǒ hào 阿：屈从；好：爱好。迎合或曲意顺从别人的意图。[例句]旧时言路不能开放的原因在于，大臣们都看着皇帝的脸色说话行事，千方百计～。

【阿谀逢迎】ē yú féng yíng 阿谀：曲意恭维；逢迎：迎合。巴结拍马，讨好别人。[例句]这家伙不学无术，靠着～的手段步步高升。

【阿谀奉承】ē yú fèng chéng 见“阿谀逢迎”。

【婀娜多姿】ē nuó duō zī 婀娜：轻盈、柔美。形容花木轻盈柔美或女子的优美姿态。[例句]岸边杨柳随风起舞，～。

【讹言谎语】é yán huǎng yǔ 讹言：虚假的话；谎语：不真实的话。造谣说谎。[例句]邪教组织尽拿些～哄骗人。

【峨冠博带】é guān bó dài 峨：高；博：宽大。高高的帽子和宽宽的衣带。古代儒生或士大夫的装束。[例句]民间流传着：屈原离去的时候，有人在汨罗江畔看见他～，骑一匹白马飘然而去。

【蛾眉皓齿】é méi hào chǐ 修长的眉毛，洁白的牙齿。多用来形容女子美好的容貌。[例句]这是谁家的孩子啊，长得～，气质不凡。

【恶贯满盈】è guàn mǎn yíng 贯：穿铜钱的绳子；盈：满。罪恶多得像穿钱一般，已穿满一根绳子。形容罪大恶极。[例句]这个～的贩毒团伙终于被一网打尽了。

【恶语伤人】è yǔ shāng rén 用恶毒的话伤害别人。[例句]售货员与顾客要互相体谅，不要稍不顺心就发脾气，～。

【饿虎扑食】è hǔ pū shí 形容动作迅速而猛烈。[例句]葛朗台一见金子，就如～般地扑过去抢，虽然他当时已七十多岁了。

【饿殍遍野】è piǎo biàn yě 饿殍：饿死的人。饿死的人到处都是。形容人们死于饥寒的惨状。[例句]旧社会每遇荒年，大批农民流离失所，～，惨不忍睹。

en

【恩将仇报】ēn jiāng chóu bào 将：拿、把。以仇恨报答恩惠。[例句]为人应该有恩报恩，绝不能～。

【恩威并行】ēn wēi bìng xíng 恩惠和威严同时使用。[例句]他对手下人～，宽猛并重，大家都拥护他。

【恩威并用】ēn wēi bìng yòng 见“恩威并行”。

【恩怨分明】ēn yuàn fēn míng 怨：怨恨、仇恨。对别人的恩惠和怨恨非常清楚，以恩报恩，以怨报怨，毫不含糊。[例句]小王干什么事都是～，这件事一定不会是他干的。

【恩重如山】ēn zhòng rú shān 恩情像山一般深厚。[例句]他待我～，我一定找机会报答他。

er

【儿女情长】ér nǚ qíng cháng 儿女：男女。男女之间的情爱缠绵不断。多指过分沉溺于男女之情。常与“英雄气短”连用。[例句]年轻人不要沉溺于～，要抓紧大好时光，多学文化知识。

【尔虞我诈】ěr yú wǒ zhà 尔：你；虞、诈：欺骗。你欺骗我，我欺骗你。互相猜疑，彼此玩弄手段。[例句]在这里，没有权和利的纷争，没有人与人之间的～。

【耳鬓厮磨】ěr bìn sī mó 鬓：面颊两旁靠近耳朵的头发；厮：互相。两人的耳朵与鬓发互相接触。形容相处时亲密无间的情景。[例句]他俩从小～，一起长大。虽不在一地工作，彼此却十分关心。

【耳聪目明】ěr cōng mù míng 聪：听觉灵敏。听觉好，视力强。多形容头脑清楚，眼光敏锐。[例句]我爷爷已八十多岁了，仍旧～。

耳聋眼花】 ěr lóng yǎn huā 年老体衰的人听觉、视力衰退。也用来形容人对事物的知觉极为迟钝。[例句]这位百岁老人虽已有些～,但思维依旧清晰。

耳目一新】 ěr mù yī xīn 耳目:指见闻;一:完全。所见所闻和以前完全不同。[例句]评委们一致认为,在所有的设计中,唯有这种设计风格让人～。

耳濡目染】 ěr rú mù rǎn 濡、染:沾染。由于经常听到看到而在无形中受到影响。[例句]他祖父是前清秀才,他从小～,古文根底很好。

耳软心活】 ěr ruǎn xīn huó 耳根软,心思易变。形容人没有主见,容易轻信别人而改变主意。[例句]我们不能～,否则容易被谣言所惑。

耳食之谈】 ěr shí zhī tán 耳食:比喻没有经过思考轻信传闻的话。指听来的没有确凿根据的话。[例句]我现在所知道的都是～,所以竟没有写在纸上的勇气。

耳熟能详】 ěr shú néng xiáng 耳熟:听熟了。因为听得次数多,所以非常熟悉,能详细讲出。[例句]这些道理你们～,要做到却不容易。

耳顺之年】 ěr shùn zhī nián 六十岁的代称。[例句]爷爷已是～,却眼不花,耳不聋。

耳提面命】 ěr tí miàn mìng 提:向上拉;面:当面;命:教导。揪着他的耳朵,当面嘱咐他。形容殷切教导。[例句]我永远忘不了老师～的教诲。

耳听八方】 ěr tīng bā fāng 耳朵同时察听各方面来的声音。形容人灵敏机警。[例句]他这个人机灵得很,眼观四处,～。

耳闻目睹】 ěr wén mù dǔ 闻:听到;睹:看到。亲耳听到,亲眼看见。[例句]～新农村建设中涌现出的新人新事,我感慨万千。

二人同心,其利断金】 èr rén tóng xīn,qí lì duàn jīn 同心:一条心;利:锋利;断金:切断金属。指团结一致,力量很大。[例句]～,只要我们团结一致,还怕什么困难!

F

f

fa

【发奋图强】fā fèn tú qiáng 见“发愤图强”。

【发愤图强】fā fèn tú qiáng 发愤：下决心努力；图：谋求。（因受激励而）下决心努力奋斗，谋求强盛。[例句]咱们一定要上下一心～，努力把公司搞好。

【发愤忘食】fā fèn wàng shí 因努力学习或工作，连饭也忘了吃形容工作、学习十分勤奋专心。[例句]周恩来学习起来～，在少年时就立志要为中华崛起而读书。

【发号施令】fā hào shī lìng 号：号令；施：发布。发布命令[例句]你不要整天对我～，我不是你的下属。

【发聋振聩】fā lóng zhèn kuì 聩：耳聋。声音大得使耳聋的人都能听见。比喻惊人的言论让人清醒、感奋。[例句]这位老先生的话～，我明白了一个人真正的价值不在于财富多少，地位高低，而在于他为社会做了多大的贡献。

【发人深省】fā rén shēn xǐng 发：启发；省：醒悟。指启发人深刻思考而有所醒悟。[例句]老师最后几句话，语重心长，～，我一定会牢记在心。

【发扬光大】fā yáng guāng dà 发扬：使焕发；光大：使盛大。充分发展，使事业等更加盛大起来。[例句]勤劳、勇敢、智慧，这些民族美德，我们要永远～。

【罚不责众】fá bù zé zhòng 罚：惩罚；责：指责过失。处罚不会用于多数人。指某种不良行为有很多人参与，也就难以惩处。［例句］很多人认为～，在没正式放假前就先走了，结果全部受到通报批评。

【罚一劝百】fá yī quàn bǎi　罚：惩罚；劝：劝勉。惩罚个别人，教育多数人。［例句］严厉惩罚这个不法之徒，可以收到～的效果。

【法不徇情】fǎ bù xùn qíng　徇：屈从。法律不屈从个人私情。指执法公正，不顾私情。［例句］这位～的大法官深受市民的喜爱。

【法外施恩】fǎ wài shī ēn　见“法外施仁”。

【法外施仁】fǎ wài shī rén　法纪之外给予仁德。指宽大处理。［例句］坐牢之后，只要你悔过自新，表现出色，监管部门是会给你～，减轻刑罚的。

fan

F

【翻江倒海】fān jiāng dǎo hǎi　把江海倒翻过来。形容波涛汹涌，水势浩大。比喻威力或声势大。也比喻闹得很厉害或把事情搅得混乱不堪。［例句］建筑工地昼夜施工，把本来十分安静的居民小区闹了个～。

【翻来覆去】fān lái fù qù　覆：翻。来回翻转身体，多指难于入睡。也形容多次重复或变化无常。［例句］他躺在床上，～，怎么也睡不着。

【翻然悔悟】fān rán huǐ wù　翻然：迅速而彻底的样子。很快认识到错误而悔改醒悟。［例句］这些青年虽误入歧途，可一旦～，还是可以造就的人才。

【翻山越岭】fān shān yuè lǐng　翻越很多山岭。形容野外工作或长途行进的辛苦。［例句］我们～，不辞辛苦地来到了铁路工地。

【翻天覆地】fān tiān fù dì　覆：翻过来。把天和地都翻转过来。形容变化巨大、彻底。也形容事情闹得很凶。［例句］我国实行改革开放以来，无论是乡村还是城市，都发生了～的变化。

【翻箱倒柜】fān xiāng dǎo guì　把箱柜都翻转过来。形容彻底搜查。也形容毫无保留地拿出自己的全部东西。[例句]就是～也要把那本书找出来,因为我们急着用。

【翻云覆雨】fān yún fù yǔ 覆:翻转。手向上翻时生云,手向下翻时下雨。比喻惯于玩弄权术,反复无常。[例句]在当地,他也曾是一个能～的人物。

【凡夫俗子】fán fū sú zǐ 凡夫:佛教用语,指世俗的人,与圣者相对;俗:世俗,平庸。佛教指人世中的普通人。后泛指平凡普通的人。[例句]有人认为高级知识分子的孩子一定不是～,其实不然。

【烦言碎语】fán yán suì yǔ 繁杂细碎的言辞。多指说话、写文章言辞不干脆,不简洁,不得要领。[例句]这篇文章不精炼,里面～不少。

F

【繁花似锦】fán huā sì jǐn 繁:茂盛;锦:有彩色花纹的丝织品。无数盛开的花朵像美丽多彩的锦缎。形容景色或事物美好。[例句]在春光明媚、～的季节,我们一起回到离别多年的故乡。

【繁荣昌盛】fán róng chāng shèng 指国家或事业兴旺发达,欣欣向荣,富足强大。[例句]改革开放使我国走上了～之路,取得了令世人瞩目的成就。

【繁荣富强】fán róng fù qiáng 形容国家面貌欣欣向荣,富足强大。[例句]祝愿我们的祖国～。

【反败为胜】fǎn bài wéi shèng 反:扭转、转变。将败局扭转为胜利。[例句]赛场上变幻莫测,常常会出现～的局面。

【反复无常】fǎn fù wú cháng 无常:时常变化,变化不定。一会儿这样,一会儿又那样。指变化不定。[例句]长江上的天气就像大海上的天空,千姿百态,～,原来一轮红日,晴空万里,忽然,一阵乌云掠过江面,带来一阵骤雨。

【反戈一击】fǎn gē yī jī 戈:古代类似矛的兵器。掉转兵器向自己原属的阵营进攻。[例句]在周武王讨伐残暴荒淫的商纣王时,商朝奴隶们的～,加速了商王朝覆灭的进程。

【反躬自省】 fǎn gōng zì xǐng 躬：身体；省：检查。回过头来检讨自己。[例句]孩子成绩不好，你做家长的难道没有一点责任？你应该～。

【反躬自责】 fǎn gōng zì zé 反过来问问自己。含有检查自己思想、言行的意思。[例句]看看人家，我们应～："如果是我，我能不能做到？"

【反客为主】 fǎn kè wéi zhǔ 客人反过来成为主人。指违反了通常的主客关系。也比喻变被动为主动。[例句]她一点儿也不拘束，大大方方的，倒～了。

【反目成仇】 fǎn mù chéng chóu 反目：翻脸。夫妻、亲友等翻脸变成仇人。[例句]他们两家本是世交，可由于这次分地，竟闹得～。

【反水不收】 fǎn shuǐ bù shōu 反水：泼出去的水。泼出去的水，不能收回来。比喻已成定局，无法挽回。[例句]～，事已到了这个地步，后悔已经来不及了。

F

【返老还童】 fǎn lǎo huán tóng 返：回。由衰老恢复到青春。原为道家传说的一种却老术。后形容老年人富有青春活力。[例句]这几位老人长期坚持体育锻炼，一个个精神矍铄，像是～了一般。

【犯上作乱】 fàn shàng zuò luàn 犯：触犯、冒犯。冒犯君主或尊长，搞叛逆活动。[例句]李老师与孩子们从来都是平等对话，从不会因为孩子们同自己争论就给他们扣上～的帽子。

【饭来张口】 fàn lái zhāng kǒu 指吃现成饭而不劳动。形容坐享其成，不劳而获。[例句]她几十年来过惯了"～，衣来伸手"的生活，哪里受过这些苦；只糊了半天盒子，就已累得腰酸背痛了。

【泛泛而谈】 fàn fàn ér tán 泛泛：平常、不深入。浮浅地讲一讲，不深入说明。[例句]演讲应从具体问题出发，抓住一点，深入下去，不要～。

【泛泛之交】 fàn fàn zhī jiāo 泛泛：平常、不深入；交：交情、交谊。一般的交情。[例句]他这辈子还真是没交下几个能掏心窝子的朋友，全是见面客客气气的～。

【泛滥成灾】fàn làn chéng zāi　泛滥：大水向四处溢出。原指河水涨溢漫流，造成灾害。比喻数量过多形成祸害。也比喻坏的思想言行到处传播，造成不良影响。[例句]大型泥石流常常淤埋农田，使河水～，破坏力极大。

【贩夫走卒】fàn fū zǒu zú　贩夫：小商小贩；走卒：旧指差役、仆人。泛指地位低下的人。[例句]平民百姓，～，在旧社会都是被压迫的对象。

fang

【方寸之地】fāng cùn zhī dì　指心。[例句]在我这～，除了对祖国对人民的爱之外，别无其他。

【方枘圆凿】fāng ruì yuán záo　枘：榫头；凿：榫眼。方的榫头插不进圆的榫眼。比喻格格不入，不相投合。[例句]马氏用语音停顿来说明语言中的语法结构，自然是～。

F

【方兴未艾】fāng xīng wèi ài　方：正当；兴：兴起；艾：停止。正当兴起、发展，一时不会终止。[例句]我们国家建设社会主义新农村的伟大事业～。

【防不胜防】fáng bù shèng fáng　胜：尽。要防备的太多，尽力防备仍防备不过来。[例句]他是排球队的主攻手，他的扣球常令对方～。

【防患未然】fáng huàn wèi rán　患：灾祸；未然：没有这样，指没有形成。在事故或灾害发生之前就采取措施加以防备。[例句]河道淤塞，堤坝失修，就很可能发生水患。因此，疏通河道，维修堤坝，是～的必要措施。

【防微杜渐】fáng wēi dù jiàn　防：防止；微：微小，指事物刚露头；杜：杜绝；渐：事物的开端。在坏思想、坏事或错误刚冒头时，就加以防止、杜绝，不让其发展下去。[例句]作为教师要善于抓住学生中的一些不健康的思想苗头，～，及时疏导。

【防微虑远】fáng wēi lǜ yuǎn　防：防止；微：微小，指事物刚露头。

在错误或坏事刚露头的时候，就加以防范，并考虑长远之计。［例句］对这些错误的思想苗头，我们必须～，不能任其自由泛滥。

【房谋杜断】 fáng móu dù duàn　唐太宗时，宰相房玄龄和杜如晦共掌朝政，房氏多谋略，杜氏善决断，同心辅佐太宗。形容才能全面或人才齐备，能谋善断。［例句］他俩做你的参谋，如同～，能帮你更好地决策。

【放荡不羁】 fàng dàng bù jī　放荡：行为不受约束或不检点；羁：约束。形容行为放任，无所约束。［例句］他有学识、有才华，但～的性格也很突出。

【放虎归山】 fàng hǔ guī shān　把老虎放回山林。比喻把敌人放走，留下后患。［例句］倘若让这个毒贩头目逃脱了，犹如～，是会留下祸根的。

【放浪形骸】 fàng làng xíng hái　放浪：放纵、不受拘束；形骸：人的形体。指言行放纵，不受约束。［例句］中国古代文人中，多有～、佯狂避世的，这是当时的社会背景造成的。

【放任自流】 fàng rèn zì liú　放任：听其自然，不过问。任凭其自然发展，不加过问。［例句］对于错误现象，必须及时制止，决不能～。

【放下屠刀，立地成佛】 fàng xià tú dāo, lì dì chéng fó　佛教用语。意思是只要停止杀戮，立刻就能修成正果。后比喻只要能停止作恶，决心改正，就能立刻成为好人。用来劝人改恶从善。［例句］忽必烈的女儿～，长年累月在北京潭柘寺内拜佛求经，忏悔自己的罪过，以至在砖地上跪出了两个膝印。

fei

【飞短流长】 fēi duǎn liú cháng　飞、流：散布；短、长：指是非、善恶。散布谣言，中伤别人。［例句］他心胸坦荡，从不在意别人在背后的～。

【飞蛾投火】 fēi é tóu huǒ　飞蛾扑到火上。比喻自寻死路，自取灭亡。[例句]在敌强我弱的情况下,绝不能与敌人硬拼,那样无异于~。

【飞黄腾达】fēi huáng téng dá 飞黄:传说中的神马名;腾达:形容马的飞驰、腾空。比喻骤然得志,官职、地位上升得很快。[例句]他这些年可以说是官运亨通,~。

【飞来横祸】fēi lái hèng huò 横祸:意外的灾祸。突如其来的意外灾祸。[例句]他刚才还好好的,现在却被房上落下的砖块砸伤,这真是~呀!

【飞禽走兽】fēi qín zǒu shòu 禽:鸟;走:奔跑。飞翔的鸟,奔跑的兽。泛指各种鸟兽。[例句]过度地捕猎使得许多~濒临灭绝。

【飞沙走石】fēi shā zǒu shí 沙子在飞扬,石头在滚动。形容风势迅猛。[例句]那里的气候十分恶劣,一刮起七八级大风就~。但医疗队的同志根本不把这些困难放在眼里。

F

【飞檐走壁】fēi yán zǒu bì 走:奔跑;檐:房檐。沿着房檐飞越,在墙壁上奔跑。形容有武功的人身体轻快敏捷。[例句]小和尚在师父的传教下,已练就了~的功夫。

【飞扬跋扈】fēi yáng bá hù 飞扬:放纵;跋扈:蛮横、霸道。原指行事任性,不受约束。现形容骄横放纵,目中无人。[例句]他刚取得一点成绩便~起来。

【飞针走线】fēi zhēn zǒu xiàn 走:跑。针和线飞快地来回穿过。形容缝纫技艺特别熟练,缝制速度快。[例句]母亲年轻时眼力过人,缝起衣服来~。

【非池中物】fēi chí zhōng wù 不是久居池塘中的动物。比喻有远大抱负的英雄豪杰。[例句]当年,萧何举荐韩信之时,就知道他~,后来,他果真在楚汉大战中立下了赫赫战功。

【非此即彼】fēi cǐ jí bǐ 即:就是。不是这个,就是那个,或不是这样,就是那样。[例句]犯罪分子的路有两条:一条是投案自首,一条是越陷越深,~。

【非分之想】fēi fèn zhī xiǎng 分:本分;想:想法。超出本分的想法。[例句]有时人也需要一点"～",这样才有奋斗的动力。

【非亲非故】fēi qīn fēi gù 亲:亲属;故:故旧、老朋友、老熟人。不是亲属,也不是故旧。表示彼此间没什么关系。[例句]你我～,你却一再帮我,真让我感激不尽。

【非同小可】fēi tóng xiǎo kě 小可:一般、平常。事态严重或地位重要,不可轻视。[例句]这是军国大事,～。

【非同寻常】fēi tóng xún cháng 寻常:平常。不同于平常。形容事情或人很突出,不同于一般。[例句]人们都说他是个～的人物。

【非我莫属】fēi wǒ mò shǔ 莫:没有谁;属:归属,引申为占有。除了我以外,不属于任何人。指只有自己来担当,才最合适。[例句]古老的"龟兔赛跑"的故事讽刺了兔子的骄傲自满,有人就再度创意,让兔子觉醒戒骄戒躁,以实力证明自己:冠军,～。

【肥头大耳】féi tóu dà ěr 肥胖的脑袋,大大的耳朵。形容体形肥胖。[例句]此人生得～,酷似弥勒。

【匪夷所思】fěi yí suǒ sī 匪:非、不是;夷:平常。不是根据常理所能想象的。后来形容人的思想离奇。[例句]这件事情会有如此结局,真是～。

【斐然成章】fěi rán chéng zhāng 斐然:有文采的样子。形容富有文采而又成章法。[例句]此文～,充分展示了作者高超的写作水平。

【吠形吠声】fèi xíng fèi shēng 一只狗看见了人便叫,很多狗听到了叫声也跟着叫。比喻随声附和,不辨真假。[例句]不了解真相的人,只会～,随声附和。

【肺腑之言】fèi fǔ zhī yán 肺腑:指代心。指发自内心的真挚之言。[例句]在这个风雨之夜,他俩各自倾吐了～。

【废话连篇】fèi huà lián piān 连篇:一篇接一篇。无用的话一篇接一篇,连续不断。形容文章或话语中废话太多。[例句]这份报告真是～,没一句有用的。

【废寝忘食】fèi qǐn wàng shí 废:停止;寝:睡觉;食:吃饭。顾不上睡觉,忘记吃饭。形容专心致志地干某一件事情。[例句]她~地学习外语,所以进步很快。

【沸反盈天】fèi fǎn yíng tiān 沸反:沸腾翻滚;盈:充满。沸腾翻滚的声浪响彻天空。形容人声喧闹,乱成一片。[例句]火车一进站,上去的和下来的人混成一片,~。

【沸沸扬扬】fèi fèi yáng yáng 沸沸:沸水翻滚的样子;扬扬:升腾的样子。像沸腾的水那样翻滚升腾。比喻人声喧嚷,议论纷纷。[例句]这种事,用不了多久便会传得~。

【费尽心机】fèi jìn xīn jī 心机:心思、计谋。穷心尽力地想办法。[例句]为了提高孩子的成绩,他~,想了很多办法。

【费力劳心】fèi lì láo xīn 见"费心劳力"。

【费心劳力】fèi xīn láo lì 耗费心思和气力。[例句]他~地干了几十年,终于攒够钱盖起了自家的楼房。

F

fen

【分崩离析】fēn bēng lí xī 崩:倒塌、崩裂;析:散开。形容集团、组织或国家分裂瓦解。[例句]这个公司因内部矛盾而~了。

【分道扬镳】fēn dào yáng biāo 道:路;镳:马嚼子。分开道路,驱马前进。指分路而行。比喻由于志趣、目标不同而分手,各行其是。[例句]我和他骑马到了那路口就~了。

【分化瓦解】fēn huà wǎ jiě 分化:使对方力量分裂;瓦解:使对方力量崩溃。使敌对的势力分裂离散。[例句]足智多谋的烛之武,采取~的方法,终于使秦穆公决定单方面撤兵。

【分斤掰两】fēn jīn bāi liǎng 掰:用手分开。形容过分计较小事。也比喻精打细算。[例句]一般来说,夜里来买东西都是急需,来不及~。

【分门别户】fēn mén bié hù 分别门户。指学术上或政治上分成不同的派别。[例句]他们对金庸作品的看法各不相同,~,各抒己见。

【分门别类】fēn mén bié lèi 门、类:事物的种类。把事物分别归入各种门类。[例句]阅览室里的图书~,陈列得整整齐齐。

【分秒必争】fēn miǎo bì zhēng 一分一秒都要争取。形容抓紧时间,毫不放松。[例句]时间稍纵即逝,我们应该~。

【分庭抗礼】fēn tíng kàng lǐ 庭:庭院;抗:对等、相当。原指宾主相见,站在庭院两边相对行礼,以平等地位相待。后比喻彼此地位对等,可以互相抗衡。[例句]这个小公司经过几年的发展,在某些方面已能同大公司~了。

【分文不取】fēn wén bù qǔ 分:指计量银子的最小单位;文:旧制计量钱币的最小单位。一分银子、一文铜钱也不要(多用来指应得的报酬或价钱)。[例句]他干完这事后,~,匆匆离去。

【纷纷攘攘】fēn fēn rǎng rǎng 攘攘:纷乱。形容人群纷乱。[例句]今天是周末,步行街上人来人往,~。

【纷纷扬扬】fēn fēn yáng yáng 纷纷:多而杂乱;扬扬:升腾的样子。形容雪花、纸片等比较轻盈的物体飘落时散乱、缓慢的样子。[例句]严冬的早上,雪花~,在我们眼前展现出一个银白的世界。

【纷至沓来】fēn zhì tà lái 纷:杂乱、多;沓:重复、多。接连不断地到来。[例句]如果是死板地执行工作规则中的片言只语,完全不顾实际,那么许许多多的问题都会~。

【焚琴煮鹤】fén qín zhǔ hè 焚:烧。把琴当柴烧来煮鹤吃。比喻糟蹋美好的事物,大杀风景。[例句]这篇优美的散文被他分析得一塌糊涂,真是~。

【焚书坑儒】fén shū kēng rú 焚:烧;坑:挖坑活埋;儒:读书人。烧毁书籍,坑杀儒生。[例句]历史已经对秦始皇的~做出了公正的评价。

【粉墨登场】fěn mò dēng chǎng 粉、墨:搽脸和画眉的化妆品。化装上台演戏。比喻经过装饰之后露面。[例句]当时,南京群魔乱舞,汪精卫、周佛海等~,给自己加上这样那样的头衔。

【粉身碎骨】fěn shēn suì gǔ 身体碎成粉末。指死得很惨烈。

[例句]我就是～,也难以报答党的恩情。

【粉饰太平】fěn shì tài píng 粉饰:涂饰表面以图掩盖。把黑暗混乱的社会装饰成太平盛世的景象。[例句]国内外形势危急,南京政府仍设法～。

【粉妆玉琢】fěn zhuāng yù zhuó 就像粉妆成、玉雕就一样。形容女子或小孩非常白皙。[例句]十年不见,当年的小丫头已变成了一个～的美人儿,让人一下子认不出来了。

【奋不顾身】fèn bù gù shēn 奋:振作。振作起来奋勇直前,不顾个人安危。[例句]这名公安干警从高桥上跳入水中,～地追捕逃犯。

【奋发图强】fèn fā tú qiáng 见"发愤图强"。

【奋发有为】fèn fā yǒu wéi 奋发:意气昂扬;有为:有作为。意气昂扬,有所作为。[例句]在改革开放的浪潮中,出现了不少～的青年企业家。

【奋起直追】fèn qǐ zhí zhuī 振作精神,紧紧追赶。[例句]期中没考好,她～,终于在期末考试中取得了好成绩。

【奋勇当先】fèn yǒng dāng xiān 鼓起勇气,抢在最前面。[例句]在抗震救灾中,人民子弟兵～,战斗在最危险的地方。

【愤愤不平】fèn fèn bù píng 愤愤:很生气的样子。非常气愤,心中不服。[例句]是非自有公论,你大可不必为评定职称的事～。

【愤世嫉俗】fèn shì jí sú 愤:愤恨、不满;世、俗:指当时的社会现状;嫉:仇恨。愤恨现实社会和腐败的习俗。[例句]人人说你豪爽,果然不错。听你这番话,也是一位～之士。

feng

【丰富多彩】fēng fù duō cǎi 内容丰富,种类多样而且都很出色。[例句]我们的课余活动～,说也说不完。

【丰功伟绩】fēng gōng wěi jì 丰:大。伟大的功勋和业绩。[例句]先烈们为我们民族的解放与独立立下了～。

【丰衣足食】fēng yī zú shí 衣食充足，生活宽裕。[例句]20 世纪末，中国大部分人过上了～的生活。

【风餐露宿】fēng cān lù sù 风餐：在风里吃饭；露宿：在露天下睡觉。形容旅途或野外生活的艰苦。[例句]广大石油勘探工人，为了祖国的社会主义建设，不分昼夜，～，坚持战斗在荒山野岭的工地上。

【风尘仆仆】fēng chén pú pú 风尘：风吹尘起，形容旅途辛苦；仆仆：行路劳累的样子。形容奔波忙碌，旅途劳顿。[例句]他在野外工作了好长时间，今天才～地回到家中探望母亲。

【风驰电掣】fēng chí diàn chè 驰：奔跑；掣：闪过。像风奔驰，像电闪过。形容非常迅速，一闪而过。[例句]高速路上，各种车辆～，来来往往。

【风吹草动】fēng chuī cǎo dòng 微风一吹，草就晃动。比喻细微的变动。[例句]万一有什么～，我会及时通知你的。

【风吹雨打】fēng chuī yǔ dǎ 本指花草树木经受风吹雨淋。常用来比喻遭受摧残、磨难或遇到考验。[例句]这不是一般的红叶，这是一片曾在人生中经过～的红叶，越到老秋，越红得可爱。

【风刀霜剑】fēng dāo shuāng jiàn 寒风像尖刀，严霜如利剑。形容气候寒冷。常用来比喻环境的恶劣。也比喻人情险恶。[例句]几十年～的磨砺，他的意志更加坚强。

【风度翩翩】fēng dù piān piān 风度：风采气度，指人外在的言行举止；翩翩：优美自然的样子。形容（年轻男子）神态举止洒脱。[例句]这位～的青年吸引了大家的目光。

【风风火火】fēng fēng huǒ huǒ 像风、火一样迅速猛烈。形容人办事急急忙忙。[例句]他～地从外面跑了进来。

【风风雨雨】fēng fēng yǔ yǔ 不断地刮风下雨。比喻障碍重重或多次出现的艰难困苦。也比喻议论纷纷。[例句]经过了～，他俩才走到一起，这份感情更值得珍惜。

【风光旖旎】fēng guāng yǐ nǐ 风光：原指日光照射之下，草木被风吹动而呈现闪烁的光色，后指景色；旖旎：姿态轻柔美好。形容景色柔媚多姿。[例句]穿行于花园式的主题餐厅，犹如置身于～的亚热带雨林。

【风和日丽】 fēng hé rì lì　和：和煦；丽：明丽。微风和畅，阳光明丽。[例句]蓝天白云，～，又是一个好日子。

【风和日暖】 fēng hé rì nuǎn　微风和煦，阳光温暖。[例句]在一个～的星期天，我们相约到西子湖划船。

【风花雪月】 fēng huā xuě yuè　指四时景色。比喻堆砌辞藻、华而不实的诗文。也指男女之间的爱情或花天酒地的生活。[例句]他写的那些文章脱离实际，无非～之作。

【风华正茂】 fēng huá zhèng mào　风华：风采、才华。风采和才华正旺盛。形容朝气蓬勃，才华横溢。[例句]我们～，一定要努力为祖国、为人民多做贡献。

F

【风卷残云】 fēng juǎn cán yún　风裹走了残留下的稀薄、零碎的云块。比喻一下子把残存的东西扫得精光。也比喻迅速地吃干净所有食物。[例句]他用～之势，一下子扫荡了桌上的全部饭菜。

【风口浪尖】 fēng kǒu làng jiān　比喻斗争最尖锐、激烈的地方。[例句]这些老战士都是在对敌斗争的～锻炼成长起来的。

【风流才子】 fēng liú cái zǐ　指风度洒脱、多才多艺的人。[例句]～徐文长，是浙江绍兴人的骄傲。

【风流人物】 fēng liú rén wù　风流：杰出的、英俊的。指有文采、有名望、有功绩或一个时代有影响的人物。也指好色或轻浮放荡的人。[例句]每到社会动荡之时，就会有～在历史上留下浓重的一笔。

【风流儒雅】 fēng liú rú yǎ　风流：英俊多才；儒雅：温和文雅。形容人英俊潇洒、温和文雅、学识渊博。[例句]王老师衣着打扮并不入时，朴素中透出一种脱俗，给人以～的印象。

【风流倜傥】 fēng liú tì tǎng　倜傥：洒脱。指英俊潇洒，不拘于世俗礼节。[例句]这个青年画家～，才华出众，在“画家村”里名气很大。

【风流潇洒】fēng liú xiāo sǎ 潇洒：不拘束，自然大方。相貌英俊，才学不凡，气度洒脱。[例句]姑娘已苦苦等待了那位～的青年五年。

【风流云散】fēng liú yún sàn 像风和云那样流动散开。比喻相聚的人四下离散。[例句]大学毕业后，大家～，天南海北，各自开始了自己的新生活。

【风流韵事】fēng liú yùn shì 风雅而有情趣的事。也指男女私情。[例句]中秋折桂赏月，冬天围炉赏雪，古代文人视之为～。

【风马牛不相及】fēng mǎ niú bù xiāng jí 风：雌雄相诱。马牛不同类，不会因雌雄相诱而贴近。比喻事物之间毫无关系。[例句]奖掖后进用以鼓励创作和无原则捧场是～的两回事。

【风靡一时】fēng mǐ yī shí 风靡：草木随风倒下。形容某种事物或风气在一段时期非常盛行。[例句]他的散文～，学者竞效之，号新文体。

【风平浪静】fēng píng làng jìng 形容水面没有风浪，十分平静。也比喻平安无事。[例句]海面上早已～，海边也出现了一些散步的男女。

【风起云涌】fēng qǐ yún yǒng 大风刮起，乌云像波涛一样涌起。比喻许多事物相继兴起，声势浩大。[例句]在科学技术～的今天，我们必须努力学习才能跟上形势的发展。

【风轻云淡】fēng qīng yún dàn 微风轻柔，浮云淡薄。形容天色晴好。[例句]今天～，天气很好，学校组织学生去郊游。

【风清弊绝】fēng qīng bì jué 风气良好，弊端绝迹。形容社会风气良好。[例句]唐玄宗整顿吏治后，一时间～。

【风清月朗】fēng qīng yuè lǎng 见“风清月明”。

【风清月明】fēng qīng yuè míng 微风清凉，月色明朗。形容夜风清爽，夜景幽美宜人。[例句]今夜～，我们夜登泰山，真是别有一番情趣。

【风声鹤唳】fēng shēng hè lì 鹤唳:鹤叫。听到风声和鹤叫声,都怀疑是追兵。形容人在惊慌时疑心重重。[例句]败退的敌军~,惶惶不可终日。

【风调雨顺】fēng tiáo yǔ shùn 调:调和;顺:顺利。指风雨适合农时,年景好。[例句]今年~,庄稼有了好收成。

【风土人情】fēng tǔ rén qíng 指某一地区的自然环境和社会环境。[例句]他在这里住了一辈子,对当地的~了如指掌。

【风行一时】fēng xíng yī shí 风行:比喻普遍流行,就像刮风一样。形容在一个时期内广泛流行。[例句]《聊斋志异》问世后,曾~。

【风言风语】fēng yán fēng yǔ 指没有根据的谣言或恶意中伤的话。也指私下里议论或暗中流传的话。[例句]她住在娘家总不是办法,时间久了,保不准人家不~嚼舌头。

F

【风雨交加】fēng yǔ jiāo jiā 风雨一齐袭来。形容天气十分恶劣。[例句]就在那个~的夜晚,他离开了人世。

【风雨飘摇】fēng yǔ piāo yáo 飘摇:飘浮摇荡。原指树上的鸟窝被风雨吹打着动摇不定。现比喻局势动荡不安,很不稳定。[例句]在~的时局下,人们的生活根本得不到保障。

【风雨同舟】fēng yǔ tóng zhōu 舟:船。在风雨中同乘一船。比喻共同经历患难,共渡难关。[例句]在那段艰苦的岁月里,他始终同人民群众~。

【风雨无阻】fēng yǔ wú zǔ 刮风下雨也阻挡不住。形容不顾困难去做定好的事情。[例句]运输工人~地向工地运送建筑材料。

【风云变幻】fēng yún biàn huàn 变幻:变化莫测。像风云那样变化不定。比喻局势复杂、多变。[例句]在~的年代要有敏锐的政治嗅觉和冷静的头脑。

【风云突变】fēng yún tū biàn 比喻局势像风云那样突起动荡。[例句]尽管世界局势~,但坚定不移地走社会主义道路的中国依然焕发出勃勃生机,以崭新的姿态屹立于世界民族之林。

【风烛残年】fēng zhú cán nián 风烛:风中飘摇的灯烛,极易吹灭;

残年:余剩的年岁。比喻临近死亡的晚年。[例句]我虽已～,但仍愿为发扬这一传统工艺尽心尽力。

【封官许愿】 fēng guān xǔ yuàn 封:给予官爵;许愿:事先许诺对方将来给予某种好处。封赏官职和许诺报酬。现多指为了使他人为己所用而答应给予名利地位。[例句]尽管他一再～,仍无人支持他。

【封妻荫子】 fēng qī yìn zǐ 荫:子孙因先辈的功劳而得到官爵。妻子得到封号,子孙得到世袭的官爵。即建功立业,光耀门庭,惠及子孙。[例句]封建时代,那些辅佐君王的臣子,有的功成名遂,～;有的却被贬,终不得志。

【峰回路转】 fēng huí lù zhuǎn 回:回环曲折。指山峰迂回,道路曲折。常用以比喻事情经历曲折后,出现新的转机。[例句]黄山上～,我们饱览胜景。

【烽火连天】 fēng huǒ lián tiān 烽火:古时边防报警的烟火,也指战火或战争。形容战火烧遍各地。[例句]从～的战争年代走过来的一代人,更懂得和平岁月的宝贵。

【锋芒毕露】 fēng máng bì lù 锋芒:刀、剑的刃口和尖端;毕:完全。刀、剑的尖端全部外露。形容言辞犀利。比喻锐气和才华显露无遗。也比喻骄傲自负,爱好表现。[例句]小王对小李～的表现,感到极为不满。

【锋芒所向】 fēng máng suǒ xiàng 锋芒:刀、剑的刃口和尖端;向:指向。刀尖指向的地方。比喻斗争中针对的人或事。[例句]我军～,敌人无不望风溃逃。

【蜂拥而上】 fēng yōng ér shàng 蜂拥:好像蜂群一般拥挤着。形容很多人一齐拥上来。[例句]这家商店有大批商品要低价销售,许多人～。

【蜂拥而至】 fēng yōng ér zhì 蜂拥:像成群的蜂那样拥挤着。形容众多的人乱哄哄地朝一个地方聚拢。[例句]～的外来务工者面临着激烈的竞争。

【逢场作戏】féng chǎng zuò xì 逢：遇到；场：演出的场地。原指卖艺人遇到适合的场所就表演技艺。后指应付场面，随机应变。[例句]就算是～你也装得像一点儿才行。

【逢凶化吉】féng xiōng huà jí 逢：遭遇、遇到；凶：不幸；吉：吉利、吉祥。遭遇不幸的时候能够转化为吉祥。[例句]只有多方面地掌握知识，认识自然规律，用科学来征服自然，才能有效地防止灾难，～。

【讽一劝百】fěng yī quàn bǎi 讽：含蓄地进行批评；劝：告诫。含蓄地批评一个人，能警诫众人。[例句]厂长在会上对违纪的小王做了批评，以～。

【凤毛麟角】fèng máo lín jiǎo 凤凰的毛，麒麟的角。比喻罕见而珍贵的人或物。[例句]中国古代有许许多多能工巧匠，但有关他们的记载却如～，流传下来的很少。

F

【奉公守法】fèng gōng shǒu fǎ 奉：奉行；公：公务。奉行公事，遵守法令。指遵守法令制度，不违法徇私。[例句]我们做一些小本生意，一直都～。

【奉若神明】fèng ruò shén míng 奉：信奉；神明：神。像对待神灵那样崇奉。形容对某些人或事物过分崇拜。[例句]他在文学上的成就令许多青年读者对他～。

【奉为楷模】fèng wéi kǎi mó 楷模：模范。把某些人或事尊为榜样或确定为准则。[例句]雷锋早已经被广大群众～了。

【奉行故事】fèng xíng gù shì 故事：先例，旧的典章制度。指按照旧例行事。后泛指按老规矩、老章程办事。[例句]上任以来，他一直～，没有什么创举。

fo

【佛口蛇心】fó kǒu shé xīn 菩萨的嘴，蛇蝎的心。形容口头仁慈而内心狠毒。[例句]此人一向～，是个伪善之人。

【佛头着粪】fó tóu zhuó fèn 佛的塑像上着了鸟粪便。比喻美好的事物被亵渎、玷污。[例句]这么好的画，让我来题字，岂不是～？

fu

【夫唱妇随】fū chàng fù suí 唱：同“倡”，倡导、主张；随：跟随。形容夫妻行动一致，配合得很好。也形容夫妻间相处和睦。也指妻子顺从丈夫。[例句]他俩结婚数十载，向来是～，生活过得和和美美。

【夫贵妻荣】fū guì qī róng 丈夫地位尊贵，妻子也随着荣耀。[例句]《致橡树》这首诗以橡树和木棉树形象的对立，否定了～式的以人身依附为根基的两性关系。

【敷衍了事】fū yǎn liǎo shì 敷衍：马虎、不认真、表面上应付。办事不认真，只求应付过去便算完成任务。[例句]小明做什么都是～，妈妈已经批评过他很多次了。

【敷衍塞责】fū yǎn sè zé 敷衍：马虎、不认真、表面上应付；塞责：搪塞责任。做事马虎，搪塞责任。[例句]这事必须认真追查，不能～。

【芙蓉出水】fú róng chū shuǐ 芙蓉：荷花。刚开放的荷花。比喻诗写得清新，文字优美。也形容女性天生艳丽。[例句]她天生丽质，且舞姿优美，有如～，倾倒了在场的所有观众。

【扶老携幼】fú lǎo xié yòu 携：带领、拉着。搀着老人，领着小孩。多形容欢迎、投奔、逃亡等场合人们成群结队而行的情景。[例句]端午节龙舟会，大家～，都到河边来观看。

【扶倾济弱】fú qīng jì ruò 倾：倒塌，比喻困境中的人。扶持陷入困境的人，救济弱小的人。[例句]孙中山曾经立下～、拯救国家的大志。

【扶摇直上】fú yáo zhí shàng 扶摇：迅猛盘旋而上的旋风。乘着急剧盘旋的暴风一直上升。形容急剧上升或仕途得志。[例句]在竞拍会上，一个青瓷古花瓶竞拍价～，最后以三百万元的价格成交。

F

【拂袖而去】fú xiù ér qù 拂：甩动。一甩袖子就走了。形容很生气地离开。也形容飘然离去。[例句]他不同意其他人的观点，也不愿争论，便～了。

【拂衣而去】fú yī ér qù 见“拂袖而去”。

【浮出水面】fú chū shuǐ miàn 指事物逐渐显露出来。可表示新事物的诞生，也可表示原来隐蔽的事物暴露，还可以表示通过比赛或评选而得出结果。[例句]本届 CCTV 电视节目主持人大赛临近结束，总冠军已～。

【浮光掠影】fú guāng lüè yǐng 浮光：水面的反光；掠影：一闪而过的影子。水面上的反光和一掠而过的影子。对事物只做表面了解，不深入其中。[例句]我们在济南只能逗留三小时，对这个城市只好～地浏览一番。

【浮想联翩】fú xiǎng lián piān 浮想：飘浮不定的想象；联翩：鸟飞的样子，连续不断。指想象飘浮不定，各种念头不断涌现出来。[例句]我凝神听着这位年逾古稀的老人的叙述，不禁～。

【浮云朝露】fú yún zhāo lù 飘浮的云彩，清晨的露水。比喻韶光易逝，人生短促。[例句]人生如～，我们应珍惜光阴，奋发有为。

【福如东海】fú rú dōng hǎi 祝福的词语。福气像东海之水一样无边无际。[例句]～，寿比南山，是人们对老人的一种美好的祝福。

【福寿双全】fú shòu shuāng quán 福分和高寿都齐备。[例句]寿宴上，我们举杯，祝愿爷爷身体康泰，～。

【福无双至】fú wú shuāng zhì 指幸运的事不会接连到来。[例句]祖母刚刚病故，父亲新近又丢了工作，这可真是～，祸不单行啊！

【福星高照】fú xīng gāo zhào 能够赐给人幸福的岁星(即木星)高悬上空，放射光芒。指有神灵保佑，命运好。[例句]这孩子真是～，从楼上摔下来竟毫无损伤。

【抚今思昔】fǔ jīn sī xī 抚：抚摸；思：思念、想念。触及当前的景物而忆及往事。[例句]～，老人备感苦尽甘来，更觉新社会的温暖。

【抚掌大笑】fǔ zhǎng dà xiào 抚：拍。指拍手大笑。形容非常高兴或得意。[例句]李经理说话幽默，逗得大家～。

【俯拾即是】 fǔ shí jí shì 俯：低头、弯腰。一弯腰就可捡得。形容为数很多，到处都有，极容易得到。[例句]类似的语言在书中～，它使《西游记》形成了一种新颖独特的艺术风格。

【俯首帖耳】 fǔ shǒu tiē ěr （像狗一样）低着头，耷拉着耳朵。形容驯服、顺从的样子或卑躬屈膝、听命于人的丑态。[例句]青蛇被击败后，就～，心悦诚服，化成小青，服侍着白娘娘，永无异心。

【俯仰无愧】 fǔ yǎng wú kuì 俯：低头；仰：抬头。上不愧天，下不愧人。没有做亏心事，行为端正，任何场合都问心无愧。[例句]一身正气的他～，不怕与你们对簿公堂。

【釜底抽薪】 fǔ dǐ chōu xīn 釜：锅；薪：柴。为了不让水沸腾而把柴从锅底下抽掉。比喻从根本上解决问题。[例句]要彻底解决问题，就必须采取～的办法才能有效。

【父慈子孝】 fù cí zǐ xiào 父母慈爱，子女孝顺。[例句]～，这是我国传统美德的一部分。

【父母之邦】 fù mǔ zhī bāng 指祖国。[例句]虽然身处异国，但他时时心系～的发展。

【付之东流】 fù zhī dōng liú 东流：向东流入大海的江河。投入滚滚东流的江河中，一去再不回来。比喻完全落空、完全葬送。[例句]到手的财富～，他从此一蹶不振。

【付之一炬】 fù zhī yī jù 付：交给；炬：火把。一把火烧掉。[例句]可惜这部书稿在动乱中被～。

【付之一笑】 fù zhī yī xiào 笑一笑表示回答。形容不计较，不放在心上。[例句]对这些流言蜚语，她～。

【负荆请罪】 fù jīng qǐng zuì 负：背着；荆：荆条。背着荆条向对方请罪。形容诚恳认错。[例句]上次是我鲁莽，今天特地来～。

典故

战国时候，蔺相如因为使和氏璧完璧归赵，不辱使命，被赵王拜为上卿。当时，赵国名将廉颇很不服气，扬言要当众羞辱蔺相如。蔺相如知道后，便处处回避廉颇，使得手下人不满，认为他太软弱。为此他便给他们解释自己这样做是把国家利益放在首位，使赵国不至于因为将相不和，而受到别国的欺辱。廉颇得知后，感到十分惭愧，便袒露脊梁，背着荆条，到蔺相如家去请罪。从此，二人成为至交好友。

【负屈含冤】 fù qū hán yuān 负：承受；含：怀着。遭受冤屈，无处申诉。[例句]在黑暗的旧社会，有多少人～，欲诉无门。

【负薪救火】 fù xīn jiù huǒ 负：背着；薪：柴草。背着柴草去救火。比喻想消除灾害，却因方法不当而扩大了灾害。[例句]你这样鲁莽冲上去简直就是～。

F

【负隅顽抗】 fù yú wán kàng 负：依靠；隅：原作"嵎"，山弯，引申指险要的地方。凭借险要的地势，顽固地抵抗。指凭借某种条件而进行最后抵抗。[例句]这伙～的土匪被我军一举歼灭了。

【负债累累】 fù zhài lěi lěi 累累：堆积的样子。形容欠了很多债。[例句]该厂至今没有一个定型产品问世，工厂入不敷出，～。

【负重涉远】 fù zhòng shè yuǎn 负：背着。背着重物走远路。比喻承担着艰巨任务。[例句]～，你一定要慎重行事呀！

【妇人之仁】 fù rén zhī rén 仁：仁慈。妇女的仁慈心肠。指能施小惠而不顾大局。[例句]吴王夫差只有～，而无大丈夫的决断之气，因此落得一个国破人亡的下场。

【妇孺皆知】 fù rú jiē zhī 孺：儿童；皆：都。妇女和孩子都知道。表示某事物广泛为人所知晓。[例句]四大古典长篇小说，都是宏伟的著作，差不多家喻户晓，～。

【附庸风雅】 fù yōng fēng yǎ 附庸：追随；风雅：本指《诗经》中的《国风》《大雅》《小雅》等，这里泛指文化。指某些人为装点门面，追随结交名士，从事文化方面的活动。[例句]他对书画有自己独到的见解，不同于那些只是～的人。

【赴汤蹈火】 fù tāng dǎo huǒ 赴:奔向;汤:沸水;蹈:踩。沸水敢跳,烈火敢踏。比喻不避任何艰险。[例句]如果有机会尽一份力,即使是～,我也是愿意的。

【赴险如夷】 fù xiǎn rú yí 赴:奔向;夷:平坦。走向险要的道路,当作是平坦的大道。形容不避艰险,勇往直前。[例句]为了民族解放,无数先烈～,走上了抗日救亡的道路。

【复蹈前辙】 fù dǎo qián zhé 蹈:踩;辙:车轮碾过留下的痕迹。比喻没有吸取失败教训而重犯以前的错误。[例句]改革的进程中,我们一定要吸取历史教训,以免～。

【富贵逼人】 fù guì bī rén 逼:逼近、靠拢。指不求富贵而富贵自来或被迫走向仕途。也指一有了财富,就会吸引一些人来投靠自己。[例句]他无意仕途,却屡为朝廷征召,可谓～。

【富贵骄人】 fù guì jiāo rén 指有钱有势后就看不起别人,盛气凌人。[例句]他那～的样子,我这个多年的老朋友也看不下去。

【富贵荣华】 fù guì róng huá 荣华:草木开花,引申为兴旺繁盛。指有钱有势,昌盛显耀。[例句]这些腐败分子之所以倒台,是因为他们错把"公仆"当作追求～的专利了。

【富贵无常】 fù guì wú cháng 富贵变化不定,不可能长期保持。[例句]～,贾府的衰败印证了这一点。

【富国强兵】 fù guó qiáng bīng 使国家富足,使兵力强盛。[例句]要～,一定要重视教育,重视人才的培养。

【富甲一方】 fù jiǎ yī fāng 甲:居第一位。个人拥有的钱财在地方上居第一位。[例句]他坚持诚信经营数十载,发展到今天可谓～。

【富可敌国】 fù kě dí guó 敌:匹敌。私人拥有的财富可与国家的资财相匹敌。形容极其富有。[例句]这个大富翁拥有几个跨国公司的绝大部分股票,堪称～!

【富丽堂皇】 fù lì táng huáng 富丽:华丽;堂皇:盛大、雄伟。多形容建筑物宏伟华丽或气势盛大。[例句]这～的皇宫,随着帝制的倒台，被辟为供人游览的故宫博物院。

【腹背受敌】 fù bèi shòu dí 腹：指前面；背：指后面。前后都有敌人，指受到夹攻。[例句]闯王～，起义军最终失败了。

【腹诽心谤】 fù fěi xīn bàng 诽：诬蔑；谤：诽谤。指嘴上不说，但心怀不满，暗中发泄。[例句]曹操生性多疑，认为崔琰对他～，于是下令把崔琰处死。

【腹心之患】 fù xīn zhī huàn 腹心：比喻要害的地方；患：灾难、祸患。比喻威胁到要害，致命之患。[例句]秦桧把岳飞的存在视为～，想方设法要将他除去。

【腹心之疾】 fù xīn zhī jí 见"腹心之患"。

【缚鸡之力】 fù jī zhī lì 缚：捆绑。捆绑鸡的力气。形容体弱无力。[例句]韩信手无～，却能统帅百万大军。

F

【覆车之鉴】 fù chē zhī jiàn 覆：翻转；鉴：镜子，比喻为教训。以前车辆翻转的教训。比喻先前的失败，可以作为后来者的教训。[例句]聪明人不在于不犯错误，而在于能记取～，不犯同类错误。

【覆盆难照】 fù pén nán zhào 覆：翻转。把盆子翻过来扣着，使阳光照不到里面。比喻无处申诉的冤屈。[例句]封建社会大多官官相护，～、衔冤负屈的人比比皆是。

【覆水不收】 fù shuǐ bù shōu 覆：翻倒。指泼出的水很难收回。比喻已成定局，很难再挽回了。也指夫妻离异很难复婚。[例句]一个小小的误会，导致夫妻二人～，真是可叹。

G g

gai

【改朝换代】gǎi cháo huàn dài 朝、代：指某个封建王朝。指统治阶级统治王朝的更换。现在也泛指统治集团的更换。[例句]农民革命总是在革命中或革命后被地主和贵族利用了去，当作他们～的工具。

【改恶从善】gǎi è cóng shàn 恶：指坏的行为和犯罪的事情；善：正确的言行。指改正错误，重新做好人，做正当的事情。[例句]出狱后，他决心～，重新做人。

【改过自新】gǎi guò zì xīn 改正过失或错误，重新做人。[例句]她既然认识了错误，我们就给她一个～的机会。

【改名换姓】gǎi míng huàn xìng 改变原有姓名。原作"变名易姓"。[例句]许多地下工作者为了工作的需要，往往～。

【改天换地】gǎi tiān huàn dì 天、地：指自然和社会。使天和地都改变了原样。指彻底改造社会或大自然，使之焕然一新。[例句]要开拓新生活、新事业，我们就要有～的理想。

【改头换面】gǎi tóu huàn miàn 本佛教语，指众生在轮回中只改变形相而神识不变。比喻只改换形式而不改变内容、实质。[例句]这么一家小饭店，经过一番～，竟然挂起"特色美食城"的招牌来。

【改弦易辙】gǎi xián yì zhé 易：改变；辙：车轮压出的痕迹，这里指道路。乐器改换弦，车子变了路。比喻改变原有方向、态度、计划或方法等。[例句]她实在干不下去了，只好～，换种方法试试。

【改邪归正】gǎi xié guī zhèng 邪：不正当；归：回到。从邪路回归到正路上来，不再做坏事。[例句]他已经～，不再是那个不务正业的浪荡子了。

【盖棺论定】gài guān lùn dìng 盖棺：指人死后，盖上棺材盖；论定：下结论(对一生的评价)。一个人的是非功过要到死后才能做出结论。[例句]许多过去所谓～的事，现在都要重新评价。

【盖世无双】gài shì wú shuāng 盖：压过、超过。才能或技艺当代第一，没有人能比得上。[例句]这些外来者带来了进取性，带来了发展得～的西方技术。

【概莫能外】gài mò néng wài 概：全部、一概；外：除外。全都如此，没有例外，都在所指的范围以内。[例句]法律面前人人平等，～。

gan

G

【干脆利落】gān cuì lì luò 干脆：直截了当、爽快。形容说话做事痛快干脆。[例句]你别看老王年龄大了，可干什么事都～。

【甘拜下风】gān bài xià fēng 甘：情愿；下风：风向的下方。本指甘心在下风处拜见对方。后表示真心佩服，自认不如对方。[例句]李先生见识广，多谋善断，我～。

【甘死如饴】gān sǐ rú yí 饴：麦芽糖。指情愿受死，如同吃糖一样。形容不怕死，把死看作是一件快事。[例句]面对残暴的敌人，他～。

【甘心情愿】gān xīn qíng yuàn 指内心十分乐意，完全出于自愿，没有一点勉强。[例句]为了帮助同学补课，他～牺牲自己的休息时间。

【肝肠寸断】gān cháng cùn duàn 像肝、肠被一寸寸斩断一样。形容极其悲痛、难受。[例句]听到林红牺牲的消息，他～，欲哭无泪。

典故

相传，有人捉走一只小猿。母猿便追到他的家里，做出哀求的样子，希望那人放掉小猿。那人反而将小猿杀死，而母猿也悲哀地号哭啼叫，触柱自杀而死。那人剖开母猿的腹部，只见肠子都已经断成一寸一寸的了。

肝胆涂地】 gān dǎn tú dì 见“肝脑涂地”。

肝胆相照】 gān dǎn xiāng zhào 肝胆：肝脏和胆囊，指内心深处；相照：相互照见。表示对人忠诚，以真心相见。[例句]你一走，我再也听不到那些～的话语了。

肝胆照人】 gān dǎn zhào rén 见“肝胆相照”。

肝脑涂地】 gān nǎo tú dì 涂地：涂抹在地上。形容惨死。也表示竭尽忠诚，任何牺牲都在所不惜。[例句]我们纵然～，也绝不允许任何侵犯祖国的事情发生。

赶尽杀绝】 gǎn jìn shā jué 驱除干净，彻底消灭。比喻穷追猛打，彻底消灭，不留一点余地。[例句]这个暴君妄图把反抗他的人～，结果杀人越多，反抗越激烈。

敢做敢当】 gǎn zuò gǎn dāng 当：承担责任。敢于放手做事，也勇于承担责任。[例句]他是一个光明磊落、～的人。

敢作敢为】 gǎn zuò gǎn wéi 为：做事。形容办事有胆识，勇于进取，无所畏惧。[例句]～是一个创业者应该具有的精神。

感恩戴德】 gǎn ēn dài dé 戴：尊奉、推崇。感激别人施予自己的恩德。[例句]这孩子多亏你搭救，我母子～，永世不忘。

感恩图报】 gǎn ēn tú bào 指感激别人的恩情，想方设法报答。[例句]爷爷临终时，嘱托儿孙们要记住乡亲们的恩情，要懂得～。

感激涕零】 gǎn jī tì líng 感激：感动激奋；涕：眼泪；零：落下。感动得都流下眼泪来。形容万分感激。[例句]王大夫从死神手中夺回了她儿子的生命，她对王大夫～。

感今怀昔】 gǎn jīn huái xī 昔：从前、往日。因眼前的情景而有所感触，思念已逝的人或往日的情景。[例句]睹物思人，～，是人之常情。

【感慨万千】gǎn kǎi wàn qiān 感慨：有所感触而慨叹；万千：万种千种，形容很多。因深有感触而不胜慨叹。[例句]他回想起自己早年的经历，真是～。

【感人肺腑】gǎn rén fèi fǔ 肺腑：内脏器官，指内心深处。形容使人内心深深感动。[例句]他直到生命的最后时刻，还在为实现农业现代化进行研究工作的事迹，实在～！

【感天动地】gǎn tiān dòng dì 使苍天和大地为之感动。形容感人至深。[例句]梁祝化蝶的故事～，万古流传。

【感同身受】gǎn tóng shēn shòu 身：自身、亲身。心里很感激，就像自己亲身领受到恩惠或好处一样。多用来代别人向对方表示谢意。现多指虽未亲身经历，但感受就同亲身经历过一样。[例句]他生就助人为乐的性格，对别人的困难常常是～。

G

【旰食之劳】gàn shí zhī láo 旰：晚；旰食：指到了晚上才进食。形容勤于政务的劳苦。[例句]老村长虽有～，但他在信息时代确是落伍了。

gang

【刚愎自用】gāng bì zì yòng 刚愎：倔强固执；自用：自以为是，凭个人的主观意图办事。形容非常固执自信，听不进任何意见或劝告。[例句]是否我们常常在应该坚持的时候轻易让步，而在应当信从批评家的时候又偏偏～、顽固不化呢？

【刚柔相济】gāng róu xiāng jì 指待人处事刚强同柔和两者互相调剂、制约、补充、促进。[例句]他们俩一个性格刚强，一个性格温柔，真可谓～。

【刚正不阿】gāng zhèng bù ē 阿：阿谀逢迎。刚强正直，不阿谀奉承。[例句]陈毅元帅～，一身正气。

【纲举目张】gāng jǔ mù zhāng 纲：渔网上的总绳；举：提起；目：网

眼。指提起网上的总绳,网眼就都张开了。比喻抓住事物的关键,带动其他各环节。也比喻文章条理分明。[例句]~,尽管工作任务千头万绪,但只要抓住关键,就能带动方方面面。

gao

【高傲自大】 gāo ào zì dà 骄傲,自以为了不起。[例句]只是取得了一点成绩,他就~,目中无人。

【高不可攀】 gāo bù kě pān 攀:攀登。高得无法攀登。形容难以达到。也形容高高在上,难以接近。[例句]考大学对于平时不好好学习的他来说,是一件~的事情。

【高城深池】 gāo chéng shēn chí 很高的城墙,很深的护城河。形容防守坚固。[例句]为了防御外敌,明王朝耗费巨资修筑了~。

【高风亮节】 gāo fēng liàng jié 高风:高尚的品格;亮节:坚贞的节操。指高尚的品格和节操。[例句]周恩来同志~,留下了无数动人的事迹。

【高高在上】 gāo gāo zài shàng 原指地位高。现多用以形容领导者不深入实际,脱离群众。[例句]当领导干部的不应该~,而应当深入群众。

【高歌猛进】 gāo gē měng jìn 形容气势雄伟,斗志昂扬,大踏步地奔向前方。[例句]中国的体育健儿正~,期望再接再厉,再创佳绩。

【高官厚禄】 gāo guān hòu lù 禄:俸禄,旧指官吏的薪金。高的官职,优厚的俸禄。现指显要的地位,好的待遇。[例句]很多人因经不起~的诱惑而走上了邪路。

【高朋满座】 gāo péng mǎn zuò 高:高贵;座:座位。高贵的宾客坐满席位。形容来宾众多。[例句]今天是徐老师八十大寿,只见他家里~,欢声笑语不断。

【高山景行】 gāo shān jǐng xíng 高山:比喻崇高的品德;景行:大道,比喻行为光明磊落。比喻值得效法的崇高德行。[例句]大诗人～的品格为后人所称颂。

【高山流水】gāo shān liú shuǐ 比喻知己或知音。也比喻乐曲高雅精妙。[例句]这位钢琴家所演奏的曲子，犹如～一般悠扬动听。

【高山仰止】gāo shān yǎng zhǐ 高山：比喻道德崇高；仰：仰慕；止：语助词；仰止：仰慕、向往。比喻对伟大的人物表示仰慕和崇敬。[例句]我拾级而上，望着石阶之顶的中山陵，～之情顿生。

【高深莫测】gāo shēn mò cè 莫：不、不能；测：推测、料想。究竟高深到什么程度没法揣测。形容估摸不透，难于理解。[例句]下一步他究竟要干什么，真是～。

【高视阔步】gāo shì kuò bù 高视：眼睛向上看；阔步：迈大步。形容气概、举止不凡。也形容样子傲慢。[例句]在众人注视下，他～地走了进来。

【高耸入云】gāo sǒng rù yún 耸：耸立，突起。高高耸起，插入云中。形容山峰、建筑物等高峻挺拔。[例句]位于齐鲁大平原上的泰山，～，非常壮观。

G

【高抬贵手】gāo tái guì shǒu 恳求别人原谅时的客套用语。意思是说，您把手抬高一点，我就过去了。[例句]念他是初犯，请您～，给他一次改正的机会吧。

【高谈阔论】gāo tán kuò lùn 指高妙而又广博的言谈或不着边际的谈论。[例句]开会时要留意大家的反应，不能只顾自己～。

【高谈雄辩】gāo tán xióng biàn 指言辞高妙广博，辩论充分有力。形容极能言善辩。[例句]老李一进门就～，锋芒毕露。

【高屋建瓴】gāo wū jiàn líng 建：通"瀽"，倒水、泼水；瓴：盛水瓶。在高屋脊上倾倒瓶里的水。比喻居高临下的形势。[例句]他们在城楼上架起机枪，以～之势扫射下面的敌人。

【高下在心】gāo xià zài xīn 高下：上下，高低。原指估计实情，采取适合的办法。后指随心所欲地处置事务。[例句]你作为一个指挥员，应审时度势，～。

【高义薄云】gāo yì bó yún 薄：迫近。指文章诗作有高远的思想境界。后用来形容人很注重义气。[例句]这篇作品～,意蕴深远。

【高瞻远瞩】gāo zhān yuǎn zhǔ 高瞻:站在高处往前看;瞩:注视。站得高,看得远。形容眼光长远。[例句]我们既要～地制订出企业发展的总体规划,又应该踏踏实实地做好每一项具体工作。

【高枕无忧】gāo zhěn wú yōu 把枕头垫高,无忧无虑地睡觉。比喻无忧无虑,或者放松警惕,麻痹大意。[例句]我军采用地道战,把城中自认为可以～的敌人打了个措手不及。

【高足弟子】gāo zú dì zǐ 高足:指高才,对别人学生的敬称。指学业优秀的学生。[例句]他是李先生的～,但其画风却有别于李先生。

【膏粱子弟】gāo liáng zǐ dì 膏粱:指肥肉与细粮,泛指美味佳肴;子弟:多指年轻的一代。指富贵人家过惯奢华享乐生活的子弟。[例句]新社会的年轻人要坚持质朴的作风,不要学那些～。

【槁木死灰】gǎo mù sǐ huī 槁:枯死。枯死的树木,火灭后的冷灰。比喻毫无生机或对世事无动于衷。[例句]他官场失意,屡遭贬斥,已如～,唯有寄情山水。

【告贷无门】gào dài wú mén 告贷:指向别人借钱。借钱都没有门路。形容生活陷入困境。[例句]已拥有偌大家业的她每想起曾经～、处处遭人白眼的日子,仍有不堪回首之感。

【告老还家】gào lǎo huán jiā 告老:旧时官吏年老请求辞职。年老辞职,回家安度晚年。[例句]他父亲年过六旬,已～。

ge

【歌功颂德】gē gōng sòng dé 歌、颂:歌颂、颂扬。颂扬功绩和恩德,今多用于贬义。[例句]这些汉代碑刻虽然大多是～的文字,但其书法艺术却达到了很高的水平。

【歌声绕梁】gē shēng rào liáng 歌声回旋于梁栋间,经久不息。形容歌声美妙动听。[例句]她作为歌坛新秀,以自己独特的风格,演唱了自己最喜爱的歌曲,让人听后大有～,不愿离去的感觉。

【歌舞升平】 gē wǔ shēng píng 升平：太平。唱歌跳舞来庆祝太平。多指粉饰太平。[例句]战事暂时稀少了，总督巡抚们也就～起来。

【革故鼎新】 gé gù dǐng xīn 革：革除、改变；鼎新：更新。革除旧的，建立新的。旧指朝代更替或朝政变革。现泛指除去旧的，建立新的。[例句]人们欢迎的是～，而不是换汤不换药。

【格格不入】 gé gé bù rù 格格：抵触、阻碍。形容彼此抵触，不相容，不协调。[例句]封建迷信活动与我们所提倡的社会主义精神文明是～的。

【格杀勿论】 gé shā wù lùn 格杀：打死；勿论：不论罪。指把拒捕、行凶或违法的人当场打死，不以杀人定罪。[例句]凶手如开枪抵抗，可～。

【隔岸观火】 gé àn guān huǒ 站在对岸观看失火的场面。比喻对别人的危难漠不关心，采取旁观态度，在一边看热闹。[例句]咱俩合作这么多年，如今你有了难处，我又怎么能够见死不救、～呢？

【隔墙有耳】 gé qiáng yǒu ěr 隔一道墙还会有人在偷听。表示即使秘密商量，也有泄露的可能。[例句]～，你无心说，他可有心听。

【隔靴搔痒】 gé xuē sāo yǎng 搔：抓。隔着靴子抓脚上的痒。比喻说话、作文不切题，抓不住关键。也比喻做事不切实际，徒劳无功。[例句]批评家也必须深入生活，那种～的批评是徒劳无益的。

【各奔前程】 gè bèn qián chéng 程：道路；前程：前途。各走自己的路，寻找自己的前途。比喻各人向自己既定的目标努力。[例句]同学们，现在你们毕业了，就要～了。

【各持己见】 gè chí jǐ jiàn 持：保持；见：意见、见解。各人坚持自己的意见，互不认同。[例句]张春坚持要立即采取行动，魏奎不同意。他们～，争论不休。

【各得其所】gè dé qí suǒ 原指各人都得到自己所需要的。后指每个人或每一事物都得到适当的安置。[例句]公司对新招聘的员工进行了合理的安排,大家～。

【各个击破】gè gè jī pò 各个:逐个。把对方逐个攻破。[例句]这场战役,我们采取～的策略,要最大限度地消灭敌人的有生力量。

【各尽所能】gè jìn suǒ néng 指每个人都把才能全部贡献出来。[例句]建设中国特色的社会主义,我们要～。

【各就各位】gè jiù gè wèi 指各人站在自己的位置上。[例句]"比赛就要开始了,请～!"王老师大声喊道。

【各取所需】gè qǔ suǒ xū 指每个人都得到自己所需要的东西。[例句]这些参考资料,可供同学们从中～。

【各抒己见】gè shū jǐ jiàn 抒:抒发、发表。各人充分发表自己的见解。形容畅所欲言,气氛热烈。[例句]2014 年"两会"隆重召开,与会代表～,气氛颇为热烈。

【各为其主】gè wèi qí zhǔ 各人效忠于自己的主子。[例句]在谈判桌上,双方是各出其招,～。

【各显身手】gè xiǎn shēn shǒu 显:表现;身手:本领。各自显示自己的本领。[例句]实行新的企业管理制度以来,职工们的积极性大为提高,在生产中也是～。

【各行其是】gè xíng qí shì 行:做、办;是:对的。各人按照自己认为对的做。形容各搞一套。[例句]为了办好这件事情,我们要统一认识,统一行动,不要～。

【各有千秋】gè yǒu qiān qiū 千秋:千年,指流传久远。各有各的可以久远流传的价值。指各有所长,各有特色。[例句]在研究唐宋文学方面,李教授和唐教授～:李教授侧重史学,而唐教授擅长文选。

【各有所长】gè yǒu suǒ cháng 长:长处、爱好。指每个人或每一种事物都有其长处。[例句]人～,我们应尽力发挥每个人的优点长处。

【各执一词】gè zhí yī cí 各人坚持自己的一套说法。[例句]双方代表～,问题一时难以解决。

【各自为战】gè zì wéi zhàn 指各自成为独立的单位进行战斗。比喻彼此不沟通,各干各的。[例句]完成这项工作,要特别注意搞好协调,不能～。

【各自为政】gè zì wéi zhèng 为政:处理政事,泛指行事。各自按自己的主张办事,不协作配合,不顾全大局。[例句]我们是一个集体,大家要团结一致,不能～。

gen

【根深蒂固】gēn shēn dì gù 蒂:花或瓜果跟枝茎相连的部分。比喻基础深厚,不容易动摇。[例句]有些封建陋习在人们的脑子里～,想改变非常不容易。

【根深叶茂】gēn shēn yè mào 树根扎得很深,树叶长得很茂密。比喻基础牢固,就会兴旺发展。[例句]这棵百年古树～,引来不少游人参观。

G

【亘古未有】gèn gǔ wèi yǒu 亘古:从古至今。自古到今都不曾有过。[例句]在改革开放的新形势下,我国工农业发展的速度是～的。

geng

【更名改姓】gēng míng gǎi xìng 更:改。更改原来的姓名,另起新姓名。[例句]多年前的老同学一直联系不到,原来他～了。

【更深人静】gēng shēn rén jìng 更:古代夜间计时单位,一夜分为五更,一更两个小时;更深:指夜深。夜已深了,没有一点声响,非常寂静。[例句]～了,他心潮澎湃,难以入睡。

【更弦易辙】gēng xián yì zhé 辙:车轮碾过留下的痕迹,这里指道路;更、易:更换、改变。比喻改变原有的行为或做法。[例句]在穷途末路之际,～也不失为一种明智之举。

耿耿于怀】 gěng gěng yú huái 耿耿：心里有事的样子。形容心中总是牵挂着某事，不能忘怀。现在多指对人或事情的不满总是不能忘掉。[例句]宋玉独吞黄金的美梦落了空，嘴里虽不说，却一直～。

绠短汲深】 gěng duǎn jí shēn 绠：汲水用的绳子；汲：从下往上提水。水桶上绳子很短，却要在很深的井里打水。比喻能力弱，难以承担艰巨的任务。[例句]我之所以谢绝，是由于～，恐怕担负不了这么重大的责任。

更上一层楼】 gèng shàng yī céng lóu 更：再。原意是要想看得更远，就要站得更高。常用于比喻在原来的基础上再提高一步。[例句]我们要再接再厉，努力使工作～。

gong

公报私仇】 gōng bào sī chóu 借公事来发泄私愤，报私人的仇恨。[例句]对于那些～的人，我们要毫不留情地加以检举揭发，绝不能让这样的人留在政府部门，掌握权力。

公而忘私】 gōng ér wàng sī 为了公共的事情而忘了个人的私事。形容不考虑个人利益。[例句]焦裕禄为了兰考人民，带着重病治沙治碱，他这种～的精神感动了我们每一个人。

公正无私】 gōng zhèng wú sī 私：私心。公平正直，没有偏私。[例句]他这个人～，对所有人都一视同仁。

公诸同好】 gōng zhū tóng hào 公：公开；诸：文言虚词中"之于"的合音；好：爱好、喜好。把自己所喜欢的东西向有相同喜好的人公开或展示。[例句]他把收藏多年的珍贵邮票～，因此结交了不少同道中人。

公子王孙】 gōng zǐ wáng sūn 原指贵族、官僚的子弟。现泛指富家子弟。[例句]这群～，不学无术，终日沉溺于声色犬马之中。

功败垂成】 gōng bài chuí chéng 垂：将近。事情快要成功的时候却遭遇失败。含惋惜意味。[例句]我们做任何工作，愈接近完成愈要谦虚谨慎，否则很可能造成～的结局。

【功成不居】gōng chéng bù jū 居：占有。原来是说任其自然存在不占为己有。后用以形容立了功而不把功劳归于自己。[例句]～是多么崇高的品德呀！

【功成名遂】gōng chéng míng suì 功：业绩；遂：成功。建立了功绩，名声也就随之而来。后指功绩和名声均已取得。[例句]李教授虽已～，但他依旧很谦虚。

【功成身退】gōng chéng shēn tuì 功业建成后退隐，不再做官。[例句]他带领大家将该县建设成全国百强县之一后，就～，将担子交给了年轻人。

【功德无量】gōng dé wú liàng 功德：业绩与恩德；无量：没有限量，无法计算。指功绩和恩德都很大。称颂人的功劳、恩德非常大或做了有益于别人的事情的人。[例句]多年来，林大伯带领大家修坝筑堤，引水灌田，使庄稼喜获丰收，乡亲们都说他～，是个称职的支书。

【功德圆满】gōng dé yuán mǎn 圆满：没有缺欠，令人满意。指念佛、诵经等活动完毕。现形容功业和恩德都全面实现了，也比喻任务顺利完成。[例句]"把这最后一道难题攻破，你们就～了。"老师笑着说。

【功亏一篑】gōng kuī yī kuì 亏：欠缺；篑：盛土的筐子。原指筑九仞高的土山，因差一筐土未能完成。比喻做事因差最后一点努力而未能完成。含惋惜意味。[例句]因为资金不到位，致使我们的实验～。

【攻城略地】gōng chéng lüè dì 攻、略：攻占、掠夺。指进攻、霸占城池，掠夺土地。[例句]春秋战国时，各诸侯国派兵出征，都是为了～，扩大领土。

【攻其无备】gōng qí wú bèi 趁敌人没有防备时袭击。[例句]我军必须迅速行动，在敌人布防未成之时，～，夺回阵地。

【攻守同盟】gōng shǒu tóng méng 攻：攻占；守：防守。本指两个或两个以上的国家签订的有利于自身的政治、军事或经济方面的盟约。现比喻共同作案的坏人暗中串联勾结，共同隐瞒、互不揭发或各自拒不交代罪行。[例句]尽管贪污分子订下～，但在威严的法律面前，他们还是分别招供了。

【攻无不克】 gōng wú bù kè 克：攻下。攻打一个地方没有攻占不下来的。形容非常善战。[例句]我们的解放军是一支战无不胜、～的人民军队。

【供不应求】 gōng bù yìng qiú 供：供应、供给；应：应付、满足。供应不能满足需求。[例句]水泥厂接受了很多订货单，工人们每天加班加点，仍然～。

【供过于求】 gōng guò yú qiú 供应超过实际需求。[例句]曾几何时，由于农产品的～，而伤害了农民的利益。

【躬先士卒】 gōng xiān shì zú 躬：亲身；先：在前头；士卒：指士兵。本指作战时，将领亲自上阵，冲在士兵前头。现比喻领导带头，走在民众前面。[例句]抗洪抢险中，领导干部～，战斗于最前线。

G

【觥筹交错】 gōng chóu jiāo cuò 觥：古代的一种酒器；筹：行酒令的筹码。酒器和酒筹相互错杂。形容相聚宴饮时欢乐热闹的场面。[例句]除夕的家宴很热闹，～，老少尽欢而散。

【拱手而降】 gǒng shǒu ér xiáng 拱手：两手在胸前相合，表示敬意。指低头投降。[例句]因为寡不敌众，李陵唯有～，以图日后见机反攻。

【拱手听命】 gǒng shǒu tīng mìng 拱手：双手在胸前作揖行礼。形容毫无反抗地听从命令。[例句]在困难面前我们不能～，应该和它们做顽强的斗争。

gou

【勾魂摄魄】 gōu hún shè pò 勾引灵魂。形容某种事物具有很大的魅力，令人迷恋。[例句]她那双迷人的大眼睛，闪烁着一种～的光芒。

【钩心斗角】gōu xīn dòu jiǎo 心：宫室中心；角：檐角。原形容宫室建筑的结构精巧工致。现比喻各用心机，互相倾轧。[例句]他为人正直，看不惯那些为蝇头小利而～、尔虞我诈的现象。

【苟安一隅】gǒu ān yī yú 隅：小角落。比喻狭小的地区。指统治者对外来侵略实行不抵抗政策，暂时占有一个狭小的地方苟且偷安。[例句]南宋国衰兵弱，只能～。

【苟合取容】gǒu hé qǔ róng 苟合：无原则地迎合、附和；取容：获得别人的欢心。不讲原则地迎合别人以博取欢心。[例句]为了偷生，刘禅～，乐不思蜀，以取司马氏欢心。

【苟且偷安】gǒu qiě tōu ān 苟且：只顾眼前，得过且过。只贪图一时安逸而不做长远打算。[例句]面对激烈的市场竞争，企业如果不思进取，～，很快会被淘汰。

【苟且偷生】gǒu qiě tōu shēng 苟且：只顾眼前，得过且过；偷生：勉强活着。不顾将来，得过且过，只图目前能活下去。[例句]为了～，他做了日本侵略者的走狗。

G

【苟延残喘】gǒu yán cán chuǎn 苟：姑且、暂且；残喘：临死前的喘息。勉强拖延临死前的喘息。比喻勉强地维持生存状态。[例句]遭受重创的贩毒集团为了～，又施出了化整为零、小股逃窜的伎俩。

【狗急跳墙】gǒu jí tiào qiáng 比喻在走投无路的情况下，不顾一切地采取极端行为。[例句]为了预防敌人～，我们要赶快行动。

【狗尾续貂】gǒu wěi xù diāo 拿狗尾巴来代替貂尾，充作侍从官员帽子的装饰。原指朝廷封官太滥。现比喻以坏续好，前后不相称。多指文学作品。[例句]《红楼梦》问世后，出现续书多种，多数有～之嫌。

【狗血喷头】gǒu xuè pēn tóu 古以狗血祛除不祥。后形容骂人骂得极为厉害。[例句]几个在路边寻衅滋事的小青年被一位老大爷骂了个～。

【狗仗人势】gǒu zhàng rén shì 仗：倚仗。比喻奴才、走狗倚仗主子的势力欺压人。[例句]在这部影片中,他把那个～的奴才演得活灵活现。

gu

【沽名钓誉】gū míng diào yù 沽:买;钓:用饵引鱼上钩,比喻用手段骗取。用不正当手段骗取名誉。[例句]新闻工作者不应该让～、弄虚作假者钻空子。

【孤芳自赏】gū fāng zì shǎng 孤芳:独秀一枝的香花。把自己看作仅有的香花而自我欣赏。比喻自命清高。[例句]李白借其诗表达了睥睨世俗和～之情。

【孤魂野鬼】gū hún yě guǐ 比喻孤单无助、处境艰难的人。[例句]这里已经没有我熟悉的脸庞,只有我像～一样,茫然地在大街上穿行。

【孤家寡人】gū jiā guǎ rén 孤家、寡人:古代帝王自称。借指形单影只、孤立无援的人。[例句]领导者一旦脱离群众,便会成为～。

【孤军奋战】gū jūn fèn zhàn 在没有援军的情况下英勇作战。也比喻一个人或一个团体在没有支援的情况下坚持斗争。[例句]要密切联系群众,～是难收成效的。

【孤军深入】gū jūn shēn rù 单独一支军队进入敌人所控制的地区。[例句]管理者的执行力决不是个人的勇猛直前、～,而是带领下属共同前进。

【孤苦伶仃】gū kǔ líng dīng 伶仃:孤独无依靠。孤单困苦,无依无靠。[例句]对这屋里没了女人,种地没了牲口的～的爷俩,命运还能跟他们有什么过不去的呢?

【孤立无援】gū lì wú yuán 处于孤立的境地,得不到外力的援助。[例句]我们的战士在～的情况下,仍然坚持战斗。

【孤陋寡闻】gū lòu guǎ wén 陋:浅陋;寡:少。学识浅陋,见闻狭窄。[例句]如果我们不经常从各方面获取信息,就会变成～的人。

【孤掌难鸣】gū zhǎng nán míng 一个巴掌拍不出声音。比喻一个人的力量有限，难以成事。[例句]你纵有伏虎降龙的本领，如果脱离了群众，也将～。

【孤注一掷】gū zhù yī zhì 注：赌注；孤注：把所有的钱并作一注；掷：赌钱时掷骰子。在输急时把所有的钱一次押上去，决一输赢。比喻在危急时把所有力量拿出来进行最后一次冒险。[例句]老三这次可真是～了，他将全部积蓄都投入到这次炒股当中了。

【姑息养奸】gū xī yǎng jiān 姑息：无原则地宽容；养：养成、助长；奸：坏人坏事。一味迁就，就会助长坏人坏事。[例句]清除坏人坏事要彻底，不可～。

【古道热肠】gǔ dào rè cháng 古道：上古时代淳厚、质朴的作风；热肠：热心肠、有血性。指待人真挚热情。[例句]关寿峰这人～，是个难得的老人家。

【古色古香】gǔ sè gǔ xiāng 形容建筑、器物、书画等具有古雅的色彩和意趣。[例句]这屋内的家具～，精巧华美。

G

【古往今来】gǔ wǎng jīn lái 从古代到现在。[例句]他小小年纪就已经知道许多～的英雄事迹。

【古为今用】gǔ wéi jīn yòng 指借鉴古代的东西，继承其中的精华，为现实服务。常指文化遗产的继承。[例句]研究古典文学要坚持～，吸取其中的精华。

【古稀之年】gǔ xī zhī nián 七十岁的代称。[例句]爷爷已步入～，身体还是非常硬朗。

【谷贱伤农】gǔ jiàn shāng nóng 谷：指粮食。指粮食的价格过低就会损害农民的利益。[例句]我们一定要慎重确定粮食的收购价格，以免～。

【股肱之臣】gǔ gōng zhī chén 股：大腿；肱：胳膊。像大腿和胳膊一样的臣子。形容最得力的辅佐之臣。[例句]诸葛亮是刘备的～。

【股掌之上】gǔ zhǎng zhī shàng 股：大腿。比喻把人和事完全控制在手中。[例句]袁世凯妄想把政权玩弄于～,但最终以失败告终。

骨肉分离】 gǔ ròu fēn lí　骨肉:比喻父母兄弟子女等亲人。指亲属分离,不能相聚。[例句]战乱中他们一家人～,四处飘零。

骨肉离散】 gǔ ròu lí sàn　见"骨肉分离"。

骨肉团圆】 gǔ ròu tuán yuán　骨肉:比喻父母兄弟子女等亲人。指亲人离散后重新相聚。[例句]海峡两岸的亲人们都盼望祖国统一,～。

骨肉相残】 gǔ ròu xiāng cán　骨肉:比喻父母兄弟子女等亲人;残:残杀。比喻亲人互相残杀。[例句]你们兄弟之间何必大打出手,～呢?

骨肉相连】 gǔ ròu xiāng lián　像骨头和肉一样互相连接着。比喻关系非常密切,不可分离。[例句]海峡两岸人民～,血浓于水。

骨瘦如柴】 gǔ shòu rú chái　瘦得如同柴棒。形容非常消瘦。[例句]病魔缠身几个月之后,他已～。

蛊惑人心】 gǔ huò rén xīn　蛊惑:煽动使迷惑。用谣言或欺骗的手法来迷惑、毒害群众。[例句]铁一般的事实揭穿了那些～的谎言。

鼓舞人心】 gǔ wǔ rén xīn　鼓舞:激发、振作。增强人们的信心和勇气。[例句]他这样做,目的在于～。

鼓乐喧天】 gǔ yuè xuān tiān　击鼓奏乐之声喧闹震天,场景热闹。[例句]这家公司成立庆典,～,宾客盈门。

固若金汤】 gù ruò jīn tāng　固:坚固;若:像;金:金属,此指城墙像金属筑成的;汤:沸水,此指护城河像沸水灌注的。形容守卫的城池或阵地坚固异常。[例句]被视为～的长江防线,在人民解放军的凌厉攻势下迅速土崩瓦解。

固执己见】 gù zhí jǐ jiàn　顽固地坚持自己的意见。[例句]他这人总是～,拒不接受别人的意见。

故步自封】 gù bù zì fēng　故:旧;故步:旧有的步法,引申为旧法;封:限制;自封:把自己局限住。比喻守着老一套,不求进步。

[例句]我们反对不问好坏就一概拒绝一切外来影响的关门主义和～的保守主义。

【故伎重演】 gù jì chóng yǎn 故:旧的;伎:伎俩、花招。重新施展老花招。[例句]他出狱后～,又去骗人,结果重新入狱。

【故弄玄虚】 gù nòng xuán xū 故:故意;弄:玩弄;玄虚:用来掩盖真相,使人迷惑的欺骗手段。故意玩弄手段以迷惑人。[例句]他就爱～,话说到节骨眼儿就不说了。

【故态复萌】 gù tài fù méng 故态:老脾气、老样子;复:又;萌:发生。老样子又逐渐恢复。[例句]有的劳教人员并没有真正悔改,所以一遇机会,就会～。

【故土难离】 gù tǔ nán lí 故土:故乡。形容对家乡或祖国感情深厚,十分眷恋。[例句]俗话说"～",直到今天老李老两口仍不肯随儿子到北京去生活。

【顾此失彼】 gù cǐ shī bǐ 彼:那个。顾了这个,丢了那个。形容做事无法全面照顾或穷于应付,处境窘困。[例句]我们要合理安排学习知识和锻炼身体的时间,不能～。

G

【顾虑重重】 gù lǜ chóng chóng 重重:一层又一层。思想顾虑很多,难以放手行事。[例句]如果一味地～,不敢越雷池一步,你永远成就不了大事业。

【顾名思义】 gù míng sī yì 顾:看到;义:意义、含义。看到名称就可想到它的含义。[例句]袋鼠,～,就是说身上长有一个袋子。

【顾盼生姿】 gù pàn shēng zī 顾:回头、回头看;盼:看。回首注目间都有美妙的姿态。形容眉目很传神迷人。[例句]这位女子面容清秀,一双秋水似的眼睛～。

【顾全大局】 gù quán dà jú 考虑、照顾全局性的问题,让局部利益服从整体利益,个人利益服从集体利益。[例句]要提倡～,每个人都要以国家利益为重。

【顾影自怜】 gù yǐng zì lián 顾:回头看;怜:怜惜。看着自己的影子而怜惜自己。原形容孤独失意。现多形容自我欣赏、自我怜惜。[例句]这～的习惯逐渐消失,以至于有一天偶然揽镜,突然发现额上刻了横纹。

gua

【瓜熟蒂落】guā shú dì luò 瓜熟了,瓜蒂自然脱落。比喻条件具备,时机成熟,事情自然成功。[例句]条件成熟了,这件事准成功,就如～一样。

【瓜田李下】guā tián lǐ xià 经过瓜田时提鞋,走过李子树下整理帽子有被怀疑为偷瓜盗李的可能。比喻容易引起嫌疑的场合。[例句]这个赃官,贪婪成性,哪还避什么～之嫌!

【刮目相看】guā mù xiāng kàn 刮目:擦亮眼睛。指别人已经有了进步,要用新眼光看待他。[例句]仲昭心里很是愉快,因为金博士的论文对于他的新闻编辑方针有了拥护,所以总编辑也～。

【寡不敌众】guǎ bù dí zhòng 寡:少;敌:抵挡;众:多。人少的敌不过人多的。[例句]起义军是在～的情形下且战且退的。

【寡廉鲜耻】guǎ lián xiǎn chǐ 寡、鲜:少。没有品行,不懂廉耻。[例句]这些腐败分子～,哪还有一丝人民公仆的影子?

【寡言少语】guǎ yán shǎo yǔ 寡:少。形容说话很少。[例句]他～,是个深沉的人。

【挂羊头,卖狗肉】guà yáng tóu,mài gǒu ròu 挂着羊头,出卖狗肉。比喻以好的名义做招牌,出卖低劣货色。多指名不副实或言行不一。[例句]那些奸商,常常～,欺骗顾客。

【挂一漏万】guà yī lòu wàn 挂:钩住,这里指说到、提到、列举;漏:遗漏。形容列举少数,遗漏多数。常用作谦辞。[例句]由于了解的具体情况不多,我所说的难免～,还望大家多多补充。

guai

【拐弯抹角】guǎi wān mò jiǎo 抹角:紧挨墙角绕过。沿着弯弯曲曲的路走。比喻绕弯子说话、作文。也比喻通过曲折的关系、途径。[例句]他还以为我不知道，～地不告诉我。

【怪模怪样】guài mú guài yàng 模、样：指装扮，举止。装扮奇特，举止怪异。[例句]小王～的，逗得大家一个劲儿发笑。

guan

【关怀备至】guān huái bèi zhì 备：全、尽；至：周到。关心得非常周到。[例句]那位可敬的老妈妈虽然言语不多，可在生活上对我～。

【关门大吉】guān mén dà jí 大吉：很吉利。含讥笑之意，常用来指商店或工厂倒闭。现也指事情被迫终了。[例句]由于经营不善，他的店铺～了。

【关山迢递】guān shān tiáo dì 关山：关隘和山岭；迢递：遥远。形容关隘山岭相连，路途遥远。[例句]去西藏的路～，但这几位徒步旅行者依然兴致盎然。

G

【官报私仇】guān bào sī chóu 指借办公事之便而报私人的怨恨。[例句]封建社会，～、官官相卫的现象屡见不鲜。

【官逼民反】guān bī mín fǎn 逼：迫使。百姓在官府的压迫下无法继续生存，不得不起来造反。[例句]元朝末年，朝廷政治腐败，地方奸佞当道，～，农民起义风起云涌。

【官官相护】guān guān xiāng hù 指做官的互相包庇。[例句]他坚信天下并非都是～，自己的官司总会有个说法。

【官运亨通】guān yùn hēng tōng 亨通：顺利。指官道上的运气很好，升得很快。[例句]近年来，他～，从乡政府调到县政府，没多久，又调入市政府。

【冠盖如云】guān gài rú yún 冠：古时官吏戴的帽子；盖：车篷；冠盖：代指官吏。形容集会场合官吏到得很多。[例句]中韩交流会，～，盛况空前。

【冠盖相望】guān gài xiāng wàng 冠：古时官吏戴的帽子；盖：车篷；冠盖：代指官吏。形容使者或官吏前后相继，往来不绝。

［例句］长安街～，往来频繁，显示了唐王朝的安定强盛。

冠冕堂皇】 guān miǎn táng huáng 冠冕：古代帝王、官员的帽子，表示“体面”之意；堂皇：形容气势盛大。形容表面上庄严正大，气派不凡，实际并非如此。［例句］鲁迅劝人不要相信那些～、俨乎其然的文章，而要掌握其夸大、装腔、撒谎的实质。

鳏寡孤独】 guān guǎ gū dú 鳏：年老无妻或死了妻子的人；寡：死了丈夫的妇女；孤：年幼而死了父亲或父母双亡的人；独：年老而没有儿子的人。泛指没有劳动能力而又无依无靠的人。［例句］街道里还有些～的低保户需要政府救济。

管窥蠡测】 guǎn kuī lí cè 管：竹管；窥：从小孔或缝隙中看；蠡：葫芦瓢。指透过竹管看天，用水瓢来测量海水。形容对事物的观察了解很狭窄。比喻眼界狭小，见识短浅。［例句］我～，一知半解，不敢乱加评论。

管中窥豹】 guǎn zhōng kuī bào 窥：从小孔或缝隙里看。透过竹管看豹，只能看到豹身上的一块斑纹。比喻只看到事物的一部分，看不到全面。也比喻可以从观察到的部分推测全貌。［例句］～，可见一斑。我根据这一件事，已知道他是一个什么样的人了。

G

guang

光彩夺目】 guāng cǎi duó mù 夺目：耀眼。形容光彩鲜亮，令人眼花缭乱。［例句］一些出色的作家，往往能够把很平常的事物，写得美妙别致，～。

光彩照人】 guāng cǎi zhào rén 形容人或事物十分美好或艺术成就辉煌，令人注目、敬仰。［例句］外表美只有依附于心灵美，才真正能够～。

光风霁月】 guāng fēng jì yuè 光风：雨后放晴时的风；霁：雨止。指下过雨之后，天气晴朗，风清月明的景象。比喻开阔的胸襟和坦白的心地。［例句］他为人刚毅正直，光明磊落，如～。

光芒四射】 guāng máng sì shè 强光向四处照射。也形容人或事

物光彩照人，影响力大。[例句]在学生的心目中，老师是如此
～，魅力无限。

【光芒万丈】guāng máng wàn zhàng 光芒：四射的光辉；万丈：引
为远方。光辉照耀远方。[例句]太阳跃出海面，一个～的大火
出现在人们眼前。

【光明磊落】guāng míng lěi luò 磊落：襟怀坦荡。光明正大，襟
坦荡。[例句]我们一定要学习他实事求是，平易近人，虚怀若谷
～的作风。

【光明正大】guāng míng zhèng dà 正大：行为正当、正派。形容
地光明，言行正派。[例句]我们做的都是～的事，不怕别人说
道四。

【光前绝后】guāng qián jué hòu 前人没有，后人也不会有。指古
所无。[例句]在这一领域，这位老科学家业绩斐然，～。

【光前裕后】guāng qián yù hòu 光前：扩充光大前人的（事业）；
后：为后人造福。形容业绩卓著伟大。[例句]改革开放是～的
大事业。

【光天化日】guāng tiān huà rì 光天：日光充满天空，指白天；化日
教化推行之时，太平盛世。原指繁荣兴盛的太平时代。后用以
喻大白天众人都看得清的场合。[例句]这名歹徒在～之下竟
抢劫财物，简直是胆大包天。

【光阴荏苒】guāng yīn rěn rǎn 荏苒：渐渐过去。时间渐渐地过
了。[例句]～，转眼又是春天了。

【光阴似箭】guāng yīn sì jiàn 时光的流逝像发出的箭一样迅疾
形容时间过得快。[例句]～，转眼十多年就过去了。

【光宗耀祖】guāng zōng yào zǔ （子孙出了名、做了官）使祖先和
个宗族都荣耀。[例句]旧社会人们读书大都为了～，升官发财。

【广开言路】guǎng kāi yán lù 给人们尽量开通发表意见的渠道
[例句]建设社会主义和谐社会，要～，多听取群众的意见。

gui

【归根结蒂】guī gēn jié dì 蒂：花或瓜果连接枝茎的部分。归纳到根本上。[例句]不管别人怎样把舌头做刀子，～还是以事实为凭。

【归心似箭】guī xīn sì jiàn 形容回家的心情急切，恨不能像射出的箭一样快。[例句]小李～，决定连夜起程回家。

【规行矩步】guī xíng jǔ bù 规、矩：圆规与曲尺，喻为法度、法规；步：走路。指行动始终不离法度。指严格按规矩办事，毫不苟且。也指办事死板，不灵活。[例句]事物是不断发展变化的，要求人们不断除旧布新，不能～。

【诡计多端】guǐ jì duō duān 诡计：狡诈的计策；端：项目。形容狡猾的计谋很多。[例句]李茂这人～，同他打交道一定要小心。

【诡形怪状】guǐ xíng guài zhuàng 诡：怪异。指非常奇怪的形状。[例句]山上有许多～的石头，看着挺有趣。

【鬼斧神工】guǐ fǔ shén gōng 斧：指高超的斧凿技术；工：指精湛的技巧。像是神匠鬼师制造出来似的。形容极其精巧、高超的技艺。[例句]大自然的～，雕琢出这些人间少有的奇岩异石。

【鬼鬼祟祟】guǐ guǐ suì suì 祟：鬼怪或鬼怪祸人，引申为暗中捣乱或行动不光明。形容行为偷偷摸摸，不光明正大。[例句]他～地在那儿东张西望。

【鬼哭狼嚎】guǐ kū láng háo 嚎：大声叫。声音凄厉地哭叫。[例句]敌人被打得抱头鼠窜，～。

【鬼迷心窍】guǐ mí xīn qiào 窍：孔穴。古人认为心有好几窍，心窍不通，人就糊涂。鬼迷住了心窍。指昏头昏脑，对问题认识不清。[例句]他经不起金钱的诱惑，～，因贪污受贿而入狱了。

【鬼神不测】guǐ shén bù cè 连鬼神也预测不到。形容非常神妙深奥。[例句]经过苦心钻研，他终于探究出一种～的运算方法。

【鬼使神差】guǐ shǐ shén chāi 使、差：支使、派遣。好像暗中有什么鬼神的力量在支使一样。比喻不知不觉地做了原本没想要做的事情。[例句]那家伙烧酒一下肚，就～地把什么都告诉我侦察人员了。

【鬼头鬼脑】guǐ tóu guǐ nǎo 形容举止诡秘，行动不光明正大或样子不正派。[例句]一个幽灵似的身影，从大院里～地闪了出来。

gun

【滚瓜烂熟】gǔn guā làn shú 形容读书、背诵非常熟练。[例句]曹寅从小就把唐诗背得～。

guo

【国仇家恨】guó chóu jiā hèn 祖国和家庭被欺凌、破坏的仇恨。[例句]抗日战争中，有多少英雄儿女怀着～走上了前线！

【国富兵强】guó fù bīng qiáng 国家富裕，军队强盛。[例句]只有～才能提高中国在世界上的地位。

G

【国计民生】guó jì mín shēng 国家的财政经济和人民的生活。[例句]我国是农业大国，农业的发展关系着～。

【国家兴亡，匹夫有责】guó jiā xīng wáng，pǐ fū yǒu zé 对于国家的兴亡，每个老百姓都负有责任。[例句]～，这句话激励着人们投入反侵略的斗争。

【国破家亡】guó pò jiā wáng 国亡了，家人也流离失所。[例句]明末，在～的前夜，秦淮画舫依然酒绿灯红，笙歌不断。

【国色天香】guó sè tiān xiāng 原指牡丹的花香花色不凡。后多形容女子容貌的美丽。[例句]牡丹花雍容华贵、～，素有"国花"之誉。

【国泰民安】guó tài mín ān 国家太平，人民安乐。[例句]改革开放后的中国～、物阜民丰，呈现出一派生机勃勃的繁荣景象。

【果不其然】guǒ bù qí rán 真是如此。用来强调不出所料。[例句]我早就估计这场晚会会延迟开始，～，整整晚了两个小时。

【裹足不前】guǒ zú bù qián 裹：包、缠。停步不前，好像脚被缠住了一样。[例句]不要因为一两次失败就变得～，要勇敢面对才是。

【过从甚密】guò cóng shèn mì 彼此往来很频繁，关系密切。[例句]她们俩～，犹如一对亲姐妹。

【过河拆桥】guò hé chāi qiáo 自己过了河，就把桥拆掉。比喻达到目的以后，就把曾经帮助自己的人一脚踢开。[例句]人家给你办好了事情，你可不能～啊！

【过江之鲫】guò jiāng zhī jì 形容多且纷乱。也形容赶时髦的人特别多。[例句]南来北往的客运和货运大船，多得像～。

【过门不入】guò mén bù rù 指经过家门口也不进去。形容忠于职守，公而忘私。[例句]古人为国忘家，曾有～的佳话。

典故

上古尧、舜时，洪水泛滥，百姓无家可归。尧派鲧(gǔn)去治理洪水，九年下来没有成效，鲧被处死。舜继位后，派鲧的儿子禹去治水。禹接受了父亲的教训，利用山势地形，改用疏导方法，历时十三年，才把洪水制服。这十三年中，禹曾经三次路过自己的家门，因为公务在身，顾不上回家去看一看自己的家人。

【过目不忘】guò mù bù wàng 过目：看过一遍。书一经看过就能记住。形容记忆力特别强。[例句]他自幼聪明过人，博闻强记，古诗典籍～。

【过目成诵】guò mù chéng sòng 过目：看过一遍；诵：背诵。看过一遍就能背下来。形容记忆力很强。[例句]小敏聪慧过人，记忆力特别强，能～。

【过甚其词】guò shèn qí cí 过甚：太过分；词：说话、诗文中的语句。指(说话、写文章时)话说过了头，不符合实际情况。[例句]他的讲话中有不少～的地方。

【过盛必衰】guò shèng bì shuāi 过分的兴盛必引起衰弱。[例句]

～，这是经实践检验过的真理。

【过屠门而大嚼】 guò tú mén ér dà jué 屠门：卖肉的铺子。经过肉铺的门前时嘴里就空嚼。比喻把空想当作现实来自己安慰自己。［例句］～、画饼充饥的阿Q精神在我们生活中时有所见。

【过眼烟云】 guò yǎn yān yún 见"过眼云烟"。

【过眼云烟】 guò yǎn yún yān 在眼前掠过的云雾和烟气。比喻身外之物，不必重视。也比喻一掠而过、容易消逝或被忽视的事物。［例句］他是个淡泊名利的人，一向把荣华富贵看作是～。

【过犹不及】 guò yóu bù jí 过：过分；犹：如同；不及：没达到。事情做过了头，就跟做得不够一样，都是不好的。［例句］处理问题要把握尺度，要明白～的道理。

H h

hai

【海北天南】hǎi běi tiān nán　形容相隔极远，万里之遥。［例句］即使身在～，我们的友谊依旧万古长青。

【海底捞月】hǎi dǐ lāo yuè　捞：捞取。从海中捞取月亮。比喻做不可能做到的事，白费力气。［例句］许多极度热衷追名逐利的人，往往是～，至死尚不能醒悟。

【海角天涯】hǎi jiǎo tiān yá　海角：海的尽头；天涯：天边。形容相隔遥远或极其偏远的地方。［例句］在世界的～——南极，我国于最近新建了"昆仑""泰山"两个科学考察站。

【海枯石烂】hǎi kū shí làn　直到大海干枯，石头腐烂。形容历时久远。也指意志坚定，永不改变。多为男女相爱时表示坚贞所立的誓言。［例句］就是～，我们追求真理的意志也决不动摇。

【海阔天空】hǎi kuò tiān kōng　像大海般辽阔，像天空般无边无际。形容空间广阔。比喻胸襟开阔、毫无拘束。也比喻说话、议论、写文章、想象没有拘束和限制或谈话漫无边际。［例句］听他～地这么一说，大家都对远方的城市充满了向往。

【海市蜃楼】hǎi shì shèn lóu　指光线通过不同密度的空气层时，发生折射，把远处景物显示在空中或地面的奇异幻景。这种现象大多在海边和沙漠地区出现。古时认为是蜃（蛤蜊）吐气而成，因称海市蜃楼。比喻虚无缥缈或虚幻的事物。［例句］他那些不切实际的幻想，只不过是～而已。

【海外奇谈】hǎi wài qí tán　海外：国外；奇：稀奇、奇怪。指没有根据的、荒唐的说法或传说。[例句]这些言论纯属～，经不起实践的检验。

【海晏河清】hǎi yàn hé qīng　晏：平静；河：黄河。大海波平，黄河水清。比喻天下太平。[例句]改革开放的中国政治昌明，～，人民丰衣足食，安居乐业。

【骇人听闻】hài rén tīng wén　骇：惊吓。使人听了非常震惊。[例句]这是一起～的凶杀案。

【害群之马】hài qún zhī mǎ　危害群体的马。比喻祸害集体的人。[例句]对于起哄闹事的～要严肃处理。

han

【酣畅淋漓】hān chàng lín lí　酣畅：酒喝得很畅快，泛指痛快；淋漓：饱满畅快的样子。形容非常尽兴。也指文艺作品中刻画人物形象或抒发感情很充分。[例句]这场足球踢得真是～。

【憨态可掬】hān tài kě jū　憨：质朴；掬：捧。单纯可爱的情态可用两手捧起。形容天真可爱、单纯幼稚的样子明显而且充分。[例句]这幅画把大熊猫～的神态表现得惟妙惟肖。

【邯郸学步】hán dān xué bù　邯郸：战国时期赵国的都城。到了邯郸模仿当地人走路。比喻模仿别人不成，反而遗忘了自己原来会的东西。[例句]不论学什么，都不能～，否则，将一事无成。

典故

战国时，燕国有一个年轻人到赵国的都城邯郸去办事。他觉得这里的人跨步的姿势非常好看，就用心学起来。他竭力模仿当地人跨步的样子。几天后，他办完了事要回国，可是他发现自己不仅没有学会邯郸人跨步的姿态，反而连自己原来跨步的姿势也忘了。最后他不得不爬着回到了燕国。

【含苞欲放】hán bāo yù fàng　苞：花未开时包着花骨朵的小叶片。

形容花蕾即将绽放而又未绽放的样子。比喻少女的青春。[例句]他走进艺术学校的大门,看着这些～的青春少女,感到祖国的艺术事业大有希望。

【含垢忍辱】 hán gòu rěn rǔ 垢:耻辱。忍受极大耻辱。[例句]越王勾践～,卧薪尝胆,终于报了亡国之仇。

【含糊其辞】 hán hú qí cí 含糊:不清楚、不明确;辞:也作"词",言辞。言辞躲闪,话说得不清楚、不明确。[例句]他对队长所问的问题毫无思想准备,只好～地说:"啊,没听到什么。"

【含情脉脉】 hán qíng mò mò 脉脉:凝视的样子,后形容用眼神表达情意。饱含温情地用眼神传达情感。常用来形容少女的表情。[例句]章女士～的眼光总没离开过曼青的面孔。

【含沙射影】 hán shā shè yǐng 传说水中有一种叫蜮的动物,能喷沙子射人影,使人得病。比喻暗中诽谤人,陷害人。[例句]他不明明白白地举出姓名和实证来,却用了～的口气谩骂。

【含辛茹苦】 hán xīn rú kǔ 辛:辣;茹:吃。形容受尽辛苦。[例句]我们不少人就在这种暗无天日的岁月中,颠沛流离,～地度过了大半生。

【含血喷人】 hán xuè pēn rén 比喻用恶毒的话诬蔑、攻击他人。[例句]对着本身在场的我,竟可以如此信口胡说,～,真可谓横暴恣肆,达于极点了。

【含饴弄孙】 hán yí nòng sūn 饴:麦芽糖;弄:哄逗。含着饴糖,逗弄孙儿。形容老年人享受天伦之乐。[例句]退休之后,他养花弄草、～,倒也自得其乐。

【含英咀华】 hán yīng jǔ huá 英、华:花,这里指精华;咀:咀嚼,这里指体会玩味。口中含着花细细地品味。比喻细细体会诗文中的精华。[例句]对于古典诗词,我们要～,细细品味。

【寒来暑往】 hán lái shǔ wǎng 冷天来到了,热天过去了。指四时更替。形容时光的消逝。[例句]～,年复一年,王老师把一批又一批的学生送进了大学校门。

【喊冤叫屈】hǎn yuān jiào qū 大喊大叫，声称受了冤屈。[例句]她才吃了那么一丁点苦，便到处～。

【汗流浃背】hàn liú jiā bèi 浃：湿透。流的汗湿透了背上的衣服。形容由于天热、劳累、恐惧、惭愧等而出汗很多。[例句]跑完越野赛全程后，同学们个个～。

【汗马功劳】hàn mǎ gōng láo 汗马：使战马流汗。形容将士征战劳苦，立下功劳。泛指出大力，立大功。[例句]她以多变的发球和凌厉的扣杀连胜对手，为我校夺取这次乒乓球赛的团体冠军立下了～。

【汗牛充栋】hàn niú chōng dòng 汗牛：使牛出汗；栋：房屋的正梁；充栋：堆满屋子，顶到屋梁。书非常多，运输时使牛累得出汗，存放时顶到屋梁。形容书籍或作品很多。[例句]这个图书馆藏书丰富，可谓～。

【汗如雨下】hàn rú yǔ xià 汗如雨点般落下。形容出汗极多。[例句]今年夏天出奇地热，人们什么也不干，仍是～。

hang

【行行出状元】háng háng chū zhuàng yuán 状元：古代科举殿试发榜的第一名。任何职业中都能做出成绩，出现杰出人才。[例句]俗话说“～”，所以职业是不分贵贱的。

【行家里手】háng jiā lǐ shǒu 指内行人。[例句]两年的实践已经使他从一个门外汉渐渐成为一位经验丰富的～。

【行伍出身】háng wǔ chū shēn 旧时军队编制，五人为一“伍”，二十五人为一“行”。指当兵出身。[例句]我是～，常感觉自己读书太少。

【沆瀣一气】hàng xiè yī qì 唐代时崔瀣参加科考，主考官崔沆录取了他，人们嘲讽二人气味相投。比喻气味相投的人勾结在一起。[例句]犯罪分子～，给警方破案带来一定的难度。

hao

【毫发不爽】 háo fà bù shuǎng 毫发：毫毛和头发，形容极其细微；爽：失、差。形容没有一点差错。[例句]现代的先进制导技术，能使导弹准确命中目标，～。

【毫分缕析】 háo fēn lǚ xī 毫：细毛；缕：细线。将细毛和细线一条一条地分开来。形容精细深入地分析计算。[例句]这篇文章条理清楚，～，十分难得。

【毫厘不爽】 háo lí bù shuǎng 见"毫发不爽"。

【毫无二致】 háo wú èr zhì 二致：两样。丝毫没有两样。指完全相同。[例句]在处理这件事上，我们的观点～。

【豪放不羁】 háo fàng bù jī 羁：马笼头，引申为束缚。形容人性情豪迈，不受拘束。[例句]方宗岳为人慷慨好义，～，喜欢喝酒，十分健谈。

【豪情壮志】 háo qíng zhuàng zhì 豪情：豪壮的性情。豪壮的性情和雄伟的志向。[例句]在和平建设时期，老将军的～不减当年。

【豪言壮语】 háo yán zhuàng yǔ 有气魄的、充满英雄气概的语言。[例句]只有～是不够的，还需要有实干精神。

【嚎啕大哭】 háo táo dà kū 嚎啕：大声哭叫。指放声大哭。[例句]村长为抗洪牺牲了，村民们万分悲痛，～。

【好梦难成】 hǎo mèng nán chéng 美好梦境难以实现。比喻美好愿望难以变为现实。[例句]莫道～，有一分耕耘，便有一分收获。

【好事多磨】 hǎo shì duō mó 磨：阻碍、困难。好事情在实现前常常会经历许多波折，常指男女相爱要经过许多波折才能如愿。[例句]他俩的婚期一改再改，真是～。

【好戏连台】 hǎo xì lián tái 精彩的节目连续演出或播放。也指动人的场面或情景不断出现。[例句]春节期间，各省电视节目～，令人目不暇接。

【好言好语】hǎo yán hǎo yǔ 出于善意的话语。也指语气和善的话语。[例句]眼看他二人就要翻脸了，老王～地解劝了半天。

【好自为之】hǎo zì wéi zhī 自己妥善安排。多用于对人的忠告。[例句]既然你听不进我们的意见，执意这样去做，那你就～吧！

【号令如山】hào lìng rú shān 号令：军令、命令。命令像山那样庄严。形容军纪森严。[例句]虽然现在是深夜，可是～，我们还是立刻出发了。

【好吃懒做】hào chī lǎn zuò 贪图吃喝，懒于做事。形容人又馋又懒。[例句]虽然他的祖辈为他积攒了巨额财产，但他～，家道还是败落了。

【好大喜功】hào dà xǐ gōng 好：爱。喜欢做大事，建大功，并不考虑条件是否成熟。[例句]武帝～，穷兵黩武，给人民带来了深重的灾难。

【好高骛远】hào gāo wù yuǎn 好：喜欢；骛：追求。不考虑实际情况，一味追求过高过远的目标。[例句]必须打好基础，才能够建造房子，这道理是很浅显的。但是～、贪抄捷径的心理，却常常妨碍人们去认识这最普通的道理。

H

【好生之德】hào shēng zhī dé 好生：爱护人和动物的生命。爱惜生灵的美德。[例句]上天有～，这群天鹅一定会找到可以栖息的地方。

【好事之徒】hào shì zhī tú 徒：某种人。喜欢多事的人。[例句]他们俩原来已经和好，但偏有～来问东问西从中挑拨。

【好为人师】hào wéi rén shī 喜欢当别人的老师。形容自以为是，爱摆老资格。[例句]自以为是和～的态度，是绝不能解决问题的。

【好逸恶劳】hào yì wù láo 好：喜爱；逸：安乐；恶：讨厌。贪图安逸享乐，厌恶劳动。[例句]这则寓言讽刺了那些～、坐享其成的人。

【浩浩荡荡】hào hào dàng dàng 原形容水势广阔浩大。后用来形容人群、事物等声势壮、规模大。[例句]我们好像是坐上风帆鼓吹的游船,在~、气象万千的大江上顺流直下。

【浩如烟海】 hào rú yān hǎi 浩:广大、众多;烟海:烟雾笼罩的茫茫大海。广大繁多犹如茫茫大海。形容书籍、资料等极其繁多,难以计量。[例句]各个时代的作者创作的作品~,但流传下来的只是极少数。

【皓月当空】 hào yuè dāng kōng 皎洁的月亮高高地挂在天空。[例句]清风徐来,~,全家人围桌而坐,边吃边谈,共赏明月。

he

【合浦还珠】 hé pǔ huán zhū 合浦:汉代郡名,在今广西合浦东北;还:回来;珠:珍珠,这里指产珠的蚌。珍珠蚌回到了合浦。原为颂扬清廉官员之语。现多比喻人去而复回或东西失而复得。[例句]许多年以后,他找回了女儿,~使他高兴得泪流满面。

【合情合理】 hé qíng hé lǐ 符合人情事理。[例句]他已经连续工作了好多天,要求放一天假是~的。

【何乐不为】 hé lè bù wéi 为:做。为什么不乐意去做呢?表示可以做或愿意做。[例句]早晨跑步锻炼身体,大有益处,我又~呢?

【何去何从】 hé qù hé cóng 去:离开;从:跟从。离开哪里,走向哪里。多指在重大问题上该如何抉择。[例句]到底~,该是你当机立断的时刻了。

【何足挂齿】 hé zú guà chǐ 何足:哪里值得;挂齿:挂在嘴边,指提及。不值得一提。[例句]我给母校做的这些小事,是我多年的愿望,~?

【和蔼可亲】 hé ǎi kě qīn 和蔼:和气。态度温和,容易接近。[例句]巴金是一位~的老作家。

【和璧隋珠】 hé bì suí zhū 和璧:和氏璧,指美玉;隋珠:隋侯珠,指夜明珠。极其贵重的珠宝。比喻极其可贵的东西。[例句]这支笔是父亲的遗物,在她看来比~还要珍贵。

【和风细雨】 hé fēng xì yǔ 温和的风,细细的雨。比喻做事、交谈等耐心细致,态度温和而不粗暴。[例句]①春芽初萌时节,~的天气偶尔会给人一种乍暖还寒的感受。②李老师对一些犯错误的学生,经常采取~的批评教育方式。

【和盘托出】 hé pán tuō chū 和:连同。连盘子带东西一齐托出来。比喻毫无保留地全部拿出来或将真情全部说出来。[例句]他把事情的来龙去脉~。

【和气生财】 hé qì shēng cái 和气:态度温和。旧指待人和善能招财进宝。[例句]为这点小事而斤斤计较不值得,~嘛!

【和颜悦色】 hé yán yuè sè 和:温和;颜:脸上的表情;悦:高兴、愉快;色:神色。温和、愉快的脸色。形容态度温和,面露喜悦。[例句]他对学生总是~,从不乱发脾气。

【和衷共济】 hé zhōng gòng jì 衷:内心;和衷:同心;共济:同一条船渡水。比喻同心同德,通力合作,渡过难关。[例句]为建设一个繁荣昌盛的社会主义强国,作为执政党的中国共产党一定要与各个参政的民主党派~、齐心协力。

【河东狮吼】 hé dōng shī hǒu 河东:战国到五代都指今山西西南为河东;狮吼:比喻威严。后用以比喻凶悍的女性。也用以嘲笑惧妻的人。[例句]王女士在外边温文尔雅,在家却是~。

典故

宋朝的大文豪苏轼有一位好朋友叫陈慥(zào),字季常。陈季常信奉佛教,自称龙丘先生。他的夫人姓柳,柳姓是河东郡的大姓,因此人们称柳氏夫人为"河东女儿"。苏轼被贬到黄州的时候,常常和陈季常在一起谈天。陈季常很好客,朋友来了,必定热情招待,总有说不完的话,夜深了还不愿分手。可是他的妻子柳氏性格蛮悍,又爱妒忌。他宴客的时候,如有歌女在座,柳氏往往用棍杖在隔壁用力敲打墙壁,大声叫嚷,如同狮吼,闹得不可开交,客人们也只得被逼散去。陈季常很怕她,于是苏轼就写了一首诗和他开玩笑："龙丘居士亦可怜，谈空说有夜不眠。忽闻河东狮子吼，拄杖落手心茫然。"

涸辙之鲋】 hé zhé zhī fù 涸：水干、枯竭；辙：车辙，车轮压的痕迹；鲋：鲫鱼。干困在车辙沟里的鲫鱼。比喻处于困境急待援助的人或物。[例句]他这时正如～，急谋斗升之水。

荷枪实弹】 hè qiāng shí dàn 荷：背、扛；实：装满。扛着装满子弹的枪。形容全副武装，随时准备战斗。[例句]消息传来，战士们～，随时准备投入战斗。

赫赫扬扬】 hè hè yáng yáng 光明盛大的样子。也形容兴旺显赫。[例句]贾家～了近百年，最终还是衰落了。

赫赫有名】 hè hè yǒu míng 赫赫：显著盛大的样子。形容名声非常显赫。[例句]他在省城经济界是～的人物。

赫赫之功】 hè hè zhī gōng 赫赫：显著盛大的样子。显著盛大的功业或功劳。[例句]在抗日战争中，他立下了～。

鹤发鸡皮】 hè fà jī pí 鹤发：头发像鹤的羽毛那样全是白的；鸡皮：皮肤像鸡皮那样粗糙发皱。形容老人年迈的容貌。[例句]王老虽年逾古稀，却精神矍铄，步履轻捷，全无那种～的衰老形象。

【鹤发童颜】 hè fà tóng yán 颜：容颜、脸色。像鹤那样白的头发，像儿童那样红润的脸色。形容老年人面色好，有精神。[例句]这位老人～，给人一种仙风道骨的感觉。

【鹤立鸡群】 hè lì jī qún 像鹤站立在鸡群之中。比喻一个人的仪表或才能和周围人相比显得很突出。[例句]她在这些女孩子中间，确实显得～，与众不同。

hei

【黑白分明】 hēi bái fēn míng 黑是黑，白是白，界限清楚。比喻是非严明。[例句]经过讨论，谁是谁非，都已经～了。

【黑白混淆】hēi bái hùn xiáo　把黑的说成白的，把白的说成黑的指故意制造混乱。比喻不分是非、好坏。[例句]他无视事实，～认为这件事都是我的错。

【黑灯瞎火】hēi dēng xiā huǒ　形容夜里没有灯火的情景。[例句]这个房里既没有窗户，也没电灯，～的，我什么都看不见。

hen

【恨入骨髓】hèn rù gǔ suǐ　见“恨之入骨”。

【恨铁不成钢】hèn tiě bù chéng gāng　恨：遗憾、抱怨。对于铁炼不成钢表示遗憾和抱怨。比喻因对所期望的人不争气、不成才而感到着急、不满。[例句]老于～，所以对儿子要求颇为严格。

【恨之入骨】hèn zhī rù gǔ　恨到骨头里去了。形容对人痛恨之极。[例句]人们对制造、销售假冒伪劣药品这种谋财害命的行为～。

heng

【横冲直撞】héng chōng zhí zhuàng　形容乱冲乱闯，无人阻拦。[例句]球场上，他～，很快就被裁判红牌罚下了。

【横空出世】héng kōng chū shì　事物突然出现。多指事物一出现就很有声威或影响。[例句]本次世乒赛上，一位小将～，杀入决赛，成了一颗耀眼的新星。

【横眉怒目】héng méi nù mù　横眉：怒目而视的样子。眉毛拧着，眼冒怒火。形容凶恶蛮横的样子。[例句]看你～的样子，像是谁得罪了你似的。

【横七竖八】héng qī shù bā　横的横，竖的竖。形容事物放置无序、乱七八糟的样子。[例句]小孩子们～地躺在草坡上，望着蓝天白云，任丰富的想象力驰骋。

【横扫千军】héng sǎo qiān jūn　形容打仗时非常痛快、彻底地消灭大量敌人。[例句]在战场上，他带领着部队～，立下了赫赫战功。

【横行霸道】héng xíng bà dào 横行：仗势做坏事；霸道：蛮横不讲道理。形容依靠权势，蛮横行事，为非作歹。[例句]这伙胡作非为、～的歹徒被绳之以法，真是大快人心。

【横行无忌】héng xíng wú jì 横行：仗势做坏事；无忌：肆无忌惮。仗势无所顾忌地干坏事。[例句]调查组把这个村支书～、鱼肉百姓的事查了个水落石出。

【横征暴敛】héng zhēng bào liǎn 横：强行；征：征收赋税；敛：搜刮。蛮横地征收，残暴地搜刮。[例句]反动统治者巧立名目，在治水、导淮等幌子下～，中饱私囊。

hong

【轰轰烈烈】hōng hōng liè liè 轰轰：象声词，指雷鸣、炮击、车子开动等巨大的声音；烈烈：火势旺盛的样子。形容气魄雄伟，声势浩大，不同凡响。[例句]在党的领导下，建设新农村的活动～地开展了起来。

【哄堂大笑】hōng táng dà xiào 哄：好多人同时发出声音。在场的人同时大笑起来。[例句]他一句话逗得全班同学～。

H

典故

据说，五代时有冯道与和凝两个文官。冯道是慢性子，和凝是急脾气。有一次，冯道穿着一双同和凝一样的新靴子进厅堂。和凝一见便问："你的靴子是花了多少钱买的？"冯道抬起左脚说："九百。"和凝一听就急了："我这一双怎么花了一千八百？"冯道又慢慢抬起右脚说："这一只也是九百。"满堂的人一听，都哈哈大笑起来。

【烘云托月】hōng yún tuō yuè 原指作画时通过云彩来衬托月亮。比喻通过侧面渲染以突出主体。[例句]这位老画家善于运用～的笔法描绘山水。

【红日三竿】hóng rì sān gān 太阳已经离地三竹竿高了。指时间不早了。多形容人起床晚。[例句]你每天睡到～，浪费了多少宝贵时光！

【红颜薄命】 hóng yán bó mìng 红颜：原指年轻人的红润脸色，后特指女子美艳的容颜。指美人福薄，不是早夭就是婚姻不美满。[例句]她常常顾影自怜，叹息～。

【洪福齐天】 hóng fú qí tiān 洪：大。称颂人非常有福气。[例句]老人过大寿时，人们祝福他～。

【洪水猛兽】 hóng shuǐ měng shòu 洪水：能成灾的大水；猛兽：残害人畜的野兽。比喻危害极大的人或事物。[例句]战争给人民带来的灾难，远甚于～。

【鸿鹄之志】 hóng hú zhī zhì 鸿鹄：天鹅；志：志向。天鹅一举千里的壮志。比喻远大的志向。[例句]中国青年要有振兴中华的～。

【鸿毛泰山】 hóng máo tài shān 像鸿毛那样轻，像泰山那样重。比喻人死的价值大小悬殊。[例句]弟兄俩一个为革命牺牲，一个被当作汉奸处死，其轻重如～，有天地之别啊！

【鸿篇巨制】 hóng piān jù zhì 鸿：大；制：写作，也指作品。规模宏大、功力深厚的著作。[例句]杂文虽不是～，但却是极具战斗力的一种体裁。

hou

【侯服玉食】 hóu fú yù shí 穿着王侯的衣服，吃着珍异的美食。形容生活豪华奢侈。[例句]封建统治阶级～，穷奢极侈。

【侯门似海】 hóu mén sì hǎi 侯门：指显贵人家。指显贵人家门禁森严。[例句]封建社会，～，等级森严，老百姓连官府的大门都难靠近。

【猴年马月】 hóu nián mǎ yuè 比喻不可指望的日期。[例句]以他平日的收入，也许要待到～才能将那套商品房买到手。

【后发制人】 hòu fā zhì rén 发：发动；制：控制、制服。让对方先下手、先暴露，然后采取措施制服对方。[例句]这场球赛，他们采用～的办法，战胜了强劲有力的对手。

【后顾之忧】 hòu gù zhī yōu 顾：回头看；忧：忧患、担心。作战时后方有令人担心的事或在前进、外出过程中，还有需要回头照顾的可虑之事。[例句]妻子是个贤内助，为他解决了所有的～，他才得以一心扑在工作上。

【后患无穷】 hòu huàn wú qióng 患：灾祸、忧患；穷：穷尽。遗留下的祸患没完没了。[例句]乱砍滥伐森林，破坏生态平衡，必将～。

【后悔不及】 hòu huǐ bù jí 指事后懊悔已经迟了。[例句]上学时没有好好学习，现在才感到了知识的贫乏，他～。

【后继乏人】 hòu jì fá rén 继：接续、继承；乏：缺少。缺少继承前人事业的人。形容缺乏接班人。[例句]科研单位如果没有教育单位输送人才，就会～。

【后继有人】 hòu jì yǒu rén 继：继承。有了继承事业的人。[例句]有了您这样一位高才生，王教授的学术研究就～了。

【后来居上】 hòu lái jū shàng 居：处在。原指资格浅的、新提拔的官员反居资格老的旧臣之上。后指后来的胜过原来的，后辈胜过前辈。[例句]我们只要发愤图强，就能做到～。

【后起之秀】 hòu qǐ zhī xiù 后出现的或新成长的优秀人物。[例句]这位是中国象棋界的～。

【后生可畏】 hòu shēng kě wèi 后生：后辈、年青一代；畏：敬畏、佩服。青年人是新生力量，很容易超过老一辈，令人敬畏。[例句]我在他这个年纪可写不出这么好的文章，真是～呀！

【厚此薄彼】 hòu cǐ bó bǐ 厚：优待、看重；薄：看不起；彼：那、那个。重视、优待这个，轻视、冷淡那个。指不平等相待，不一视同仁。[例句]老师对学生要一视同仁，不能～。

【厚古薄今】 hòu gǔ bó jīn 厚：重视；薄：轻视。推崇古代的，轻视当代的。[例句]历史是向前发展的，我们也要向前看，不可一味地～。

【厚积薄发】 hòu jī bó fā 充分地积累，少量地放出。形容积累丰富的学问而不轻易表现出来。[例句]只有平时主动关注现实生活，时常博览课外读物，才有可能在考场上～，立于不败之地。

【厚今薄古】 hòu jīn bó gǔ 重视推崇现代的，轻视鄙薄古代的。[例句]对于中国丰富的文化遗产，我们要批判地继承，而不能～。

【厚颜无耻】 hòu yán wú chǐ 颜：脸面。指人脸皮厚，不顾羞耻。[例句]他是个～的家伙，大家都不愿与他交往。

hu

【呼风唤雨】 hū fēng huàn yǔ 原指神仙术士有招来风雨的法力。现比喻人类有支配自然的力量。也形容某种势力强大而具有煽动性。[例句]他在当地是个能～的人物，影响极大。

【呼朋引类】 hū péng yǐn lèi 呼：召唤；类：指同类。指招引同类的人。多形容坏人互相勾结。[例句]这群小青年常常～，聚集在一起唱歌跳舞。

H

【呼天抢地】 hū tiān qiāng dì 抢：撞、触。向天呼号，用头碰地。形容极度悲伤大哭的样子。[例句]他扶着棺材，～，号啕大哭。

【呼之欲出】 hū zhī yù chū 似乎一叫他就将走出来。形容画像非常逼真，画中的人好像喊一声就会走下来似的。也泛指文学作品中人物描写生动形象。[例句]他画的维吾尔族姑娘，线条柔美，千姿百态，～。

【囫囵吞枣】 hú lún tūn zǎo 囫囵：整个儿。不经咀嚼，不辨滋味，把整个枣子吞咽下去。比喻在学习上食而不化，不加分析思考地笼统接受。[例句]我们读书、上课、看报、听演讲，都要多想一想，对的就接受，不对的就抛弃，～要不得。

典故

从前，有个自作聪明的人去参加一个宴会。宴会上摆着梨和枣。主人介绍说,吃梨对牙齿有好处,却会伤脾胃;吃枣对脾胃有好处,却会伤牙齿。他听后想了一下说:“我有一个两全其美的吃法了!”于是吃梨的时候只嚼不咽,吃枣的时候只咽不嚼,把枣囫囵吞进肚里去了。主人忙说:“你那样囫囵吞枣可不行呀!”在场的人都捧腹大笑。

【狐假虎威】 hú jiǎ hǔ wēi 假:借。狐狸借着老虎的威势去吓唬其他野兽。比喻倚仗别人的势力作威作福。[例句]那几个~、冒充警察行骗的人被当场抓获。

典故

有一天,老虎捉到一只狐狸,要吃掉它。狐狸却说它是天帝派来做百兽之王的,谁想伤害它便是违背天帝的意志。起初,老虎不以为然,狐狸便让老虎跟在自己身后去看看。老虎见百兽一看到狐狸便四处逃走,这才信以为真。其实,老虎不知道野兽们逃跑实际上是怕自己,而不是怕狐狸。

【狐朋狗友】 hú péng gǒu yǒu 比喻勾结在一起的坏人或吃喝玩乐、不干正经事的朋友。[例句]他成天和那帮~混在一起,不务正业。

【狐疑不决】 hú yí bù jué 狐疑:犹豫;决:决断。形容犹豫迟疑,不能决断。[例句]做事应该当机立断,不可~。

【胡搅蛮缠】 hú jiǎo mán chán 胡搅:捣乱。不讲道理,纠缠着不放。[例句]做错了事,应主动认错,决不能强词夺理,~。

【胡说八道】 hú shuō bā dào 见“胡说乱道”。

【胡说乱道】 hú shuō luàn dào 指没有根据、没有道理地乱说一通。[例句]你既然不了解事情的真相,就不要在那里~。

【胡思乱想】 hú sī luàn xiǎng 心无定向,思想杂乱。不切实际、毫无根据地想象。[例句]正当她一个人在房间里~的时候,忽然响起了敲门声。

【胡言乱语】 hú yán luàn yǔ 指没有根据地瞎编乱说。[例句]再问，她就装疯卖傻，翻起白眼，～。

【胡作非为】hú zuò fēi wéi 非：不合理的，不对的。毫无顾忌地想做什么做什么。[例句]他利用职权～，终究难逃法律的制裁。

【湖光山色】hú guāng shān sè 指山水相映的美丽景色。[例句]来桂林旅游的人都沉醉于～之中。

【虎背熊腰】hǔ bèi xióng yāo 背宽厚像虎，腰粗壮如熊。形容人的身体魁梧健壮。[例句]他长得～，高大威猛，力气过人。

【虎踞龙盘】hǔ jù lóng pán 踞：蹲或坐。像虎蹲着，像龙盘着。形容地势险要、雄伟。也指雄伟险要的地方，常特指南京。[例句]人说华山～，地势十分险要。

【虎口拔牙】hǔ kǒu bá yá 从老虎嘴里拔牙齿。比喻冒着极大危险去干某一件事。[例句]这位侦察员敢于～，只身一人潜入敌营探听敌情。

【虎口余生】hǔ kǒu yú shēng 虎口：比喻危险的境地；余：留下的、剩下的。比喻从极危急的境地逃脱出来，侥幸留存下来的生命。[例句]他能从上饶集中营脱身，真是～啊！

H

【虎落平川】hǔ luò píng chuān 平川：平坦广袤之地。老虎离开其卧居的深山，走到平地里。比喻有权势或有实力者失去权势或优势，无所作为。[例句]他现在是～，大势已去矣。

【虎视眈眈】hǔ shì dān dān 眈眈：注视的样子。像老虎要扑食那样注视着（猎物）。形容恶狠狠地盯着，将要下手攫取。[例句]他的两只眼睛～地盯着洞口。

【虎头虎脑】hǔ tóu hǔ nǎo 形容一副憨厚可爱的样子。[例句]李爷爷的孙子长得～，十分可爱。

【虎头蛇尾】hǔ tóu shé wěi 头像老虎那么大，末梢却像蛇尾那么细。比喻做事有始无终，起初声势很大，后来劲头很小。也比喻诡诈伪善，言行不一。[例句]这次反腐倡廉行动，一定要始终如一，不能～。

互通有无】 hù tōng yǒu wú 互相沟通、交流，拿自己多余的东西去换取自己所缺少的东西。[例句]发展边境贸易，邻国之间～，双方都受益不小。

户枢不蠹】 hù shū bù dù 户：门；枢：门轴；蠹：虫蛀蚀。经常转动的门轴不易被虫蛀。比喻经常运动的东西不易受外物的侵蚀，可以长久不坏。[例句]"流水不腐，～"说明了一个道理：生命在于运动。

怙恶不悛】 hù è bù quān 怙：仗势；悛：悔改。有所依仗而坚持作恶，不肯悔改。[例句]对于那些长期作恶、～之徒，必须严惩。

hua

花残月缺】 huā cán yuè quē 形容美景不再。也比喻美好的事物受到摧残、践踏。多指情爱被迫中断。[例句]一对有情人被生生拆散，～，实在令人惋惜。

花好月圆】 huā hǎo yuè yuán 花盛开、月儿圆的美好景色。比喻美好圆满的景象。[例句]在亲人们"～"的祝福声里，他俩步入了婚礼的殿堂。

花红柳绿】 huā hóng liǔ lǜ 花朵鲜红，柳树翠绿。形容春天明媚宜人的景色。也形容色彩艳丽。[例句]阳春三月，锦江两岸～，十分美丽。

花花世界】 huā huā shì jiè 泛指繁华热闹的社会。也指灯红酒绿，寻欢作乐的场所。[例句]到了这个～，你可不能沉迷其中而忘了自己的任务。

花落谁家】 huā luò shuí jiā 喻指在众多竞选者、待聘者、参赛者中，谁是最后胜出者(常用于疑问或猜测语气)。[例句]这次参赛的八支队伍实力都不弱，最终～还很难说。

花前月下】 huā qián yuè xià 原指景色优美的环境。现多指男女谈情说爱的地方。[例句]～，他们留下了许多美好的回忆。

花拳绣腿】 huā quán xiù tuǐ 花、绣：样子好看；拳：拳术；腿：腿功。

指徒有好看的形式而不中用的武术动作。也比喻耍花招，施伎俩，或搞形式主义。[例句]这个人没有真才实学，只会点～，千万不能委以重任。

【花容月貌】 huā róng yuè mào 形容女子的容貌美丽迷人，如花似月。[例句]小说中的女主人公～，无奈却红颜薄命。

【花天酒地】 huā tiān jiǔ dì 花：比喻美女。形容沉迷于酒色的荒淫生活。[例句]他致力于科学研究，从不羡慕别人～的生活。

【花团锦簇】 huā tuán jǐn cù 锦：有彩色花纹的丝织品；簇：聚成一团。形容五彩缤纷、十分华丽的景象。也形容衣饰华美的人相聚一起。[例句]若是从飞机上往下看呢？一定是满盘锦绣，整整齐齐而又～。

【花香鸟语】 huā xiāng niǎo yǔ 花飘着清香，鸟唱着歌儿。形容大自然明媚动人的美好风光。[例句]风和日丽，～，我们出去走走吧。

【花言巧语】 huā yán qiǎo yǔ 原指一味铺张修饰而无实际内容的言语或文辞。动听的、引诱别人上当的谎话。说动听的谎话。[例句]他的～掩盖不了他的别有用心。

H

【花样翻新】 huā yàng fān xīn 花样：花纹的式样，泛指式样或种类，比喻花招、手段。从旧的式样中创造出新的式样或品种。也指玩弄新的花招。[例句]重整旗鼓的马戏团节目丰富，～，深受大家的好评。

【花样年华】 huā yàng nián huá 花样：像花一样。指美丽的青春年华。[例句]本届女足是历史上队员最年轻的一届，新队员处在二十岁左右的～。

【花枝招展】 huā zhī zhāo zhǎn 招展：迎风摆动的样子。好像花枝迎风摆动一样。形容女子装扮艳丽。[例句]春天像小姑娘，～的，笑着，走着。

【华而不实】 huá ér bù shí 华：开花；实：结果实。只开花不结果。形容外表好看，内容空虚。[例句]我们一定要言行一致，反对～

和任何的虚夸。

【哗众取宠】huá zhòng qǔ chǒng 哗:喧哗;宠:宠爱。利用虚夸的言行博取别人的好感、夸奖或拥护。[例句]他那样做,是想～,为自己捞取政治资本。

【化零为整】huà líng wéi zhěng 把零散事物集合为整体。[例句]在战役后期,我军采用～的战术,有力地打击了苟延残喘的敌人。

【化为泡影】huà wéi pào yǐng 泡:水泡、泡沫;影:物体的影子。变成水泡和影子那样很快就消失的东西。比喻事物转眼消失或希望落空。[例句]他那升官发财的黄粱美梦一瞬间都～了。

【化为乌有】huà wéi wū yǒu 化:改变;乌有:虚无、没有。变得什么都没有了。指全部一下子都丧失或落空。[例句]他年轻时的轻狂幻想,随着岁月的流逝早已～。

【化险为夷】huà xiǎn wéi yí 险:险阻、危险;夷:平、平安。指危险转化为平安。[例句]船进水了,幸亏船长沉着镇静,及时指挥抢修,才～。

【化整为零】huà zhěng wéi líng 把整体分为若干零散部分。[例句]～是我军曾经采用的有效作战方法之一。

【画饼充饥】huà bǐng chōng jī 画个饼子来解饿。后比喻用空想来安慰自己,于事无补。[例句]指望他来帮助你,这简直是～。

【画地为牢】huà dì wéi láo 在地上画了个圈当作牢狱。比喻严格限制活动范围。[例句]搞学术研究要拓宽视野,不能～。

【画虎成狗】huà hǔ chéng gǒu 指画不成老虎反倒像狗。比喻模仿得不好,弄得不伦不类。也比喻好高骛远,未达目的,反成笑柄。[例句]关键时刻,更应谨慎行事,以免～,弄巧成拙。

【画龙点睛】huà lóng diǎn jīng 比喻艺术创作在关键处着墨或写作、说话时在关键处用一两句精彩的话点明要旨,使之更为精辟传神,生动有力。[例句]写作文时适当引用名人名言,可以收到～的效果。

典故

南北朝时，有位著名的画家叫张僧繇。有一次，他在金陵安乐寺的墙上画了四条腾云驾雾的龙。众人看了都说好。人们发现四条龙都没有眼睛，便让他给龙点上眼睛。张僧繇却说这样一来龙便会飞去。众人以为他在开玩笑，就一再让他画上。他就给其中两条龙点上了眼睛，笔还没放下，一阵电光闪亮，雷声震耳。只听"喀嚓"一声，那面墙从中间裂开，点了眼睛的两条龙翻腾着飞走了，而没有画眼睛的那两条龙，还留在墙壁上。

【画蛇添足】huà shé tiān zú 比喻多此一举，弄巧成拙。[例句]这篇文章的内容和结构都很完整，如果硬加上一段议论，反倒是~了。

典故

战国时，楚国有一户人家祭祀祖先，事毕赏给身边的人一壶酒。由于酒少人多，这些人中就有人建议：谁能在地上最先画好一条蛇，便喝这壶酒。大家也都表示赞同。不一会儿，便有一个人画好了蛇。他拿起酒壶正要喝酒，见其他人尚未画成，就说："瞧你们画得多慢，我再给蛇画上脚都来得及呢！"他正给蛇添脚，旁边一个画好蛇的人夺过了他手中的酒壶，说："蛇本来是没有脚的，你怎么给它画了脚？你画的不是蛇。"说完，便喝起酒来。那位给蛇画脚的人最终也未能喝上酒。

H

【话不投机】huà bù tóu jī 投机：指意见一致。意见不同，话说不到一起。[例句]由于~，我和他敷衍了两句就客客气气分手了。

【话不虚传】huà bù xū chuán 虚：假的、不是真的。指流传的话是真的。[例句]拜访了这位老诗人，我才相信他的才华真是~。

【话中有话】huà zhōng yǒu huà 指言语中含有别的意思。[例句]你~，今天必须和我说明白。

huai

【怀璧其罪】huái bì qí zuì 怀：藏在怀里。把玉璧藏在身上因而招惹罪祸。原指因财致祸。现比喻因才遇祸。[例句]～古今皆有，这是文人的悲哀。

【怀才不遇】huái cái bù yù 怀：怀藏。具有才学却不被人赏识，难以施展抱负。[例句]他常常为自己～而苦恼。

【怀恨在心】huái hèn zài xīn 恨：仇恨。形容对人记下仇恨，以伺机报复。[例句]区区小事，你又何必～。

huan

【欢蹦乱跳】huān bèng luàn tiào 形容活泼好动、精力旺盛的样子。[例句]在迎新春的爆竹声中，孩子们乐得～。

【欢呼雀跃】huān hū què yuè 雀跃：像麻雀一样跳跃着。形容欢乐的情景。[例句]当看到自己的球队赢了时，球迷们顿时～起来，相互拥抱着庆祝胜利。

【欢声雷动】huān shēng léi dòng 欢呼声好像雷声一样响。形容极其热烈欢快的场面。[例句]看到中国体操运动员站在领奖台上，全场～。

【欢天喜地】huān tiān xǐ dì 形容十分高兴、快乐。[例句]大家～地敲锣打鼓，喜迎新年。

【欢喜若狂】huān xǐ ruò kuáng 形容极其高兴。[例句]收到大学录取通知书，他～地飞奔回家向父母报喜。

【欢欣鼓舞】huān xīn gǔ wǔ 欢欣：快乐而兴奋；鼓舞：精神振奋。形容非常快乐、精神振奋。[例句]今年风调雨顺，粮食又获得了大丰收，农民们无不～。

【环肥燕瘦】huán féi yàn shòu 环：唐玄宗的宠妃杨玉环，体胖；燕：汉成帝的皇后赵飞燕，体瘦。形容美女的体态不同而各有各的风韵。比喻艺术作品流派、风格各异，但各有所长。[例句]～，每个人都有自己的风格特点。

【缓兵之计】huǎn bīng zhī jì 缓：延缓。作战时延缓敌人进攻的策略。泛指拖延时日以缓和事态，同时积极设法应付的策略。[例句]这不过是敌人的～，我们不可掉以轻心。

【换汤不换药】huàn tāng bù huàn yào 汤：中药方剂的名称，如白虎汤、柴胡汤。煎汤药的水换了而药方并没有换。比喻只改变形式、名称，不改变内容、实质。[例句]虽然我们厂几次调整领导班子，可～，亏损局面还是未能扭转。

【涣然冰释】huàn rán bīng shì 涣然：离散的样子；释：消融。像冰块遇热，一下子就融解了。比喻疑虑、误会完全消除。[例句]他们之间的隔阂～。

【患得患失】huàn dé huàn shī 患：忧虑、担心。没得到时，担心得不到，得到后又担心失掉。形容过分看重个人得失而犹豫不决。[例句]～是一种严重的心理障碍，它使运动员无法在比赛中保持良好的竞技状态。

【患难与共】huàn nàn yǔ gòng 共同承担过灾祸，彼此利害相关、关系密切。[例句]他们俩～，共同度过了那段艰难岁月。

【患难之交】huàn nàn zhī jiāo 患难：困难和危险的处境；交：交情，朋友。同在一起经历过忧患和危难的朋友。[例句]多年来我俩互相扶持，算得上是～了。

H

【焕然一新】huàn rán yī xīn 焕然：鲜明光亮的样子。鲜明光亮，气象一新。形容人或事物的面貌变得崭新、鲜亮。[例句]楼外楼菜馆装修后～。

huang

【荒诞不经】huāng dàn bù jīng 荒诞：荒唐离奇；不经：不合常理。形容极其荒谬，不合情理。[例句]我们要把～的迷信活动驱逐到人类的精神世界之外。

【荒诞无稽】huāng dàn wú jī 荒诞：荒唐离奇，极不真实；稽：考查。形容十分荒唐，无法查考，不足凭信。[例句]神话自然十分～，然而产生的历史社会根源，却是十分现实的。

【荒谬绝伦】huāng miù jué lún 荒谬：极其荒唐错误，非常不合情理；绝伦：超过同类，没有可以相比的。形容极其荒唐，不合情理。[例句]这个～的决定遭到了大家的一致反对。

【荒无人烟】huāng wú rén yān 人烟：指住户，居民，因有炊烟的地方就有人居住。形容地方荒凉偏僻，见不到人家。[例句]考古队的队员在～的大山里发现了几年前失事飞机的残骸。

【荒淫无耻】huāng yín wú chǐ 荒淫：贪恋酒色。生活糜烂淫乱，不知羞耻。[例句]商纣王～、残害忠良，结果落得个国破家亡、引火自焚的下场。

【荒淫无度】huāng yín wú dù 指生活糜烂，沉迷于酒色而没有节制。[例句]隋炀帝性情残暴，～，只知自己享乐，不顾百姓死活，最后落得个身首异处的下场。

【慌不择路】huāng bù zé lù 形容心神极度紧张达到来不及权衡利害的程度。[例句]我们在黄山旅游时，由于天色已黑，心情紧张，～，差点迷失了方向。

【慌手慌脚】huāng shǒu huāng jiǎo 指手脚忙乱。形容慌张失措的样子。[例句]翠红～，反而越帮越忙，真叫人受不了。

【皇天后土】huáng tiān hòu tǔ 皇天：指天；后土：指地。指主宰万物的天地神灵。[例句]与其祈求～，不如自己想办法解决困难。

【黄道吉日】huáng dào jí rì 迷信认为宜于办事的吉利日子。[例句]今天大概是个～，办喜事的人家特别多。

【黄花晚节】huáng huā wǎn jié 黄花：指菊花，借指人有节操；晚节：晚年的节操。指人到晚年仍能保持坚贞的节操。[例句]虽然退休后离开了工作岗位，但他始终保持着～。

【黄粱一梦】huáng liáng yī mèng 黄粱：小米。在煮熟小米饭的时间里做的一场好梦。比喻荣华富贵终归化为泡影。也比喻虚幻的事情或破灭了的希望。[例句]他乐不可支，笑醒了，原来是～。

典故

唐朝时，有个姓卢的书生，他上京赶考，在邯郸城的旅舍遇到了一个叫吕翁的道士。卢生为自己坎坷而潦倒的处境而忧闷，道士便给了他一个枕头，告诉他说："你睡时枕上它，保你称心如意。"当时夜幕降临，旅舍主人刚开始煮小米饭，一路辛苦的卢生一沾枕头便睡着了。在睡梦中，他梦见自己做了大官，娶妻生子，享尽了富贵荣华，子孙后代也个个高官厚禄。可当他一觉醒来时，只见自己仍躺在旅舍里，吕翁还在身旁，主人的小米饭还没有煮熟呢！

【恍然大悟】huǎng rán dà wù 恍然：猛然领悟的样子；悟：明白。一下子明白过来。[例句]这时我才～，原来昨夜向这里奔驰时，遥望那火的城，火的海，就是这海港的闪光。

【恍如隔世】huǎng rú gé shì 恍：恍然，不分明、不真切的样子；世：古以三十年为一世。好像隔了一世。多表示由于人事、景物变化很大而产生的感慨。[例句]久居国外的他回到祖国后，有一种～的感觉。

H

hui

【灰飞烟灭】huī fēi yān miè 好像灰、烟一样消失得无影无踪。比喻消亡得很彻底。[例句]随着时间的流逝，我与他之间的怨恨也就～了。

【灰头土脸】huī tóu tǔ liǎn 佛教的专用语。指修行者不修边幅，不露真相。现指头脸污秽肮脏。也形容神色懊丧。[例句]这条路年久失修，尘土飞扬，行人走过，无不～。

【灰心丧气】huī xīn sàng qì 灰心：丧失信心；丧气：意气沮丧。形容因遭受失败、挫折而失去信心，意志消沉、颓丧。[例句]别因为一次没考好就～，要继续努力才对。

【挥汗成雨】huī hàn chéng yǔ 挥：抹。抹下的汗就像下雨一样。

原形容人多。后形容出汗多。[例句]重庆的夏季,真是个热浪滚滚、~的季节!

【挥霍无度】huī huò wú dù 挥霍:任意花钱;度:限度。随意花钱,毫无节制。[例句]一个人如果~,再多的财产都会弄得一干二净。

【挥金如土】huī jīn rú tǔ 挥:散出,指使用。花钱如同撒土。形容极其随便地、毫不吝惜地花钱。[例句]这个浪荡子仗着家大业大,~。

【挥洒自如】huī sǎ zì rú 形容书写作画运笔自如,得心应手,不受拘束。也形容言谈举止洒脱。[例句]只有胸有成竹,作起画来才能~。

【回肠荡气】huí cháng dàng qì 回:回转;荡:动荡。形容音乐或其他文艺作品内容十分动人。[例句]文天祥的《正气歌》大义凛然,读来令人~。

【回光返照】huí guāng fǎn zhào 日落时由于反射作用而天空又短时间地发亮。比喻人临死前忽然一阵短暂的神志清醒或精神兴奋。也比喻事物衰亡前出现的短暂的兴旺现象。[例句]这次敌人的疯狂进攻,不过是灭亡前的~罢了。

【回天乏术】huí tiān fá shù 回天:极力挽回危势;乏:缺乏;术:方法。比喻没有能力挽回危急的局势。[例句]他这病已到晚期,医生也~。

【回天之力】huí tiān zhī lì 原指说话正确,论证有力,产生了极大的力量。后泛指能战胜极大困难,扭转危局的极大力量。[例句]群众有~,只要相信群众,一切困难都能克服。

【回头是岸】huí tóu shì àn 原为佛教用语,指有罪的人只要回心转意就能登上"彼岸"。后比喻作恶者只要决心悔改,弃恶从善,就有出路。[例句]"苦海无边,~",你只有向人民交代清楚你的罪行,才能得到宽大处理。

【回味无穷】huí wèi wú qióng 回味:吃过好的食物以后的余味,指从回忆中体会到意味；穷：穷尽。比喻事后越想越觉得意味深长。也比喻读过含义深长的文艺作品后，体会到无限的意趣。[例句]他的散文文辞优美，意蕴深刻，让人～。

【回心转意】 huí xīn zhuǎn yì 回：掉转。转过心意，不再坚持。指改变态度和想法。多指不计较过去的怨隙，恢复旧有的感情。[例句]他不肯～，看来还要在错误的道路上走下去。

【悔不当初】 huǐ bù dāng chū 悔：后悔、悔悟；当初：开头。后悔当初不该这样做。[例句]早知道是这个结果，～答应了你。

【悔过自新】 huǐ guò zì xīn 自新：使自己成为新人。认识并改正错误，重新做人。[例句]对那些愿意～的犯人，我们要诚恳地帮助他们。

【悔之晚矣】 huǐ zhī wǎn yǐ 后悔但已经晚了。[例句]对付计算机病毒要以预防为主，一旦感染病毒数据受损，就～！

【悔之无及】 huǐ zhī wú jí 后悔也来不及了。[例句]他因吸毒而使得家里一贫如洗，现在真是～啊！

【毁家纾难】 huǐ jiā shū nàn 纾：解除、缓和。捐献出全部家产，以解救国家的困难。多用于指有影响的人物。[例句]在国难当头之时，许多仁人志士～，以满腔热忱投入到革命中去。

H

【毁于一旦】 huǐ yú yī dàn 毁：毁灭、破坏；旦：早上，也指一天；一旦：一天之间。形容得来不易的东西一下子毁掉了。[例句]一场大火使曹家万贯家私～。

【讳疾忌医】 huì jí jì yī 讳：隐讳、避忌；忌：惧怕。隐瞒病情，不愿医治。比喻掩饰自己的缺点、错误，不愿接受批评帮助。[例句]譬如病人，患着浮肿，而～，但愿别人糊涂，误认他为肥胖。

【讳莫如深】 huì mò rú shēn 讳：隐瞒、避忌；深：重大。原指事件重大，隐瞒不言。现指隐瞒得再没有比这更深、更紧的了，唯恐别人知道；或指没有比这一事情或问题更犯忌的了。[例句]她对她从前做过的事～。

【诲盗诲淫】 huì dào huì yín 诲：诱导；淫：淫乱。原指不收藏好财物，引来盗贼；打扮得妖冶，招来人调戏。后来多指引诱人去干淫乱、盗窃等坏事。[例句]对那些～的黄色书刊和录像带要坚决销毁。

诲人不倦】 huì rén bù juàn 诲：教导。教导人时有耐心、不厌倦。[例句]为人师表应该学而不厌，～。

绘声绘色】 huì shēng huì sè 绘：描绘、描摹。把人物的声音、神色都描绘出来。形容叙述、描写极其生动逼真。[例句]敖登听着塔瓦老大娘～的描述，笑得连碗也端不住了。

hun

昏昏沉沉】 hūn hūn chén chén 形容头脑迷糊，精神不振。[例句]他努力睁大眼睛，但～，什么也看不清。

昏昏欲睡】 hūn hūn yù shuì 头脑迷糊，想睡觉。形容身体疲劳，没有精神。[例句]你整日里～，学习怎会有长进？

昏天黑地】 hūn tiān hēi dì 指天地之间一片黑暗。形容天色昏暗不明。还可比喻社会黑暗或是非颠倒。也用以形容生活荒唐放荡，失去节制或形容晕头转向，糊里糊涂。[例句]街上的电灯不知什么缘故，霎时间全部熄灭，变成了一个～的世界。

昏头昏脑】 hūn tóu hūn nǎo 形容头脑昏沉，不清醒，糊里糊涂。[例句]他酒后～，连回家的路也不认得了。

浑浑噩噩】 hún hún è è 浑浑：浑厚朴实的样子；噩噩：严肃的样子。原形容浑朴天真，深厚严肃。现常形容行事盲目，糊里糊涂。[例句]他在～中度过了自己的大半生。

浑然天成】 hún rán tiān chéng 形容诗文结构完整，用词自然，毫无牵强造作之处。[例句]这篇文章言随意遣，流畅自如，～。

浑然一体】 hún rán yī tǐ 浑然：完整不可分割的样子。融合成一个整体。形容完整不可分割。[例句]画家既有了笔墨功夫，下笔与物象～，笔墨腴润而苍劲。

浑身是胆】 hún shēn shì dǎn 浑身：指全身。形容胆量非常大，无所畏惧。[例句]武松~,赤手空拳就把凶猛的老虎给打死了。

【浑水摸鱼】 hún shuǐ mō yú 浑水:不清的水。在浑浊的水里摸鱼。比喻趁着混乱时机或故意制造混乱以攫取不正当的利益。[例句]请维持好现场秩序,防止有人~。

【魂不附体】 hún bù fù tǐ 魂:灵魂;附:依附。灵魂脱离了肉体。形容极其惊恐或受到巨大刺激而失去常态。[例句]黑暗中传来一两声鸟叫,她吓得~。

【魂不守舍】 hún bù shǒu shè 魂:灵魂;舍:指人的躯体。灵魂离开了躯体。形容精神不集中或精神恍惚。[例句]他听报告时~,什么也没有听进去。

【魂飞魄散】 hún fēi pò sàn 魂、魄:古人迷信认为人的精神能离开形体而存在,称离开形体的精神为"魂",称依附于形体而显现的精神为"魄"。魂飞了,魄也散了。原指离死不远了。后形容惊恐万状,不知如何是好。[例句]枪声一响,敌人便吓得~,立刻就举手投降了。

【混淆黑白】 hùn xiáo hēi bái 混淆:使界限模糊。故意把黑的说成白的,把白的说成黑的。指故意制造混乱,使人辨不清真伪、好坏。[例句]他这种说法实际上是~,颠倒是非。

H

【混淆视听】 hùn xiáo shì tīng 混淆:使混杂,使界限模糊;视:看。指用假象或谎言迷惑别人,使之很难辨别是非。[例句]散布这一谣言的人,存心要~,我们不要上当。

huo

【活蹦乱跳】 huó bèng luàn tiào 形容蹦蹦跳跳,表现出生命力旺盛。多用于小孩或鱼虾之类的小动物。[例句]潮水退去时,沙滩上留下了许多~的鱼。

【活灵活现】 huó líng huó xiàn 形容非常生动逼真,使人好像亲眼看到一样。[例句]卖面人的老爷爷捏出来的人物~,生意非常好。

【火急火燎】huǒ jí huǒ liǎo 形容心情像火烧一样急迫。[例句]脚踏实地地提高产品质量比～地把摊子铺到海外更重要得多。

【火冒三丈】huǒ mào sān zhàng 形容十分生气愤怒。[例句]听说儿子又在外面闯了祸，他气得～。

【火上浇油】huǒ shàng jiāo yóu 比喻在矛盾中增加激化因素，使人更加愤怒或助长事态的发展。[例句]他本想劝几句，谁知言语不当，反而成了～。

【火烧火燎】huǒ shāo huǒ liǎo 燎：烧。被火烧烤。形容心情好像火烧一般焦急或身上像火灼一样发热或疼痛。[例句]听了这消息，他心里～，犹如热锅上的蚂蚁，再也坐不住了。

【火烧眉毛】huǒ shāo méi máo 比喻情势非常急迫。[例句]演出即将开始，都～了，我哪有时间再去找替补演员？

【火树银花】huǒ shù yín huā 像一棵棵燃起红火的树，像一簇簇银光闪闪的花。形容夜里绚丽灿烂的灯光和焰火。[例句]元宵之夜，处处张灯结彩，～，灿烂夺目。

【火眼金睛】huǒ yǎn jīn jīng 本指《西游记》中孙悟空经修炼后能识别妖魔鬼怪的眼睛。比喻眼光十分犀利，善于识别真伪。[例句]那些贩毒分子逃不出我边检战士的～。

【火中取栗】huǒ zhōng qǔ lì 比喻受人利用去冒险，自己却一无所得。[例句]她意识到自己正是～的那只猫。

【货真价实】huò zhēn jià shí 指货物不是冒牌，价钱也是实在的，没有虚报。形容做生意实在，不欺骗顾客。[例句]这件皮大衣～，是地地道道的上海货。

【祸不单行】huò bù dān xíng 祸：灾难；行：到来。指不幸的事接二连三而来。[例句]几个月里，我接连失去了公婆二老，真是～。

【祸从口出】huò cóng kǒu chū 指由于说话不谨慎而招来灾祸。[例句]酒醉后的他，这时完全忘了～。

【祸从天降】huò cóng tiān jiàng 祸：灾害、灾难；降：落下来。形容遭到突然的、意外的灾祸。[例句]在回家的路上,他被一辆汽车撞伤了腿,真是～。

【祸国殃民】 huò guó yāng mín 祸、殃:使损害。使国家受害、人民遭殃。[例句]他的这种～的手法,以国家为重者无不反对。

【豁达大度】 huò dá dà dù 豁达:胸襟开阔,性格开朗;大度:气量宽宏。度量大,能容人。[例句]当领导就应该～,不要计较小事。

【豁然贯通】 huò rán guàn tōng 豁然:开阔通达的样子。一下子明白通晓了某个道理。[例句]经他指点,我对这个问题～。

【豁然开朗】 huò rán kāi lǎng 豁然:开阔通达的样子。顿时出现开阔敞亮的境界。也形容原来不明白,一下子领悟了。[例句]到了此地,～,她的心情也顿然感觉轻松了。

H

J j

ji

【击节叹赏】jī jié tàn shǎng 击节:打拍子。打着拍子赞叹。形容对人的行为、言论及诗文、技艺等表示赞赏。[例句]古代文人相聚之时,往往一边诵读诗文,一边～。

【饥不择食】jī bù zé shí 饿急了就什么都吃。比喻需要急迫,只求应急,无暇选择。[例句]书刊出得多了,读者对出版物～的情形已经有了改变。

【饥餐渴饮】jī cān kě yǐn 饿了就吃饭,渴了就喝水。形容旅途艰辛。[例句]他们一路上～,终于到达了目的地。

【饥肠辘辘】jī cháng lù lù 辘辘:肠鸣的声音。肚子饿得咕咕叫。形容十分饥饿。[例句]在严寒的冬季,在～的时刻,这饭菜的热气是多么诱人啊!

【饥寒交迫】jī hán jiāo pò 交:一齐;迫:逼迫。无衣无食,又饿又冷。形容生活贫困。[例句]旧中国劳苦大众～的悲惨景象一去不复返了。

【机不可失】jī bù kě shī 机:时机;失:错过。时机难求,不可错过。[例句]他感到这次到研究所深造,是～的好事。

【机关用尽】jī guān yòng jìn 机关:周密而巧妙的计策。什么计谋都用了。形容用尽心机。[例句]你就是～,也未必能够达到目的。

【鸡飞蛋打】jī fēi dàn dǎ 指鸡飞走,蛋打破。比喻两边落空,一无所得。[例句]他一意孤行,最终弄得~,这也是咎由自取。

【鸡毛蒜皮】jī máo suàn pí 比喻无关紧要的小事或毫无价值的东西。[例句]这实在是一件~的小事。

【鸡鸣狗盗】jī míng gǒu dào 学公鸡啼鸣,装狗进行偷窃。比喻低下、卑劣的技能或行为。[例句]这个流氓头子手下养了一批~之徒,专干坏事。

典故

战国时,秦昭王囚禁了孟尝君,准备杀掉他。孟尝君有许多门客,其中一人装狗潜入王宫,偷出了孟尝君献给秦昭王的名贵狐裘,再赠给昭王的宠姬。宠姬受贿后说服昭王放走了孟尝君。不多时,昭王又反悔了,派人连夜追赶。孟尝君等人逃到函谷关时,正值半夜。按规定,鸡叫后才能开门放人出关。孟尝君的另一门客学鸡叫骗过了守关者,孟尝君一行终于逃脱了虎口。

【鸡犬不惊】jī quǎn bù jīng 鸡狗也没惊动。形容军队纪律严明,不惊扰百姓。[例句]这支军队纪律严明,所到之处~。

【鸡犬不留】jī quǎn bù liú 连鸡狗都不肯留下。形容斩尽杀绝。[例句]日本军国主义者侵华时实行"三光"政策,所到之处~。

【鸡犬不宁】jī quǎn bù níng 连鸡狗都不得安宁。形容骚扰得很厉害。[例句]过去这个小区经常失盗,居民被搅得~,加强治安管理后,情形大为改观。

【鸡犬升天】jī quǎn shēng tiān 比喻一个人做了大官,和他有关的人也跟着得势。前面常和"一人得道"连用。[例句]这种"一人得道,~"的现象在封建社会是司空见惯的事。

【积非成是】jī fēi chéng shì 指谬论长期流传,久而久之会被误认为是正确的。[例句]对于一些早已~、具有广泛群众基础的误读音,就不能太拘泥于语音本身的发展规律,而应该因势利导,从众从俗,承认它们规范读音的资格。

【积谷防饥】jī gǔ fáng jī 储存粮食以防饥荒。比喻有备无患。

[例句]丰收不忘节约,要牢记～的古训。

【积毁销骨】jī huǐ xiāo gǔ 积毁:长期地、不断地诽谤;销:销毁。一次又一次地诽谤,久而久之,足以毁灭这个人。[例句]他被流言蜚语淹没了,名声一落千丈,真是～。

【积劳成病】jī láo chéng bìng 因为劳累过度而患上疾病。[例句]敬爱的周总理,虽然已经～,但他仍然继续工作,不肯休息。

【积年累月】jī nián lěi yuè 积:积聚;累:堆积、积累。形容时间久。[例句]他的武艺能够如此精湛,凭的就是～地勤学苦练。

【积少成多】jī shǎo chéng duō 指点点滴滴地积累,就能由少变多。[例句]我们可以把零花钱随时存入银行,这样～,时间长了,就可以攒下一些钱。

【积土成山】jī tǔ chéng shān 土聚集起来可以成为山丘。比喻积少成多。[例句]～不是一天能实现的事,那需要信心和毅力。

【积习成常】jī xí chéng cháng 习:习惯。一种做法长期沿用便成为一种习惯,凡事一经形成习惯,便被视为正常。[例句]饭后散步,他们全家都已～了。

【积忧成疾】jī yōu chéng jí 由于长期忧虑担心而得病。[例句]她～,卧床不起,让家里人很着急。

【积铢累寸】jī zhū lěi cùn 铢:我国古代极小的重量单位,二十四铢为一两。比喻点滴积累。[例句]学习要有～的精神,不能梦想一口吃个胖子。

【畸轻畸重】jī qīng jī zhòng 畸:偏。指有时偏向轻,有时偏向重。形容事物发展不均衡,或者对人对物的态度不公平。[例句]我们待人对事都不能～,要客观公平。

【激浊扬清】jī zhuó yáng qīng 激:冲击、抨击;浊:浑浊,比喻坏的。比喻抨击、清除坏的,表彰、表扬好的。[例句]这篇文章针砭时弊,～,引起了强烈反响。

【及瓜而代】jí guā ér dài 及:等到;代:代替。意思是明年瓜熟时就派人来替换。后指任期已满,换人接替。[例句]他在此任职已满三年,按惯例已到了~的时候了。

【吉光片羽】 jí guāng piàn yǔ 吉光:古代神话中的神马名称;片羽:一片羽毛。比喻残存的艺术珍品和古代文物。[例句]这幅唐朝的《仕女图》,堪称~,价值连城。

【吉人天相】 jí rén tiān xiàng 吉:善、美;吉人:好人;相:保佑、帮助;天相:上天保佑。指善人必然得到上天的保佑。常用以表示对他人遭遇事故的慰藉或逢凶化吉的祝愿。[例句]善良的老夫妇暗自祈祷~,愿这位八路军战士能穿过枪林弹雨,早日回到部队。

【吉日良辰】 jí rì liáng chén 吉:吉庆、好;辰:时辰。吉利的日子,美好的时辰。[例句]送亲队伍赶紧出发吧,耽误了~,就不好了。

【吉凶未卜】 jí xiōng wèi bǔ 吉凶:指福祸成败;卜:预料。指福祸成败还不能预料。[例句]他单枪匹马深入敌营,~。

【岌岌可危】 jí jí kě wēi 岌岌:危险的样子。形容十分危险,快要崩溃、倒塌或灭亡。[例句]由于周转不灵,公司上下已是~。

【佶屈聱牙】 jí qū áo yá 佶屈:曲折,引申为不顺;聱牙:拗口、不上口。形容文章语句艰涩,不通顺畅达。[例句]这文章写得~,实在蹩脚。

【急不可待】 jí bù kě dài 急迫得不能再等了。形容心情迫切或形势紧迫。[例句]阳阳~地打开了盒子,因为里面是他最喜爱的玩具枪。

【急不可耐】 jí bù kě nài 见"急不可待"。

【急公好义】 jí gōng hào yì 热心于公益事业,喜欢见义勇为。[例句]他这个人~,济困扶危,我们都很敬重他。

【急功近利】 jí gōng jìn lì 急于谋取眼前的功效利益。[例句]他是个功利主义者,~,但由于心有余而力不足,结果总是失败。

【急流勇退】 jí liú yǒng tuì 在急流中果断地及时退却。旧时比喻做官的人在顺利或得意时为避祸而及早抽身,退出官场。现泛指在顺利、得意而情况复杂时果断地退出来。[例句]唐经理在事业巅峰之际突然～，这让大家都很意外。

【急起直追】jí qǐ zhí zhuī 见“奋起直追”。

【急如星火】jí rú xīng huǒ 星火：指流星的光焰。形容非常急迫。[例句]交给你的任务～，你必须立刻出发，准时到达目的地。

【急于求成】jí yú qiú chéng 急着达到目的或取得成功。[例句]我们如果～，事情反而不易成功。

【急中生智】jí zhōng shēng zhì 智：智谋。在紧急时忽然想出了好办法。[例句]危险时刻，人往往会～。

【急转直下】jí zhuǎn zhí xià 形容情况忽然转变且迅速顺势发展下去。也形容顺势立刻转变话题。[例句]那天的球赛，本来一直是我国选手领先，却突然～，让对手得了冠军，真可惜！

【疾恶好善】jí è hào shàn 疾：憎恨。憎恨邪恶，喜好善良。指爱憎分明。[例句]他是个～、爱憎分明的人。

【疾恶如仇】jí è rú chóu 疾：也作“嫉”，憎恨；恶：坏人坏事。憎恨坏人坏事如同憎恨仇敌一样。[例句]鲁达～的性格决定他最终只能走落草梁山泊的道路。

【疾风暴雨】jí fēng bào yǔ 迅急的风，猛烈的雨。[例句]才走出几里路，突然乌云密布，接着就是～，这是他们意料不到的。

【疾风劲草】jí fēng jìng cǎo 见“疾风知劲草”。

【疾风知劲草】jí fēng zhī jìng cǎo 疾：迅速、猛烈；劲：坚韧。在猛烈的大风中，才能知道哪些草是最坚韧的。比喻在严峻的考验中，才能显示出人的坚强。[例句]俗话说“～”，经过这一段不平凡的日子，人们对他了解得更清楚了。

【疾如雷电】jí rú léi diàn 迅速得如同雷鸣电闪。形容事情发生得非常快。[例句]整个局势的变化～，大家一时都没有反应过来。

【集思广益】jí sī guǎng yì 集：集中；思：思想、意见；广：广泛；益：好处。集中众人的智慧，广泛吸取有益意见。[例句]改革需要认真调查研究，比较各国的经验，～，提出切实可行的方案和措施。

【集腋成裘】jí yè chéng qiú 腋：指狐狸腋下的一小块白色毛皮；

裘:皮袍。一只狐狸腋下的白色毛皮虽然很少,但聚集很多狐狸的腋下毛皮就可缝成一件皮袍。比喻积少成多,积小成大。[例句]有的捐一元,有的捐五角……我们居然～,聚集成一笔三百元的捐款。

【几次三番】 jǐ cì sān fān 形容次数非常多。[例句]他～来请我吃饭,盛情难却,我只好答应了。

【挤眉弄眼】 jǐ méi nòng yǎn 挤挤眉毛,弄弄眼睛。指用眉眼表情示意。[例句]她实在看不惯他们～的调笑方式,拂袖而去。

【济济一堂】 jǐ jǐ yī táng 济济:形容人多;堂:大厅。形容许多人聚集在一起。[例句]我应邀到北京饭店参加春节联欢晚会,那天文艺界的朋友～。

【掎角之势】 jǐ jiǎo zhī shì 掎:拖住、牵制。本指捕鹿时,一方拖住鹿腿,一方抓住鹿角,双方配合将鹿放倒。后指打仗时双方互相配合,对敌人形成前后夹击的态势。[例句]大部队很快分成两批,形成了～。

【计出万全】 jì chū wàn quán 万全:非常周密安全。形容谋划十分周密稳妥,万无一失。[例句]在做这项工作之前,你最好制订一个～的方案。

【计无所出】 jì wú suǒ chū 没有计谋和办法了。[例句]我们实在是～,才上门来求教。

J

【记忆犹新】 jì yì yóu xīn 犹:还。对往事的印象还很清晰,好像新近发生的一样。形容印象深刻。[例句]直至现在,我对母亲当时的神态表情,做过的一些事,说过的一些话,还～。

【济人利物】 jì rén lì wù 物:众人、他人。救助别人,有益于公众。[例句]我们从小就应培养～的道德观念。

【济世安民】 jì shì ān mín 济:救助;安:安定、安抚。为社会谋求利益,使人民生活安宁。[例句]没有～的情怀,就不可能成为一个好领导。

【既来之,则安之】 jì lái zhī, zé ān zhī 既:已经;来之:使之来;安

之：使之安。原意是已经把他们招抚来了，就要把他们安顿下来。现泛指既然来了，就应该安下心来。［例句］我并不悲观，“～”。我已经在病房里住惯了。

【既往不咎】jì wǎng bù jiù 既：已经；往：以往、过去；咎：责怪、加罪。对以往的错误、罪行不再责备、处分。［例句］对犯了错误的人，我们要先进行教育，教育过来，～；再不转变，严肃处理。

【继往开来】jì wǎng kāi lái 继：继承；开：开辟。继承前人的事业，开辟未来的道路。［例句］～，是我们这一代人的责任。

【寄人篱下】jì rén lí xià 寄：依附、依靠；篱：篱笆。寄居在人家的篱笆下面生活。原指文章著述因袭别人，没有创见。后比喻依靠别人过日子。［例句］他生性刚强，实在无法忍受这种～的生活。

jia

【加官进爵】jiā guān jìn jué 进：晋升。指晋升官职爵位。［例句］他为了～，不择手段地钻营。

【夹枪带棒】jiā qiāng dài bàng 夹：夹杂、带着。指说话带刺，暗含讥讽。［例句］被杨二嫂～地讽刺一番，王老汉虽很生气，却没有办法。

【家长里短】jiā cháng lǐ duǎn 指琐碎的家务事。［例句］封建时代，妇女被困于柴米油盐、～之中，得不到个性发展。

【家常便饭】jiā cháng biàn fàn 家中日常的饭食。现常用以比喻平常的事情。［例句］在这片茫茫的戈壁滩上，大风是～，有时一连刮上几天都不会停。

【家道中落】jiā dào zhōng luò 家道：家业、家境；落：衰败。家庭的经济状况中途衰败。［例句］他祖上原是名门望族，至其父辈～。

【家给人足】jiā jǐ rén zú 给：充裕；足：丰足、富足。家家富足，人人饱暖。［例句］一进这个村庄，那一排排新建的楼房给人一种～的感觉。

【家贫如洗】jiā pín rú xǐ 家里像被大水冲过一样，一无所有。形容家境极为贫寒。[例句]童第周小时候～，但他立志苦读，终有所成。

【家破人亡】jiā pò rén wáng　家庭被破坏，亲人死亡离散。[例句]他由于吸毒而～了。

【家徒四壁】jiā tú sì bì　徒：只、仅仅。家里只有四堵墙。形容家境贫寒，一无所有。[例句]到过他房间的人，知道他～，什么东西都卖光了。

【家学渊源】jiā xué yuān yuán　家学：家传之学；渊源：水源，比喻本源、根源。指家世学问根底深厚且世代相传。[例句]他～，又刻苦钻研，学问见识自然与众不同。

【家喻户晓】jiā yù hù xiǎo　喻：明白、了解；晓：知道。每家每户都知道。[例句]不到一小时，这个消息在桃源镇上已经传得～了。

【家贼难防】jiā zéi nán fáng　比喻隐藏于内部的坏人不好防备。[例句]这桩盗窃案原来是监守自盗，不由令人感叹～。

【嘉言懿行】jiā yán yì xíng　嘉、懿：美好。指有教育意义的言语和高尚的行为。[例句]先生的～，使学生们深受教益。

【戛然而止】jiá rán ér zhǐ　形容声音突然停止。也泛指突然中止。[例句]剧院舞台上的交响乐演奏到高潮时～，引起全场一片哗然。

J

【假道灭虢】jiǎ dào miè guó　假道：借路；虢：春秋时诸侯国名。以借路为名，实际是要侵占该国或该地。[例句]这只是他们～的诡计，千万不要上当受骗。

【假公济私】jiǎ gōng jì sī　假：借；济：对事情有益。借用公家的名义，使自己得到私利。[例句]正是这位富有正义感的记者的真实报道，才使他～的行为得以曝光。

【假仁假义】jiǎ rén jiǎ yì　假：伪装；仁：仁爱；义：道义。形容伪装仁慈善良。[例句]我们一定要撕去他～的面纱，暴露其本来面目。

【假手于人】jiǎ shǒu yú rén　假：借。借他人之手达到自己的目的。

指利用别人为自己做事。[例句]曹操派祢衡去见刘表，是欲杀祢衡而采取的～之策。

【假戏真做】 jiǎ xì zhēn zuò 戏是假的，但要演得逼真。泛指把假的事情当真的来做。[例句]他俩本来是闹着玩的，不想～，竟真的打了起来。

【价廉物美】 jià lián wù měi 廉：价钱低。价钱便宜，货物又好。[例句]这个工厂不断改进企业管理和工艺流程，最近又推出了很多种～的新产品。

【价值连城】 jià zhí lián chéng 价：价格；连城：连成一片的好多城池。形容极其贵重。[例句]这幅传世古画～。

【驾轻就熟】 jià qīng jiù shú 驾：赶车；轻：轻车；就：走、走上；熟：熟路。驾着轻便的车走熟悉的道路。比喻对事情熟悉，做起来轻松。[例句]写篇报告文学对于新闻记者出身的他来说早已是～的事了。

【嫁祸于人】 jià huò yú rén 嫁：转移、推给；于：到。把祸患转移给他人。[例句]现在情况越来越明朗，我们更要多加小心，防止这个嫌疑犯～。

jian

【尖酸刻薄】 jiān suān kè bó 尖酸：说话带刺，使人难受。形容为人刁钻苛刻，冷酷无情。[例句]他为人～，大家都不愿与他共事。

【尖嘴薄舌】 jiān zuǐ bó shé 形容说话尖酸刻薄。[例句]在社会上，～的人是不受欢迎的。

【尖嘴猴腮】 jiān zuǐ hóu sāi 人的脸面像猴子一样瘦削难看。形容人长得丑陋。[例句]郭祥的脑海里立刻浮现出那个～、脸带三分笑、经常从眼镜边上看人的丑恶形象来。

【坚壁清野】 jiān bì qīng yě 壁：营垒，军营四周的围墙，防御工事；坚壁：原指加固壁垒，现指游击战中撤退前收藏物资，使敌人一无所获；清野：将四野的财物，主要是已成熟的粮食作物，清理收藏起来。加强防御工事,转移人口财物,收割成熟了的庄稼,以抗击敌人的入侵。[例句]敌人来了,我们就来个~,使敌人吃不到粮食,喝不到水。

【坚不可摧】jiān bù kě cuī 非常坚固,摧毁不了。[例句]艰苦的生活,练就了他钢铁般~的意志。

【坚持不懈】jiān chí bù xiè 懈:松懈、懈怠。坚持到底,丝毫不敢懈怠。[例句]十年来,她~,刻苦自学。

【坚定不移】jiān dìng bù yí 移:改变。形容人的立场、观点、信念等非常坚定,始终不改变。[例句]他的声音里,出乎刘思扬意外竟出现了一种~的刚毅气概。

【坚甲利兵】jiān jiǎ lì bīng 坚:坚固;甲:铠甲,以皮革或金属制成的用来护身的战衣;利:锐利;兵:兵器。坚固的盔甲,锐利的兵器。坚毅刻苦的精神超出一般。[例句]在国际反动势力还存在的今天,我们必须有~,以保卫祖国不受侵犯。

【坚强不屈】jiān qiáng bù qū 屈:屈服。指意志坚定,不可屈服。[例句]革命烈士~的精神,永远鼓舞后人。

【坚忍不拔】jiān rěn bù bá 坚忍:坚强而持之以恒;拔:动摇。形容人的意志坚强,毫不动摇。[例句]奋斗目标越是远大的人,越能~,越能不露锋芒,越经得住风吹雨打。

J

【坚如磐石】jiān rú pán shí 磐石:厚重的大石头。坚固得像厚重的大石头。形容非常坚固,不可动摇。[例句]这支部队经受住了一次又一次严峻的考验,他们筑起的防线始终~。

【坚贞不屈】jiān zhēn bù qū 坚:坚定;贞:有节操。坚守节操,决不向恶势力屈服。[例句]他在狱中~,表现出一个反法西斯战士的英雄气概。

【间不容发】jiān bù róng fà 间:空隙。彼此的空隙容不下一根头发。形容距离近、差别小或极为精密、精确。也形容时间紧迫,情势危急。[例句]在~的紧急关头,张学良、杨虎城将军毅然发动了“西安事变”。

【艰苦奋斗】jiān kǔ fèn dòu 在艰难困苦的环境下仍然英勇顽强地斗争。[例句]我们青年一代,仍需要发扬老一代人~的优良传统。

【艰苦朴素】jiān kǔ pǔ sù 朴素:俭朴、不铺张。形容不畏艰难困苦,勤俭朴实。[例句]少年时代,雷锋就养成了~的生活习惯。

【艰苦卓绝】jiān kǔ zhuó jué 卓绝:程度达到极点,超过一切。极端艰难困苦。[例句]中国人民经过八年~的抗战,终于赶走了日本侵略者。

【艰难险阻】jiān nán xiǎn zǔ 险阻:指艰难的地方,险隘的去处。指前进过程中遇到的困难、艰险与障碍。[例句]在生活的道路上,我们常常会碰到种种~。

【监守自盗】jiān shǒu zì dào 监守:监管;盗:偷盗。盗窃自己经管的公共财物。[例句]从这几次~的事件可以看出,这家工厂的管理上存在严重漏洞。

【兼而有之】jiān ér yǒu zhī 兼:同时具有。指同时具备相关的几个方面。[例句]散文可以叙事,可以抒情,或者~。

【兼容并包】jiān róng bìng bāo 兼:同时具有;容:容纳;并:一并、一齐;包:包含、包括。把有关的各个方面都容纳、包括进来。[例句]一个繁荣富强的太平盛世,才能够~,吞吐潮汐。

【兼听则明,偏信则暗】jiān tīng zé míng,piān xìn zé àn 兼听:听取多方面的意见;偏信:听了一方面的话就相信。听取各方面的意见,就能把事情或道理弄明白;偏听偏信,就弄不清事情的真相。[例句]~,我们应当认真听取各方面的意见。

【缄口不言】jiān kǒu bù yán 缄:闭住、关闭。指闭口不说话。[例句]他~,大有"事不关己,高高挂起"的意思。

【拣佛烧香】jiǎn fó shāo xiāng 拣:挑选。选择自己要祈求的佛烧香礼拜。比喻势利小人厚贵薄贱,看人行事。[例句]我向来就鄙视那种~的势利小人。

【简截了当】jiǎn jié liǎo dàng 形容语言清楚明白,无冗长感。

［例句］他的一番～的表白，使大家很快就宽容了他。

【简明扼要】jiǎn míng è yào 扼：抓住。简单明了，能抓住要点。［例句］老师把这次郊游活动的注意事项～地交代了一遍。

【见多识广】jiàn duō shí guǎng 见识广，阅历深。［例句］王明这人～，谋略颇多。

【见风使舵】jiàn fēng shǐ duò 看风向掌舵。比喻随机应变，看情况办事。［例句］此人惯于～，很让人讨厌。

【见缝插针】jiàn fèng chā zhēn 比喻抓紧时机，尽量利用一切可利用的时间、空间。［例句］他们～，在屋旁、路边种上了蓖麻。

【见怪不怪】jiàn guài bù guài 怪：指怪异的事物、现象。指由于见得多或能沉得住气，看到怪异的现象或事物不大惊小怪。［例句］他的行为开始令人觉得怪异，但时间一长，人们也就习以为常、～了。

【见机行事】jiàn jī xíng shì 机：指时机；行：进行、做、办。形容看情况办事情。［例句］你这次单独去执行任务，一定要机警灵活，～。

【见景生情】jiàn jǐng shēng qíng 看见眼前的景象而引起某种感情。［例句］他～，回忆起了儿时的一段往事。

J

【见利忘义】jiàn lì wàng yì 为了贪图私利而不顾道义。［例句］人一旦～，便会做出许多不可原谅之事。

【见貌辨色】jiàn mào biàn sè 观察面部表情，辨别脸色。形容人善于察言观色，随机应变。［例句］他从小就善于～，十分讨人喜欢。

【见钱眼开】jiàn qián yǎn kāi 看到钱财就眉开眼笑。形容人贪财好利。［例句］我不是～、唯利是图的人，坑害他人的事坚决不干。

【见仁见智】jiàn rén jiàn zhì 同是一件事，仁者从仁的角度看，智者从智的角度看。指对同一问题，由于角度不同而各人有各人的观点。［例句］在研讨会上，大家～，各抒己见，气氛十分热烈。

【见死不救】jiàn sǐ bù jiù 见到面临死亡威胁的人而不援救。

[例句]眼看着有人落水,我能～吗?

【见微知萌】jiàn wēi zhī méng 微:细小的迹象;萌:发生。指看到事情一点细小迹象,就能知道其发展的趋向。[例句]我们要善于～,防患于未然,把事故消灭在萌芽状态。

【见微知著】jiàn wēi zhī zhù 微:细小的迹象;著:明显。看到一点苗头,就能知道将来的发展趋向或问题的实质。[例句]～,从作品中丫环服侍主子的细节,我们就可以知道整个封建等级制度的森严与荒谬。

【见贤思齐】jiàn xián sī qí 见到有道德、有才学的人就想向他学习,变成和他一样的人。[例句]他～,并付之于行动,所以最近进步很大。

【见义勇为】jiàn yì yǒng wéi 看见正义的事情就奋勇地去做。[例句]他见到有人不慎落水,就～,奋不顾身地跳水救人。

【见异思迁】jiàn yì sī qiān 迁:改变。见到不同的事物就想改变主意。形容意志不坚定、喜爱不专一。[例句]我们学任何东西都要专心致志、持之以恒;三心二意、～的人往往是一事无成。

【建功立业】jiàn gōng lì yè 建立功绩,创立事业。[例句]古之大贤注重～,著书立说。

【剑拔弩张】jiàn bá nǔ zhāng 弩:古时一种利用机械力量射箭的弓;张:拉开。剑已出鞘,弓已张开。形容形势紧张,一触即发。也形容书法雄健或文章言辞激烈,气势逼人。[例句]但凡学者,永远是虚心的。～的,火辣辣的,不是学者的气息。

【健步如飞】jiàn bù rú fēi 步伐矫健,行走如飞。形容行走迅速。[例句]这位老人坚持锻炼,年过七旬仍能～。

【渐入佳境】jiàn rù jiā jìng 佳境:好的境界。指情况逐渐好转或者兴味日渐浓厚。[例句]我发现李志华对古文的研究已～。

【鉴貌辨色】jiàn mào biàn sè 鉴:仔细观看;色:脸色。察看表情,分辨脸色。指依据对方的表情,猜度对方的心理活动。[例句]做事要谨慎,但不可过分～,近于卑贱。

【箭不虚发】jiàn bù xū fā 射箭本领高，每发必中。[例句]赛场上，我国射箭选手，沉着应战，～，最终夺得了冠军。

【箭在弦上】jiàn zài xián shàng 比喻为形势所迫，事情已经到了不得不说或不得不做的时候。[例句]这次行动是挽回败局的唯一机会，有如～，不得不发。

jiang

【江河日下】jiāng hé rì xià 江河的水一天一天向下游流去。比喻情况一天天坏下去。[例句]自从负伤后，他的竞技状态～，渐渐失去了主力的地位。

【江郎才尽】jiāng láng cái jìn 江郎：指南朝时的文学家江淹。江淹年少时文思敏捷，天下闻名，晚年却写不出好的诗文。比喻人的才情文思衰退。[例句]有人写不出优秀的作品，并不是什么～，而是没有深入生活。

典故

南朝的文学家江淹，年轻时以才学闻名于世，曾经写过许多精彩的诗文。他晚年时候，有一天梦见晋代学者郭璞对他说："我有一支笔留在你那儿已经多年了，请还给我！"江淹果然从怀里摸出一支五彩笔，还给了郭璞。从此以后，江淹就再也没有佳作问世了。人们都说"江郎才尽"了。

【江山如画】jiāng shān rú huà 江山：指江河、山岭，多指国土。形容山河美丽如画。[例句]我们的国家地域广阔，～。

【江山易改，本性难移】jiāng shān yì gǎi, běn xìng nán yí 江山：山河；移：改变、变动。山川江河容易改变，人的习性很难改变。形容多年形成的思想、习惯、作风极不容易改变。[例句]～，他嘴快的这个毛病怕是改不掉了。

【江心补漏】jiāng xīn bǔ lòu 漏：指漏洞。船到江心才动手堵塞漏洞。形容事情错过了时机，到了非常危急、无法挽救的关头才去补救已无济于事。[例句]事情到了这个地步,已是～,为时已晚。

【将错就错】 jiāng cuò jiù cuò 将:拿、把;就:顺着。已经知道做错了,不停止错误而是继续顺着错误做下去。[例句]～会把事情搞得更糟糕。

【将功补过】 jiāng gōng bǔ guò 将:拿;过:错误。用功劳来补偿过错。[例句]我们给你这个～的机会,希望你用实际行动来表明自己对错误的认识。

【将功赎罪】 jiāng gōng shú zuì 将:拿;赎:抵消、弥补。指拿功劳抵消或弥补罪过。[例句]考虑到小王～的表现,根据有关法律,法院准备对他从轻判决。

【将功折罪】 jiāng gōng zhé zuì 见"将功赎罪"。

【将计就计】 jiāng jì jiù jì 将:拿;就:顺着。已知对方计策后,顺着对方计策施计,使其上当。[例句]诸葛亮识破了周瑜的美人计,决定～。

【将勤补拙】 jiāng qín bǔ zhuō 将:拿;补:弥补;拙:愚笨、笨拙。指用勤奋来弥补笨拙。[例句]我这个人脑子笨,动作慢,要跟上大家只有～。

【将心比心】 jiāng xīn bǐ xīn 将:用。拿自己的心比照对方的心。指站在对方的角度来为对方考虑。[例句]～,我们不能对别人过于苛刻。

【将信将疑】 jiāng xìn jiāng yí 将:且、又。有点相信又不敢确信,半信半疑。[例句]听了范博士这番话,她就～地走开了。

【匠心独运】 jiàng xīn dú yùn 匠心:指巧妙高明的构思或设计;运:运用。在文学、艺术、设计等方面运用工巧、独特的构思。[例句]这篇文章标题新颖,立意高远,可见作者～。

【降格以求】 jiàng gé yǐ qiú 格:规格、标准。降低标准来寻求或要求。[例句]随着年龄的增长,在婚姻问题上,他不得不～了。

【将遇良才】 jiàng yù liáng cái 双方交战时,善战的将领遇到了优秀的对手。指交战双方都很优秀,难分上下。[例句]场上的两名乒乓球高手，球艺相当，确实是～，一时难分胜负。

jiao

【交口称誉】 jiāo kǒu chēng yù　交：一齐、同时；交口：众口一词。众口一词地称赞。［例句］这位过路人见义勇为的举动，让所有在场的人～。

【交头接耳】 jiāo tóu jiē ěr　交头：头挨着头；接耳：嘴凑近耳朵。形容彼此靠得很近，低声交谈。［例句］他俩在操场上～，好像在商量着什么事。

【娇生惯养】 jiāo shēng guàn yǎng　娇：爱怜过甚；惯：纵容、姑息。形容从小受到过分的爱怜和姑息。［例句］这孩子从小～，受不了委屈，吃不了苦。

【娇小玲珑】 jiāo xiǎo líng lóng　娇小：体态小巧轻盈；玲珑：灵巧。形容女子体态小巧可爱。［例句］高大魁梧的他与一位～的南方姑娘喜结连理。

【骄傲自满】 jiāo ào zì mǎn　自高自大，自以为满足。［例句］～是一个人前进中的大敌。

【骄奢淫逸】 jiāo shē yín yì　骄：骄横；奢：奢侈；淫：荒淫；逸：放荡。原指四种恶习。后形容剥削阶级骄横奢侈、荒淫无度的生活。［例句］封建社会的贵族、官僚和地主的生活都极端～。

【蛟龙得水】 jiāo lóng dé shuǐ　蛟：古代传说中的无角龙。据传蛟龙得水就能兴云作雨，飞腾上天。比喻有才能的人得到了发挥本领的机会。［例句］中文系毕业的小李到报社工作，真是～。

【焦头烂额】 jiāo tóu làn é　原形容头部被火烧得伤势很重。后来比喻因境遇恶劣，事情棘手，穷于应付而十分窘迫难堪的情况。［例句］他为了给儿子凑够学费，四处借钱，弄得～。

【狡兔三窟】 jiǎo tù sān kū　狡猾的兔子有三个洞穴。比喻藏身的地方多，便于逃避灾祸。［例句］犯罪分子往往～，还是慎重为好。

【狡兔死，良狗烹】 jiǎo tù sǐ, liáng gǒu pēng　烹：煮。比喻成事后残

害有功之人。[例句]张良预料建国后刘邦必容不得开国功臣，所谓"～"，便归山隐居了。

【绞尽脑汁】jiǎo jìn nǎo zhī 形容费尽了心机，想尽了办法。[例句]他～地想了一整天，也一无所获。

【矫揉造作】jiǎo róu zào zuò 矫：使弯的变成直的；揉：使直的变成弯的。很不自然地故意做作。[例句]作诗需要技巧，但技巧不等于～、扭扭捏捏，也不等于堆砌辞藻。

【矫枉过正】jiǎo wǎng guò zhèng 矫：矫正；枉：弯曲。纠正偏差超过了应有的限度。[例句]我们处理问题应本着实事求是的原则，而不应该～。

【叫苦连天】jiào kǔ lián tiān 不住地叫苦。多形容遇到困难、灾祸等发出痛苦的叫喊声。[例句]旅游车陷进了泥坑里，游客们进退两难，～。

【教学相长】jiào xué xiāng zhǎng 长：增长、提高。教和学两方面相辅相成，互相促进。后多指教师和学生之间互相促进，共同提高。[例句]在课堂上，不仅学生能获得知识，而且老师也能弥补自己的不足，可谓～。

jie

【皆大欢喜】jiē dà huān xǐ 皆：都。大家都很高兴、满意。[例句]年终分红，人人都得到了一笔红利，员工们～。

【结结巴巴】jiē jiē bā bā 形容说话不连续流畅。也形容因发窘、害羞或害怕等感情过于激动而说话不清。[例句]被他们刚才一阵恐吓，小孩吓得～，脸色发白。

【接二连三】jiē èr lián sān 一个接一个，连续不断。[例句]演唱会马上就开演了，同学们～地走进会场。

【接连不断】jiē lián bù duàn 一个接着一个，连续不断。[例句]春节期间，前往峨眉山观赏雪景的游客～。

【接踵而至】jiē zhǒng ér zhì 踵：脚跟。后边的人和前边的人脚跟脚地进来。指一个接一个地来。形容来的人或事连续不断。[例句]大船刚被浮冰包围,险情便~,急得船长满头大汗。

【揭竿而起】jiē gān ér qǐ 揭:举起;竿:竹竿,代指旗帜。高举反抗的旗帜,起来斗争。原指秦末陈胜、吴广发动农民起义。后泛指(人民)起义。[例句]秦朝末年,统治阶级残酷压迫,陈胜、吴广~,天下英雄群起而响应。

典故

秦末,农民的赋役十分繁重。有一次,一批农民被调往渔阳服劳役,途经蕲县大泽乡时,遇上了大雨,无法按期到达渔阳。按秦律,不能按期到达者要处死。这时,这批农民的小队长陈胜、吴广便带领大家杀死押送的官吏,砍下树枝作为武器,举起竹竿挂上旗号,掀起了波澜壮阔的农民大起义。

【嗟来之食】jiē lái zhī shí 嗟:不客气的招呼声。指带有侮辱性的施舍。[例句]朱自清宁肯饿死也不吃~。

典故

春秋时,齐国闹饥荒,有个叫黔敖的人在路边施舍食物。一个饿极的人跌跌撞撞地走了过来。黔敖左手拿着吃的,右手拿着喝的,说:"嗟,来食!"那人瞪着眼说:"我就是因为不吃嗟来之食,才到这种地步的!"此人最终拒食饿死。

【街谈巷议】jiē tán xiàng yì 街巷中的谈说议论。也指在街巷中议论纷纷。[例句]生活必需品价格的涨落,常常是人们~的中心话题。

【街头巷尾】jiē tóu xiàng wěi 大小街巷。[例句]元宵佳节,~到处都是观灯的人。

【孑然一身】jié rán yī shēn 孑:孤独;孑然:孤独的样子。孤零零的一个人。[例句]年过四十的他依旧是~。

【节哀顺变】jié āi shùn biàn 节:节制。节制哀痛,顺应变故。用为对遭遇丧事者表示慰问的话。[例句]小李的父亲去世了,人们都劝他～。

【节外生枝】jié wài shēng zhī 比喻在原有问题之外又生出新问题。现多指故意设置障碍，使问题不能顺利解决。[例句]一切都按计划进行，希望不要～。

【节衣缩食】jié yī suō shí 节：节省、节制；缩：缩减。省吃省穿，尽力节约。[例句]他平日里～，把攒下的钱全部捐给了"希望工程"。

【劫富济贫】jié fù jì pín 劫：夺取；济：接济。夺取富人的财产，接济贫困的人们。[例句]农民起义军所到之处，严惩赃官，～。

【劫后余生】jié hòu yú shēng 劫：灾难。指灾难后幸存下来的生命。[例句]飞机一旦失事，～者寥寥无几。

【洁身自好】jié shēn zì hào 自好：自爱。爱惜自己，保持自身纯洁。也指只顾自己，怕惹是非。[例句]对损害人民和国家利益的行为，我们决不能采取～、听之任之的态度。

【结草衔环】jié cǎo xián huán 比喻感恩图报，至死不忘。[例句]他执意要向救命恩人再道个谢，问清人家姓名，以便～，日后图报。

【结党营私】jié dǎng yíng sī 党：同伙；营：谋求。结成小集团，谋求私利干坏事。[例句]我们的宗旨是为人民服务，而不是～。

【桀骜不驯】jié ào bù xùn 桀：凶暴；骜：马不驯良，比喻傲慢，不驯顺；驯：顺从。凶暴倔强，不肯顺服。[例句]这首诗表现了李白～的叛逆性格。

【捷报频传】jié bào pín chuán 捷：胜利；频：接连。得胜的消息接连不断地传来。[例句]我强大的人民解放军挥戈南下，～，革命形势如风卷残云。

【截长补短】jié cháng bǔ duǎn 指截取长处，补其不足。[例句]做人必须既有见识，又有度量，学会～。

【截然不同】jié rán bù tóng 截然：界限分明的样子。形容两种事物没有一点共同之处。[例句]经科学家证实，孩子的心理世界与成人是～的。

【竭泽而渔】jié zé ér yú　竭：尽，使干涸；泽：池塘、湖泊或水积聚的地方；渔：捕鱼。排干池水捉鱼。比喻只顾眼前利益，不做长远打算。也泛指采取不留余地的过激手段。［例句］我们不能只顾眼前利益而破坏生态环境，这种～的做法，应坚决制止。

【解甲归田】jiě jiǎ guī tián　甲：铠甲。脱掉铠甲，回家种地。指将士复员，不再从事战斗。［例句］他怀着不久即可～的愿望来到这个"家家泉水，户户垂杨"的古城。

【解囊相助】jiě náng xiāng zhù　囊：袋子、口袋。解开口袋，拿出财物帮助别人。形容慷慨助人。［例句］大家纷纷～，帮助失学儿童重返校园。

【戒备森严】jiè bèi sēn yán　警戒防备十分严密。［例句］都市警力雄厚，～，一有风吹草动，即可撒下一张追捕大网。

【戒骄戒躁】jiè jiāo jiè zào　戒：警惕、预防、戒除；躁：性急、焦躁、不冷静。指时时警惕，防止骄傲和急躁。［例句］在工作和学习中取得一定成绩时，应谦虚谨慎，～。

【借刀杀人】jiè dāo shā rén　比喻自己躲在幕后，利用别人的手去害人。［例句］他万万没有想到已经中了别人的～之计。

J

【借花献佛】jiè huā xiàn fó　借别人的花来献给佛祖。比喻用别人的东西来做人情。［例句］我～，用我叔叔珍藏多年的陈酿来招待各位。

【借酒浇愁】jiè jiǔ jiāo chóu　用喝酒来消除心中的愁闷。［例句］家庭发生变故后，他郁郁寡欢，常常～。

【借尸还魂】jiè shī huán hún　旧时迷信者认为，人死后有时可将灵魂依附他人的尸体而复活。现比喻已被打倒、消灭或已经死亡的东西又以别的形式恢复、出现。［例句］我们一定要消除这些假借科学之名而～的迷信活动。

【借题发挥】jiè tí fā huī　利用某个事情作为题目来做文章，以便发表个人真正的见解。也指假借某事为由，去做另外的事。［例句］

尽管是～，而且是借错了题，我对王芸生的手法，依然是佩服的。

jin

【巾帼英雄】jīn guó yīng xióng　巾帼：古代女子头上的头巾或发饰，借指女子。指妇女中的英雄。[例句]穆桂英是一位家喻户晓的～。

【斤斤计较】jīn jīn jì jiào　形容过分计较无关紧要的小事。[例句]领导干部度量要大一些，下属顶撞了你，不要～，也不要怀恨在心。

【今不如昔】jīn bù rú xī　昔：过去、昔日。指现在不如过去，多表示对世事的感慨。[例句]他的精神面貌不错，但身体状况已～了。

【今非昔比】jīn fēi xī bǐ　现在不是过去所能比得上了。形容变化很大。[例句]原来出走时穷困潦倒的他～，现在是衣锦还乡了。

【今是昨非】jīn shì zuó fēi　昨：昨天，指过去。现在是对的，而过去错了，含有悔悟的意思。[例句]自那次大病以后，他静下心来，把往事想了一遍，深有～之感。

【金榜题名】jīn bǎng tí míng　金榜：科举时代指公布殿试入选者的榜，一般用黄纸书写，故也称黄榜；题：写上。指古代科举中被殿试录取。后泛指考试被录取或在较高级别的评奖中获奖。[例句]我们乡里每年都会给那些在高考中～的贫困学子发放奖金，以资助他们顺利完成学业。

【金碧辉煌】jīn bì huī huáng　金：金黄色；碧：翠绿色；辉煌：光辉灿烂。形容色彩华丽，光彩夺目。[例句]故宫之中，处处雕梁画栋，～，令人赞叹不已。

【金蝉脱壳】jīn chán tuō qiào　蝉：昆虫名，即知了；壳：坚硬的外皮。蝉由幼虫变为成虫时要脱壳而出。比喻制造或利用假象脱身。[例句]他用～之计摆脱了敌人的跟踪。

【金城汤池】jīn chéng tāng chí　用金属铸造的城墙，用热水灌注的护城河。形容城池坚固，不易攻克。[例句]一切都在变化，～并不能永保国家不衰亡。

【金戈铁马】jīn gē tiě mǎ　金戈:古代用金属制的一种武器,横刃;铁马:配有铁甲的战马。指精良、雄壮的军队。也指战争或军队生涯。[例句]他每当想起自己当年~、驰骋疆场的情形,胸中就禁不住豪气万丈。

【金鸡独立】jīn jī dú lì　像公鸡似的用一足站立的一种武术姿势。也泛指用一只脚站立。[例句]什么~,什么鲤鱼打挺,这些招式一点也不好学。

【金科玉律】jīn kē yù lǜ　金、玉:比喻贵重;科:指法律条文;律:法律、规则。原指尽善尽美的条律法令。现指必须遵守的、不可变更的条规。[例句]这几条,可以说是拉小提琴的~。

【金口玉言】jīn kǒu yù yán　原指封建帝王所说的话。现泛指有地位、有身份的人讲的话。也用来尊称别人讲的话,强调其说话有分量,或表示说话算数,不能改变。[例句]你说的话不是~,我没有必要听你的指使。

【金兰之契】jīn lán zhī qì　金兰:像金子一样坚固,像兰花一样香味浓郁;契:投合。比喻经久不渝、深厚融洽的交情。也指结拜的异姓兄弟姐妹。[例句]二十多年的~,他们真是同生死,共患难啊!

【金瓯无缺】jīn ōu wú quē　金瓯:酒器名,借指国土。比喻国家疆土完整。[例句]新中国成立以来,我国国家昌盛,人民富裕,~,呈现一片欣欣向荣的景象。

【金盆洗手】jīn pén xǐ shǒu　旧指某些黑道人物公开宣布改邪归正,不再干违法的事。现也泛指放弃以前长期从事的行业或所做的某件事。[例句]这位一贯以写侦探小说著名的作家,突然~,下海经商了。

【金石为开】jīn shí wéi kāi　像金石那样坚硬的东西也被打开了。形容对人至诚就能使之感动。[例句]精诚所至,~,这个浪子终于被她从歧途上拉了回来。

【金石之言】jīn shí zhī yán　见“金玉良言”。

【金童玉女】jīn tóng yù nǚ 道家指侍奉得道法师的童男童女。现泛指天真无邪的男女孩童。[例句]新娘、新郎在一对～的陪伴下，缓缓步入婚礼的殿堂。

【金屋藏娇】jīn wū cáng jiāo 金屋：金碧辉煌、华美的房子。指兴建华美的住宅，让爱妾居住。也有另辟房屋，娶亲纳妾之意。[例句]“～”是个典故，也是个浪漫的故事，但在当代却成了腐败的代名词。

【金玉良言】jīn yù liáng yán 像黄金美玉那样珍贵的话语。比喻宝贵而中肯的劝告或教诲。[例句]老师傅的话，句句都是～，你一定要牢记。

【金玉满堂】jīn yù mǎn táng 原形容财富很多。后也用来比喻人才能出众，学识渊博。[例句]峻青的学识可以称得上～了。

【金玉其外，败絮其中】jīn yù qí wài，bài xù qí zhōng 金玉：泛指珍宝，比喻华美；败絮：烂棉絮。外表像是金玉，内里却尽是破棉絮。比喻外表很华美，内里一团糟。[例句]写文章要言之有物，否则，无论文字有多么的优美，也是～。

【金枝玉叶】jīn zhī yù yè 原指珍奇的树枝、树叶。比喻皇族子孙。也比喻出身高贵的人。[例句]别人以为你是什么～，我可不理那一套。

【津津乐道】jīn jīn lè dào 津津：兴趣浓厚的样子；乐道：喜欢谈论。饶有兴味地谈论。[例句]他是一个不折不扣的球迷，中超联赛是他～的话题。

【津津有味】jīn jīn yǒu wèi 津津：兴趣浓厚的样子。形容趣味很浓或很有滋味。[例句]他捧着一本金庸小说，看得～。

【筋疲力尽】jīn pí lì jìn 筋：筋骨；尽：完。形容非常疲劳，体力耗尽。[例句]体育课上，跑完八百米，大家已是气喘吁吁、～。

【襟怀坦白】jīn huái tǎn bái 襟怀：胸怀；坦白：心地纯洁，没有隐私。形容坦坦荡荡，正直无私。[例句]她的一生，～，光彩照人。

【紧锣密鼓】jǐn luó mì gǔ 形容锣鼓声敲得很紧很密。比喻事前紧张的准备工作。[例句]美国共和党和民主党正在为下届总统竞选～地大造舆论。

【锦囊妙计】 jǐn náng miào jì 锦囊：用丝织品做的袋子。原指预先写好并封在锦囊中的神妙计策。现比喻能及时解决危急或疑难问题的好办法。[例句]他好像有用不完的～似的，不管情况如何复杂他都能从容应对。

【锦囊妙句】 jǐn náng miào jù 锦囊：用丝织品做的袋子，多用以收藏诗稿或机密文件；妙句：指优美的诗文。指诗文做得特别好。[例句]李明善于积累写作素材，时有～见报。

【锦上添花】 jǐn shàng tiān huā 锦：有彩色花纹的丝织品。比喻美上加美，好上加好。[例句]与其～，不如雪中送炭。

【锦心绣口】 jǐn xīn xiù kǒu 心里、口中都像锦绣般绚丽多彩。形容文思优美、辞藻华丽。[例句]这次诗歌朗诵比赛，参赛者都是～，难分伯仲。

【锦绣河山】 jǐn xiù hé shān 美丽江山。[例句]我们伟大的祖国，有着无数的～。

【锦绣前程】 jǐn xiù qián chéng 形容十分美好的前途。[例句]愿每一个有志青年都能拥有～。

【锦衣玉食】 jǐn yī yù shí 锦：有彩色花纹的丝织品；锦衣：鲜艳华美的衣服；玉食：珍奇精美的食品。形容生活优裕。[例句]～之人，哪知这稼穑的辛苦？

【谨小慎微】 jǐn xiǎo shèn wēi 谨、慎：小心、慎重；小、微：细小。原指以非常谨慎的态度对待细小问题，以免造成错误和损失。现指过分小心谨慎，怕生是非。[例句]他～的庄稼人狭窄心境，怎能和生宝叱咤风云的气魄联系起来呢？

【谨言慎行】 jǐn yán shèn xíng 谨、慎：小心、慎重。谨慎地说话，小心地做事。[例句]作为一个地下工作者，他一向～。

【尽力而为】 jìn lì ér wéi 尽：用尽，全拿出来；为：办、做。指用全部精力去做。[例句]这件事我定会～，请领导放心。

【尽人皆知】jìn rén jiē zhī 尽：全部、所有。所有人都知道。[例句]唐僧师徒四人西天取经的故事，可谓家喻户晓，～。

【尽如人意】jìn rú rén yì 尽：全、都；如：依照、符合。指完全符合人的心意。多用于否定形式。[例句]这件事可能不会～，希望大家有个心理准备。

【尽善尽美】jìn shàn jìn měi 尽：达到极限。极其完善，极其美好。形容事物完美到极致。[例句]这个计划已做得～，挑不出什么毛病了。

【尽心竭力】jìn xīn jié lì 尽心：用尽心思；竭力：用尽力量。用尽心思，使出全力。形容做事十分认真勤奋。[例句]为了搞好这片试验田，他废寝忘食，～。

【尽在不言中】jìn zài bù yán zhōng 不言：不说出、不表露出来。虽不讲话，但意思都在其中了。形容意味深长或胸中有数，自不待言。[例句]一切～，他已经从她的眼睛里读到了最真的感情。

【尽职尽责】jìn zhí jìn zé 尽力做好本职工作，负起应负的责任。[例句]他～的工作作风赢得了同事们的称赞。

【尽忠报国】jìn zhōng bào guó 竭尽忠诚，不惜牺牲一切报效国家。[例句]凡我中华男儿都应～，以报答国家对我们的培育之恩。

【进退存亡】jìn tuì cún wáng 前进、退却、生存、死亡。泛指各种处境。[例句]此一战，关系我军～，希望同志们重视。

【进退两难】jìn tuì liǎng nán 处于为难的困境，前进不得，后退不成。[例句]天空突降大雨，坡陡路滑，爬到半山腰的登山队员们陷入了～的境地。

【进退失据】jìn tuì shī jù 据：依据、凭借。前进后退都没有依据，以致进退两难。形容处境十分困难。[例句]我军指挥得当，敌军～，只得束手就擒。

【进退无门】jìn tuì wú mén 指进退都没有出路。形容处于困境，无地容身。[例句]敌人陷入我军的地雷阵中，～，非常狼狈。

【近在眉睫】jìn zài méi jié 形容距离极近，好似就在眼前。[例句]

眼看婚期已～，这几天他不得不赶紧粉刷房子，置买家具，忙得不可开交。

【近在咫尺】jìn zài zhǐ chǐ 咫：古代长度单位，周制八寸，合现在市尺六寸二分二厘。就在尺寸之内。形容距离很近。［例句］登上这座楼的楼顶，星辰仿佛～，伸手可摘。

【近朱者赤，近墨者黑】jìn zhū zhě chì，jìn mò zhě hēi 朱：朱砂，红色颜料；赤：红色。比喻接近好人可使人变好，接近坏人可使人变坏。指客观环境对人有很大的影响。［例句］孟母深知～的道理，所以三次迁居，搬到学堂旁边住了下来。

【噤若寒蝉】jìn ruò hán chán 噤：闭口不出声；蝉：一种昆虫，也叫知了。一声不响，像冷天的蝉。形容不敢说话。［例句］皇帝独断专行，朝臣们不敢进谏，个个～。

jing

【泾渭分明】jīng wèi fēn míng 泾、渭：指甘肃、陕西境内的两条河。泾水、渭水在陕西境内合流时，一清一浊，分得很清楚。比喻两者明显不同。多指好的、坏的分得很清楚。［例句］一个正直的人心中，真假、善恶、美丑是～的。

【经国之才】jīng guó zhī cái 经：治理、管理。治理国事的才干。［例句］诸葛亮以～辅佐刘备成就帝业，三分天下有其一。

【经久不息】jīng jiǔ bù xī 经：经历、经过。经过很长时间也停不下来。多用于描写掌声和欢呼声。［例句］掌声～，李小明眼睛开始湿润起来。

【经年累月】jīng nián lěi yuè 形容经历的时间十分长久。［例句］～的井下劳作，使他患上了严重的关节炎。

【经天纬地】jīng tiān wěi dì 经、纬：织物上的纵线、横线，比喻规划治理。指谋划天下之事，多用来形容人才能极大。［例句］诸葛亮上知天文，下知地理，有～之才。

【经文纬武】jīng wén wěi wǔ 以文德武功治理国家。［例句］像汉武帝这样的～之人，历史上为数不多。

【荆棘塞途】 jīng jí sè tú 见“荆棘载途”。

【荆棘载途】 jīng jí zài tú 载：充满。沿途都是荆棘。形容前进道路上充满困难和障碍。[例句]虽然生活上～，但他咬着牙硬是挺了过来。

【惊弓之鸟】 jīng gōng zhī niǎo 受过箭伤听到弓弦声就惊慌的鸟。比喻受过惊吓，遇到一点情况就惶恐不安的人。[例句]那个被通缉的毒贩，此时早已成了～。

典故

战国时，魏国有一位有名的弓箭手，名叫更羸。有一次，他同魏王一起外出，看到一只大雁从眼前飞过。只见更羸拉了一下弓，这只大雁便应声落了下来。魏王问其原因，更羸说：“我见这只大雁飞行缓慢，且叫声悲哀。于是，我便估计这是只受过伤的鸟，它听到弓弦声，惊而猛向上飞，伤口剧痛，支撑不住，便从空中落了下来。”

【惊慌失措】 jīng huāng shī cuò 失措：举止失去常态。形容既慌张，又害怕，不知如何是好。[例句]她被这一突如其来的变故，吓得～。

【惊慌失色】 jīng huāng shī sè 色：脸色、面色。形容害怕慌张得脸色都变了。[例句]看他那～的样子，就知道一定出了什么大事。

【惊魂未定】 jīng hún wèi dìng 指受到惊吓后心情还未平静下来。[例句]他～地坐在那儿，脸色发白。

【惊世骇俗】 jīng shì hài sú 骇：震惊；俗：流俗、世俗。思想、言行独特，让世人震惊。[例句]他这番～的“高论”，在班上引起很大震动。

【惊涛骇浪】 jīng tāo hài làng 涛：大波浪；骇：使人惊惧。令人惊惧的大波浪。比喻险恶的环境、遭遇或惊险震撼人心的情状。[例句]前进的道路上充满了～，需要我们用顽强的毅力去战胜它。

【惊天动地】jīng tiān dòng dì 形容声势浩大或事件、业绩等影响极大。也形容声音极大。[例句]一声～的巨响从远处传来。

【惊心动魄】jīng xīn dòng pò 心灵、魂魄为之震惊。原指作品文辞优美生动，使人感受极深，震动极大。后形容令人震惊、感动、紧张之极。[例句]黄河壶口瀑布那～的景象一直深深地印在我的脑海里。

【兢兢业业】jīng jīng yè yè 兢兢：小心谨慎的样子；业业：担心害怕的样子。原形容危惧的样子。后多形容小心谨慎，认真踏实。[例句]王教授从教四十余年，～，桃李满天下。

【精兵简政】jīng bīng jiǎn zhèng 紧缩机构，精简人员，提高部队的战斗力和机关的工作效率。[例句]现在公司里机构臃肿，冗员太多，必须～，提高办事效率。

【精诚团结】jīng chéng tuán jié 精诚：真诚、真心实意。一心一意团结一致。[例句]只有公司上下～，才会做出更好的业绩来。

【精打细算】jīng dǎ xì suàn 精心细致地计算、筹划如何运用人力钱财，以便节俭。[例句]妻子～地操持家务，老张全家过着衣食无忧的日子。

【精雕细刻】jīng diāo xì kè 精：工致、细密。精心细致地雕刻。形容十分认真，非常细致。有时指文艺创作中的细腻刻画。[例句]如果说苏州城像一幅～的工笔画卷，这儿就像一幅写意的山水小品。

【精雕细琢】jīng diāo xì zhuó 见“精雕细刻”。

【精妙绝伦】jīng miào jué lún 精美巧妙，超出一般，无可比拟。[例句]该公司生产的工艺品～，面市后颇受青睐。

【精明强干】jīng míng qiáng gàn 形容人精细聪明，办事干练。[例句]这事一定要派两个～的人去办理。

【精疲力竭】jīng pí lì jié 精：精神、精力；竭：尽。精神、力气都已耗尽。形容疲惫到极点。[例句]有两个人慢吞吞地向村口走来好像经过长途跋涉累得～的样子。

【精神抖擞】jīng shén dǒu sǒu 形容精神振奋。[例句]马把头抬得高高的，让鬃毛飘动起来，～地奔驰着。

【精神涣散】jīng shén huàn sàn 涣散：分散、散漫。形容精神分散，不集中。[例句]她这几天怎么了？老是～，无精打采。

【精神焕发】jīng shén huàn fā 焕发：振作。形容精神抖擞，情绪饱满。[例句]他虽已年过花甲，却～，仍在勤奋工作。

【精神恍惚】jīng shén huǎng hū 精神：神志、心神；恍惚：神志模糊，精神不集中。形容神思不定。[例句]现实生活和梦幻中的生活竟然重合，以至于他分不清现实和梦幻，整天～。

【精卫填海】jīng wèi tián hǎi 比喻不畏艰难，不达目的誓不罢休的坚强意志。[例句]这批青年决心以～的精神化荒山为绿坡。

典故

古代神话故事说，炎帝的小女儿（女娃）在东海游玩时被淹死了，灵魂化作了精卫鸟，经常衔西山上的树枝和石块投到东海里，想要填平东海，以报淹死之仇。

【精益求精】jīng yì qiú jīng 精：完美；益：更加。已经很好了，还力求做得更好。指对学问、技艺的追求很高，没有止境。[例句]白求恩同志是个医生，他以医疗为职业，对技术～。在整个八路军医务系统中，他的医术是很高明的。

【井底之蛙】jǐng dǐ zhī wā 井底看天的青蛙。比喻眼界狭隘、见识短浅的人。[例句]他这个人刚愎自用，固执得很，既不肯接受新鲜事物，又不肯虚心学习，犹如～。

【井井有条】jǐng jǐng yǒu tiáo 井井：整齐、有条理的样子。形容条理分明，丝毫不乱。[例句]货架上的几百种商品陈列得～。

【井然有序】jǐng rán yǒu xù 井然：整齐、不紊乱的样子；序：次序。整整齐齐，次序分明。[例句]同学们～地进入了会场。

【井蛙之见】jǐng wā zhī jiàn 见：见解。井底之蛙那样狭隘的见解。比喻狭隘短浅的见解。[例句]我阅历不深，不免有～，说出来恐怕要贻笑大方。

【敬而远之】jìng ér yuǎn zhī 之：代词，指对象。现用来指对某人表示尊敬却有所顾虑而不去接近他。[例句]对于一贯严肃的他，大部分人都采取～的态度。

【敬老爱幼】jìng lǎo ài yòu 见“敬老慈幼”。

【敬老慈幼】jìng lǎo cí yòu 老：年长的人；幼：儿童。敬重老人，慈爱儿童。[例句]～是我们中华民族的传统美德。

【敬老怜贫】jìng lǎo lián pín 老：年长的人；怜：同情、怜悯；贫：家境贫困的人。敬重年老的人，怜悯贫困的人。[例句]这位企业家～的事迹令人称颂。

【敬若神明】jìng ruò shén míng 敬：敬奉；神明：神。敬奉一个人就像迷信的人信奉神一样。形容对人过分地崇拜。[例句]帝制被推翻后，民主共和的思想深入人心，人民对皇权不再～。

【敬贤爱士】jìng xián ài shì 士：指有知识有能力的人。尊敬、爱护贤良、有才之人。[例句]陈毅将军一生都～，平易近人。

【敬谢不敏】jìng xiè bù mǐn 谢：道歉；不敏：不聪明，没有才能。恭敬地表示歉意，称因为自己才能不够而没有把事情办好。后用为推脱做某事的婉辞。[例句]这件事不是我的能力能办到的，我只好～了。

J

【镜花水月】jìng huā shuǐ yuè 镜中花，水中月。比喻一切虚幻的景象。也比喻诗文中的空灵意境。[例句]没想到这一切竟成了～，让我大失所望。

【镜破钗分】jìng pò chāi fēn 钗：一种首饰，由两股簪合成。铜镜破为两半，发钗分作两股。比喻夫妻离散或感情破裂。[例句]他俩由于性格不合，最终～了。

jiong

【迥然不同】jiǒng rán bù tóng 迥然：距离很远的样子。形容差别极大,完全不同。[例句]《红楼梦》中关于宝、黛爱情的描写,～于一般的才子佳人小说,而有着深刻的社会内容。

【炯炯有神】jiǒng jiǒng yǒu shén 炯炯:明亮的样子。眼睛明亮,有神采。[例句]许云峰虽然被敌人折磨得遍体鳞伤,但双目依然～。

jiu

【纠缠不清】jiū chán bù qīng 纠缠:缠在一起或找麻烦。形容许多问题搅在一起,分不清楚。也指有意找麻烦,揪住不放。[例句]这桩命案案情复杂,一时～。

【鸠占鹊巢】jiū zhàn què cháo 鸠:斑鸠;鹊:喜鹊。斑鸠占据喜鹊的巢。比喻夺取、占据别人的房产、土地、位置等。[例句]他仗恃有钱有权,竟然～,丝毫不顾民怨沸腾。

【赳赳武夫】jiū jiū wǔ fū 赳赳:雄壮勇敢的样子。雄壮勇武的军人。[例句]这部电视剧描绘了～们复杂的感情世界。

【九牛一毛】jiǔ niú yī máo 九头牛身上的一根毛。比喻所占比例极小,微不足道。[例句]他搜集的这些奇石,与真正的收藏家相比,不过是～。

【九泉之下】jiǔ quán zhī xià 九泉:人死后埋葬的地方(古代深葬及泉;九:极言其深)。阴间。[例句]老太太见到阔别二十多年的小儿子,老泪纵横地说:“见到你了,～,也能闭上眼了。”

【九死不悔】jiǔ sǐ bù huǐ 九:表示多次。尽管历经艰险,多次冒着生命危险,也不动摇退缩。形容志向坚定。[例句]在战争年代,无数革命先烈赴汤蹈火,～,为革命事业献出了宝贵的生命。

【九死一生】jiǔ sǐ yī shēng 九:表示多次。形容经历了极大危险而幸存。也形容处于极端危险的境地。[例句]我就是冒～的危险,也要完成任务。

【九霄云外】jiǔ xiāo yún wài 九霄:天空的极高处。形容极远、极高的地方。[例句]他只顾贪玩,把写作业的事忘到了～。

【久别重逢】jiǔ bié chóng féng 长久的分别后重新相会。[例句]面对着~的同窗好友,她感慨万千。

【久病成医】jiǔ bìng chéng yī 得病时间长了,就变得和医生一样熟悉医理。比喻对某方面的事见识多了,就可以成为内行。[例句]训练中的赵蕊蕊自我保护非常周到,对此她笑称自己~。

【久而久之】jiǔ ér jiǔ zhī 指经过了特别长的时间。[例句]如果每天看十页书,~,我们的知识就会变得广博。

【久负盛名】jiǔ fù shèng míng 负:享有。长期享有好的名声。[例句]这所大学~,成为许多考生填报志愿的热点。

【久旱逢甘雨】jiǔ hàn féng gān yǔ 逢:遇到;甘雨:适时而有益于农事的雨。干旱了很久,忽然下了场好雨。比喻渴望已久,一旦如愿以偿,内心无比喜悦。[例句]他因家境贫困而失学,如今受到政府资助,得以重返校园,真是~,喜不自胜。

【久假不归】jiǔ jiǎ bù guī 假:借。原指借用某种名义行事,时间久了,变得有名无实或弄假成真。现指长期借用而不归还。[例句]借用别人的东西要按时归还,不要~。

【久经沙场】jiǔ jīng shā chǎng 沙场:指战场。经历过长期的战场锻炼。[例句]今天学校请了一位~的老将军来做报告。

J

【酒囊饭袋】jiǔ náng fàn dài 囊:口袋。像盛酒饭的袋子一样。比喻无用的人,只会吃喝,不会做事。[例句]这群人每天游手好闲,无所事事,是十足的~。

【酒色财气】jiǔ sè cái qì 嗜好喝酒,喜欢女色,贪图钱财,逞强使气。旧时以此为人生四戒。[例句]他从此撇下~,倾心于琴棋书画。

【旧病复发】jiù bìng fù fā 旧有的疾病又发作了。也比喻老毛病又犯了。[例句]这几天老听见你咳嗽,是不是~了?

【旧愁新恨】jiù chóu xīn hèn 久积心头未得排遣的苦闷和新近产生的怨怅。指原来已有的和新近涌现的愁闷怨恨交织在心头。多用于女子在爱情上的失意。[例句]她看了这封信,禁不住~一齐涌上心头。

【旧地重游】jiù dì chóng yóu 旧地：指曾经居住或游览过的地方。重新来到曾居住或游览过的地方。[例句]偶然的机会，他～，面对这里的一草一木，生出无限感慨。

【旧调重弹】jiù diào chóng tán 调：指曲调、调子；弹：弹奏。重新弹起以前的曲调。比喻把老一套的议论、说法再搬出来。[例句]这篇关于老电影的评论完全是～，没有新意。

【咎由自取】jiù yóu zì qǔ 咎：罪过、灾祸、过失。罪过或灾祸都是自己招来的，怪不着别人。[例句]这只能怪你们自己，养痈遗患，～。

【救苦救难】jiù kǔ jiù nàn 苦：痛苦；难：灾难。把人从苦难中拯救出来。[例句]藏民们把医疗队的医生们比作～的菩萨。

【救民水火】jiù mín shuǐ huǒ 把民众从深重的灾难中解救出来。[例句]孙中山一生致力于～，成为一代伟人。

【救死扶伤】jiù sǐ fú shāng 扶：扶助、照料。抢救快要死的人，照顾受伤的人。现用以形容医务工作者全心全意为病人服务的革命人道主义精神。[例句]市120急救中心的医护人员发扬～的人道主义精神，千方百计抢救危重的病人。

【救亡图存】jiù wáng tú cún 拯救国家的危亡，谋求民族的生存。[例句]中国人民八年抗战是为了～，赶走日本侵略者。

【就地取材】jiù dì qǔ cái 就：趁着、趁便。就在本处而不到别处选取所需材料。[例句]这种纪念品可以～，就地加工。

【就事论事】jiù shì lùn shì 按照事情本身情况来评论是非得失，不涉及其他方面。也指只孤立地谈某件事。[例句]～，这次确实是你的不对。

ju

【居安思危】jū ān sī wēi 居：处于；思：想。处于安全的境况要想到可能出现的危难。[例句]我们要～，继续提高警惕，保卫边疆。

【居高临下】jū gāo lín xià 居：站在、处于；临：面对。占据高处，俯视低处。形容处于有利的地势、地位。[例句]他的气度和精神力量，使他在面对任何问题的时候，都有一种～的优势。

【居功自傲】jū gōng zì ào 居功：自认为有功；傲：骄傲、轻慢。自以为有功劳而骄傲自大。[例句]刚有一点成绩就～，怎么取得更大成绩呢？

【居心不良】jū xīn bù liáng 存着坏心眼。[例句]在拍卖中，如果文稿被某些～的人买去，作者又怎能高枕无忧呢？

【居心叵测】jū xīn pǒ cè 居心：存心，怀着某种念头；叵：不可；测：测度。怀着不可推测的坏念头。[例句]如今，互联网上有许多～的人，各种骗术防不胜防。

【鞠躬尽瘁】jū gōng jìn cuì 鞠躬：弯腰，表示恭敬、谨慎；尽瘁：竭尽劳苦。表示小心谨慎，不辞劳苦，尽力而为。[例句]老厂长为工厂的发展～，大家都非常尊敬他。

【局促不安】jú cù bù ān 举止拘束不自然，心中不安。[例句]两人初次见面，彼此都有些～。

【举案齐眉】jǔ àn qí méi 案：古代进食用的有脚的托盘。送饭时，把放饭菜的托盘举得和眉毛一样高，以表示妻子对丈夫的敬重。形容夫妻相敬相爱。[例句]这对夫妻四十年如一日，～，相敬如宾。

J

【举不胜举】jǔ bù shèng jǔ 胜：尽。举也举不完。形容极多。[例句]这段时间，全市涌现出的好人好事～。

【举步如飞】jǔ bù rú fēi 形容走路速度极快。[例句]小通讯员～，很快赶上了先头部队。

【举步维艰】jǔ bù wéi jiān 维：助词。迈出一步都很艰难。形容行动困难或陷入困境。[例句]他身上背着一个很大的包，在陡峭的山坡上跋涉，～。

【举国若狂】jǔ guó ruò kuáng 举国：全国。形容全国上下群情振奋，纵情欢乐，不能自已。[例句]听到北京申奥成功的消息，霎时

~,欢天喜地。

【举国上下】jǔ guó shàng xià 举国:全国。全国从上到下。指全国的各界人士或各个地方。[例句]当知道卖国求荣的《二十一条》签订以后,~无不义愤填膺,共同声讨卖国贼的卑劣行为。

【举例发凡】jǔ lì fā fán 例:体例;凡:要略。指阐述全书的要旨和编写体例。[例句]他在这本书的前言中便~,阐述要旨。

【举目无亲】jǔ mù wú qīn 抬头看不到一个亲人。形容人到了陌生地方无依无靠。[例句]这对一个没有出过远门~的姑娘来说,是一场严峻的考验。

【举棋不定】jǔ qí bù dìng 拿着棋子,不知走哪一步是好。形容遇事没有决断。[例句]大学毕业后,究竟是出国留学还是找份合适的工作,他有些~。

【举世闻名】jǔ shì wén míng 举:全;世:世间、人世。整个世间都听到他的名声。形容名声极大。[例句]中国的牙雕是杰出的,北京的山水人物和广州花卉动物牙雕,尤其~。

【举世无双】jǔ shì wú shuāng 举:全;世:世间、人世。指全世界没有第二个。形容极为稀有,很难找到。[例句]我国的万里长城~。

【举世瞩目】jǔ shì zhǔ mù 举:全;世:世间、人间;瞩目:注视。全世界的人都注视着。[例句]~的万里长城是劳动人民血汗与智慧的结晶。

【举手加额】jǔ shǒu jiā é 举起手来拍额头,表示庆幸。[例句]偶然买了几张彩票,却中了头奖,他不禁~,喜出望外。

【举手投足】jǔ shǒu tóu zú 举一下手,放一下脚。形容轻而易举,毫不费力。也泛指一举一动。[例句]条件具备了,事情就好办了,~即成。

【举手之劳】jǔ shǒu zhī láo 像抬抬手那样的劳作。表示费不了多大力气,很容易就能办到。[例句]我不过是~,请你不必客气。

【举贤任能】jǔ xián rèn néng 举:推荐;贤、能:品德好、有能力的人。推举贤才，任用能人。[例句]这个公司～，一大批人才脱颖而出。

【举一反三】 jǔ yī fǎn sān 反：类推。原指教人认识四方形的东西，举出一个角就能类推另外三个角。后比喻善于推理，从一件事类推而知道许多事情。[例句]善学的人～，稍经点拨，即能跃进。

【举止失措】 jǔ zhǐ shī cuò 举动失常，不知该如何办。形容慌张。[例句]因为他怕自己的丑事被人揭发，不免～。

【举重若轻】 jǔ zhòng ruò qīng 举起重东西就像举轻物那样容易。比喻能轻松愉快地胜任繁重的工作或处理困难的事务。[例句]他们俩的工作作风大相径庭，一个是举轻若重，一个是～，但都收到了很好的效果。

【举足轻重】 jǔ zú qīng zhòng 一挪动脚，就会影响两边的轻重。指所处地位重要，一举一动对全局有重大影响。[例句]在公司里，小王是个～的人。

【具体而微】 jù tǐ ér wēi 具体：指事物的各个组成部分大体都有了。大体具备，只是规模小些。[例句]宋朝夏圭的《长江万里图》，～地再现了长江上下美丽的景色。

【据理力争】 jù lǐ lì zhēng 根据事理，尽力争辩或争取。[例句]他们～，把对方驳得理屈词穷，不得不按合同如数赔偿了经济损失。

J

【据为己有】 jù wéi jǐ yǒu 据：占据。把公共的或别人的东西占据为自己所有。[例句]他这人爱贪小便宜，总是把集体的财产～。

【聚精会神】 jù jīng huì shén 会：集中。原指集中大家的智慧。现指高度集中注意力。[例句]他左手托着下巴，～地盯着梅厂长。

【聚沙成塔】 jù shā chéng tǎ 聚细沙成宝塔。原本佛家语，指儿童游戏中做了好事而成正果。后比喻积少成多。[例句]创作素材要靠平时积累。～，写作时就会左右逢源，得心应手。

【聚讼纷纭】 jù sòng fēn yún 聚：会合；讼：争辩；纷纭：多而杂乱。大家乱纷纷地争辩着，没有一致看法。[例句]这个问题每次讨论都～，没一个定论。

juan

【卷土重来】juǎn tǔ chóng lái　形容失败后重新组织力量进行反扑。[例句]由于生态环境日益恶化，有些消失已久的疾病又～了。

【卷帙浩繁】juàn zhì hào fán　帙：用布帛制成的装书的套子；卷帙：书籍或篇章。形容书籍或篇章多而纷繁。[例句]中国的历史典籍～，我只读过其中一部分而已。

【倦鸟知还】juàn niǎo zhī huán　飞倦的鸟知道飞回自己的鸟巢。比喻从仕途上抽身，归隐田园。也比喻从旅居之地返回故乡。[例句]他在外漂泊半生，～，希望回到他那魂牵梦萦的家乡。

【眷眷之心】juàn juàn zhī xīn　眷眷：回顾留恋的样子。留恋牵挂的心情。[例句]离家虽已十几载，但是对家乡的～依然无改，缕缕情丝仍时刻萦绕心头。

jue

【决断如流】jué duàn rú liú　指料理事情迅速果断。[例句]他身为总裁，～，很有魄力。

【决胜千里】jué shèng qiān lǐ　指在后方制订作战方案就能决定千里之外前方的胜负。形容将领善于谋划指挥。[例句]诸葛亮运筹帷幄之中，～之外。

【决一雌雄】jué yī cí xióng　雌雄：比喻胜负、高下。指比出高低，决出胜负。[例句]今晚，这两位国际象棋大师要在这里～。

【决一死战】jué yī sǐ zhàn　进行一次你死我活的战斗。[例句]战士们准备与敌人～。

【绝代佳人】jué dài jiā rén　绝代：当代独一无二；佳人：姿容出众的女子。当代最美丽的女子。[例句]她举止端庄文雅，又天生靓丽婀娜，堪称～。

【绝妙好辞】jué miào hǎo cí　指十分美好的文辞。[例句]《春江花月夜》堪称唐诗中的～。

【绝无仅有】jué wú jǐn yǒu 几乎没有。形容极其少有。[例句]这种现象，古今中外，～。

【倔头倔脑】juè tóu juè nǎo 形容态度固执、说话生硬的样子。[例句]他是一个～的小伙子。

jun

【军法从事】jūn fǎ cóng shì 指依照军法惩处。[例句]宋代抗金名将岳飞治兵有方，对违反军纪的一律～，因此岳家军军纪严明，屡立战功，深受百姓拥护。

【军令如山】jūn lìng rú shān 军事命令像山一样不可动摇，必须贯彻执行。[例句]这毕竟是一支纪律严明的部队，晓得～，所以说动立刻就动起来了。

【君子一言，驷马难追】jūn zǐ yī yán，sì mǎ nán zhuī 比喻话一说出口，就无法收回。[例句]"～"，我们干什么事都应该言而有信。

K k

kai

【开诚布公】 kāi chéng bù gōng 开诚：敞开胸怀，显示诚意；布：宣布、陈述。揭示内心的想法，提出公正的见解。表示坦白无私，真诚相待，能诚恳坦率地谈出自己的看法。［例句］大家要～，抛开私心，同心协力地搞好这项工作。

【开诚相见】 kāi chéng xiāng jiàn 开诚：敞开胸怀，显示诚意。对人坦率、真诚，显示出真心实意。［例句］因为他俩能推心置腹、～，所以一切隔阂、误会很快就烟消云散了。

【开国功臣】 kāi guó gōng chén 指为建立新的国家或朝代立下功劳的人。［例句］新中国的～们大部分都已故去了。

【开怀畅饮】 kāi huái chàng yǐn 畅：畅快、痛快。指无拘无束地尽情喝酒。［例句］久别重逢，这对老朋友～，各叙别后之情。

【开疆拓土】 kāi jiāng tuò tǔ 疆：疆土；拓：开辟。扩展土地，开辟疆域。［例句］成吉思汗及其子孙南征北战、～，把元朝建成了中国历史上空前绝后的大帝国。

【开卷有益】 kāi juàn yǒu yì 开卷：打开书本，指读书；卷：书籍；益：好处。打开书籍阅读，就会有收获。［例句］～，但我们更要学会选择，多读对自己有益的书。

【开路先锋】 kāi lù xiān fēng 开路：在前头引路。原指作战行军时开辟道路的先行人员。后泛指行动、事业的先行者、带头人。［例句］作为这次活动的～，他已做了充分的准备。

【开门见山】kāi mén jiàn shān 比喻说话或写文章一开头就直入主题。[例句]赵树理的小说经常采用～的写法。

【开门揖盗】kāi mén yī dào 揖：拱手作揖。开门请盗贼进来。比喻引进坏人，招来祸患。[例句]当敌人兵临城下时，宋钦宗竟不顾大臣劝谏，解除了抵抗派李纲、种师道的兵权，这分明是～。

【开山祖师】kāi shān zǔ shī 开山：佛家择名山创建寺院；祖师：佛教创始人。本指最初在某座名山建立寺院的人。后常比喻某一学术、技艺派别或某一事业的创始人。[例句]伯特·拉坦是美国轻型飞机的～。

【开台锣鼓】kāi tái luó gǔ 原指戏剧开演前的打击乐器的合奏。比喻工作或活动的前奏。[例句]好的导语就像唱戏的～，未开场先叫座儿。

【开天辟地】kāi tiān pì dì 古代神话传说，盘古开天辟地之后才有了世界和人类。后用来指开创历史。也指有史以来。[例句]那些～、披荆斩棘的英雄们，应该受到人民的敬仰！

典故

传说古时候天地混沌一片，中间睡了个巨人，名叫盘古。一天他醒来后，看见一片漆黑。于是，盘古努力想站起来，他的头顶着的那部分成了天，脚踩的那部分成了地，四肢等成了世界上的万物。人类历史也由此开始。

【开源节流】kāi yuán jié liú 开辟财源，节制用度。常指财政上增加收入，节省开支。[例句]我们要珍惜一切资源，～，循环利用。

【开宗明义】kāi zōng míng yì 开宗：阐发主旨；明义：说明义理。本为《孝经》第一章篇名，说明全书的宗旨和意义。现指说话或写文章开始时把主要的意思点明。[例句]在这～的第一封信里，请你们容我在你们面前介绍我自己。

kan

【坎坷不平】kǎn kě bù píng 坎坷：道路坑坑洼洼。道路高高低低，不平坦。指人生的道路上困难重重。[例句]回忆我这一生，实在是～。

【侃侃而谈】kǎn kǎn ér tán　侃侃：理直气壮的样子。理直气壮、不慌不忙地说话。[例句]虽然大学毕业多年了，但我还是能清晰地记起吴老师～的样子。

【看菜吃饭，量体裁衣】kàn cài chī fàn, liàng tǐ cái yī　根据菜的多少吃饭，按照身体高低胖瘦裁剪衣服。比喻针对实际情形处理问题。[例句]～是我们处理一切问题的基本原则。

【看风使舵】kàn fēng shǐ duò　舵：船上用来控制航行方向的装置。根据风向来调整船的航行方向。比喻为人处世圆滑，善于随机应变。[例句]他说话办事，总看领导的脸色，善于～。

【看破红尘】kàn pò hóng chén　红尘：佛家指人世间。指看透了人世间的一切，不再留恋现实生活。是一种消极的处世态度。[例句]几经挫折，他非但不长进，反而变得玩世不恭，还自称是～。

【看人眉睫】kàn rén méi jié　眉睫：眉毛和睫毛，指脸色。看他人脸色行事。[例句]寄人篱下，他不得不处处～。

kang

【康庄大道】kāng zhuāng dà dào　宽阔平坦、四通八达的道路。常用以比喻光明、正确的途径。[例句]他带领乡亲们走上了一条脱贫致富的～。

【慷慨悲歌】kāng kǎi bēi gē　见“悲歌慷慨”。

【慷慨陈词】kāng kǎi chén cí　慷慨：情绪激昂，正义凛然；陈：陈述。指情绪激昂地陈述自己的意见。[例句]面对凶残的敌人，他～，毫不畏惧。

【慷慨激昂】kāng kǎi jī áng　慷慨：情绪激动；激昂：振奋昂扬。形容情绪激扬，正气凛然。[例句]听了大队长一番～的演讲，我们都十分兴奋。

【慷慨解囊】kāng kǎi jiě náng 慷慨：不吝啬，豪爽；解囊：解开钱袋。大方地解开钱袋拿出钱来。形容慷慨大方地资助别人。[例句]这位成功的企业家多次～，资助了多名失学儿童。

【慷慨就义】kāng kǎi jiù yì 慷慨：情绪激昂，充满正气；就义：为正义事业而被杀害。正气凛然，意气高昂地为正义事业而牺牲。[例句]在民族革命解放战争中，无数仁人志士～。

【伉俪情深】kàng lì qíng shēn 伉俪：本指配偶、妻子（正室），后世多指夫妻。夫妻感情深厚。[例句]他们夫妻二人几十年相敬如宾，可谓～。

kao

【靠山吃山，靠水吃水】kào shān chī shān，kào shuǐ chī shuǐ 比喻所处的地方有什么条件，就依靠什么条件生存或谋利。[例句]俗话说“～”，我们要充分利用本县的自然条件，发展区域经济。

ke

【苛捐杂税】kē juān zá shuì 苛：苛刻、烦琐；捐：旧时的一种税收名目；杂：繁杂。让百姓无法承受的苛刻、繁重的捐税。[例句]旧中国军阀混战，又加上～多如牛毛，百姓苦不堪言。

【苛政猛于虎】kē zhèng měng yú hǔ 形容旧时烦琐苛刻的政令或繁重的赋税对人民的剥削压迫比老虎还要凶残可怕。[例句]柳宗元在《捕蛇者说》一文中讽喻了当时～的社会现实。

【科教兴国】kē jiào xīng guó 通过发展科学和教育来振兴国家。[例句]加快科普工作进程是实施我国～战略和可持续发展战略的重要手段。

【可乘之机】kě chéng zhī jī 可以利用的机会。[例句]如果我们不提高警惕，加强战备，那就会给敌人留下～。

【可歌可泣】kě gē kě qì 泣：小声哭。值得歌颂并使人感动泪下。[例句]在太行山革命老区，流传着许多～的英雄故事。

【可见一斑】kě jiàn yī bān　一斑：豹身上的一块斑纹。从一块斑纹可以窥见全身。比喻从看到的事物的一小部分，可以推测事物的全貌。[例句]这篇文章的第一段就出现了十多个错字，作者的水平～。

【可圈可点】kě quān kě diǎn　原指文章中有精妙的句子，值得欣赏和赞美。现广泛用来称赞一切出色、精彩、值得称道的事物。[例句]这次演出非常成功，演员们的表现个个～。

【可望不可即】kě wàng bù kě jí　即：接近。能够看见却不能接近。形容事物高远，难以接近或实现。[例句]此诗是象征他对政治理想的追求～，有如虚无缥缈的蓬山。

【可想而知】kě xiǎng ér zhī　通过推想就可以知道了。[例句]这么简单的题目都不会，你的成绩就～了。

【可有可无】kě yǒu kě wú　有没有都可以。指无足轻重。[例句]不能认为体育是一门～的科目，它对于增强体质还是很有帮助的。

【克敌制胜】kè dí zhì shèng　克：战胜。打败敌人，取得胜利。[例句]人民战争是我们～的法宝。

【克己奉公】kè jǐ fèng gōng　克己：克制自己的私欲；奉公：奉行公事。约束自己，以公事为重。[例句]他先公后私、～的高尚品德，受到了人们的景仰。

【克勤克俭】kè qín kè jiǎn　克：能够。既能勤劳，又能节俭。[例句]他习惯于～的生活，尽管有了钱，全家人还是省吃俭用。

【刻不容缓】kè bù róng huǎn　刻：片刻、很短的时间；缓：延缓、拖延。片刻也不容耽搁。形容情势非常紧迫。[例句]汛期将至，防汛物资的准备工作已经～。

【刻骨铭心】kè gǔ míng xīn　铭：在石头或金属器物上刻字。像镂刻在骨头和心上。形容感受深切，永记心头。[例句]父母的养育之恩，我～，永志不忘。

【刻舟求剑】kè zhōu qiú jiàn　在船帮上刻上记号，船停后，从刻记号的地方下水去找失落水中的剑。比喻办事刻板、拘泥而不知变通。[例句]做事应该灵活机动,~的做法是不可取的。

典故

从前,有个楚国人坐船过江时,不小心把自己的宝剑掉到了水里。他不是急着去捞宝剑,却不慌不忙地拿出小刀,在船帮上刻了个记号,说:"我的宝剑是从这个地方掉下去的。"船到了目的地停下,他才从船帮刻记号的地方跳下水去捞剑,结果,怎么也捞不到宝剑。是呀,船走出老远了,而掉在水里的宝剑是不会走的,像他这样去找宝剑,怎能找到呢?

【恪守不渝】kè shǒu bù yú 恪:谨慎、恭敬;渝:改变。严格遵守,决不改变。[例句]他对共产主义信仰向来~。

【溘然长逝】kè rán cháng shì 指人忽然死亡,永远离开人世。多用于病故,含哀悼惋惜意。[例句]这位年近百岁的老人于昨晚~了。

keng

【铿锵有力】kēng qiāng yǒu lì 铿锵:形容声音有节奏而响亮。指言辞慷慨激昂,有打动人心的力量。[例句]他在台上讲得~,人们在台下听得群情激昂。

kong

K

【空洞无物】kōng dòng wú wù 空虚,没有东西。多指言谈、文章极其空泛或不切实际。[例句]这样~的文章谁要看?

【空谷足音】kōng gǔ zú yīn 在寂静的山谷里传来了人的脚步声。比喻极难得的音信、言论或事物。[例句]四十年的阻隔,今得一信,真是~,令人悲喜交集。

【空空如也】kōng kōng rú yě 空空:诚恳、虚心;如:……的样子。原形容诚恳、虚心的样子。现指空空的什么也没有。[例句]要我论诗，真如要我讲天文一样，因为素无研究，～。

【空口说白话】kōng kǒu shuō bái huà　只说空话，不做实事。也指只是口中说话，无真凭实据，话不可信。[例句]如果我只是～，谁能信任我？

【空口无凭】kōng kǒu wú píng　只是口说，没有证据。意思是口头之言，不足为凭。[例句]你既无借据又无证人，～，我看这索债官司赢不了。

【空前绝后】kōng qián jué hòu　以前从来不曾有过，以后也不会再有。形容非常杰出、难得。[例句]他考上大学的消息，在这个小山村引起了～的轰动。

【空头支票】kōng tóu zhī piào　支票：向银行支取款项的票据。原指因票面金额超过存款余额或透支限额而不能生效的支票。比喻不能实现的承诺。[例句]王老虽是一个普通工人，但向来说话算数，从不开～。

【空穴来风】kōng xué lái fēng　穴：孔、洞；来：招来。有了孔洞才会进来风。原比喻流言蜚语乘机而入。现指毫无根据的流言蜚语。[例句]西方有人传说，世界末日即将来临，这纯属～，完全是骗人的鬼话。

【空中楼阁】kōng zhōng lóu gé　建筑在半空中的楼阁。比喻脱离实际、没有基础，虚无缥缈的事物。[例句]他终于明白了，自己过去所追求的东西，自己一心一意想走的路，实际上是～，决不可能实现的。

【孔武有力】kǒng wǔ yǒu lì　孔：很；武：勇猛。形容勇猛而有力量。[例句]这个小伙子看上去身强力壮，～。

kou

【口碑载道】kǒu bēi zài dào　口碑：众人口头上的称颂，就像用文字刻在记载功德的碑上一样；载：充满。形容到处都是称颂赞扬之声。[例句]他致富后不忘乡亲，慷慨捐资翻修了村里的校舍，在当地可谓～。

【口不应心】kǒu bù yìng xīn 应:符合。嘴上一套,内心一套,说的和想的不一致。[例句]这个人阳奉阴违,～,当面说好话,背后捣鬼,令人厌恶。

【口干舌燥】kǒu gān shé zào 指口舌干渴。多形容说话太多。[例句]他一个上午连讲三节课,累得～,坐在那里不想再说话了。

【口角春风】kǒu jiǎo chūn fēng 指言谈像春风吹拂万物一样,能助之生长。比喻替别人美言,助成其事。也指能说会道。[例句]主席台上,他～,滔滔不绝地讲着。

【口角锋芒】kǒu jiǎo fēng máng 口角:指言语。形容说话措辞尖锐,咄咄逼人。[例句]他～,常使别人感到难堪。

【口口声声】kǒu kǒu shēng shēng 形容把一种说法或事情挂在嘴边多次陈述、表白。[例句]他～说要送我一幅画,但直到现在还未动笔。

【口蜜腹剑】kǒu mì fù jiàn 形容嘴甜心毒,狡诈阴险。[例句]对那种～朋友,你一定要多加提防。

【口若悬河】kǒu ruò xuán hé 悬河:倾泻的激流。说话像河水倾泻一样。形容能言善辩,滔滔不绝。[例句]平时沉默寡言的他,一到讲台上,就～,滔滔不绝。

【口是心非】kǒu shì xīn fēi 嘴里这样说,心里却那样想。形容心口不一。[例句]此人向来～,惯于耍弄小聪明。

K

【口说无凭】kǒu shuō wú píng 光用嘴说,没有凭据。[例句]做生意都得立张合同,免得到时候～,增加麻烦。

【口无择言】kǒu wú zé yán 择:选择。说话无需选择。指说的话都很正确。[例句]别看老王轻易不开口说话,可是一开口便～,令人佩服。

【口血未干】kǒu xuè wèi gān 古时候的人歃血为盟,结盟的人用牲畜的血涂口以表示诚信。嘴上涂的血还没干,表示立盟不久就背弃盟约。[例句]齐、楚两国～,便又发生了争端。

【口诛笔伐】kǒu zhū bǐ fá 诛:谴责;伐:声讨。用言语或文字谴责、声讨敌对者的罪行。[例句]古语说"～",口和笔确实可以用来作战斗的武器。

【扣人心弦】kòu rén xīn xián 扣:敲击。形容话语、诗文、表演、比赛等有感染力,使人非常激动。[例句]如果没有积极的创新,就不会有生动的～的艺术。

ku

【枯木逢春】kū mù féng chūn 枯树到了春天,恢复了生命力。比喻衰亡的事物重获新生。[例句]这些地方戏曲在十年浩劫中濒临绝境,现在～,又在文艺百花园里绽开绚丽的花朵。

【枯木生花】kū mù shēng huā 枯树又开花。比喻处于绝境又重获生机。[例句]在他的努力下,这一将要消失的传统工艺又～了。

【枯木朽株】kū mù xiǔ zhū 株:露出地面的树桩。枯朽的树干,腐烂的树桩。比喻衰老无用的人或衰微的势力。[例句]三大战役之后,解放区不断扩大。蒋家王朝已如～,回天无力了。

【枯燥无味】kū zào wú wèi 枯燥:单调。单调,没有趣味。[例句]这些诗词宣扬玄虚神秘的人生观,形式呆板,语言～。

【枯枝败叶】kū zhī bài yè 干枯的树枝,脱落的树叶。形容景况萧条。[例句]已是深秋了,荷塘到处是～,不复夏日的繁盛景象。

【哭天喊地】kū tiān hǎn dì 对着天地痛哭号叫。[例句]她～地向人们诉说着委屈。

【哭天抹泪】kū tiān mǒ lèi 哭哭啼啼、泪流满面的样子。[例句]她～地向人们诉说着心中的委屈。

【苦不堪言】kǔ bù kān yán 堪:能。形容困苦到了极点,语言都无法表达。[例句]他身体多病,经济拮据,又要供孩子上学,真是～。

【苦尽甘来】kǔ jìn gān lái 苦难的日子已经过去,美好的日子即将来临。[例句]阿炳在黑暗、贫困中挣扎了几十年,正当～的时候,不幸与世长辞。

【苦口婆心】 kǔ kǒu pó xīn 苦口：指不辞烦劳地反复地恳切规劝；婆心：像老婆婆一样慈善的心肠。形容善意而又有耐心地劝导。[例句]经过父母～的规劝，他终于醒悟过来了。

【苦思冥想】 kǔ sī míng xiǎng 苦：竭力地；冥：深沉；冥想：深沉地思索。深思苦想。[例句]建筑师在设计中，不要只是埋头翻资料，或者坐在办公室里～，而要走出去，向社会向群众做调查。

【苦心孤诣】 kǔ xīn gū yì 苦心：刻苦用心；孤诣：独到的境地。指尽心钻研、经营，达到独特的境界。也指为寻求解决问题的办法而费尽心思。[例句]他～地立志为新诗闯路子的精神，令人钦佩不已。

【苦心经营】 kǔ xīn jīng yíng 经营：筹划、组织、管理。指费尽心思去筹划安排某事。[例句]林业局十几年的～已经使这一带的荒山秃岭变得绿树成荫了。

【苦中作乐】 kǔ zhōng zuò lè 虽然身处困境，却还强寻欢娱。[例句]他家境艰难，但是一家人～，并无郁郁寡欢之态。

kua

【夸大其词】 kuā dà qí cí 词：说话、诗文中的语句。指说话、写文章时措词夸张，或把情况说得超过了原有的程度。[例句]他说起自己的故乡时，感情很激动，不免～。

K

【夸父逐日】 kuā fù zhú rì 古代神话，夸父追赶太阳的故事。后用来表示人们征服自然的宏伟抱负和坚强意志。也比喻做力所不及的事情。[例句]精卫填海、～等神话传说，体现了古代劳动人民征服大自然的决心。

典故

据《山海经》记载：在远古时代，地上有座山叫成都载天，山里有个巨人叫夸父。有一年天气大旱，酷热无比，夸父想捉日除害，便去追赶太阳。他跑进太阳光圈，口渴了，一口气就喝干了黄河和渭水两条大河里的水。可是还不解渴，就又去北方喝大泽湖里的水。由于劳累过度，半路上就渴死了。他死后，丢弃下的手杖化成了桃林。

【夸夸其谈】kuā kuā qí tán 说话浮夸、不切实际。[例句]他～、好为人师的表现，使人极为反感。

【胯下之辱】kuà xià zhī rǔ 胯：腰的两侧和大腿之间的部分。从胯下钻过去的耻辱。指人在不得意的困境下受到的屈辱。[例句]他虽是一个度量宽大的人，但～未必就不计较。

kuai

【快刀斩乱麻】kuài dāo zhǎn luàn má 比喻果断干脆地做事，迅速有效地解决复杂的问题。[例句]对这个烂摊子，也只能采取～的办法来解决了。

【快马加鞭】kuài mǎ jiā biān 对跑得很快的马再加上几鞭，使它跑得更快。比喻已经快了还要再快，加速前进。[例句]路途遥远，即使他～、星夜兼程也赶不上了。

【快人快语】kuài rén kuài yǔ 快：爽快、痛快。直爽人说直爽话。指人性格爽直。[例句]老刘～，心肠挺好。

【脍炙人口】kuài zhì rén kǒu 脍：切得很细的肉；炙：烤熟的肉。指美味人人喜爱。比喻美好的事物(特别是文学艺术作品)被众人赞美和传诵。[例句]《唐诗三百首》所收诗歌大都～。

K

kuan

【宽大为怀】kuān dà wéi huái 宽大：宽宏大量；怀：胸怀。指对人抱着宽大的胸怀。[例句]念他是初犯，又有立功表现，政府决定～，对他从轻处理。

【宽宏大量】kuān hóng dà liàng 宽宏：气量大。待人宽厚，气量大，能容人。[例句]放心吧，人家老李待人～，心口窝里跑得下马。

【宽以待人】kuān yǐ dài rén 以宽容的态度来对待别人。[例句]领导干部要严于律己，～，做群众的表率。

kuang

【狂风暴雨】kuáng fēng bào yǔ 狂暴的风雨。比喻猛烈的攻击、激烈的斗争、险恶的处境等。也比喻粗暴的方法、态度。[例句]一声霹雳，～夹杂着冰雹猛打下来。

【狂风骤雨】kuáng fēng zhòu yǔ 见“狂风暴雨”。

【狂犬吠日】kuáng quǎn fèi rì 吠：狗叫。疯狗对着太阳乱叫。比喻恶人的诋毁。[例句]那些不怀好意的谎言和诋毁，只不过是～而已。

【狂涛骇浪】kuáng tāo hài làng 比喻巨大的冲击。[例句]战胜了～后，人民的意志更加坚强了。

【狂妄自大】kuáng wàng zì dà 狂妄：轻狂放荡，极端自大。指放纵骄恣，自高自大。[例句]请你谦虚一点，别太～了！

【旷古绝伦】kuàng gǔ jué lún 旷：远、久、遥远；伦：类；绝伦：没有可类比的。古来所无，没有可以相比的。[例句]社会进步，科学发展，人类创造了许多～的奇迹。

【旷古未闻】kuàng gǔ wèi wén 旷古：自古以来（都没有）。从古到今都没有听说过。[例句]这件～的事被媒体披露后，在社会上引起了强烈反响。

K

【旷古未有】kuàng gǔ wèi yǒu 旷古：自古以来（都没有）。从古到今都没有看见过。形容极为罕见。[例句]1969 年美国宇航员成功登上月球，这在世界航天史上是～的。

【旷日持久】kuàng rì chí jiǔ 旷日：空费时日；持：相持、僵持。耗费时日，拖延很久。多表示处于胶着状态，空耗时日而无进展。[例句]这场～的官司今天总算了结了。

【旷世奇才】kuàng shì qí cái 旷世：当世没有能与之相比的。指罕见的出众的人才。[例句]李白创作了大量的富于浪漫主义色彩的诗歌，堪称～。

kui

【岿然不动】kuī rán bù dòng 岿然：高峻挺立的样子。像高山一样屹立不动摇。［例句］这座千年古塔在大风暴中～。

【揆情度理】kuí qíng duó lǐ 揆：估量、揣测；度：度量、推想。根据一般的情理来估量、推测。［例句］你～，照这样下去似乎不太合算。

【跬步千里】kuǐ bù qiān lǐ 跬：一举足的距离，半步。虽然走得不快，只要不停顿，也能远行千里。比喻做事只要坚持不懈，总可以得到成功。［例句］知道了～的道理，我们做任何事情都应该持之以恒。

【溃不成军】kuì bù chéng jūn 溃：溃败、散乱。七零八落，不成队伍。形容惨败或因其他原因而散乱。［例句］新四军以少胜多，把日伪军打得～。

kun

【昆山片玉】kūn shān piàn yù 昆山：昆仑山，山中盛产玉石。本为谦语，意为自己不过是昆山众多玉石中的一块。后用来比喻难得的人才或事物。［例句］由于历时久远，几经沧桑，印制精美的宋版书犹如～，很难一见了。

【困兽犹斗】kùn shòu yóu dòu 犹：还。被围困的野兽仍要搏斗。比喻陷于绝境的失败者还要顽抗、竭力挣扎。［例句］敌人～，我们不能放松警惕。

kuo

【阔步高谈】kuò bù gāo tán 形容言行自由，态度潇洒。［例句］在大会上，他～，给许多人留下了深刻的印象。

【阔论高谈】kuò lùn gāo tán 见“高谈阔论”。

L l

la

【拉帮结伙】lā bāng jié huǒ 组织帮派，搞小集团活动。[例句]一个好的管理者不应利用自己手中的权力～，以谋求私利。

【拉拉扯扯】lā lā chě chě 用手牵扯别人，表示亲近。借指拉扯私人关系。[例句]他惯于用吃吃喝喝、～那一套来巴结讨好上司。

lai

【来龙去脉】lái lóng qù mài 原是旧时迷信风水的人称山脉的走势和趋向的一种术语，他们认为山形地势像龙体那样连贯起伏。后用来比喻人、物的由来、背景或事情的前因后果。[例句]我们终于查清了阴河的～，为制订施工方案提供了可靠资料。

【来日方长】lái rì fāng cháng 来日：未来的日子。未来的日子还长。多表示展望未来，事难预期或不可限量。[例句]一次失败算什么？～，坚持不懈，一定能成功。

【来者不拒】lái zhě bù jù 凡是来的都不拒绝。[例句]厂长对职工的合理化建议～，从谏如流。

【来之不易】lái zhī bù yì 来之：使之来；易：轻易，容易。形容事情的成功或财物的取得很不容易。[例句]今天的和平生活～。

lan

【烂醉如泥】làn zuì rú ní 醉得瘫成一团，扶都扶不住。形容醉得不成样子。[例句]他和多年不见的老朋友开怀畅饮，以至于喝得～。

【滥竽充数】làn yú chōng shù 滥：失实、不真实；竽：古代一种簧管乐器；充数：凑数。比喻没有真才实学的人混在行家队伍中冒充或以次充好。有时用作谦辞。[例句]做学问来不得半点虚假，那些～的人是站不住脚的。

典故

战国时期，齐宣王喜欢听人吹竽，并且每次都要三百人一起吹奏。本来不会吹竽的南郭先生，也混在其中。后来，齐宣王死了，他的儿子继位，也喜欢听人吹竽，但却让人一个一个地吹。南郭先生看到无法再待下去，只好偷偷地溜走了。

lang

【郎才女貌】láng cái nǚ mào 男的才华出众，女的容貌美丽。形容男女双方互相配得上，婚姻美满。[例句]小丽姿容艳丽，小刚才华出众，他俩结为秦晋之好，可谓～。

【狼狈不堪】láng bèi bù kān 狼狈：困顿、窘迫的样子；不堪：表示程度深。形容处境非常困顿、窘迫。[例句]这小股敌人被解放军打得丢盔弃甲、～。

【狼狈为奸】láng bèi wéi jiān 据说，狈是与狼同类的野兽，因前腿短，要趴在狼身上才能行动。狼同狈常一起出外伤害牲畜。比喻互相勾结干坏事。[例句]这两个犯罪团伙～，干了许多伤天害理的事。

【狼奔豕突】láng bēn shǐ tū 指像狼和猪那样奔窜。形容坏人乱冲乱撞或仓皇逃窜的情景。[例句]平时作恶多端的走私犯，在这次严打中～，无处藏身。

【狼吞虎咽】láng tūn hǔ yàn 像狼和虎那样吞咽东西。形容吃东西又急又猛又多的样子。[例句]每个人都～地吃了几大碗，气氛马上活跃起来。

【狼心狗肺】láng xīn gǒu fèi 形容心肠像狼和狗一样狠毒、贪婪、凶残。[例句]早知道他是个～的人，当初就不该救他。

【狼烟四起】láng yān sì qǐ 狼烟：狼粪燃烧放出的烟，古代边防用来报警。指战争纷起，局势动荡。[例句]春秋战国时期，诸侯争霸，～，人民饱受战乱之苦。

【狼子野心】láng zǐ yě xīn 野心：野兽凶残的本性，比喻狂妄的欲望。狼崽子虽然幼小，却已具有凶恶的本性，不好驯服。比喻凶暴的人用心狠毒，恶性难改。现多用以指反动派、野心家的狠毒用心和罪恶阴谋。[例句]花言巧语掩饰不了帝国主义侵略者的～。

【琅琅上口】láng láng shàng kǒu 琅琅：玉石碰击声，形容清脆响亮的声音。诵读诗文的声音响亮、顺口。[例句]小王的文章语句通顺，读起来～。

【锒铛入狱】láng dāng rù yù 锒铛：锁犯人的铁锁链。戴上手铐脚镣关进监狱。[例句]他因以权谋私，大肆侵吞国家财产，最终～。

【朗朗乾坤】lǎng lǎng qián kūn 朗朗：明朗、清亮；乾坤：原是《周易》中的两个卦名，这里指天地、世界等。形容政治清明，天下太平。[例句]～，清平世界，谁敢在光天化日之下胡作非为？

【浪迹江湖】làng jì jiāng hú 浪迹：流浪。形容四处流浪，足迹遍布四方。[例句]自从被逐出师门后，他便～，四海为家。

【浪迹天下】làng jì tiān xià 形容到处漫游，行踪遍布天下。[例句]武训为办义学筹集资金，～，历尽艰辛。

【浪迹天涯】làng jì tiān yá 见“浪迹天下”。

L

【浪子回头】làng zǐ huí tóu 浪子：游手好闲、不务正业的年轻人；回头：回心转意。指误入歧途做了坏事的人改过自新。[例句]小陈从教养所出来后，～，决心重新做人。

lao

【劳而无功】láo ér wú gōng 劳：辛劳、劳苦；功：成效。指费力气而没有成效。[例句]处理问题,不从实际出发,只能是～。

【劳苦功高】 láo kǔ gōng gāo 劳:辛劳、劳苦;劳苦:勤劳辛苦。指勤劳辛苦,立下大功。[例句]这次谈判你～,应该记首功!

【劳民伤财】 láo mín shāng cái 既使人民劳苦,又耗费钱财。[例句]为什么会出现这些明明是～而硬要干下去的事?

【劳师动众】 láo shī dòng zhòng 师:军队。原指大规模地行兵打仗,后也指调动大量人力去做某件事,多含有小题大做的意思。[例句]这种小事情没有必要～。

【劳燕分飞】 láo yàn fēn fēi 劳:伯劳鸟。古乐府《东飞伯劳歌》中有诗句"东飞伯劳西飞燕"。伯劳鸟和燕子向不同方向飞。比喻人别离。多用于夫妻或情侣。[例句]这对情侣终因志向不同而～,分别到不同的城市工作了。

【劳逸结合】 láo yì jié hé 逸:休息。既要努力工作,也要适当休息。[例句]无论是工作,还是学习,都必须注意～,这样才能提高工作效率。

【牢不可破】 láo bù kě pò 牢:坚固。异常坚固或紧密,不可摧毁,拆开。多用来形容人的意志坚定或态度固执。[例句]以真挚感情孕育起来的爱情,像岩石一样～。

【牢骚满腹】 láo sāo mǎn fù 一肚子的烦闷、不满情绪。[例句]小张工作出色但得不到承认,因此他～。

【老成持重】 lǎo chéng chí zhòng 老成:阅历多又老练成熟;持重:办事谨慎。形容阅历丰富,办事老练稳重。[例句]老张经验丰富,～,让他担任主管再合适不过了。

【老当益壮】 lǎo dāng yì zhuàng 当:应该;益:更加;壮:雄壮。年纪虽老,但体力精神更加旺盛或者干劲更大。[例句]他的诗歌抒发了～的壮志豪情。

【老骥伏枥,志在千里】 lǎo jì fú lì,zhì zài qiān lǐ 骥:良马;枥:马槽,指养马的地方。老的良马虽然伏处马房,仍旧想奔驰千里。比喻有志向的人虽然年老体衰,仍然心怀雄心壮志。[例句]张老常以“～”自勉，希望自己能继续为社会做贡献。

【老奸巨猾】lǎo jiān jù huá 奸：奸诈；猾：狡猾、奸诈。指阅历很深，老于世故，做事又极其奸诈狡猾。[例句]赵守义果然～，这次王伯申败在他手里了！

【老马识途】lǎo mǎ shí tú 途：路。老马认识走过的路。比喻对某事富有经验，能当引路人。[例句]他真可谓～，对工作、业务了如指掌。

典故

春秋时，齐桓公率军帮助燕国打败山戎国和孤竹国的军队以后，不小心被假装投降的孤竹国元帅引入迷谷，找不到出路了。这时相国管仲对齐桓公说：“老马能识途。”于是让几匹老马在前面走，大家跟随。果然，老马把齐军带出了迷谷，走上了归路。

【老谋深算】lǎo móu shēn suàn 周密计划，深远打算。形容计划周密，办事干练，富有经验。[例句]～的他知道时机尚未成熟，于是装出一副极度热情的样子。

【老牛舐犊】lǎo niú shì dú 舐：用舌头舔。老牛舔小牛。比喻父母爱子的深情。[例句]临行前，父母对我千叮万嘱，～之情溢于言表。

【老气横秋】lǎo qì héng qiū 老气：老年的意气、气概；横：充溢。老年的意气，横贯秋空。形容气势豪壮雄浑。后也用以形容人缺乏朝气或摆老资格，自以为了不起。[例句]一进村子，他一反过去～的样子，高兴得像个孩子似的。

L

【老弱残兵】lǎo ruò cán bīng 指军队中年老、体弱、有伤残的士兵。后也泛指年老体弱而工作能力差的人。[例句]村里的强劳力都上水利工地去了，家里的一些活儿全交给了我们这些～。

【老生常谈】lǎo shēng cháng tán 老生：老书生。老书生经常发表的平凡的议论。比喻听惯了的并无新意的老话。[例句]我想再～一次，那就是做学问要谦虚谨慎。

【老态龙钟】lǎo tài lóng zhōng 龙钟：身体衰老而行动不灵便的样子。形容年老体衰、行动不便的样子。[例句]一位～、拄着拐杖的藏族老太太出现了，观众们猜想这准是吉布的奶奶。

【老于世故】lǎo yú shì gù 老：老练、有经验；世故：指待人接物等处世经验。形容熟悉社会人情而富有处世经验。[例句]李二走南闯北，～，是个见过世面的人。

le

【乐不可支】lè bù kě zhī 支：支持、撑持。快乐到不能撑持的地步。形容快乐到极点。[例句]小伙子好几次～，几乎笑出声来。

【乐不思蜀】lè bù sī shǔ 蜀：三国时的蜀汉。泛指乐而忘返或乐而忘本。[例句]你到了国外，可不能～，忘记养育你的故土啊！

典故

三国时，蜀汉后主刘禅投降了魏国。有一次，晋公司马昭设宴招待刘禅，宴会上让艺人表演蜀地的伎艺，其他宾客触景生情，感到悲怆，但刘禅却喜笑自若。过了些日子，司马昭问刘禅："颇思蜀否？"刘禅答道："此间乐，不思蜀。"

【乐此不疲】lè cǐ bù pí 沉迷于某事，不知疲倦。[例句]我竟完全回到小孩子的境地中去了，套圈子，抛沙袋，～。

【乐而忘返】lè ér wàng fǎn 返：回归。形容沉迷于某种场合，舍不得离开。[例句]游人被西湖秀美的景色所吸引，～。

【乐极生悲】lè jí shēng bēi 快乐到了极点，转而会发生悲伤之事。有物极必反的意思。也用以劝诫人行乐须有节制。[例句]本来是饮酒作乐，不想却因酒精中毒而住进医院，真是～。

【乐善好施】lè shàn hào shī 乐：乐于；施：施舍。乐于做好事，喜欢施舍财物。[例句]他一生～，有不少人得到过他的帮助。

【乐天知命】lè tiān zhī mìng 天：天命、命运。听从命运的安排，不强求什么。[例句]连她这个～的年轻姑娘现在也说出这样的话来，这倒是觉新料想不到的。

【乐以忘忧】lè yǐ wàng yōu 快乐得忘了忧愁。[例句]读书能使他～。

【乐在其中】lè zài qí zhōng 其中自有乐趣。形容自得其乐。[例句]老张足不出户，埋头在大堆古书里，却～。

lei

【雷打不动】léi dǎ bù dòng 形容稳固坚定，不可动摇。也形容严守规矩、制度，决不随便改变。[例句]每天晚饭后去鱼塘转转，是爷爷～的习惯。

【雷厉风行】léi lì fēng xíng 厉：猛烈。像打雷那样猛烈，像刮风那样快。形容声势猛烈，行动快速。也比喻政策、法令的执行严格迅速。[例句]秉公执法、～是李局长一贯的工作作风。

【雷霆万钧】léi tíng wàn jūn 雷霆：暴雷、霹雳；钧：古代重量单位，一钧合当时的三十斤。像雷霆的威势，像万钧的力量。形容威力巨大，不可阻挡。[例句]你可想象得到那真是～之势，船如离弦之箭，稍差分厘，便撞得粉碎。

【雷霆之怒】léi tíng zhī nù 像打暴雷那样发怒。形容极端愤怒。[例句]因一点点小事而发～是不值得的。

【累卵之危】lěi luǎn zhī wēi 累：堆叠；卵：蛋；累卵：重叠着放起来的蛋。像堆起来的鸡蛋那样的危险。比喻极不稳定的形势。[例句]形势如～，望群策群力，共商大计。

【磊落不凡】lěi luò bù fán 心胸坦荡，不同一般。[例句]他襟怀坦白、～的品格，深受大家赞许。

L

【磊落光明】lěi luò guāng míng 见“光明磊落”。

【泪如泉涌】lèi rú quán yǒng 眼泪像泉水一样直往外涌。形容极其悲痛。[例句]听到这个噩耗，她禁不住～。

【泪如雨下】lèi rú yǔ xià 眼泪像雨水一样直往下流。形容极其悲伤。[例句]说到伤心处，她禁不住～。

leng

【冷嘲热讽】 lěng cháo rè fěng 冷：不热情，引申为尖刻；热：温度高，引申为辛辣。指尖刻、辛辣的嘲笑和讽刺，或者用尖刻、辛辣的语言进行讽刺、嘲笑。［例句］深沉的仇恨和高度的蔑视，必然变成～。

【冷若冰霜】 lěng ruò bīng shuāng 像冰霜一样寒冷。指待人接物冷淡、不热情。也形容态度严峻，不可接近。［例句］摇曳的灯光照着他那布满皱纹、～的脸。

【冷言冷语】 lěng yán lěng yǔ 冷：不热情，意含讥诮。指含有讥讽意味的风凉话，或者说嘲讽尖刻的话。［例句］我听不惯这些～。

【冷眼旁观】 lěng yǎn páng guān 用冷静或冷淡、冷漠的眼光从旁边观看。指置身事外。［例句］他～事态的发展。

li

【离经叛道】 lí jīng pàn dào 离：背离；经：指儒家的典范著作，泛指经典。背离、违反儒家经典和道德教条。后泛指背离经典和正统规范的言论和行为。［例句］不要动辄扣上一顶～的帽子。

【离群索居】 lí qún suǒ jū 索：单独、孤单。脱离亲朋好友，一人孤独地生活。［例句］在今天，既不可能有“桃花源”式的境地，也不可能有～的隐士。

【离题万里】 lí tí wàn lǐ 离开主题非常遥远。形容说话或写文章抓不住中心。［例句］写作文，首先要审好题目，抓住中心，否则极易“下笔千言，～”。

【礼尚往来】 lǐ shàng wǎng lái 尚：尊崇、注重。在礼节上应该有来有往。后也用以指你对我怎么样，我就对你怎么样。［例句］这点回赠，请你笑纳，～嘛！

【礼贤下士】 lǐ xián xià shì 礼：以礼相待；贤：指有道德、有才能的人；礼贤：对有德有才的人以礼相待；下士：降低自己的身份结交有见识、有能力的人。以礼敬重贤人，谦逊对待有才能的人。[例句]古人尚且懂得～，我们就更应该尊重人才、爱惜人才了。

【礼仪之邦】lǐ yí zhī bāng 礼仪：礼节和仪式；邦：指诸侯国。原指诸侯国盟会时主持盟会礼仪的某邦国。后泛指注重礼节和道义的国家。[例句]中国是～，这是几千年文化积淀而形成的。

【李代桃僵】lǐ dài táo jiāng 僵：僵死、干枯。李树代替桃树而僵死。比喻兄弟间能同甘共苦。后也指以此代彼或代人受过。[例句]他竟然来个偷梁换柱，～！

【里通外国】lǐ tōng wài guó 暗中与外国人勾结，从事出卖情报或国家利益等背叛祖国的活动。[例句]我们必须把那些～、从事间谍活动的犯罪分子绳之以法。

【里应外合】lǐ yìng wài hé 应：呼应、接应；合：配合。外面攻打，里面接应，内外互相配合。[例句]我军将计就计，～，将敌人一个营的兵力一举歼灭了。

【理屈词穷】lǐ qū cí qióng 屈：亏、短；穷：尽。由于理由亏缺而无话可说。[例句]他～，却还要虚张声势，进行狡辩。

【理所当然】lǐ suǒ dāng rán 当然：应当如此。根据道理就应当这样。[例句]付出了劳动，～要得到报酬。

【理直气壮】lǐ zhí qì zhuàng 理直：理由正确而又充分。理由正当，无所畏惧。[例句]他说得～，那些有心闹事的人都被他镇住了。

【力倍功半】lì bèi gōng bàn 耗力大而收效小。[例句]做任何事情都要注意方法得当，否则将会～。

【力薄才疏】lì bó cái shū 薄：薄弱；疏：空虚。能力薄弱，才能不足。常用作自谦之词。[例句]我们推选他为文学社社长，他却借口～，推辞了。

【力不从心】lì bù cóng xīn 从：依从。内心想做某事，但力量达不到或无力去做。[例句]老高虽年届六十，但做起事来依旧雷厉风行，毫无～之感。

【力不胜任】lì bù shèng rèn 胜任：能担当得起。力量不足于胜任或能力担负不了。[例句]我虽和他有过一段密切接触，但是以我的水平、能力，写这部传记还是有点～。

【力排众议】 lì pái zhòng yì 力：用尽全力；排：排除；众议：多种议论和意见。极力反驳、排斥众人的意见，使自己的主张占上风。[例句]他～，使大家同意了他的方案。

【力所能及】 lì suǒ néng jí 及：达到。自己能力可以达到的。[例句]爷爷退休后，在家里闲不住，总是做一些～的事。

【力透纸背】 lì tòu zhǐ bèi 透：穿过。原形容写字、画画笔力遒劲有力。后也形容诗文立意深刻。[例句]他的这行字写得遒劲老成，～。

【力挽狂澜】 lì wǎn kuáng lán 力：竭力、尽力；挽：设法使局势好转或恢复原状；狂澜：猛烈的大浪。比喻竭尽全力去挽回十分险恶的局面。[例句]在中国革命处于危急关头时，中国共产党团结一切可以团结的力量，～，取得了胜利。

【力争上游】 lì zhēng shàng yóu 努力争取先进。[例句]在社会主义建设中，工厂技术人员鼓足了干劲，～。

【历历可数】 lì lì kě shǔ 历历：一一分明的样子；数：点数、计数。可以清楚地数出来。指对事物看得清清楚楚。[例句]江崖遗留的石洞～。

【历历在目】 lì lì zài mù 历历：一一分明的样子。物体或情景一个一个、一幕一幕清清楚楚地呈现在眼前。[例句]在阳光下，周围远山就像洗过一样，～，青翠欲滴。

【厉兵秣马】 lì bīng mò mǎ 厉：同“砺”，磨砺；兵：兵器；秣：喂(马)。把兵器磨快，把战马喂饱。指做好战前准备。也指事前做好准备工作。[例句]解放军战士们～，个个斗志昂扬，随时准备消灭入侵之敌。

【立竿见影】 lì gān jiàn yǐng 把竹竿竖在阳光下，立刻可以看到竹竿的影子。比喻收效迅速，见效很快。[例句]这一措施一经落实，便收到了～的效果。

【立功赎罪】lì gōng shú zuì 赎罪：抵偿罪过。用立功来弥补罪过。[例句]他有～的表现，依法被从轻发落。

【立身处世】lì shēn chǔ shì 立身：指自立成人，置身于社会中。在社会上自立，与世人交往相处。指人在社会上待人接物的种种活动。[例句]一个人～，应当谦虚谨慎、宽宏大量。

【立身扬名】lì shēn yáng míng 立：建立；身：指人的身份、社会地位；扬：传播。立身于社会，建立功业，使声名远扬。[例句]封建社会里，读书人都渴求通过科举考试而获得～的机会。

【立锥之地】lì zhuī zhī dì 插下锥尖的一点地方。极言地方之小，多指很小的安身之地。[例句]旧社会，他穷得上无片瓦，下无～。

【立足之地】lì zú zhī dì 站脚的地方。指可以容身或能生存下去的地方。[例句]经过几年拼搏，他在社会上也算有了～。

【励精图治】lì jīng tú zhì 励：振作、奋勉；图：设法、谋求；治：治理好国家。努力振奋精神，设法把国家治理好。[例句]周总理一生～，为祖国的革命和建设事业做出了巨大贡献。

【利令智昏】lì lìng zhì hūn 利：私利；令：使；智：理智；昏：昏乱。因贪图私利而丧失理智，昏乱糊涂。[例句]他简直是～，竟然贩卖毒品。

【利欲熏心】lì yù xūn xīn 利欲：贪图名利的欲望；熏心：迷住心窍。追求名利的欲望迷住了心窍。[例句]他～，贪污受贿，最终受到了应有的惩罚。

【例行公事】lì xíng gōng shì 例：照例。原指官府中按照规定或惯例处理的公事。现指机械地照章办事，或形式主义的工作。[例句]他～地走到主席台上宣读了上级的任命书。

L

lian

【连绵不断】lián mián bù duàn 山脉、河流、雨雪等连续、不间断。[例句]纺线的时候，眼看着匀净的毛线或者棉纱从拇指和食指之间的毛卷里或者棉条里抽出来，又细又长，～，简直有艺术创作的快感。

【连篇累牍】 lián piān lěi dú 累：连续、屡次；牍：古代写字用的木简。篇幅很长，文辞繁冗。[例句]这类应景文章～，实在多得叫人讨厌。

【连中三元】 lián zhòng sān yuán 指接连在科举考试的乡试、会试、殿试中获得第一名。今也泛指接连三次中头名。[例句]王鹏在乡、县、省数学奥林匹克竞赛中～，同学们和老师都向他表示祝贺。

【怜孤惜寡】 lián gū xī guǎ 怜悯同情孤儿寡妇。也泛指同情无依无靠的人。[例句]他致富不忘众乡亲，每每～，资助那些贫困无依的人。

【怜香惜玉】 lián xiāng xī yù 怜：疼爱；惜：爱惜；香、玉：指美女。比喻男子对女子温存疼爱。[例句]有些作品陈陈相因，总是脱不开～、英雄救美之类的题材。

【廉洁奉公】 lián jié fèng gōng 廉：清廉、不贪污。廉正清白地奉行公事。做官的秉公办事，不损公肥私。[例句]他毕生严于律己，～。

【敛声屏气】 liǎn shēng bǐng qì 不出声，屏住呼吸。形容小心、畏惧而悄无声息的样子。[例句]孩子们～地听他讲惊险故事。

【恋恋不舍】 liàn liàn bù shě 恋恋：留恋、爱恋。非常依恋，舍不得离开。[例句]他～地回头望着故乡那破旧的走马楼。

liang

【良辰美景】 liáng chén měi jǐng 良辰：美好的时刻。美好的时光和景色。[例句]面对这湖光山色，～，我不禁思念起青山绿水的故乡。

【良师益友】 liáng shī yì yǒu 良、益：好。好的老师、好的朋友。对自己有教益的老师和朋友。[例句]这本字典好比我的～，我一直视若珍宝。

【良宵美景】 liáng xiāo měi jǐng 宜人的夜，美丽的景色。[例句]清风朗月，～，相约几个老友畅谈是多么惬意的事啊。

【良药苦口】liáng yào kǔ kǒu 治病的好药常常味道很苦。比喻批评的意见不中听，但能促人进步。常与“忠言逆耳”连用。[例句]这些话听起来是刺耳一些，但～，对你会有好处的。

【良莠不齐】liáng yǒu bù qí 莠：一种类似谷子的野草。好苗和野草混杂不齐。比喻好人坏人都有，混杂在一起。[例句]外国文艺作品数量多，～，在翻译出版时，应慎重选择。

【梁上君子】liáng shàng jūn zǐ 躲在屋梁上的君子。指窃贼。[例句]桌子上一些值钱的东西不翼而飞，显然，～到我家来过了。

典故

东汉的陈寔（shí）辞官后隐居在家乡。有一天，一个小偷晚上到陈家偷东西，躲藏在房梁上。陈寔发现了，故意不说破，而把儿子们召集起来，严肃地训诫道：“为人一定要力争上进。做坏事的人本性不一定就是坏的，如果做坏事变成了习惯，就会日益堕落。房梁上的这位君子就是如此！”小偷听了，大吃一惊，赶紧跳下来磕头求饶。

【两败俱伤】liǎng bài jù shāng 俱：都。双方争斗，结果都受到损伤。[例句]希望你们双方趁早握手言和，以免～。

典故

据说，韩子卢是天下最有名的猎犬，而东郭逡是海内最著名的狡兔。一天，韩子卢追赶东郭逡，绕着山追了三圈，又越过山头追了五趟。最后，它们两败俱伤，一齐死在路边。一个农夫过来，不费一点力气就把猎犬和狡兔取去了。

L

【两虎相斗】liǎng hǔ xiāng dòu 比喻力量强大的双方相互争斗。[例句]～，必有一伤，这是很明显的道理。

【两虎相争】liǎng hǔ xiāng zhēng 见“两虎相斗”。

【两面三刀】liǎng miàn sān dāo 当面一套背后一套，玩弄欺骗手法。[例句]有些奸诈之徒，善于装腔作势，～，脸上堆着笑容，肚下使着绊子。

【两全其美】liǎng quán qí měi 做一件事顾全两个方面，使两方面都满意。[例句]银行储蓄既能保证钱的安全，又能拿到利息，真是～。

【两相情愿】liǎng xiāng qíng yuàn 双方在发生涉及切身利益的关系时都出于本心地愿意。多用于婚姻或交易。[例句]这对青年男女的婚嫁是～的。

【两小无猜】liǎng xiǎo wú cāi 猜：猜忌。指幼年男女天真无邪，融洽相处。[例句]他俩幼时～，大学毕业后终成眷属。

【两袖清风】liǎng xiù qīng fēng 原形容潇洒飘逸、超凡脱俗的姿态。后用来形容做官廉洁。[例句]像这样一身正气、～的干部，怎能不受到群众的拥护呢？

【量才录用】liàng cái lù yòng 量：估量；录用：收录任用。估量人的才能大小授予相应的职位。[例句]我们～，让能搞翻译的搞翻译，能搞研究的搞研究，决不会发生专业不对口的事情。

【量力而行】liàng lì ér xíng 量：估计、衡量；行：做、办事。估计自己能力的大小去做事。[例句]我们要一切从实际出发，～，把目标订得符合实际。

【量入为出】liàng rù wéi chū 量：估计、衡量；入：收入；出：支出。根据收入数额确定支出的多少。[例句]我们居家过日子要～，千万不能铺张浪费。

【量体裁衣】liàng tǐ cái yī 量：衡量。根据身体长短来裁衣服。比喻根据实际情况办事。[例句]教学方法设计要～，优选活用；要多样化，常教常新，切忌死板单调。

【踉踉跄跄】liàng liàng qiàng qiàng 走路不稳、跌跌撞撞的样子。[例句]他～地走在泥泞的小道上。

liao

【聊以解嘲】liáo yǐ jiě cháo 聊：姑且、暂时。姑且用言语或行动来遮掩粉饰别人对自己的嘲笑。含有自己安慰自己的意思。[例句]他很尴尬,只好搭讪几句,～。

【聊以塞责】liáo yǐ sè zé　聊:姑且、暂时;塞:搪塞、应付。指姑且敷衍搪塞,算是尽责。多用于自谦。[例句]我这幅字难以拿得出手,～罢了。

【聊以自慰】liáo yǐ zì wèi　聊:姑且、暂时。姑且用来安慰自己。[例句]多年漂泊海外,每当孤寂之时,便翻翻旧照片,～。

【寥寥无几】liáo liáo wú jǐ　寥寥:稀疏、稀少。形容数量极少。[例句]现在冷风扫地,湖水冰封,树叶脱尽,游人～。

【寥若晨星】liáo ruò chén xīng　寥:稀疏。稀疏得像早晨的星星。形容极为稀少。[例句]中国历史上能文能武的人很多,但在两方面都臻于极致的却～。

【了若指掌】liǎo ruò zhǐ zhǎng　了:了解、明白;指掌:指着手掌。指着自己的手掌给人看。比喻对情况十分清楚明白。[例句]什么地方什么条件下可以找到什么样的美登木,植物学家～。

【料敌制胜】liào dí zhì shèng　准确地估量敌情,并采取措施战胜敌人。[例句]凭着十几年的战斗经验,他～,取得了这次战斗的胜利。

【料事如神】liào shì rú shén　料:预料。形容人预测事情非常准确。[例句]他沉着机警,～,是个难得的将才。

lie

【列鼎而食】liè dǐng ér shí　列:陈列。旧指贵族人家的一种礼仪。现形容生活豪华奢侈。[例句]统治者～,酒酸肉腐;而路上却有冻饿而死的人。这就是封建社会的真实写照。

lin

【林林总总】lín lín zǒng zǒng　繁多的样子。[例句]哈尔滨的建筑～,风格各异。

【临渴掘井】lín kě jué jǐng 临:到;掘:挖。到口渴时才去挖井。比喻不早做准备,事到临头才仓促想办法。[例句]平时不重视防汛,直到水位猛涨时才加固堤岸,这是~!

【临危不惧】lín wēi bù jù 临:遭遇、碰到;惧:畏惧。遇到危难毫不畏惧。形容勇敢无畏。[例句]他真是一个~、舍生忘死的好水手。

【临危受命】lín wēi shòu mìng 临:接近。指在危难之际接受任命。[例句]在数十年的企业经营实践中,他曾多次~,治理过多家国有亏损企业。

【临渊羡鱼】lín yuān xiàn yú 临:面临;渊:深水潭;羡:因喜爱而希望得到。在深渊边看到水里的游鱼,很想得到它。比喻空有愿望而没有实际行动。[例句]看别人的事业蒸蒸日上,我们与其~,不如自己踏踏实实地去干。

【临阵磨枪】lín zhèn mó qiāng 临:到;阵:阵地、战场;枪:指长矛一类武器。到上阵打仗时才去磨枪。比喻不早做准备,事到临头才仓促想办法。[例句]平时不下功夫,~怎能考出好成绩呢?

【临阵脱逃】lín zhèn tuō táo 临:到;脱:离开、逃脱。临要上战场打仗时却逃跑了。比喻事到临头却退缩逃避。[例句]刚一交战,这群乌合之众中~的就不在少数。

【淋漓尽致】lín lí jìn zhì 淋漓:形容尽情、酣畅;尽致:达到极点。形容文章或讲话等表达得详尽透彻,或比赛中水平发挥得充分彻底。[例句]她在这场演讲比赛中收放自如,发挥得~。

【琳琅满目】lín láng mǎn mù 琳琅:精美的玉石。满眼都是美玉。比喻眼前充满了美好珍贵的东西。[例句]超市货架上货物种类繁多,~。

【鳞次栉比】lín cì zhì bǐ 鳞:鱼鳞;次:依次排列;栉:梳子、篦子等梳头用具;比:排列。像鱼鳞、篦齿一样密密地排列着。形容(建筑物等)多而集中,排列整齐。[例句]高楼群像冷杉林一样~地耸立着,笼罩在若浓若淡的烟雾中。

ling

【伶牙俐齿】líng yá lì chǐ 形容能说会道，善于应付。[例句]这个小女孩虽只五岁，说话倒～，很讨人喜欢。

【灵丹妙药】líng dān miào yào 灵：灵验。灵验有效的仙丹，奇妙的药物，可治百病。比喻能解决一切问题的好办法。[例句]他的一番话，如同～一般，解除了她的思想顾虑。

【灵机一动】líng jī yī dòng 灵机：灵巧的心思。形容突然间想出了办法。[例句]正在大家犯愁的时候，小王～，想到了一个好办法。

【玲珑剔透】líng lóng tī tòu 玲珑：精巧细致。形容器物精工制造，内部镂空，结构奇巧。也形容人聪明灵活，心里明白。[例句]玉雕艺人把这个翡翠黄瓜瓶雕琢得～。

【凌乱不堪】líng luàn bù kān 形容乱糟糟的不成样子。[例句]一看到那～的场面，就让人生厌。

【凌云之志】líng yún zhī zhì 直上云霄的志向。形容志向远大。[例句]青年人应有～，而不应该只图眼前的安乐生活。

【零零星星】líng líng xīng xīng 形容零散，不完整。[例句]风雨过后，桃树上只剩下～的几朵花。

【另辟蹊径】lìng pì xī jìng 辟：开辟；蹊径：路径、途径。另外开辟一条路。比喻另创一种新风格或新方法。[例句]他根据学生的具体情况，～，创造出了一套独特的教学方法。

【另起炉灶】lìng qǐ lú zào 比喻重新做起或另立门户，另搞一套。[例句]他与合伙人经营观念不同，时有矛盾，终于散伙而～。

L

【另眼相看】lìng yǎn xiāng kàn 用另一种眼光来看待。指用不同于一般的态度对待，表示特别关照。[例句]有了实力，别人自然会～了。

【令人发指】lìng rén fà zhǐ 令：使；发指：头发直竖起来。使人愤怒得头发都竖了起来。形容使人愤怒到极点。[例句]日本侵略者在侵华期间所犯的罪行～。

【令人喷饭】lìng rén pēn fàn 因为笑不可忍而把饭喷出来。形容事情可笑到极点。[例句]他只出去一会儿就带回来一个～的笑话。

【令人捧腹】lìng rén pěng fù 捧腹：捧着肚子，形容大笑的样子。指事情或言语、动作等滑稽得让人大笑。[例句]三岁的小明总是做一些～的动作，十分可爱。

【令人神往】lìng rén shén wǎng 神往：心里向往。让人从内心向往。[例句]西双版纳是个～的地方。

【令人注目】lìng rén zhù mù 注目：目光集中在一点。指引起别人的关注或重视。[例句]李四光在地质力学方面取得了～的成就。

liu

【溜之大吉】liū zhī dà jí 溜：趁人不注意偷偷走开；吉：吉祥。偷偷走开了事。[例句]我忙得团团转，要你帮忙的时候，你却～了。

【留恋不舍】liú liàn bù shě 形容依依惜别，不想离开。[例句]对母校，我总有一种～的感情。

【流芳百世】liú fāng bǎi shì 流：流传；芳：香，比喻美好名声；百世：极为长久的时间。美好的名声永远流传后世。[例句]真正使曹植名垂竹帛、～的，是他的诗文辞赋。

【流风余韵】liú fēng yú yùn 指前人流传下来的高雅情趣、风致或好的风尚。也指前人文艺创作流派中为后人所承袭的风格、气韵。[例句]中国的戏曲流派众多，其～，影响深远，为人民群众喜闻乐见。

【流光溢彩】liú guāng yì cǎi 流动的光影，满溢的色彩。形容绚丽灿烂，光彩照人。[例句]造型别致的盏盏明灯新颖豪华，美观大方，～，初步形成了港城夜景的美丽画卷。

【流金铄石】liú jīn shuò shí 铄：熔化。形容天气酷热，温度高得可以熔化金石。[例句]赤道附近的温度极高，几乎达到～的程度。

【流离失所】liú lí shī suǒ 流离：因灾荒、战乱等流散分离；失所：失去安身的地方。形容辗转离散，无处安身。[例句]有了党和政府的关怀，灾区的人民不会再～了。

【流连忘返】 liú lián wàng fǎn　流连：留恋不止；返：回、归。原指迷恋于游乐，忘了归去。现多指留恋美丽的景色或美好的事物，舍不得离去。[例句]景色壮美的太行山大峡谷，令游客～。

【流落他乡】 liú luò tā xiāng　他乡：异乡。被迫离开家乡，漂泊外地。[例句]在军阀混战的年代，许多老百姓被迫～。

【流水不腐】 liú shuǐ bù fǔ　流动的水不会腐臭。比喻经常运动的东西不易受外物的侵蚀，能经久不坏。[例句]～，这也就是说生命在于运动。

【流水无情】 liú shuǐ wú qíng　流动的水一去不返。比喻时光消逝，不会因人的意志而停留。后也形容男子负心。常与"落花有意"并列使用。[例句]落花有意，无奈～，面对男友的变心，她只能把苦水往肚里咽。

【流星赶月】 liú xīng gǎn yuè　天上的流星飞速向月亮滑去，像追赶月亮一样。形容速度快。[例句]接到电话，他便～般向车站赶去。

【流言蜚语】 liú yán fēi yǔ　蜚：同"飞"；蜚语：毫无根据的话。指背后传播的攻击、诽谤、诬蔑或挑拨离间的坏话。[例句]那些～，在事实面前不攻自破了。

【柳暗花明】 liǔ àn huā míng　指绿柳成荫，繁花似锦的景象。也比喻由逆境转变为充满希望、前途光明的顺境。[例句]他在资金周转困难、一筹莫展的时候，申请了一笔贷款，使经营出现了～的转机。

【六根清净】 liù gēn qīng jìng　六根：佛家指眼、耳、鼻、舌、身、意。佛家用语，指断除由六根引起的欲念，便可免除一切烦恼。指除却一切欲念，无烦无恼。[例句]我不求～，但求与人无害，与世无争。

【六亲不认】 liù qīn bù rèn　六亲：指父、母、兄、弟、妻、子，泛指所有的亲属。形容人不讲情义，翻脸不认人。也形容不留情面，照章办事。[例句]他向来秉公执法，～。

【六神无主】liù shén wú zhǔ 六神：古人指主宰心、肺、肝、肾、脾、胆六脏的神，泛指心神。形容人心慌意乱，拿不定主意。[例句]一听说孩子出事了，她顿时吓得～。

long

【龙飞凤舞】lóng fēi fèng wǔ 形容气势奔放雄壮或姿态生动。也形容书法笔势活泼。[例句]王羲之的字～，飘若浮云，矫若惊龙，真不愧是“书圣”。

【龙马精神】lóng mǎ jīng shén 龙马：古代传说中外形像龙的骏马。像龙马那样的精神。形容健旺的奋发向前的精神。[例句]他虽年逾花甲，依然～，不减当年。

【龙眉凤目】lóng méi fèng mù 形容人英俊潇洒，气度不凡。[例句]“关帝”是武财神，～，手执青龙偃月刀，不但威武非凡，而且正气凛然，令妖魔望而却步，故此被奉为镇宅之神。

【龙蛇混杂】lóng shé hùn zá 比喻好人同坏人或能人同庸人混在一起。[例句]他的部下可谓～，各种人都有。

【龙生九子】lóng shēng jiǔ zǐ 古代传说一龙生九子，形状和性格都不相同。比喻亲兄弟性格爱好各不相同。[例句]这兄弟俩，一个老实忠厚，一个滑头滑脑，真是～，其性各异啊！

【龙潭虎穴】lóng tán hǔ xué 潭：深水池；穴：洞。蛟龙潜藏的深潭，猛虎居住的山洞。比喻极险恶的境地。[例句]他只身闯入～，瓦解了那个犯罪团伙。

【龙腾虎跃】lóng téng hǔ yuè 像龙那样飞腾，像虎那样跳跃。形容动作矫健有力，生气勃勃。也比喻精神振奋，有所作为。[例句]战士们身穿护具，手持木枪，进行刺杀训练，个个～。

【龙骧虎步】lóng xiāng hǔ bù 龙：古代称骏马为龙；骧：马昂首的样子。如龙马高昂着头，似猛虎迈着雄健的步伐。形容昂首阔步，雄壮威武的样子。[例句]在建国五十周年的阅兵仪式上，我们的战士个个～，气宇轩昂。

【龙吟虎啸】lóng yín hǔ xiào 像龙虎那样长吟长啸。原指同类事物互相感应。后用来形容声音高亢嘹亮或叱咤风云的气势。[例句]那口号声此起彼落，犹如～。

【龙争虎斗】lóng zhēng hǔ dòu 比喻斗争或竞赛双方争夺激烈。[例句]这场球赛，双方队员～，各不相让。

【笼中之鸟】lóng zhōng zhī niǎo 关在笼子里的鸟儿。比喻失去自由的人。[例句]他一出院，如同放飞的～，心情特别舒畅。

【笼络人心】lǒng luò rén xīn 笼络：原是羁绊牲口的用具，引申为用手段拉拢人。收买人心，为己所用。[例句]他这么做无非是为了～。

lou

【漏洞百出】lòu dòng bǎi chū 有很多漏洞。形容说话、作文、办事不周密，破绽很多。[例句]这篇小说中的故事情节有多处自相矛盾，遣词用句方面也是～。

【漏网之鱼】lòu wǎng zhī yú 逃脱渔网的鱼。比喻侥幸逃脱追捕的人。[例句]我公安干警展开地毯式的搜捕，这条～终于被擒获了。

lu

L

【庐山真面】lú shān zhēn miàn 庐山：山名，在江西九江，是我国的名山之一。庐山的真实面目。比喻事情的真相或人的本来面目。[例句]他驾驭语言的能力很强，几句话便驱散了这些昏话上的浓雾，现出了～。

【炉火纯青】lú huǒ chún qīng 纯：纯粹。相传旧时道家炼丹，到炉中火焰转成纯青色时，就算炼成了。比喻学问、技艺、修养、办事手段等达到精粹、完美的境界。[例句]这篇文章内容固不必说，就是遣词炼句方面，也～，精粹无比。

【鲁鱼亥豕】lǔ yú hài shǐ　把“鲁”写成“鱼”，把“亥”写成“豕”。指书籍在传抄、刊印过程中出现的文字错误。[例句]这本书校对质量极差，～的差错频频出现。

【陆海潘江】lù hǎi pān jiāng　陆：晋代文学家陆机；潘：晋代文学家潘岳。陆机的才华如海，潘岳的才华像江。后用来形容文才深广，或指学识渊博、才华横溢的人。[例句]坐在她对面的是素有～之誉的名作家，可想而知她的心情是何等激动。

【鹿死谁手】lù sǐ shuí shǒu　鹿：指猎取的对象，比喻政权。以追逐野鹿比喻争夺天下。意思是不知天下落在谁的手里。现用以指不知最后的胜利属于谁。[例句]此次世界杯足球赛～尚不得而知。

【绿林好汉】lù lín hǎo hàn　绿林：山名，在今湖北省当阳东北，王莽末年农民起义军以此为根据地。指聚集在山林中反抗统治者的武装。也指聚众行劫的群盗。[例句]梁山上的～个个侠肝义胆。

【碌碌无能】lù lù wú néng　碌碌：平庸无能的样子。形容智力平庸，没有突出的能力和才干。[例句]“我～，挑不起这副重担子。”他推辞道。

【碌碌无为】lù lù wú wéi　见“碌碌无能”。

【碌碌庸才】lù lù yōng cái　指才能平庸的人。[例句]王安石笔下的仲永少年聪慧，而长大之后却变成了个～。

【路见不平，拔刀相助】lù jiàn bù píng，bá dāo xiāng zhù　路上遇见不公平的事，就拔出刀来帮助被欺负的一方。常用来形容为人正直，见义勇为。[例句]李雄性情刚烈，为人直爽，常有～之举。

【勠力同心】lù lì tóng xīn　勠力：共同努力。齐心合力，团结一致。[例句]持久和平是全人类的共同心愿，也是需要世界各国～、不断为之奋斗的伟大事业。

L

lü

【驴年马月】lú nián mǎ yuè　属相纪年是子鼠、丑牛、寅虎、卯兔、辰龙、巳蛇、午马、未羊、申猴、酉鸡、戌狗、亥猪,并没有“驴年”,生肖不能用来称月,故“马月”也不存在。指遥遥无期、不可指望的日子。[例句]他都走了好几个月了还没回来,真不知要等到～了。

【屡次三番】lǚ cì sān fān 屡:多次;番:回、次。形容反复多次。[例句]邵敏～地旷课,受到了学校严肃处理。

【屡见不鲜】lǚ jiàn bù xiān 屡:多次;鲜:新鲜、新奇。指多次看见就不觉新奇。[例句]改革开放以来,中国人出国旅游早成为～的事情。

【屡教不改】lǚ jiào bù gǎi 屡:多次。反复教育都不悔改。[例句]他因偷窃而多次被劳教,真是～。

【屡试不爽】lǚ shì bù shuǎng 爽:差错。经过多次试验都没有差错。[例句]这种农药的杀虫效果很好,而且～。

【履险如夷】lǚ xiǎn rú yí 履:踩踏、行走;夷:平地。经过艰险之处如同在平地上行走一般。形容处于险境但毫不畏惧。[例句]特警队的队员们训练有素,攀登危楼,～。

【绿鬓朱颜】lù bìn zhū yán 绿鬓:黑色的鬓发;朱颜:红润的容颜。形容女子年轻貌美。也用以代指年轻美丽的女子。[例句]他饰演的旦角～,扮相楚楚动人。

【绿草如茵】lù cǎo rú yīn 茵:褥子。绿油油的草坪,就像地上铺的褥子。形容草多而密,且整整齐齐。[例句]能够常在～的球场上奔驰是他的梦想。

【绿肥红瘦】lù féi hóng shòu 肥:比喻茂盛;瘦:比喻零落。绿叶繁盛,花朵渐渐凋零。形容暮春景色。[例句]～的暮春景象曾勾起多少文人墨客的惜春情结呀!

【绿水青山】lù shuǐ qīng shān 绿色的水,青色的山。形容山水景色秀美。[例句]站在山顶放眼望去,满目～,令人心旷神怡。

luan

【鸾凤和鸣】luán fèng hè míng 鸾:传说中凤凰一类的鸟。鸾鸟与凤凰相互应和鸣叫。比喻夫妻和谐。[例句]镜子上,"～"四个红字非常醒目,给新房更增添了几分喜庆的色彩。

【鸾孤凤只】 luán gū fèng zhī 孤独的鸾凤。比喻夫妻或情侣离散后孤零零的一人。[例句]自从妻子离他而去后,他一直过着～的生活。

【乱臣贼子】 luàn chén zéi zǐ 乱臣:犯上作乱的臣子;贼子:儒家指不忠不孝的人。不守臣道、怀有异志的人。[例句]在封建社会里,农民起义军常常被统治者污蔑为～。

【乱点鸳鸯】 luàn diǎn yuān yāng 鸳鸯:一种水鸟,雌雄多成对生活在水边,故常以此比喻夫妻。后把错配姻缘称为乱点鸳鸯。[例句]他本是～,想不到竟成全了一对有情人。

【乱箭攒心】 luàn jiàn cuán xīn 攒:指攒射,集中射箭。乱箭一齐射在心上。形容人的内心极其痛苦。[例句]儿子被绑匪杀害,其父母悲痛万分,如～。

【乱七八糟】 luàn qī bā zāo 混乱不堪的样子。[例句]小红一会儿便把～的房间收拾得井井有条。

lüe

【掠人之美】 lüè rén zhī měi 掠:掠夺、夺取。把别人的功劳、荣誉据为已有。[例句]此书引用他人文章,都注明引文出处,以示不～。

【略高一筹】 lüè gāo yī chóu 略:稍微;筹:筹码,用竹木等制成的计数用具。略微高过一码。指比较之下,稍微强一点。[例句]他的学习不如我,而打乒乓球却比我～。

【略见一斑】 lüè jiàn yī bān 略:大致;斑:斑纹。指大致可以从看到的事物的某一部分推知全体的情况。[例句]我虽只到过北京的王府井,但首都的繁华已～了。

【略知皮毛】 lüè zhī pí máo 稍微知道一些表面的情况或肤浅的知识。[例句]不要说请教,对于服装颜色的搭配技巧,我也只是～。

【略知一二】lüè zhī yī èr 一二：一两个，少的数量。稍微知道一些。[例句]他虽然不精通相术，但也～。

lun

【论功行赏】lùn gōng xíng shǎng 论：评定；行：施行。评定功劳的大小，给予不同的奖赏。[例句]高祖建汉，对将士们～。

luo

【锣鼓喧天】luó gǔ xuān tiān 敲锣打鼓的声音响彻天空。原形容古战场鸣锣击鼓的声势震人。现用来形容热闹喜庆的景象。[例句]街头～，人们正在庆祝元宵佳节。

【荦荦大者】luò luò dà zhě 荦荦：分明的样子。指明显的要点或主要的项目。多用于列举事项。[例句]《文心雕龙》包含许多精辟论述，本文仅举其～。

【洛阳纸贵】luò yáng zhǐ guì 洛阳的纸张价格昂贵。形容好的著作风行一时，流传广泛。[例句]《少儿百科全书》出版之后，风行社会，大有～之势。

典故

晋代左思花费十年时间写成了《三都赋》，当时的名人皇甫谧(mì)为之写了序文，另一位名人张华也认为左思的文章可与班固、张衡相媲(pì)美。于是，都城洛阳的豪贵之家争相传抄，以致纸价也涨了起来。

【络绎不绝】luò yì bù jué 络绎：连续不断的样子。形容人、马、车、船等来来往往，连续不断。[例句]每天，参观北京故宫的人～。

【落地有声】luò dì yǒu shēng 东西落在地上发出响亮的声音。形容人说话做事铿锵有力。[例句]他的发言～，词语警人，让人心服口服。

【落花流水】luò huā liú shuǐ 凋谢的花朵随着流水漂去。形容暮春的衰败景象。也比喻残败零落的样子。[例句]敌人被我军打得~,四处溃逃。

【落荒而走】 luò huāng ér zǒu 走:逃跑。逃离战场,跑向荒野。形容战败后仓皇逃命。泛指在战斗中狼狈败退。[例句]楚军抵敌不住,丢下粮车,~。

【落井下石】 luò jǐng xià shí 别人掉进井里,不但不救,反而往井下投石。比喻乘人危急之时,加以打击、陷害。[例句]他对你即便有深仇大恨,也不该在这时候~。

【落落大方】 luò luò dà fāng 落落:坦荡、开朗。形容心胸坦率、开朗,举止得体、大方。[例句]她~地伸出手来跟我们握手。

【落拓不羁】 luò tuò bù jī 落拓:性格豪迈,行为放浪;不羁:不受束缚。形容人性格豪迈、行为放浪,不受拘束。[例句]这群青年艺术家,多半性格豪放,~。

【落叶归根】 luò yè guī gēn 见"叶落归根"。

【落英缤纷】 luò yīng bīn fēn 落英:落花;缤纷:繁多凌乱的样子。落花纷纷飘落的美丽景象。形容春天美好的景色。[例句]公园里~,景色迷人。

M m

ma

【麻痹大意】má bì dà yì　麻痹:肢体失去知觉的一种疾病,比喻失去警觉。指失去警惕,疏忽,不注意。[例句]虽然你已给孩子注射了疫苗,但对疾病的预防不可～。

【麻木不仁】má mù bù rén　不仁:没有感觉。肢体麻木,没有感觉。比喻对外界反应迟钝或没有感情。[例句]我再三提示,他却～,无动于衷。

【马不停蹄】mǎ bù tíng tí　比喻一刻也不停留、毫不间歇地赶路。[例句]听到爷爷病重的消息,他～地往家里赶。

【马齿徒增】mǎ chǐ tú zēng　马齿:看马齿就可以知道马的年龄,后来用以比喻人的年龄;徒:白白地。比喻自己的年龄增加了,而学问或事业却没有长进。多用作自谦之词。[例句]回忆过去的岁月,我深感～,毫无成就。

【马到成功】mǎ dào chéng gōng　战马一到阵前就取得胜利。形容事情或工作很容易取得成功。[例句]有了这些设备,我们再加把力,这次试验一定～。

【马放南山】mǎ fàng nán shān　把战马放回到南山,不再使用战马。常用来形容不再作战,天下太平。[例句]当前国际局势相对平稳,但绝不意味着我们可以～了。

【马革裹尸】mǎ gé guǒ shī　革:皮革。用马皮包裹尸体。指英勇作战,死于沙场。[例句]战士们下了～的决心,誓与来犯之敌血战到底。

【马马虎虎】 mǎ mǎ hǔ hǔ　用来形容做事草率、随便，不负责任。也指勉强凑合。[例句]那种粗枝大叶、～的工作作风是要不得的。

【马失前蹄】 mǎ shī qián tí　马前脚没站稳而突然摔倒。比喻偶然发生差错而受挫。[例句]想不到围棋高手老聂一时疏忽，～，竟输在一小姑娘手里。

【马首是瞻】 mǎ shǒu shì zhān　是：文言代词，复指提前宾语；瞻：看。看领头人的马头朝哪边，就向哪边行动。比喻服从某一个人的指挥或乐于追随某一个人。[例句]你领导我们干吧，我们唯你～。

【蚂蚁缘槐】 mǎ yǐ yuán huái　缘：顺着。蚂蚁顺着槐树上上下下地爬着，自以为据有很大的领土。比喻不自量力的夸耀。[例句]就凭你这点本事就想得第一，简直是～，自不量力。

【骂不绝口】 mà bù jué kǒu　骂声不断。形容十分愤恨。[例句]对此事，他愤愤不平，～。

mai

【埋头苦干】 mái tóu kǔ gàn　埋头：一直低着头；苦干：下功夫尽力干。形容工作勤奋、努力。[例句]为了这项成果，他～了整整八年。

【买椟还珠】 mǎi dú huán zhū　椟：木柜、木匣；珠：珍珠。比喻没有眼光，舍本求末。[例句]你这种舍本逐末的做法，无异于～，是不可取的。

典故

古时候，楚国有个珠宝商人，得到了一颗十分名贵的珍珠。他专门做了一只精美的匣子，带着珍珠到郑国去卖。有一个买主，一看到这个匣子便爱不释手，并且马上付钱买了下来。他接过盒子，打开看了看，把珍珠还给了珠宝商，拿着盒子高高兴兴地走了。

【买空卖空】 mǎi kōng mài kōng 一种商业投机活动。投机者在某种股票、债券或外币等买卖时双方都没有货款进出，只就进出之间的差价结算盈亏。也用来比喻在政治上、学术上或社会生活中招摇撞骗，搞投机活动。[例句]他们通过～，大发其财。

【卖官鬻爵】 mài guān yù jué 鬻：卖；爵：爵位。当权者收受金钱，出卖官职。[例句]清朝光绪年间，朝廷公然～。

【卖国求荣】 mài guó qiú róng 荣：旧指有钱有势。通过出卖国家利益，无耻地谋求个人的名利地位和权势。[例句]～的人是民族败类，人人痛恨。

【卖身投靠】 mài shēn tóu kào 出卖自己，投奔、依靠有财有势的人，以供驱使。指丧失人格，做恶势力的帮凶。[例句]他～，当了日本人的走狗。

【卖主求荣】 mài zhǔ qiú róng 通过出卖自己主人的利益，来换取自己的荣华富贵。[例句]他～，最终落了个身败名裂的下场。

man

【埋天怨地】 mán tiān yuàn dì 抱怨天，抱怨地。对什么都不满、抱怨。因为事情不如意，发泄愤懑。[例句]面对失败，他不总结经验教训，反而～。

【蛮横无理】 mán hèng wú lǐ 野蛮粗暴，不讲道理。[例句]他这个人～，大家都不愿和他交往。

【瞒上欺下】 mán shàng qī xià 瞒：瞒骗；欺：欺负、欺压。瞒骗上级，欺压下级。[例句]农村工作中仍然存在一些～的不良现象。

【瞒天过海】 mán tiān guò hǎi 利用某种公开的活动来掩盖暗中进行的欺骗勾当。[例句]你休想～，群众的眼睛是雪亮的。

【满不在乎】 mǎn bù zài hū 不当回事，一点都不放在心上。[例句]老师批评他，他却～。

【满城风雨】 mǎn chéng fēng yǔ 原指秋天的气象。比喻消息一经传出，就到处轰动起来，大众议论纷纷。[例句]他的这件丑事，闹得～。

【满腹狐疑】mǎn fù hú yí 狐疑：怀疑、疑惑。因狐性多疑，故称。一肚子疑惑。[例句]她～：这到底是怎么回事呢？

【满腹经纶】mǎn fù jīng lún 经纶：整理过的蚕丝，比喻筹划、治理政事的才学。形容很有学问、才能。[例句]李先生虽～，但不恃才自傲，人缘极好。

【满腹牢骚】mǎn fù láo sāo 见“牢骚满腹”。

【满面春风】mǎn miàn chūn fēng 春风：指含笑的表情。形容满面是愉快、和蔼、得意的神情。[例句]他～地招呼我落座。

【满目疮痍】mǎn mù chuāng yí 疮痍：创伤，比喻遭到破坏或灾害后的景象。眼睛看到的都是创伤。形容到处是遭受严重破坏或灾祸后的残破景象。[例句]被誉为“万园之园”的圆明园被英法联军烧毁后，只剩了断壁残垣，～。

【满目凄凉】mǎn mù qī liáng 凄凉：冷落萧条。眼中所看到的到处是冷落萧条的景象。[例句]秋风吹过，树木凋零，荷池里残叶枯萎，更显得～。

【满腔怒火】mǎn qiāng nù huǒ 满腔：整个胸膛；怒火：指极大的愤怒。心里充满着极大的愤怒。[例句]他～地喊道：“人证物证俱在，你还敢狡辩！”

【满腔热忱】mǎn qiāng rè chén 满腔：心中充满；热忱：热情。心里充满了热情。形容感情真挚，情绪激昂。[例句]他工作勤勤恳恳，对同事～，在群众中有很高的威信。

【满载而归】mǎn zài ér guī 载：装载；归：回来。装满了东西回来。形容收获丰厚。[例句]三天后，出海的所有船只都～。

【满招损，谦受益】mǎn zhāo sǔn，qiān shòu yì 自满会招致损失，谦虚可以得到好处。[例句]“～”，这是人们在实践中总结出来的一条宝贵经验。

【漫不经心】màn bù jīng xīn 漫：随便。形容随随便便，不放在心上。[例句]他干工作～，以致出现许多失误。

【漫不经意】màn bù jīng yì 见“漫不经心”。

【漫山遍野】màn shān biàn yě 漫:布满;遍:遍布。满布山上和田野上。形容为数甚多,到处都是。[例句]雪片如柳絮般～地飘洒着。

【漫无边际】màn wú biān jì 漫:广泛;边际:边缘。辽阔广阔,看不到边际。引申为说话、写文章中心散漫,没有主题。[例句]这个人爱神聊,一聊起来就～。

【慢藏诲盗】màn cáng huì dào 慢藏:收藏不谨慎;诲:诱致、招致。收藏财物不慎,招致盗贼。[例句]这里人多手杂,要注意保管好自己的物品,以免～。

【慢条斯理】màn tiáo sī lǐ 形容说话做事慢腾腾的,一点都不着急。[例句]他做事总是～的,一点也不着急。

mang

【芒刺在背】máng cì zài bèi 芒刺:草木茎叶、果壳上的细刺。好像有芒刺扎背一样。形容内心惶恐,坐立不安。[例句]他义正词严的驳斥,使得这两个家伙如～,六神不安。

【忙里偷闲】máng lǐ tōu xián 百忙之中抽出一点空闲的时间。[例句]虽然工作很忙,但她总～地品品古诗新词。

【盲人摸象】máng rén mō xiàng 瞎子摸象。比喻对事物只凭片面了解或局部的经验,就以偏概全,妄加揣测。[例句]认识事物不能犯～、以偏概全的错误。

典故

佛经寓言说,几个瞎子摸大象,有的摸到腿,就说大象像根柱子;有的摸到身躯,就说大象像一堵墙;有的摸到尾巴,就说大象像一条绳子。大家争论不休。

M

【盲人瞎马】máng rén xiā mǎ 瞎子骑着瞎马。原比喻处于极其危险的境况中。后比喻乱闯瞎撞,非常危险。[例句]你又不了解对方的情形，就投巨资与之合作，这无异于～，实在太危险了。

【茫然不解】máng rán bù jiě　茫然：完全不知道的样子。一无所知或一点也不理解。［例句］有些随意缩略的词语，往往使人看了～。

【茫然若失】máng rán ruò shī　茫然：完全不知或不知如何是好的样子。形容迷惘，若有所失。［例句］老陈～地目送他们远去。

【茫无头绪】máng wú tóu xù　茫：形容水或其他事物没有边际；头绪：复杂纷乱的事情中的条理。形容事情缺乏条理，没有下手之处。［例句］他刚接手这一摊子工作，感到～。

mao

【猫鼠同眠】māo shǔ tóng mián　眠：睡。猫同老鼠睡在一起。比喻官吏失职，纵容下属干坏事或上下互相包庇同干坏事。［例句］你本是执法人员，却和那些鸡鸣狗盗之徒在一起厮混，这岂不是～吗？

【毛骨悚然】máo gǔ sǒng rán　悚然：恐惧的样子。汗毛竖起，脊梁骨发冷。形容感到极其恐惧。［例句］他们走进一个阴暗的山洞，突然一阵异响，使人～。

【毛举缕析】máo jǔ lǚ xī　缕：一条一条地。琐细地列举，详细地剖析。［例句］虽然这个案件头绪繁多，错综复杂，但是经过大家～、披沙拣金，终于发现了重要线索。

【毛手毛脚】máo shǒu máo jiǎo　指做事粗心，不仔细。［例句］这孩子做事总是那么～。

【毛遂自荐】máo suì zì jiàn　毛遂：战国时赵国平原君门客。比喻自告奋勇，自己推荐自己去做某事。［例句］老高～，当了这个厂子的车间主任。

典故

战国时，秦军攻打赵国，赵王派平原君到楚国求救。临行前，平原君要挑选二十名随从。这时，有个叫毛遂的人自我推荐，请求同行，平原君勉强答应了。到了楚国后，当平原君与楚王的谈判陷入僵局时，毛遂凭着勇气和口才，终于说服了楚王同意楚赵结盟，并立即出兵，解了赵国的围。

【茅塞顿开】máo sè dùn kāi 茅塞：知识不足，思想不通，好像心里被茅草堵塞一样；顿：立刻、一下子。一下子心里开了窍。比喻忽然领悟了某个道理，或者得到了某个知识。[例句]这道题经老师一讲，我～。

【冒名顶替】mào míng dǐng tì 假冒名义替别人做事，或窃取别人的权利、地位。[例句]准考证上必须贴上考生照片，为的是防止有人～。

【貌合神离】mào hé shén lí 貌：外表；神：内心。表面上亲近，而实际上各怀心计。[例句]他俩一向～，不料这次合作却很成功，而且从此消除了彼此之间的隔阂。

mei

【没大没小】méi dà méi xiǎo 不分长幼，不遵礼法，多指不懂尊敬长辈和比自己地位高的人。[例句]她说话总是～，不懂规矩。

【没精打采】méi jīng dǎ cǎi 采：精神、神色。提不起一点精神来。[例句]今天他下班回来，～地坐在那里，一声也不吭。

【没轻没重】méi qīng méi zhòng 形容说话做事鲁莽，没分寸。[例句]他这个人性子直，说话～。

【没头没脑】méi tóu méi nǎo 做事找不到头绪或不知来历底细。也用以表示“没来由”、“不加区分地”。[例句]他～地教训了我一番，真是莫名其妙！

【眉飞色舞】méi fēi sè wǔ 色：脸色。形容非常喜悦、得意的神情。[例句]看到他们谈得～的样子，我就知道他们的条件谈妥了。

【眉高眼低】méi gāo yǎn dī 指面部表情所流露的对待别人的好坏态度。也指看人脸色行事。[例句]别看老王年纪不小了，可还是不知道～，四处碰壁。

【眉开眼笑】méi kāi yǎn xiào 眉头舒展，眼含笑意。形容非常高兴、兴奋。[例句]小孙子见爷爷给自己买回一大摞连环画册，乐得～。

【眉来眼去】méi lái yǎn qù 多指男女之间用眉眼传送情意。也形容暗中相互勾结。[例句]他被敌人的"美人计"彻底摧垮，在～中，轻易地出卖了国家的机密。

【眉目传情】méi mù chuán qíng 用眉眼来传达情意。多用于男女之间。[例句]他们虽然没有吐露各自的心事，但～，彼此早已心照不宣。

【眉清目秀】méi qīng mù xiù 形容面貌清秀俊美。[例句]那位姑娘长得～，容貌端庄。

【眉头一皱，计上心来】méi tóu yī zhòu，jì shàng xīn lái 眉头一皱：指思考；计：计策、主意。指稍微一想，便想出来计策、办法。[例句]他～，立即大叫："有了！有了！"

【媒妁之言】méi shuò zhī yán 媒妁：旧指说合婚姻的人。媒人的介绍。[例句]无须～，他俩的结合是佳偶天成。

【每况愈下】měi kuàng yù xià 况：甚；愈：越、更加。原指越往下越明显。后用来表示情况越来越坏。[例句]年纪大了，他也渐感身体～。

【美不胜收】měi bù shèng shōu 胜：尽；收：接受。形容美好的事物很多，看也看不过来。[例句]展览厅里陈列着许多名家书画，～。

【美轮美奂】měi lún měi huàn 轮：高大的样子；奂：形容众多。形容房屋的高大和众多。[例句]这里的建筑物～，非常气派。

【美如冠玉】měi rú guān yù 冠：帽子。秀美如帽子上的饰玉。[例句]对面走过来一位少年，长得一表人才，～。

【美玉无瑕】měi yù wú xiá 瑕：玉上斑点。完美的玉没有斑点。泛指完美无缺。[例句]此人生得品貌端庄，～。

【美中不足】měi zhōng bù zú 不足：不够。大体虽然很好，但还有做得不够的地方。[例句]这篇文章写得不错，～的是不够简练。

【昧己瞒心】mèi jǐ mán xīn 瞒：隐瞒、欺骗。指做人奸诈，违背良心。[例句]叛徒～地出卖了我们多少好同志！

【魅力四射】mèi lì sì shè 形容富有魅力，极有吸引力。可用于人，也可用于其他事物。[例句]她脸上的笑容是那样的灿烂与真诚，使得整个人都显得～了。

men

【门当户对】mén dāng hù duì 指结亲的男女双方家庭地位、经济状况相当。[例句]他们两家结亲可说是～。

【门户之见】mén hù zhī jiàn 门户：派系、派别；见：成见。在学术或艺术等领域、部门中由于派别不同而产生的成见。[例句]百家争鸣是清除～的最好办法。

【门禁森严】mén jìn sēn yán 门禁：本指对出入宫门的限制。现指门前戒备很严。[例句]过去～的封建王朝故宫，新中国成立后被辟为博物院，供人民群众参观游览。

【门可罗雀】mén kě luó què 罗雀：用网捕雀。门口可以张网捕捉鸟雀。形容门庭冷落，没有人往来。[例句]昔日，这家饭店生意红火，可如今却冷冷清清，～。

【门庭若市】mén tíng ruò shì 庭：院子；若：好像；市：集市、市场。门前和庭院里热闹得像市场一样。原形容进谏的人很多。现形容来的人极多。[例句]他儿子今天结婚，家里～，热闹非凡。

典故

战国时期，齐国有一位著名的大臣叫邹忌。邹忌利用自己同城北徐公对比时，不同的人对自己的不同态度，向齐威王进谏，齐威王从此广开言路，鼓励人们提意见，只要提的有道理就有赏。这一下，前来进谏的人川流不息，宫中门庭若市。齐威王采纳了很多有用的建议，齐国迅速变得强盛起来。

【扪心自问】mén xīn zì wèn 扪:按、摸。按着胸口,向自己发问。指自我反省。[例句]～,你这样不求上进,能对得起父母和老师吗?

【闷闷不乐】mèn mèn bù lè 闷闷:心情不舒畅,心烦。形容心里烦闷,不快活。[例句]这些天厂里的生产上不去,他终日～。

meng

【蒙头转向】mēng tóu zhuàn xiàng 蒙:昏乱。昏头昏脑,辨不清方向。[例句]他从未出过远门,到了生地方,便感到～。

【蒙昧无知】méng mèi wú zhī 蒙昧:没有文化,不明事理。糊里糊涂,不懂事理。[例句]他不甘心做一个～的人,利用劳动闲暇时间自修大专课程。

【孟母三迁】mèng mǔ sān qiān 旧时用以称颂贤母善于教子。[例句]～的故事至今仍影响着一些望子成龙的父母们。

【梦笔生花】mèng bǐ shēng huā 梦到笔头生了花。比喻才情横溢,文思丰富。[例句]他～,写出来的文章备受读者喜爱。

【梦幻泡影】mèng huàn pào yǐng 佛教中以梦境、幻术、水泡、影子比喻世事无常。现多比喻空虚极易破灭的幻想。[例句]你们这种想法,纯粹是～,根本不可能实现。

【梦寐以求】mèng mèi yǐ qiú 寐:睡梦中。睡觉做梦时也在追求。形容期望迫切。[例句]当一个石油工人是他～的事。

mi

【弥天大谎】mí tiān dà huǎng 弥天:满天,形容非常大。指极大的谎言。[例句]他撒了一个～,目的就是要嫁祸于他人。

【弥天大罪】mí tiān dà zuì 弥天:满天。指极大的罪恶。[例句]刑侦队员不畏艰险,跋涉千里,终于把这个犯下～的歹徒缉拿归案了。

【迷途羔羊】mí tú gāo yáng 迷途:迷失了方向、路途。比喻犯错误、一时失足的年轻人。[例句]在党和人民的关怀下，这个"～"终于又走上了正路。

【迷途知返】mí tú zhī fǎn 迷失道路之后，知道再回到正路上来。比喻犯了错误之后，懂得改正。[例句]你要～、将功补过，切不可执迷不悟。

【靡靡之音】mǐ mǐ zhī yīn 靡靡：柔弱、萎靡不振。指柔弱颓废、低级趣味的音乐。[例句]现在有些酒吧尽放些～，真令人生厌。

【密不通风】mì bù tōng fēng 形容封闭严密。比喻做事严密，一点风声都不走露。[例句]敌军防守～，但在我军的强大攻势下，最终还是被攻破。

【密密麻麻】mì mì má má 形容人或物又多又密的样子。[例句]大雨透过灯光落下，像～的白线。

mian

【绵里藏针】mián lǐ cáng zhēn 丝绵里面藏着针。比喻柔中有刚。也比喻表面温和，内心刻毒。[例句]他的书法作品看似平淡柔和，实则～。

【绵绵不断】mián mián bù duàn 绵绵：连续不断的样子。常用以形容雨雪下个不停。也用以形容山脉相连，起伏不尽。[例句]连日小雨～，人们出行很不方便。

【绵延起伏】mián yán qǐ fú 形容山势连绵不断而又起伏不平的样子。[例句]远处的群山～。

【面不改色】miàn bù gǎi sè 色：脸色。脸色不变。形容在紧张的情况下，沉着镇定，不动声色。[例句]面对歹徒的围攻，他～。

【面红耳赤】miàn hóng ěr chì 赤：红。脸和耳朵都红了。形容因羞愧、激动、焦急、发热而脸色涨红的样子。[例句]他俩经常因一点小事而争得～。

【面黄肌瘦】miàn huáng jī shòu 脸色发黄，身体消瘦。形容营养不良或有病的样子。[例句]这个孩子～,脆弱得叫人担心。

【面面俱到】miàn miàn jù dào 方方面面都顾及到。[例句]一路上,导游小姐对游客们照顾得～,大家都赞扬她服务热情周到。

【面面相觑】miàn miàn xiāng qù 觑:看。你看我,我看你,都不知如何是好。形容众人紧张、尴尬、束手无策而互相对望的样子。[例句]事故发生了,大家～,谁也说不出话来。

【面目全非】miàn mù quán fēi 非:不一样。原指相貌完全改变了样子。后用来形容事物改变得完全失掉了原貌。[例句]这篇稿子被改得～。

【面目一新】miàn mù yī xīn 呈现崭新的面貌。形容彻底改变原来的模样。[例句]我的家乡,经过多年建设已经～了。

【面墙而立】miàn qiáng ér lì 见“墙面而立”。

【面如冠玉】miàn rú guān yù 玉:装饰在帽子上的美玉,借喻美貌。多用以比喻男子美貌。[例句]小丽的男朋友身材高大,～,很是帅气。

【面如土色】miàn rú tǔ sè 脸色像土一样灰暗,没有血色。形容因恐惧而脸色大变。[例句]看到这个恐怖场面,小李吓得～。

【面无人色】miàn wú rén sè 脸上没有血色。形容十分恐惧的样子。也形容病危时的脸色。[例句]他被疾病折磨得～。

miao

【渺无人烟】miǎo wú rén yān 渺:辽远的样子。一眼望去,空渺辽远,不见人影和炊烟。形容地广人稀。[例句]这一带～,一时半会儿找不到人家。

【妙笔生花】miào bǐ shēng huā 妙笔:指高超的写作、书画技巧。以高超的技巧创作出优美动人的作品。也指巧妙地润色文句。[例句]画师～,一幅《三峡风光图》激起多少游客对自然美景的喜爱。

【妙不可言】miào bù kě yán 形容美妙到语言都无法表达的境界。

[例句]这幅写意花鸟画,笔情墨趣,～。

【妙趣横生】 miào qù héng shēng 横生:层出不穷地表露。洋溢着美妙的意趣。多指人的谈吐或文学艺术作品。[例句]这场喜剧～,深受观众喜爱。

【妙手回春】 miào shǒu huí chūn 妙手:指技能高超的人;回春:使春天重返,比喻重新获得生机。指医术高明,能使病危者痊愈。[例句]这位老医生医术超群,医德高尚,当得"～"之誉。

【妙手空空】 miào shǒu kōng kōng 原作"妙手空空儿",本是唐人传奇中本领高超的剑侠的名字。后用"妙手空空"来称高明的剑侠刺客或窃贼。也用来形容手中一无所有。[例句]谁也没想到～的他,后来竟创下偌大家业。

【妙语连珠】 miào yǔ lián zhū 美妙精彩的妙语警句很多,像成串的珠子连接不断。形容语言非常精彩。[例句]辩论会上,双方辩手～,气氛十分活跃。

mie

【灭顶之灾】 miè dǐng zhī zāi 灭顶:水淹没头顶,指淹死。淹死的灾祸。比喻毁灭性的灾难。[例句]大地震中,他们家遭受了～。

【灭绝人性】 miè jué rén xìng 灭绝:完全丧失。完全失了人的情感和理性。形容极端残忍。[例句]这些日本侵略者～,竟连婴儿也不放过。

min

【民不堪命】 mín bù kān mìng 堪:忍受。老百姓承受不了繁重的劳役赋税,已经到了无法生存的地步。[例句]秦末统治者施行暴政,致使～。

【民不聊生】 mín bù liáo shēng 聊:依靠、凭借;生:生活。民众失去了赖以生存的条件。指人民没法生活下去。[例句]～的景象已随着新中国的成立一去不复返了。

【民富国强】mín fù guó qiáng　人民富裕了，国家强大了。[例句]仅依靠农业来达到～的目标，这是不可能的。

【民生凋敝】mín shēng diāo bì　民生：人民的生计；凋敝：衰败、困苦。社会经济萧条，人民生活困苦。[例句]频繁的战争只会使得社会萧条、～。

【民殷国富】mín yīn guó fù　殷：充实。国家富裕，百姓殷实。[例句]～，正是老百姓所盼望的。

【民怨沸腾】mín yuàn fèi téng　沸腾：像开水那样翻腾。形容百姓的不满和愤怒到了极点。[例句]唐末，朝廷苛捐杂税繁多，致使～。

【民脂民膏】mín zhī mín gāo　脂、膏：油脂。指人民用血汗创造出来的财富。[例句]贪官污吏挥霍～，使得民怨沸腾。

ming

【名标青史】míng biāo qīng shǐ　青史：史书，古人在竹简上记事，故称青史。指在历史上留名。[例句]宋代包拯～，关于他断案的故事流传至今。

【名不副实】míng bù fù shí　副：相称、一致。名称与内容或名声与实际不相符合。[例句]他是个～的律师。

【名不虚传】míng bù xū chuán　流传开来的名声不是虚假的。表示名声与其实际完全一致，不是空有虚名。[例句]西湖的风景太美了，果然～。

【名不正，言不顺】míng bù zhèng，yán bù shùn　原指在名分或名义上用词不当，言语不能顺理成章。后用以指名义不正当，说话或做事缺乏依据。[例句]他这么做～，自然得不到大家的支持。

【名存实亡】míng cún shí wáng　名义上还存在，实际上已消亡。[例句]总经理上任后独揽大权，董事长～。

【名过其实】míng guò qí shí　名声大于实际。[例句]他刚开了一家小公司就以大老板自居，未免～了吧。

【名缰利锁】míng jiāng lì suǒ 缰:缰绳;锁:锁链。名和利就像缰绳和锁链那样把人束缚住。[例句]只有冲破~的束缚,才能取得长足的进步。

【名利双收】míng lì shuāng shōu 既得了名声又得了利益。[例句]他可是~,既受表彰又受奖励。

【名列前茅】míng liè qián máo 前茅:古代行军时,有人拿着茅草走在队伍前面,遇到敌情,就举起它当作信号报警。比喻名次排列在前面。[例句]他的成绩在班上是~的。

【名落孙山】míng luò sūn shān 孙山:宋朝人。孙山是科考时榜上最后一名,而名字落在孙山之外,意即榜上无名。比喻考试没有通过或选拔时未被录取。[例句]曾一度~的他,今年终于考入了清华大学。

【名满天下】míng mǎn tiān xià 名声传遍天下。形容名声极大。[例句]李白、杜甫~,被誉为唐代诗歌史上的双子星座。

【名山大川】míng shān dà chuān 著名的山岳河流。[例句]明代徐霞客遍游~,每日记下观察所得,由后人整理成了《徐霞客游记》。

【名下无虚】míng xià wú xū 负有盛名的人一定有过人之处。指名不虚传。[例句]郭沫若先生~,为后世留下大量的杰作。

【名扬四海】míng yáng sì hǎi 四海:天下。名声传扬遍于天下。形容名声很大。[例句]天津的杨柳青年画以色彩艳丽、形象生动而~。

【名正言顺】míng zhèng yán shùn 名:名义、名分;正:正当;顺:合理、顺当。原指名分正当,说话合理。后指名义正当,说起话来便顺理,道理也说得通。多形容(做事、说话)理由正当而充分。[例句]这是~的事,不必害怕。

M

【明辨是非】míng biàn shì fēi 明辨:清楚地辨别;是非:正确与错误。清楚地辨别哪是正确的,哪是错误的。[例句]作为新时代的大学生,我们应该能够~。

【明察暗访】míng chá àn fǎng 察:调查研究;访:查询。公开调查,暗中询问了解。指从各个方面采取不同的方式进行调查了解。[例句]公安人员～,终于找到了破案的线索。

【明察秋毫】míng chá qiū háo 明察:看清楚;秋毫:秋天鸟兽身上新长的细毛,比喻极微小的东西。形容能洞察一切。[例句]法官断案,要做到～。

【明镜高悬】míng jìng gāo xuán 明亮的镜子高高挂在那里。称颂官吏办案公正,没有冤屈。[例句]李法官～,在他手里从来没出现过冤假错案。

【明来暗往】míng lái àn wǎng 公开或背地里交往。形容关系密切,常含有不光明正大的意思。[例句]他们俩～,不知干了多少坏事。

【明媒正娶】míng méi zhèng qǔ 明媒:正式由媒人说合订婚;正娶:按礼仪迎娶。[例句]在封建社会,不是～的婚姻是要遭人指责和嘲笑的。

【明眸皓齿】míng móu hào chǐ 眸:眼珠子;皓:洁白。明亮的眼睛,洁白的牙齿。多用以形容女子的美貌。[例句]导演选中这位～的苏州姑娘来扮演林黛玉,真是再合适不过了。

【明目张胆】míng mù zhāng dǎn 明目:睁亮眼睛;张胆:放开胆量。原形容很有胆识,敢作敢为。现形容公开放肆,毫无顾忌(多指干坏事)。[例句]他竟敢在光天化日之下～地抢劫。

【明日黄花】míng rì huáng huā 明日:指重阳节后的一天,即阴历九月初十日;黄花:菊花。古人多于重阳节赏菊,重阳节过后盛开的菊花。比喻过时的事物。[例句]这些装饰品,已成～,应该换下来了。

【明修栈道,暗度陈仓】míng xiū zhàn dào, àn dù chén cāng 栈道:在悬崖峭壁间用木头架起的通道;陈仓:古县名,在今陕西宝鸡市东。比喻以明显的行动迷惑、麻痹对方,暗中采取另一种行动以达到某种目的。[例句]"～"不失为战争中的良策,值得借鉴。

【明哲保身】míng zhé bǎo shēn 明哲:明智、通达事理。原意是明白事理的人能够保全自己。现指回避斗争来保全个人利益。[例句]处理这件事情,我们必须主动出击,任何~的思想与做法都是对恶势力的姑息与纵容。

【明争暗斗】 míng zhēng àn dòu 明里暗里都在进行争斗。形容争斗很厉害。[例句]经过一番激烈的~,双方终于初步达成了共识。

【明正典刑】 míng zhèng diǎn xíng 正:治罪。依照法律公开处决。[例句]这个杀人犯罪大恶极,已被~。

【明知故犯】 míng zhī gù fàn 明知不对,却故意违犯。[例句]贪污受贿是~的行为,情节严重的必须绳之以法。

【明知故问】 míng zhī gù wèn 本来知道,却还故意发问。[例句]他~,让大家都觉得没趣。

【明珠暗投】 míng zhū àn tóu 明珠:比喻珍爱的人或美好的事物。比喻怀才不遇或陷入歧途。后也比喻珍贵的物品落到不识货的人手里。[例句]一部好作品,落到不学无术的人手里,这真是~了。

【鸣金收兵】 míng jīn shōu bīng 鸣:敲响;金:金钲,古代铜制有柄的打击乐器,击钲表示停止或退回。比喻事情结束或告一段落。[例句]这次的宣传工作已进行了三个月,可以~了。

【鸣锣开道】 míng luó kāi dào 封建社会官吏出门时,车马前面有人敲锣要别人让路。现常用来比喻为某种事物的出现制造舆论,创造条件,开辟道路。[例句]我们要为改革开放~,而不应做改革开放的绊脚石。

【鸣冤叫屈】 míng yuān jiào qū 鸣:喊叫。喊叫冤屈。[例句]他不认真反思自己的错误,反而到处~。

【冥思苦想】 míng sī kǔ xiǎng 冥:深沉、深远。深沉地、非常用心地思索。[例句]小红~,终于想出了一个绝妙的主意。

【冥顽不灵】 míng wán bù líng 冥顽:愚笨;不灵:不聪明。形容愚笨无知而又顽固不化。[例句]赵树理在作品中塑造了一个~的落后农民的形象。

【酩酊大醉】mǐng dǐng dà zuì 酩酊：醉得迷迷糊糊的样子。形容喝酒过量，醉得不省人事。[例句]他每次喝酒，总要喝得～。

【命蹇时乖】mìng jiǎn shí guāi 蹇：不顺利；乖：荒谬反常。命运不济，遭遇坎坷。[例句]这分明是他自己经营不善造成的，反而报怨～。

【命悬一线】mìng xuán yī xiàn 形容处境十分危险。[例句]由于一时找不到能够相匹配的血浆，这个车祸中的重伤者～。

【命在旦夕】mìng zài dàn xī 旦夕：指早晚之间，形容极短的时间。形容生命垂危，随时会死去。[例句]他身患绝症，～，却仍然坚持学习，这种精神让我们十分感动。

miu

【谬种流传】miù zhǒng liú chuán 指荒谬的东西（多指言论、著作、学术、观点等）一代代传下去。[例句]我们必须摒弃那些糟粕，以防～。

mo

【模棱两可】mó léng liǎng kě 模棱：含糊、不明确；两可：可以这样，也可以那样。含含糊糊，态度或主张不明确。[例句]他的话～，我不知道到底该怎么办。

【摩拳擦掌】mó quán cā zhǎng 形容精神振奋，跃跃欲试的样子。[例句]比武会上，战士们个个～，跃跃欲试。

【磨杵成针】mó chǔ chéng zhēn 杵：舂谷或捣衣用的棒槌。把铁棒槌磨成针。比喻做任何事情只要持之以恒，必能取得成功。[例句]他虽资质不算突出，但在学习上有一股～的劲头，所以成绩一直名列前茅。

典故

相传，李白小时候学习不用功，经常跑出去玩。一天，他在路上看到一个老婆婆正拿着一根大铁棒在石头上磨，觉得好奇就问她在做什么，老婆婆告诉他要磨成绣花针，李白深受感动，从此就用功读书，终成一代大家。

【磨刀霍霍】mó dāo huò huò　霍霍：磨刀的声音。原指响亮地磨刀，准备宰杀（牲畜等）。现用以形容敌人在杀人或战争前频繁活动。[例句]敌人～，妄图进攻我革命根据地。

【没齿不忘】mò chǐ bù wàng　没齿：终身、至死。到死也不会忘记。[例句]你的救命之恩，我将～。

【莫可名状】mò kě míng zhuàng　见“不可名状”。

【莫可奈何】mò kě nài hé　见“无可奈何”。

【莫名其妙】mò míng qí miào　名：说出。无法说出其中的奥妙。形容事出稀奇、无法理解或不合常理。[例句]他被上司～地训了一顿，心里很不服气。

【莫逆之交】mò nì zhī jiāo　莫逆：彼此心意相通，没有抵触，形容非常情投意合；交：交往、友谊。指情投意合、十分要好的朋友。[例句]在同甘苦、共患难的岁月里，他们的感情越来越深，很快便成了～。

【莫衷一是】mò zhōng yī shì　衷：折中、决断；是：对。形容不能断定哪一方面对。[例句]董事会对今后的业务方针达成共识，从而结束了公司内对这个问题众说纷纭、～的局面。

【秣马厉兵】mò mǎ lì bīng　见“厉兵秣马”。

【漠不关心】mò bù guān xīn　漠：冷漠、冷淡。（对人或事物）感情冷漠，态度冷淡，毫不关心。[例句]她整天泡在网吧里，对功课～。

【漠然置之】mò rán zhì zhī　漠然：冷淡的样子；置：搁置。冷淡地把它放在一边。形容对人或对事不关心、听之任之。[例句]人类面临环境的压力越来越大，任何对破坏环境的行为～的态度都是不应有的。

【墨客骚人】mò kè sāo rén 墨:借指文章;墨客:指文人;骚:指《离骚》,借指诗赋;骚人:写作诗赋的人。泛指文人。[例句]古代的~常聚集在风景优美的地方吟诗作赋。

【墨守成规】mò shǒu chéng guī 墨守:战国时墨翟善于守城,后称善守为"墨守";成规:现成的或一直采取的规则、方法。比喻固执地按老一套办,不求改进。[例句]在技术上要大胆革新,不要~。

【墨汁未干】mò zhī wèi gān 表示协定、条约或规定等刚订立不久。多用于指责对方很快违背协定、诺言,背信弃义。[例句]协议书~,就被他们肆意践踏了。

【默不作声】mò bù zuò shēng 默:不出声。默默地,一句话也不说。[例句]她~,只是微微笑着看着自己的孩子。

【默默无闻】mò mò wú wén 默默:没有声音。没有名气,无人知晓。[例句]王老师为教育事业~地奉献了自己的一生。

【默默无言】mò mò wú yán 不声不响,闭口无言。[例句]他见大家~,便抛砖引玉,首先发表了自己的意见。

mou

【谋财害命】móu cái hài mìng 为了谋取钱财而伤害人的性命。[例句]鲁迅曾经说过,浪费别人的时间就等于~。

【谋事在人,成事在天】móu shì zài rén, chéng shì zài tiān 谋划事情是属于人的能力范围之内的,但事情的成败,还要受到客观条件诸因素的制约。[例句]~,只要尽力而为就行了。

mu

【木雕泥塑】mù diāo ní sù 木头刻成的和泥巴做成的偶像。形容人举止呆板、神情呆滞或无动于衷。[例句]消息传来,吓得在座的人一个个如同~一般。

【木已成舟】mù yǐ chéng zhōu 舟:船。木头已经做成船。比喻事情已成定局,无法改变。[例句]既然~,你就认了吧!

【目不窥园】mù bù kuī yuán 眼睛不看园中景色。形容专心攻读。[例句]他从唐诗下手,~,足不下楼,兀兀穷年,沥尽心血。

【目不忍睹】mù bù rěn dǔ 睹:看见。景象十分悲惨,让人不忍心看。[例句]这个男孩被后母打得遍体鳞伤,简直让人~。

【目不识丁】mù bù shí dīng 丁:指简单的汉字。连“丁”字也不认识。形容人一字不识。[例句]老太太虽然~,却非常通情达理。

【目不暇给】mù bù xiá jǐ 暇:空闲;给:应付。形容美好事物太多,眼睛看不过来。[例句]展销会上的展品,琳琅满目,使人~。

【目不暇接】mù bù xiá jiē 见“目不暇给”。

【目不邪视】mù bù xié shì 眼睛不向旁边看。形容为人正派,不该看的不看。[例句]他~,耳不旁听,全神贯注地听老师讲课。

【目不转睛】mù bù zhuǎn jīng 眼珠一转不转。形容注意力集中,看得投入。[例句]观众们~地看着台上的表演。

【目瞪口呆】mù dèng kǒu dāi 目瞪:睁大眼睛直盯着不动;口呆:嘴里说不出话来。形容因惊诧、害怕而发愣的样子。[例句]他被突如其来的事故吓得~。

【目光炯炯】mù guāng jiǒng jiǒng 炯炯:明亮的样子。眼睛明亮有神。[例句]这位青年~,仪态大方,一见面就给他留下了深刻的印象。

【目光如豆】mù guāng rú dòu 眼光像豆子那样小。形容眼界小,见识浅。[例句]这种人~,不会有大成就的。

【目光如炬】mù guāng rú jù 眼光像火炬一样明亮。形容怒视。也形容目光明亮有神。后也比喻见解高明,目光远大。[例句]那战士~,吓得敌人不由自主地后退了几步。

M

【目空四海】mù kōng sì hǎi 一切都不放在眼内。形容骄傲自大。[例句]他在报纸上发表了几篇文章,就~,以为自己很了不起。

【目空一切】mù kōng yī qiè 空:作动词用。一切都不放在眼里。形容极端狂妄自大。[例句]一个~的人,在学术上是难有成就的。

【目迷五色】mù mí wǔ sè 五色:各种颜色。形容颜色又杂又多,使人看不清楚。比喻事物的错综复杂,令人分辨不清。[例句]那些强盗冒险家到了中国,简直是惊喜欲狂,～。

【目无全牛】mù wú quán niú 形容技艺极其精湛纯熟。[例句]他技术娴熟,已达～的地步了。

【目中无人】mù zhōng wú rén 眼睛里没有别人。形容极其骄傲自大,看不起别人。[例句]他一向是～的,今天可遇到劲敌了。

【沐猴而冠】mù hóu ér guàn 沐猴:猕猴;冠:戴帽。猕猴戴帽子,装扮得像个人样。比喻外表虽装扮得很像样,但本质却掩盖不住。常用来讽刺依附权势,窃据名位的小人。[例句]看人不能只看其外表,有些人往往是～,靠不住的。

【幕天席地】mù tiān xí dì 幕:帐幕;席:坐席。以天为幕,以地为席。形容胸襟开阔旷达,不拘形迹。现也用以形容野外生活。[例句]有些新闻工作者长期在野外跋涉,～,历尽艰辛。

【暮气沉沉】mù qì chén chén 暮气:不振作的精神状态或疲沓不求上进的作风;沉沉:深沉。形容精神萎靡,没有朝气,没有活力。[例句]他一改往日的～,精神抖擞地工作起来。

【慕名而来】mù míng ér lái 仰慕名声而来。多为客套的说法。[例句]他因为画画而出名,所以许多人～,向他请教。

N n

na

【拿班作势】ná bān zuò shì 势：姿态。装模作样，摆架子。［例句］他～，装出一副高高在上的样子。

【拿手好戏】ná shǒu hǎo xì 拿手：擅长。原指演员最会表演的好剧目。后比喻最擅长的本领。［例句］在元旦联欢会上，班长表演了他的～——口技。

【拿贼见赃】ná zéi jiàn zāng 捉贼要有赃物作凭证。比喻要定人罪名须有证据。［例句］～，这是公安机关办案的一条原则。

【纳谏如流】nà jiàn rú liú 纳：接纳、接受；谏：对君主或尊长的规劝。指虚心听取建议，像流水自上而下一样自然迅速。形容乐意接受别人的意见。多用于君主。［例句］唐太宗～，所以当时国泰民安，一片繁荣景象。

nai

【耐人寻味】nài rén xún wèi 耐：经得起；寻味：探索体味。经得起人们仔细体味。形容意味深长，值得反复体会。［例句］许多外国人喜欢中国画的重要因素，也在于它似与不似之间那种～的情趣。

nan

【男耕女织】nán gēng nǚ zhī 男的耕田，女的织布。形容旧时农家男女分工、辛勤劳动的生活。[例句]电影《天仙配》中的七仙女很向往人间~的生活。

【男婚女嫁】nán hūn nǚ jià 男的成婚，女的出嫁。指男女成家。[例句]~是人生大事，应慎重对待。

【男女老幼】nán nǚ lǎo yòu 泛指所有的人。[例句]在法制社会中，~都享有自己应有的权利。

【南橘北枳】nán jú běi zhǐ 枳：落叶灌木，浆果球形，黄绿色，味酸苦。淮河以南的橘移植到淮河以北就会变成枳。比喻同一事物因外界环境的改变而发生变异。[例句]同一事物，在不同条件下会有不同结果，正所谓~。

【南柯一梦】nán kē yī mèng 指一场大梦。比喻一场空。[例句]他急得满头冒汗，醒了，原来是~。

【南来北往】nán lái běi wǎng 形容行人车马来来往往。[例句]这里是交通要道，~的车辆都要从这儿经过。

【南腔北调】nán qiāng běi diào 南北方言的腔调。形容说话带着各地的口音。[例句]大学同学来自五湖四海，因此~是很自然的。

【南辕北辙】nán yuán běi zhé 辕：车前驾牲畜的长木，引申指车；辙：车轮滚过的痕迹，引申指道路。要到南边去，却驾起车往北走。比喻行动跟目的相反。[例句]关心孩子的身心健康，却又在孩子的假期安排了各种培训，使孩子不堪重负，这岂不是~吗？

典故

战国时，魏国有个人要到南方的楚国去，却乘着马车往北走。路上，一位熟人问他："你要去哪里？"他说："到楚国去。"熟人十分吃惊地说："楚国在南方，你怎么往北走？"他说："没事，我的马好。"熟人追问："马再好，可是方向不对，你怎么能到达楚国呢？"他说："没事！我带的路费多。"熟人接着问："路费再多，你走错了方向也到不了楚国。"他十分生气地说："没事！我的马夫驾车技术高。"说完便向北扬长而去。

【南征北伐】nán zhēng běi fá 形容转战南北，经历了许多战斗。[例句]经过了这么多年的～，他积累了不少经验。

【难分难舍】nán fēn nán shě 舍：放下。形容双方感情很好，不忍分离。[例句]虽然只是短暂地分开几天，但这对恋人仍感到～。

【难解难分】nán jiě nán fēn 指双方争吵、斗争、比赛等相持不下，难以分开。有时也形容双方关系十分亲密，分不开。[例句]他俩打得～，无论怎么劝解也无济于事。

【难能可贵】nán néng kě guì 极难做到的事居然做到了，因而非常可贵。[例句]像他这样一个出来闯天下的农民，能做到今天这个样子，真是～啊。

【难兄难弟】nán xiōng nán dì 原指兄弟才德都好，难以分出高低。今多反用，讥讽两人同样坏。[例句]此二人行为放荡，坏事做绝，真可谓～。

【难言之隐】nán yán zhī yǐn 言：说出；隐：隐情，藏在内心深处的事。说不出口的事情或原因。[例句]也许她有什么～，不好说出口。

【难以置信】nán yǐ zhì xìn 置信：相信。很难让人相信。[例句]这位中学生已发表了长篇小说，真令人～。

【喃喃自语】nán nán zì yǔ 喃喃：象声词，形容连续不断地小声说话的声音。不断地低声自己和自己说话，别人都听不请说话内容。[例句]胡杏拆了信，拿出里面的信纸来，看了半天，～，不知所云。

N

nang

【囊空如洗】náng kōng rú xǐ 囊：口袋。口袋里空无所有，像水冲洗过一样。形容贫穷之极或一时拮据。[例句]这个月开支太大，还不到月底我已经～。

【囊萤映雪】náng yíng yìng xuě 囊萤:晋代车胤年少时家贫,苦学不倦,夏天以练囊装萤火虫数十,用来照明,夜以继日地读书;映雪:晋代孙康,聪明而好学,家贫无油,冬天常映雪读书。用萤火虫照明读书,借着雪光读书。形容条件不好仍坚持勤学苦读。[例句]我们要学习古人凿壁借光、~的刻苦求学精神。

【囊中之物】náng zhōng zhī wù 囊:口袋。口袋中的东西,比喻很容易取得的东西。[例句]那个富翁认为那只价值连城的古瓶已是自己的~了。

nao

【呶呶不休】náo náo bù xiū 呶呶:形容说话唠唠叨叨;休:停止。说话唠唠叨叨,没完没了。[例句]三嫂满腹牢骚,~地诉说自己心里积郁了很久的话。

【恼羞成怒】nǎo xiū chéng nù 因恼恨、羞愧到了极点而发怒。[例句]他见对方触着他的痛处,便~动起粗来。

【脑满肠肥】nǎo mǎn cháng féi 见“肠肥脑满”。

ne

【讷言敏行】nè yán mǐn xíng 讷:迟钝;敏:敏捷。说话谨慎,办事敏捷。[例句]他是一个~的人。

nei

【内柔外刚】nèi róu wài gāng 内心柔弱,外表刚强。[例句]他非常喜欢这个爱憎分明、~的女孩。

【内视反听】nèi shì fǎn tīng 内视:内心自我省察;反听:对外听取他人意见。自己反省检查同时又能听取外人的意见。[例句]只有~,才能使自己不断进步。

【内忧外患】nèi yōu wài huàn 忧:使人忧虑的事;内忧:国内变乱;患:灾祸;外患:外来的入侵。多指国家内部的动乱和外来的侵略。也泛指来自内部的矛盾纠纷和来自外部的威胁压力。[例句]外部面临激烈的市场竞争，内部几个老员工先后辞职，～的局面让总经理压力很大。

neng

【能歌善舞】 néng gē shàn wǔ 指擅长歌舞。[例句]苗族历来以～著称。

【能工巧匠】 néng gōng qiǎo jiàng 指技艺精湛的人。[例句]这座古老的建筑，生动地反映了当时～的高超技艺。

【能屈能伸】 néng qū néng shēn 能弯曲也能伸展。指在不得志时能暂时忍耐，在得志时能大干一番，施展自己的抱负。[例句]大丈夫～，因为这点小事辞职不值得，你还是忍了吧。

【能说会道】 néng shuō huì dào 形容人善于辞令，很会说话。[例句]她真是个～的女人，死人都能让她说活。

【能言快语】 néng yán kuài yǔ 能说会道且言辞敏捷。[例句]王婆～，几下就说定了一门亲事。

【能者多劳】 néng zhě duō láo 能：能干；劳：劳苦、劳累。能干的人多劳累一些。现多含有赞誉、劝勉的意思。[例句]你的任务比别人重些，～嘛。

ni

【泥牛入海】 ní niú rù hǎi 泥塑的牛掉到海里。比喻一去不复返。[例句]他走后，就如同～，毫无音讯了。

【泥沙俱下】 ní shā jù xià 俱：都。泥土和砂石跟着水一块流下来。比喻好坏不同的人或事物都混杂在一起。[例句]在农民革命的洪流中，总不免有～、鱼龙混杂的现象。

【泥足巨人】 ní zú jù rén 比喻事实上非常虚弱的庞然大物。[例句]他不过是一只纸老虎，一个～，不足畏惧。

【你死我活】 nǐ sǐ wǒ huó 只有一方死掉，另一方才能活下来。形容斗争激烈，互不相容。[例句]为了一点小事儿，两家争得～，真不值得。

【泥古不化】nì gǔ bù huà 泥：拘泥。拘泥于古代的成规、说法而不懂得变通。[例句]学习古人的书法绘画也要有所创新并形成自己的风格，最忌～。

【逆来顺受】nì lái shùn shòu 逆：外来的欺压或无理的待遇。对外来的欺压和无理的待遇采取顺从、忍受的态度。[例句]觉醒了的农民对于压迫和剥削便再也不会～了。

【逆水行舟】nì shuǐ xíng zhōu 逆着水势行船。比喻处境困难，必须迎着困难努力从事。[例句]学习如同～，不进则退。

nian

【拈花惹草】niān huā rě cǎo 比喻招惹、挑逗异性。特指玩弄女性。[例句]这些纨绔子弟不务正业，总喜欢在外～。

【拈轻怕重】niān qīng pà zhòng 拈：用手指拿东西。做事挑选轻松的，怕做繁重的。[例句]我们在工作中要勇于挑重担，那种～、生怕吃亏的思想是不可取的。

【年富力强】nián fù lì qiáng 年富：未来的年岁还多，指年轻。年纪正轻，精力旺盛。[例句]许多～的干部被选拔到了重要的领导岗位上。

【年高德劭】nián gāo dé shào 劭：美好。年纪大，德行好。[例句]这位古稀之年的老人，自奉节俭，却资助了两名失学儿童，真可谓～。

【年深月久】nián shēn yuè jiǔ 深：距离开始的时间很久。久经岁月，历时长久。[例句]赵州桥经过～的考验，至今仍完好无损。

【年逾古稀】nián yú gǔ xī 年纪超过了七十岁。[例句]老教授～，依旧在教育事业上耕耘。

【念念不忘】niàn niàn bù wàng 念念：一直记在心里。形容常常记在心里，时刻不忘。[例句]几年之后，他还是～在北京的那段生活。

【念念有词】niàn niàn yǒu cí 念念：诵读。旧指(有法术的人)嘴里念咒语或者(和尚等)念经。现多指低声自语或含糊不清地说个不停。多含讽刺诙谐意味。[例句]他在廊檐下走来走去，口里～的，不知说些什么。

niao

【鸟尽弓藏】niǎo jìn gōng cáng 飞鸟没有了，就把弓收藏起来不用了。旧时用来比喻封建帝王取得政权之后，功臣遭到废弃或杀害。现比喻目的达到后，将曾经帮助过自己的人一脚踢开。[例句]历代封建帝王导演出多少～的惨剧，想起来都令人心寒。

【鸟枪换炮】niǎo qiāng huàn pào 比喻情况或条件有了根本改善。[例句]他终于～，可以用电脑写作了。

【袅袅婷婷】niǎo niǎo tíng tíng 袅袅：柔美的样子；婷婷：轻盈状。形容女子走路时姿态轻盈柔美。[例句]模特儿们在T形台上来往穿梭，～，尽展时装风采。

nie

【蹑手蹑脚】niè shǒu niè jiǎo 蹑：放轻脚步。形容走路时脚步放得很轻，怕发出声音。[例句]这位京剧演员把蒋干盗书时那副～、鬼鬼祟祟的样子，表演得惟妙惟肖。

ning

N

【宁缺勿滥】nìng quē wù làn 滥：过度、没有节制。宁可缺少一些，也不要不加选择地贪多凑数。[例句]这次招聘员工，一定要严格把关，～。

【宁死不屈】nìng sǐ bù qū 屈：屈服。宁可不要性命，也不向对方屈服。[例句]面对敌人的屠刀，这位红军战士～。

【宁为玉碎，不为瓦全】nìng wéi yù suì, bù wéi wǎ quán 宁愿做玉

器被砸碎，也不做瓦器而得以保全。比喻宁愿为正义事业牺牲，决不愿苟全性命。[例句]"～"，咱们能突围就突围，万一出不去，就跟他们拼到底！

niu

【牛刀割鸡】 niú dāo gē jī 用杀牛的刀来杀鸡。比喻大材小用。[例句]我们要合理利用资源，切不可～。

【牛刀小试】 niú dāo xiǎo shì 牛刀：宰牛的刀。把宰牛的刀稍微试用一下。比喻有大才干的人先在小事情上展示一下。[例句]新厂长上任后，进行纪律整顿，不过是～而已。

【牛鬼蛇神】 niú guǐ shé shén 长着牛头的鬼，长着蛇身的神。原比喻诗句虚幻怪诞。后比喻各种各样的坏人。[例句]十月革命，如大炮一般，轰隆一声，吓倒了野狼恶虎，惊慌了～。

【牛头马面】 niú tóu mǎ miàn 传说阎王手下的两个鬼卒，一个头像牛，另一个面如马。常用来比喻各种丑陋凶恶的走卒或打手。[例句]在道教的东岳庙中，可以看到～的塑像，它们的样子很怪异。

【扭扭捏捏】 niǔ niǔ niē niē 指说话做事做作，不大方，不自然。[例句]你今天怎么变得～的，有什么心事吗？

【忸怩作态】 niǔ ní zuò tài 忸怩：怕羞的样子。形容做作、怕羞、不自然的神态。[例句]这段文字把女孩子的那种～、娇羞柔弱刻画得淋漓尽致。

nong

【浓妆艳抹】 nóng zhuāng yàn mǒ 妆饰华丽，打扮美艳。形容女子打扮非常艳丽。[例句]最珍贵的是自然美，无需～。

【弄假成真】 nòng jiǎ chéng zhēn 弄：耍弄。原意是要作假，结果变成真事。[例句]他们俩在影片中常扮演夫妻，谁知～，竟成了一对志同道合的好伴侣。

【弄巧成拙】nòng qiǎo chéng zhuō 巧:(心思)灵敏、灵巧;拙:笨拙、不灵巧。本想要弄聪明,结果做了蠢事,或把事情弄糟。[例句]原本他是打算帮忙的,却不料~,反而添了不少麻烦。
【弄虚作假】nòng xū zuò jiǎ 搞虚假的一套。[例句]做学问要脚踏实地,容不得半点~。

nu

【奴颜婢膝】nú yán bì xī 奴颜:奴才的面孔;婢膝:婢女下跪的膝盖。奴才的脸部表情和下跪的样子。形容奴气十足,无耻地谄媚、奉承别人的样子。[例句]小说对这个~的小人做了辛辣的讽刺。
【奴颜媚骨】nú yán mèi gǔ 奴颜:奴才的脸;媚骨:讨好奉承的软骨头。奴才相,贱骨头。指谄媚讨好别人的丑恶嘴脸和性格。[例句]他为人光明磊落,坦坦荡荡,没有半点的~。
【驽马恋栈】nú mǎ liàn zhàn 驽马:劣马;栈:竹子、木头做成的牲口棚栏。劣马留恋食槽里的料豆。比喻庸人贪恋名禄地位或留恋家室。[例句]~的人是很难干出一番大事业的。
【驽马十驾】nú mǎ shí jià 驽马:劣马;驾:马拉车走一天为一驾。劣马拉车走十天也可以达到骏马走一天的路程。比喻能力不是很强的人,只要坚持努力,同样能达到目的。[例句]他以古人"~,功在不舍"的格言为座右铭,激励自己在学习上永不懈怠。
【怒不可遏】nù bù kě è 遏:止。愤怒得无法抑制。[例句]看到有人在公交车上偷东西,老李~,上前一把抓住了那个小偷。

【怒发冲冠】nù fà chōng guān 冠:帽子。愤怒得头发直竖,把帽子都顶起来了。形容愤怒到了极点。[例句]面对敌人的阴毒行径,他~,厉声斥责。
【怒火冲天】nù huǒ chōng tiān 见"怒气冲天"。
【怒火中烧】nù huǒ zhōng shāo 中:内心。愤怒的火焰在心中燃烧。形容心中极为愤怒。[例句]见几个歹徒在欺负一个女孩子,他不由得～。

【怒目而视】nù mù ér shì 愤怒地用眼睛瞪着对方。[例句]他忽然发现陈文娣对着他～，就立刻改了口。

【怒气冲冲】nù qì chōng chōng 冲冲：形容感情激动的样子。形容很生气的样子。[例句]你今天是怎么了？这样～的。

【怒气冲天】nù qì chōng tiān 愤怒的情绪极为高涨，直冲天际。形容愤怒到极点。[例句]梁三老汉～，动手就去解黑马的小缰绳。

【怒形于色】nù xíng yú sè 形：显露；色：脸色。内心的愤怒表现到脸色上。[例句]他知道了事情的真相后，不禁～。

nǚ

【女中尧舜】nǚ zhōng yáo shùn 尧、舜：传为古代圣明的帝王。多用来称颂当权、执政的妇女。[例句]历史上的武则天不愧是～。

【女中丈夫】nǚ zhōng zhàng fū 即女中豪杰。[例句]江姐坚强不屈，慷慨就义，的确称得上是～。

O

ou

【呕心沥血】ǒu xīn lì xuè　呕:吐;沥:滴。形容费尽心血。多用于创作构思、出谋设计。[例句]这是一部最好的艺术学徒修养读物,这也是一部充满着父爱的苦心孤诣、~的教子篇。

典故

唐代诗人李贺平时特别注意搜集创作素材。他每天骑马出去,边走边观察、构思,一有灵感便写在纸条上,回家再加以整理。他的母亲见到那么多纸条,对他说:"你这样做,到头来会把心血都吐出来的。"

【偶一为之】ǒu yī wéi zhī　偶尔做一次。[例句]我不会写诗,那不过是~而已。

【藕断丝连】ǒu duàn sī lián　藕从中间折断后还有丝牵连在一起。比喻表面上好像断了关系,而实际上仍有牵连。多形容男女情丝难以割断。[例句]他俩虽然分手了,却不免~。

P p

pa

【爬山越岭】pá shān yuè lǐng 翻越山岭。形容长途跋涉，路途艰辛。[例句]这些山里孩子，为了上学，每天～，要走十几里的山路。

pai

【拍案称奇】pāi àn chēng qí 案：案台、桌子；奇：精彩、绝妙。指欣赏文学作品，读至精彩处，情不自禁地拍桌子叫好。[例句]《红楼梦》精彩至极，几乎每一回，都有让人～之处。

【拍案而起】pāi àn ér qǐ 案：桌子。拍着桌子猛然起立。形容愤怒，有时也用以形容对反动势力的极端愤慨、不屈服。[例句]说到激动之处，他禁不住～，怒形于色。

【拍案叫绝】pāi àn jiào jué 案：桌子；绝：独一无二。拍桌子叫好。形容赞赏之极。[例句]听了这位名演员的演唱，他不禁～。

【拍手称快】pāi shǒu chēng kuài 快：痛快。拍着手叫痛快。多形容仇恨得到消除。[例句]北京国安队赢球的消息传出后，北京球迷们无不～。

【排兵布阵】pái bīng bù zhèn 原指排列队伍，摆列战斗阵势。后引申指安排人员、布置工作（多指比赛、竞争之类）。[例句]一个优秀指战员不但要善于～，还必须学会运筹帷幄。

【排斥异己】pái chì yì jǐ 排挤、清除与自己意见不合或有利害冲突的人。[例句]他一改前任领导～的做法，团结了绝大多数群众，受到了大家好评。

【排难解纷】pái nàn jiě fēn 难：危难；纷：纠纷。原指为人解除危难，解决纠纷。现指调停双方争执。[例句]张大妈是个热心人，经常为居民～，大家都非常信任她。

【排沙简金】pái shā jiǎn jīn 排：拨开；简：挑选。拨开沙砾从中挑选金子。比喻从大量事物中挑取精华。[例句]物理学家居里夫人～般地从数百吨沥青矿中提炼到一克镭。

【排山倒海】pái shān dǎo hǎi 排：推开；倒：翻倒。推开山岳，翻倒大海。形容声势壮，力量强大，不可阻挡。[例句]洪水～般地涌了过来。

【排忧解难】pái yōu jiě nàn 排除忧愁，解除困难。[例句]工会要为职工说话，为群众～。

【徘徊不前】pái huái bù qián 徘徊：在原地来回地走。只在一个地方来回地踏步。形容犹豫不决或停止在原有水平。[例句]遇到困难就～是懦弱的表现。

pan

P

【攀蟾折桂】pān chán zhé guì 蟾：指月宫。攀上月宫去折桂枝。旧时比喻科举中第。[例句]科举时代，文人学士一旦～，便从此步入仕途，身价倍增。

【攀龙附凤】pān lóng fù fèng 攀：抓住东西向上爬；附：依附；龙、凤：比喻帝王或有权势的人。依托帝王或有权势的人(以求飞黄腾达)。[例句]一些居心叵测的人，往往采用溜须拍马、～的办法达到向上爬的目的。

【盘根错节】pán gēn cuò jié 盘：盘曲；错：交错；节：枝节。树木根干盘曲，枝节交错纠结。形容纵横交错，密密麻麻。比喻事物关系错综复杂，很难处理。[例句]村口那棵大榕树～，枝繁叶茂。

【盘根究底】pán gēn jiū dǐ 盘：仔细查问；究：追究查寻。仔细查问、追究来源和底细。[例句]你不该～地问她，她并没参加那次行动。

【盘古开天地】pán gǔ kāi tiān dì 盘古：盘古氏，我国神话传说中开天辟地首出创世的人。盘古氏开辟天地。指远古时代或历史的开端。[例句]自从～，三皇五帝到于今，历史上曾有过我们这样的长征吗？

【判若鸿沟】pàn ruò hóng gōu 判：明显不同；鸿沟：古代运河，在今河南省境内，秦末楚汉相争时曾以鸿沟作为双方停战的临时分界，东面是楚，西面是汉，后用以比喻明显的界线。形容界限分明，区别很明显。[例句]两个人的文章，一个是维护封建统治的，一个是宣传革命的，二者之间真是～。

【判若两人】pàn ruò liǎng rén 判：明显不同。一个人的言行前后不一致，明显地像两个人似的。指同一个人前后有了很大变化。[例句]多年不见，他变化很大，和学生时代的他～。

【判若水火】pàn ruò shuǐ huǒ 比喻二者有着明显的区别，且互不相容。[例句]她们两个一个正直，一个阴险，简直～。

【判若天渊】pàn ruò tiān yuān 判：明显不同；渊：深水。像天空和深水一样高低差别悬殊。形容区别很明显。[例句]他们两人的观点～，大相径庭。

【判若云泥】pàn ruò yún ní 判：明显不同；云泥：云在天，泥在地，比喻天上地下，差距之大。高低差别就像天上的云彩和地下的泥土那样远。比喻高低、好坏相差悬殊。[例句]这两首诗在思想内容和艺术水平上简直～。

pang

【滂沱大雨】pāng tuó dà yǔ 滂沱：大雨倾注的样子。指很大的雨。[例句]他冒着～，往学校赶去。

【庞眉皓首】páng méi hào shǒu 庞：杂色；皓：白。眉毛头发都已花白。形容年老的样子。[例句]几十年后回到家乡，他已是～了。

【庞然大物】páng rán dà wù 庞然:高而大的样子。形体庞大而笨重的东西。[例句]这具恐龙化石骨架长达二十多米,真是个～。

【旁观者清】páng guān zhě qīng 局外人比当事人要看得全面、清楚。[例句]正所谓当局者迷,～,作品是需要有人提意见的。

【旁门左道】páng mén zuǒ dào 旁、左:不正当;门、道:指学术或宗教的派别、思想体系。不正当的学术、宗教派别或思想体系。[例句]在学术讨论会上,他严厉抨击了那些～的学术派别。

【旁敲侧击】páng qiāo cè jī 侧:旁边;击:敲打。不直接说明本意,而从侧面曲折表达或不直接提出问题,而用迂回的方式试探。[例句]他说话总是拐弯抹角,～,实在惹人反感。

【旁若无人】páng ruò wú rén 若:好像。身旁好像没有人。形容自高自大,态度傲慢。也形容态度自然,不顾别人的反应。[例句]他一开口就摆出一副～的样子,实在叫人看不惯。

【旁征博引】páng zhēng bó yǐn 旁:广泛;征:寻求;博:广博;引:引证。(作文、说话)广泛大量地引用材料为依据、例证。[例句]这篇论文～,材料十分丰富,论证十分有力。

pao

【抛戈卸甲】pāo gē xiè jiǎ 戈:古代一种兵器;甲:铠甲。丢下兵器,脱掉铠甲。形容在战场上惨败、狼狈逃跑的样子。[例句]敌人被打得～,狼狈逃窜。

【抛头露面】pāo tóu lù miàn 抛:暴露。旧指妇女在大庭广众中出现。今泛指人在公开场合露面。[例句]不论大会小会,他总要～,并指手画脚地讲一番话。

【抛砖引玉】pāo zhuān yǐn yù 抛出砖块,引来宝玉。比喻用自己粗浅的、不成熟的意见或论著,引出别人高明的、成熟的意见或作品。多用作谦辞。[例句]以上我的发言很不成熟,不过是～而已。

【刨根问底】páo gēn wèn dǐ 挖掘根本,问清底细。指详细盘问以弄清内情。[例句]这些事如果～，恐怕谁也说不清。

【庖丁解牛】 páo dīng jiě niú 庖：厨师；丁：厨师的名字；解：分解、剖开。比喻技艺熟练发挥起来得心应手。[例句]张师傅对机器的结构非常熟悉，拆卸安装如同～般得心应手。

典故

战国时，庖丁为文惠君肢解全牛。他技术高超，动作极为轻松自如。他说，刚开始时他看到的是整头牛；三年后，他看到的再不是完整的牛；如今，他完全不用眼睛看，而是凭感觉来解牛。他认为，牛周身的关节、筋骨都是有规律分布的，掌握了规律，在空隙中运刀，就会游刃有余。所以，他的刀用了十九年还像新的一般。

【炮火连天】 pào huǒ lián tiān 战场上炮火充满天空。形容战斗十分激烈。[例句]棋盘山上～，马连长带领战士们击退了敌人的多次进攻。

pen

【喷薄欲出】 pēn bó yù chū 喷薄：气势壮盛喷涌而出的样子。气势已经蓄足，即将暴发出来。多形容壮阔的波澜即将涌起或太阳即将升起。[例句]登楼远眺，东方的太阳～，十分壮观。

【盆满钵满】 pén mǎn bō mǎn 钵：一种像盆而较小的容器。指取得丰厚的收入。[例句]这家公司由于创意新颖，抢先一步占领市场，赚了个～。

peng

【朋比为奸】 péng bǐ wéi jiān 朋：结为私党；比：互相勾结；为奸：干坏事。拉帮结派地干坏事。[例句]小人之间没有真正的朋友，不过是～而已。

【蓬荜生辉】 péng bì shēng huī 蓬荜：用蓬草、荆条、树枝编的门，形容房子的简陋。使简陋的屋里增加了光辉。表示由于别人的到来或张挂别人题赠给自己的字画而使家里增添了光彩。[例句]你的画挂在我的书房里，顿使～。

【蓬门荜户】péng mén bì hù 用蓬草、树枝等做成的门户。形容穷苦人家所住的简陋的房屋。[例句]山间这几户院落，虽～，却也别有一番野趣。

【蓬头垢面】péng tóu gòu miàn 蓬：蓬松、散乱；垢：污秽、肮脏。头发散乱，满脸污垢。形容仪容不整。[例句]看着她～的样子，他愣了好大半天，没说出话来。

【鹏程万里】péng chéng wàn lǐ 大鹏鸟能飞万里远。比喻前程远大。[例句]你们刚刚踏上工作岗位，祝你们～。

【捧腹大笑】pěng fù dà xiào 形容哈哈大笑的样子。[例句]这个笑话引得大家～。

pi

【披肝沥胆】pī gān lì dǎn 披：剖露；沥：滴下。露出肝脏，滴出胆汁。比喻竭尽忠诚或真诚待人。[例句]无数革命先烈～，为人民的解放事业贡献出了自己的一切。

【披坚执锐】pī jiān zhí ruì 坚：铠甲；锐：指兵器。身穿坚固的铠甲，手拿锐利的兵器。形容全副武装投入战斗。[例句]将士们个个～，斗志昂扬。

P

【披荆斩棘】pī jīng zhǎn jí 披：分开；斩：砍断；荆、棘：丛生多刺的小灌木。砍除丛生的荆棘。比喻在前进道路上或创业过程中清除各种障碍，克服种种困难。[例句]革命先烈～，为我们开创了一条前进的道路。

【披麻带孝】pī má dài xiào 麻：代指丧服；带：也作“戴”。旧俗子孙为直系尊亲或臣子为君主服重孝，要穿粗麻布服、腰系麻绳等。[例句]我们遵照老人的遗嘱，丧事一切从简，并免去了～的旧俗。

【披头散发】pī tóu sàn fà 头发散乱。形容仪容不整。[例句]她受什么刺激了，怎么突然～地跑出来了？

【披星戴月】pī xīng dài yuè 身披星光，头顶月色。形容早出晚归地辛勤工作或不分昼夜地奔波。［例句］战士们～，夜以继日奔向前线。

【被甲枕戈】pī jiǎ zhěn gē 被：披、穿；甲：铠甲；戈：古代一种兵器。身穿铠甲，头枕着兵器，意为时刻准备作战。形容处于高度戒备状态。［例句］军队正处于～的戒备状态。

【被甲执兵】pī jiǎ zhí bīng 被：披、穿；甲：铠甲；执：拿着；兵：兵器。身穿铠甲，手拿着兵器。指全副武装。

【劈头盖脸】pī tóu gài liǎn 劈：正对着、冲着；盖：蒙，压下来。正对着头和脸而来。形容来势凶猛。［例句］一阵狂风过后，雨点夹着冰雹～地打了下来。

【皮肤之见】pí fū zhī jiàn 指肤浅的见解。［例句］我的这些想法，不过是～，行与不行，还需大家讨论。

【皮开肉绽】pí kāi ròu zhàn 绽：裂开。皮肉都裂开了。形容遭到毒打后伤势严重。［例句］敌人把他打得～，却始终未得到半句口供。

【皮里春秋】pí lǐ chūn qiū 见“皮里阳秋”。

【皮里阳秋】pí lǐ yáng qiū 皮里：肚皮里，指内心；阳秋：即《春秋》，因晋简文帝母郑太后名阿春，晋人为避讳而改用“阳”字代替“春”字，这里用来代表“批评”，因为相传孔子修《春秋》时，目的是为了对某些历史人物和事件进行评判。心里是有一部《春秋》的。指口头上不评论，心里却有所褒贬。［例句］这个人从不谈论别人的好坏，但什么事他都有自己的看法，可以说是～。

【皮相之见】pí xiàng zhī jiàn 见“皮肤之见”。

【皮之不存，毛将焉附】pí zhī bù cún，máo jiāng yān fù 焉：哪里、何处；附：附着。皮没有了，毛长到哪里去呢？比喻人或事物失去了赖以生存的基础，就无法存在。［例句］～，没有土地，怎么搞农业呢！

【蚍蜉撼树】pí fú hàn shù 蚍蜉：一种大蚂蚁；撼：摇撼。蚂蚁想撼动树木。比喻不自量力，妄图用极微小的力量动摇强大的事物。[例句]想以个人力量阻挡历史车轮的前进，岂不是～，自不量力？

【疲惫不堪】pí bèi bù kān 疲惫：十分疲乏。形容过度疲乏。[例句]连日下地插秧，老李累得～。

【疲于奔命】pí yú bēn mìng 疲：疲乏、劳累；奔命：奉命奔走。原指因奉命到处奔走而搞得精疲力竭。后指忙于奔走应付，而搞得非常疲劳。[例句]工作没有计划，往往弄得大家～，收效也不大。

【匹夫有责】pǐ fū yǒu zé 匹夫：古时指平民中的男子，后泛指一个平常人。每个人都有责任。[例句]天下兴亡，～。我们每一个炎黄子孙都应为祖国的腾飞出力。

【匹夫之勇】pǐ fū zhī yǒng 匹夫：泛指平常人，也指无学识、无智谋的人。指不动脑筋，不用智力，单凭个人血气蛮干的勇气。[例句]打仗要有智有勇，光靠蛮干，那是～。

【否极泰来】pǐ jí tài lái 否、泰：《周易》中的两个卦名，"否"就是失利，"泰"就是亨通。意思是事物发展过了头，就会转化为它的对立面，"否"可转化为"泰"。指厄运到头，好运到来。[例句]困难的日子过去了，渐渐地～了。

【屁滚尿流】pì gǔn niào liú 形容极度惊恐而狼狈不堪的样子。[例句]那歹徒一看是警察，吓得～，浑身发抖。

P

pian

【偏听偏信】piān tīng piān xìn 片面听信一方面的意见。多指处理事情态度不公正。[例句]领导干部如果～，就会做出错误的判断和决策。

【翩翩起舞】piān piān qǐ wǔ 翩翩：轻盈飞动的样子。轻捷飘逸地跳舞。[例句]维吾尔族的姑娘、小伙子们～，欢迎尊贵的客人。

【胼手胝足】pián shǒu zhī zú 胼、胝：指手脚上的茧子。手和脚上都磨起了茧子。指长期从事体力劳动，手脚生茧。形容长期辛苦劳作。[例句]没有在大地上～的劳动者，便没有人类的一切文明。

【片甲不回】piàn jiǎ bù huí　甲：古时用皮革或金属制成的护身铠甲，这里代指将士。一个将士也没回来。形容全军覆没。[例句]敌人被我军杀得～。

【片鳞半爪】piàn lín bàn zhǎo　龙在云中，偶尔露出部分鳞或爪。比喻零星片段的事物。[例句]这篇文章只介绍了原著的～，没有什么实质内容。

【片瓦不存】piàn wǎ bù cún　连一片完整的瓦都没有剩下。形容房屋已彻底毁坏。[例句]龙卷风扫过之处，常常是～了。

【片言只语】piàn yán zhī yǔ　见“片言只字”。

【片言只字】piàn yán zhī zì　片言：简短的几句话；只字：单个的字、词。少量的、片断的几个字或几句话。[例句]他的来信虽然只是～，但却给我带来无限的温暖。

piao

【飘泊无定】piāo bó wú dìng　到处漂泊，从不停留。[例句]找到一份稳定的工作后，他终于结束了～的生活。

【飘飘欲仙】piāo piāo yù xiān　形容身体轻飘飘的，好像要超脱尘世而成仙。多形容人在某种境界中轻松爽快的感受。也形容书法、诗文等的格调轻快飘逸。[例句]畅游漓江，使人有一种～的感觉。

【飘洋过海】piāo yáng guò hǎi　指远涉重洋大海。[例句]她考取了哈佛大学，～，到美国就读去了。

pin

【贫病交加】pín bìng jiāo jiā　见“贫病交迫”。

【贫病交迫】pín bìng jiāo pò　交：一齐、同时；迫：逼、压。贫困和疾病一齐逼来。形容处境十分艰苦。[例句]欧仁·鲍狄埃在～中，创作了举世闻名的《国际歌》。

【贫贱不移】pín jiàn bù yí　移：改变。形容不因生活贫困、社会地位低下而改变自己的志向。[例句]一个革命者，必须有富贵不淫、～、威武不屈的精神。

【贫贱骄人】pín jiàn jiāo rén　身处贫贱，但是气节高尚，引以为骄傲。表示鄙视权贵。[例句]他很有骨气，～，从来不把那些达官贵人放在眼里。

【贫贱之交】pín jiàn zhī jiāo　交：交往。贫穷低贱时的朋友。[例句]他虽然地位高了，却没有忘记我们这些～。

【品学兼优】pǐn xué jiān yōu　兼：都。思想品德和学业两方面都十分优秀。[例句]他是个～的好学生。

ping

【平安无事】píng ān wú shì　事：事故，指灾祸或其他令人忧愁的事。平平安安，没有发生什么事故。[例句]他们那里虽然闹水灾，但他一家却～。

【平白无故】píng bái wú gù　平白：凭空；故：缘故。凭空，没任何原因。[例句]～地被上司训了一顿，他心里很不舒服。

【平步青云】píng bù qīng yún　平：平地；步：行走、走上；青云：青天，比喻高官显爵。比喻一下子轻而易举地登上显贵的地位。[例句]他运气似乎特别的好，短短两年时间，竟～，当上了市长。

【平淡无奇】píng dàn wú qí　奇：特殊。平平常常，没有什么突出的、出色的地方。[例句]这本书～，没有什么可看的。

【平地风波】píng dì fēng bō　平地上起风浪。比喻突然发生的纠纷或事故。[例句]他就因为一句话，竟引来了一场～。

【平分秋色】píng fēn qiū sè　原指平均分占秋天景色。后用来比喻双方各得一半。[例句]这次歌咏大赛的决赛双方，可以说是～。

【平铺直叙】píng pū zhí xù　铺：铺陈；叙：叙述。说话、写文章把意思平直而不加修饰地叙述出来。[例句]～的文章，是不会吸引读者的。

【平心而论】píng xīn ér lùn 平心静气地评论。[例句]～，这件事我们做得不对。

【平心静气】píng xīn jìng qì 心情平和，态度冷静，不感情用事。[例句]～地好好想一想，你就会理解他的。

【平易近人】píng yì jìn rén 平易：谦虚和蔼。形容态度谦逊平和，使人容易接近。[例句]我们的厂长～，大家都愿意接近他。

【评头品足】píng tóu pǐn zú 评、品：评论，区分高低优劣。原指无聊的人评论妇女的容貌体态。后泛指对人对事说长论短，反复挑剔。[例句]新老师一进门，有人就在底下～，这是很不礼貌的行为。

【凭空捏造】píng kōng niē zào 没有事实依据地虚构、编造。[例句]这是有目共睹的事实，并非～。

【萍水相逢】píng shuǐ xiāng féng 萍：浮萍，一种浮生水面的植物。浮萍随水漂泊，聚散不定。比喻素不相识的人偶然碰面。[例句]我俩虽然是～，却谈得很投合。

【萍踪浪影】píng zōng làng yǐng 像浮萍水浪的踪影那样，漂泊无定。形容行踪不定。[例句]抗战时期，他～，四海为家。

po

【泼天大祸】pō tiān dà huò 泼天：形容极大。极大的祸害。[例句]没想到，他的发言竟闯了～。

【婆婆妈妈】pó pó mā mā 形容人办事不干净利索，只注意琐屑小事，言语啰嗦或感情脆弱。[例句]他办事一贯～的，一点也不爽快。

【迫不得已】pò bù dé yǐ 不得已：不得不如此。为形势所迫，出于无奈，不得不如此。[例句]我是在～的情况下才这样做的。

【迫不及待】pò bù jí dài 迫：紧急。急迫得不能再等待。形容心情十分急切。[例句]任务下来后，战士们～地立刻行动了起来。

【迫在眉睫】pò zài méi jié 迫：近；眉睫：眉毛和眼睫毛，比喻眼前。

形容事情临近眼前，非常紧迫。[例句]高考～，同学们一个个都在拼命地学习。

【破釜沉舟】pò fǔ chén zhōu 釜：锅。打破饭锅，凿沉渡船。表示决一死战，决不后退。也比喻下定决心，不顾一切地干到底。[例句]成败在此一举，我们须下定～的决心。

典故

秦末，项羽率领军队渡河北上，与秦军交战。过河后他命令士兵把渡船凿沉，把锅都砸碎，把河边的营房也烧光了，给每人只发三天粮食，表示这次进攻只有拼命，决不能后退。起义军没有了退路，只能勇猛作战，终于把秦军打得落花流水。这一仗，改变了不利于起义军的战局。而项羽也逐渐成了抗秦起义军的首领。

【破罐破摔】pò guàn pò shuāi 把已经破了的罐子再往破里摔。比喻犯了错误或遇到挫折以后自暴自弃。[例句]老师总是批评他，最后他干脆～，不肯上课了。

【破镜重圆】pò jìng chóng yuán 比喻夫妻失散后重新团聚或决裂后重新和好。[例句]在母亲的说合下，他们夫妻又～了。

【破旧立新】pò jiù lì xīn 破除旧的，建立起新的。[例句]要发展就必须～。

P

【破门而出】pò mén ér chū 破门：将门大开。将门大开而出现。比喻突然出现在某一场合。[例句]他～，令在场的所有人都很震惊。

【破涕为笑】pò tì wéi xiào 涕：眼泪。马上停止哭泣，露出笑容。指转悲为喜。[例句]小明哭着哭着，忽然发现丢失的玩具就在床下，这才～。

【破绽百出】pò zhàn bǎi chū 破绽：衣服上的裂缝，比喻说话做事中对不上茬的地方。形容说话、做事到处是漏洞。[例句]嫌疑人的口供～，完全不能自圆其说，警察决定追查到底。

pu

【扑朔迷离】pū shuò mí lí 古乐府《木兰诗》:“雄兔脚扑朔,雌兔眼迷离。双兔傍地走,安能辨我是雄雌?”意思是当把兔子揪住耳朵提起来的时候,雄兔的脚乱动,雌兔的眼睛微闭着;而当兔子跑起来的时候,就很难辨别雌雄了。后用来比喻事物错综复杂,不易辨别。[例句]这些传闻尽管～,却唤起了我的希望。

【铺天盖地】pū tiān gài dì 充满了整个天地。形容来势迅猛,到处都是。[例句]狂风夹杂着沙尘,～而来,行人连眼都睁不开了。

【铺张浪费】pū zhāng làng fèi 讲求排场,耗费钱财。[例句]当前,提倡艰苦朴素,反对～仍具有现实意义。

【璞玉浑金】pú yù hún jīn 璞玉:包在石头中的未经琢磨的玉;浑金:未经冶炼的金。未经雕琢的玉和未冶炼的金。比喻天然美质,未加修饰。[例句]这个小山村民风淳朴,村民们都如～,人与人之间绝对没有尔虞我诈。

【朴素无华】pǔ sù wú huá 俭朴而不浮华。[例句]她穿着～,气质却很高雅。

【普度众生】pǔ dù zhòng shēng 众生:众人,也指各种生物。佛教用语。指普遍超度一切人以至一切生物脱离苦海,登上彼岸。[例句]藏民们都夸救死扶伤的解放军医生是～的活菩萨。

【普天同庆】pǔ tiān tóng qìng 普:全、遍。全天下的人共同庆祝。[例句]在元宵节这～的日子里,到处张灯结彩,一片欢乐气氛。

【普天之下】pǔ tiān zhī xià 整个天下。指全国或全世界。[例句]～莫不为中国人民众志成城,战胜“非典”而欢欣鼓舞。

Q q

qi

【七步之才】qī bù zhī cái 原指三国时期曹植被哥哥曹丕所逼，七步中作诗。后用以形容才思敏捷。[例句]他才华横溢，文思敏捷，被人赞誉为“～”。

典故

三国时，魏文帝曹丕设计欲除掉弟弟曹植，他命令曹植在七步之内完成一首诗，否则将治以死罪。曹植果然在七步之内作了一首诗，大意是说：豆萁在锅下燃烧，豆子在锅中哭泣，豆萁原本和豆子是同根所生，为什么烧煮豆子时却如此急迫不留情。曹丕听后很惭愧。

【七长八短】qī cháng bā duǎn 形容长的长，短的短，一点都不整齐。也形容絮絮叨叨，说三道四。[例句]这堆木条～的，必须分开长短来堆放。

【七高八低】qī gāo bā dī 形容地面或物体高低不平。[例句]她独自一人在这～的崎岖小路上，摸黑走了两个小时。

【七拉八扯】qī lā bā chě 指漫无边际地闲谈。形容谈话内容杂乱而不着边际。[例句]夏日的晚上，人们在院子里～地闲聊着。

【七零八落】qī líng bā luò 形容零散、不整齐的样子。[例句]深秋时节，花草都已经～地凋谢了。

【七拼八凑】qī pīn bā còu 指把零碎的东西拼凑起来。形容勉强拼凑。[例句]父母～，终于凑齐了我的学费。
【七窍生烟】 qī qiào shēng yān 七窍：指两眼、两耳孔、两鼻孔和口。形容气愤、焦急到极点，好像耳目口鼻都要冒出火来。[例句]对方单方面撕毁合作协议，气得他～。
【七情六欲】 qī qíng liù yù 七情：喜、怒、哀、惧、爱、恶、欲；六欲：指生、死及耳、目、口、鼻所产生的欲念。泛指人的各种感情和欲望。[例句]人非草木，谁没有～呢？
【七上八下】 qī shàng bā xià 形容无所适从或心神不定。[例句]他心头～的，不知如何是好。
【七手八脚】 qī shǒu bā jiǎo 原为假设语，指比一般人多好几个手脚。后形容人手多，大家一起干活。[例句]大家～，不大一会儿就把屋子收拾好了。
【七嘴八舌】 qī zuǐ bā shé 形容人多嘴杂，你一句，我一句，议论纷纷。[例句]屋子里大家～地议论着。
【妻离子散】 qī lí zǐ sàn 指一家人离散，不能团聚。[例句]读了这些作品，当时社会生活的混乱和民间～、家破人亡的悲惨景象不时浮现在我的眼前。
【凄风苦雨】 qī fēng kǔ yǔ 凄风：寒风；苦雨：连绵不停的雨。形容天气恶劣。后用来比喻境遇悲惨凄凉。[例句]～的童年生活，造就了他百折不挠的性格。
【期期艾艾】 qī qī ài ài 西汉人周昌口吃，讲起话来常重说“期期”；三国魏的邓艾也口吃，多重复说“艾艾”。形容人口吃，说话不流利。[例句]晓刚～说了半天，我也没有明白他的意思。
【欺君罔上】 qī jūn wǎng shàng 欺骗、蒙蔽君主。[例句]魏忠贤～，陷害忠良，贪赃枉法，是个作恶多端的宦官。
【欺人太甚】 qī rén tài shèn 甚：过分。欺负人太过分。[例句]他占了便宜还不满足，还想得寸进尺，真是～！
【欺人之谈】 qī rén zhī tán 欺骗人的话。[例句]这些都是～，不要相信它。

【欺软怕硬】qī ruǎn pà yìng 欺凌软弱的，畏惧强硬的。[例句]此人向来～，这事不能靠他。

【欺三瞒四】qī sān mán sì 形容一再欺骗隐瞒。[例句]你再这样～，就会失去大家对你的信任。

【欺善怕恶】qī shàn pà è 欺侮良善，惧怕恶人。[例句]对他那副～的嘴脸，大家早就见识过了。

【欺上瞒下】qī shàng mán xià 对上级欺骗，对下级隐瞒。指以蒙骗取得上级的信任，逃避群众的监督。[例句]他～，作威作福，严重损害了公务员的形象。

【欺世盗名】qī shì dào míng 世：指世人；盗：偷窃、窃取。欺骗世人，窃取名誉。[例句]这篇文章抨击了那些～的伪君子。

【欺硬怕软】qī yìng pà ruǎn 指吃硬不吃软，即不惧怕强硬的意思。[例句]这个人生性倔强，向来～。

【漆黑一团】qī hēi yī tuán 形容一片黑暗，没有一点光明。比喻糊里糊涂，事情真相一点不知。[例句]突然停电，屋里～。

【齐头并进】qí tóu bìng jìn 几支队伍并行前进。常用来比喻几项工作同时展开。[例句]革新、挖潜、加强企业管理这几项工作要～，一起进行。

【齐心协力】qí xīn xié lì 协力：合力。形容众人一心，共同努力。[例句]全体工作人员～地苦干了两个月，终于提前完成任务。

【其乐融融】qí lè róng róng 融融：和谐而快乐的样子。形容和睦相处，十分快乐。[例句]联谊会上大家载歌载舞，～。

【其乐无穷】qí lè wú qióng 其中的乐趣没有穷尽。[例句]如果能坐宇宙飞船去遨游太空，相信那一定是一次～的旅行。

【其貌不扬】qí mào bù yáng 不扬：不好看。指人的容貌不好看。[例句]这个人，虽然～，但却才华出众。

【其势汹汹】qí shì xiōng xiōng 其：指示代词，那；汹汹：声势盛大的样子。形容来势凶猛。[例句]～、无比猖狂的侵略军，第一次进攻就受到了我军强有力的回击。
【奇耻大辱】qí chǐ dà rǔ 奇：少有的、异常的。极大的耻辱。[例句]袁世凯为了当皇帝，与日本订立了卖国的“二十一条”，这是我国历史上的～。
【奇花异卉】qí huā yì huì 奇：奇特、奇异；卉：草。奇异珍贵的花草。[例句]走进小院，满园子的～，让人心旷神怡。
【奇货可居】qí huò kě jū 奇货：珍奇的货物；居：囤积。把珍奇的货囤积起来，等价高时出售。比喻倚仗自己有某种专长或掌握某种事物，以图谋私利。[例句]做买卖也不容易，本以为～，结果反而折了本。
【奇谈怪论】qí tán guài lùn 奇怪的、不合事理的言论。[例句]有不少正确的科学预见，由于受当时历史条件的限制，常被误认为是～。
【奇文共赏】qí wén gòng shǎng 新奇的文章大家共同欣赏。现多指把荒谬、错误的文章发表出来供大家识别和批判。[例句]文章观点极为荒谬，内容荒诞不经。好在此文不长，特转录于后。我们～吧。
【奇形怪状】qí xíng guài zhuàng 稀奇古怪的形状。[例句]暮色苍茫中，那远处的山峰和古松越发显得～。
【奇珍异宝】qí zhēn yì bǎo 奇：奇特、奇异。奇异的珍宝。形容稀有的、难得的宝物。[例句]故宫博物院里陈列着许多～。
【歧路亡羊】qí lù wáng yáng 歧路：岔道；亡：丢失。岔道太多，找不到丢失的羊。比喻因情况复杂多变而迷失方向，走入迷途。[例句]对年轻人如不循循善诱，就有～的危险。
【骐骥一毛】qí jì yī máo 骐骥：千里马。千里马的一根毛。借指珍贵物品的极小一部分。[例句]这套文物在动乱时期已被破坏，现在剩下的有如～。
【崎岖不平】qí qū bù píng 崎岖：地面高低不平的样子。形容道路、地面不平。[例句]马车在～的小路上颠簸着。

【骑虎难下】qí hǔ nán xià 骑在老虎背上就很难再下来。比喻做事遇到困难,迫于形势又不能停下,进退两难。[例句]工程进行了一半,因资金不足而停工待料,真是搞得～。

【骑驴觅驴】qí lǘ mì lǘ 骑着驴找驴。比喻东西就在自己身边,却还到处去找。[例句]他拿着钥匙到处找钥匙,真是～。

【棋逢敌手】qí féng dí shǒu 逢:遇到;敌手:指技艺相当的对方。下棋碰上了技艺相当的对手。比喻彼此本领都不错,不相上下。[例句]这两支足球队都在全省比赛中获得过冠军,今天交锋,可以说是～。

【旗鼓相当】qí gǔ xiāng dāng 旗鼓:古代作战时用来发号施令的旌旗和战鼓。原指两军对敌。比喻双方势均力敌。[例句]这场比赛,双方～,实力都很强。

【旗开得胜】qí kāi dé shèng 旗帜刚展开就取得了胜利。形容战斗一打响,就取得胜利。比喻事情刚刚开头就取得成功。[例句]此次女排世锦赛,我国队员～,获得了首场比赛的胜利。

【旗帜鲜明】qí zhì xiān míng 原指古代交战时队伍军容严整,旗帜光彩鲜艳。现多用于比喻观点明确。[例句]在大是大非的问题上,要～地表明自己的观点和立场。

Q

【杞人忧天】qǐ rén yōu tiān 杞:古国名,在河南杞县;忧天:担心天会塌下来。一个杞国人老是担忧天会掉下来。比喻过分的、完全不必要的忧虑和担心。[例句]这是我关心太切,才有～之虑。

典故

古时候,有个小国叫杞国。杞国有个人害怕天塌下来,日夜忧愁,整天念叨:“天啊,你这么大,又这么高,一旦塌下来可怎么办呢?”有个好心人知道后劝他说:“天不过是积聚起来的气体,哪里都有气,你整天在气里呼吸活动,等于整天是在天里生活着,为什么还怕天会塌下来呢?”他听了以后终于开了窍,从此不再忧心天会塌下来了。

【起早贪黑】 qǐ zǎo tān hēi 起得早，睡得晚。形容辛苦劳碌。[例句]他～，终于忙完了地里的活。

【气冲牛斗】 qì chōng niú dǒu 牛、斗：牛宿和斗宿。泛指星空。原指宝剑的光气射入天际。后多用来形容豪气、气势或不平之气十分昂扬。[例句]受检阅部队豪情满怀，～，大步行进在阅兵场上。

【气冲霄汉】 qì chōng xiāo hàn 气：气势；霄：云霄、云天；汉：河汉、银河；霄汉：天空。气势直冲云天。形容大无畏的气魄。[例句]朱德的诗抒发了八路军将士～的抗日斗志。

【气喘吁吁】 qì chuǎn xū xū 吁吁：喘气的声音。呼吸急促的样子。[例句]由于平时训练少，跑完八百米，大家都～了。

【气贯长虹】 qì guàn cháng hóng 气：气概、精神；贯：贯穿。形容气势壮盛，简直可以上贯长虹。[例句]他那～的英勇气魄，表现了共产党人的大无畏革命精神。

【气急败坏】 qì jí bài huài 上气不接下气，狼狈不堪的样子。形容恼怒至极又无可奈何。[例句]事情接连搞砸，他不由得～地发起火来。

【气势磅礴】 qì shì páng bó 气势：(人或事物)表现出的某种力量和状态；磅礴：广大无边的样子。形容气势雄伟盛大。[例句]一台台庞大的重型设备安装在矿区，把～的矿山装点得更加雄伟壮观。

【气势汹汹】 qì shì xiōng xiōng 汹汹：声势盛大的样子。形容盛怒凶狠的样子。[例句]他～地走进来，好像受了什么气要找人来发泄似的。

【气吞牛斗】 qì tūn niú dǒu 见“气冲牛斗”。

【气吞山河】 qì tūn shān hé 气：气势、气魄。气魄可以吞没山河。形容气魄很大。[例句]这～的吼声，冲破了静夜，在四岭山的群峰中扩散开来。

【气味相投】 qì wèi xiāng tóu 气味：指思想或志趣；投：投合。思想、性格、志趣相投合。[例句]他们几个～，无话不谈。

【气息奄奄】qì xī yǎn yǎn 气息：呼吸时进出的气；奄奄：气息微弱的样子。气息微弱。形容气息微弱、快要断气的样子。也形容事物临近灭亡。[例句]当警方把他从绑匪手中救出来时，他已经被折磨得～了。

【气象万千】qì xiàng wàn qiān 气象：景象。形容景色或事物富于变化，非常壮观。[例句]生活的本身～，反映现实生活的文艺作品也应该丰富多彩。

【气焰嚣张】qì yàn xiāo zhāng 嚣张：放肆。指气势逼人，蛮横强暴。[例句]在确凿的证据面前，原本～的嫌疑人终于低下了头。

【气宇轩昂】qì yǔ xuān áng 气宇：指人的仪表、风度、气概；轩昂：精神饱满、不平凡的样子。形容人精神饱满，气概不凡。[例句]这个人～，太爷爷十分喜欢。

【气壮山河】qì zhuàng shān hé 壮：壮丽。形容气概像高山大河般雄壮豪迈。[例句]文天祥就义前写下了～的诗篇。

【弃暗投明】qì àn tóu míng 离开黑暗，投奔光明。原指脱离昏庸之主，投向贤明之主。现指断绝与黑暗势力的关系，投奔进步方面。[例句]你如此本领，何不～，争取为国立功呢？

Q

【弃如敝屣】qì rú bì xǐ 敝：破败；屣：鞋子。像扔掉破鞋子那样把它扔了。比喻毫不可惜地扔掉。[例句]他这人非常势利，需要你时就把你捧到天上，一旦不用你了，就～。

【泣不成声】qì bù chéng shēng 泣：低声哭。哭得直到出不来声音。形容极为悲伤。[例句]她得知儿子死于空难的消息后，悲痛欲绝，～。

【契合金兰】qì hé jīn lán 契合：投合；金兰：指朋友相好。形容朋友间非常投合。[例句]他们两人志同道合，～。

qia

【掐头去尾】qiā tóu qù wěi 去掉头和尾两部分，事物只剩下中间一部分。比喻做较大的压缩。也比喻除去无用的或不重要的部分。也指没头没尾，看不出结果。还可指不实事求是，只按自己的需要决定取舍。[例句]他把这篇文章～，保留了体现文章主旨的部分。

【恰到好处】qià dào hǎo chù 恰：正巧、刚好。形容说话做事恰好到了最适当的地步。[例句]老田对这件事的处理公允妥当，～。

【恰如其分】qià rú qí fèn 分：分寸，正当的限度。形容办事、说话正合分寸。[例句]文章的修辞应当力求准确、～，不要矫揉造作，因词害意。

qian

【千变万化】qiān biàn wàn huà 形容变化无穷。[例句]这世界真是个万花筒，～，无奇不有。

典故

西周时，周穆王外出巡视，途中遇到一位叫偃师的工匠。这位工匠拿出自己造的假人，这些假人在这位工匠的操纵下，说唱歌就唱歌，说跳舞就跳舞，表演的动作和姿态千变万化。周穆王看了拍手叫绝，不住地赞叹偃师高超的手艺。

【千差万别】qiān chā wàn bié 形容差别很大。[例句]从某种意义上说，科学就是要认识和利用自然界～的事物。

【千疮百孔】qiān chuāng bǎi kǒng 见“百孔千疮”。

【千锤百炼】qiān chuí bǎi liàn 锤、炼：指打铁炼钢，除去杂质。比喻经过多次艰苦斗争的锻炼考验。也比喻文章、作品经过多次仔细的修改。[例句]中国人民解放军是毛泽东思想武装起来，经过～的所向无敌的英雄军队。

【千刀万剐】qiān dāo wàn guǎ 剐：割肉离骨，封建时代一种残酷的死刑。把人的肢体割成碎块。多用来骂人不得好死。[例句]这帮卖假药的家伙真该～。

【千叮万嘱】qiān dīng wàn zhǔ 形容反复叮咛，一再嘱咐。[例句]

父母亲对儿子～，让他进入考场后，放松心情，细心答题。

【千恩万谢】qiān ēn wàn xiè 一再地感谢。[例句]他受到别人的帮助后，总是～。

【千方百计】qiān fāng bǎi jì 方：方法；计：计策、办法。用各种各样的办法。[例句]各级政府～开辟财源，初步改善了中小学的办学条件。

【千夫所指】qiān fū suǒ zhǐ 被众人所指责。形容激起公愤，遭众人唾骂痛恨。[例句]秦桧陷害岳飞，卖国求荣，其结果是～，遗臭万年。

【千古绝唱】qiān gǔ jué chàng 千古：年代久远；绝唱：指诗文创作的最高造诣，也指最好的作品。自古以来最好的作品。[例句]岳飞的～《满江红》，至今读来仍能催人奋进，激发人们的爱国主义热情。

【千古奇闻】qiān gǔ qí wén 千古：年代久远；奇闻：奇异的事情或消息。从来没有听说过的事情或消息。有时表示否定的意味。[例句]这确是～，一个七十三岁老人带着九十九岁老母，骑三轮车从东北来到海南。

Q

【千呼万唤】qiān hū wàn huàn 指多次呼唤，再三催促。[例句]台上，报幕员几番恭请；台下，观众～，这位歌星终于为大家再展歌喉。

【千回百转】qiān huí bǎi zhuǎn 回旋反复。形容经过很多周折。也形容文艺作品的情节跌宕起伏，或事物的发展过程曲曲折折，很不顺利。[例句]这部小说气势恢宏，情节～，令人百读不厌。

【千家万户】qiān jiā wàn hù 指许许多多人家。[例句]他给～送去了温暖。

【千娇百态】qiān jiāo bǎi tài 娇：美好可爱。形容女性娇美可爱。[例句]模特儿队中，众芳争艳，～。

【千金一掷】qiān jīn yī zhì 千金：指很多钱；掷：扔，此指下赌注。赌徒以千金当一注投掷。形容挥霍无度。[例句]他是富家子弟，

～，根本不知道贫穷人家的艰苦。

【千军万马】 qiān jūn wàn mǎ 形容雄壮的队伍或浩大的声势。[例句]且看看故乡人民是怎样在催动着～，创造自己金光闪闪的事业吧。

【千钧一发】 qiān jūn yī fà 见“一发千钧”。

【千里送鹅毛】 qiān lǐ sòng é máo 比喻礼品虽然微薄，却含有深厚的情意。[例句]中秋节前夕，他收到了友人从远方寄来的月饼，真是～，礼轻情意重啊！

【千里迢迢】 qiān lǐ tiáo tiáo 迢迢：遥远。形容路途很遥远。[例句]我从河南叶县，～徒步到了四川巴东。

【千难万难】 qiān nán wàn nán 形容困难重重。[例句]纵然面临～，我们也要挺过去。

【千年万载】 qiān nián wàn zǎi 形容岁月久远。[例句]一部《史记》～永流传。

【千篇一律】 qiān piān yī lǜ 一千篇文章都一个样子。指文章公式化。也比喻事物的形式陈旧呆板。[例句]学生的资质高低不一，因此不能～地用同一方式去教学。

【千奇百怪】 qiān qí bǎi guài 稀奇古怪，花样繁多。[例句]海底世界～。

【千千万万】 qiān qiān wàn wàn 见“万万千千”。

【千秋万古】 qiān qiū wàn gǔ 形容时间极长久。[例句]社会主义事业是～的事业。

【千山万水】 qiān shān wàn shuǐ 形容路途遥远或充满险阻。[例句]他们虽远隔～，但心却是连在一起的。

【千丝万缕】 qiān sī wàn lǚ 缕：线。千根丝，万根线。原形容一根又一根，无法数清。现形容联系错综复杂或十分密切。[例句]和祖国～的感情使他沉浸于一种如醉如痴的境界。

【千思万想】 qiān sī wàn xiǎng 形容反复考虑。[例句]他～，仍觉得此事不妥，认为不应该做。

【千态万状】qiān tài wàn zhuàng 形态多种多样。[例句]海边的贝壳～，你可以尽情地拾捡。

【千头万绪】qiān tóu wàn xù 形容事情繁杂纷乱，头绪很多。[例句]这项工作牵涉方方面面，～。

【千推万阻】qiān tuī wàn zǔ 百般推托与阻止。[例句]对于他求你的事情，你要大力支持，而不能～。

【千辛万苦】qiān xīn wàn kǔ 许许多多、各种各样的艰难困苦。[例句]供我上学的钱是父母亲终年省吃俭用，～积攒起来的。

【千言万语】qiān yán wàn yǔ 很多的话。[例句]他滔滔不绝，似有～。

【千依百顺】qiān yī bǎi shùn 形容事事顺从。[例句]父母疼爱孩子是可以理解的，但不要对孩子～，娇惯溺爱。

【千载难逢】qiān zǎi nán féng 载：年。一千年里也难得遇到。形容机会极其难得和宝贵。[例句]我们的时代，是～的时代，是奋发有为的时代。

【千真万确】qiān zhēn wàn què 确确实实，不容置疑。[例句]他这时才体会到“少壮不努力，老大徒伤悲”的古训是～的真理。

【千姿百态】qiān zī bǎi tài 各种各样不同的姿态。[例句]这幅《百猴图》里的猴子～，栩栩如生。

【迁客骚人】qiān kè sāo rén 迁客：被贬到外地的官吏；骚人：诗人。泛指失意的文人。[例句]封建社会有些正直的官吏，政治上往往不得意，动辄遭受贬谪，虽怀报国之心，却只能作些～之叹。

【牵肠挂肚】qiān cháng guà dù 牵：拉。形容思念之切，放心不下。[例句]对远在异国求学的儿子，母亲不免～。

【牵强附会】qiān qiǎng fù huì 附会：把不相联系的事物说成有联系。形容生拉硬扯，勉强凑合。[例句]我们引用古代诗句，要尽量恰如其分，决不能望文生义，～。

【谦虚谨慎】qiān xū jǐn shèn 谦虚：虚心、不自满；谨慎：慎重小心。

为人谦逊虚心，处事严谨慎重。[例句]我们要保持～、艰苦奋斗的作风。

【前车之鉴】qián chē zhī jiàn 鉴：镜子，引申为教训。前面车子翻倒的教训。比喻前人的失败，后人可以当作教训。[例句]我们应该以他为～。

【前程万里】qián chéng wàn lǐ 形容前途远大。[例句]他有胆有识而又风华正茂，将来一定是～。

【前赴后继】qián fù hòu jì 赴：去；继：紧接着跟上去。前面的人冲上去，后面的紧跟上去。指不屈不挠，一代接一代地勇往直前。[例句]在抵抗外来侵略的斗争中，中国人民～，留下了无数可歌可泣的故事。

【前功尽弃】qián gōng jìn qì 功：功夫；弃：失掉。事情在接近成功时遭到失败，前面的努力全都白费。[例句]实验已进入最后阶段，如有失误，便会～。

【前呼后应】qián hū hòu yìng 前面呼叫，后面应和。也指写文章时结构紧凑，上下文相呼应。[例句]六一儿童节，来游园的小朋友们～，热闹非凡。

【前呼后拥】qián hū hòu yōng 前面有人吆喝开道，后面有人簇拥护卫。多形容旧时官吏出行时随从很多，排场大。后也泛指前后随行的人很多。[例句]几位著名的球星在一大批球迷的～下走上街头，共庆胜利。

【前倨后恭】qián jù hòu gōng 倨：傲慢、怠慢。对人态度由傲慢而变为恭敬。多指人势利。[例句]他～的态度让我们大惑不解。

【前怕狼，后怕虎】qián pà láng, hòu pà hǔ 形容人胆小怕事，顾虑重重。[例句]有的读书人做事，总是～，顾虑重重。

【前仆后继】qián pū hòu jì 仆：倒下；继：跟着。前面的倒下了，后面的跟着前进。指不怕牺牲、英勇奋斗。[例句]一百年来，优秀人物不怕牺牲、～，摸索救国救民的真理，是可歌可泣的。

【前思后想】qián sī hòu xiǎng 指反复思量。[例句]他～，最后决定把房子买下。

【前所未闻】qián suǒ wèi wén 从来没有听说过。[例句]老张家招了个外国女婿，这在当地可是～的。

【前所未有】qián suǒ wèi yǒu 从来没有过的。[例句]科学技术工作受到了全党和全国人民～的重视和关怀。

【前无古人】qián wú gǔ rén 前人未曾具备或实现的，空前的。[例句]我们正进行着～的伟大事业。

【前仰后合】qián yǎng hòu hé 身体前后晃动，站不住、坐不稳的样子。也形容大笑时的样子。[例句]爸爸听了这个故事，笑得～。

【前因后果】qián yīn hòu guǒ 因：起因；果：结果。本为佛教语，指因果报应。泛指事情的起因和结果，即全过程。[例句]这件事的～，必须弄清楚。

【潜移默化】qián yí mò huà 潜：暗中，不露形迹；默：毫无声息。形容人的思想或性格因受各种因素的影响而无形中起了变化。[例句]文艺作品对人的思想有～的作用。

【黔驴技穷】qián lǘ jì qióng 黔：今贵州省一带；技：技能；穷：尽。比喻极其有限的一点本领也使尽了。[例句]敌人依仗的是机械化部队，我们给它来个破路断桥，它就～了。

典故

唐朝著名文学家柳宗元在《黔之驴》中讲了这样一个故事：贵州本地不产驴，有人从外地带了一头驴去，但带去后又没什么用处，便把它放到山上。老虎见到了，以为是个庞然大物，吓得躲在树林里不敢出来。开始时，驴一叫，老虎就非常害怕，以为要吃它，退得远远的。后来，老虎觉得驴也没什么特殊的本领，就走近戏弄它。驴非常生气，就用蹄子踢老虎。老虎一看驴的本领不过如此而已，就咬断它的喉咙，吃完它的肉，才离去。

【浅尝辄止】qiǎn cháng zhé zhǐ 辄：就。略微尝试一下就停止了。比喻做事情不深入钻研，刚入门便又停止了。[例句]学习如果不能持之以恒，～，那将一事无成。

【浅见寡闻】qiǎn jiàn guǎ wén 见识浅陋，知道的不多。形容见识浅薄。[例句]这事的发生，以我的～，是万万想不到的。

【浅斟低酌】qiǎn zhēn dī zhuó 慢慢地饮酒。形容悠闲自得地饮酒的样子。[例句]难得有此雅兴，我们～，互诉心曲。

【遣辞措意】qiǎn cí cuò yì 遣：安排；措：考虑、选择。意为安排语言，确立主旨。[例句]这篇文章～的确不凡。

qiang

【枪林弹雨】qiāng lín dàn yǔ 枪似林，弹如雨。形容炮火密集，战斗激烈。[例句]担架队队员们冒着～，在战场上抢救伤员。

【强干弱枝】qiáng gàn ruò zhī 加强主干，削弱枝叶。比喻加强中央集权，削弱地方势力。[例句]历史上撤藩之举，即有～之意。

【强弩之末】qiáng nǔ zhī mò 弩：古代一种用机械力量射箭的弓；末：箭射程的末尾。已达末程的强弩的箭。比喻原本强大而现在已经衰微的、不起任何作用的力量。[例句]这支杂牌军已是～，再没有什么战斗力了。

【墙面而立】qiáng miàn ér lì 面对着墙站着，眼睛里什么也看不到。形容人不学无术。[例句]这个人～，还敢在人前夸夸其谈，真是不知羞耻。

【墙头马上】qiáng tóu mǎ shàng 姑娘从墙头望，骑马路过的小伙子正巧看到她。借指青年男女一见相爱，从而定情。[例句]～的爱情只不过是把封建社会的生活诗化而已。

【强词夺理】qiǎng cí duó lǐ 强：勉强、硬要；夺：夺取、争夺。极力强辩，没理硬说有理。[例句]事实胜于雄辩，～是没有用的。

【强人所难】qiǎng rén suǒ nán 勉强别人做不能或不愿做的事情。[例句]他既然不会喝酒，我们就别～了。

【强颜欢笑】qiǎng yán huān xiào 装出一副高兴的面孔给人看。[例句]为了不使亲人因我受伤而难过，我只得～，故作轻松。

qiao

【敲冰戛玉】qiāo bīng jiá yù 戛：敲击。形容声音清脆或音节铿锵，就像敲击冰块和玉石发出的响声。[例句]她的歌声婉转悠扬，似～，观众们个个听得如痴如醉。

【敲骨吸髓】qiāo gǔ xī suǐ 髓：骨髓。敲破骨头吸取骨髓。比喻残酷地剥削、压榨。[例句]～般的榨取，最终招来的是灭亡的命运。

【敲锣打鼓】qiāo luó dǎ gǔ 敲打锣鼓等乐器。指制造声势，大肆宣传。也用来形容热烈欢庆的场面。[例句]节日期间，群众自发组织起来，～，前去慰问驻守当地的子弟兵。

【敲山震虎】qiāo shān zhèn hǔ 比喻故意制造声势，使隐蔽的对方震动。[例句]队长用了一个～的计策吓退了敌人。

【敲诈勒索】qiāo zhà lè suǒ 敲诈：仗着势力或抓住人的把柄来施行恐吓，以索取财物；勒索：用威胁手段索取财物。倚仗势力或采用其他不正当的手段，强制索取他人钱财。[例句]这几个劫持人质～的绑匪终于被武警制伏了。

Q

【乔迁之喜】qiáo qiān zhī xǐ 乔迁：鸟飞离深谷，迁移到高大的乔木上去。比喻由低升高。用以祝贺人搬家或官职升迁。[例句]他家今天高朋满座，都来庆祝他的～。

【乔装打扮】qiáo zhuāng dǎ bàn 乔装：打扮、化装。改变自己的外形，使人认不出自己。指进行伪装，隐蔽身份，以欺骗别人。[例句]他～了一番后，趁天黑进城打探情报去了。

【翘足而待】qiáo zú ér dài 翘：举、抬起。一抬脚的短时间内即可等到。形容很快就会实现。[例句]这项调查的完成不可能～，是需要一段时间的。

【翘足引领】qiáo zú yǐn lǐng 引领：伸长脖子。抬起脚，伸长脖子。形容焦急等待、热切盼望的样子。[例句]高考结束后，大家都～地盼望着大学的录取通知。

【巧夺天工】qiǎo duó tiān gōng 夺：胜过；天工：天然形成的精巧。

人工的精巧胜过天然。形容技艺精巧、绝妙。[例句]展览馆里陈列着的一些工艺美术品，～，令人赞叹不已。

【巧立名目】qiǎo lì míng mù 巧：奸巧，要弄花招；名目：各种名称、项目。原指在规定的项目之外，用奸巧的手法另设种种名目，向老百姓收取钱财。后泛指变着法儿达到某种不正当的目的。[例句]旧中国的贪官污吏总是～，聚敛钱财。

【巧取豪夺】qiǎo qǔ háo duó 巧取：要弄各种花招来骗取；豪：强横；豪夺：用强力抢占。指用欺诈和强暴的手段攫取掠夺。[例句]那些贪官污吏对人民～，想尽办法来填满自己的腰包。

【巧舌如簧】qiǎo shé rú huáng 簧：乐器里薄叶状的发声振动体。舌头灵巧得像簧片一样。形容花言巧语，说得非常动听。[例句]他们即使～，也无法否认这些事实。

【巧言令色】qiǎo yán lìng sè 巧言：虚假动听的话；令色：讨好别人的脸色。形容用花言巧语和谄媚的脸色迷惑、讨好别人。[例句]善于～的人，表面上对你十分亲热，其实往往别有用心。

qie

【切磋琢磨】qiē cuō zhuó mó 切：指加工骨头；磋：指加工象牙；琢：指加工玉石；磨：指加工石头。古代指对骨、象牙、玉、石的加工工艺。比喻在道德、学问上一块研究商讨，互相学习，共同提高。[例句]～是学习上相互促进、共同提高的好方法。

【窃窃私语】qiè qiè sī yǔ 窃窃：形容声音细微；语：说话。偷偷地或在背地里小声交谈。[例句]两个人鬼鬼祟祟，～了好一阵子。

【锲而不舍】qiè ér bù shě 锲：刻；舍：放弃、停止。不断地镂刻下去。比喻持之以恒，坚持不懈。[例句]许多国家的科学家都在～地进行研究，决心攻克艾滋病这一难题。

qin

【亲力亲为】qīn lì qīn wéi 自己动手，亲自操办。[例句]这位年轻的母亲从买菜下厨、辅导孩子学外语到带孩子打预防针，大大小小的事都～。

【亲密无间】qīn mì wú jiàn　间：缝隙、隔阂。形容非常亲密，没有一点隔阂。[例句]他们是～的好朋友。

【亲如手足】qīn rú shǒu zú　手足：比喻兄弟。形容关系非常亲密，就像亲兄弟一样。[例句]刘备、关羽、张飞三人～，生死与共。

【亲上成亲】qīn shàng chéng qīn　原本就是亲戚，又再结姻亲。[例句]他们原本是远亲，现在又结为亲家，真是～。

【亲痛仇快】qīn tòng chóu kuài　仇：仇敌；快：快意、高兴。使亲人痛心，仇人高兴。[例句]这种～的事你也干得出来？

【琴棋书画】qín qí shū huà　指弹琴、下棋、写字、绘画。表示有文化素养。[例句]张家姑娘不仅长得漂亮，而且聪明过人，～，样样都会。

【琴瑟不调】qín sè bù tiáo　琴、瑟：乐器名。琴瑟合奏时音色不协调。比喻夫妻关系不好。也比喻政令不当，失去调节。[例句]这对老夫妻～，老是吵吵闹闹的。

【琴瑟和谐】qín sè hé xié　琴、瑟：乐器名。琴瑟合奏时，音色和谐。比喻夫妇情深意笃，非常和美融洽。[例句]他俩自结婚以来，～，十分恩爱。

【勤俭持家】qín jiǎn chí jiā　持：治理。勤劳、节俭地操持家务。[例句]～是中国人民的优良品德。

【勤能补拙】qín néng bǔ zhuō　勤：勤奋；补：弥补；拙：笨拙。只要勤奋就能弥补先天的愚笨。[例句]虽然你天资比别人稍差，但～，只要肯下功夫，是一定可以赶上其他人的。

【勤勤恳恳】qín qín kěn kěn　勤：勤劳；恳：诚恳。勤劳诚实。多形容学习、工作勤奋踏实。[例句]他就像老黄牛一样，多年来一直～地为人民服务。

【擒贼擒王】qín zéi qín wáng　捉贼先要捉住首领。比喻做事要抓住要害。[例句]～，我们首先要解决关键问题。

【寝不安席】qǐn bù ān xí　寝：睡觉。睡觉时不能安于枕席。形容心事重重而无法入睡。［例句］这项工作不能顺利进行，使得张经理～，食不甘味。

【寝食不安】qǐn shí bù ān　寝：睡觉；食：吃饭；安：稳。不能安安稳稳地吃饭睡觉。形容心情烦躁，昼夜不安。［例句］上报的工作计划迟迟不能批复，让他～。

【沁人心脾】qìn rén xīn pí　沁：渗入；脾：脾脏。渗入人的内脏。形容吸入芳香、凉爽的空气或饮进清凉的饮料，使人感到很舒适。也形容美好的诗文给人以清新、爽朗的感受。［例句］一阵阵新鲜的泥土气息，素淡的蔬菜清香，～。

qing

【青出于蓝】qīng chū yú lán　青：靛青，青色颜料；蓝：蓼蓝，一种可以提炼颜料的草。靛青是从蓼蓝里提炼出来的，但是颜色比蓼蓝更深。比喻人经过学习或教育之后可以得到提高。比喻学生超过老师。［例句］他的水平已经超过了导师，真是～而胜于蓝。

【青红皂白】qīng hóng zào bái　皂：黑色。几种不同的颜色。比喻事情的是非曲直或底细根由。［例句］你怎么能不问～地乱下结论！

【青黄不接】qīng huáng bù jiē　青：指田里的青苗；黄：指黄熟的谷物。旧粮已经吃完，新粮还未接上。也比喻新旧衔接不上或新老不能交替。［例句］随着大批青年科技人才的迅速成长，科技战线上那种～的状况很快就会改变。

【青梅竹马】qīng méi zhú mǎ　青梅：青的梅子；竹马：当马骑的竹竿。形容小儿女天真无邪，一起游戏。多指男女之间从小就亲密无间。［例句］我们是～的好朋友。

【青面獠牙】qīng miàn liáo yá　青面：泛青色的脸；獠牙：露在嘴外面的长牙。形容面貌凶恶。［例句］《镜花缘》里描写的“两面国”国民，当面慈眉善目，背后～，寓意深远。

【青山绿水】qīng shān lǜ shuǐ 青色的山,绿色的水。形容景色秀丽。[例句]这~的美景,真使人心旷神怡。

【青史留名】qīng shǐ liú míng 青:指竹、竹简;青史:指史书,古代没有纸,在竹简上书写记事。名声留传在史册上。指永远为后人纪念。[例句]岳飞抗金保国的事迹~。

【青天白日】qīng tiān bái rì 指大白天。[例句]~,你们竟敢干违法的勾当!

【青云直上】qīng yún zhí shàng 青云:青天、高空;直上:直线上升。向高空飞腾直上。比喻人的地位直线上升。[例句]他近几年官运亨通,~,从一个小科员居然坐上了局长的宝座。

【轻财好施】qīng cái hào shī 轻:轻视;好:喜欢;施:施舍。不看重财物,乐于救济别人。[例句]他是个~的人,无论谁有困难,他都会帮助。

【轻车简从】qīng chē jiǎn cóng 轻:使变轻;简:使简便;从:随从。减少出行时的行李和随从。[例句]他向县里要了一辆吉普车,~地下乡视察工作去了。

Q

【轻车熟路】qīng chē shú lù 驾着轻便的车,走熟路。比喻对事情熟悉,做起来轻而易举。[例句]他是个老工程师,干技术活~。

【轻而易举】qīng ér yì jǔ 形容事情容易,做起来不费力气。[例句]考大学不是~的事,得用功学习才行。

【轻歌曼舞】qīng gē màn wǔ 轻:轻快;曼:柔美。轻快的音乐,美妙的舞蹈。[例句]周末舞会上,老年人也同青年人一样~,共度良宵。

【轻举妄动】qīng jǔ wàng dòng 轻:轻率;妄:任意。没有认真考虑就盲目行动。[例句]在没有弄清情况之前,你切不可~。

【轻描淡写】qīng miáo dàn xiě 原指绘图时用浅淡的颜色不着力地轻轻描绘。引申为说话或写文章把重要问题轻轻带过。也指不重视,不当回事。[例句]这样重要的事情,他却~地说是小事。

【轻手轻脚】qīng shǒu qīng jiǎo 形容走路时动作很轻,尽量不发出声音。[例句]温大娘整天小心翼翼,连刷锅洗碗都~,不出声儿。

【轻于鸿毛】 qīng yú hóng máo 鸿毛:大雁的羽毛。比大雁的羽毛还轻。比喻极其轻微或没有任何价值。[例句]这点礼物虽然~,但毕竟是我的一番心意,希望你能收下。

【轻重倒置】 qīng zhòng dào zhì 轻重不分,主次颠倒。[例句]做任何事都要分清主次,不要~。

【轻重缓急】 qīng zhòng huǎn jí 轻的、重的、不急的、紧迫的各种不同情况。指事物有轻重、主次的区别。[例句]做事要分清~,抓住关键。

【轻装上阵】 qīng zhuāng shàng zhèn 原指古代战士不穿铠甲上阵作战,动作灵活方便。现多比喻能够放下各种思想包袱,全身心地投入工作。[例句]尽管以前曾经失利,但你要放下包袱,~。

【倾巢而出】 qīng cháo ér chū 巢:鸟窝。整窝的鸟全飞出来。比喻全体出动。[例句]这个犯罪团伙~,结果被一网打尽。

【倾国倾城】 qīng guó qīng chéng 倾:倾覆。原指君主迷恋女色而亡国。后形容女子极其美貌。[例句]历史上,许多~的女子,其结局都令人叹惜。

【倾家荡产】 qīng jiā dàng chǎn 倾:倒出;荡:弄光。弄光全部家产。[例句]这场火灾使他~。

【倾盆大雨】 qīng pén dà yǔ 倾盆:把盆翻倒。形容雨又大又急,像倒下来一样。[例句]连续几天的~,山洪像脱缰的野马奔腾而下。

【倾箱倒箧】 qīng xiāng dào qiè 箧:小箱子。把所有箱子里的东西都倒出来。比喻尽其所有,全拿了出来。[例句]他把所知道的情况~般地告诉了我。

【卿卿我我】 qīng qīng wǒ wǒ 卿:古代君对臣、长辈对晚辈或夫妻间、好朋友之间的称谓,相当于“你”。表示男女之间感情深厚,情意缠绵。[例句]这对新婚夫妻~,情深意浓。

【清规戒律】 qīng guī jiè lǜ 清规:原是佛教寺院规则的总称;戒律:

原指佛教徒必须遵守的生活规则。佛教徒必须遵守的规则和戒条。比喻束缚人的各种条条框框。[例句]企业要少一些～，让大家放开手脚大胆创新。

【清水衙门】qīng shuǐ yá mén 比喻没有什么油水的机构或职位。[例句]他在市总工会混了二年，觉得那是～。

【清闲自在】qīng xián zì zài 清静休闲，自有乐趣。[例句]他退休在家，倒落得个～。

【清心寡欲】qīng xīn guǎ yù 清心：使内心无杂念；寡欲：使欲望减少。尽量控制自己的欲望，使内心保持清静。[例句]先生向来～，这也正是他的长寿之道。

【蜻蜓点水】qīng tíng diǎn shuǐ 蜻蜓在水面上飞翔，触水而过。比喻进行某些动作时稍一接触迅即离开。也比喻浮浅地接触，很不深入地做事。[例句]他们那种～式的调查方式很难保证结论的可靠性。

【情不自禁】qíng bù zì jīn 禁：抑制。感情激动，控制不住自己。[例句]听到这个消息，他～地哭了起来。

Q

【情窦初开】qíng dòu chū kāi 情窦：男女相爱的心窍。指少年男女开始懂得爱情。[例句]学校有责任教育～的学生正确认识和处理恋爱问题。

【情急智生】qíng jí zhì shēng 智：智慧。在情况紧急时猛然想出了应对的办法。[例句]在特务们走拢来时，～的老关拔出枪来朝天开了一枪。街上的人群大乱，老关乘机混在人群里走了。

【情景交融】qíng jǐng jiāo róng 交融：相互融合，结合得很紧密。指文艺作品中景物的描写或环境的渲染同感情的抒发紧密结合。[例句]景物描写应该创造出意境，做到以景写情，借景抒情，～。

【情理难容】qíng lǐ nán róng 容：宽容、原谅。无论是从人情来说，还是从事理来说，都不能原谅。[例句]杀人犯逍遥法外，这是～的。

【情深似海】qíng shēn sì hǎi 感情像大海一样深厚、广阔。[例句]

他们兄弟共同闯荡多年，～，无人能比。

【情深意重】qíng shēn yì zhòng 感情极其深厚。[例句]他俩是共患难的兄弟，～。

【情随事迁】qíng suí shì qiān 迁：变动、改变。思想感情随着客观情况的变化而发生变化。[例句]因为翻衣箱，翻出几面古铜镜子来，大概是民国初年刚到北京时买的，"～"，全然忘却，宛如隔世的东西了。

【情同骨肉】qíng tóng gǔ ròu 情：感情；骨肉：比喻父母兄弟子女等血统关系近的人。情谊深厚，如同亲人。[例句]多年的交情，我们～。

【情同手足】qíng tóng shǒu zú 手足：比喻兄弟。情谊深厚，如同兄弟。[例句]几年来，共同的战斗生活，使他们越发亲近，彼此～，心和心紧紧地连在了一起。

【情投意合】qíng tóu yì hé 投：相合。形容双方感情融洽，很合得来。[例句]他们两人一见如故，～。

【情有独钟】qíng yǒu dú zhōng 指对人或事物有特别专一的感情。[例句]父母希望她当医生，她却对写作～。

【情有可原】qíng yǒu kě yuán 原：原谅。从情理上来看，可以原谅。[例句]他因病不来，是～的事。

【晴天霹雳】qíng tiān pī lì 晴天突然响起了炸雷。比喻突然发生的令人震惊的事情或灾祸。[例句]惊闻噩耗，如～，他悲不自胜。

【请功受赏】qǐng gōng shòu shǎng 请求根据功劳给予奖赏。[例句]你在这次战役中立了大功，我们连部为你～。

【请君入瓮】qǐng jūn rù wèng 瓮：坛子。比喻用某人整治别人的办法来整治他自己。[例句]他既然喜欢捉弄人，我们就～，让他也尝尝被捉弄的滋味。

【罄竹难书】qìng zhú nán shū 罄：尽、完；竹：竹简，狭长的竹片，古人用以写字；书：写。把竹子用完了都写不完。形容罪行多，难以尽述。[例句]八国联军的侵华罪行，～。

qiong

【穷兵黩武】 qióng bīng dú wǔ 穷：用尽；黩：滥用。滥用武力，肆意发动战争。[例句]自古以来，～的国家或君王都不得人心。

【穷极无聊】 qióng jí wú liáo 穷：困窘；极：极端；无聊：无所依托。原指极度困厄，毫无希望。现多形容极为烦闷而无所事事。[例句]有些年轻人～，就会惹是生非。

【穷寇勿追】 qióng kòu wù zhuī 穷寇：走投无路的敌寇，泛指残败的敌人。不要追逼无路可逃的残敌，以免敌人情急反扑，给自己造成损失。[例句]虽说"～"，但也不能过分拘泥，对于穷凶极恶者应除恶务尽。

【穷困潦倒】 qióng kùn liáo dǎo 潦倒：失意、颓丧。贫穷困窘，颓丧失意。[例句]他是一个～又喜欢卖弄学问的文人。

【穷年累世】 qióng nián lěi shì 穷年：全年、一年到头；累世：一世又一世。长久以来无休止地。[例句]旧社会，农民～地辛勤劳作，生活却依旧艰苦。

【穷山恶水】 qióng shān è shuǐ 穷山：荒山；恶水：险恶的河流。形容极其恶劣的自然环境。[例句]就在这～中，他扎下根，为教育事业献出了自己的一生。

【穷途末路】 qióng tú mò lù 指走投无路的境地。[例句]这一小撮匪徒已临～，仍在疯狂挣扎。

【穷乡僻壤】 qióng xiāng pì rǎng 穷：边远；僻：偏僻。形容荒凉贫穷又边远偏僻的地方。[例句]他带着父辈们的希望，背上行李离开了那片～。

【穷形尽相】 qióng xíng jìn xiàng 穷、尽：穷尽、至极；相：相貌、形象。形容描写、刻画生动逼真。现指人丑态毕露。[例句]守财奴葛朗台被作家巴尔扎克刻画得～。

【穷凶极恶】 qióng xiōng jí è 穷：极端。极端凶狠残暴。[例句]～的敌人什么都做得出来。

Q

【穷则思变】qióng zé sī biàn 穷：贫乏、困苦。指人们在穷困、艰难的时候，就要想办法寻找出路，改变现状。［例句］～，老区人民正在努力开拓新的出路。

【琼浆玉液】qióng jiāng yù yè 指美酒或甘美的浆汁。［例句］勘探队员喝着这清洌的泉水，觉得它胜过～。

【琼楼玉宇】qióng lóu yù yǔ 琼：美玉；宇：屋檐，引申为房屋。形容瑰丽华美的建筑物。古人常用以指月宫或仙界。［例句］这～般的皇家园林，现已成为人民公园。

qiu

【秋高气爽】qiū gāo qì shuǎng 形容秋季晴空高朗，气候凉爽宜人。［例句］十月天，～，令人心旷神怡。

【秋毫无犯】qiū háo wú fàn 秋毫：鸟兽在秋天新长的细毛，比喻非常纤细的东西；犯：侵犯。丝毫不加侵犯。形容军队纪律严明，对百姓的利益一点也不侵犯。［例句］人民解放军纪律严明，所到之处～，深受人民群众的拥戴。

典故 Q

秦朝末年，刘邦和项羽分兵两路，进攻秦朝的都城咸阳。项羽率楚军一路上烧杀抢掠，很不得人心。刘邦率汉军一路上严守军纪，对百姓秋毫无犯。由于军纪严明，所以刘邦的汉军深得百姓的拥护，很快就攻占了秦朝的都城咸阳。

【秋毫之末】qiū háo zhī mò 秋天动物新换绒毛的末端。比喻十分微细的东西。［例句］外交上的事情，即使小如～，也不能出错。

【秋水伊人】qiū shuǐ yī rén 伊：那个；伊人：那个人。指思念中的友人或情人。指面对特定景物有所触动而怀念友人或意中人。［例句］望着南飞的雁阵，俯视江面上的点点白帆，叫人怎能不动～之思呢？

【求大同，存小异】qiú dà tóng, cún xiǎo yì 求：寻求；存：保留。寻

求在基本原则上的一致看法，对某些次要的、非原则性的问题可以保留不同的意见。[例句]我们要～，不能因为个人的看法不同而影响大局。

【求亲靠友】qiú qīn kào yǒu 求助亲戚，依靠朋友。[例句]仅凭～不是长久之计，我们只有艰苦奋斗、自力更生，才能丰衣足食。

【求全责备】qiú quán zé bèi 责：要求；备：齐备、齐全；责备：要求完备。务求周全齐备。形容苛求完美。[例句]每个人都有弱点和缺点，我们不能～。

【求田问舍】qiú tián wèn shè 田：田地；舍：房屋。出钱买田地、房子。比喻只知谋置家产，胸无大志。[例句]他致富后并未～，而是出资兴办了许多公益事业。

【求贤如渴】qiú xián rú kě 寻求有才能的人就像口渴了想喝水一样急迫。形容求贤心情非常迫切。[例句]曹操在《短歌行》中，表达了自己～的心情。

【求之不得】qiú zhī bù dé 求取而不能得到。[例句]如果能有机会去大学进修，他当然～。

qu

【曲尽其妙】qū jìn qí miào 曲：弯曲，指委婉曲折；尽：充分表达。曲折深入地把其中的奥妙完全表达出来。形容表达的技巧十分高明。[例句]他驾驭文字的功力颇深。描写人物的内心世界，往往～。

【曲突徙薪】qū tū xǐ xīn 突：烟囱；徙：移开；薪：柴火。把烟囱改成弯曲的，把灶旁的柴火搬开。避免发生火灾。比喻事先采取措施，防止危险发生。[例句]在这个人口密集的工矿区搞易燃品生产很不安全，应遵～之古训，防患于未然。

【屈打成招】qū dǎ chéng zhāo 屈：冤枉；招：招认。严刑拷打，逼使无罪的人承受被诬陷的罪名。[例句]封建社会，～的案件太多了。

【屈指可数】qū zhǐ kě shǔ 屈指：扳着指头。扳着手指就计算出来了。形容为数不多。[例句]由于生态环境日益恶化，长江里的白鳍豚已是～了。

【趋吉避凶】qū jí bì xiōng 趋：趋向、谋求。谋求吉祥，避开凶险。[例句]有关吉祥物等物品器件能～的说法纯属子虚乌有，也是不科学的。

【趋炎附势】qū yán fù shì 趋：追逐、投靠；炎：火热，比喻有权势的人；附：依附、归附。投靠奉承有权有势的人。[例句]像这种～的小人，不可深交。

【趋之若鹜】qū zhī ruò wù 趋：奔赴、趋附；鹜：野鸭。像野鸭子一样成群地争先恐后地跑去。比喻很多人竞相追逐某一事物。[例句]这场明星演唱会使那些追星族～。

【曲高和寡】qǔ gāo hè guǎ 曲：曲调；和：跟着别人唱；寡：少。曲调越高雅，能跟着唱的人就越少。比喻思想言论或文艺作品不通俗，能理解的人很少。[例句]也许是～的原因吧，这篇学术价值极高的论文发表后并未引起学术界的共鸣。

【取长补短】qǔ cháng bǔ duǎn 参考别人的长处来弥补自己的短处。[例句]中西医结合，彼此可以～。

【取而代之】qǔ ér dài zhī 排除别人或别的事物而占有其位置。[例句]他干不了这项工作，你可以～。

典故

秦始皇南下游览会稽，渡钱塘江的时候，项羽和叔叔项梁一同观看秦始皇出游的场面。突然，项羽指着秦始皇说："彼可取而代也。"吓得项梁赶紧捂住了他的嘴。

【取精用弘】qǔ jīng yòng hóng 弘：大。本指居官掌权日久，享用既多又精。后指材料丰富，用之不尽，也指从大量材料中提取精华。[例句]作家只有深入生活，才能～，挖掘出最有价值的写作素材。

【去粗取精】qù cū qǔ jīng 精：精华。去掉粗糙的部分，留取其精华的部分。[例句]作家的创作过程,也就是对生活进行～、去伪存真、由此及彼、由表及里的加工改造的过程。

【去伪存真】qù wěi cún zhēn 去除虚假的,留存真实的。[例句]在写调查报告之前,他认真对材料做了一番去粗取精、～的工作。

quan

【权衡轻重】quán héng qīng zhòng 权:秤锤;衡:秤杆。称量物体的轻与重。比喻比较事物的主次,考虑得失。[例句]他是一个很谨慎的人,进退之际,自然要～。

【权倾天下】quán qīng tiān xià 倾:凌驾、压倒。权势凌驾于天下。形容权势非常大。[例句]赵高做丞相时,～,指鹿为马,朝中的大臣对其敢怒不敢言。

【权宜之计】quán yí zhī jì 权:暂时;宜:合适。为了应付某种情况而采取的临时措施。[例句]这只是～,我们得有长远打算。

【全军覆没】quán jūn fù mò 覆没:全部被消灭。整个军队被消灭。[例句]在这次全校知识竞赛中,我们班的选手～,大家都感到很郁闷。

Q

【全力以赴】quán lì yǐ fù 赴:去、前往。把全部力量或精力都投进去。[例句]高考临近了,同学们都在～,准备冲刺。

【全身远害】quán shēn yuǎn hài 保全自身,远离灾祸。[例句]面对歹徒行凶,如果大家都采取～的态度,那么就会助长歹徒的嚣张气焰。

【全神贯注】quán shén guàn zhù 贯注:集中投入。全部精神集中投入。指注意力高度集中。[例句]她～地学习着,以致忘记了吃晚饭。

【全心全意】quán xīn quán yì 只有一个念头,丝毫不夹杂其他念头,多表示很忠诚。[例句]这种～为人民服务的精神,值得我们好好学习。

【拳打脚踢】quán dǎ jiǎo tī 用拳打,用脚踢。形容凶狠地打别人。

[例句]不知什么原因,他带来两个人对老李一顿~。

【犬马之劳】quǎn mǎ zhī láo 犬马:古时臣下对君主自比为犬马,表示忠诚地愿为之效劳奔走。比喻甘愿受驱使,为之效劳。[例句]他是局长一手提拔上来的,所以也就不惜为局长效~。

【犬马之心】quǎn mǎ zhī xīn 犬马:旧时臣子对君主的自卑之称。指臣下对君主的忠心。[例句]林则徐以~报效朝廷,但却屡屡遭到当权者的排挤。

【犬牙交错】quǎn yá jiāo cuò 狗牙上下参差不齐。形容交界的地方像狗牙一样参差不齐。也比喻局面错综复杂。[例句]这里山势~,易守难攻,是打埋伏的好地方。

que

【缺一不可】quē yī bù kě 两种因素或多种因素中,缺少哪一种也不行。[例句]植物生长需要阳光、水分和空气,~。

【缺衣少食】quē yī shǎo shí 缺吃少穿。形容非常贫穷。[例句]政府向灾区运去大批物资,受灾群众都得到了妥善安置,并无~之忧。

【却之不恭】què zhī bù gōng 却:推却、拒绝。拒绝邀请或馈赠就显得不恭敬。后多用为接受邀请或馈赠的客套话。[例句]人家诚心诚意邀请,~,我们应该前往祝贺。

【确凿不移】què záo bù yí 确凿:确切;移:变动。形容真实可靠,不容怀疑。[例句]这是一个~的事实。

【鹊巢鸠占】què cháo jiū zhàn 喜鹊窝被斑鸠占了。原比喻女子出嫁,以夫家为家。后来比喻强占别人的地方或位置。[例句]千辛万苦回到老家,却没有了安身之地。自家的老房子,早已~,易了主人。

qun

【群策群力】qún cè qún lì 群:大家;策:谋划,出主意。大家共同出主意，共同出力量。指集中并发挥众人的智慧和力量。[例句]经过一年多的艰苦奋斗，～，村民们终于修通了一条山路。

【群龙无首】qún lóng wú shǒu　首：头。一群龙没有带头的。比喻一群人中没有领头的人。[例句]不改变我们目前这种～的状况，就无法开展工作。

【群魔乱舞】qún mó luàn wǔ　一群魔鬼乱蹦乱跳。比喻一批坏人聚在一起猖狂活动。[例句]朗朗乾坤，岂容黑恶势力～！

【群起攻之】qún qǐ gōng zhī　群：大伙、众人；攻：攻击、反对。很多人一齐站出来攻击、反对某人、某事。[例句]他出言伤众，使得大家～。

【群英荟萃】qún yīng huì cuì　英：才能出众的人；荟萃：聚集。许多才能出众的人集中在一起。[例句]这个高新技术开发区是～之地。

R r

ran

【燃眉之急】rán méi zhī jí　燃:烧。如同火烧眉毛那样急迫。形容情况异常紧急。[例句]如果人人都在力所能及的范围内做点事,解决一点公认的～,不也是为国分忧吗?

rang

【让枣推梨】ràng zǎo tuī lí　形容兄弟友爱互让。[例句]他们弟兄三人,从来不吵架,常常～,生活上互相谦让,着实令人羡慕。

rao

【饶有风趣】ráo yǒu fēng qù　饶有:富有;风趣:有趣味。指很有趣味。[例句]他说起话来总是那样～,因此身边总是笑声不断。

【绕梁之音】rào liáng zhī yīn　梁:房梁。萦绕房梁的歌声。形容歌声或乐声余韵悠然,美妙动听。[例句]演唱会已经过去好几天了,但那～却仍然在我耳边回荡。

re

【惹火烧身】rě huǒ shāo shēn　惹:招惹;身:自身。比喻自己招惹灾祸,自讨苦吃。[例句]他是个胆小怕事的人,生怕～,看见不公平的事也不敢吭声。

【惹是生非】rě shì shēng fēi　引起争端或纠纷。[例句]他不好好读书，却到处～。

【热火朝天】rè huǒ cháo tiān　像炽热的烈火熊熊燃烧着。比喻群众性的运动或工作呈现出气势蓬勃、气氛热烈的景象。[例句]马场上正在进行着一场～的赛马运动。

【热泪盈眶】rè lèi yíng kuàng　盈：充盈、充满；眶：眼眶、眼圈。激动的眼泪充满了眼眶。形容非常激动、高兴的情状。[例句]孩子得救了，妈妈～地在向医生道谢。

【热气腾腾】rè qì téng téng　指热气不断上升。也形容气氛热烈、情绪高涨。[例句]眼前～的劳动场面，激发了诗人的创作热情。

【热血沸腾】rè xuè fèi téng　形容为正义事业所感召而情绪激昂、高涨。[例句]读了这篇慷慨激越的文章，我～。

ren

【人才辈出】rén cái bèi chū　辈出：一批一批地出现。形容有才能的人不断地大量涌现出来。[例句]近年来，我国高科技领域～，捷报频传，形势喜人。

【人才出众】rén cái chū zhòng　出众：高出于众人。形容人的才德、仪表超出众人。[例句]～的小李第一次面试就赢得了经理的好感。

【人才济济】rén cái jǐ jǐ　济济：众多的样子。形容人才众多。[例句]我们这所大学～，各学科专家学者都有。

【人财两空】rén cái liǎng kōng　空：没有了。连人带财都损失了。[例句]他包办女儿婚姻，结果却落得～。

【人稠物穰】rén chóu wù ráng　稠：多而密；穰：丰盛。人口稠密，物产丰富。形容十分繁荣昌盛。[例句]石河子作为一个后起城市，现在已是～，成为我国西北一颗耀眼的明珠。

【人地生疏】rén dì shēng shū　形容初到一个地方，人事不熟，环境陌生。[例句]你第一次出远门，～，各方面要多加注意。

【人定胜天】rén dìng shèng tiān　天：自然。人的智慧和力量可以战胜自然。[例句]～,凭借科学的力量,人类将来更有力量战胜天灾。

【人多势众】 rén duō shì zhòng 形容人多势力大。[例句]他们仗着～,强词夺理,以势压人。

【人多手杂】 rén duō shǒu zá 人多而手脚杂乱。指动手的人多而难免有人钻空子。[例句]火车上～,乘客们一定要注意照看好自己的随身物品。

【人非土木】 rén fēi tǔ mù 人不是泥土和木头。意即人是有感情的,不能对人对事漠然置之。[例句]～,孰能无情?大家这样劝你,你难道就无动于衷吗?

【人浮于事】 rén fú yú shì 浮:超过;事:事情、工作。原指人的任职能力高于所得的报酬(俸禄)。后指用人过多,超过工作的实际需要。[例句]这个机关～,非精简不可。

【人各有志】 rén gè yǒu zhì 每个人各自有不同的志向愿望,不能勉为其难。[例句]～,他既然想干这份工作,你就不要阻拦了。

R

【人欢马叫】 rén huān mǎ jiào 人群欢呼,马匹嘶叫。形容欣欣向荣的欢乐景象。[例句]山村里～,又一年春耕开始了。

【人急计生】 rén jí jì shēng 计:计谋、计策。人在紧急时刻会突然想出解决问题的好办法。[例句]厨房突然失火,他～,铲了炉灰往火里投,火势很快被控制住了。

【人迹罕至】 rén jì hǎn zhì 罕:稀少。人的足迹很少到达。形容地处偏僻。[例句]勘探队员经常在～的山上工作。

【人杰地灵】 rén jié dì líng 指杰出的人物出生或到过的地方因之也成为名胜之地。后也指杰出的人才生于灵秀之地。[例句]山西是个～的地方,自古以来出现了不少大文人。

【人尽其才】 rén jìn qí cái 让每个人都能充分发挥各自的才能。[例句]我们要做到物尽其用,～。

【人困马乏】 rén kùn mǎ fá 困:累;乏:疲劳。人疲惫,马困乏。形容长时间没有休息而非常劳累。[例句]骑行了一整天,队员们已经是～了。

【人来人往】rén lái rén wǎng 形容来来往往的人多，非常热闹。也形容忙于应酬。[例句]交易会举办期间，街上～，热闹非凡。

【人老珠黄】rén lǎo zhū huáng 比喻人(多指妇女)老了被嫌弃，就像珍珠年久变黄不值钱一样。[例句]早些年她曾是红极一时的明星，如今～，甚是寂寞。

【人面兽心】rén miàn shòu xīn 面貌虽是人，但心肠非常凶狠，像野兽一样。形容为人卑鄙、凶残、歹毒。[例句]这个家伙～，两面三刀，尽干伤天害理的事情。

典故

汉朝初期，国力尚弱，没法对付匈奴的骚扰，只能忍气吞声。匈奴人是游牧部落，各方面都显得落后和野蛮，因此当时汉朝人都说匈奴是野蛮人，没有开化，人面兽心。

R

【人命关天】rén mìng guān tiān 关天：关系重大。有关人命的重大事件性质严重，不容忽视。[例句]～，这个案子必须认真调查。

【人命危浅】rén mìng wēi qiǎn 危：危险；浅：不久、时间短。寿命不长了。形容人将死亡或腐朽的东西就要灭亡。[例句]19 世纪末，清王朝已是风雨飘摇，～，行将灭亡。

【人弃我取】rén qì wǒ qǔ 人家丢弃的我要。指商人抓住行情时机，获取丰厚利润。也用于表示自己与众不同的志趣或见解。[例句]商机无限，重在灵活变通，有时采用"～"的方法也可出奇制胜。

【人强马壮】rén qiáng mǎ zhuàng 形容军队战斗力强、军容壮盛。[例句]中国人民解放军～，屡立战功，是坚不可摧的钢铁长城。

【人情世故】rén qíng shì gù 为人处世的道理。指社会上人与人之间的关系。[例句]他也老大不小了，却一点～都不懂。

【人穷志短】rén qióng zhì duǎn 人的处境困厄，志向就小了。[例句]莫道"～"，这些穷孩子正是靠着顽强的毅力，在极其艰难困苦的条件下考上了大学。

【人去楼空】 rén qù lóu kōng 去：离去。住在楼里的人已经走了，留下一座空楼。用以指旧地重游时睹物思人的感慨。［例句］来到母亲的旧屋，只见～，物是人非，不知不觉泪流满面。

【人人自危】 rén rén zì wēi 每个人都感到自己有危险，都感到恐怖不安。指局势或气氛紧张恐怖。［例句］听说有危险的犯人越狱了，一时间当地～。

【人山人海】 rén shān rén hǎi 人群如山似海一般。形容人聚集得很多。［例句］今年的庙会～，十分热闹。

【人生如梦】 rén shēng rú mèng 人生短暂，世事无常，就像一场大梦。［例句］几十年光阴如白驹过隙，难免使人慨叹"～"。

【人声鼎沸】 rén shēng dǐng fèi 鼎：古代炊具，三足两耳；沸：沸腾。比喻人声喧闹就像鼎里的水沸腾起来一样。［例句］他们正吃着，只听楼下～，不知为什么打了起来。

【人寿年丰】 rén shòu nián fēng 年丰：年成丰登。人长寿，年成好。形容太平兴旺景象。［例句］这些年，年年都有好收成。真是～，喜事重重。

【人亡物在】 rén wáng wù zài 亡：死。人已经过世了，他用过的东西还在。形容睹物思人。［例句］～，我每走进她住过的屋子里，不论看到什么，她的一举一动都会立刻浮现在我的眼前。

【人微言轻】 rén wēi yán qīng 微：地位卑微；轻：不被重视。人由于地位低微，说的话不被重视。［例句］她自觉～，所以从不轻易发表什么意见。

【人无远虑，必有近忧】 rén wú yuǎn lǜ, bì yǒu jìn yōu 人若没有长远的谋虑，一定很快就有忧患。［例句］不论干什么都应当考虑后果，～。

【人心惶惶】 rén xīn huáng huáng 惶惶：惊恐不安的样子。人们心中惊恐不安。［例句］停产整顿的消息传出，厂里～。

【人心难测】 rén xīn nán cè 测：推测、估计。人的内心难以推测。

[例句]没想到他竟这样不讲信义,真是~。

【人心叵测】 rén xīn pǒ cè 叵测:不可推测。人心险恶,难以猜测。[例句]想不到平时老实厚道的小李却在关键时刻把张经理"出卖了",这真是~啊!

【人心所向】 rén xīn suǒ xiàng 向:对着、朝向。众人所向往、拥护的。[例句]走中国特色的社会主义道路,早已是大势所趋,~,是谁也动摇、改变不了的。

【人心向背】 rén xīn xiàng bèi 向:归向、拥护;背:背离。人民群众所拥护的或反对的。[例句]国家的盛衰,在于~。

【人言可畏】 rén yán kě wèi 言:指流言蜚语;畏:怕。人们的流言蜚语是可怕的。[例句]虽说不做亏心事,不怕鬼叫门,但~,言谈举止还是要谨慎些。

【人言凿凿】 rén yán záo záo 人言:别人评论的话;凿:确实。指人们的议论明确真实。[例句]他挪用公款的事,~,肯定假不了。

R

【人仰马翻】 rén yǎng mǎ fān 人马都被打得仰翻在地。形容激战后伤亡惨重,狼狈不堪。也比喻忙乱得一塌糊涂,不可收拾。[例句]台儿庄一仗,打得鬼子~。

【人云亦云】 rén yún yì yún 云:说;亦:也。别人说什么就跟着说什么。指没有主见,随声附和别人。[例句]他勤学习,善思考,是说是写,都总有自己的见解,从不~,随声附和。

【人众胜天】 rén zhòng shèng tiān 天:自然。人多力量大,能够战胜自然。[例句]~,大家齐心协力,终于战胜了滔滔洪水。

【仁人君子】 rén rén jūn zǐ 指好心肠的人。即指能爱护和帮助别人、品德高尚的人。[例句]这种见利忘义的事,不是他那样的~做得出来的。

【仁义道德】 rén yì dào dé 儒家倡导讲求仁爱和正义的道德标准。[例句]有些人满口的~,其实是十足的伪君子。

【仁至义尽】 rén zhì yì jìn 至:极、最;尽:达到极点。原指古时年终祭祀有功于农事的诸神,以竭尽仁义之道作报答。后指已经尽了最大努力来帮助、关心人。[例句]你义父对你真是～了，你怎么能忘恩负义呢？

【忍俊不禁】 rěn jùn bù jīn 忍俊：含笑。原指热衷于某事而不能克制自己。后指忍不住要发笑。[例句]有的作品满纸儿童情趣，令人～。

【忍气吞声】 rěn qì tūn shēng 忍气：受了欺侮不发作；吞声：不敢出声。受了欺侮强自忍耐，有话不敢说出来。[例句]他越是～，这伙人越是得寸进尺地挖苦他。

【忍辱负重】 rěn rǔ fù zhòng 负重：担负重任。忍受着暂时的屈辱，以完成肩负的重大任务。[例句]蔺相如～，先国家而后私怨，使廉颇很受感动。

【忍辱偷生】 rěn rǔ tōu shēng 忍受一时的耻辱，苟且活命。[例句]这种～的日子，他再也过不下去了。

【忍无可忍】 rěn wú kě rěn 忍受到再也无法忍受下去。[例句]我边防军民在～的情况下，被迫自卫还击，给了侵略者应得的惩罚。

【认贼作父】 rèn zéi zuò fù 把仇人当作父亲。指甘心投靠坏人或敌人。[例句]汪精卫投降日寇，～，受到了人民的唾弃。

【任劳任怨】 rèn láo rèn yuàn 任：担当、承受；怨：别人对自己的埋怨。承担一切辛劳和埋怨。形容办事不计较辛苦，不计较别人的埋怨。[例句]小张工作勤勤恳恳、～，公司上下反映一直很好。

【任其自流】 rèn qí zì liú 任：听凭。任凭水自己流动。比喻对人、对事物的发展变化不加引导，放任不管。[例句]对小孩的不良行为一定要加以制止，决不能～。

【任人唯亲】 rèn rén wéi qīn 任：任用；唯：只。用人只考虑关系的亲疏，不问德和才。[例句]我们主张任人唯贤，反对～。

【任人唯贤】 rèn rén wéi xián 唯：只；贤：有德有才的人。任用人只选择有德有才的人。[例句]在用人时，要搞五湖四海，～，切不可任人唯亲。

【任贤使能】 rèn xián shǐ néng 任：任用；贤、能：指有道德而又有才能的人。指任用德才兼备的人。[例句]因为领导～,企业终于扭亏为盈。

【任重道远】rèn zhòng dào yuǎn 任:负担。担子重,道路远。比喻责任重大而艰巨,要经历长期努力。[例句]要恢复西北干旱地区的植被,需要几代人的努力,真是～,不可掉以轻心。

ri

【日出三竿】rì chū sān gān 太阳升起三根竹竿那样高。形容时候已不早了。[例句]已经～了,可是他仍然在蒙头大睡。

【日复一日】rì fù yī rì 一天又一天。指时间流逝。也指时间长,日子久。[例句]我一天学五个英文单词,～,坚持下去,一年就是一千多个。

【日积月累】rì jī yuè lěi 一天天、一月月不断积累。[例句]获取知识要靠勤奋踏实,～。

R

【日久岁深】rì jiǔ suì shēn 岁:年;深:长久。一天天一年年地下去。形容时间长久。[例句]～,我们也就相互了解了。

【日理万机】rì lǐ wàn jī 理:处理、料理;万机:繁多的事务。每天要处理无数事务。形容政务繁忙。[例句]周总理～,常常彻夜不眠。

【日落西山】rì luò xī shān 太阳落山了。指黄昏时分。也比喻人的垂暮之年或事物临近死亡。[例句]直到～,才见小李喝得醉醺醺地回来了。

【日暮途穷】rì mù tú qióng 暮:傍晚;途:路;穷:穷尽、完了。天已晚,路走到头了。比喻到了忍无可忍、走投无路的地步。[例句]这些匪徒已是～,还企图负隅顽抗。

【日日夜夜】rì rì yè yè 夜以继日,接连不断。形容时间延续很长。[例句]数不清的教师在为中国的教育事业～地忙碌着。

【日上三竿】rì shàng sān gān 见“日出三竿”。

【日甚一日】rì shèn yī rì 甚:加深、超过。一天比一天厉害。用于形容事物发展的程度越来越加深或越来越严重。[例句]不想到了今年春天，他的病情竟突然加重，从此～。延医求药，也不见有明显的好转。

【日新月异】rì xīn yuè yì 新：更新；异：不同。天天更新，月月变化。形容进步、发展很快，新事物、新气象不断出现。[例句]微电子技术的发展～，给我们的生活和工作带来了巨大的变化。

【日行千里】rì xíng qiān lǐ 一天能走上千里路。形容速度快。[例句]有了汽车后，翻山越岭，～，农民再也不为运输难发愁了。

【日夜兼程】rì yè jiān chéng 不分白天黑夜地赶路。[例句]接到命令，他们～，奔赴灾区。

【日月蹉跎】rì yuè cuō tuó 光阴白白流逝而一无所成。[例句]当他年事已高，才感到～，一事无成。

【日月如梭】rì yuè rú suō 梭：织布时牵引纵线与横线交织的工具，穿来穿去速度很快。太阳和月亮如同穿梭似的来去。形容时间过得很快。[例句]～，一转眼二十年过去了。

rong

【戎马倥偬】róng mǎ kǒng zǒng 戎马：战马，指军事；倥偬：急迫匆忙。形容战争中军务紧迫繁忙。[例句]朱总司令一生～。

【荣华富贵】róng huá fù guì 见“富贵荣华”。

【容光焕发】róng guāng huàn fā 容光：脸上的光彩；焕发：光彩外现的样子。脸上现出光彩。形容人精神振奋。[例句]大年初一，老李换了一套西装，整个人显得～。

【融会贯通】róng huì guàn tōng 融会：融合领会；贯通：贯穿前后，透彻理解。参合各方面的知识、道理，得到全面、系统、透彻的理解。[例句]他深入钻研，终于达到了～、举一反三的地步。

rou

【柔肠百结】róu cháng bǎi jié 柔弱的心肠打了无数的结。形容种种悲苦郁结于心中。[例句]林黛玉寄人篱下,～,最终未能获得幸福婚姻。

【柔肠寸断】róu cháng cùn duàn 形容极度思念而引发极度伤心。[例句]丈夫出差一个多月,她日思夜想,几乎～。

【柔能制刚】róu néng zhì gāng 制:控制、遏制。指柔弱的在特定条件下能够制得住刚强的。[例句]常言道"～",你没必要跟他来硬的。

【柔情蜜意】róu qíng mì yì 温柔的情感,甜蜜的心意。多指恋人之间的感情。[例句]这对热恋中的情侣,花前月下,～,十分恩爱。

【肉眼凡夫】ròu yǎn fán fū 指普通人、凡人。常用来指目光短浅的庸人。[例句]对艺术,他绝对是个～,没有丝毫鉴赏能力。

ru

【如痴似醉】rú chī sì zuì 痴:痴呆;醉:酒醉。像发呆,如酒醉。形容陶醉、入迷的状态。[例句]听着这位歌唱家甜美的歌声,听众都～。

【如持左券】rú chí zuǒ quàn 左券:古时契约分左右两片,双方各执其一。左片即左券,由债权人收藏,作为凭据。好像手里拿着收债凭据。比喻掌握着主动权。[例句]对于这场官司,王律师～,充满信心。

【如出一辙】rú chū yī zhé 辙:车轮碾轧的痕迹。像出自同一个车辙。形容非常相似。[例句]这些故事所宣扬的封建思想与清代前期的才子佳人小说～。

【如堕烟雾】rú duò yān wù 好像掉在烟雾之中。比喻迷失方向,茫然不得要领。[例句]面对纷繁复杂的案件,他一时～,理不出头绪。

【如法炮制】rú fǎ páo zhì 如:依照;炮制:用烘、炒等方法把中药原料制成药物。依照老法炮制中药。比喻照已有的样子或现成的方法去做。[例句]我买了一本家庭菜谱,～,饭菜居然也做得味美可口。

【如虎生翼】 rú hǔ shēng yì 见“如虎添翼”。

【如虎添翼】 rú hǔ tiān yì 像老虎添上翅膀。比喻增添新的助力，使强者更强。[例句]刘备得到诸葛亮的辅助，～。

【如花似锦】 rú huā sì jǐn 锦：有彩色花纹的丝织品。如同花朵、锦缎一样美好华丽。形容多彩绚丽或前程、风景美好。[例句]这种～的光辉前程，怎不使人欢欣鼓舞、兴奋不已呢？

【如花似玉】 rú huā sì yù 像鲜花和美玉那样。形容女子美丽漂亮。[例句]这些女子个个～，惹人注目。

【如火如荼】 rú huǒ rú tú 荼：茅草的白花。像火那样红，像荼那样白。原形容军容盛大。后形容旺盛、热烈。[例句]满山遍野的杜鹃花竞相开放，～。

典故

春秋末期，吴王夫差与晋定公在黄池相会，争做诸侯盟主。吴王夫差带领三万精兵来到晋国军营前，排列成左、中、右三个方阵。中间方阵以白色为主，看上去像茅草开的白花一样，白茫茫的一片；左边方阵以红色为主，看上去火红一片；右边方阵以黑色为主，看上去一片乌黑。夫差亲自擂鼓，士兵呐喊，声震天地。晋军吓得不敢出来。晋定公也被迫让吴王夫差当了盟主。

【如获至宝】 rú huò zhì bǎo 获：获得；至：极、最。好像得到最珍贵的宝物。形容对所得到的东西非常珍视。[例句]他从别人手里买到一张足球比赛的门票，简直是～。

【如饥似渴】 rú jī sì kě 好像饥思食、渴思饮那样。形容迫切的心情或要求。[例句]我～地把那二十几页长文，一口气读完了。

【如箭在弦】 rú jiàn zài xián 弦：拉满的弓弦。好像箭已搭在拉满的弓弦上，不得不发。比喻事情到了非做不可的地步，势在必行。[例句]他当时这样做，也是～。

【如胶似漆】 rú jiāo sì qī 像粘上胶和漆一样，粘住就分不开。形容感情深厚，亲密得不愿分开。[例句]小夫妻～，难分难舍。

【如狼似虎】rú láng sì hǔ 像狼和虎一样。原指军队威猛强盛，战斗力强。后形容极其凶狠残暴。[例句]这些匪徒～，到处杀人放火，无恶不作。

【如雷贯耳】rú léi guàn ěr 贯：穿。好像雷声传入耳朵那样响。形容声音非常响亮或人的名声很大。[例句]吴老的名字在业界是大名鼎鼎的，早已是～。

【如临大敌】rú lín dà dí 临：面临。好像面对着强大的敌人。形容戒备森严或把情况看得过于严重，气氛或精神极为紧张。往往含有嘲讽的意味。[例句]每次下棋，他都认真对付，～。

【如临深渊】rú lín shēn yuān 临：靠近；渊：深水潭。像处于深渊的边缘一样。比喻存有戒心，做事非常小心谨慎。[例句]他对上司摸不着底，办事总是～、如履薄冰。

【如履薄冰】rú lǚ bó bīng 履：踩、践踏。如同走在薄冰上一般。比喻戒惧、谨慎的心理。[例句]我摇摇晃晃，～般走过了那座独木桥。

【如履平地】rú lǚ píng dì 履：行走。像走在平地上一样。形容畅行无阻或从事某项活动易于办到。[例句]技艺娴熟的杂技演员踩在钢丝上，～，轻松自如。

【如芒在背】rú máng zài bèi 芒：刺。好像芒刺扎在背上。形容极度不安，很不自在。[例句]犯了错的李强这些天一见到父亲就～，坐立不安。

【如梦初醒】rú mèng chū xǐng 像刚从梦中醒来。比喻刚刚认识到自己的错误，意识到自己的糊涂。[例句]听了警察的解释她才～，知道自己被骗了。

【如鸟兽散】rú niǎo shòu sàn 兽：走兽。像受惊的鸟兽一样逃散。比喻溃败逃散的情景。[例句]敌军士气低落，被我军截击后，即～。

【如牛负重】rú niú fù zhòng 好像牛一样背负着沉重的东西。比喻负担极为沉重。[例句]经过高考千军万马的角逐,进入大学殿堂的青年一下子从~的升学压力下解脱出来。

【如泣如诉】rú qì rú sù 好像在哭泣,又像在倾诉。形容声音悲凉、哀怨、凄切。[例句]那琴声~,把我们带入了一种悲凉的境界。

【如日中天】rú rì zhōng tiān 如同太阳正处于天空的正中。比喻事物正发展到兴盛的阶段。[例句]他刚三十岁便事业有成,可谓~,前途无量。

【如丧考妣】rú sàng kǎo bǐ 丧:丧失、死去;考:死去的父亲;妣:死去的母亲。像死去了父母那样伤心。比喻极其悲痛。[例句]一些不法分子一旦被抓住,就装出一副可怜相,痛哭流涕,~。

【如释重负】rú shì zhòng fù 像放下沉重负担那样轻松。[例句]接到录取通知书,他~。

【如汤沃雪】rú tāng wò xuě 汤:热水;沃:浇、泼。像热水泼在雪上,雪马上融化。比喻极易解决。[例句]只要大军一到,攻取此城,~。

【如蚁附膻】rú yǐ fù shān 意思是说,蚂蚁喜爱羊肉是因为羊肉的膻味。比喻许多臭味相投的人追求不好的事物或趋炎附势、追逐名利。[例句]这帮无赖~般出没于歌厅舞场。

【如意算盘】rú yì suàn pán 如意:符合心意。比喻只从好的方面去着想的一厢情愿的设想、打算。[例句]他的阴谋暴露了,升官发财的~落空了。

【如影随形】rú yǐng suí xíng 如同影子跟着形体一般。比喻关系十分密切,从不分离。[例句]他走到哪里,他的卫兵就~地跟到哪里。

【如鱼得水】rú yú dé shuǐ 好像鱼儿得到了水。比喻碰到跟自己最相投合的人或适合于自己发展的环境。[例句]李教授来到这所藏书丰富的大学图书馆,真是~,他充分利用这里的图书资料,很快就有了研究成果。

【如愿以偿】rú yuàn yǐ cháng 偿:满足。使自已的愿望得到满足。指愿望实现。[例句]经过一年复习,他终于~地考上了理想的大学。

【如醉如痴】rú zuì rú chī 见"如痴似醉"。

【如坐针毡】rú zuò zhēn zhān 像坐在插了针的毡子上。形容心中有事,坐不下来。[例句]我~地等了好久,才见到女主人出来。

【孺子可教】rú zǐ kě jiào 孺子:幼儿、小孩子;教:教育、造就。指年轻人有出息,可以造就。[例句]他小小年纪干什么事都是一教就会,真是~。

【乳臭未干】rǔ xiù wèi gān 臭:气味。身上还有奶腥气。讥讽人幼稚无知。[例句]他是一个~的孩子,不要跟他计较。

【入不敷出】rù bù fū chū 敷:足够。收入抵不上支出。指开销大。[例句]爸爸找到新工作后,家里~的情况得到了改变。

R

【入木三分】rù mù sān fēn 相传晋时王羲之在木板上写字,墨汁透入木板有三分深。原形容书法的笔力极为强劲。现比喻见解、议论、分析、刻画很深刻。[例句]这部作品对官场中的种种丑恶现象刻画得惟妙惟肖,~。

典故

东晋时期的王羲之,是我国古代著名的书法家。据说,有一次他为朝廷写祝版,祝版是一种祭文,用来祭祀天地神明,祈求国泰民安,这些字都刻在木板上。过一段时间,朝廷要更换祝版上的题词,可木工刻削了半天,也不能把他原来写在上面的字去掉。人们发现,由于王羲之写字时笔力遒劲,字迹透入木板有三分深。

【入情入理】rù qíng rù lǐ 入:合乎;情、理:指人的通常心理和事情的一般道理。合于人之常情,合于一般事理。[例句]叔父的话~,我不禁连连点头。

【入室操戈】rù shì cāo gē 操:拿、握;戈:古代兵器的一种。进入他的屋子,拿他的武器来攻击他。比喻拿对方的论点来批驳对方。[例句]辩论会上,他~,把对方的论点驳得体无完肤。

【入乡随俗】 rù xiāng suí sú 俗:风俗。到什么地方就遵从那个地方的风俗。常用以形容随遇而安。[例句]我们要~,与当地老百姓融为一体。

ruan

【阮囊羞涩】 ruǎn náng xiū sè 阮:指阮孚,晋代人;囊:口袋、钱袋;羞涩:难为情。阮孚因为钱袋没钱而感到羞涩。指手头拮据,没钱可花。[例句]他常常逛书店,但因~,并没有买过几次书。

【软硬兼施】 ruǎn yìng jiān shī 兼施:同时施展。软、硬手段同时施展。[例句]敌人对他~,但他始终没有屈服。

ruo

【若即若离】 ruò jí ruò lí 若:好像;即:接近。好像靠近,又好像离开。形容对人的态度似亲似疏,保持一定的分寸和距离。[例句]他俩往常亲密无间,可这段时间却~,不知发生了什么事。

【若明若暗】 ruò míng ruò àn 好像明朗,又好像昏暗。指对问题或情况似乎明白,又似乎不明白,认识模糊不清。也指意思似乎清楚,又似乎不清楚。[例句]由于平时工作不深入,我对班级里不少学生的情况~。

【若数家珍】 ruò shǔ jiā zhēn 像清点家里的珍宝一样清楚。形容对所讲的事情十分熟悉。[例句]他对中国文学艺术有很深的了解,哪个朝代有什么重要文献,他都能娓娓道来,~。

【若无其事】 ruò wú qí shì 像没有那回事一样。形容不动声色或漠不关心。[例句]出了这样大的事,别人都慌得团团转,他却~地坐在一边,不闻不问。

【若隐若现】 ruò yǐn ruò xiàn 好像隐蔽着,又好像显现了。形容隐隐约约的样子。[例句]前边树林中有几个人影,~,不知在干什么。

【若有所思】ruò yǒu suǒ sī 好像在思考什么似的。形容沉思发愣的样子。[例句]她望着窗外的鹅毛大雪,一副~的样子。

【弱不禁风】ruò bù jīn fēng 禁:担当、承受。瘦弱或娇弱得禁不起风吹。形容人身体虚弱。[例句]她自幼多病,~,看上去非常令人担心。

【弱肉强食】ruò ròu qiáng shí 弱:弱者;强:强者。原指动物中弱者的肉是强者的食物。比喻力量弱小的被力量强大的欺凌、吞并。[例句]霸权主义国家奉行~的政策,肆意欺压弱小国家。

【弱势群体】ruò shì qún tǐ 原指在社会中处于不利地位的群体。我国目前主要指在市场经济条件下,社会成员中处于竞争弱势的阶层或群体。[例句]近年来,国家出台了许多倾向于~的政策。

S s

sa

【撒娇卖俏】sā jiāo mài qiào 撒：尽力施展或表现。施展娇态，卖弄美丽俊俏。[例句]～有时并不能显示自己的美丽，却暴露了自己的轻浮。

sai

【塞翁失马】sài wēng shī mǎ 塞：边界上的险要地方；翁：老头儿。比喻祸福相倚相生，坏事在一定条件下可以转变成好事。[例句]～，安知非福？你第一次没考好，如果从中吸取教训，加倍努力，以后一定会考好的。

典故

从前，边塞上有一位老人。有一天，他家的一匹马突然跑到胡地去了，邻居们都来安慰他。可他却说："怎么知道这不是一件好事呢！"过了一段时间，那匹跑了的马带着一匹胡马回来了。邻居们都来向他祝贺，可是他说："怎么知道这不是一件坏事啊！"几天后，老人的儿子因为骑这匹胡马把腿摔断了。大家又都来安慰他，可是老人却说："怎么知道这不是一件好事呢！"过了一年，胡人入侵，村里的壮丁都被拉去当兵了，多数死于战场，只有老人的儿子因腿残没有到战场上去，才幸免于难，父子相安无事。

san

【三长两短】sān cháng liǎng duǎn 原指说长道短。现用来指意外的灾祸或事故。也特指死亡。[例句]万一他有个～,将是我们的一大损失。

【三朝元老】sān cháo yuán lǎo 元老:封建王朝中对年老而资望高的大臣的尊称。历事三代皇帝的重臣。泛指先后为不同政权服务的人。现多指在某一部门经历多、资格老的人。[例句]他老是以～自居,在经理面前倚老卖老,反对改革。

【三番四复】sān fān sì fù 三、四:指次数多;番:次、回;复:反复。形容反复多次,变来变去。[例句]孩子～地缠着我,要我带他去登泰山。

【三番五次】sān fān wǔ cì 三、五:指次数多;番:遍、次。屡次,多次。[例句]我～要他注意协调同事关系,但他依旧不改。

【三更半夜】sān gēng bàn yè 见“半夜三更”。

S

【三顾茅庐】sān gù máo lú 见“草庐三顾”。

【三缄其口】sān jiān qí kǒu 缄:封、闭。嘴上贴了三道封条。形容言语谨慎,少说或不说话。[例句]他认为多言必惹祸上身,因此凡事都～。

【三教九流】sān jiào jiǔ liú 三教:指儒教、道教、佛教;九流:指儒家、道家、阴阳家、法家、名家、墨家、纵横家、杂家、农家。后泛指宗教、学术的各种流派。也指各色人物或各个行当。[例句]旧时的上海滩,～,无一不有。

【三令五申】sān lìng wǔ shēn 令:命令;申:陈述、说明。反复告诫。[例句]政府已～,不准公车私用,但仍有个别人违反规定。

【三六九等】sān liù jiǔ děng 指各种等级和许多差别。[例句]大家都是从外地来学习的,为什么在住宿安排上还有～之分呢?

【三年不窥园】sān nián bù kuī yuán 窥:从小缝隙中看。连续三年不看园中的景色。形容专心苦学。[例句]高中时他一心学习,～,终于考上了清华大学。

【三年五载】sān nián wǔ zǎi 载:年。三五年的时间。指不很长的时间。[例句]只要大家同心协力,要不了～,我们公司就会有天翻地覆的变化。

【三人成虎】sān rén chéng hǔ 三个人都说街市上有老虎,别人便以为真有老虎。比喻谣言或讹传一再反复,就会使人信以为真。[例句]虽然你是个明白人,但~,谣言听得多了,也会弄不清真假的。

【三三两两】sān sān liǎng liǎng 三个一群,两个一伙的。形容零零散散,为数不多。[例句]观众~地走进了剧场。

【三生有幸】sān shēng yǒu xìng 三生:佛教用语,即前生(过去)、今生(现在)、来生(未来)。形容极其幸运。[例句]能够和你在一起工作,真是~。

【三十而立】sān shí ér lì 三十岁便能够自立于社会。指人开始走向成熟。[例句]如果想自己~,那就必须有自己循序渐进的职业路线,从目标、方法着手,一点一滴积累自己的职业竞争力。

【三思而行】sān sī ér xíng 三:再三,表示多次。反复考虑后再做。[例句]他在长期从事地下对敌斗争的环境中养成了遇事~的习惯。

【三天打鱼,两天晒网】sān tiān dǎ yú, liǎng tiān shài wǎng 比喻学习或做事时断时续,缺乏恒心,不能坚持。[例句]如果做事~,最终将一事无成。

【三头六臂】sān tóu liù bì 原指佛的法相。后比喻非凡的本领。[例句]模范人物并没有~,他们有的是一颗对工作赤诚的心。

【三位一体】sān wèi yī tǐ 原是基督教的主要教义,认为上帝(或称天主)只有一个,但包含圣父、圣子、圣灵三个位格,三者虽各有特定位份,却完全同具一个本体,同为一个独一真神。后泛指三者密切结合成为一个整体。[例句]"改革、发展、稳定"是一个~的方针,缺一不可。

【三五成群】sān wǔ chéng qún 三个一帮、五个一伙地在一起。[例句]同学们~,在海滩上观赏海上日出。

【三心二意】sān xīn èr yì 形容犹犹豫豫,拿不定主意或意志不坚定。[例句]这种～的人，是不会把这项工作干到底的。

【三言两语】sān yán liǎng yǔ 三、两：泛指数量少。很少的几句话。形容言语简短。[例句]当时，他只是～地提到这件事。

【三足鼎立】sān zú dǐng lì 就像鼎的三只脚并立那样。比喻三方面分立对峙。[例句]赤壁大战之后，形成了魏、蜀、吴～的局面。

【散兵游勇】sǎn bīng yóu yǒng 勇：清代指地方临时招募的兵卒。指无人统率的逃散了的兵士。也比喻没有任何组织而单独采取行动的人。[例句]要把这些～组织起来，的确是件很难的事情。

【散闷消愁】sàn mèn xiāo chóu 消：消除、解除。散去郁闷，解除哀愁。[例句]春暖花开，万物复苏，野外踏青不失为一个～的好方法。

sang

【桑榆暮景】sāng yú mù jǐng 桑榆：桑树和榆树。日暮时分，夕阳斜照桑榆树梢，一派黄昏景象。比喻老年的时光。[例句]他离休后，不贪图安闲的～，积极参加家乡的建设。

【丧家之狗】sàng jiā zhī gǒu 丧：失去。比喻失掉存身之所，无处投奔、惊惶失措的人。[例句]在众人愤怒的指责声中，那个无赖如～，狼狈而逃。

典故

春秋时，孔子周游列国，在郑国与弟子们失散了。有个郑国人对孔子的弟子子贡说："城东门有个人，他的额头像尧，脖子像皋陶，肩膀像子产，但自腰以下比禹差三寸，那种憔悴疲惫的样子如同失去了家的狗。"子贡将这些话如实告诉了孔子。孔子哈哈大笑，说："形象如何且不说，而说我像丧家之狗，确实如此！"

【丧尽天良】sàng jìn tiān liáng 丧：丧失；天良：良心。没有一点良心。形容极其凶残、歹毒。[例句]日本侵略军～，对中国人民实行"三光"政策，犯下了滔天罪行。

【丧权辱国】sàng quán rǔ guó 丧失主权，侮辱国家。[例句]鸦片战争以后，清政府同英国侵略者签订了～的不平等条约。

【丧天害理】sàng tiān hài lǐ 天：天道；理：理性。指做事违背天道、理性。[例句]对那些～、公然制造假药坑害人民的不法分子，一定要狠狠打击。

【丧心病狂】sàng xīn bìng kuáng 丧失理智，像发了疯似的。形容言行极其荒谬或残忍可恶到了极点。[例句]他们采取极其卑劣的手段，～地诬陷这个善良的老人。

sao

【搔首踟蹰】sāo shǒu chí chú 搔首：用手挠头；踟蹰：来回走动。形容心情焦急或彷徨不定的样子。[例句]眼看火车就要开了，而约好一块儿出行的老王却不见人影，他～，不知所措。

【扫地出门】sǎo dì chū mén 原指把一切杂物都扫出门去。现多指剥夺某人的全部财产并将其赶出家门。[例句]他的行径已无法为家族所容忍，终于被～。

se

【色胆如天】sè dǎn rú tiān 色：女色。贪恋女色的胆量像天一样大。形容因贪恋女色而无法无天。[例句]这个流氓，竟在光天化日之下调戏妇女，真是～。

【色艺绝伦】sè yì jué lún 艺：技艺；绝：超群；伦：同类。女子姿色和技艺超群脱俗，在同类中是没有的。[例句]这位歌星～，许多歌迷为之倾倒。

【色艺双绝】sè yì shuāng jué 形容姿色和技艺两方面都十分出色，多用于女艺人。[例句]她～，在影视圈佳话频传。

【色艺无双】sè yì wú shuāng 无：没有。女子姿色和技艺都没有第二个人可比。[例句]陈圆圆～，名闻天下。

sen

【森罗万象】sēn luó wàn xiàng 森:众多;罗:罗列。各种物象纷呈罗列。泛指宇宙各种事物展现出的万千气象。[例句]我们除了读书,还要接触生活,主动去认识～的世界。

seng

【僧多粥少】sēng duō zhōu shǎo 和尚多而稀饭少。比喻有需求的人多而可供分配的物资少。[例句]虽然每天往城里运来大批蔬菜,但～,仍然供不应求。

sha

S

【杀鸡骇猴】shā jī hài hóu 杀掉鸡来吓唬猴子。比喻通过严惩一个人来恐吓或警戒其他人。[例句]厂里给了他警告处分,无非是～,要大家严格遵守厂里所定的考勤制度。

【杀鸡取卵】shā jī qǔ luǎn 卵:蛋。杀掉鸡取出蛋。比喻只图眼前的一点好处而损害长远利益。[例句]植树造林是关系到国计民生的大事,乱砍滥伐,好比～。

【杀气腾腾】shā qì téng téng 杀气:凶恶的气势;腾腾:气体蒸发的样子,形容气势很盛。形容充满了要杀人的凶恶气势。[例句]反动政府的警察手持刀枪,～地阻止请愿学生上街游行。

【杀人放火】shā rén fàng huǒ 形容行凶作恶,无法无天。[例句]日本侵略者入侵中国,～,无恶不作。

【杀人灭口】shā rén miè kǒu 为了防止真相败露而杀掉同谋者或知情者。[例句]他为了逃避罪责,竟然～,真是罪大恶极。

【杀人如麻】shā rén rú má 如麻:像乱麻一样多得数不清。形容杀人极多。[例句]这个～、血债累累的刽子手,终于落入了法网。

【杀人越货】shā rén yuè huò 越:夺取、抢劫。杀害人命,抢夺财物。[例句]这伙车匪路霸,～,坏事做尽,最终受到了法律的制裁。

【杀身报国】shā shēn bào guó 报:回报、报效。不惜以牺牲性命来报效祖国。[例句]望着这些~的烈士的遗像,同学们肃然起敬。

【杀身成仁】shā shēn chéng rén 成:成全;仁:仁爱,儒家道德的最高准则。原指不惜舍弃自己的生命以成全仁德。后泛指牺牲自己的生命,以维护正义或崇高的理想。[例句]面对敌人的屠刀,他宁可~,也不愿投降。

【杀一儆百】shā yī jǐng bǎi 儆:警戒。杀掉或处罚一个人以警戒众人。[例句]如有人违反纪律,就关禁闭。~,别人就不敢了。

【杀彘教子】shā zhì jiào zǐ 彘:猪。指父母教育孩子,首先自己要言行一致。[例句]曾子~的故事说明:做父母的要言出必行,才能培养孩子言行一致的品格。

【沙里淘金】shā lǐ táo jīn 淘:用水冲洗,去除杂质。从沙子里选取黄金。比喻从大量材料中选取精华。也比喻费尽力气而没什么收效。[例句]从大量的资料中寻找自己需要的东西,就如~。

【傻头傻脑】shǎ tóu shǎ nǎo 形容思想糊涂,愚笨痴呆。[例句]他看起来有些~的,其实并不笨。

【歃血为盟】shà xuè wéi méng 古代盟会参加者涂牲畜的血在嘴旁,以示立盟之诚。后泛指郑重订立盟誓采取一致的行动。[例句]这两支起义军的首领~,相约共同反抗黑暗的旧统治。

【煞费苦心】shà fèi kǔ xīn 煞:很。费尽心思。[例句]他~,几经周折,才把这件事处理好。

【煞有介事】shà yǒu jiè shì 介:那样、那么。原为江浙一带的方言。装模作样,好像真有这回事似的。[例句]你别装模作样,~的,好像你真精通英语。

shan

【山崩地裂】shān bēng dì liè 山倒塌下来,地面裂开了缝。原指灾难性的巨大事变。后用来形容巨大的声响。[例句]我们的炮兵发起了猛攻,敌人的阵地上传来~般的巨响。

【山崩地陷】shān bēng dì xiàn 见“山崩地裂”。

【山长水远】shān cháng shuǐ yuǎn 形容路途遥远而多险阻。[例句]尽管~,也不能动摇他们去开发大西北的决心。

【山重水复】shān chóng shuǐ fù 山峦重叠,河流盘曲。形容重重阻碍。[例句]前路漫漫,~,今日一别,相逢何时?

【山高水长】shān gāo shuǐ cháng 像山那么高,像水那样长。比喻人的品德高尚,流传久远。[例句]雷锋的精神~,世代相传。

【山呼海啸】shān hū hǎi xiào 山风呼号,海水咆哮。形容自然环境恶劣。也形容声势浩大。[例句]天地间忽然黑了下来,暴雨狂风,~,仿佛末日劫难陡然到来。

【山盟海誓】shān méng hǎi shì 盟:盟约;誓:誓言。指着山海立下的盟约和誓言。多指男女相爱时表示爱情要像山海一样永恒不变的誓言。[例句]昔日的~在严酷的现实面前已成为泡影。

S

【山明水秀】shān míng shuǐ xiù 形容山水秀丽,风景优美。[例句]这里~,令人赏心悦目。

【山南海北】shān nán hǎi běi 指遥远的地方或相隔遥远。泛指四面八方。[例句]同学们毕业后,~,各奔前程,见面的机会很少。

【山清水秀】shān qīng shuǐ xiù 见“山明水秀”。

【山穷水尽】shān qióng shuǐ jìn 穷:尽。山和水都到了尽头,前面已无路可走。原指地处荒僻,交通闭塞。后比喻无路可走,陷入绝境。[例句]遭此变故,这个公司已是~了。

【山珍海错】shān zhēn hǎi cuò 山珍:山间所产的珍异食品;海错:海中生产的珍贵食品。泛指丰盛的菜肴。[例句]他成天~吃腻了,只想吃点野菜换换口味。

【山珍海味】shān zhēn hǎi wèi 见“山珍海错”。

【删繁就简】shān fán jiù jiǎn 删:除去;就:趋向。删除繁杂使之趋于简练。[例句]这本书过于冗长,必须~。

【姗姗来迟】shān shān lái chí 姗姗：走路缓慢从容的样子。原形容女子走路缓慢从容，慢腾腾地来晚了。后形容来得很晚。[例句]什么事竟使你～？

【煽风点火】shān fēng diǎn huǒ 比喻挑动人起来闹事。[例句]有些别有用心的人到处～，挑动不明真相的人起来闹事。

【潸然泪下】shān rán lèi xià 潸然：流泪的样子。形容哀伤得流下眼泪。[例句]她想到儿子年龄很小就出外受苦，不禁～。

【闪亮登场】shǎn liàng dēng chǎng 原为广告用语，表示一种新产品上市了。现泛指一种新事物出现了。[例句]“五一”假期，游园生活成为人们的又一种度假方式，而北京的几大主题游园正以“新、奇、亮”的姿态～。

【闪烁其词】shǎn shuò qí cí 闪烁：光线忽明忽暗，摇动不定。形容说话遮遮掩掩，吞吞吐吐。[例句]尽管他～、东拉西扯，我还是明白了事情的真相。

【善罢甘休】shàn bà gān xiū 善：好好地；甘：情愿、乐意；罢、休：停止、了结。指轻易地了结，不再使事态持续下去。多用于否定式或反问句。[例句]敌人遭到如此惨重的损失，是绝不会～的。

【善解人意】shàn jiě rén yì 指善于体察他人的心境，能理解和谅解他人。[例句]她是一位～的好姑娘。

【善男信女】shàn nán xìn nǚ 佛教用语，泛指信仰佛教的男女。[例句]这座寺庙常有～进香。

【善始善终】shàn shǐ shàn zhōng 从开头到结尾都很好。形容办事认真，能很好地坚持到底。[例句]任何工作都要做到～。

【善有善报，恶有恶报】shàn yǒu shàn bào，è yǒu è bào 做好事得好报，做坏事得坏报。[例句]～，他干尽坏事，一定会遭报应的。

【善自为谋】shàn zì wéi móu 善：擅长、善于；谋：谋划、打算。善于为自己打算。[例句]这个问题十分棘手，你要～，妥善处理。

【擅离职守】shàn lí zhí shǒu 擅：自作主张；职守：工作岗位。指未经许可就自行离开工作岗位。[例句]工作时间，他～，结果发生重大火灾，造成巨大损失。

shang

【伤风败俗】shāng fēng bài sú 伤：损害；败：败坏。败坏良好的风俗。[例句]这个小山村民风纯朴，从未出现过什么～的事。

【伤筋动骨】shāng jīn dòng gǔ 原指身受重伤。后比喻受到重大损害。也比喻对事物整体做大的改动。[例句]因为这次事故，我们单位损失不少，但还不至于～。

【伤天害理】shāng tiān hài lǐ 伤、害：损害；天：天道；理：伦理。旧指有伤阴德天理。形容做事连最基本的道德都不讲，丧尽天良。[例句]你不要～，干出图财害命的事情来。

【赏罚不当】shǎng fá bù dàng 赏：奖赏；罚：处罚。奖赏和惩罚不恰当、不合适。[例句]作为领导，他～，在群众中没有威信。

S

【赏罚不明】shǎng fá bù míng 奖赏和惩罚不分明。指该赏的不赏，该罚的不罚。[例句]现代社会给予人们道德选择更多的宽容，但宽容并不意味着主次不分，～。

【赏罚分明】shǎng fá fēn míng 该奖赏的奖赏，该惩罚的惩罚。形容奖惩分明，毫不含糊。[例句]领导要在群众中树起威信，必须做到～。

【赏罚无章】shǎng fá wú zhāng 章：规则、章程。多指奖赏和惩罚无章程可遵循。[例句]只有赏罚分明，军队才会有凝聚力；反之，若～，领导将丧失威信，军队也就没有了战斗力。

【赏心乐事】shǎng xīn lè shì 赏心：使心情欢畅；乐事：快乐的事情。指能使人心情愉快的事情。[例句]在紧张工作一周后，和好友一起远足，确实是～。

【赏心悦目】shǎng xīn yuè mù 赏心：使心情欢畅；悦目：看了舒服。因看到美好景物而心情愉快。[例句]他在家种了几盆花草，闲时看看，倒也～。

【上蹿下跳】shàng cuān xià tiào 形容四处奔走串联，策划活动。

[例句]他整日～,想捞个一官半职当当。

【上天入地】 shàng tiān rù dì 升入天空,钻入地下。形容神通广大。也指为实现某种目的而四处奔走。[例句]事情已到这种地步,你就是～也无法挽回了。

【上推下卸】 shàng tuī xià xiè 向上或向下推卸。指不承担责任或任务。[例句]～的领导是不称职的领导。

【上下其手】 shàng xià qí shǒu 比喻玩弄手法。[例句]唐朝末年,经济衰落,政治混乱,贪官污吏互相勾结,～,鱼肉百姓。

【上下一心】 shàng xià yī xīn 上下一条心。指上级与下级的思想愿望完全一致。[例句]全校师生～,教学工作搞得有声有色。

【上行下效】 shàng xíng xià xiào 效:效法、仿效。在上位的人怎么行事,在下位的人就跟着学。[例句]～,如果领导事事出以公心,那么群众就会积极工作,不计较个人得失。

shao

【稍纵即逝】 shāo zòng jí shì 纵:放;逝:消失。稍微一放松就过去了。形容时间或机会极易失去。[例句]时间～,所以我们应该争分夺秒,抓紧时间学习和工作。

【少安毋躁】 shǎo ān wú zào 少:稍微、暂时;毋:不要。暂且安心地等待一会儿,不要急躁。[例句]请大家～,我们马上就公布选举结果。

【少见多怪】 shǎo jiàn duō guài 见识少的人遇见平常的事也觉得十分新奇,大为惊讶。多嘲讽人见闻浅陋。[例句]这种事在这儿经常发生,你是～了。

【少气无力】 shǎo qì wú lì 形容气衰力弱,精神不振。[例句]大病初愈,他感到～。

【少不更事】 shào bù gēng shì 少:年纪小;更:经历。年纪轻,没有经历过什么事情。[例句]孩子～,望老师多加管教。

【少年老成】 shào nián lǎo chéng 老成:经历多,懂得人情世故。人虽年轻，却很老练稳重。现也指青年人缺乏朝气。[例句]他年纪轻轻，却一副～的样子。

she

【蛇蝎心肠】shé xiē xīn cháng 形容人的心肠凶狠毒辣。[例句]～的绑匪挟持小女孩作为人质，进行敲诈勒索。

【舍本逐末】shě běn zhú mò 本：本业，指农业；逐：追求；末：末业，指工商业。舍弃农业而重视工商业。比喻做事轻重主次倒置。[例句]教师不要～，只在支离破碎的单项练习中兜圈子，而忽视综合训练。

【舍己救人】shě jǐ jiù rén 舍己：牺牲自己。不惜牺牲自己的生命去拯救别人。[例句]在最危急之际，她能奋不顾身，～，真让人敬佩。

【舍己为人】shě jǐ wèi rén 舍弃自身的利益，帮助他人。[例句]小说中主人公那种大公无私、～的精神，深深感动了读者。

【舍近谋远】shě jìn móu yuǎn 见“舍近求远”。

【舍近求远】shě jìn qiú yuǎn 指做事不会寻求捷径而走弯路或所求不切实际。[例句]这种原材料本地就能解决，无需～到外地采购。

【舍生取义】shě shēng qǔ yì 生：生命；义：正义。原意是舍弃生命不惜选择正义。后指为维护正义不惜牺牲生命。[例句]他临危不惧，～，对祖国对人民无限忠诚。

【舍生忘死】shě shēng wàng sǐ 不顾生命危险。[例句]战场上战士们～，前仆后继。

【舍我其谁】shě wǒ qí shuí 除去我，还有谁呢？表示只有自己可以承当，别人都不行。形容态度狂妄。[例句]能做通他的思想工作的人，～？

【设身处地】shè shēn chǔ dì 设：设想。把自己放在别人所处的地位上考虑。指替别人着想。[例句]王老师对学生总是～，将心比心，因此很受学生的尊敬和爱戴。

【社稷之臣】shè jì zhī chén 本指春秋时附庸于大国的小国。也指身系国家安危的重臣。[例句]诸葛亮为国为民鞠躬尽瘁，乃蜀国～。

【涉海登山】shè hǎi dēng shān 涉：渡过。渡过大海，攀登高山。形容旅行的艰苦。也形容行程接连不断。[例句]日本遣唐使～来到长安，把唐王朝的先进文化和技术带回了日本。

shen

【身败名裂】shēn bài míng liè 身：身份、地位；败：毁坏；裂：破损。地位丧失，名声败坏。[例句]他因以权谋私、贪污受贿而落了个～的下场。

【身不由己】shēn bù yóu jǐ 由：听从、顺从。自身的行动不能由自己做主。也指身体失控而支持不住。[例句]他一犯病，就会～地昏倒在地上。

【身价百倍】shēn jià bǎi bèi 身价：指人的社会地位。身价提高一百倍。形容人的名声、地位大为提高。[例句]那部小说使他～，一下子成了文坛新星。

【身经百战】shēn jīng bǎi zhàn 身：亲身；百：形容多。亲身经历过无数战斗。形容富有实战经验或丰富的实践经验。[例句]在绿茵场上，他可是一位～的“战将”。

【身临其境】shēn lín qí jìng 身：亲身；临：面对；境：地方。亲身面临那样的境地。[例句]这样简洁而又生动的描写，真叫人如～。

【身名俱灭】shēn míng jù miè 身：身躯；名：名声、名誉。身躯和名誉一齐毁灭。形容彻底的毁灭。[例句]他因贪污巨款而进了监狱，～。

【身强力壮】shēn qiáng lì zhuàng 身体健壮，力气很大。[例句]秋收时节，我们几个～的小伙子去帮王大爷割稻子。

【身轻体健】shēn qīng tǐ jiàn 身体健壮，行动敏捷。[例句]他虽已年届古稀，仍然～，做起事来像个年轻人。

【身首异处】shēn shǒu yì chù 脑袋离开了身体，分在两处。指被砍头而死。[例句]他纵马挥刀冲向敌人的阵地，刀光闪过之处，敌寇～。

【身体力行】shēn tǐ lì xíng 身：亲身；体：体验。亲自去干，努力实行。[例句]老局长在廉政建设中，～，做出了表率，树立了榜样。

【身外之物】shēn wài zhī wù 身体以外的东西，多指钱财、名誉、地位等。[例句]他从不把名利放在心上，视钱财为～。

【身无分文】shēn wú fēn wén 身上连一分钱也没有。形容经济拮据，很贫穷。[例句]在我～的时候，是李华帮助我渡过了难关。

【身无长物】shēn wú cháng wù 见"别无长物"。

【身无寸缕】shēn wú cùn lǚ 缕：线，指衣服。身上没有衣服可穿。形容生活极度贫困。[例句]过去那个～的孤儿，如今已成了集体福利厂的厂长啦。

S

【身先士卒】shēn xiān shì zú 本指作战时将帅亲自上阵，冲锋在士卒前面奋勇杀敌。比喻领导带头走在群众前面。[例句]他到了工地后，～，重活累活抢着干。

【身显名扬】shēn xiǎn míng yáng 显：显赫；扬：传播。身世显赫，声名远扬。[例句]十几年前，他还是个穷书生，可现在他已是～的作家了。

【深壁高垒】shēn bì gāo lěi 深：挖深；壁、垒：古时军营的围墙；高：筑高。指构筑牢固的防御工事。[例句]敌人还未打过来，这儿早已～，严阵以待。

【深不可测】shēn bù kě cè 测：测量。深得无法测量。形容极深。也比喻事物复杂深奥，难以揣度。[例句]这里的两个古潭，潭水碧绿，～。

【深仇大恨】shēn chóu dà hèn 极深极大的仇恨。[例句]农民和剥削阶级结下了～，他们忘不了那些奇耻大辱。

【深更半夜】shēn gēng bàn yè 见"半夜三更"。

【深沟高垒】shēn gōu gāo lěi 沟、垒：壕沟、营垒，都是古代战争中的防御工事。挖深壕沟，加高壁垒。指构筑坚固的防御工事。[例句]齐国为防止周边国家的偷袭，大兴土木，～。

【深居简出】shēn jū jiǎn chū 简：少。原指野兽潜藏在深山里，很少出来。后指平时老在家里待着，很少出门。[例句]她在一个偏僻的小镇上教书，～，课余就练琴，因而长期未引起人们的注意。

【深明大义】shēn míng dà yì 大义：大道理。非常明白为人处世的基本道理。多指人能识大体，顾大局。[例句]丈夫在部队服役，她～，毅然决然地挑起了家庭的全部重担。

【深谋远虑】shēn móu yuǎn lǜ 周密地谋划，长远地考虑。也指周密的计划和长远的打算。[例句]这是关系着千万人性命的大事，没有～是不行的。

【深情厚谊】shēn qíng hòu yì 厚：深厚；谊：交情。深厚的情谊。[例句]通过这次联谊活动，这些孩子们之间结下了～。

【深入浅出】shēn rù qiǎn chū 指文章、言论内容深刻，语言表达浅显易懂。[例句]张老师讲课～，同学们都愿意听。

【深入人心】shēn rù rén xīn 指思想、理论、学说、主张等为人们所信服。[例句]改革开放的方针政策早已～。

【深思熟虑】shēn sī shú lǜ 深、熟：指程度深。深入反复地思索、考虑。[例句]这本书里面的每一句话，每一个字，都是～的产物。

【深思远虑】shēn sī yuǎn lǜ 想得深入，考虑长远。[例句]在做出重要决定之前，一定要～，博采众长。

【深恶痛绝】shēn wù tòng jué 恶：讨厌、厌恶；痛：痛恨；绝：极、最。形容对某人或某事极为厌恶、憎恨。[例句]那种无病呻吟的作品，令人～。

【深信不疑】shēn xìn bù yí 深深地相信，毫不怀疑。[例句]我对他说的话～。

【神不知鬼不觉】shén bù zhī guǐ bù jué 觉：发现。神和鬼都不知道。形容做事极其隐秘，无人知道。[例句]你别以为～，其实班里同学早知道了你做的这一切。

【神采飞扬】shén cǎi fēi yáng 神采：人面部表现出的神情和风采。形容人精神抖擞、兴奋得意的样子。[例句]他骑着马疾驰，显得～。

【神采焕发】shén cǎi huàn fā 神采：人面部表现出的神气和风采；焕发：光彩四射的样子。形容人精神焕发，风采动人。[例句]谈到未来的计划，王先生更是～，充满信心。

【神采奕奕】shén cǎi yì yì 奕奕：精神焕发的样子。形容人精神饱满，容光焕发。[例句]他～地走上了讲台。

【神差鬼使】shén chāi guǐ shǐ 见"鬼使神差"。

【神出鬼没】shén chū guǐ mò 出：出现；没：消失。像神、鬼那样出没无常。原指用兵神奇迅速，变化莫测。泛指变化神奇，难以捉摸。[例句]游击队声东击西、～，使得敌人防不胜防。

【神工鬼斧】shén gōng guǐ fǔ 见"鬼斧神工"。

【神鬼莫测】shén guǐ mò cè 神灵鬼怪都不能推测。形容事情诡秘难知。[例句]我敌后武工队的活动～，打得日寇龟缩在碉堡里，不敢出来。

【神乎其神】shén hū qí shén 神：神妙；乎：文言语气助词，表感叹；其：那样。形容极其神秘奇妙。[例句]他把这东西说得～，我们差点上当受骗。

【神昏意乱】shén hūn yì luàn 神：神志；昏：昏沉。神志不清，心里烦躁不安。[例句]这几日她～，说话也语无伦次了，不知道是因为何事。

【神魂颠倒】shén hún diān dǎo 神魂：精神、灵魂。形容对某一事物入了迷，以致精神恍惚，失去常态。[例句]听了他说的评书，众人无不～。

【神机妙算】shén jī miào suàn 神机：神妙的计谋；妙算：巧妙的谋略。十分高明、巧妙的计谋。形容有预见性，善于估计客观情势，决定策略。[例句]司马懿号称～，却中了诸葛亮的"空城计"。

【神机莫测】shén jī mò cè 神机：神妙的计谋；莫：不；测：猜测、推测。神妙的计谋让别人无法识破。[例句]毛泽东用兵～，使红军不断地走向胜利。

【神来之笔】shén lái zhī bǐ 笔：指文思或词句，也代指作品。指绝妙的文思或词句。也用来形容作品的意境和技法极其精彩绝妙。[例句]丰富的生活经验，扎实的文字功底，使他的创作左右逢源，犹如～。

【神秘莫测】shén mì mò cè 莫：不；测：料想。很神秘，使人摸不透。[例句]幽谷之中有一种～的气氛。

【神气活现】shén qì huó xiàn 形容自以为优越而表现出很威风、很有气派、很傲慢的样子。[例句]几只仙鹤在阳光下昂首站立，～地看着身边的游人。

【神气十足】shén qì shí zú 形容十分得意、傲慢的样子。[例句]这次考试得了第一名，小明显得～。

【神清气爽】shén qīng qì shuǎng 神、气：人的精神状态。形容人神志清爽，心情舒畅。[例句]微风一吹，西湖水面碧波荡漾，令人～。

【神色不动】shén sè bù dòng 神色：神情。形容遇到意外或情势紧张时，神情不变、镇静对待。[例句]面对凶暴的歹徒，他～，从容不迫。

【神色怡然】shén sè yí rán 怡然：愉快的样子。多指脸上露出愉快喜悦的神色。[例句]一看他那～的样子，就知道今天的事办得很顺利。

【神色自得】shén sè zì dé 自得：得意。脸上露出得意的样子。[例句]看他～的样子，就知道事情已办妥了。

【神色自若】shén sè zì ruò 神色：神情；自若：自然，不变常态。神情和原来一样。形容人遇事镇定，神情像平常一样。[例句]面对敌人的屠刀，他～。

【神思恍惚】shén sī huǎng hū 神思：精神、心绪；恍惚：精神不集中。

形容心神不定,精神不集中。[例句]同桌小刚这几天上课~,不知有什么心事。

【神通广大】shén tōng guǎng dà 神通:原为佛教用语,指法力无边的神力,今指无所不能的本领。本指法术广大无边。现指本领极大,办法极多。也用于讽刺人活动能力很强,善于钻营投机。[例句]他这个人真是~,似乎没有他办不到的事情。

【审己度人】shěn jǐ duó rén 审:审察;度:揣度。先衡量自己,再去估量别人。指设身处地地考虑别人。[例句]老王一向~,办事公道,在同事中很有威信。

【审时度势】shěn shí duó shì 审:仔细研究;度:揣测、估计;势:发展趋势。仔细研究当前时势,正确估计情况变化。[例句]现在需要我们~,制订出一个合理的行动方案。

S

【甚嚣尘上】shèn xiāo chén shàng 甚:很;嚣:喧闹;尘上:地上尘土飞扬。人声喧嚷,尘土飞扬。原形容军队喧哗纷乱的状况。后形容议论纷纷或消息普遍流传。现多指错误的或反动的言论非常嚣张。[例句]"读书无用"的错误论调,一度~,误导了很多人。

sheng

【生搬硬套】shēng bān yìng tào 指不考察现实情况,机械地套用别人的经验,照抄别人的做法。[例句]不顾自己的实际情况,~别人的模式,终将会失败的。

【生不逢辰】shēng bù féng chén 辰:日子、时光。出生没有碰上个好时辰。指时运不佳或慨叹不被人赏识。[例句]不要哀叹~,正确认识自己,增强自信,总会找到适合自己施展才干的用武之地。

【生不逢时】shēng bù féng shí 见"生不逢辰"。

【生财有道】shēng cái yǒu dào 道:方法、办法。原指开发财源有办法。后泛指有办法挣钱。[例句]王伯伯~,一年就赚了三十多万元。

【生动活泼】shēng dòng huó pō 自然而具有活力,不呆板。也形容文辞生动形象。[例句]人民群众的语汇是很丰富的，～的，我们应该好好学习。

【生机勃勃】 shēng jī bó bó 生机：生命力；勃勃：旺盛的样子。形容生命力旺盛，充满活力。[例句]春回大地，到处一派～的景象。

【生拉硬拽】 shēng lā yìng zhuài 用生硬的行动又拖又拽，使人听从支配。后指用纠缠、强迫的方式使人听从。比喻牵强附会。[例句]要学会以理服人，～是不行的。

【生老病死】 shēng lǎo bìng sǐ 佛教认为出生、衰老、生病、死亡为人间四苦。现泛指生育、养老、医疗、殡葬等事。[例句]社会福利制度的完善将使人民的～都能得到保障。

【生离死别】 shēng lí sǐ bié 死别：永别。难以再见或永久的离别。[例句]人生最大的痛苦莫过于～了。

【生灵涂炭】 shēng líng tú tàn 生灵：人民；涂炭：泥沼和炭火，比喻困苦的境地。人民仿佛陷于泥沼、落入炭火之中。形容老百姓处于水深火热、无法生存的状况中。[例句]民国时期，军阀混战，～，民不聊生。

【生龙活虎】 shēng lóng huó hǔ 好像富有生气的龙，充满活力的虎。比喻人富有生气、充满活力或文章生动有力。[例句]每逢这群～的年轻人来拜访，方先生那寂静的庭院就充满了欢笑。

【生擒活拿】 shēng qín huó ná 见“生擒活捉”。

【生擒活捉】 shēng qín huó zhuō 不伤害对方性命，将其活着捉拿。[例句]这伙绑匪全部被公安干警～。

【生荣死哀】 shēng róng sǐ āi 荣：光荣。活着受人尊敬，死后令人哀悼。多用来称颂生前有卓著贡献的死者。[例句]革命烈士～，永垂不朽，人民永远怀念他们。

【生杀予夺】 shēng shā yǔ duó 生：让人活；杀：把人处死；予：给予（财物等）；夺：剥夺（财物等）。指统治者所掌握的随意处置百姓生命财产的权力。[例句]在封建社会里，皇帝拥有～的大权。

【生生世世】 shēng shēng shì shì 指世世代代，永远。[例句]我们

的祖辈～生活在这块美丽的土地上。

【生死不渝】shēng sǐ bù yú　渝:改变。无论活着还是死去都不改变。形容对理想、信念、感情等忠贞不移。[例句]他对共产主义的信念无比坚定,～。

【生死存亡】shēng sǐ cún wáng　生存或者死亡。指情势极其危急,到了最后关头。[例句]在竞争日益激烈的环境下,服务是事关电信业长远发展、～的大问题。

【生死关头】shēng sǐ guān tóu　关头:起决定作用的时机或转折点。指决定生死的极其紧要的时刻。[例句]在这～,江姐视死如归,体现了一个共产党员的英雄本色。

【生死相依】shēng sǐ xiāng yī　形容同生共死。[例句]在国家危亡的关头,我们每个人都要与祖国～,为她献出最后一滴血。

【生死攸关】shēng sǐ yōu guān　攸:所。关系到人的生存和死亡。[例句]为了捍卫民族尊严,有多少优秀儿女在民族～的时刻,挺身而出。

【生死有命】shēng sǐ yǒu mìng　迷信的人认为人的生死均由天命决定,人力不可抗拒。[例句]"～,富贵在天",这是唯心主义的宿命论。

【生死与共】shēng sǐ yǔ gòng　同生共死。形容彼此感情或情谊深厚。[例句]他们夫妻几十年,风风雨雨,～。

【生死之交】shēng sǐ zhī jiāo　可共生死的朋友或交情。[例句]这两位老爷爷共同经历了战争年代,结成了～。

【生吞活剥】shēng tūn huó bō　原指抄袭别人的诗文。比喻生硬地抄袭或模仿。也比喻一知半解。[例句]如果只～别人的语句,而不求甚解,是不会进步的。

典故

唐代有个叫张怀庆的人,贪图虚荣,沽名钓誉,时常剽窃他人作品。一次,他将别人的一首五言绝句改头换面,说是自己创作的，还到处炫耀。对他这种劣行，人们就用“活剥张昌龄，生吞郭正一”的顺口溜来奚落他。

【生意盎然】shēng yì àng rán 生意：富有生命力的气象；盎然：浓厚、洋溢的样子。形容生命力旺盛。[例句]春风吹过，大地上～。

【生于忧患，死于安乐】shēng yú yōu huàn，sǐ yú ān lè 经常处于忧愁患难之中，能使人勤奋而得生存；长期处于安适逸乐的环境，能使人怠惰丧志而致死。[例句]～，我们不要一味地追求安逸的生活环境。

【声东击西】shēng dōng jī xī 声：声张。做出姿态或宣称要攻打东边，实际上却攻打西边。军事上诱使敌人产生错觉的一种战术。[例句]我们运用～的战术来消灭敌人。

【声价十倍】shēng jià shí bèi 声价：声誉和地位。名誉和地位提高十倍。形容声誉和地位大大提高。[例句]这本小说使这位作家～，跻身于著名作家之列。

【声泪俱下】shēng lèi jù xià 俱：都、同时。一边说话，一边哭泣。形容极其悲痛或激动。[例句]他～地讲着自己的不幸遭遇，在场的人都流下了同情的眼泪。

【声名狼藉】shēng míng láng jí 声名：声望、名誉；狼藉：乱七八糟，杂乱不堪。形容行为不检点，名声很糟糕。[例句]他每天在外边吃喝嫖赌，早已是～。

【声情并茂】shēng qíng bìng mào 声：指唱腔或语言的音乐性；并：(两方面)都；茂：草木旺盛的样子，引申为美好。形容演唱时唱腔或语言的音乐性有很深的造诣，而所表达的感情又很充沛、动人。[例句]歌星～的演唱，赢得了阵阵热烈的掌声。

【声如洪钟】shēng rú hóng zhōng 声音如同敲击大钟那样洪亮。形容说话或歌唱的声音洪亮。[例句]他上台做报告～，全场听众不时为他的妙语鼓掌。

【声色俱厉】shēng sè jù lì 色：脸色、表情；俱：都；厉：严厉。说话的声音和表情都很严厉。[例句]他批评起人来～，令人不敢正眼相对。

【声色犬马】shēng sè quǎn mǎ 声：歌舞；色：女色；犬：养狗；马：骑马。形容荒淫无耻的生活方式。[例句]隋炀帝纵情于～，过着荒淫无耻的生活，结果加速了隋王朝的灭亡。

【声势浩大】shēng shì hào dà 声势：声威和气势；浩：广大。声威和气势非常壮大。[例句]一场～的建设社会主义新农村的运动正在全国进行着。

【声嘶力竭】shēng sī lì jié 嘶：哑；竭：尽。声音喊哑，力气耗尽。形容竭力叫嚷呼喊。[例句]敌人～地叫喊着冲上来，但很快被击退了。

【声音笑貌】shēng yīn xiào mào 说话的声音，谈笑的神态。泛指一个人的外部情态。[例句]人虽去世了，但他的～仍令我难以忘怀。

S

【声誉鹊起】shēng yù què qǐ 声誉：声名；鹊起：比喻名声兴起、传扬。形容知名度迅速提高。[例句]他本是个默默无闻的人，可连续发表了几篇论文，引起学术界的高度关注，从此～。

【声振林木】shēng zhèn lín mù 歌声使树林也跟着振动。形容声音激越洪亮。[例句]这位草原来的歌手嗓音洪亮，高歌一曲，～。

【绳锯木断】shéng jù mù duàn 用绳锯木头，也能把木头锯断。比喻力量虽小，只要持之以恒，也能做出大的成绩。也用来说明事物的发展由渐进到飞跃的道理。[例句]～，水滴石穿。只要有恒心，你就会有所成就。

【绳愆纠谬】shéng qiān jiū miù 绳：纠正；愆：过失；谬：错误。改正过失，纠正错误。[例句]我们在工作中要不断～，才能减少损失。

【绳之以法】shéng zhī yǐ fǎ 绳：木工用的墨线，是校正曲直的工具，引申为约束、制裁。以法律为准绳予以制裁。[例句]这个作恶多端、为害一方的歹徒被～，人们拍手称快。

【省吃俭用】shěng chī jiǎn yòng 俭：俭省，不浪费。形容过日子非常节省。[例句]她～,把攒下来的钱寄给了家里。

【省烦从简】 shěng fán cóng jiǎn 省去繁杂的手续而采取简单的方法。[例句]做工作要讲究效率,～,这样才能受到群众欢迎。

【胜不骄,败不馁】 shèng bù jiāo,bài bù něi 骄:骄傲;馁:气馁、丧气。胜利了不骄傲,失败了不气馁。[例句]无论干什么事情,都应有一种～的精神。

【胜利在望】 shèng lì zài wàng 在望:盼望的结果就在眼前。指胜利即将到来。[例句]这项科研工作已接近尾声,～。

【胜任愉快】 shèng rèn yú kuài 胜:担当得起。有能力担当并能圆满愉快地完成任务。[例句]凭他丰富的知识和阅历,这项工作对他来说是～的。

【胜算可操】 shèng suàn kě cāo 胜算:能够取得胜利的计划和安排;操:掌握。有把握取得胜利。[例句]如不出意外,中国女排～。

【盛不忘衰】 shèng bù wàng shuāi 盛:兴盛;衰:衰败。在兴盛时不忘记衰败时。形容安不忘危,懂得深谋远虑。[例句]～往往是常人所不能做到的。

【盛极一时】 shèng jí yī shí 盛:兴旺。形容在一个时期内特别兴旺或流行。[例句]国家调整了土地使用政策,房地产业～。

【盛况空前】 shèng kuàng kōng qián 盛大热烈的状况从未有过。[例句]这一届省文化节,参加的人数多,节目丰富,～。

【盛气凌人】 shèng qì líng rén 盛气:骄傲蛮横的气势;凌:欺凌、欺压。以骄傲蛮横的气势欺压人。形容傲慢骄横,气势逼人。[例句]他居功自傲,～,群众基础很差。

【盛情难却】 shèng qíng nán què 盛情:深厚的情意;却:推辞、拒绝。深厚的情意让人无法推辞。[例句]小张邀请我赴宴,～,我只好去了。

【盛筵难再】 shèng yán nán zài 盛大的宴会难以再逢。比喻美景难以多得。[例句]虽说～,但后会有期,待下次重逢,大家定会有更大的成绩。

shi

【尸横遍野】 shī héng biàn yě 遍地都是横七竖八的尸体。形容死的人很多，场面惨烈。[例句]日寇占领南京后，疯狂屠杀中国人民，～，血流成河。

【尸位素餐】 shī wèi sù cān 尸位：占有职位而不做事；素餐：不劳动而白吃饭。占着地位、领着俸禄却不尽职、不做事。[例句]贪官污吏～，百姓对他们恨之入骨。

【失道寡助】 shī dào guǎ zhù 见"得道多助，失道寡助"。

【失而复得】 shī ér fù dé 复：又。失去后又重新得到。[例句]那条项链～，她十分庆幸。

S **【失魂落魄】** shī hún luò pò 魂、魄：旧指离开人的形体还能存在的精神为魂，依附形体而显现的精神为魄。形容心神不宁、精神恍惚或因受强烈的刺激而行动失常。[例句]对于一受到挫折就～的孩子，应加强心理教育，使其树立正确的成败观。

【失张失智】 shī zhāng shī zhì 形容举止失常，失魂落魄的样子。[例句]像你这样还没有遇见什么事就～，怎么能干成大事呢？

【失之毫厘，差之千里】 shī zhī háo lí, chà zhī qiān lǐ 毫厘：非常小的长度单位。指微小的失误，可导致极大的错误。[例句]～，所以我们一定要以严谨的态度来对待自己的工作。

【失之交臂】 shī zhī jiāo bì 交臂：胳膊碰胳膊，指擦肩而过。指当面错过好机会。[例句]那次我和她同乘一趟火车，竟然～，错过了见面的机会，甚是遗憾。

【师出无名】 shī chū wú míng 师：军队；名：名义、理由。出兵没有正当理由。泛指做某事没有正当理由。[例句]你又不是律师，怎么好帮人打官司？简直是～嘛！

【师出有名】 shī chū yǒu míng 师：军队；名：名义、理由。出兵要有正当理由。泛指做事要有理。[例句]正义战争是～，侵略者必以失败而告终。

【师道尊严】shī dào zūn yán 原指老师受到尊敬，他所传授的知识、技能或道理才能得到尊重。后多用来指为师者地位崇高。[例句]～，教师的职业是神圣而受人尊敬的。

【师直为壮】shī zhí wéi zhuàng 师：军队；直：合乎正义；壮：气势壮，有力量。形容为正义而战的军队，士气旺盛，所向无敌。[例句]～，岳飞率领的岳家军所向披靡。

【诗礼传家】shī lǐ chuán jiā 诗：《诗经》；礼：《周礼》《仪礼》《礼记》。儒家经典及道德规范世代相传。[例句]他为人注重言传身教、～。

【诗礼之家】shī lǐ zhī jiā 诗礼：泛指读书习礼。世代读书，注重传统礼教的人家。[例句]她出自～，举手投足别有一番风度。

【诗情画意】shī qíng huà yì 意：意境、情调。像诗歌绘画里所描摹的能给人以美感的意境。也指自然景色幽美，耐人寻味。[例句]江南水乡充满了～。

【诗书礼乐】shī shū lǐ yuè 指儒家的经典。[例句]～是中华文化的瑰宝。

【施不望报】shī bù wàng bào 施：给予；望：期望。给人恩惠而不求回报。[例句]他是个～的正人君子。

【施恩布德】shī ēn bù dé 见“施仁布德”。

【施仁布德】shī rén bù dé 施、布：给予。指施行仁义，广布恩德。[例句]弘扬见义勇为精神就是要学习见义勇为者视国家、人民利益高于一切的崇高品质，热爱人民、～的高尚道德情操。

【十恶不赦】shí è bù shè 十恶：古时封建统治者为维护其专制统治所规定的十种重罪；赦：饶恕、赦免。形容罪大恶极，坏到极点。[例句]他罪大恶极，是一个～之徒。

【十行俱下】shí háng jù xià 俱：全、都。一眼同时看十行书。形容读书极快。[例句]浏览泛读之书可以～。

【十里洋场】shí lǐ yáng chǎng 旧时上海的租界区因外国人较多，

S

洋货非常多，故称十里洋场。后用来特指旧上海。[例句]旧上海～，歌舞升平，无数的人在这里醉生梦死。

【十拿九稳】 shí ná jiǔ wěn 形容做事很有把握，不在话下。[例句]她这次高考取得全省最高分，进重点大学是～的了。

【十年寒窗】 shí nián hán chuāng 原指科举时代读书人长年在窗下刻苦攻读，准备应试。后指长期闭门刻苦攻读。[例句]经过～，他终于走进了理想中的高等学府。

【十年树木，百年树人】 shí nián shù mù, bǎi nián shù rén 树：种植、培养。培植树木需要十年，培育人才需要百年。比喻培养人才是长久之计。也表示培养人才很不容易。[例句]"～"，说明培养人才不是一件容易的事。

【十全十美】 shí quán shí měi 十全：十不失一，形容完满；美：完美。形容完美无缺。[例句]～的作品哪里会有，即使是名家手笔，要挑毛病也总是有的。

【十万火急】 shí wàn huǒ jí 形容事情非常紧急，刻不容缓。旧时递送紧急文书时常用。[例句]百货大楼失火，情况～，马上通知消防队。

【十指连心】 shí zhǐ lián xīn 十个手指碰伤哪一个都会疼痛钻心。比喻彼此关系异常密切。[例句]儿子在车祸中丧生，～，母亲痛不欲生。

【什袭而藏】 shí xí ér cáng 什：同"十"；袭：量词，层；什袭：十层。指把物品层层包裹起来。形容把认为有价值的物品妥善保护并收藏。[例句]这位老人把那只祖传的茶壶～。

【石沉大海】 shí chén dà hǎi 石头掉进大海里。比喻不见踪影或没有一点消息。[例句]他给编辑部去了几封信，都如～，没有回音。

【石破天惊】 shí pò tiān jīng 形容乐声高亢激越，有惊天动地之势。比喻文章的议论新奇惊人或突发大事令人震惊。[例句]他的话一出口，有如～，立刻引起强烈反响。

【时不可失】 shí bù kě shī 时：时机、机会；失：失掉、错过。时机不要失掉。指要抓住有利时机。[例句]～,你一定要去应聘。

【时不再来】shí bù zài lái 机会错过,不能再来。鼓励人要抓紧机会去做事。[例句]机不可失,～,对于这次考试选拔赛,我们一定要抓住机会。

【时过境迁】shí guò jìng qiān 境:境况;迁:改变。时间推移,境况随之发生改变。[例句]～,旧时的繁华早已逝去。

【时来运转】shí lái yùn zhuǎn 时:时机;运:命运。时机一来,命运就有了转机。[例句]王大伯～,过去家徒四壁的他竟成了村里第一个万元户。

【时移世易】shí yí shì yì 易:改变。时代变了,世事随之改变。[例句]～,回到上海的故居时,他都认不出来了。

【时移俗易】shí yí sú yì 时:时代;移:变动;易:改变。时代变了,社会风俗也随之变了。泛指时世、风俗都发生了变化。[例句]～,从前朴质无华的商店门面,现在都装修雕饰得日益华美起来。

【时隐时现】shí yǐn shí xiàn 时:一会儿;隐:隐没。一会儿隐没,一会儿又出现。[例句]远远望去,云雾缭绕的泰山像一位风姿绰约的仙女,～。

【时运不济】shí yùn bù jì 指处于逆境中,命运不佳。[例句]王勃在～之时,写下了千古名篇《滕王阁序》。

【识多才广】shí duō cái guǎng 见识广泛,才能又多。[例句]他～,加上对业务钻研得很精,所以工作起来十分轻松。

【识时达务】shí shí dá wù 达:了解、知道。认清形势,通达事务。[例句]经过几年的学习和实践,他已经～,办事颇为老练了。

【识时通变】shí shí tōng biàn 通:通晓。认清形势,通达应变。[例句]他很精明乖巧,能～,跟上形势的发展。

【识文断字】shí wén duàn zì 识:认识;断:断定。认识字,能读书。指人有一定文化。[例句]在父母的教育下,他小小年纪已经能～。

【实事求是】shí shì qiú shì 实事:客观存在的一切事物;求:探求;

是：正确，指客观事物的内在规律。原指从实际出发，求得正确的结论。后用来指从实际情况出发，不夸大，不缩小，正确地对待和处理问题。也指根据实际情况，探求事物的规律性，认识事物的本质。[例句]在调查中，我们始终坚持～的原则，获得了大量翔实的材料。

【实心实意】 shí xīn shí yì 形容待人真诚实在。[例句]他对我～，是最可信赖的人。

【实至名归】 shí zhì míng guī 至：达到；名：名誉。有了实际的成就，就会有相应的名誉。[例句]钱钟书先生被尊为国学大师，确是～，当之无愧。

【拾金不昧】 shí jīn bù mèi 金：金钱，泛指各种贵重物品；昧：隐藏。拾到钱财，不隐藏起来据为己有。[例句]出租车司机王大刚～的事迹，在这个小镇里传为佳话。

S

【拾遗补阙】 shí yí bǔ quē 拾遗：补充遗漏；补阙：补救过失。原指臣下对君主指陈过失，补救朝政。后来指弥补遗漏和过失。[例句]我们在工作中出现差错，要及时～，这才是对工作的高度负责。

【食不果腹】 shí bù guǒ fù 果腹：吃饱肚子。吃不饱肚子。形容生活贫困，没有足够的食物。[例句]在外流浪的那半年，他常常是～。

【食不下咽】 shí bù xià yàn 食物在嘴中却难以咽下去。形容忧虑或哀伤过度而吃不下饭。[例句]看着他每天～的样子，老伴心痛极了。

【食而不化】 shí ér bù huà 东西吃下去了，但没有消化。比喻对所学的知识理解得不深不透，不能很好地掌握，变成自己的东西。[例句]教师想让学生学得多一点，快一点，愿望很好，但如果不得法，学生吃得太多了，反而～。

【食古不化】 shí gǔ bù huà 指学习古代知识，不善于按照现时情况加以运用，跟吃了东西不能消化一样。[例句]如果我们对古代文化遗产～，就不能达到古为今用的目的。

【食言而肥】 shí yán ér féi 食言：把话吃下去。形容说话不算数，不讲信用。[例句]他们～，单方面撕毁了合同。

【史不绝书】 shǐ bù jué shū 书：书写、记载。史册上不断有记载。指历史上经常发生这样的事。[例句]横征暴敛导致农民起义的事情～。

【史无前例】 shǐ wú qián lì 历史上从来没有过的事例。[例句]建设社会主义是～的伟大事业，需要我们在探索中前进。

【矢不虚发】 shǐ bù xū fā 矢：箭。指箭都射中目标。形容射箭本领极高。[例句]历史上的李广～，是有名的神射手。

【矢口否认】 shǐ kǒu fǒu rèn 矢：发誓。指一口咬定，坚决不承认。[例句]人证、物证都摆在面前，你还敢～？

【矢死不二】 shǐ sǐ bù èr 矢：发誓。指发誓在死时也不会改变自己的意志。[例句]他自从参军后就立志要保卫祖国，～。

【矢志不屈】 shǐ zhì bù qū 矢：发誓。指发誓立志绝不屈从。[例句]共产党人为人民解放事业～的伟大精神光耀千秋。

【矢志不移】 shǐ zhì bù yí 矢：发誓；移：改变。立定了志向再也不改变。形容意志坚决。[例句]作为新时期的人民教师，应加强师德教养，提高业务水平，～，投身教育。

【使蚊负山】 shǐ wén fù shān 负：背。让蚊子来背山。比喻力量小而不能担当重任。[例句]这样重要的工作，交给一个缺乏经验的人，真是～，怎么让人放心！

【始料不及】 shǐ liào bù jí 及：到。最初没有料想到。[例句]对于发生的新的变化，他～。

【始乱终弃】 shǐ luàn zhōng qì 乱：淫乱；弃：抛弃。起初玩弄，后来抛弃。指男子玩弄女性的不道德行为。[例句]～的行为应受到社会舆论的谴责。

【始终不懈】 shǐ zhōng bù xiè 懈：松懈。从开头到结束毫无懈怠。[例句]我们应该学习他这种～的刻苦学习精神。

【始终不渝】shǐ zhōng bù yú　渝:改变、违背。自始至终一直不变。[例句]梅兰芳先生～地把中华民族的凛然正气与舞台艺术形象的塑造有机地结合起来。

【始终如一】shǐ zhōng rú yī　始:开始;终:结束;如:如同。自始至终都一样。[例句]我们一定要按照这条路线专心致志、～地干下去。

【始作俑者】shǐ zuò yǒng zhě　俑:古代用来陪葬的木制或陶制的偶人。指开始用俑殉葬的人。比喻第一个做某项坏事的人或恶劣风气的肇始人。[例句]查来查去他才是这次事件的～。

【世代相传】shì dài xiāng chuán　传:延续、继承。世世代代继承着。[例句]艰苦奋斗的优良传统要～。

【世风日下】shì fēng rì xià　世风:社会上的风气。社会风气一天不如一天。[例句]清王朝自嘉庆以来,经济日渐衰落,～。

【世态人情】shì tài rén qíng　世态:社会上人对人的态度。指社会上的人情世故。[例句]李大爷活了八十多岁,早已把～看得一清二楚。

【世态炎凉】shì tài yán liáng　世态:社会上人对人的态度;炎:指亲热;凉:指冷淡。指有的人在别人得势时就巴结逢迎,失势时就十分冷淡的势利而反复无常的情态。[例句]自从家道中落,他饱尝了～的滋味。

【世外桃源】shì wài táo yuán　指不受外界影响的生活安乐而环境幽美的理想地方或幻想中的脱离现实的场所或境地。[例句]那个神秘的小山村,当然不是～,但它能帮我回到文学的伊甸园。

典故

晋代的陶渊明写了一篇《桃花源记》,讲了这样一个故事:有一个渔夫在打鱼时,无意中发现了一片桃林,在溪水和桃林的尽头有一个山洞。钻洞而出,他发现这里的人们和睦相处,一片宁静。但奇怪的是,他们还不知道现在外边早已改朝换代了。几天后,渔夫要离开小山村,那里的人告诫他:"不要把这里的一切告诉别人。”过后，渔夫又带人来寻找这个小山村，但怎么也找不到了。后来人们就把这种与世隔绝，但又过着美好生活的地方称为“世外桃源”。

【市井之徒】shì jǐng zhī tú　市井：街市。旧指城市里的商贾、平民。现指唯利是图、平庸鄙俗的人。[例句]这群～专欺骗老人和儿童。

【市无二价】shì wú èr jià　市：交易、做买卖。做生意只定一个价钱，不随意抬价。形容买卖公道，不欺诈顾客。[例句]在经济生活中，人们把“童叟无欺”“～”“货真价实”作为经商道德。

【事半功倍】shì bàn gōng bèi　事：做；功：功效。形容费力小，收效大。[例句]早晨头脑最清醒，做起事情来，往往～。

【事倍功半】shì bèi gōng bàn　见“力倍功半”。

【事必躬亲】shì bì gōng qīn　躬亲：亲自。不管什么事，一定要亲自去做。形容做事认真，毫不懈怠。[例句]局里该抓的各项工作，局长都是～，所以每项工作都落实得很好。

【事不关己】shì bù guān jǐ　认为事情和自己无关，就搁在一边，不闻不问。[例句]集体的事，大家都要关心，不能～，高高挂起。

【事不宜迟】shì bù yí chí　宜：应该。事态紧急，不能拖延。[例句]为了赶在敌人前面，部队必须立即出发，～！

【事出有因】shì chū yǒu yīn　事情的发生有可以理解的原因。[例句]今天早晨，他迟到了，我想是～的。

【事无巨细】shì wú jù xì　事情不管大小，都同样对待。[例句]只要是上级交给的任务，～，小王都能认真完成。

【事与愿违】shì yǔ yuàn wéi　事情的发生、发展跟心愿相违背。指事情的结果不能称心如意。[例句]不相信科学，一味蛮干，其结果必然～。

【事在人为】shì zài rén wéi　事情在于人做。指在一定的客观条件下，事情成功与否决定于人的努力程度。[例句]在边远地区工作困难很多，但～，只要努力，是会干出成绩来的。

【势不可当】 shì bù kě dāng　当：抵挡。来势迅猛，不可抵挡。[例句]在～的洪水席卷村镇和粮田的时候，人们对不重视水利建设的危害有了格外深切的感受。

【势不两立】 shì bù liǎng lì　势：情势；立：存在。双方矛盾尖锐，已到了水火不容、不能并存于世的地步。[例句]正义和邪恶～，自古以来便是如此。

【势单力薄】 shì dān lì bó　势力孤单，力量薄弱。指人少力微，不足以抗拒困境。[例句]～的渔民在自然灾害和意外事故面前常常显得孤立无援。

【势均力敌】 shì jūn lì dí　均、敌：相等、相当。力量相当，不相上下。[例句]决赛的两支球队～，谁能夺冠实难预料。

S

【势倾朝野】 shì qīng cháo yě　势：势力；倾：压倒；朝野：朝廷和民间。权势把在朝在野的人全部压倒。形容权势极大。[例句]秦二世时，赵高～，一手遮天。

【势如破竹】 shì rú pò zhú　势：气势、威力；破竹：劈竹子。形势像劈竹子一样，劈开头上几节，就可顺着刀势直劈到底。形容作战或工作节节胜利，毫无阻碍或气势不可阻挡。[例句]人民解放军～，连续取得了三大战役的胜利。

【势如水火】 shì rú shuǐ huǒ　形容双方像水与火互相对立，不能相容。[例句]百姓与贪官～，绝不相容。

【势在必行】 shì zài bì xíng　行：做、实行。事态发展的趋势表明一定要这样做。[例句]冬天即将来临，为灾区群众兴建房屋～。

【视而不见】 shì ér bù jiàn　睁着眼睛看着，却什么也没有看见。表示不关心、不重视或假装没看见。[例句]食堂里的自来水哗哗地流了半天，他就是～。

【视如敝屣】 shì rú bì xǐ　敝屣：破鞋子。当作破鞋子那样看待。形容非常看不起。[例句]这幅名画是他用重金购来的，而他的夫人却～，把它扔在角落里。

【视如草芥】shì rú cǎo jiè 芥：小草；草芥：比喻最轻微的、无价值的东西。当作草芥那样看待。形容蔑视，看不起。[例句]他把钱财～，从来都不在乎。

【视如粪土】shì rú fèn tǔ 粪土：粪便和泥土，比喻不值钱的东西。形容极其轻视。[例句]高洁之士往往把金钱～。

【视如寇仇】shì rú kòu chóu 寇仇：仇敌。像对仇敌一样看待。形容仇恨非常深。[例句]如果当官的欺压百姓，那么百姓就把他～。

【视若路人】shì ruò lù rén 路人：过路的人，指不相干的人。指把亲人或熟人看作是过路人。形容对人冷淡、疏远或势利。[例句]他们本是亲兄弟，如今却因财产纠纷闹得～。

【视若无睹】shì ruò wú dǔ 睹：看见。看见就像没有看见一样。形容对眼前事物漠不关心。[例句]我们决不能对违法乱纪的行为～。

【视死如归】shì sǐ rú guī 归：回去。把死看作像回家一样。指为了正义的事业而坦然赴死。[例句]革命先烈们～的精神激励我们永远前进。

【视同儿戏】shì tóng ér xì 把事情当成小孩子的游戏来对待。比喻做事极不严肃，十分随便。[例句]这件事很重要，你千万不可～。

【拭目以待】shì mù yǐ dài 拭：擦；待：等待。擦亮眼睛等待着。形容急切想看到所期待的事物或期待某件事情的出现。[例句]他是否能改正自己的错误，我们～。

【是非不分】shì fēi bù fēn 是非：正确和错误；分：分辨。分辨不出对错。[例句]你是个知书达理之人，怎么会这样～？

【是非得失】shì fēi dé shī 正确与错误，得到的与失去的。[例句]做任何事情都应三思而后行，要权衡～。

【是非分明】shì fēi fēn míng 明：清楚。能清楚地分辨正确与错误。[例句]这位新局长走马上任后，深入实际，广泛听取群众的意见,力求做到赏善罚恶、~。

【是非曲直】shì fēi qū zhí 对的和不对的,有理的和无理的。[例句]学校应培养学生判断~的能力,以免学生随波逐流。

【是古非今】shì gǔ fēi jīn 是:肯定;非:否定。对古代的事物采取全盘肯定的态度,对现代的事物采取否定的态度。[例句]无论是厚今薄古,还是~,对研究学问的人来说都是不正确的态度。

【是是非非】shì shì fēi fēi 是是:肯定正确的;非非:否定错误的。指能辨别正确与错误。现多指各种各样的是非纷争,正确与错误。[例句]人的一生要经历多少~,恩恩怨怨。

【适得其反】shì dé qí fǎn 适:恰好。恰好得到与愿望相反的结果。指结果与预期的相反。[例句]如果学生的学习负担过重,那么学习效果就会~。

【适可而止】shì kě ér zhǐ 适可:刚好可以。刚刚好就可以了,不要做过分的事情。[例句]批评人要~,既要讲清道理,又不要挫伤其积极性。

【恃才矜己】shì cái jīn jǐ 才:才能;矜:自夸、自尊自大。自恃有才能而骄傲自大。[例句]就算你有才能,也不能~呀!

【室如悬磬】shì rú xuán qìng 悬:挂;磬:古代一种用石或玉制的乐器,悬挂在架上供敲击。屋子像挂着的石磬一样,空无所有。原指国库空虚。形容十分贫困,室内空无所有。[例句]过去那几家~的贫困户,如今都已脱贫致富了。

【逝者如斯】shì zhě rú sī 逝:流逝。光阴如流水,一去不返。[例句]~,我们要把握青春年华,好好学习。

【舐犊情深】shì dú qíng shēn 舐:舔;犊:小牛。老牛用舌头舔小牛,以示爱抚。比喻人对儿女深深的关心、疼爱之情。[例句]儿子一直在我们身边,今天要到外地工作,~,总有点依依难舍。

【嗜杀成性】shì shā chéng xìng 嗜:特别爱好;性:习性。好杀人成了习性。形容极端凶残。[例句]商纣王~,是一代暴君。

【誓不两立】shì bù liǎng lì 两立:两方并存。发誓不和仇人并存于世。形容仇恨极深。[例句]原本～的两个人，现在终于握手言和了。

【誓死不屈】shì sǐ bù qū 屈：屈服。发誓到死也不屈从。形容意志坚定，很有气节。[例句]面对敌人的威逼利诱、严刑拷打，他始终～。

【誓同生死】shì tóng shēng sǐ 誓：立誓。指发誓同生共死。形容关系密切，不能拆散。[例句]他们三人是～的结拜兄弟。

【誓无二志】shì wú èr zhì 誓：发誓；二志：二心，指不专一。发誓决不变心。形容意志坚定或忠贞不渝。[例句]将士们～，拼死杀敌。

shou

【收揽人心】shōu lǎn rén xīn 收揽：招纳。笼络或收买民心，以获得好感。[例句]对方正在～，我们应采取对策。

【手不释卷】shǒu bù shì juàn 释：放下；卷：书籍。手不离书。形容勤奋读书或看书入迷。[例句]他酷爱武侠小说，整天～。

【手到病除】shǒu dào bìng chú 手一碰到，病就去掉了。形容医术高明。也形容工作能力强，解决问题快。[例句]这病如果让王大夫治，保管～。

【手到擒拿】shǒu dào qín ná 原指作战时一交手就能把敌人捉住。形容做事容易，不费劲。[例句]我们的比分与其他队相比已经遥遥领先，冠军已是～。

【手急眼快】shǒu jí yǎn kuài 急：快。形容反应灵敏，动作敏捷。[例句]打乒乓球时要求～，反应机敏。

【手忙脚乱】shǒu máng jiǎo luàn 形容做事慌乱而没有条理。[例句]尽管孩子的到来让她有些～，但她却很高兴，因为这是“一个女人必经的阶段”。

【手无寸铁】shǒu wú cùn tiě 寸铁：指短小武器。手里一点武器都没有。[例句]这时候，我们～，没法抵抗。

【手舞足蹈】shǒu wǔ zú dǎo 蹈:跳动。两只手舞动,两只脚也跳起来。形容非常兴奋的样子。[例句]白大夫一听到这个喜讯,兴奋得~起来。

【手下留情】shǒu xià liú qíng 指办事或采取行动时顾及一点情面,留有余地。[例句]那些凶狠的歹徒,你还能指望他们会~么?

【手眼通天】shǒu yǎn tōng tiān 手眼:指为人处世所用的方法、手段,多指不正当的手段;通天:上通天界,指手段高。形容很有手腕,善于钻营,能打通各路关节。[例句]他实际工作能力虽不高,但却~,在拉关系方面很有一套。

【手足无措】shǒu zú wú cuò 措:安放。手和脚不知放在哪里才好。形容非常慌张,不知怎么办才好。[例句]他突然来访,一时弄得我~。

S

【手足之情】shǒu zú zhī qíng 手足:比喻兄弟。兄弟之间的情分。[例句]他竟不念~,对弟弟的请求一口回绝。

【守口如瓶】shǒu kǒu rú píng 守口:紧闭着嘴不讲话。闭嘴不说,像塞紧瓶口一般。形容说话非常谨慎,不轻易多话。也形容严守秘密。[例句]小赵对前天发生的那件事情~。

【守身如玉】shǒu shēn rú yù 保持自身清白,像洁白无瑕的美玉一样。[例句]豆青~,脚不歪,影儿不斜,年轻轻的没招来一句闲言碎语。

【守望相助】shǒu wàng xiāng zhù 守望:守卫瞭望。原指相邻村落之间协同守卫瞭望,遇警互相通报支援。现指邻近各村落、社区之间协同守卫瞭望,互相帮助,共同防备盗贼或水火等灾患。[例句]自从邻近社区都组织治安巡逻队后,~,盗贼不敢来侵扰了。

【守正不阿】shǒu zhèng bù ē 正:正道;阿:迎合、偏袒。坚守正道,不曲从逢迎。[例句]作为法官就应该坚持原则,~。

【守株待兔】shǒu zhū dài tù 株:树桩。守在树桩旁边等待再来撞死的兔子。比喻死守狭隘的经验,不知变通。也比喻妄想不通过主观努力而侥幸得到意外的收获。[例句]情况总是在不断变化着，我们做任何工作都不能～。

典故

古时候有个农夫，一天他正在地里干活，忽然有只兔子从森林中跑出来，撞在田边的树桩上死了。他非常高兴，心想：兔子居然自己送死。那我每天只要捡几只死兔子就够吃了，何必再辛辛苦苦种地呢？于是他守在树桩旁，希望再拾到撞死的兔子。但是，最终他一只兔子也没有拾到，还招来了人们的嘲笑。

【首当其冲】shǒu dāng qí chōng 当：承受；冲：要冲、交通要道。处于冲要位置，最先受到对方的攻击或遭受灾难。[例句]洪水直泻而下，我村～，损失的严重程度是可想而知的。

【首丘之思】shǒu qiū zhī sī 首丘：头向着原来所住的土丘。据说狐狸将死时，头还向着巢穴。表示对故乡的怀念。[例句]这些诗作抒发了于右任先生离世前的～。

【首屈一指】shǒu qū yī zhǐ 首：首先。屈指计数时，首先弯大拇指。指位居第一。[例句]全聚德烤鸭店是北京～的烤鸭店。

【首善之地】shǒu shàn zhī dì 指首都。也泛指最好的地方。[例句]我国的～——北京，是全国的政治、经济、文化中心。

【首鼠两端】shǒu shǔ liǎng duān 首鼠：犹豫不决的样子；端：头。形容在两者之间迟疑不决或动摇不定。[例句]困难当头，应该挺身而出，切不要～。

【首尾相应】shǒu wěi xiāng yìng 应：接应。原指作战时军队各部之间相互照应、援助。后也用来指诗文结构谨严，前后关联，相互呼应。[例句]这篇文章结构严谨，～。

【寿比南山】shòu bǐ nán shān 寿命像终南山一样长久。用以祝颂人长寿。[例句]"～"，这是晚辈为长辈祝寿时常说的话。

【寿终正寝】shòu zhōng zhèng qǐn 寿终：年老而自然死亡；正寝：旧式住宅的正房，人死后灵柩停放处。指年老时安然死于家中。也比喻事物消亡。[例句]奶奶在过完90大寿后～了。

【受宠若惊】shòu chǒng ruò jīng 宠:宠爱、赏识。骤然受到意外的宠爱而惊喜不安。[例句]董事长夸奖了他几句,他就～了。

【受益无穷】shòu yì wú qióng 形容受益很多,不可限量。[例句]"自尊、自爱、自强不息"这句话伴我成长,让我在生活中～。

【受之无愧】shòu zhī wú kuì 接受奖赏或荣誉是应该的、合理的,心里没有什么感到惭愧的。[例句]你做出了那么大的成绩,得到奖赏是～的。

【受之有愧】shòu zhī yǒu kuì 接受某种奖赏或礼物,心里觉得惭愧。常用作自谦之词。[例句]领导和群众评选我为"模范公务员",我真是～啊!

【受制于人】shòu zhì yú rén 制:控制。被别人控制。[例句]他是个野心勃勃的人,怎么会长期待在这个小公司～呢?

【授人以柄】shòu rén yǐ bǐng 把剑柄交给别人。比喻把权力交给别人或让人抓住把柄使自己处于被动地位。[例句]说话办事要谨慎,一旦～,就会处于被动的地位。

【授业解惑】shòu yè jiě huò 授:传授;惑:疑惑。传授学业,排解疑难。[例句]作为老师,～是应尽的职责。

【瘦骨嶙峋】shòu gǔ lín xún 嶙峋:形容人消瘦露骨。形容消瘦到了极点。[例句]他病了大半年,原本强壮的身体变得～。

【瘦骨伶仃】shòu gǔ líng dīng 伶仃:孤独、无依靠。瘦得快要支撑不住身体了。形容极其瘦弱。[例句]她没有想到竟是这个～的孩子救了她的性命。

shu

【书生之见】shū shēng zhī jiàn 见:见解。指与实际情况不符合的迂腐见解。[例句]～、纸上谈兵,真是害人不浅。

【书声琅琅】shū shēng láng láng 琅琅:响亮的读书声。形容读书的声音清脆响亮而有节奏。[例句]如今的校园,学习气氛浓厚,随处可闻～。

【书声朗朗】shū shēng lǎng lǎng 见“书声琅琅”。

【书香门第】shū xiāng mén dì 书香：上辈有读书人的（人家）；门第：封建时代家族的社会地位和文化状况等。指世代读书的人家。［例句］李小姐出身～，言谈举止自是与众不同。

【殊途同归】shū tú tóng guī 殊：不同；途：道路；归：趋向。走不同的途径，达到同一目的地。比喻方法不同而结果相同。［例句］我们的工作岗位不同，但～，都是在为人民服务。

【疏财仗义】shū cái zhàng yì 见“仗义疏财”。

【疏财重义】shū cái zhòng yì 疏：分散。轻视钱财，注重义气。指拿出钱帮助别人，扶危济困。［例句］在别人有困难的时候，他总是～，扶危济困。

【疏密有致】shū mì yǒu zhì 致：情趣。稀疏和茂密都安排得很有情趣。多指绘画和园林的布局。［例句］这幅花鸟画，～，栩栩如生。

【熟门熟路】shú mén shú lù 形容非常熟悉了解情况。［例句］对我们来说，去王老师家是～。

【熟能生巧】shú néng shēng qiǎo 熟练了就能掌握技巧，运用自如。［例句］对于这种活儿，我没什么诀窍，只不过是～罢了。

【熟视无睹】shú shì wú dǔ 熟视：经常看到，看惯；无睹：没有看见。经常看到，却像没有看见一样。指对眼前的事物或现象漠不关心或漫不经心。［例句］对这些严重破坏生态环境的行为，我们不能～。

【鼠肚鸡肠】shǔ dù jī cháng 老鼠的肚子，鸡的肠子。比喻气量狭小，不能容人。［例句］度量大一点，别那么～的。

【鼠目寸光】shǔ mù cùn guāng 形容目光短浅，只能看到近处、小处，看不到远处、大处，没有远见。［例句］他们的设想具有远见卓识，绝非～之辈可比。

【数不胜数】shǔ bù shèng shǔ 数：计算；胜：尽。数都数不过来。

形容数量极多，很难计算。[例句]天上的星星～。

【数典忘祖】shǔ diǎn wàng zǔ 数：数说；典：典故，指古代的礼制、掌故、历史事迹等；祖：祖宗。数说礼制掌故，却把自己的祖先忘了。比喻忘本。现多比喻对本国历史无知。[例句]我们应当批判地继承中国的古代文化，可不能～啊。

【数黑论黄】shǔ hēi lùn huáng 古代的博戏，有棋盘和黑、黄色棋子各十五枚，双方各执一色棋子，最终以所剩棋子决定胜负。后以"数黑论黄"表示争论计较。也指说长道短，评头品足，多指不负责任地随便乱说。[例句]俗话说"人正不怕影歪"。只要自己行为正派，就不怕别人～。

【数九寒天】shǔ jiǔ hán tiān 数九：我国民俗，由冬至起，每九天为一"九"，共九个"九"。"数九寒天"一般指"三九""四九"。泛指最寒冷的日子。[例句]港口的工人及技术人员，在～还继续上班，坚守岗位。

S

【数一数二】shǔ yī shǔ èr 数得着，不算第一，也算第二。形容很突出。[例句]小兰是我们公司～的推销能手。

【束身就缚】shù shēn jiù fù 缚：捆绑。指不反抗，甘心被人捉住。[例句]即使遭遇强敌，也不能～。

【束手待毙】shù shǒu dài bì 捆住双手，不抵抗而等死。比喻遇到困难时不努力想办法解决，却坐等败亡。[例句]现在已兵临城下，我们决不能～，要千方百计突围。

【束手就擒】shù shǒu jiù qín 自缚其手，让人捉拿。形容无力反抗或脱身。[例句]在强大的攻势面前，土匪们只得～。

【束手束脚】shù shǒu shù jiǎo 捆住手脚。指做事顾虑重重，不敢放开手脚去干。[例句]这件事就交给你了，不要～，大胆去干。

【束手无策】shù shǒu wú cè 捆住双手，无计可施。形容一筹莫展，遇到问题没有任何办法。[例句]苗太太很懂得丈夫的心情，但对不听管教的孩子又～。

【束之高阁】shù zhī gāo gé 高阁：放置书籍、器物的高架子。把物品等捆扎起来放在高架上。比喻扔在一边，废置不用。[例句]如果只是把正确的理论空谈一阵后，就～，那么再好的理论也是无用的。

【树碑立传】shù bēi lì zhuàn 树：立；碑：石碑；立传：写传记。把某人的生平事迹刻在石碑上或写成传记，以流传后代。现比喻通过某种途径树立个人威信、抬高个人声望。[例句]历代反动统治者都为自己～，以抬高个人，掩盖罪行。

【树大根深】shù dà gēn shēn 根基牢固，势力雄厚。[例句]这个集团～，不可小瞧。

【树大招风】shù dà zhāo fēng 见“树高招风”。

【树高招风】shù gāo zhāo fēng 树长高了，容易招致风的袭击。比喻人名声大了，容易招致事端。[例句]在菲律宾，华人由于比较富裕，因此～，他们常常成为歹徒绑架勒索的对象。

【数以万计】shù yǐ wàn jì 以万为单位来计算。形容非常多。[例句]每天早晨，天安门广场上都有～的人观看升旗仪式。

shuai

【率土同庆】shuài tǔ tóng qìng 率土：四海之内。全天下、全国人共同庆祝。[例句]春节是我国最重要的传统节日，每到这一天，全国人民就会～。

shuang

【双管齐下】shuāng guǎn qí xià 管：指笔。画画时两支笔同时并用。比喻两方面或两件事同时进行。[例句]新上任的张校长一手抓思想，一手抓教学，～，把学校工作搞得有声有色。

典故

唐朝时，有一个叫张璪(zǎo)的画家，善于画山水松石。他画的山水松石都栩栩如生。张璪画松的风格最为奇特，他双手各握一支笔同时作画，一支画枝叶，另一支画树干，而且画得又快又

S

好。凡是见过他画松的人，无不为之赞叹。

【双宿双飞】shuāng sù shuāng fēi　雌鸟和雄鸟同宿并飞。比喻夫妻起居相共，形影不离。[例句]小两口恩爱和睦，～。

【双喜临门】shuāng xǐ lín mén　临：来临、到来。指两件喜事同时到来。[例句]王老汉刚中了奖，现在儿子又考上了大学，真是～。

shui

【水到渠成】shuǐ dào qú chéng　水流到的地方就能自然形成渠。比喻不需强求，顺应趋势，条件成熟，事情就会自然成功。[例句]问题一个个解决之后，～，最终形成了总体方案。

【水滴石穿】shuǐ dī shí chuān　水不停地滴，时间长了能把石头滴穿。比喻只要持之以恒，日久天长，事情总会成功。[例句]～的现象启示我们一个真理：微小的量的积累，能够造成巨大的质的飞跃。

典故

宋朝有一个叫张乖崖的人。他刚任崇阳县令时，官府内偷窃成风。一天，他发现钱库的一个库吏下班时把一个小钱藏在帽子里偷了出来。他便把这个库吏抓起来判了一个盗窃国库的重罪。库吏不服，说："我只拿了一个小钱就要抓我，难道还能杀了我？"张乖崖见库吏如此嚣张，一怒之下判了库吏死罪。判决书上写道："一日一钱，千日一千；绳锯木断，水滴石穿。"

【水火不辞】shuǐ huǒ bù cí　辞：推辞。赴汤蹈火，也不会推辞。[例句]刚子身上有股侠士之气，为了朋友，他可以～。

【水火无交】shuǐ huǒ wú jiāo　相互间连饮水、借火的联系都没有。用来称誉人做官清正，不侵扰百姓。后也指相互间无任何来往、联系。[例句]这个县令居官清廉，与老百姓～，深得民心。

【水火无情】shuǐ huǒ wú qíng　指水灾火灾来势凶猛，不可轻视。[例句]洪水汹涌而来，把村中的一切都冲走了，真是～啊！

【水可载舟，亦可覆舟】shuǐ kě zài zhōu，yì kě fù zhōu 水可以使船航行，也可以使船翻沉。以水比喻民众。古时用以告诫君主要居安思危。也比喻事物用之得当则有利，反之必有弊害。[例句]～，网络虽给人们的工作和学习带来了许多方便与快捷，但同时也带来了一些隐患。

【水来土掩】shuǐ lái tǔ yǎn 掩：掩埋。指有方法阻挡。[例句]～，总会有方法的，你不要着急。

【水落石出】shuǐ luò shí chū 水落下去，石头就露了出来。原指水枯季节的一种自然现象。比喻事情真相显露出来。[例句]真凶落网后，案情终于～。

【水清无鱼】shuǐ qīng wú yú 清：清澈。水太清澈了，鱼就不能藏身存活。比喻对人对事过于苛察精明，就不能容人。也表示对人或事物不可求全责备。[例句]～，一味要求所有人都是完人，那就任何人也不能使用了。

【水乳交融】shuǐ rǔ jiāo róng 交融：融合在一起。水和乳融合在一起。比喻感情非常融洽或意见一致、关系密切。也比喻十分紧密地结合在一起。[例句]他希望自己的家里，欧式古典和中式古典这两种不同的风格能够～，成为另一种经典。

【水深火热】shuǐ shēn huǒ rè 比喻人民生活处境异常艰难痛苦。[例句]军阀统治时期，老百姓处于～之中。

【水天一色】shuǐ tiān yī sè 水光与天同色。形容水天相连的辽阔景象。[例句]从轮船上放眼望去，茫茫大海上，～。

【水土不服】shuǐ tǔ bù fú 指出门在外，不适应当地的气候、饮食等。[例句]她从南方到东北去上学，刚开始～，常常生病。

【水泄不通】shuǐ xiè bù tōng 泄：排泄。连水都流不出去。形容极度拥挤或包围得严严实实。[例句]上下班人流高峰期，我市的主要道路经常是～。

【水性杨花】shuǐ xìng yáng huā 像水那样生性流动，如杨花那样随风轻飘。比喻女子用情不专一。[例句]那个李二妞～，成天在外和公子哥厮混。

【水涨船高】shuǐ zhǎng chuán gāo 水位增高，船也随着上浮。比喻事物随着所凭借的基础的提高而提高。[例句]~，随着改革的不断深化，人民的生活水平也日益提高。

【水中捞月】shuǐ zhōng lāo yuè 到水里捞月亮。比喻白费力气，做无法做成的事。[例句]将沙漠变绿洲，把人造卫星送上天，这在以前被认为是~的事，在新时代都实现了。

shun

【顺理成章】shùn lǐ chéng zhāng 顺：依顺；理：条理；章：篇章。原指作文顺着条理，自成章法。后指说话办事合情合理。[例句]老总退休后，他的儿子便~地接管了整个公司。

【顺手牵羊】shùn shǒu qiān yáng 顺手牵走人家的羊。指不专门费力，顺便达到某个目的。现多指顺手拿走别人的东西。[例句]但凡~，拿走公物的行为都算是盗窃行为。

【顺水人情】shùn shuǐ rén qíng 顺便做的人情。指顺势、趁便而给他人好处。[例句]他如此喜欢这个闹钟，你就做个~送给他吧。

【顺水推舟】shùn shuǐ tuī zhōu 舟：船。顺着水流的方向推船。比喻顺着某个趋势或乘着方便采取行动。[例句]应该实事求是，不要看人家都说好，就来个~。

【顺藤摸瓜】shùn téng mō guā 顺着瓜藤去摸瓜。比喻循着线索去寻根究底。[例句]我局根据群众举报的线索，~，终于捕获了那个通缉犯。

【瞬息即逝】shùn xī jí shì 瞬息：一眨眼一呼吸之间。在极短的时间内就消失。[例句]火车风驰电掣地前进着，窗外景象~。

【瞬息万变】shùn xī wàn biàn 形容变化快而多。[例句]高原的气候~，冰雹的袭击随时会来。

shuo

【说长道短】shuō cháng dào duǎn 长：优点；短：缺点。指议论别人的是非对错。泛指随意聊天，谈说各种事情。[例句]对同事有意见，应该当面指出，不可在背后～。

【说东谈西】shuō dōng tán xī 指说这谈那，随便谈论各种事情。[例句]课间休息时，大家继续七嘴八舌，～，教室活像菜市场般热闹、嘈杂。

【说三道四】shuō sān dào sì 乱加谈论或批评指责某人某事。[例句]每个人都有选择自己生活方式的权力，我们不必～。

【说一不二】shuō yī bù èr 说怎样就怎样。形容说话算数，确定不移。[例句]他是个～的人，你应该信任他。

【硕大无朋】shuò dà wú péng 硕：大；朋：相比。形容物体巨大，无与伦比。[例句]这是世界上最大的陨石，～。

【硕果仅存】shuò guǒ jǐn cún 硕果：大果子。树上唯一存留的大果子。比喻经过长期淘汰而留存下来的稀少可贵的人或物。[例句]为保护～的"植物活化石"银杉，我们建立了自然保护区，并在人工培育上取得了成功。

【硕果累累】shuò guǒ léi léi 累累：形容积累极多。指结的大果子特别多。比喻取得的巨大成绩相当多。[例句]经过多年的努力，我国的航天事业如今已是～。

si

【司空见惯】sī kōng jiàn guàn 司空：古代官名。司空经常看到，不足为奇。后指看惯了的事物就不觉得奇怪。[例句]艺术家往往能够在别人～的东西上找到灵感，发现出美来。

【丝丝入扣】sī sī rù kòu 扣：即"筘"，织布机上的一种机件。织布时，每条丝线都有条不紊地从筘齿间穿过。比喻文章、艺术表演等十分细致，完全合拍，有条不紊。[例句]这篇文章围绕主题～，写得十分精彩。

【私相授受】sī xiāng shòu shòu 私：私下；相：互相；授：给予；受：接受。暗地里互相给予或接受。指不公开或不合法的给予和接受。

[例句]那些行贿受贿的人虽是～，但结果还是暴露无遗。
【思前想后】 sī qián xiǎng hòu 见“前思后想”。
【思如泉涌】 sī rú quán yǒng 见“思若涌泉”。
【思若涌泉】 sī ruò yǒng quán 思：才思；涌：喷涌。才思好像喷涌的泉水。形容才思敏捷。[例句]要想写文章～，就必须有深厚的学识作为基础。
【思绪万千】 sī xù wàn qiān 思绪：思想的头绪。产生各种各样的想法。[例句]窗外的雪纷纷扬扬地下着，伫立窗前，我不禁～，想起了许多关于雪的故事。
【斯斯文文】 sī sī wén wén 斯文：指文化或文人。指人举止文雅，有礼貌，像有文化的人。[例句]别看他一副～的样子，他还是校篮球队的主力队员呢。
S
【斯文扫地】 sī wén sǎo dì 斯文：指文化或文人；扫地：比喻名誉、信用等完全丧失。文化或文人没有任何地位。也指文人自甘堕落。[例句]虽然已穷困潦倒，但他仍不愿去做～的事。
【死不瞑目】 sǐ bù míng mù 瞑目：闭眼。死了也不能闭眼。指人临死时还有事放心不下。后也指目的未达到，死不甘心。[例句]如果不能把这项实验搞完，我是～的。
【死不旋踵】 sǐ bù xuán zhǒng 旋踵：把脚后跟转过来，指转身后退。形容不怕艰难，坚决向前。[例句]明知前面危险重重，他却～。
【死不足惜】 sǐ bù zú xī 足：值得；惜：可惜。死了也无所谓。形容不怕死。[例句]他说：“我～，但可惜只能为祖国捐躯一次。”
【死得其所】 sǐ dé qí suǒ 所：处所、地方；得其所：得到合适的地方。指死得有价值、有意义。[例句]一个人为人民利益而死，就是～。
【死而后已】 sǐ ér hòu yǐ 已：停止、结束。死了以后才停止。形容奋斗终生。[例句]孔繁森同志为人民群众鞠躬尽瘁、～的精神感人至深。

【死而无悔】 sǐ ér wú huǐ 就是死了也没有什么可悔恨的。形容态度坚决坦然。[例句]只要家乡的父老兄弟能过上好日子,我就～了。

【死灰复燃】 sǐ huī fù rán 熄灭的火灰又重新燃烧起来。比喻失去权势者重新得势。现也比喻恶势力或坏思想等在消失后又重新活跃起来。[例句]加强社会综合治理是防止黑恶势力～的有力举措。

【死里逃生】 sǐ lǐ táo shēng 从死亡的边缘逃脱出来。[例句]老将军南征北战,几次摸着地狱的大门,几次又～。

【死皮赖脸】 sǐ pí lài liǎn 形容厚着脸皮、胡搅蛮缠的无赖相。[例句]我已经拒绝了他的无理要求,可他～地缠着我不放。

【死乞白赖】 sǐ qǐ bái lài 形容纠缠不休,不达目的不罢休。[例句]我讨厌这种为了自己的一点事而～的人。

【死气沉沉】 sǐ qì chén chén 形容气氛不活跃,沉闷无聊。也形容意志消沉,精力衰退。[例句]这个会开得～,简直让人窒息。

【死去活来】 sǐ qù huó lái 晕死过去又苏醒过来。形容被折磨得很惨。也形容处于极度悲哀、惊恐之中。[例句]儿子在车祸中丧生,她哭得～。

【死生荣辱】 sǐ shēng róng rǔ 指死亡、生存、荣耀、屈辱。[例句]～,他都能坦然地面对。

【死无对证】 sǐ wú duì zhèng 对证:为了证明是否真实而加以核对。人已死去,无法对质证实。指事情已没有办法查证。[例句]唯一知道这件事情的老李昨天被人谋杀了,事情变得～。

【死心塌地】 sǐ xīn tā dì 形容心里踏实,完全放心。也形容一心一意,没有别的想法。[例句]他就是～当汉奸,才落得如此可耻的下场。

【死有余辜】 sǐ yǒu yú gū 辜:罪。形容罪恶极大,处以死刑也抵偿不了所犯罪过。[例句]这个歹徒罪行累累,这次谋财害命后,又图谋嫁祸于人,真是～!

【死于非命】sǐ yú fēi mìng　非命：指非正常死亡。不正常地、意外死亡。[例句]由于路滑，客车翻到了沟里，几名乘客～。

【四大皆空】sì dà jiē kōng　四大：印度古代哲学认为地、水、火、风是组成宇宙的四大元素，佛教指坚、湿、暖、动四种性能。佛教用语，指世界上一切都是虚无空幻的。旧时表示看破红尘。[例句]那位昔日的明星看破红尘，出家过起了～的生活。

【四分五裂】sì fēn wǔ liè　形容分散破碎，不完整，不统一。[例句]五代十国时的中国～。

【四海鼎沸】sì hǎi dǐng fèi　四海：四方，天下；鼎：古代煮食物的器皿，三足两耳；鼎沸：鼎中的水沸腾了。比喻局势动荡，天下大乱。[例句]东汉末年，～，诸雄并起，争夺天下。

S

【四海升平】sì hǎi shēng píng　四海：四方、天下；升平：太平。指天下一片太平景象。[例句]经过几代君主实施休养生息的政策，西汉出现了～的景象。

【四海为家】sì hǎi wéi jiā　四海：四方、天下。四海之内，犹如一家。原指天下一统。后指居无定所，到处都可以作为家。也形容志在四方，到处都可以作为家。[例句]勘探工人～，哪里有宝藏，就在哪儿安营扎寨。

【四脚朝天】sì jiǎo cháo tiān　四脚：四肢。仰面摔倒。也指死。[例句]雪后路滑，他一不小心摔了个～。

【四面八方】sì miàn bā fāng　指各个地方。也泛指周围的各个方面。[例句]天安门广场汇集着来自～的人。

【四面楚歌】sì miàn chǔ gē　四面都是楚人的歌声。比喻各个方面都受到威胁或攻击。[例句]我们利用有利地形把敌人围了起来，使其陷于～的绝境，最后不得不缴械投降。

典故

楚汉相争时，刘邦同项羽在垓下决战。最后项羽被围，人马越来越少，粮草也快用尽了，他几次想杀出重围都没有成功。一天夜里，项羽突然听到四面汉军的军营里传来阵阵楚歌声，怀疑楚地都被汉军占领了。楚军的军心由此更加涣散。

【四平八稳】sì píng bā wěn 形容位置平稳或地位稳定。也形容言行稳妥。也指做事只求不出差错，缺乏进取精神和创造性。[例句]张大妈是个调解委员，她处理事情～。

【四体不勤，五谷不分】sì tǐ bù qín，wǔ gǔ bù fēn 四体：指四肢；五谷：指稻、麦、黍、稷、菽。不参加劳动，分不清稻、麦等谷物。[例句]要让孩子多参加社会实践，不能让他们成为～的人。

【四通八达】sì tōng bā dá 四面八方都有路相通。形容交通非常便利，畅通无阻。[例句]南京有～的公交线路，人们到哪儿都很方便。

【似懂非懂】sì dǒng fēi dǒng 好像懂，又不完全懂。指对问题或事物理解得不透彻。[例句]在学习、使用成语时，一定要搞懂，不能～的，望文生义。

【似是而非】sì shì ér fēi 似：似乎、好像；是：对；非：不对。好像对，其实不对。[例句]他所做的结论，使人感到～。

【似水流年】sì shuǐ liú nián 流年：光阴。像水一样奔流而逝的光阴。形容时光一去不返。[例句]人生有限应珍惜，千万不能待到将来后悔时，只能追忆～。

【肆无忌惮】sì wú jì dàn 肆：放肆；忌：顾忌；惮：畏惧。非常放肆，毫无顾忌。[例句]如果没有法制，不法分子就会～地做出危害国家和人民利益的事情来。

【肆意妄为】sì yì wàng wéi 妄：胡乱。随心所欲地胡作非为。[例句]他的～引起了大家的不满。

song

【松柏后凋】sōng bǎi hòu diāo 凋：凋谢、凋落。松树柏树较其他树木凋落得晚。比喻坚贞的人经得起严峻的考验。[例句]～，只有经过严峻的考验，才能真正了解一个人。

【松柏之茂】sōng bǎi zhī mào 茂：茂盛。松柏的枝叶能经得起严寒，常年繁茂。比喻经得起严峻考验。[例句]在那动乱的年月，老先生没有被恶势力的威逼利诱所吓倒，仍坚持真理、传播真理，其品格如～，万古长存。

【耸人听闻】sǒng rén tīng wén 耸：惊动。震骇视听或夸大其词，使人听后感到震惊。[例句]他不知道从哪里听来这些～的消息，大家都觉得可信度不高。

【送故迎新】sòng gù yíng xīn 把旧的送走，把新的迎来。原指送旧官迎新官，人事更新。后多指送旧岁，迎新年。[例句]春节是一个～的日子。

【送往迎来】sòng wǎng yíng lái 送别往者，迎接来者。指人事中的交往应酬。[例句]在这旅游高峰期，我们负责接待工作的人员，总是起早贪黑，～，忙得不亦乐乎！

【颂古非今】sòng gǔ fēi jīn 颂：颂扬；非：否定。指颂扬古代的，否定现代的。[例句]研究历史应采取唯物主义的态度，既不能～，也不能割断历史。

sou

【搜肠刮肚】sōu cháng guā dù 形容苦思苦想。[例句]这道数学题似乎太难了，他～也理不出个思路来。

【搜奇访古】sōu qí fǎng gǔ 搜寻奇异山水，访求古迹名胜。[例句]他喜欢～，到处游玩。

【搜索枯肠】sōu suǒ kū cháng 搜索：仔细寻找；枯肠：指枯竭的思路。形容苦思苦想。[例句]他～，费了两晚上的时间，才写出这篇文章来。

su

【俗不可耐】sú bù kě nài 俗：庸俗；耐：忍受。庸俗之极，让人无法忍受。[例句]社会上有些民间演出团体，为了吸引观众，追求打趣、搞笑，但实际内容却～，这是与文化艺术的正确方向相违背的。

【夙兴夜寐】sù xīng yè mèi 夙：早；兴：起来；寐：睡。早起晚睡。形容辛勤劳作。[例句]他们数月来～，终于完成了这一国内罕见的玉雕作品。

【肃然起敬】sù rán qǐ jìng 肃然：恭敬的样子；起敬：产生敬佩的心情。形容表现出恭敬的神态和流露出钦佩的心情。[例句]得知这位种花的老人竟是当年的抗日军人，至今身上还留有敌人的弹片，我不由得～。

【素不相识】sù bù xiāng shí 素：平素、向来。平时互不相识，没任何来往。[例句]虽然我俩～，可谈起话来却很投机。

【素昧平生】sù mèi píng shēng 昧：不了解；平生：平素。一向互不认识、互不了解。[例句]我和李老师～，却得到她热情的指点，这使我久久不能忘怀。

【素面朝天】sù miàn cháo tiān 本指妇女不施脂粉朝见皇帝。现多指女子不化妆。[例句]即使～，生活也一样精彩。

【速战速决】sù zhàn sù jué 速：快、迅速。迅速发动战斗，迅速解决战斗，取得胜利。比喻快速高效地解决问题。[例句]上级要求战士们～，把敌人彻底消灭掉。

【宿学旧儒】sù xué jiù rú 宿学：饱学之人。指老成博学的读书人。[例句]老王是个～，你若有不明白的地方，尽管去问他。

suan

【酸甜苦辣】suān tián kǔ là 泛指各种滋味。多比喻人的各种不同境遇。[例句]因为尝遍了～，所以他对一些问题的认识就比较全面、深刻。

【算无遗策】suàn wú yí cè 算：算计、谋划；策：策略。指谋划周密，从不失策。[例句]这位商场老手，自以为～，没想到这次却栽了

S

跟头。

sui

【虽死犹生】suī sǐ yóu shēng 虽然死去，精神却仍活在人们心中。指死得有价值、有意义。[例句]这位消防战士为救被困人员而英勇献身，～，他会永远活在我们心中。

【随波逐流】suí bō zhú liú 逐：追逐。随着波浪起伏，跟着流水漂荡。比喻没有原则，没有立场地跟着大众，随着世俗相浮沉。[例句]他在大是大非问题上向来立场坚定，从不～。

【随方就圆】suí fāng jiù yuán 就：靠近。形容善于顺应情势，灵活对待。也形容待人随和而不固执。[例句]他为人处世往往～，从来不和别人在小事上计较。

S

【随风倒舵】suí fēng dǎo duò 顺着风向改变舵位。比喻见机行事，随着情势变化而改变态度。[例句]他是个没有立场的人，总是～。

【随行就市】suí háng jiù shì 行：行情；市：市场。按市场行情行事。[例句]一般农副产品的购销，可～，灵活经营。

【随机应变】suí jī yìng biàn 机：时机、情势。随着情势和时机的变化而灵活应付。[例句]小李非常善于～，经常代表公司与其他公司谈判。

【随声附和】suí shēng fù hè 附和：跟着别人说。别人怎么说，就跟着怎么说。指毫无主见。[例句]他所说的并非事实，居然还有人～，混淆视听。

【随世沉浮】suí shì chén fú 顺随世俗或沉或浮。指人没有主见。[例句]为人不可～，而要保持自己高洁的人格。

【随俗沉浮】suí sú chén fú 见“随世沉浮”。

【随俗浮沉】suí sú fú chén 见“随世沉浮”。

【随乡入乡】suí xiāng rù xiāng 到哪里就遵从哪里的风俗习惯。[例句]既然到了这里，就～吧！

【随心所欲】suí xīn suǒ yù 随：听任；欲：希望、想要。听任自己的心意，想怎样就怎样。[例句]开架售书方便了读者，读者可以~地翻看书籍。

【随遇而安】suí yù ér ān 随：顺从；遇：境遇。不论处在什么环境，都能安心自在，感到满足。[例句]他到外地出差，能~，从不计较生活条件的好坏。

【岁丰年稔】suì fēng nián rěn 稔：谷物成熟。指农业丰收的年景。[例句]农民们都盼望年年风调雨顺、~。

【岁寒三友】suì hán sān yǒu 岁寒：指冬季；三友：指松、竹、梅。因松、竹经冬不凋，梅则凌寒开花，人们认为它们都有骨气，值得效法为友，故称。[例句]"松竹梅~，桃李杏春风一家"，这是一则雅俗共赏、对仗工整的佳联。

【岁寒知松柏】suì hán zhī sōng bǎi 只有经过严冬，才知道松、柏能够耐寒。比喻只有经过严峻考验，才能看出一个人的高尚情操。[例句]~，在反腐倡廉的大潮中，越发显出了他优秀的品质。

【岁月如流】suì yuè rú liú 形容时光像流水一样匆匆远去。[例句]~，当年你我还是风华正茂的少年，如今都已是白头老翁了。

【遂心如意】suì xīn rú yì 遂：顺。指合乎心意。[例句]你买的东西总是能让老人~。

【碎尸万段】suì shī wàn duàn 把尸体用乱刀剁成万段。形容痛恨到了极点。[例句]绑匪残忍地将五岁的人质杀害了，人们恨不得把绑匪~。

sun

【损兵折将】sǔn bīng zhé jiàng 损：减少；折：损失、减少。作战失利，兵将由于伤亡而减损。也指遭受严重损失。[例句]日寇中了我军的埋伏后，~，只剩下少数人狼狈逃回了据点。

【损公肥私】sǔn gōng féi sī 损害了公家的利益，个人从中得到好处。[例句]对于少数人～的行为,我们不能听之任之。

【损人利己】sǔn rén lì jǐ 损害别人,自己从中得利。[例句]此人人品十分糟糕,尽干些～的事情。

SUO

【缩手缩脚】suō shǒu suō jiǎo 因寒冷而手脚不能舒展的样子。也形容做事畏首畏尾,不敢放开手脚大干。[例句]年轻人做事不要～,要勇于探索。

【缩头缩脑】suō tóu suō nǎo 形容畏缩不前。[例句]领导在场时不要～,而是要适度表现,敢于说话。

【所见所闻】suǒ jiàn suǒ wén 看见的和听到的。[例句]在南方的～,让他觉得很新鲜。

S【所剩无几】suǒ shèng wú jǐ 无几:没有多少。剩的没几个。[例句]他每月的工资在扣除税费、住房贷款之后,已是～。

【所向披靡】suǒ xiàng pī mǐ 所向:风吹到的地方;披靡:草木随风倒伏的样子。比喻力量所到之处,什么也阻挡不了。[例句]岳飞指挥的岳家军～,连战连捷,一直打到了朱仙镇。

【所向无敌】suǒ xiàng wú dí 所向:力量达到的地方;敌:抵挡。力量达到的地方,没有能对抗、抵挡的。形容能力强大,没有对手。[例句]中国乒乓球队～,在每次大赛中都能取得优秀的成绩。

【所向无前】suǒ xiàng wú qián 无论走到哪里,前面都没有能阻挡的。形容军威壮盛,锐不可当。[例句]中国人民解放军～,是保卫祖国的钢铁长城。

【索然无味】suǒ rán wú wèi 索然:没有兴味的样子。没有一点趣味或提不起一点兴致。[例句]这篇文章的题目很有时代色彩,但内容读起来却～。

T

ta

【它山之石】 tā shān zhī shí 它:别的。借助别的山上的石头,来琢磨玉器。原比喻别国的贤才可辅助本国。后比喻能帮助自己改正缺点、错误或提供借鉴的外力。[例句]～,可以攻玉。我们要认真学习、借鉴他人的经验。

tai

【太平盛世】 tài píng shèng shì 太平:指社会安定;盛世:指国运兴盛的时代。社会安定昌盛的时代。[例句]我们的祖国正值～,百业兴旺,人民安乐。

【泰然处之】 tài rán chǔ zhī 见“处之泰然”。

【泰然自若】 tài rán zì ruò 泰然:镇定的样子;自若:不改常态。形容遇事镇静自如,毫不慌乱。[例句]飞机突然发生颤动,机长～,迅速排除了故障。

【泰山北斗】 tài shān běi dǒu 泰山:五岳之首;北斗:大熊星座中最亮的星。比喻德高望重或成就卓越而被人们景仰的人。[例句]梅兰芳先生是京剧界的～。

【泰山压顶】 tài shān yā dǐng 顶:头顶。泰山压在头顶。比喻压力极大或突如其来的打击落在头上。[例句]武松～似的一拳,把西门庆从楼上打了下来。

【贪财好贿】tān cái hào huì 贪图钱财，喜好贿赂。[例句]～是腐败官员的共性，也是他们倒台的祸根。

【贪得无厌】tān dé wú yàn 厌：满足。对财物、权益等不断追求，从不满足。没有满足的时候。[例句]资本家对工人的剥削是～的。

【贪多务得】tān duō wù dé 不知满足地贪求越多越好，而且务必得到。原指学习知识的欲望与毅力都很大。后指贪心不足。[例句]一个人如果在物质上～，而在精神上却是一贫如洗，那是十分可悲的。

【贪官污吏】tān guān wū lì 指贪财受贿的官吏。[例句]铲除了这帮～，群众无不拍手称快。

【贪名逐利】tān míng zhú lì 逐：追逐；利：私利。指贪图名声，追逐个人利益。[例句]他们从不～，在平凡的岗位上扎扎实实地做好本职工作，成为时代的楷模。

【贪生怕死】tān shēng pà sǐ 贪恋生存，害怕死亡。多用以批评怯懦的人。[例句]这个歹徒表面嚣张，其实内心里极度～。

【贪天之功】tān tiān zhī gōng 贪：贪取；天：天公，指自然界万物的主宰者。原指把天意所成就的功业归于自己。后指把别人的功劳占为己有。[例句]这项科研成果是大家心血的结晶，我岂能～？

【贪污腐化】tān wū fǔ huà 贪污：利用职权侵吞公家财物或接受贿赂；腐化：受不良思想影响而逐渐变坏。指利用职权非法获取公共财物，沉迷于糜烂腐朽的生活。[例句]必须经常不断地清除机关工作人员中的～分子。

【贪小失大】tān xiǎo shī dà 指因贪图小便宜而错过大的利益。[例句]他～，丧失了这次出国留学的机会。

【贪心不足】tān xīn bù zú 贪得之心永远无法满足。[例句]她决非那种不知天高地厚、～的人。

【贪赃枉法】tān zāng wǎng fǎ 赃：赃物，指盗窃、抢劫、贪污、受贿来的财物；枉法：歪曲法令，破坏法制。指官吏贪污受贿，破坏法纪。[例句]无论是在何时，～的人都是不会有好下场的。

【昙花一现】tán huā yī xiàn 昙花：印度梵语优昙钵花的简称，开放时间很短就凋谢的一种花。比喻人或事物存在的时间很短，刚一出现就迅速消失了。[例句]他是个～式的人物，刚有点小名气，就销声匿迹了。

【谈古论今】tán gǔ lùn jīn 从古到今，无所不谈。指从古说到今。形容聊天时话题广泛，无所不包。[例句]他们俩～，从天上到地下，其乐融融。

【谈虎色变】tán hǔ sè biàn 色：脸色。被老虎咬过的人，一听人谈起老虎来，吓得脸色立刻就变了。比喻一提到可怕的事情，紧张得脸色都变了。[例句]经过大地震后，这里的人们只要提及地震两个字，无不～。

【谈论风生】tán lùn fēng shēng 形容善于言谈，话题广泛，言语流畅。[例句]他见多识广，～，在场的人无不钦佩。

【谈天说地】tán tiān shuō dì 天上地下，什么都谈。形容聊天时话题很广泛。[例句]年轻人凑在一起～，其乐融融。

【谈笑风生】tán xiào fēng shēng 形容谈话时有说有笑，兴致高而有风趣。[例句]多年未见的老同学聚会，大家～，气氛十分热烈。

【谈笑封侯】tán xiào fēng hóu 封：古代帝王把爵位或土地分给臣子。在说笑间就封了爵位。形容很轻松地取得功名。[例句]封建社会，有的人～，有的人十载寒窗却金榜无名。

【谈笑自若】tán xiào zì ruò 自若：不变常态。与平时一样有说有笑。形容在意外的情况下态度自然，从容镇静。[例句]众人目睹张先生在如此危险的关头，仍然～，对他真是钦佩极了。

【弹冠相庆】tán guān xiāng qìng 弹冠：掸去帽子上的灰尘，表示准备做官；庆：贺喜。指大家都即将做官，互相祝贺。多用作贬义。

[例句]他以阴谋手段夺取了公司大权,他的同伙们～。

【弹丝品竹】tán sī pǐn zhú 丝、竹:弦乐器和管乐器。弹奏管弦乐器。指对音乐非常熟悉。[例句]他是音乐学院的高才生,～,样样精通。

【弹指之间】tán zhǐ zhī jiān 弹指:一弹指的省略语。形容时间短暂。[例句]时间过得真快呀,～十多个春秋就过去了。

【痰迷心窍】tán mí xīn qiào 迷:迷乱。中医指痰浊壅滞而引起意识障碍,神智昏迷。形容头脑发昏,一时糊涂。[例句]范进听到自己中了举人,～,竟发起痴来。

【忐忑不定】tǎn tè bù dìng 忐忑:心神不定。指心神不宁或心虚不定。[例句]风越来越大,他～地在屋内来回走动,担心儿女们下班的时候如何回来。

T

【坦然自若】tǎn rán zì ruò 坦然:安详镇定的样子;自若:不变常态,跟平常一样。心里平静,神情一如常态。[例句]不管与谁交谈,他都面带微笑,～。

【叹为观止】tàn wéi guān zhǐ 叹:赞叹;观止:看到了止境。赞叹所见的事物好到了极点。[例句]看了齐白石先生的画展,人们不禁～。

【探囊取物】tàn náng qǔ wù 探:手伸进去拿;囊:口袋。把手伸到口袋里取东西。比喻极易办到的事。[例句]老师傅经验丰富,排除这点儿故障,犹如～。

【探奇访胜】tàn qí fǎng shèng 奇:奇迹;访:访求。探寻奇境,访求胜地。游览或寻访山水名胜。[例句]徐霞客～,给后人留下了宝贵的《徐霞客游记》。

【探头探脑】tàn tóu tàn nǎo 探:伸。伸着头张望。也形容行为鬼鬼祟祟的样子。[例句]村里来了位女教师,孩子们怀着好奇心～地向屋里张望。

tang

【堂而皇之】táng ér huáng zhī 堂:古代宫室,前为堂,后为室;皇:

古代没有四壁的宫室；堂皇：官署的大堂，引申为气势盛大的样子。形容端正庄严或雄伟有气派。也形容公开或不加掩饰。[例句]那篇抄袭痕迹严重的文章居然~地出现在了报纸上。

【堂堂正正】 táng táng zhèng zhèng 堂堂：盛大的样子；正正：整齐。原形容军队阵容强大、严整的样子。后多形容光明正大。[例句]我们要认认真真地做事，~地做人。

【糖衣炮弹】 táng yī pào dàn 糖衣裹着的炮弹。比喻拉拢、收买人的伪装手段。[例句]相当一部分领导干部，在~的面前打了败仗。

【螳臂当车】 táng bì dāng chē 螳：螳螂；当：阻挡。螳螂举起前肢去阻挡前进的车轮。比喻不自量力而招致失败。[例句]谁妄图阻挡改革的潮流，就像~，不可避免地要被历史的车轮所碾碎。

典故

齐庄公外出打猎，看到一只螳螂高举前臂要阻挡车轮，就问车夫："这是什么东西？"车夫回答："这是螳螂。这种虫只知进不知退，不自量力而轻易搏斗。"庄公赞叹道："如果它是人，一定是誉满天下的勇士。"就让车夫回转车子，绕路而行。

【螳螂捕蝉，黄雀在后】 táng láng bǔ chán，huáng què zài hòu 螳螂一心在捉蝉，不知黄雀在后正打算要吃它。比喻只看见眼前有利可图，不知道祸害即将来临。[例句]一条小鱼吞下了小虾，却不知~，一条大鱼正准备把它当作食物呢！

典故

春秋时，吴王不顾大臣们反对，决意出兵攻打楚国。有人想了个劝阻吴王的办法。他拿着弹弓在王宫的后花园中打鸟，遇到吴王时说："刚才我看见树上有只蝉在唱歌，却不知有只螳螂正在后面要捉它，而螳螂又不知身后飞来一只黄雀正准备吃它，而黄雀又不知我正用弹弓瞄着它。它们都只看到眼前利益却看不到后面的灾祸，您说多有意思！"吴王听后，立刻醒悟，决定停止出兵。

【倘来之物】tǎng lái zhī wù 倘来：偶然或意外取得。指没有料到而得到的东西。[例句]她这串珍珠项链是～。

tao

【滔滔不绝】tāo tāo bù jué 绝：完结。指河水不停地奔流，永远不会停止。形容话很多，连续不断。[例句]他讲起西湖的景色，真是～，令人仿佛身临其境。

【滔天大祸】tāo tiān dà huò 滔天：漫天，形容极大。极大的灾祸。[例句]她遍布泪痕的脸上充满了惊恐，仿佛她闯下了什么～。

【滔天之罪】tāo tiān zhī zuì 滔天：漫天，形容极大。极大的罪恶。[例句]这伙歹徒无恶不作，犯下～，最终受到了法律的严厉制裁。

T

【韬光养晦】tāo guāng yǎng huì 韬：隐藏；光：光芒；晦：晦迹；养晦：比喻隐居匿迹以待时。隐藏才能，不去展现。[例句]刘备～，以待天时，终成三分天下之大业。

【逃之夭夭】táo zhī yāo yāo 原为"桃之夭夭"。形容艳丽盛开的桃花。后因"桃""逃"谐音而诙谐地指称逃走。[例句]墨鱼最大的本领就是在遇敌时能放出体内分泌的黑色液体，把水搅黑，自己乘机～。

【桃红柳绿】táo hóng liǔ lǜ 桃花红，柳叶绿。形容春天绚丽多彩、清新宜人的美景。[例句]这里～，美不胜收，令无数游人流连忘返。

【陶然自得】táo rán zì dé 陶然：快乐的样子。指自己感觉很快乐。[例句]他退休后与花鸟为伴，～。

【讨价还价】tǎo jià huán jià 原指买卖双方一方要价，一方还价。现比喻接受任务或谈判时来回地讲条件。[例句]他组织观念很强，每遇工作调动，从不向领导～。

te

【特立独行】tè lì dú xíng 特：独特；立：立身；行：行事。立身和行事不同流俗。形容品行高洁，不随俗浮沉。也泛指独特的、与众不同的。[例句]他一向～,从不随波逐流。

teng

【腾云驾雾】téng yún jià wù 乘着云雾飞行。也形容神志恍惚或头脑眩晕。[例句]他多喝了几杯酒,走起路来如～一般。

ti

【梯山航海】tī shān háng hǎi 翻山越岭,渡过海洋。形容长途跋涉,历尽艰难险阻。[例句]唐僧师徒四人～,历经劫难终于取到了真经。

【擿奸发伏】tī jiān fā fú 擿:揭发;奸:邪恶;发:检举;伏:阴私。揭露邪恶,检举阴私。[例句]他上任之后,～,体恤百姓,当地的贪官污吏莫不如惊弓之鸟,惶惶不可终日。

【提心吊胆】tí xīn diào dǎn 形容非常担心、紧张。[例句]联合打假行动使得那些以假货蒙人的不法商贩个个～。

【啼饥号寒】tí jī háo hán 啼:哭泣;号:叫唤。因饥饿、寒冷而哭叫。形容生活非常贫困。[例句]世界上仍有一些战乱中的人民在～。

【啼笑皆非】tí xiào jiē fēi 啼:哭泣;皆非:都不是。既让人难受,又让人发笑。形容处境尴尬,不知如何是好。[例句]他被这虚惊一场的恶作剧弄得～。

【醍醐灌顶】tí hú guàn dǐng 醍醐:纯酥油,由牛乳提炼,比喻最高的佛法;灌顶:佛教仪式,弟子入门须经本师用醍醐或水浇灌头顶。比喻给人灌输智慧,让人彻悟。也比喻感到清凉舒适,或对某个事理豁然明了。[例句]听了王老师的话,小明如～,恍然大悟。

【体贴入微】tǐ tiē rù wēi 体贴:设身处地为人着想,给予关心、照顾;入微:达到细微的程度。设身处地地关心、照顾他人,连最细小的问题都能想到。形容照顾周到,关怀备至。[例句]王县长对村民关怀备至、～，时刻把党的温暖送到广大村民的心坎里。

【体无完肤】tǐ wú wán fū　完：完整；肤：皮肤。全身没有一块完好的皮肤。形容遍体鳞伤。也比喻论点被驳得一无是处或文章被改得面目全非。[例句]这篇文章被他胡乱删减后，变得～。

【倜傥不羁】tì tǎng bù jī　倜傥：洒脱豪放。豪爽洒脱而无所约束。[例句]宋代词人柳永为人～。

【倜傥不群】tì tǎng bù qún　倜傥：洒脱豪放；不群：不同于众人。形容人行为豪放洒脱，不同于众人。[例句]明代唐伯虎是个～的风流才子。

【涕泪交零】tì lèi jiāo líng　零：落下。眼泪和鼻涕交错流下。形容悲伤痛哭的样子。[例句]听到儿子不幸溺水身亡的消息，她不禁～。

【涕泗横流】tì sì héng liú　涕：眼泪；泗：鼻涕。眼泪和鼻涕交错流淌。形容极度悲伤。[例句]儿子出了车祸，老两口～。

【涕泗滂沱】tì sì pāng tuó　涕：眼泪；泗：鼻涕；滂沱：雨下得很大的样子。形容哭得很厉害。[例句]读着父亲的遗书，我们兄妹几个～。

【替天行道】tì tiān xíng dào　道：天理，上天的意旨。旧指按照天意主持公道。现指做正义的事情。[例句]宋江坐上第一把交椅后，在梁山上竖起了～的大旗。

tian

【天不绝人】tiān bù jué rén　绝：断绝。上天不会使人处于绝境。指在走投无路时得救。[例句]～，经过三天三夜，他们终于走出了沙漠。

【天长地久】tiān cháng dì jiǔ　像天地一样长久。形容时间久远。[例句]希望我们的友谊～，万古长青。

【天道酬勤】tiān dào chóu qín　天道：天理；酬：酬报；勤：勤奋。苍天会酬报勤奋的人。指下了苦功，就一定会有成果。[例句]～，有一分耕耘，就有一分收获。

【天翻地覆】tiān fān dì fù　形容变化极大或闹得很凶，秩序大乱。[例句]就是这样的人，在干着～的事业，在进行着创造新世界的工作。

【天方夜谭】tiān fāng yè tán　原为阿拉伯民间故事集的译名(也译为《一千零一夜》)。因故事中不乏稀奇古怪、惊险巧合的情节，后用以比喻夸张荒诞、不足凭信的言论或传闻。[例句]你的这些话在我看来简直是～，毫无根据。

典故

传说古代阿拉伯有个残暴的国王，每天娶一个少女，第二天早上就杀掉，老百姓十分恐惧。宰相的女儿山鲁佐德为拯救无辜少女，自愿嫁给国王。她每夜给国王讲故事，引起国王的兴趣而免遭杀害。她的故事讲了一千零一夜，终于感化了国王。这便是至今在世界流传的阿拉伯故事集《天方夜谭》。

【天府之国】tiān fǔ zhī guó　指土地肥沃、物产丰富的地方。现特指我国四川省。[例句]四川省被称为～是名副其实的。

【天覆地载】tiān fù dì zài　古人认为，天覆盖着万物，地承载着一切，是天地对人的恩泽。后用以称颂帝王功德。比喻帝王恩泽广布。也用以形容至大至广，无所不包。[例句]“贞观之治”可称为历史长河中～、民生康乐的安定时期。

【天高地厚】tiān gāo dì hòu　指天地广阔。比喻恩情极为深厚。也比喻事情的复杂、艰巨。[例句]你这小娃儿不知～，敢在鲁班门前耍斧头。

【天高地迥】tiān gāo dì jiǒng　迥：远。天高朗，地辽远。形容开阔。[例句]我们登临塔顶，极目骋怀，顿觉～，水阔山穷，精神不由为之一振。

【天各一方】tiān gè yī fāng　各在天底下的一个地方。形容各在一地，相距很远。[例句]他与妻子～，饱尝相思之苦。

【天寒地冻】tiān hán dì dòng 形容天气非常寒冷。[例句]这些日子~,滴水成冰,我们照样上山采石,干得很欢。

【天花乱坠】tiān huā luàn zhuì 坠:落。原为佛教传说,指梁武帝时云光法师讲经,感动上天,香花纷纷落下。后形容说话巧妙动听,但虚妄、不切实际。[例句]俗话说"兴趣是最好的老师"。如果学生对课文不感兴趣,那么老师再讲得~,他们也会觉得枯燥无味。

【天荒地老】tiān huāng dì lǎo 到天荒芜、地衰老的时候。指经历的时间极为久远。[例句]你让我等到将来,是不是要等到~?

【天昏地暗】tiān hūn dì àn 昏:昏暗。天色暗淡,大地昏黑。多指云雾遮蔽或飞沙漫天的景象。比喻政治黑暗,社会混乱。也指程度深,非常厉害。[例句]雾霾笼罩着整个城市,~,能见度不足20米。

T

【天经地义】tiān jīng dì yì 经:常道;义:事理。指绝对正确、不容改变的真理。也用以表示理所当然,无可怀疑。[例句]广大党员、干部为人民服务是~的事。

【天朗气清】tiān lǎng qì qīng 天色明朗,气候清和。[例句]今日~,很多老人都出来散步。

【天理难容】tiān lǐ nán róng 天理:天然的道理。指做事悖逆,没有道理,天道也无法容忍。[例句]这伙流窜犯杀人抢劫,~。

【天理人情】tiān lǐ rén qíng 天然正确的道理和人之常情。[例句]你抛下老人不管,还有没有~?

【天理昭彰】tiān lǐ zhāo zhāng 天理:天道;昭彰:明显、显著。迷信说法,认为天能分辨善恶,主持公道,会给善恶以相应的报应。[例句]这个罪大恶极的杀人犯被枪决,一路上看的百姓,男男女女,人千人万,哪一个不说是~,报应不爽。

【天伦之乐】tiān lún zhī lè 天伦:原指兄弟,后泛指父子、兄弟、夫妻等亲属关系。指合家团聚的欢乐。[例句]老李退休后与儿子住在一起,享受~。

【天罗地网】tiān luó dì wǎng 罗:捕鸟的网。以天为罗,以地为网。

比喻上下四方严密包围,使无法逃脱。[例句]抗日战争进入反攻阶段,晋察冀边区的军民给日寇布下了～。

【天马行空】 tiān mǎ xíng kōng 天马:神马;行空:腾空飞行。像神马腾起在空中飞行一样。比喻才华横溢,不受拘束。也讽刺说话夸大其辞,脱离实际。[例句]他是文坛新秀,写起文章来如～,令人叹服。

【天南地北】 tiān nán dì běi 形容相隔遥远。也指相隔很远的不同地区。还可形容谈话内容漫无边际。[例句]他们来自～,为这座新兴工业城市的繁荣发展贡献着自己的力量。

【天怒人怨】 tiān nù rén yuàn 怒:愤怒;怨:怨恨。指上天发怒,百姓怨恨。形容作恶太多,引起普遍愤怒。[例句]这股黑恶势力在当地为非作歹,～,被铲除后人们无不拍手称快。

【天女散花】 tiān nǚ sàn huā 本是佛经故事,言天女散花以试诸菩萨和弟子道行,俗尘未尽者,花即着身。后形容大雪纷飞或碎物纷纷落下的样子。[例句]元宵节的夜晚,五彩的烟花在夜空中绽放,犹如～,那景象真是无比壮观。

典故

一天,如来佛正在讲经解法,忽然看见祥云东来,便知道得意弟子维摩诘患病。于是,叫各个弟子前去问候,又断定维摩诘要借机宣讲佛经,便派天女前去检验弟子们的学习情况。天女手提花篮来到尘世间低头下望,见维摩诘果然正在讲学。于是将鲜花散去,弟子舍利弗满身沾花。众人不解,天女说:"结习(烦恼和习气)未尽,固花着身;结习尽者,花不着身。"舍利弗自知道行不高,便愈发努力学习。

【天壤之别】 tiān rǎng zhī bié 壤:地。天上和地下的差别。形容差别极大。[例句]哥哥被评为劳模,弟弟却锒铛入狱,一奶同胞竟有～。

【天生丽质】 tiān shēng lì zhì 天:自然;丽质:秀美的姿质。天然生成的美丽姿质。多形容美女的品貌。[例句]她～,流露着一种高雅的气质。

【天生尤物】tiān shēng yóu wù 尤物:特殊人物,多指美女。指天生的美女。[例句]古代四大美女,有闭月羞花之貌,真可谓是～。

【天塌地陷】tiān tā dì xiàn 天坍塌,地裂陷。比喻重大灾变。[例句]对于挫折,我们应以积极的态度面对,而不是将其视为～的事情。

【天外有天】tiān wài yǒu tiān 指某一境界之外还另有更高境界。多表示人的眼界受客观条件的限制,认识的领域需要不断扩大。[例句]人外有人,～,你不要因为取得了一点成绩就骄傲自大。

T

【天网恢恢,疏而不漏】tiān wǎng huī huī, shū ér bù lòu 天网:天道的网,指自然的惩罚;恢恢:宽广的样子;疏:稀、不密。天网虽然宽广而稀疏,作恶者却逃不出天道的惩罚。后借指国家法网虽宽,但决不会漏掉一个坏人。[例句]～,贪官污吏终究逃不出法律的制裁。

【天下鼎沸】tiān xià dǐng fèi 鼎:古代烹煮用的器物,多为三足两耳;沸:沸腾。比喻局势混乱,人心动荡。[例句]群雄逐鹿,～,风云人物应运而生。

【天下太平】tiān xià tài píng 形容社会安定,没有动乱。[例句]改革开放后的中国,～,人民安居乐业,呈现出一片欣欣向荣的景象。

【天下为公】tiān xià wéi gōng 天下是大家公有的。原指不把君位当成一家的私有物。后为一种美好的社会政治理想。[例句]身为人民公仆,要把～当作自己的理想,多为人民谋福利。

【天下为家】tiān xià wéi jiā 为:成为、当作。指把国家当作自己的家。后来形容到处可以安家。[例句]这首歌表达了石油工人心系祖国、～的豪情壮志。

【天下文宗】tiān xià wén zōng 宗:宗师。指被天下人敬仰的文章大家。[例句]唐宋八大家是～,流传下来许多优美的篇章。

【天下无敌】tiān xià wú dí 敌:对手。全天下没有对手。形容本领高强或实力强大,无人能比。[例句]他自以为~,没想到这次却遭到了惨败。

【天下无双】tiān xià wú shuāng 世上再没有第二个。形容出类拔萃,独一无二。[例句]这件文物,是~的稀世之宝。

【天悬地隔】tiān xuán dì gé 悬:距离远。形容距离远,相差悬殊。[例句]我和他的地位如同~,根本无法沟通。

【天旋地转】tiān xuán dì zhuàn 旋:转。天体日、月、星及地球的旋转运行。比喻局势剧变。形容气势宏大。现多形容眩晕的感觉。[例句]他忽然感到~,倒在地上,不省人事。

【天涯地角】tiān yá dì jiǎo 形容极边远的地方或彼此相隔极远。[例句]只要国家需要,就是~我也愿去。

【天涯海角】tiān yá hǎi jiǎo 见"天涯地角"。

【天衣无缝】tiān yī wú fèng 原指天上神仙穿的衣服因不是针线所缝,所以没有衣缝。后比喻诗文自然浑成或事物完美周密,找不出什么破绽。[例句]李工程师的这个设计方案简直是~,得到了专家们的一致认可。

【天灾人祸】tiān zāi rén huò 自然的灾害和人为的祸患。也用作骂人的话,指害人精。[例句]我们的名胜最吃亏的是建筑:砖木结构,抵抗不了~、风雨侵蚀。

【天造地设】tiān zào dì shè 造:创造;设:设置。指自然形成并且令人满意,无须人工修饰的事物。[例句]~的神女峰,使游人无不称奇。

【天真烂漫】tiān zhēn làn màn 天真:指人心地单纯,没有虚伪做作;烂漫:坦率自然的样子。形容纯真自然,无虚伪做作。也形容单纯、幼稚。[例句]无论是白发苍苍的老人,还是~的儿童,都喜欢看魔术表演。

【天之骄子】tiān zhī jiāo zǐ 汉朝时匈奴用以自称,意思是匈奴得到上天娇宠,极为强盛。现指才华出众或勇敢的人。[例句]现在就业形势严峻,大学生也应脚踏实地,不能再以～自居。

【天诛地灭】tiān zhū dì miè 诛:杀。被天地诛灭。指为天地所不容。多用于起誓或诅咒的话语中。[例句]他见对方不相信自己,就～地发起誓来。

【天姿国色】tiān zī guó sè 天姿:天生的姿容;国色:指容貌冠绝全国。形容女子容貌绝美。[例句]而今的彝人古镇,更加端庄得体,向我们展示着她的"～"。

【天作之合】tiān zuò zhī hé 原指天意撮合成的配偶。后多用以祝颂婚姻美满。也指自然形成的友情或亲密关系。[例句]面前这对才子佳人,真是～。

T

【添油加醋】tiān yóu jiā cù 比喻叙述事情时,任意增添细节,夸大或歪曲事实真相。[例句]我照事实说话,决不～!

【添枝加叶】tiān zhī jiā yè 比喻在叙述或转述某事时故意夸张渲染,在原有事实的基础上编造、增添细节。[例句]尚炯的医术本领高超,曾经救活了张可旺的爱妻,但是这件事经人们～,成了个十分神奇的故事。

【添砖加瓦】tiān zhuān jiā wǎ 比喻为某项事业贡献一份微薄的力量。[例句]我们要努力工作,为社会主义建设～。

【恬不为怪】tián bù wéi guài 恬:坦然。满不在乎,不以为奇怪。多指对不良倾向或异常现象熟视无睹,全不在乎。[例句]如今奇装异服层出不穷,人们早已～了。

【恬不知耻】tián bù zhī chǐ 恬:安然、坦然。做了坏事心安理得,一点也不感到羞耻。[例句]他靠坑朋友发了财,还到处炫耀,真是～。

【甜言蜜语】tián yán mì yǔ 蜜那样甜的话语。指为了讨好或哄骗人而说的动听的话。[例句]领导干部要坚持原则,不能被某些人的～所迷惑。

tiao

【挑肥拣瘦】tiāo féi jiǎn shòu 挑、拣:选择;肥:肥肉;瘦:瘦肉。比喻为了个人利益,反复挑选最合意的工作或事物。[例句]我看你俩年貌相当,很般配,可不能～地把自己耽误了。

【挑三拣四】tiāo sān jiǎn sì 挑、拣:选择。反复地挑挑拣拣,嫌这嫌那。[例句]顾客买东西～是正常现象,营业员要耐心服务。

【条分缕析】tiáo fēn lǚ xī 一条条、一丝丝地去分析。形容剖析得深入细致,有条有理。[例句]这篇论文引经据典,～,令人信服。

【调风弄月】tiáo fēng nòng yuè 指谈情说爱。[例句]他是一个什么事情都不干、只会～的花花公子。

【挑拨离间】tiǎo bō lí jiàn 挑拨:搬弄是非,引起纠纷;离间:使人不和睦。搬弄是非,破坏团结。[例句]不管什么人,如果他想利用这个机会～,瓦解我们的士气,他就打错了算盘。

【跳梁小丑】tiào liáng xiǎo chǒu 跳梁:腾跃跳动,比喻跋扈、猖獗;小丑:卑鄙小人。指行为猖狂,到处捣乱的卑鄙小人。[例句]这个靠诬陷别人而飞黄腾达的～,终于得到了应有的惩罚。

tie

【铁案如山】tiě àn rú shān 铁案:做出了最后结论或证据确凿的案件。证据确凿的案件,像山那样不可推翻。[例句]～,罪犯无法抵赖。

【铁板钉钉】tiě bǎn dìng dīng 比喻已成定论,不容怀疑。[例句]这件事已是～,你不用再说了。

【铁面无私】tiě miàn wú sī 形容刚直公正,不畏权势,不徇私情。[例句]他是个～的法官,办过的几十个案子堪称铁案。

【铁石心肠】tiě shí xīn cháng 像铁和石头一样坚硬的心肠。形容人秉性刚强。[例句]这种分别数十年后亲人相见的场面,即使是～的人,见了也会感动的。

【铁树开花】tiě shù kāi huā 铁树:常绿乔木,原产热带,不常开花,移植北方后,往往多年才开一次。比喻事情非常罕见或极难实现。[例句]据报道,北方近期会出现流星雨,这可是～、十分难遇的事。

【铁砚磨穿】tiě yàn mó chuān 穿：透、破。把铁铸的砚台都磨破了。原指立下坚定的志向，决不改变。后也用来形容读书勤奋或勤于笔墨。[例句]启功先生刻苦研习书法，～，终于成为一代书法大家。

【铁证如山】tiě zhèng rú shān 铁证：确凿的证据。指证据确凿，像山一样不能动摇。[例句]在法庭上，～，他不得不低头认罪。

ting

【听风是雨】tīng fēng shì yǔ 听见风声就以为是下雨了。比喻听到一点传闻就立即加以附和，并竭力渲染。[例句]新闻教育一定要把握住道德底线，同时，也要认清形势，不可～。

【听其自然】tīng qí zì rán 听：听任。任凭人或事物自然发展变化，不加干涉。[例句]工作中要及时总结经验教训，决不能～，放任自流。

【听天由命】tīng tiān yóu mìng 听：听任；由：顺从。听凭命运摆布，不做主观努力。也指主观上无能为力，只能听凭事态自然发展。[例句]～是一种消极的世界观和人生观。

【听之任之】tīng zhī rèn zhī 听、任：听凭、任凭；之：代词，代人或事物。听凭其自行发展而不加过问。[例句]孩子犯了错误，一定要加以正确的引导，决不能～。

【亭亭玉立】tíng tíng yù lì 亭亭：高耸直立的样子；玉立：姿态秀美。形容女子身材修长秀丽或花木等形体挺拔多姿。[例句]舞台上这位～的姑娘是少数民族的歌手。

【停滞不前】tíng zhì bù qián 滞：滞留。停顿下来，不再前进。[例句]在工作中即使取得了很大成绩，我们也决不能骄傲自满，否则就会～。

【挺身而出】tǐng shēn ér chū 挺身：挺直身体。指勇敢地站出来。[例句]危难时刻～的勇士值得我们每个人学习。

【挺胸凸肚】 tǐng xiōng tū dù 挺起胸脯，鼓着肚皮。形容得意、傲慢无礼的样子。[例句]我远远地就看见他～地走了过来。

【铤而走险】 tǐng ér zǒu xiǎn 铤：快走的样子；走险：奔赴险地。因走投无路而采取冒险行动。[例句]旧社会，当农民被压迫得无法生存时，常常会有人～占山为王。

tong

【通风报信】 tōng fēng bào xìn 风：消息。暗中透露消息。[例句]给敌人～的家伙，受到了应有的惩罚。

【通力合作】 tōng lì hé zuò 通：共同。共同出力，一起工作。指共同完成一项工作。[例句]由于课题组的同志～，这项科研任务顺利地完成了。

【通情达理】 tōng qíng dá lǐ 通、达：通晓、了解；情、理：指人的通常心理和事情的一般道理。指很懂道理，言行合乎情理。[例句]请你相信，他也是个～的人。

【通权达变】 tōng quán dá biàn 通权：通达权变，不拘于成法；达变：通晓事物的变化而能适应。指为了适应客观情况需要，打破常规，灵活办事。[例句]这个新当选的厂长～，很有魄力。

【通俗易懂】 tōng sú yì dǒng 适合群众水平，能让大家接受。[例句]王老师讲课深入浅出、～，深受学生欢迎。

【通天彻地】 tōng tiān chè dì 上通于天，下通于地。形容能力极大，本领高强。也形容从天到地，范围很广。[例句]神话中的人物，大多有～的本领。

【通宵达旦】 tōng xiāo dá dàn 通宵：整夜；达：到；旦：天亮。整整一夜，直至天明。[例句]他～地陪侍在父亲的病床前。

【同病相怜】 tóng bìng xiāng lián 病：病痛；怜：同情。指遭遇到同样不幸的人互相同情、怜惜。[例句]听了他讲述的苦难经历，我真有～的感觉。

【同仇敌忾】 tóng chóu dí kài 同仇：共同对敌；敌忾：抵抗所怨恨的

人。抱着无比的仇恨和愤怒共同一致地打击敌人。[例句]全国人民~,声讨敌人侵犯我国边境、枪杀我边民的罪恶行径。

【同床异梦】tóng chuáng yì mèng 虽然同睡在一张床上,却做着不同的梦。比喻虽然共同生活或共同从事一项活动,但各有自己的打算。[例句]这个公司班子成员没有统一的思想,~,公司没几年就破产了。

【同甘共苦】tóng gān gòng kǔ 甘:指欢乐;苦:指苦难。一同享受幸福,一起承担苦难。[例句]干部只有与群众~,才能得到群众的信任。

【同归于尽】tóng guī yú jìn 归:走向;尽:完,指灭亡。一起走向死亡或毁灭。[例句]他镇定自若,拉响了仅存的一颗手榴弹,与敌人~。

T

【同流合污】tóng liú hé wū 流:流俗;污:混浊的世道。原指没有独立的节操,随世浮沉。后指跟随坏人为非作歹。[例句]他廉洁奉公,从不与腐败分子~。

【同生共死】tóng shēng gòng sǐ 一同生一同死。形容情谊极深。[例句]刘备、关羽、张飞~,虽不是亲兄弟,却比亲兄弟还亲。

【同室操戈】tóng shì cāo gē 同室:同住在一个房子里,引申为自家人;操:拿;戈:古代的一种兵器。自家人动刀枪。比喻兄弟争吵或内部纷争。[例句]为了父亲的遗产,这兄弟俩~,引来了别人的嘲笑。

【同心同德】tóng xīn tóng dé 指思想行动完全一致。[例句]中国军民~,经过八年浴血奋战,终于赢得了抗日战争的最后胜利。

【同心协力】tóng xīn xié lì 心:思想;协:合。心往一处想,力朝一处使。指大家共同努力。[例句]他们~,从事杂交水稻的科学研究,取得了显著成果。

【同舟共济】tóng zhōu gòng jì 舟:船;济:渡、过河。同坐一条船过河。比喻在困难的环境中同心协力,共渡难关。[例句]中国共产党与各民主党派肝胆相照,~,为把我国建设得更加繁荣富强而努力奋斗！

【彤云密布】tóng yún mì bù 彤云：阴云；布：散布。阴云密集，布满天空。指雪前的征兆。[例句]早晨的天空～，不一会儿，就下起了纷纷扬扬的大雪。

【铜琶铁板】tóng pá tiě bǎn 铜琵琶和铁绰板，是豪放歌曲的伴奏乐器。后用来指雄壮豪迈的乐曲或文辞。[例句]苏轼的词，豪迈奔放，有～之喻。

【铜墙铁壁】tóng qiáng tiě bì 比喻非常坚固、不可摧毁的事物。[例句]你放心吧，他就是摆几道～，咱们也要冲它个稀里哗啦。

【童叟无欺】tóng sǒu wú qī 叟：老人。对儿童和老人都不欺骗。多指做生意讲信誉。[例句]小马做生意很实在，～，从不二价。

【童心未泯】tóng xīn wèi mǐn 泯：灭、丧失。指虽然年龄大了却仍然拥有一颗儿童般纯真的心。[例句]王教授年逾六旬，却～，还带着小孙子去捉蟋蟀。

【童言无忌】tóng yán wú jì 旧俗，新年时厅堂多粘贴这四个字。指小孩子说话不必忌讳，即使不吉利也没有关系。[例句]～，随便孩子怎么说，别人都不在乎。

【统筹兼顾】tǒng chóu jiān gù 统筹：通盘筹划；兼顾：照顾到各个方面。通盘筹划，照顾全局。[例句]制订发展计划时，既要保证重点，又要～。

【痛不欲生】tòng bù yù shēng 痛：痛苦；欲：想；生：生存。十分伤心，不想继续活下去。形容悲痛到了极点。[例句]儿子英年早逝，老两口～。

【痛定思痛】tòng dìng sī tòng 悲痛的心情平静之后，回想当时的痛苦，仍有余痛。含有吸取教训、警惕未来的意思。[例句]他～，决心吸取上次的教训，再不犯类似的错误。

【痛改前非】tòng gǎi qián fēi 痛：彻底；非：错误。彻底改正以前的错误。[例句]只要你～，一定会重新得到大家的信任。

【痛哭流涕】tòng kū liú tì 涕：眼泪。尽情哭泣，泪流不止。形容悲痛或伤心至极。[例句]她～，表示愿意悔过自新，请求宽大处理。

【痛快淋漓】tòng kuài lín lí 淋漓：畅快的样子。形容十分畅快。也形容文章或讲话非常详尽、透彻。[例句]鲁迅对反动文人的批判～，让人拍案叫绝。

【痛入骨髓】tòng rù gǔ suǐ 痛楚深入到骨髓里。形容极度伤心或怨恨。[例句]丧侄之痛，使韩愈～，于是挥笔写下了著名的《祭十二郎文》。

【痛痒相关】tòng yǎng xiāng guān 关：关联。痛痒相关联。指互相有利害关系。[例句]我们几个人～，应该互相照应。

T

tou

【偷东摸西】tōu dōng mō xī 指小偷小摸。[例句]这孩子从小就～，必须严加管教。

【偷工减料】tōu gōng jiǎn liào 不按照产品或工程所规定的质量要求而暗中减少工序和用料。也指做事马虎敷衍，贪图省事。[例句]我们不能容忍～、损公利己的行为。

【偷鸡盗狗】tōu jī dào gǒu 盗：偷窃。指小偷小摸。也指男女间不正当的关系。[例句]这小子不学好，总干些～的事。

【偷梁换柱】tōu liáng huàn zhù 偷下屋梁来替换柱子。比喻用欺骗手法暗中改变事物的内容或事情的性质。[例句]王熙凤与贾母等人，用～的办法，使贾宝玉与薛宝钗成亲。

【偷天换日】tōu tiān huàn rì 比喻用欺骗的手法改变事物的本相，蒙哄他人。[例句]他～，以劣充优欺骗消费者，被人揭穿后连老本都赔光了。

【偷偷摸摸】tōu tōu mō mō 指瞒着别人做事，不敢让人知道。[例句]由于父母反对，他们俩只能～地来往着。

【偷香窃玉】tōu xiāng qiè yù 偷香：指晋代陈骞的女儿与韩寿私通，她把晋武帝赐给她父亲的西域异香送给韩寿；窃玉：指唐代的杨贵妃窃取宁王李宪的玉笛一事。后指男女私通。[例句]一气之下，焦大将贾府中那些男男女女～的行径，揭露得淋漓尽致，大煞了所谓诗礼传家的风景！

【头面人物】tóu miàn rén wù 头面：经常出头露面。指社会上代表性强或声望很高的人。[例句]这是个很重要的会议，公司的～全都到场了。

【头破血流】tóu pò xuè liú 破：打破。头打破了，血流满面。形容受伤严重或遭到惨败的样子。[例句]这个社会别说是你，就是比你能耐大、阅历多的男子，哪个不碰得～？

【头童齿豁】tóu tóng chǐ huō 童：原指山无草木，喻指人秃顶；豁：缺失。指秃了头顶，缺了牙齿。形容人衰老的容态。[例句]老王～，已是风烛残年了。

T

【头头是道】tóu tóu shì dào 头头：各个方面。佛教用语，指道无所不在。后用来形容说话、做事理由充足，有条不紊。[例句]听他讲得～，谁也没有驳他一句。

【头晕眼昏】tóu yūn yǎn hūn 头脑眩晕，眼睛昏花。[例句]一连转了好几圈，她不禁有些～。

【头重脚轻】tóu zhòng jiǎo qīng 形容因酒醉或身体不适等原因而感到头脑发胀，脚下没力，身体失去平衡。也形容事物前后或上下不协调、不匀称而失去平衡。[例句]这篇文章给人的感觉是～，词不达意。

【投笔从戎】tóu bǐ cóng róng 投：扔掉；从戎：从军。指弃文从武。[例句]当今社会，女大学生～、效力军营，已不是稀罕事。

典故

东汉班超家境穷困，曾为人抄写文书。他感到非常苦恼，扔掉毛笔叹息道："男子汉大丈夫就是没有别的志向，也还应当仿效傅介子和张骞在西域建功立业，怎么能长久地消磨在笔砚之间呢？"后来，班超弃文就武，出使西域 31 年，为安定西部边疆做出了贡献。

【投机倒把】tóu jī dǎo bǎ 指不法商人以囤积居奇、转手买卖、操纵物价等手段牟取暴利。[例句]对扰乱市场秩序的～分子，必须坚决打击。

【投机取巧】tóu jī qǔ qiǎo 取巧：用巧妙的手段占便宜。要小聪明，利用时机谋取私利。[例句]做任何工作都不能～，只有脚踏实地才能取得成绩。

【投其所好】tóu qí suǒ hào 投：迎合；好：爱好。迎合对方的喜好。[例句]这位领导刚正无私，不喜欢那些阿谀奉承、～的人。

【投石问路】tóu shí wèn lù 投：扔。原指夜间潜入某处时，先扔块石头看有没有反应，借以探测情况。比喻在行动之前，先进行试探。[例句]这个小偷假扮快递人员想进小区内～，不料被保安人员当场揭穿了真面目。

【投鼠忌器】tóu shǔ jì qì 投：扔。要扔东西打老鼠，又担心打坏老鼠旁边的器皿。比喻想打击坏人而又有所顾忌，放不开手。[例句]经理本想撤掉这个不称职的科长，但又～，顾虑重重。

【投桃报李】tóu táo bào lǐ 投：赠。他送给我桃子，我回敬他李子。比喻相互赠送答谢。[例句]朋友送他一本画册，他送朋友一件工艺品，～，情谊浓浓。

tu

【突飞猛进】tū fēi měng jìn 形容发展特别迅速或进步非常快。[例句]随着现代科学技术的～，人类的知识总量每隔七至十年就要翻一番。

【突如其来】tū rú qí lái 突如：突然。突然到来或发生。[例句]大家都被这～的噩耗吓坏了。

【图财害命】tú cái hài mìng 图：谋取；害：伤害。指为了谋人钱财而伤害其性命。[例句]他～，证据确凿。

【图谋不轨】tú móu bù guǐ 图谋：暗中谋划；轨：应遵循的常规、法度。暗中谋划越出常规、法度的事情。[例句]那伙人私拉选票、

～的行为终于败露了。

【图穷匕见】tú qióng bǐ xiàn 穷：尽、到头；见：同“现”，显露。比喻事情发展到最后，真相完全显现出来。[例句]～，敌人的花言巧语没有生效，便露出了狰狞的本来面目。

【荼毒生灵】tú dú shēng líng 荼毒：毒害；生灵：人民、百姓。指残害人民。[例句]封建军阀为争夺地盘连年混战，～，严重破坏了社会生产力。

【徒费唇舌】tú fèi chún shé 徒：白白地。白白地浪费口舌，说的话没有用处。[例句]他是不会相信的，你不用～了。

【徒劳无功】tú láo wú gōng 徒：白白地、徒然。白白地辛苦，没有任何功效。[例句]做事要讲实效，～的事不可做。

【徒有虚名】tú yǒu xū míng 徒：仅仅、只。空有一个不符合实际的名声，并没有什么实际用途或真才实学。[例句]我们应扎扎实实地做学问，不能像他那样，不学无术，～。

【涂脂抹粉】tú zhī mǒ fěn 脂：胭脂。指妇女装饰打扮。也比喻为掩饰丑恶面目而进行伪装或玩弄欺骗手段。[例句]为了达到不可告人的目的，他们为自己～，大唱赞歌。

【土崩瓦解】tǔ bēng wǎ jiě 像土崩塌，像瓦碎裂。形容彻底崩溃、解体。[例句]在我军炮火的猛攻下，敌人苦心构筑的阵地终于～。

【土豪劣绅】tǔ háo liè shēn 土豪：地方上的豪强；劣绅：仗势欺人的恶霸地主和退职官僚。泛指横行乡里的恶势力。[例句]在旧中国，贪官污吏和～相互勾结，肆意欺压百姓。

【土生土长】tǔ shēng tǔ zhǎng 土：本地的、本国的。本地出生、本地长大。[例句]他是～的农民艺术家。

【吐胆倾心】tǔ dǎn qīng xīn 指把心里话毫无保留地全部说出，坦诚待人。[例句]她没有一个可以～的朋友。

【吐故纳新】tǔ gù nà xīn 故：旧的；纳：接纳、吸收。道家的一种养生方法，吐出浊气，吸入清气。后比喻扬弃陈旧的，吸收新鲜的。

[例句]要保持党的队伍的纯洁,就必须不断地～,清除腐败分子,吸收先进分子。

【兔起鹘落】 tù qǐ hú luò 鹘:一种类似鹰的猛禽,捕食鸟类和小兽。兔子刚起步,鹘就扑落下来捕捉。形容动作极其敏捷。也比喻写书法、作画、撰文时下笔迅速、不间歇。[例句]他运腕提笔,如～,顷刻间几个遒劲有力的大字便跃然纸上。

【兔死狗烹】 tù sǐ gǒu pēng 见"狡兔死,良狗烹"。

【兔死狐悲】 tù sǐ hú bēi 兔子死了,狐狸感到悲伤。指因同类的死亡而悲伤。[例句]听到同党被处决的消息,他不免有～之感。

tui

【推波助澜】 tuī bō zhù lán 澜:大波浪。比喻极力从旁鼓动,以助长声势,扩大事态。[例句]由于有人～,使本可以解决的问题成了难题。

【推陈出新】 tuī chén chū xīn 推:除去、淘汰;陈:陈旧的。淘汰旧的,创造新的。[例句]创作历史题材的作品,要做到古为今用,～。

【推诚相见】 tuī chéng xiāng jiàn 推:拿出;诚:真实的心意。双方都拿出真心。指以诚相待。[例句]只有～,才能交到知心朋友。

【推崇备至】 tuī chóng bèi zhì 推崇:推重尊崇。指非常推重尊崇。[例句]汉武帝对儒家思想～。

【推己及人】 tuī jǐ jí rén 用自己的心思去揣度别人的心思。指设身处地为别人着想。[例句]你应该～,不要做令别人讨厌的事情。

【推襟送抱】 tuī jīn sòng bào 襟、抱:衣襟、怀抱,借指心意。指向别人诉说心意,真诚相待。[例句]他们几个是大学同窗好友,在一起～,无话不谈。

【推三阻四】 tuī sān zǔ sì 推:推托;阻:阻拦。找各种理由,用各种办法推托阻挠。[例句]厂里一有什么事他就装聋作哑,～,不肯出力。

【推心置腹】tuī xīn zhì fù 把自己的心放到别人肚子里。指诚心待人。[例句]在处理同志之间的关系上，我们应该以诚相见，～，相互尊重。

【退避三舍】tuì bì sān shè 退：退却；避：回避；舍：古代行军三十里为一舍。原指与敌方作战时军队后撤一定的距离。后比喻对人让步，避免冲突。[例句]强龙不压地头蛇，我们还是～吧。

典故

晋文公重耳在未担任晋国国君之前，曾被迫流亡在外。他在楚国停留了一段时间，当时楚王问他："如果将来你当了国君，怎样报答我呢？"重耳回答道："将来如果晋楚两国交战，晋国将把军队退避三舍来报答您的收留之恩。"后来晋楚在城濮大战，晋文公果然信守诺言，把军队后撤了九十里。

tun

【吞吞吐吐】tūn tūn tǔ tǔ 有话不直说，想说又不敢说的样子。[例句]他涨红着脸，说话～，不知是说不清，还是不敢说。

【吞云吐雾】tūn yún tǔ wù 原指道士不食五谷，修炼养气。后多用来指吸鸦片或抽烟。多含讥讽义。[例句]饭馆里那几个人一边～，一边云山雾罩地侃大山。

【囤积居奇】tún jī jū qí 囤积：积存；居：储藏；奇：稀有或紧俏货物。指把短缺的货物大量储藏起来等待时机牟取暴利。[例句]这些奸商～、哄抬物价，严重扰乱了市场秩序。

tuo

【拖男带女】tuō nán dài nǚ 带领着儿子、女儿。形容拖带的孩子多，生计艰难。[例句]他～的，只靠每月微薄的工资来维持生活。

【拖泥带水】tuō ní dài shuǐ 雨天走路时，拖着泥、带着水的样子。

比喻办事拖沓，不利索。也比喻说话、写文章不简洁。[例句]这小姑娘办事干脆利落，从不～。

【脱缰之马】tuō jiāng zhī mǎ 挣脱了缰绳的马。比喻不受拘束、自由了的人或事物。[例句]学习负担过重的学生们，一到郊游时，就如～，玩得可欢了。

【脱口而出】tuō kǒu ér chū 不多考虑，随口说出。[例句]他说话不注意，常常～，所以得罪了不少人。

【脱胎换骨】tuō tāi huàn gǔ 原为道教用语，指修炼得道的人能脱掉凡胎而成圣胎，换掉凡骨而成仙骨。现指思想发生根本性的变化。[例句]经过三年的劳动改造，他已～，成了远近闻名的养殖专业户。

【脱颖而出】tuō yǐng ér chū 颖：某些细长物体的尖端。锥子的整个尖部透过布囊显露出来。比喻人的才能全部显露出来。[例句]这位十三岁的孩子在全省象棋比赛中～，获得了第二名的好成绩。

【唾面自干】tuò miàn zì gān 人家往自己脸上吐唾沫，不擦掉而让其自干。指逆来顺受，受了侮辱却极度忍耐，不加以反抗。[例句]这个公司的总经理竟然是当年那个～的年轻人，真是今非昔比啊！

【唾手可得】tuò shǒu kě dé 唾手：往手上吐唾沫。比喻极易得到或成功。[例句]以他的实力，取得这一项目的冠军是～。

W w

wa

【挖耳当招】 wā ěr dàng zhāo 当：当作；招：招呼。把别人举起手来挖耳当作是招呼自己。比喻正当有所期待的时候，别人无意的举动恰好给他一个机会。[例句]由于他求职心切，～，以致受了骗。

【瓦釜雷鸣】 wǎ fǔ léi míng 瓦釜：陶制的炊具。瓦釜发出如雷一般的巨响。比喻庸才占据高位。[例句]堵塞言路，抑止批评，必然形成～的局面。

【瓦合之卒】 wǎ hé zhī zú 瓦：瓦片；合：合拢；卒：兵。像破碎的瓦片一样凑合在一起的士兵。指由散兵游勇、残兵败卒组合起的没有组织纪律的军队。[例句]这些雇佣军，虽是～，但其中也有不少亡命之徒，所以不能麻痹大意。

wai

【歪打正着】 wāi dǎ zhèng zháo 歪：不正。比喻使用的方法本不恰当，却侥幸地得到了满意的结果。[例句]我这次能轻而易举地把事情办妥，不过是～罢了。

【歪风邪气】 wāi fēng xié qì 歪、邪：不正、不好；风、气：作风、风气。不良风气。[例句]不刹住这些～，将对我们的事业造成极大的危害。

【歪门邪道】 wāi mén xié dào 指不正当的途径。[例句]即使你的追求是正当的，也不能通过～去实现。

【歪七竖八】wāi qī shù bā 歪:不正。形容没条理、乱糟糟的样子。[例句]原本洁白如新的墙上被~地贴上了各种小广告。

【外方内圆】wài fāng nèi yuán 方:指正直;圆:指为人圆滑,善于变通。形容人外表正直,内心却虚假圆滑。[例句]他看起来忠厚老实,实际上是一个~的人。

【外强中干】wài qiáng zhōng gān 干:枯竭、空虚。泛指人或事物貌似强大,实质虚弱。[例句]这支球队~,我们有把握战胜它。

【外柔内刚】wài róu nèi gāng 外:表面;柔:柔顺;刚:刚强。外表看上去柔顺,实际上很刚强。[例句]中华武术门派颇多,其中太极拳属~之术,深受海内外人士的喜爱。

wan

【剜肉补疮】wān ròu bǔ chuāng 剜:用刀挖取;疮:伤口。挖掉身上的肉来补伤口。比喻用有害的手段救急,顾不上考虑后果。[例句]变卖资产来维持生产,这对于企业来说无异于~。

【丸泥封关】wán ní fēng guān 一个小小的泥丸便可封住山谷的关口。比喻地势险要,易守难攻,仅用少量兵力便可镇守。[例句]潼关是个~之地,易守难攻。

【纨袴子弟】wán kù zǐ dì 纨袴:细绢做的裤子,泛指华美衣着。指只知享受、不肯劳动的富贵人家子弟。[例句]我们这一代青年决不能像过去的~那样只图享受,不爱劳动。

【完璧归赵】wán bì guī zhào 完:完整无缺;璧:古代一种玉器;赵:赵国。指蔺相如将和氏璧完好无损地自秦送回赵国。比喻把东西完好无损地归还原主。[例句]警方重拳出击,迅速端掉一个盗窃抢劫团伙,失窃文物~。

典故

战国时,赵王得到了一块极为珍贵的和氏璧。秦王听说后,就写信对赵王说,愿意用秦国的十五座城换取和氏璧。赵王知道这是个骗局,但又不敢得罪强大的秦国。蔺相如自告奋勇,带着和氏璧来到了秦国。秦王让臣子们传看宝物，却不提换城的事。蔺相如知道秦王根本没有以城换璧的诚意，于是想办法要回了和氏璧，并暗中让人把璧完好无损地送回了赵国。

【完美无缺】wán měi wú quē　完备美好，没有任何缺点。［例句］他的作品虽不能说～，但篇篇都是上乘之作。

【玩忽职守】wán hū zhí shǒu　玩忽：不认真对待，忽视；职守：职责。不严肃认真地对待自己的本职工作。［例句］他～，给国家造成了巨大经济损失。

【玩火自焚】wán huǒ zì fén　玩：玩弄；焚：烧。放火的人反把自己烧死。比喻冒险做坏事，反使自己受害。［例句］违法者总是～，自食其果。

【玩世不恭】wán shì bù gōng　玩世：以游戏的态度对待世事；不恭：不严肃。原指轻视或嘲弄当时的礼法。后指对世事采取消极的、不严肃的态度。［例句］在大家的帮助下，～的小王，终于又以积极的心态面对生活了。

【玩物丧志】wán wù sàng zhì　玩：玩赏；丧：失去；志：指进取的志向。醉心于玩赏某些事物或迷恋于一些无利有害的事情，就会丧失远大理想。［例句］他～，终日泡在网吧里，荒废了学业。

【顽固不化】wán gù bù huà　顽固：极其固执；化：改变。指昏昧保守，固执而不知变通。也指坚持错误而不改正。［例句］他～，坚持自己的错误主张。

【莞尔而笑】wǎn ěr ér xiào　莞尔：微笑的样子。微微地笑起来。［例句］那姑娘望着他～，什么也没有说。

【晚节不终】wǎn jié bù zhōng　晚节：晚年的节操；终：保持到最后。指本来节操凛然，到了晚年却丧失了从前一直保持的节操。［例句］糖衣炮弹的诱惑，使一些领导干部～。

【万般无奈】wàn bān wú nài　指迫不得已，没有任何办法。［例句］丢了钱包，连吃饭钱都没了，～，他只好向不相识的人求助。

【万不得已】wàn bù dé yǐ 已：这样。无可奈何，不得不这样。[例句]不到～，他是不会开口求人的。

【万古不变】wàn gǔ bù biàn 万古：千年万代、永远。无论经历多长时间，永不改变。[例句]秦始皇梦想从自己开始，后代的子孙能够～地享有皇帝的尊贵与荣华。

【万古长存】wàn gǔ cháng cún 指某种精神千秋万代永远存在。[例句]先烈们的革命精神将～。

W

【万古长青】wàn gǔ cháng qīng 永远像春天的草木一样欣欣向荣。比喻人的精神或友谊千秋万代永远存在，不会衰退、消失。[例句]为祖国为人民牺牲的烈士～，他们永远活在人们心中。

【万古流芳】wàn gǔ liú fāng 流：流传；芳：香，指好名声。比喻好的名声或品行永远流传。[例句]志士仁人的伟大精神和光辉业绩将～。

【万箭攒心】wàn jiàn cuán xīn 攒：聚集。仿佛一万支箭攒射到心头。形容伤痛到了极点。[例句]听到儿子战死沙场的噩耗，她犹如～，悲痛欲绝。

【万劫不复】wàn jié bù fù 劫：佛教指世界从生成到毁灭的整个过程为一劫；万劫：万世。永远不能恢复。[例句]自从染上毒瘾，他如同堕入了～的深渊。

【万籁俱寂】wàn lài jù jì 籁：从孔穴里发出的声音；万籁：自然界万物发出的声响；俱：都；寂：静。静悄悄的，没有任何声响。[例句]午夜时分，～，皓月当空，我独自在庭院徘徊，思索着白天发生的事情。

【万里长征】wàn lǐ cháng zhēng 征：远行。指路途遥远的行军。也指中国工农红军的二万五千里长征。也比喻为宏伟目标所进行的长期、艰苦的奋斗。[例句]大学毕业，这只是人生～的第一步。

【万流景仰】wàn liú jǐng yǎng 万流：各方面的人。所有的人都尊敬仰慕。[例句]他是一军主帅，英风侠气，真可谓～。

【万马奔腾】 wàn mǎ bēn téng 像无数匹马奔腾跳跃。形容声势浩大、进展迅速的壮观情景。[例句]江水如～，冲出峡谷，蜿蜒千里向大海流去。

【万马齐喑】 wàn mǎ qí yīn 喑：哑。所有的马都沉寂无声。比喻人们都沉默，不发表意见，一片死气沉沉。[例句]十一届三中全会后，党中央拨乱反正，实行改革开放，～的局面被彻底打破了。

【万全之策】 wàn quán zhī cè 策：计谋。绝对安全、极其周到的计谋。[例句]这是权宜之计，并非～。

【万人之敌】 wàn rén zhī dí 敌：抵挡、抵御。指武艺高强，善于领兵以抵御强敌。也指具有指挥千军万马的军事才能。[例句]老将军一生南征北战，～，立下了赫赫战功。

【万世一时】 wàn shì yī shí 万世：很多世代；时：机会。指很多世代才有这么一次机会。形容机会非常难得。[例句]改革开放给中国人民带来了～的发展机遇。

【万事亨通】 wàn shì hēng tōng 亨：顺利；通：通达。所有事情都通达顺利。[例句]望着朋友远去的身影，我默默地祝她～。

【万事如意】 wàn shì rú yì 如意：符合心意。一切事情都顺心。多用于向他人祝颂。[例句]值此新年到来之际，我祝您～，心想事成。

【万寿无疆】 wàn shòu wú jiāng 万寿：万年长寿；疆：极限。表示寿命没有尽头，永远生存。祝人长寿之辞。过去用以祝颂帝王。[例句]祝我们亲爱的母亲——我们伟大的社会主义祖国～！

【万水千山】 wàn shuǐ qiān shān 见“千山万水”。

【万死不辞】 wàn sǐ bù cí 辞：推辞。就是死一万次也决不会推辞。表示不怕牺牲、拼死效劳的决心。[例句]倘若能报效祖国，我一定～。

【万万千千】 wàn wàn qiān qiān 万、千：都是数词，表示很多。形容数量非常多。[例句]～的海外游子，渴望着返回祖国的怀抱。

【万无一失】 wàn wú yī shī 失：失误、差错。没有万分之一的差错。

W

形容有绝对把握，绝对不会有闪失。[例句]我们必须做好准备，做到～，保证手术的绝对成功！

【万象更新】wàn xiàng gēng xīn　万象：宇宙间的一切景象；更：变更。一切事物或景象都面貌一新，充满生机。[例句]新春伊始，祖国大地生机勃勃，一派～的景象。

【万应灵药】wàn yìng líng yào　应：适应。可以医治百病的灵药。比喻能解决一切问题或适用于任何情况的好办法。含诙谐或讽刺意味。[例句]世上没有能包治百病的～。

W

【万众一心】wàn zhòng yī xīn　千万人一条心。形容民众团结一致。[例句]我们～，朝着建设中国特色的社会主义目标阔步前进。

【万紫千红】wàn zǐ qiān hóng　形容百花齐放，色彩艳丽。也比喻事物丰富多彩、欣欣向荣。[例句]春天来了，花园里百花盛开，～，十分美丽。

wang

【汪洋大海】wāng yáng dà hǎi　汪洋：水势浩大的样子。水势浩大、浩瀚无边的大海。比喻事物范围广阔，声势浩大。[例句]在波涛汹涌的～上，海燕正在暴风雨中骄傲地飞翔。

【亡国之音】wáng guó zhī yīn　国家将灭亡时令人悲哀并发愁的音乐。也指轻浮、淫靡的音乐。[例句]日本侵华军播放靡靡之音的真实用意，是以这些～麻痹中国人民的斗志。

【亡命之徒】wáng mìng zhī tú　亡命：逃亡；徒：人(含贬义)。原指逃亡以保存性命的人。现指不顾性命，犯法作恶的人。[例句]这伙～终于受到了应有的惩罚。

【亡羊补牢】wáng yáng bǔ láo　亡：丢失；牢：关牲口的圈。丢失了羊，就修补羊圈。比喻出了差错，及时设法补救，就可避免更大的损失。[例句]～，为时不晚，一定要吸取教训，避免更大损失。

典故

古时候，有个人养了一群羊。有一天早晨，他发现少了几只羊，仔细察看，原来是狼从羊圈的一个破洞钻进来，叼走了羊。一位邻居劝他赶快把羊圈补好，他却认为羊已经丢了，还补羊圈干什么？第二天早上，他发现又有几只羊被狼叼走了。这时他才醒悟过来，马上把羊圈补好了。从此，他的羊再也没有被狼叼走过。

【王公贵戚】wáng gōng guì qī 泛指皇亲国戚。[例句]帝制被推翻后，那些～、遗老遗少都惶惶不可终日。

【王侯将相】wáng hóu jiàng xiàng 泛指高官达贵。[例句]封建社会的史学家大多为～歌功颂德，不懂得人民群众才是历史真正的创造者。

【网开三面】wǎng kāi sān miàn 撤去了三个方向的捕兽网，留下鸟兽逃生的出路。原指仁慈宽厚。后指用宽大的态度来处理罪犯或敌人。[例句]对那些认罪态度好且有立功表现的犯罪分子，我们应该根据法律规定～，给以宽大处理。

【网漏吞舟】wǎng lòu tūn zhōu 网：渔网，比喻法网；漏：漏掉；吞舟：吞舟的大鱼，借指巨奸大恶。比喻法令不严，重大罪犯得以逃脱法网。[例句]法令太严会造成严刑峻法，而太宽又会～，所以制定法律法规必须宽严相济，符合国情。

【枉费唇舌】wǎng fèi chún shé 枉：白白地、徒然。说多少话都没有用。[例句]我已决心不去，你别在这里～了。

【枉费工夫】wǎng fèi gōng fū 枉：白白地、徒然；费：耗费；工夫：时间。白白浪费时间、消耗精力。[例句]这件事一开始就错了，可你就是不听，结果～而一无所获。

【枉费心机】wǎng fèi xīn jī 枉：白白地、徒然；心机：心思、计谋。白白地耗费心思。[例句]随着我国社会主义法律体系的不断完善，定会让那些试图钻法律空子的人～。

【惘然若失】wǎng rán ruò shī 惘然：失意的样子。心里像失去了什么似的。[例句]儿子走后,一种～的滋味袭上心头。

【妄下雌黄】wàng xià cí huáng 妄:随便、胡乱;雌黄:用作颜料的黄色矿物。古时写字用黄纸,写错了就用雌黄涂抹后重写。[例句]还没有弄清事故的缘由,请你不要～。

【妄自菲薄】wàng zì fěi bó 妄:随便、胡乱;菲薄:小看、轻视。随意看轻自己,以致失去了信心。[例句]我们不应该～,也不应该妄自尊大。

【妄自尊大】wàng zì zūn dà 妄:不合理地、无根据地;尊:高贵。狂妄自大,自以为了不起。[例句]取得了成绩,也不要～。只有戒骄戒躁,才能不断前进。

【忘恩背义】wàng ēn bèi yì 见"忘恩负义"。

【忘恩负义】wàng ēn fù yì 恩:恩惠;负:违背、背弃;义:情义。忘记别人的恩惠,做出对不起恩人的事。[例句]他一向很重情义,绝不是那种～的人。

【忘年之交】wàng nián zhī jiāo 交:交情、交谊。忘记年龄的交情。指不拘辈分、不拘年龄而结为朋友。[例句]老先生十分欣赏这位青年的进取精神,二人十分投机,成为～。

【忘其所以】wàng qí suǒ yǐ 忘记了一切。得意、兴奋得失去常态。[例句]他才上任两天,就～,摆起谱来。

【望尘莫及】wàng chén mò jí 莫:不;及:赶上。远远望见前面人马带起的尘土,自己却赶不上。比喻远远落后,相差甚远。多用于表示对人钦佩的自谦语。[例句]您的书法功底,是我～的。

【望穿秋水】wàng chuān qiū shuǐ 秋水:比喻人的眼睛。眼睛要望穿了。形容急切地等候、盼望。一般用于女性。[例句]他去深圳已经五年了,妻子～,盼着他能早日回来团聚。

【望而却步】wàng ér què bù 却步:向后退。见到危险、困难的事就往后退。[例句]工作中遇到困难,应千方百计加以克服,继续前进;绝不能～,消极退避。

【望而生畏】wàng ér shēng wèi 畏:恐惧、害怕。见了就令人害怕。

[例句]认为事物复杂,就~,不敢实践,这是懦弱的表现。

【望风而降】wàng fēng ér xiáng 望:看见;风:风声,比喻踪影;降:投降。看见对方的影子便缴械投降。形容军队毫无斗志。[例句]李广将军威名天下传,匈奴军队~。

【望风披靡】wàng fēng pī mǐ 披靡:草木随风而倒伏。形容草木一遇到风就倒伏。比喻作战中被对方的威势所震慑,未经交战即已溃逃。[例句]战争进行到最后阶段,敌军~,战事推进很快。

【望梅止渴】wàng méi zhǐ kě 口渴时想到吃酸梅子,自然流出口水,就不渴了。比喻用空想来安慰自己。[例句]每次走过珠宝店,小芳都会羡慕不已,但昂贵的价格让她只能是~。

典故

曹操是我国历史上著名的军事家,他十分善于用兵。据说,有一次他率领军队长途跋涉,路上找不到水,士兵们都很口渴。曹操说:"前面有一大片梅林,结了许多果子,又甜又酸,可以解渴。"士兵们一听梅子,嘴里都流出了口水,也就不那么渴了。于是部队乘着这兴头走到了有水的地方。

【望其项背】wàng qí xiàng bèi 看到别人的颈项和后背。指可以赶得上或能相比的。[例句]他的成绩一直遥遥领先,其他人难以~。

【望闻问切】wàng wén wèn qiè 望:指观气色;闻:指听声息;问:指询问症状;切:指摸脉象。中医用语,合称四诊。[例句]~四诊法,现代中医仍在沿用。

【望眼欲穿】wàng yǎn yù chuān 欲:将要。把眼睛都快望穿了。形容盼望殷切。[例句]我~,还是等不到他来。

【望洋兴叹】wàng yáng xīng tàn 望洋:仰视的样子;兴:发出。原指(河神)仰望(海神),感叹自己渺小。后比喻要做一件事,由于力量不够或缺乏条件而感到无可奈何。[例句]我不懂法语,在一大沓法文资料面前,只有~。

【望子成龙】wàng zǐ chéng lóng 望：盼望、希望；龙：帝王的象征，高贵的象征。希望子女能成为高贵的、出人头地的人物。［例句］父母～心切，只可惜不争气的我辜负了他们的一片苦心。

wei

【危机四伏】wēi jī sì fú 危机：危险的祸根；伏：隐藏。四处隐藏着危险因素。［例句］在这荒山野岭中露宿，他总有一种～的感觉。

【危如累卵】wēi rú lěi luǎn 危险得像垒起来的蛋一样，极容易倒塌打碎。形容处境极其危险。［例句］这座楼已是～，不能再住人了。

【危若朝露】wēi ruò zhāo lù 朝露：早晨的露珠，阳光一照射便很快消失。危险得像容易消失的早晨的露珠那样。比喻情势紧急，面临灭亡。［例句］几年前他还是弱不禁风的体质，一副～的样子，不想今日却健步如飞，这都是坚持体育锻炼的结果。

【危言耸听】wēi yán sǒng tīng 危言：使人吃惊的话；耸：惊动；耸听：使人听了害怕。故意说吓人的话，使听的人吃惊、害怕。［例句］他最可恶的就是这么一味地～，不肯把真相说出来。

【危在旦夕】wēi zài dàn xī 旦夕：早晨和晚上，比喻时间极短。形容危险迫在眼前。［例句］他遭遇车祸，生命～，必须送医院抢救。

【威而不猛】wēi ér bù měng 威：威仪；猛：凶猛、勇猛。指有威仪而不凶猛。［例句］欢迎仪式上，仪仗队的战士个个英姿勃勃、～。

【威风凛凛】wēi fēng lǐn lǐn 凛凛：严肃而令人敬畏的样子。形容威武雄壮，很有气派，声势逼人。［例句］阅兵场上，战士们全副武装，～，接受党和人民的检阅。

【威风扫地】wēi fēng sǎo dì 让人敬畏的声势、气派完全丧失。［例句］这场大战打得敌人～，狼狈不堪。

【威迫利诱】wēi pò lì yòu 威：威胁；迫：逼迫；利：利益；诱：引诱。用强力逼迫，用利益引诱。形容采用种种办法想让人顺从。［例句］面对敌人的～，他始终没有屈服。

【威武不屈】wēi wǔ bù qū 威武：武力、权势。不屈服于权势。［例句］她在任何情况下都保持着坚定的政治原则，～，富贵不淫，高风亮节。

【威信扫地】wēi xìn sǎo dì 威信：威望和信誉；扫地：比喻破坏无余。威望和信誉完全丧失。［例句］他出尔反尔，不诚不信，弄得自己～。

【威震天下】wēi zhèn tiān xià 威：威势、威名。威名传于全国，震惊社会。［例句］八路军战士奋勇杀敌，～，敌人闻风丧胆，望风而逃。

【微不足道】wēi bù zú dào 微：小；足：值得；道：谈起。渺小得不值一谈。［例句］我这点成绩～，不值得如此表扬。

【微服私行】wēi fú sī xíng 微服：穿平民的衣服。指帝王或官吏穿上平民的服装秘密出行，调查疑难重案或探访民情。［例句］为了能查清真相，专案组成员～，假扮成小贩进入了这个村子。

【微乎其微】wēi hū qí wēi 小而又小。形容非常细小，极其有限。［例句］一个人无论取得多大的成就，放到人类发展史上来看都是～的。

【巍然屹立】wēi rán yì lì 巍然：高大雄伟的样子；屹立：山势直立高耸的样子。比喻像大山一样高高耸立，不可动摇。［例句］我们伟大的祖国～在世界东方。

【韦编三绝】wéi biān sān jué 韦：熟牛皮；韦编：古代用竹简写书，用熟牛皮绳把竹简穿连起来，就叫"韦编"；三：概数，指多次；绝：断。由于酷爱读书，穿书简的牛皮绳多次被磨断。形容读书勤奋，治学刻苦。［例句］几十年来，他潜心研究红学，～，终于成了红学研究领域有影响的专家。

【为恶不悛】wéi è bù quān 为恶：做坏事；悛：悔改。坚持做坏事，不肯悔改。［例句］他一意孤行，～，最终走上了犯罪的道路。

【为非作歹】wéi fēi zuò dǎi 非、歹：指坏事。做坏事。［例句］那个～的家伙，终于受到了应有的惩罚。

【为富不仁】wéi fù bù rén 为:做,引申为谋求;不仁:刻薄,心肠不好。原指要谋求发财致富,就不能讲仁义,为别人着想。后指富人唯利是图,不管别人死活。[例句]母亲没有灰心,她对穷苦农民的同情和对~者的反感都更加强烈了。

【为人师表】wéi rén shī biǎo 为:成为;人:他人;师表:值得学习的榜样。在道德学问方面给别人做榜样。[例句]我们要~,做一名合格的人民教师。

【为所欲为】wéi suǒ yù wéi 所欲为:所想要做的。做自己想做的事。形容不管不顾,由着自己的性子做事。[例句]对孩子的行为要加以约束,不可让其~。

【违法乱纪】wéi fǎ luàn jì 指违犯法令,扰乱纪律。[例句]那个人贪污受贿,~,已被逮捕法办。

【违天逆理】wéi tiān nì lǐ 天:天道;理:伦理。做事非常残忍,违背天道伦理。[例句]这伙绑匪勒索不成,就将人质杀害了,真是~,罪不容诛。

【违心之言】wéi xīn zhī yán 违:违背;心:意愿。不是出自本意的话。[例句]大家对这件事情有什么看法就直说,绝不可有半句~。

【围魏救赵】wéi wèi jiù zhào 魏、赵:战国时的两个诸侯国。后用"围魏救赵"指袭击敌人后方,迫使进犯之敌撤回的战术。[例句]~是一段历史故事,也是一种成功的战术。

典故

战国时期,魏国围攻赵国都城邯郸,赵国向齐国求救。齐将孙膑、田忌率兵救赵,趁魏国重兵在外,国内空虚,直捣魏都大梁。魏军闻讯后立即撤兵回救,中途被齐军打得大败,这样就解了赵国之围。

【唯利是图】wéi lì shì tú 唯:只;是:助词,用在前置宾语之后;图:谋取。只谋求利益,其余一概不管。[例句]他~,多年来也没交下一个真正的朋友。

【唯命是听】wéi mìng shì tīng 唯：只；是：助词，用于前置宾语之后；听：听从。只要有命令就听从。表示绝对服从，让做什么就做什么。[例句]他不肯～，更不肯低三下四地巴结上司，谁知新来的总裁却因此提拔了他。

【唯唯诺诺】wéi wéi nuò nuò 唯唯：谦卑的应答；诺诺：答应的声音。连声应答，卑恭顺从。[例句]他总是～的，没有自己的主张。

【唯我独尊】wéi wǒ dú zūn 唯：只有。只有自己最崇高。极端狂妄自大，认为只有自己最了不起。[例句]他一贯～，根本不把别人放在眼里。

【惟妙惟肖】wéi miào wéi xiào 惟：语气助词，无实际意义；妙：精妙；肖：相似、像。形容描写或模仿得非常巧妙、非常逼真。[例句]这幅木雕，上面的花草～，就像真的一样。

【尾大不掉】wěi dà bù diào 掉：挥动、调动。尾巴太大就不好挥动了。旧时比喻部下势力强大，不听从调动指挥。现比喻机构庞大，指挥不灵。[例句]机构过于庞大，就会形成～的局面，从而影响办事效率。

【委曲求全】wěi qū qiú quán 委曲：曲意迁就。忍受委屈，勉强迁就，以求保全。[例句]在原则问题上，应该坚持真理，不能～。

【娓娓不倦】wěi wěi bù juàn 娓娓：说话连续不倦的样子。说话时，由于有兴趣，连续说了很长时间都不觉得疲倦。[例句]评书大师～地讲述着杨门女将的故事，听众听得十分入神。

【娓娓动听】wěi wěi dòng tīng 娓娓：说话连续不倦的样子。形容健谈而且说话感人。[例句]他讲故事～，很受大家的欢迎。

【娓娓而谈】wěi wěi ér tán 不知疲倦地连续说话。[例句]夜深了，人们还在听她～。

【萎靡不振】wěi mǐ bù zhèn 萎靡：颓丧、不振作。意志消沉，精神不振。[例句]看他～的样子，一定是受了什么挫折。

【为国为民】wèi guó wèi mín 指为了国家，为了人民。[例句]伟大导师们～做出了不可磨灭的贡献，历史丰碑上永远铭刻着他们的名字。

【为虎作伥】wèi hǔ zuò chāng　为：替、给；伥：伥鬼。迷信传说被老虎吃掉的人，死后叫伥鬼，跟着老虎，诱人给老虎吃。比喻给坏人做帮凶。[例句]他叛变革命后，～，成了地地道道的汉奸。

【为民除害】wèi mín chú hài　为：给、替；民：老百姓。指为老百姓消除祸患。[例句]治理淮河是一件～的"德政工程"。

【为民请命】wèi mín qǐng mìng　请命：代他人请求保全性命或解除疾苦。替老百姓申诉疾苦，以保全他们的性命。[例句]他虽有～的苦心，却无奈心有余而力不足。

【为人作嫁】wèi rén zuò jià　替别人缝制嫁衣。比喻为别人辛苦忙碌。[例句]有人说编辑的工作是～，我却觉得每天给人看稿、改稿，自己也受益匪浅。

【未卜先知】wèi bǔ xiān zhī　卜：占卜、算卦。还没有占卜就先知道了。形容有先见之明。[例句]那个算命先生吹嘘自己有～的本事，不少人上了他的当。

【未风先雨】wèi fēng xiān yǔ　没有刮风，已先下雨。比喻未见事实先下结论。[例句]这件事你还没实际去做，就别在那里～地乱猜。

【未老先衰】wèi lǎo xiān shuāi　还未年老就已衰弱。[例句]他遭际不幸，半生坎坷，而致～。

【未能免俗】wèi néng miǎn sú　免：摆脱。没能免于俗例或常情。[例句]他的文章一向标新立异，而这一篇却～。

【未雨绸缪】wèi yǔ chóu móu　绸缪：紧密缠缚。趁着天没下雨，先修缮房屋门窗。比喻事先做好预防、准备工作。[例句]不论做什么事，只有～，才能防患未然。

【味如鸡肋】wèi rú jī lèi　肋：肋骨。鸡的肋骨吃着没多少肉，扔掉却又可惜。比喻没有多大的兴趣或少有实惠，但又不忍心舍弃的东西。[例句]这本书我已看了一半，感觉～。

【味同嚼蜡】wèi tóng jiáo là 味道像嚼蜡一样。形容文章、语言等枯燥无味。[例句]宋诗不如唐诗，特别是宋初的诗，辞藻典丽而内容空虚，读之～。

【畏首畏尾】wèi shǒu wèi wěi 畏：怕。怕这怕那。形容人胆小怕事，疑虑很多。[例句]青年人应该勇往直前，决不能～。

【畏缩不前】wèi suō bù qián 畏：怕。害怕退缩，不敢向前。[例句]改革路上，难免碰到困难，我们绝不能～，要敢于迎难而上。

【蔚然成风】wèi rán chéng fēng 蔚然：草木茂盛的样子，引申为荟萃、聚集。形容某种事物已广泛流行，形成风气。[例句]近几年，为"希望工程"捐款、救助失学儿童的义举在中华大地～。

【蔚为大观】wèi wéi dà guān 蔚：盛大；大观：壮丽的景象。荟萃众多美好事物，给人以美不胜收的感觉。[例句]植物园中，温带、亚热带的各种树木、花卉千姿百态，～。

wen

【温文尔雅】wēn wén ěr yǎ 温文：温和而有礼貌；尔雅：文雅。态度温和，举止文雅。[例句]他举止～，给我留下了很深的印象。

【文不对题】wén bù duì tí 文章的内容跟题目无关。也指言谈与主题无关或答非所问。[例句]即使讲得天花乱坠，如果～也是不会吸引听众的。

【文不加点】wén bù jiā diǎn 点：涂改。文章一气呵成，无须修改。形容文思敏捷，写作技巧纯熟。[例句]他～，洋洋洒洒，很快一篇千字论文就写成了。

【文不尽意】wén bù jìn yì 尽意：完全表达出心意。文章不能完全表达出写作者的心意。[例句]我的这首诗只是赏景随感，总觉得～，因此又写了一段序文。

【文采风流】wén cǎi fēng liú 形容人才华横溢，风度潇洒。[例句]杜甫～，他的诗句千百年来一直为民众吟诵流传。

【文从字顺】wén cóng zì shùn 从、顺：妥当、通顺。指文章行文通顺，用词造句妥帖。[例句]中学生作文起码要做到主题明确、～。

【文房四宝】wén fáng sì bǎo 文房：指书房。指书房中必备的纸、墨、笔、砚四种文具。[例句]老画家讲完山水画技法后，就叫学生取来～，画了一幅《千山竞秀图》做示范。

【文风不动】wén fēng bù dòng 形容保持原样，一点儿也没有动。[例句]尽管天气寒冷，我仪仗队全体官兵却～，等候中外领导人的检阅。

W

【文过饰非】wén guò shì fēi 文、饰：掩饰；过、非：过错、错误。掩饰过失、错误。[例句]王先生严于律己，从不～。

【文经武纬】wén jīng wǔ wěi 经、纬：指编织物的纵线和横线，引申为规划治理。治国有方，文治武功都很出色。[例句]唐太宗～，使唐王朝达到了空前繁盛。

【文人相轻】wén rén xiāng qīng 文人：读书人；轻：轻视。读书人之间相互看不起。[例句]知识分子也要善于取人之长、补己之短，～是要不得的。

【文如其人】wén rú qí rén 文：文章；其人：他本人。指文章的风格同作者的性格特点相似。[例句]读一读这两位作家所写的同名散文，你对～的说法一定会有更为深切的理解。

【文韬武略】wén tāo wǔ lüè 韬：指古兵书《六韬》，内分文韬、武韬、龙韬、虎韬、豹韬、犬韬，共六韬；略：指古兵书《三略》。文武两方面的谋略。[例句]陈赓是享誉世界的军事家，其～遐迩闻名。

【文武兼备】wén wǔ jiān bèi 同时具有文才和武功，能文能武。[例句]这人智勇双全，～，是个难得的人才。

【文武全才】wén wǔ quán cái 能治理国家，又能带兵打仗的人才。也指文才武才样样具备。形容才能杰出而全面。[例句]南宋抗金名将岳飞能诗善文，又谙习武艺，是个～。

【文武双全】wén wǔ shuāng quán 文才与武功同时具备。形容有智有勇，才能杰出而全面。[例句]他在部队锻炼多年，是～的军地两用人才。

【文武之道】wén wǔ zhī dào 文：指周文王；武：指周武王。周文王、周武王有张有弛的治国之道。泛指治理国家要宽严结合。也比喻工作和生活要劳逸适度，有紧有松。［例句］工作紧张了，要注意休息，“一张一弛，～”说的就是这个道理。

【文以载道】wén yǐ zài dào 以：用来；载：承载，这里是阐发的意思；道：思想，古时多指儒家思想。文章是用来说明思想的。［例句］从前中国文人有“～”的说法，后来有人嫌这说法的道学气太重，把“诗言志”一句老话抬出来。

【文质彬彬】wén zhì bīn bīn 文：文采；质：实质、质朴；彬彬：形容配合协调。原是孔子提出的做人标准，礼乐是文，仁义是质，二者兼具，可谓君子。后形容人举止文雅，有礼貌。［例句］他看上去～的，可在球场上却是一员虎将！

【文治武功】wén zhì wǔ gōng 文治：指施行政教的业绩；武功：指从事战争的功绩。指治理国家和对外用兵都卓有成就。旧时多用来赞美帝王或重臣。［例句］毛泽东在他那脍炙人口的词《沁园春·雪》中对历代帝王的～做了精确的评价。

【纹丝不动】wén sī bù dòng 形容一点也不动。［例句］那么高的日头，他竟能～地坐住。

【闻风而起】wén fēng ér qǐ 一听到消息，就立刻行动或响应。［例句］任务一下达，大家～，雷厉风行地忙起来。

【闻风而逃】wén fēng ér táo 风：风声、消息；逃：逃走、逃跑。一得到消息就立即逃跑。［例句］我们的队伍一出动，敌人就～了。

【闻风丧胆】wén fēng sàng dǎn 风：风声、消息；丧胆：吓破胆。听到一点风声，就吓破了胆。形容恐惧到了极点。［例句］这位缉毒英雄的名字令许多贩毒分子～。

【闻风远扬】wén fēng yuǎn yáng 风：风声、消息；远扬：远远逃走。听到风声就逃之夭夭。［例句］法网恢恢，疏而不漏，这个～、隐蔽作案的制贩假证团伙，最终还是受到了法律的严厉制裁。

【闻过则喜】wén guò zé xǐ　过：过失；则：就。听到别人指出自己的过错就感到高兴。形容虚心接受意见。[例句]是～，勇于自我批评，还是讳疾忌医，坚持错误，这是两种截然不同的态度。

【闻鸡起舞】wén jī qǐ wǔ　鸡：指鸡鸣。听到鸡叫就起来舞剑练武。形容有志之士及时奋发努力。[例句]他以古人"～"的精神鞭策自己，坚持练武，常年不懈。

【闻名遐迩】wén míng xiá ěr　见"遐迩闻名"。

W

【闻所未闻】wén suǒ wèi wén　闻：听到。听到了从来没听说过的事。形容事物非常稀罕。[例句]他讲的那些知识，我～，听了真是受益匪浅。

【闻一知十】wén yī zhī shí　知：推知。听到一件事就推知出十件事。形容人聪敏，类推能力强。[例句]他在学习中～、触类旁通，得益于他的知识面宽广和善于思考。

【刎颈之交】wěn jǐng zhī jiāo　刎颈：用刀割脖子；交：交情。可以同生共死的交情。[例句]在患难之中，他二人相濡以沫，结为～。

【稳操胜算】wěn cāo shèng suàn　稳：稳当、可靠；操：拿，引申为掌握；胜算：能够制胜的计谋。形容有绝对把握取得胜利。[例句]小组赛中打败丙队，他们就～了。

【稳操左券】wěn cāo zuǒ quàn　左券：古代契约分为左右两联，左券即左联，作为索偿的凭证。比喻对事情有充分的把握。[例句]这场官司，他～，一定能胜诉。

【稳扎稳打】wěn zhā wěn dǎ　扎：安营。步步设营，稳当而有把握地打仗。比喻有步骤、有把握地做事。[例句]这事不能盲目冒进，必须～。

【问长问短】wèn cháng wèn duǎn　问这问那。多表示关切。[例句]母亲见到久别重逢的女儿，不停地～。

【问心无愧】wèn xīn wú kuì　问心：问自己。扪心自问，不觉得有什么惭愧。[例句]这事不论你怎么想，我自觉是～的。

【问一答十】wèn yī dá shí　形容知道的东西多或口齿伶俐。

[例句]他博闻强记，是个～的人。

【问罪之师】wèn zuì zhī shī 问：谴责、讨伐；师：军队、队伍。谴责并讨伐犯罪者的军队。也指前来严厉责问的人。[例句]商末，周武王联合各诸侯，大兴～，讨伐暴虐的商纣王。

weng

【瓮牖绳枢】wèng yǒu shéng shū 瓮：坛子；牖：窗户；枢：门上的转轴。用破坛子口当窗户，用绳系门作转轴。形容居室很简陋，家境极贫穷。[例句]他家境贫寒，～，却刻苦攻读，终于取得了骄人的成绩。

【瓮中之鳖】wèng zhōng zhī biē 瓮：陶制的大坛子。困在瓮中的鳖。比喻已在控制之中，逃脱不了的人或其他动物。[例句]三路人马挺进围攻，敌人已成了～。

【瓮中捉鳖】wèng zhōng zhuō biē 瓮：陶制的大坛子。在大坛子里捉鳖。比喻很有把握、轻而易举地捕捉到某对象或办好某件事。[例句]敌人进入了伏击圈，我军要歼灭他们犹如～，十拿九稳。

wo

【蜗行牛步】wō xíng niú bù 像蜗牛那样爬行，像老牛那样慢步。比喻行动、进展迟缓。[例句]像这样～，到月底根本不可能完工。

【我见犹怜】wǒ jiàn yóu lián 犹：还、尚且；怜：爱怜。我见了尚觉得可爱。指女子姿容秀美，仪态动人，惹人喜爱。[例句]小萱身材娇小，微卷的头发，可爱的脸庞，就像童话里的公主一样，令人～。

【我行我素】wǒ xíng wǒ sù 行：做；素：素来、向来。不管别人怎样，只顾按照自己平素的一套去做。[例句]不管别人怎么劝说他，他依然～。

【卧不安席】wò bù ān xí 卧：躺下；席：床铺。不能安安稳稳地睡在床铺上。形容心中有事，睡觉也不安稳。[例句]得知母亲病重的消息，身在异乡的他忧心如焚，～。

【卧薪尝胆】wò xīn cháng dǎn　卧：睡；薪：柴草。指睡在柴草上，尝着苦胆。比喻刻苦自励，发愤图强。［例句］越王勾践～，终于打败吴国，重建越国。

典故

春秋时期，吴、越两国经常发生战争。越王勾践曾被吴王夫差打败，当了俘虏。被释放回国后，越王勾践决心报亡国之仇。他一方面给吴王送去美女西施，以消磨夫差的意志；一方面励精图治，发展生产。他在此期间，为了能让自己不忘记亡国之耻，每天晚上都睡在柴草上，并在住处挂一个苦胆，每天吃饭、睡觉前都要尝一尝，以此来激励自己的斗志。后来越王勾践终于一举灭掉了吴国，成为春秋五霸之一。

【握发吐哺】wò fà tǔ bǔ　吐哺：吐出口里的饭。古时周公勤于政事，礼贤下士，洗发时三次握着头发停下来不洗，吃饭时三次吐出食物。形容殷切招揽人才，礼贤下士。［例句］王经理向来重视人才、爱惜人才，有"～"之誉。

【握手言欢】wò shǒu yán huān　握手谈笑。形容亲热友好。也指双方关系一度不好后重新和好。［例句］在我的调解下，他们两人～，重归于好。

【握瑜怀玉】wò yú huái yù　瑜：美玉；怀：藏、藏有。拿着美玉。比喻富有文学才能。［例句］他饱读诗书，才学过人，在文学界素有～之誉。

wu

【乌合之众】wū hé zhī zhòng　乌合：像乌鸦那样暂时聚合。比喻临时聚集、无组织无纪律的一群人。［例句］这群～，根本不可能跟对方抗衡。

【乌鸟私情】wū niǎo sī qíng　乌鸟：乌鸦。传说小乌鸦长大后，能衔食喂养老乌鸦。比喻奉养父母的孝心。[例句]他至今仍后悔在母亲病重时，没有尽～。

【乌烟瘴气】wū yān zhàng qì 乌：黑；瘴气：热带山林中的一种湿热而有害的气体。比喻秩序混乱、环境嘈杂、污浊充斥等情形。[例句]赌徒们边赌博边抽烟，屋子里～。

【乌有先生】wū yǒu xiān shēng 司马相如《子虚赋》中虚拟的人名。乌有先生，本来没有这个人，故曰"乌有"。[例句]小说中的人物大多是～，是作者虚构的。

【污泥浊水】wū ní zhuó shuǐ 浊：浑浊。污泥和浑浊的水。比喻一切腐朽、落后、反动的东西。[例句]荡涤文化领域的～，是建设社会主义精神文明的一项重要任务。

【无边风月】wú biān fēng yuè 无边：看不见边际；风月：清风明月，泛指美好的景色。形容风景无限美好。[例句]西湖六月，～使游人流连忘返。

【无边无际】wú biān wú jì 际：界线、边缘。望不到边界，无限辽阔。[例句]我们骑马驰骋在～的内蒙古大草原上。

【无边无涯】wú biān wú yá 见"无边无际"。

【无病呻吟】wú bìng shēn yín 呻吟：因病痛而发出声音。没有病痛而故意哼哼。比喻没有值得忧虑的事而长吁短叹。也比喻诗文没有真情实感，矫揉造作。[例句]这类作品纯粹是～，我不喜欢读。

【无病自灸】wú bìng zì jiǔ 灸：中医的一种医疗方法，多指用艾叶等熏烤或烧灼身体的特定穴位。没有病而用艾叶烧灼自己。比喻自寻烦恼或自找痛苦。[例句]你别在那里～，没事找事了。

【无补于事】wú bǔ yú shì 补：益处。对事情没任何帮助。[例句]你这样做，根本～，快别瞎忙了。

【无地自容】wú dì zì róng 容：容纳。没有地方可藏身。形容羞愧之至。[例句]他被羞得～。

【无的放矢】wú dì fàng shǐ 的：箭靶的中心；矢：箭。没有目标乱放箭。比喻说话、做事没有明确目的，不看对象，盲目乱来。[例句]批评要有针对性，决不能～，乱发议论。

【无动于衷】wú dòng yú zhōng 衷：内心。内心一点也没被触动，一点也不动心。指对令人感动、触动的事毫不感动、触动，对应该关心的事毫不关心。[例句]作为一名领导，对群众的疾苦不能漠不关心，～。

【无独有偶】wú dú yǒu ǒu 独：一个；偶：一双、一对。虽然罕见，但是不止一个，还有一个可配对儿。[例句]～，同班的另一位同学的家长也反对孩子参加郊游活动。

W

【无恶不作】wú è bù zuò 没有什么坏事不做。形容人坏事做尽。[例句]这伙人烧、杀、抢、掠，～，最终受到了法律的严惩。

【无法无天】wú fǎ wú tiān 法：法纪；天：天理。不顾国法、天理。形容毫无顾忌，胡作非为。[例句]这伙人～，到处作案，干尽了坏事。

【无风不起浪】wú fēng bù qǐ làng 没有风，江海不会起波浪。比喻事情的发生，总有个缘由。[例句]～，既然大家都这么说，你就应该好好反省一下自己。

【无风起浪】wú fēng qǐ làng 没风却掀起了波浪。比喻凭空引起事端。[例句]本无此事，你为何～，大肆渲染？

【无功受禄】wú gōng shòu lù 禄：旧时官吏的薪俸。没有功劳而享受俸禄。后多指未曾出力而白受报酬。[例句]我没有参加这次实验，怎能～呢？

【无关大局】wú guān dà jú 对整个局势没有什么关系。表示不重要，没关系。[例句]这件事～，由它去吧！

【无关宏旨】wú guān hóng zhǐ 宏：大；旨：意义、目的、宗旨。不涉及主要宗旨内容。表示没有重要意义。[例句]这只是枝节问题，～，可以忽略不论。

【无关紧要】wú guān jǐn yào 紧要：急切的、重要的。与紧急的、重要的没有关系。表示不重要，不影响大局。[例句]不能以为这是小事,～,就马马虎虎。

【无关痛痒】wú guān tòng yǎng 痛痒:比喻紧要的事。不涉及利害关系,无关紧要。[例句]对于违法乱纪分子的打击要有力度,～的处理只会使他们肆无忌惮。

【无计可施】wú jì kě shī 计:策略、办法;施:施展。没有什么计策可以施展,即一点办法也拿不出来。[例句]他苦思好久,还是～。

【无济于事】wú jì yú shì 济:补益、帮助。对事情不会有什么补益。表示不顶用,不解决问题。[例句]老王得了一种怪病,吃了许多药仍～。

W

【无家可归】wú jiā kě guī 归:返回。没有家可回。多形容人无依无靠、流离失所。[例句]他现在～,就是店主对他再苛刻,他也得住下去。

【无价之宝】wú jià zhī bǎo 多少价钱都不能交换的宝物。指极珍贵的东西。[例句]这个唐朝青瓷花瓶,是个～。

【无坚不摧】wú jiān bù cuī 没有任何坚固的东西不可摧毁。形容力量极其强大。[例句]中国人民解放军是一支战无不胜、～的伟大军队。

【无拘无束】wú jū wú shù 自由自在,不受约束。[例句]李老师是个非常开朗、热情的人,和他交谈可以～。

【无靠无依】wú kào wú yī 没有任何依靠。形容人孤苦伶仃。[例句]可怜这孩子,父母早死,～,不知遭了多少罪。

【无可非议】wú kě fēi yì 非议:责备、批评。没有什么可指责、责备的。表示很正确,很合情理。[例句]广大人民群众要求科学普及读物不仅内容正确健康,而且形式生动活泼,这是～的。

【无可奉告】wú kě fèng gào 奉告:敬辞,即告诉。没有什么可以告诉的。[例句]政府机关要从“～”到“无权沉默”,使得群众的知情权和监督权有保障。

【无可厚非】wú kě hòu fēi 厚:过分;非:非议、否定。没有什么可以过分责难的。[例句]她提的意见虽有些偏颇,但其动机～。

【无可奈何】wú kě nài hé　奈何：怎么办。指不得已，没有办法。[例句]见他去意已决，母亲～地同意了。

【无可置疑】wú kě zhì yí　置疑：怀疑。确凿，不容怀疑。[例句]台湾是中国领土不可分割的一部分，这是～的。

【无孔不入】wú kǒng bù rù　孔：小洞。一看到空隙就钻进去。比喻利用一切机会钻营。[例句]这两个～的家伙，不知又在搞什么鬼名堂。

【无理取闹】wú lǐ qǔ nào　毫无道理地吵闹、捣乱。[例句]对这种～的小人，不值得为她生气。

W

【无立锥之地】wú lì zhuī zhī dì　没有立锥子的地方。形容连极小的地方也没有。后常用来形容十分贫穷。[例句]今天是小李结婚的日子，众多的亲朋好友将整个屋子挤得～。

【无米之炊】wú mǐ zhī chuī　炊：烧火做饭。没有米却要烧火做饭。比喻没有条件完成的事情。[例句]巧妇难为～，就是再有才能，没有物质条件也是白搭。

【无名小卒】wú míng xiǎo zú　名：名气、名望；卒：兵。没有名气的小兵。指没有任何名望、不被重视的人。[例句]想不到解决这个棘手问题的竟然是个～。

【无名英雄】wú míng yīng xióng　名：姓名。不顾个人得失、为人民利益斗争而姓名不为世人所知的人物。[例句]此书经修订，大为增色。我十分感激那些为他人做嫁衣的～。

【无能为力】wú néng wéi lì　用不上力量。多指没有能力完成某事。[例句]他得的是不治之症，连本市最好的医生也～。

【无偏无党】wú piān wú dǎng　偏：歪、不正；党：偏袒。形容公正，不偏袒。[例句]他办事公正，～，令群众信服。

【无偏无倚】wú piān wú yǐ　倚：偏斜。不偏向任何一边。[例句]老王处理这件事情～，双方都很满意。

【无奇不有】wú qí bù yǒu　奇：稀奇的事。什么稀奇的事物都有。[例句]海底世界变幻莫测，～，十分有趣。

【无牵无挂】wú qiān wú guà 牵:牵扯;挂:挂念。没有任何牵累,没有什么挂念。[例句]经常同他来往的,也都是些~的单身汉。

【无巧不成书】wú qiǎo bù chéng shū 书:指评话小说。没有巧事就编不成故事。比喻因巧合而促成某事发生。[例句]他因同名同姓而无辜受牵连,真是~。

【无情无义】wú qíng wú yì 不讲情义。[例句]有些人为了发财,已经到了六亲不认、~的地步。

【无穷无尽】wú qióng wú jìn 穷、尽:止境。指没有止境,没完没了。[例句]这本书有~的乐趣,让人百读不厌。

【无人问津】wú rén wèn jīn 津:渡口;问津:询问渡口。指探索途径或尝试。比喻没有人过问或尝试。[例句]天苍苍,野茫茫,好像自从我们祖先沿着黄河走向中原以后,这里便空自留下了~的宝库。

【无伤大雅】wú shāng dà yǎ 大雅:高雅大方。虽然有些小问题,但不影响事物的主要方面。[例句]这一点儿小问题对整篇文章来说~。

【无声无臭】wú shēng wú xiù 臭:泛指一切气味。没有声响,没有气味。形容默默无闻,不被人知道或不发生影响。[例句]一粒种子,可以躺在泥土里~地腐烂掉,也可以成长为参天大树。

【无师自通】wú shī zì tōng 没有老师指导,自己学会、通晓某种知识或技能。[例句]他从小就爱摆弄乐器,久而久之,竟~。

【无时无刻】wú shí wú kè 时时刻刻,不间断。[例句]他~不在想着故乡的母亲。

【无始无终】wú shǐ wú zhōng 始:开始;终:结束。没有开始,也没有结尾。指时间悠久,无穷无尽。后指做事不专一,无头无尾。[例句]我们做事要认真专一,不能~,敷衍了事。

【无事生非】wú shì shēng fēi 非:是非。本来没有事,却故意找岔子,制造麻烦。[例句]院子里其他人都挺好,只有她~,经常跟人拌嘴。

【无所不包】wú suǒ bù bāo 没有什么不被包括在内。形容包含的东西非常多。[例句]这套丛书内容丰富多彩,真可谓~。

【无所不能】wú suǒ bù néng 没有什么做不到的。即什么事都能做到。形容神通广大。[例句]齐老对艺术有很高的造诣,书、画、诗、刻,~。

【无所不容】wú suǒ bù róng 容:容纳。指什么都可以容纳。[例句]面对他~的宽阔胸襟,不孝的儿子感动得痛哭流涕。

【无所不谈】wú suǒ bù tán 谈:谈论。没有不谈的东西。什么内容都谈论。[例句]他俩是多年的朋友,见面总是~。

【无所不通】wú suǒ bù tōng 所:地方、处所;通:通达。没有什么地方不通达。也指没有不通晓的。[例句]他多才多艺,琴棋书画,~。

【无所不为】wú suǒ bù wéi 没有什么事不做,即什么事都干得出来。[例句]这些奸商,哄抬物价,缺斤短两,以次充好。为了牟利,~。

【无所不有】wú suǒ bù yǒu 什么都有。[例句]小说的选材五花八门,~。

【无所不在】wú suǒ bù zài 在:存在。没什么地方不存在,即到处都存在。[例句]他耕耘一生,学生~,可谓桃李满天下。

【无所不知】wú suǒ bù zhī 知:知晓、通晓。没什么不懂得,什么事情都知道。[例句]据传诸葛亮上通天文,下晓地理,~。

【无所事事】wú suǒ shì shì 事事:做事情。闲着不做任何事情。[例句]这些人整日~,游来荡去,实在不像样子。

【无所适从】wú suǒ shì cóng 适:往;从:跟随、听从。没有地方可以归向。意思是不知跟随或听从哪一边好,不知怎么办才好。[例句]他让我那样,你让我这样,弄得我~,不知怎么办才好。

【无所畏惧】wú suǒ wèi jù 没有什么惧怕的。什么都不怕。[例句]为了保护人民的生命财产安全,他~地同歹徒殊死搏斗。

【无所用心】wú suǒ yòng xīn 用心:动脑筋。不用心思,对什么事都不关心。常与“饱食终日”连用。[例句]他饱食终日，～，将来一定不会有什么成就。

【无所作为】wú suǒ zuò wéi 作为：做出成绩。没有做出成绩。指安于现状，缺乏进取心或创造力。[例句]你绝不能懒散拖沓，～，而应该刻苦努力，奋发向上。

【无妄之灾】wú wàng zhī zāi 无妄：意想不到的。指意想不到的灾祸。[例句]强台风刮倒了大片房屋。这场～，给这一带居民造成了很大的经济损失。

【无微不至】wú wēi bù zhì 微：细微；至：到。没有一个细小的地方不考虑周到。形容关怀、照顾得极其细致、周到。[例句]这个孩子在孤儿院受到了～的关怀。

【无隙可乘】wú xì kě chéng 隙：空子；乘：利用。没有空隙可以利用。指没有空子可钻。[例句]财政制度健全了，贪污腐败分子～，贪污案件就可以大大减少。

【无懈可击】wú xiè kě jī 懈：松懈，指破绽、漏洞。形容找不出毛病和漏洞，十分严密、周到。[例句]这篇文章论据充分，结构严密，简直～。

【无言以对】wú yán yǐ duì 没有理由和语言来反驳。[例句]在事实面前，小华～。

【无以塞责】wú yǐ sè zé 以：用的办法；塞责：敷衍、应付。没有办法交代。指没有尽到应负的责任。[例句]儿子有失教养，父母～。

【无影无踪】wú yǐng wú zōng 一点影子、一点踪迹也没有了。形容消失得干干净净。[例句]一会儿工夫，骏马就消失得～了。

【无庸讳言】wú yōng huì yán 无庸：无须、不必；讳：隐讳。不用隐讳，可以直说。[例句]亚、非各国在社会制度方面的差异是～的。

【无庸置辩】wú yōng zhì biàn 无庸：无须、不必。不用争辩。[例句]这些事实是众所周知、～的。

【无忧无虑】wú yōu wú lǜ 没有任何忧虑。形容心情非常安然自得。[例句]他总爱回忆儿时～的生活。

【无与伦比】wú yǔ lún bǐ　伦比：类比。没有可以和它相比的。形容特别突出。[例句]这个玉壶色泽艳丽，工艺精美，可谓～。

【无缘无故】wú yuán wú gù　缘：因由；故：原因。毫无原因，毫无道理。[例句]她近来总是～地发脾气。

【无中生有】wú zhōng shēng yǒu　道家认为，“有”是从“无”中产生出来。后指凭空捏造。[例句]你～，造谣惑众，最终只会害人害己。

W

【无足轻重】wú zú qīng zhòng　足：足以。不足以影响事物的轻重。形容无关紧要，不影响大局。[例句]我不过一名普通士兵，去不去～。

【毋庸置疑】wú yōng zhì yí　毋：无；庸：用；置疑：怀疑。不用怀疑，没必要怀疑。[例句]发扬民族优良传统并不是开倒车，这是～的。

【五彩缤纷】wǔ cǎi bīn fēn　五彩：各种颜色；缤纷：繁多交错的样子。形容色彩繁多艳丽。[例句]春天，花园里百花盛开，～，美丽极了。

【五大三粗】wǔ dà sān cū　形容膀阔腰圆，身材魁梧。[例句]这个小伙子长得～的。

【五谷丰登】wǔ gǔ fēng dēng　五谷：指稻、黍、稷、麦、豆，泛指农作物；丰：丰收；登：成熟。各种农作物都丰收。[例句]今年风调雨顺，～，农民心里都乐呵呵的。

【五光十色】wǔ guāng shí sè　五、十：表示多。形容色彩明亮鲜丽，花样繁多。[例句]～的焰火为节日增添了不少生气。

【五行并下】wǔ háng bìng xià　五行字一齐看完。形容读书速度快。[例句]他～，没多长时间就把这本书看完了。

【五湖四海】wǔ hú sì hǎi　古人称分布国内的几个大湖为“五湖”，又认为中国四面环海，称“四海”。泛指全国各地。[例句]这个单位的工作人员虽然来自～，但大家相处得却亲如一家。

【五花八门】wǔ huā bā mén 五花：五行阵；八门：八门阵。“五花”和“八门”，原为古代战术中变化多端的阵势。比喻事物变幻莫测或花样繁多。[例句]这位象棋能手，战法～，难以揣测。

【五劳七伤】wǔ láo qī shāng 五劳：中医指心、肝、脾、肺、肾的劳损；七伤：中医指大饱伤脾，大怒气逆伤肝，忧愁思虑伤心，强力举重、久坐湿地伤肾，风雨寒暑伤形，恐惧不节伤志，形寒饮冷伤肺。泛指各种疾病或身体多病。[例句]这位老中医医术高超，行医四十年来，对医治～总结了一套行之有效的方法。

【五雷轰顶】wǔ léi hōng dǐng 雷击头顶。比喻遭到突然的沉重打击。也用来诅咒人不得好死。[例句]听到儿子车祸身亡的消息，她仿佛～，一下子便晕倒了。

【五里雾中】wǔ lǐ wù zhōng 指置身五里远的雾中。比喻迷离恍惚，认不清方向，搞不明状况。[例句]不说倒好，他越说我越不明白，如堕～。

【五马分尸】wǔ mǎ fēn shī 古代的一种酷刑，用五匹马拉的车分别拴住人的四肢与头，然后同时赶马，将人撕裂开。也比喻将某一整体分为若干份儿。[例句]商鞅为秦孝公革新变法，制定酷刑，但其本人最终也被～。

【五内如焚】wǔ nèi rú fén 五内：五脏，指心、肝、脾、肺、肾五种器官。五脏都好像焚烧起来一样。形容十分焦急、忧伤。[例句]我忽然觉得～，头脑昏昏，眼前一黑，什么也不知道了。

【五体投地】wǔ tǐ tóu dì 佛教中最为恭敬的礼节，两肘、两膝和头部一起着地叩拜。比喻钦佩到极点。[例句]他歌唱得真好听，我对他佩服得～。

【五颜六色】wǔ yán liù sè 形容色彩繁多。也指各种各样。[例句]阅览室的墙上钉满～的图片。

【五脏六腑】wǔ zàng liù fǔ 五脏：指脾、肺、肾、肝、心；六腑：指胃、大肠、小肠、三焦、膀胱、胆。指全部的内脏器官。比喻事物的内情。[例句]从船头极目望去，水天一色，无边无际。此情此景真可以把你的～都洗得干干净净。

【忤逆不孝】wǔ nì bù xiào 忤逆：违反；孝：孝敬。违背父母，不孝敬。[例句]父母的爱换来的却是儿子的～，真叫人寒心。

【物阜民安】wù fù mín ān 阜：丰富、富足。物产富足，人民安康。[例句]改革开放后的中国～，繁荣富强，到处呈现出一派生机勃勃的新景象。

【物各有主】wù gè yǒu zhǔ 物：东西。东西都各有其主。[例句]～，不是自己的东西，绝不能随便拿取。

W

【物归旧主】wù guī jiù zhǔ 旧：原来。把东西还给原来的主人。[例句]他几经周折找到了这本书的主人，总算～了。

【物换星移】wù huàn xīng yí 景物改变，星辰移动。形容岁月、世事的变迁。[例句]五十年来，～，祖国也发生了翻天覆地的变化。

【物极必反】wù jí bì fǎn 极：极端、顶点。指事物发展到极端，便会向相反的方面转化。[例句]～，你过分宠爱她，结果反而害了她。

【物尽其用】wù jìn qí yòng 尽：全，指充分发挥；用：用处、作用。各种事物都充分发挥它的作用。[例句]该厂大搞综合利用，真正做到了变废为宝，～。

【物力维艰】wù lì wéi jiān 物力：可供使用的物资；维：助词，无义；维艰：十分艰难。指物产资财来之不易。[例句]常思～，也就不致造成这样的浪费。

【物美价廉】wù měi jià lián 物品质量好而且价格低廉。[例句]这个市场货物齐全，～，深得居民喜欢。

【物伤其类】wù shāng qí lèi 伤：悲哀；类：同类。因同类遭受不幸而伤感。[例句]小花狗死后，小黑狗好几天都没吃东西，真是～。

【物盛则衰】wù shèng zé shuāi 指事物繁盛以后将要衰微。[例句]～，乐极生悲，你别太得意了。

【物是人非】wù shì rén fēi 景物未变，人事已非。多用以形容对故人的怀念。[例句]回到阔别多年的家乡，～，不禁别有一番滋味涌上心头。

【物以类聚】wù yǐ lèi jù 同类的人或事物常聚在一起。[例句]他当然愿意跟他们混在一起,～嘛!

【物欲横流】wù yù héng liú 形容商品经济发达、人们热烈追求物质利益的社会氛围。[例句]在这个～的现实世界里,这位诗人却有着一颗淡泊名利的平常心。

【误人子弟】wù rén zǐ dì 误:耽误。教育者因不称职或失职误导了受教育者;泛指书刊等各种媒体给人们造成误导。[例句]如果任由这些错误百出的工具书摆上书架,流入学生手中,岂不是～吗?

【误入歧途】wù rù qí tú 歧途:岔路,比喻错误的方向、道路。因受迷惑而走上了错误的道路。[例句]他受金钱的诱惑,～,招致现在的可悲下场。

【雾里看花】wù lǐ kàn huā 原比喻老眼昏花,看不清楚。后比喻对事情看不真切。[例句]这部电视剧情节曲折离奇,都看了好几集了,我对其中的人物关系还是～。

X

xi

【夕阳西下】xī yáng xī xià 太阳快落下的时候。[例句]~,晚霞映射在天边,大地一片金色。

【息事宁人】xī shì níng rén 息:平息;宁:安定。原意是不制造事端扰害百姓。后多用来指平息纠纷,减少麻烦,使人们相安无事。[例句]他想来想去,总是没有~的好办法。

【息息相关】xī xī xiāng guān 息:呼吸时出进的气。呼吸相通。形容关系极为密切。[例句]只有置身其中,思想、感情与之~,环环紧扣,才能表现得痛彻,才能动人。

【悉听尊便】xī tīng zūn biàn 悉:完全;听:听凭、任凭。完全听任对方行事是否方便。多指对对方的做法不满而不再过问、不干涉,对方想怎么样就任由对方去行事。[例句]这次郊游是大家自发组织的,你是否参加~。

【惜老怜贫】xī lǎo lián pín 惜:怜惜、爱护;怜:怜悯。爱护老人,同情穷人。[例句]~是中华民族的传统美德。

【惜墨如金】xī mò rú jīn 惜:爱惜。爱惜笔墨如同黄金。原指作画时不轻易使用浓墨。后指写字、作文、作画不轻易落笔,力求精练,态度十分严谨。[例句]他在描写人物时,简直~,从不在琐碎枝节上浪费笔墨。

【稀奇古怪】xī qí gǔ guài 形容罕见而又奇特。[例句]大千世界,~的事处处都有。

【稀世之珍】xī shì zhī zhēn 稀世：世上稀有；珍：珍品、宝物。世上所稀有的宝物。[例句]这件玉雕纯白无瑕，宝光闪烁，天成无迹，真是～。

【熙来攘往】xī lái rǎng wǎng 熙：和乐；攘：纷乱。熙熙而来，攘攘而往。指人们来来往往，热闹而又拥挤。[例句]街上的行人摩肩接踵，～。

【熙熙攘攘】xī xī rǎng rǎng 熙熙：纷杂的样子；攘攘：众多而纷乱的样子。形容人来人往，喧闹纷杂。[例句]街上的路灯亮了，如同天空闪闪的明星，照着～的人群，潮水一般地涌来涌去。

【嘻皮笑脸】xī pí xiào liǎn 形容嬉笑顽皮，没有正经的样子。[例句]大伙儿都讨厌那个装腔作势、～的人。

【嬉笑怒骂】xī xiào nù mà 嬉笑：奚落嘲讽；怒：怒斥。喜怒等各种感情的表现。多指嘲笑、斥骂。[例句]鲁迅杂文，～皆成文章，有力地讽刺和打击了反动势力。

【习而不察】xí ér bù chá 习：习惯；察：察觉。指经常接触某种事物，反而不能发现其中的问题。[例句]你们交换着检查吧，～，可能有些错误自己看不出来。

【习以成俗】xí yǐ chéng sú 俗：习惯、风俗。长期这样做，便成了习俗。[例句]大年三十晚上吃饺子，在我国北方已～。

【习以为常】xí yǐ wéi cháng 习：习惯。习惯了，就觉得很平常了。[例句]生活艰苦自不必说。好在天长日久，大家已～，没有什么怨言和牢骚了。

【习与性成】xí yǔ xìng chéng 习：习惯；性：性格。指长期的习惯会形成某种性格。后多指坏习惯成为本性，难以改变。[例句]对于孩子的不良习惯，老师和家长都应及时予以纠正，以免～。

【席不暇暖】xí bù xiá nuǎn 席：坐席；暇：空闲。连席子也来不及坐暖就匆忙离开。形容奔走忙碌，没时间逗留。[例句]为了筹备这次比赛，这几天忙得我真是～。

【席地而坐】xí dì ér zuò 席：坐席。把地当作坐席坐下来。泛指就地而坐。[例句]两根竹竿挑起一块白布,算是银幕。战士们～,看着露天电影。

【席卷天下】xí juǎn tiān xià 像卷席子那样把天下一切全都卷进去。形容气势雄壮,要吞并整个天下。[例句]这段时间以来,某饮料的广告铺天盖地,各种媒体随处可见,大有～之势。

【洗耳恭听】xǐ ěr gōng tīng 恭恭敬敬地认真聆听。多用作敬辞。[例句]我刚来这儿,对这里的情况不熟悉,还是请你们讲吧,我～。

【洗心涤虑】xǐ xīn dí lǜ 洗、涤:清洗,引申为肃清;虑:思虑。将身心和灵魂都洗涤一遍。形容肃清不正当的思想或彻底悔改,重新做人。[例句]你只有～,才能跟上新时代的步伐。

【洗心革面】xǐ xīn gé miàn 洗心:清除内心的污垢;革面:改革旧的面目。比喻彻底改悔或转变。[例句]出狱后,他决心～,重新做人。

【喜不自胜】xǐ bù zì shèng 胜:能承受。欢喜得自己都受不了。形容喜悦到了极点。[例句]胜利的消息传来,山城的人民～,人们互相祝贺,不住地欢呼。

【喜出望外】xǐ chū wàng wài 望:希望、意料。喜悦出乎意料。指因遇到意外的喜事,心中非常高兴或形容洋溢着喜悦的气氛。[例句]儿子参军才半年,家中就接到了立功喜报,令父母～。

【喜从天降】xǐ cóng tiān jiàng 喜事从天上降临。形容遇到意想不到的喜事,极为高兴。[例句]多年不见的女儿忽然出现在面前,真是～,老太太高兴得反而抽抽搭搭地哭了起来。

【喜怒哀乐】xǐ nù āi lè 欢喜、愤怒、悲伤、快乐。泛指人的各种感情。[例句]琴曲时而激昂亢奋,时而低回沉吟,弹出了～,拨动着人们的心弦。

【喜怒无常】xǐ nù wú cháng 一会儿高兴,一会儿生气,情绪变化不定。指人的性情多变,叫人捉摸不透。[例句]从各种书籍和影视作品中我们可以大略知道,慈禧太后是个心狠手辣、～的人。

【喜气洋洋】xǐ qì yáng yáng 洋洋：得意的样子。形容非常高兴。也形容洋溢着喜悦的气氛。[例句]大年夜，小孩子们都在～地燃放烟花。

【喜上眉梢】xǐ shàng méi shāo 高兴的神情从眉眼里表现出来。[例句]听说自己入选国家队，他顿时～。

【喜闻乐见】xǐ wén lè jiàn 喜欢听，乐意看。形容很受欢迎。[例句]李白、杜甫、白居易等的许多诗篇都是人们～、千古传诵的名作。

【喜笑颜开】xǐ xiào yán kāi 颜：脸色；开：舒展。形容心中愉快，满面笑容。[例句]家家户户～，享受着胜利的快乐。

【喜新厌旧】xǐ xīn yàn jiù 喜欢新的，讨厌旧的。多指用情不专。[例句]他这个人～，跟哪一个人都好不长。

【喜形于色】xǐ xíng yú sè 形：表现、表露；色：脸色。内心的喜悦流露在脸上。[例句]拿到高考录取通知书的同学个个～，有说有笑。

【细水长流】xì shuǐ cháng liú 比喻做事一点一滴，持之以恒。也比喻节约使用财物或人力，使之不短缺。[例句]老师说："学语文就要～，注重积累！"

【细枝末节】xì zhī mò jié 比喻不重要的细节、小事。[例句]做工作要善于抓重点，不要只顾～。

xia

【虾兵蟹将】xiā bīng xiè jiàng 神怪小说里海龙王手下的兵将。后比喻爪牙帮凶或不中用的头目、喽啰。[例句]经过一场激烈的鏖战，对方带着残余的～仓皇逃窜了。

【瞎子摸鱼】xiā zi mō yú 瞎子去捉鱼。比喻认不清目标而盲目行事。[例句]你这样复习，就如～，根本没有效果。

【侠肝义胆】xiá gān yì dǎn 具有抑强扶弱、舍已助人的气概。[例句]他从小就特别羡慕武侠小说里那些～的英雄豪杰。

【狭路相逢】xiá lù xiāng féng 狭：窄；逢：遇。在很狭窄的路上，对手相遇，没有地方可以退让。后指仇人、对手相遇，难以容让。[例句]～的中美两国排球队，谁能在半决赛中获胜就看临场发挥了。

【遐迩闻名】xiá ěr wén míng 遐：远；迩：近。不论远方还是附近都可以听到其名声。形容名声极大。[例句]这个地方物产丰富，风景优美，～。

【下笔成篇】xià bǐ chéng piān 篇：篇章。一动笔就写成文章。形容文思敏捷。[例句]唐代大诗人李白才思敏捷，往往～。

【下笔千言】xià bǐ qiān yán 言：字。一动笔就写出千字。形容思维敏捷，写作能力强。[例句]他才华出众，能～，一挥而就。

【下笔有神】xià bǐ yǒu shén 写起文章来，文思奔涌，如有神助。形容文思敏捷，有创作灵感。[例句]他博闻强记，～。

【下里巴人】xià lǐ bā rén 下里：乡里；巴：古国名，地点在今川东、鄂西一带。本指古代民间流行的一种通俗歌曲。后泛指通俗的文艺作品。[例句]现代文学作品，都力图做到“阳春白雪”和“～”的统一。

【下情上达】xià qíng shàng dá 情：情况、实情。下面的真实情况或意见能通达到上面去。[例句]只有领导作风民主，言路畅通，才更有利于～的实现。

【下愚不移】xià yú bù yí 移：改变。愚蠢的人不可能有任何改变的。泛指人愚笨而又固执不化，不求上进。后多用作谦辞。[例句]我是个～的人，恐怕不能完成这个任务。

【夏日可畏】xià rì kě wèi 畏：害怕。夏天毒辣的太阳让人害怕。比喻人严厉可畏，不易接近。[例句]你这人过于严肃，难怪别人都觉得你～而不愿和你接近。

xian

【仙风道骨】xiān fēng dào gǔ 有仙人和得道者的风采、气质。形容超凡脱俗的风采。[例句]从这不落俗套的书法中,可以想象其人必定也是一副～。

【仙山琼阁】xiān shān qióng gé 仙山:指神仙居住的山;琼阁:美玉砌成的楼阁。神仙居住的处所。比喻虚无缥缈的美妙幻境。[例句]这里山明水秀,楼宇巍峨,犹如～。

【先睹为快】xiān dǔ wéi kuài 睹:看;快:快意。以先看到而感到快意。形容渴望看到某物的心情。[例句]看了这部新片的介绍后,我便想～。

【先发制人】xiān fā zhì rén 发:开始行动,发动;制:约束、制服。先下手取得主动来制服对方。[例句]我们应当～,打他们个措手不及。

典故

秦朝末年,陈胜、吴广率先起义,各地纷纷响应。会稽郡守殷通也想趁机起义,他请来好友项梁商议。项梁说:"现在很多地方都在反抗秦朝,先下手者就能制服人,后下手者就会被人制胜。"殷通犹豫不定,项梁见殷通并不实施行动,就唆使项羽杀了殷通,召集殷通部下在会稽起义。

【先公后私】xiān gōng hòu sī 公、私:公事、私事。先办公事,后办私事。以公事为先。[例句]心里时刻装着百姓,且能～,是他深受这里人民爱戴的重要原因。

【先见之明】xiān jiàn zhī míng 明:指眼光、眼力。指预见事物发展的能力。形容有预见性。[例句]他真有～,上次说的话现在果真全应验了。

【先来后到】xiān lái hòu dào 按到来的先后排次序。[例句]什么事都得有个～,你怎么可以不排队购票呢?

【先礼后兵】xiān lǐ hòu bīng 礼:礼貌;兵:武力,指强硬手段。最初交涉先用礼貌的方式,如行不通,则采取强硬的手段解决。[例句]他～,居然把问题解决了。

【先人后己】xiān rén hòu jǐ 人:除自己以外的人。先为别人,然后为自己。指遇事优先考虑别人。[例句]他~,品德高尚,使人由衷敬佩。

【先入为主】xiān rù wéi zhǔ 先接受了一种说法或印象,形成了自己的见解,就很难再认同其他意见。[例句]我们不要~,以免对问题没弄清之前就形成定论,做出不正确的判断。

X

【先声夺人】xiān shēng duó rén 声:指声威。打仗的时候,先用强大的声势来挫伤敌人的士气。后也比喻做事抢先一步。[例句]他想~,在舆论界造成一种气势。

【先天不足】xiān tiān bù zú 不足:不好的地方。指人或动物遗传状况差、生来体质差。也泛指事物基础不好。[例句]这个孩子有些~,个子比同龄的孩子要矮很多。

【先忧后乐】xiān yōu hòu lè 乐:安乐或享乐。指事先能劳心焦思,事后便会得到安乐。也指遇事在别人之前担忧,在别人之后享乐。[例句]他一向~,从不计较个人得失,赢得了众人的好评。

【先斩后奏】xiān zhǎn hòu zòu 斩:砍头;奏:臣子向皇帝报告。原指先把罪犯处决,再向上报告。比喻先把事情处理了,造成既成事实,再向当权者或上级报告。[例句]对重大的原则问题,一定要向上级请示,绝不允许~。

【先知先觉】xiān zhī xiān jué 比众人先认识、先觉悟。指能较早地认识到事物的发展变化的人。也指认识事理比一般人早。[例句]在那长夜漫漫的年代里,一些~的知识分子冒着生命危险,传播革命真理。

【纤尘不染】xiān chén bù rǎn 纤:细小;尘:灰尘。指一点灰尘也没有染上。形容非常清洁、干净。[例句]这屋里的每样摆设都~,可见主人十分喜爱干净。

【鲜衣美食】xiān yī měi shí 鲜:鲜美。鲜艳的服饰,精美的食物。形容吃穿极为讲究,生活奢华。[例句]父母缩衣节食,供他上大学,他却一味攀比,追求~,真是让人寒心。

【闲情逸致】 xián qíng yì zhì 悠闲安逸的情致。[例句]古人所谓“穷愁著书”的话，是不大可靠的。穷到透顶，愁得要死的人，哪里还有这许多～来著书？

【闲言碎语】 xián yán suì yǔ 唠叨些与正事无关的话或指在人背后说长道短、搬弄是非的话。[例句]她一心扑在工作上，生活很充实，没时间去听那些～，自然也就少了许多烦恼。

【闲云野鹤】 xián yún yě hè 天边悠闲的云，野外自在的鹤。比喻脱离俗务、不受羁绊的人。[例句]工作压力太大，累得他都喘不过气来了，此时的他多希望过两天～的生活啊！

【贤才君子】 xián cái jūn zǐ 有德有才之人。[例句]此人乃～，怎能将其拒之门外？

【贤妻良母】 xián qī liáng mǔ 既是丈夫贤惠的妻子，又是子女慈爱的母亲。[例句]妈妈是我们全家的支柱，爸爸说她是位不折不扣的～。

【弦外之音】 xián wài zhī yīn 弦：乐器上发音的丝线。原指琴弦的余音所蕴含的意思。比喻言外之意，即在话里或文章里并没有明说出来而间接透露的意思。[例句]这番话的～，在场的人都听出来了。

【涎皮赖脸】 xián pí lài liǎn 厚着脸皮与人纠缠，惹人厌烦的样子。[例句]他整日游手好闲，～地跟在别人后面蹭吃蹭喝，十分叫人讨厌。

【衔尾相随】 xián wěi xiāng suí 衔：马嚼子。马嚼子接着马尾巴。比喻人行动时一个接一个，紧相跟随。[例句]部队在山路上～，曲折前行。

【嫌贫爱富】 xián pín ài fù 嫌：嫌弃。嫌弃贫穷的而喜爱富有的。指对人的好恶取舍只以贫富为准。多用于女子婚嫁时的一种标准。[例句]这幅漫画辛辣地嘲讽了一些人见利忘义、～的丑恶嘴脸。

【显而易见】 xiǎn ér yì jiàn 形容事情或道理非常明显，一下就能看清楚。[例句]这道理～，谁都能看明白。

【显山露水】xiǎn shān lù shuǐ 比喻展现才能。[例句]淡泊的人生是一种享受，守住一份简朴，不愿～，是一种难得的人生境界。

【险象环生】xiǎn xiàng huán shēng 象：现象；环：连环。危险现象连环出现。形容险情不断。[例句]大雪不止，一路上～，不断有人在车前滑倒。

X

【鲜为人知】xiǎn wéi rén zhī 鲜：少。很少被人知道。[例句]食盐是最常用的调味品，而其所具有的许多医用功能却～。

【现身说法】xiàn shēn shuō fǎ 原为佛教用语，指佛力广大，能因对象不同而现出种种身形，宣讲佛法。后比喻用自己的经历遭遇为例，说明道理，进行劝导。[例句]他～，把道理讲得透彻极了，我们心服口服。

【现世现报】xiàn shì xiàn bào 原为佛教用语，指人做了恶事，在当世就得到报应。后泛指作恶者在今世必得报应。[例句]他平时作恶多端，今天受到严惩，可真应了～之说。

xiang

【相安无事】xiāng ān wú shì 相：互相；安：安定、安稳。指彼此和平相处，没有矛盾冲突。[例句]可惜这～的局面保持不久，婆媳间又吵开了。

【相持不下】xiāng chí bù xià 持：对抗；下：退让、退败。彼此对峙，不能分出胜负。[例句]双方辩手各执己见，～，胜负难料。

【相得甚欢】xiāng dé shèn huān 相得：互相投合。彼此相处得十分融洽、欢愉。[例句]他们俩自始至终～，感情笃深。

【相得益彰】xiāng dé yì zhāng 相得：互相投合；益：更；彰：显著。两者相互配合协助，双方的优点和长处就更能显露出来。[例句]高深的思想与精辟的语言应当是互为表里、～的。

【相反相成】xiāng fǎn xiāng chéng 相互对立而又相互促成。[例句]大与小、好与坏、错与对等都是～的。

【相辅相成】xiāng fǔ xiāng chéng 辅：辅助。相互补充，相互促成。[例句]学习与工作，两者～，互不矛盾。

【相顾失色】xiāng gù shī sè 顾：看；失色：变了脸色。你看我，我看你，都吓得变了脸色。形容几个人一起紧张、惊恐。[例句]警笛声由远而近，几个歹徒不禁～。

【相煎何急】xiāng jiān hé jí 比喻自相残杀、迫害。[例句]煮豆燃萁，～。这种分裂行为我们必须谴责。

【相见恨晚】xiāng jiàn hèn wǎn 恨：遗憾。为见面相识太晚而深感遗憾。形容一见如故，情意相投。[例句]他们志趣相同，言语投机，二人均有～之感。

【相敬如宾】xiāng jìng rú bīn 宾：宾客。相互尊敬，像对待宾客一样。后形容夫妻之间互敬互爱。[例句]爷爷和奶奶一辈子～，给儿孙们树立了和睦恩爱的好榜样。

【相亲相爱】xiāng qīn xiāng ài 彼此间十分亲爱。形容关系密切，感情深厚。[例句]一家人就应该～，互相帮助。

【相濡以沫】xiāng rú yǐ mò 濡：沾湿；沫：唾沫。原指处于干涸境地的鱼用唾液相互浸润。比喻处于困境中的人用微小的力量互帮互助，共渡难关。[例句]兄弟俩～，度过了那段艰苦的岁月。

【相提并论】xiāng tí bìng lùn 将不同的人或事放在一起讨论。[例句]他们二人不论学识、家境，差距都很大，怎可～？

【相形见绌】xiāng xíng jiàn chù 相形：互相比较；绌：不足。互相比较之下，就显出一方的不足之处。[例句]甲队的进步不小，但同乙队比起来，还是～。

【相依为命】xiāng yī wéi mìng 相依：相互依靠；命：生存。相互依靠着过日子。[例句]母女二人～，艰难度日。

【相映成趣】xiāng yìng chéng qù 映：对照、映衬。互相对照、映衬着就显得更有趣味，更有意思。[例句]这幅贝雕，画面以翠绿色孔雀为主体，以墨叶做陪衬，～，展现了一种朝气蓬勃的精神面貌。

X

【相知恨晚】xiāng zhī hèn wǎn 知：认识；恨：遗憾。因没有早些认识对方而深感遗憾。常用来表示对对方的敬慕。[例句]两位老人畅谈个人的经历和爱好，大有～之感。

【香车宝马】xiāng chē bǎo mǎ 装饰华美的车马。旧时形容富贵人家出行时车马的豪华。[例句]我渴望的爱情，不需要～，不需要风花雪月，只求真实而平凡的生活。

【降龙伏虎】xiáng lóng fú hǔ 能使恶龙归降，猛虎驯服。比喻本事极大，能战胜重大困难或强大对手。[例句]就算你有～的本领，单枪匹马也难成什么大事。

【响彻云霄】xiǎng chè yún xiāo 霄：云气；彻：透过。形容声音响亮，能够穿透云层，直达高空。[例句]他用年轻的生命，谱写了一曲～的壮丽凯歌。

【响遏行云】xiǎng è xíng yún 遏：阻止。形容歌声、音乐等悠扬嘹亮，高入云霄，连浮动着的云彩也被止住了。[例句]战士们的歌声高昂激越，～。

【想方设法】xiǎng fāng shè fǎ 多方面地想办法。[例句]你要～把这件事情办好。

【想入非非】xiǎng rù fēi fēi 非非：佛家语，指一般人认识所达不到的玄虚境界。思想进入虚幻的境界。后比喻不切实际地胡思乱想。[例句]他既不肯学，又不肯干，每天～，好像天上真能掉馅饼似的。

【向壁虚造】xiàng bì xū zào 面对墙壁凭空造作。意思是说当时有许多人对鲁恭王从孔子故居的墙壁中发现古文经书这件事表示怀疑，认为是向着孔子故宅的墙壁虚构出来的。后用以比喻毫无事实根据地凭空捏造、虚构。[例句]写小说虽然可以虚构，但总要以现实生活为基础，不能～。

【向隅而泣】xiàng yú ér qì 向：面向、对着；隅：角落。面对着墙角哭泣。多用以形容孤独、绝望的悲泣。[例句]谁不顺应历史的潮流，谁敢阻挡改革的步伐，谁就会变为众叛亲离、～的可怜虫。

【项背相望】xiàng bèi xiāng wàng 项:颈的后部;背:脊背。原指前后相顾。后用来形容来来往往的人多,连续不断。[例句]今天商场打折促销,前来购物的人～。

【相机行事】xiàng jī xíng shì 相机:观察机会;行事:采取行动。观察时机而采取行动。[例句]你我必须～,千万不可操之过急。

【相貌堂堂】xiàng mào táng táng 形容人的外貌端正大方。[例句]像你这样～、满腹经纶的人,她还有什么可挑剔的?

【相时而动】xiàng shí ér dòng 相:看、观察;动:行动。观察时机,灵活采取行动。[例句]对情况估计不足,未能～,是这次行动失败的主要原因。

【象牙之塔】xiàng yá zhī tǎ 原是19世纪法国文艺批评家圣佩韦批评同时代诗人维尼的话。后比喻脱离实际的知识分子的小天地、小空间。[例句]不能想象,一个作家把自己关进～,不接触生活,不接触社会,就能写出好的作品。

【象箸玉杯】xiàng zhù yù bēi 象箸:用象牙做的筷子;玉杯:用玉制的酒杯。形容生活极度奢侈。[例句]某些暴富的煤矿老板,忘乎所以,过起了～的奢侈生活。

【像模像样】xiàng mú xiàng yàng 像个模样。指人或事物合乎一定的标准或体面、好看。[例句]这桩喜事一定要办得～。

xiao

【逍遥法外】xiāo yáo fǎ wài 逍遥:行为浪荡、无拘无束的样子;法:法律。违法之人没有受到法律制裁,仍然自由自在。[例句]我们必须加强办案力度,绝不让犯法之人～。

【逍遥自在】xiāo yáo zì zài 逍遥:安闲自得。形容安闲自得,无拘无束,十分自在。[例句]东方刚露出鱼肚白,我一个人垂钓在薄雾笼罩的小河旁,倒也～。

【消愁解闷】xiāo chóu jiě mèn 消除忧愁,排解郁闷。[例句]为了～,退休后的老李每天到广场上扭秧歌。

X

【萧规曹随】xiāo guī cáo suí 萧:萧何;规:政策;曹:曹参。曹参全盘继承萧何制定的法令政策。比喻后人完全沿袭前人的遗制。[例句]如果旧的法律已不适合新的形势,还～,就显得过于迂腐了。

【销魂夺魄】xiāo hún duó pò 销:失去。失掉了魂魄。形容受外界事物的强烈吸引或刺激而失去了常态。[例句]冰天雪地中,万物萧疏,只有梅花凌寒独开,那玉洁冰清之姿,真令人～。

【销声匿迹】xiāo shēng nì jì 销:减少、消除;匿:隐藏;迹:行踪、行迹。不见了声音和踪迹。形容不公开露面。[例句]由于生态环境的恶化,加之人们乱捕滥杀,这一带的山鸡和野兔几乎～了。

【小丑跳梁】xiǎo chǒu tiào liáng 小丑:卑鄙小人;跳梁:腾跃跳动,比喻跋扈、猖獗。指微不足道的小人兴风作浪。[例句]你不要在意他所说的话,那不过是～的把戏罢了。

【小恩小惠】xiǎo ēn xiǎo huì 恩、惠:给予或得到的好处。为笼络人心,而给予的小小好处。[例句]以～来收买人心,是他惯用的手段。

【小家碧玉】xiǎo jiā bì yù 碧玉:女子的名字。指小户人家年轻而美貌的女子。[例句]作者笔下的这些女子,有大家闺秀,也有～,但都性格鲜明,各具特点。

【小鸟依人】xiǎo niǎo yī rén 像小鸟一样依偎着人。比喻年轻女子或小孩娇柔可爱的情态。[例句]看到孩子那～的模样,真让人疼爱不已。

【小器易盈】xiǎo qì yì yíng 小器:器物小;盈:满。器物小,容易满。比喻人的器量狭小,容易自满。[例句]他刚刚取得一点点成绩就妄自尊大,真是～啊!

【小巧玲珑】xiǎo qiǎo líng lóng 小巧:细小灵巧;玲珑:精巧细致。形容小而精巧细致。[例句]他喜欢～的摆设。

【小人得志】xiǎo rén dé zhì 小人:道德低下的人。品行低下的人掌握了权力。[例句]选拔干部应慎之又慎,万不可让～。

【小试锋芒】xiǎo shì fēng máng 锋芒：刀刃和刀尖。借指才干、本领。比喻稍微显示一下才能。[例句]他熟练的操作引来大家的赞叹，但对他自己来说不过是～而已。

【小题大做】xiǎo tí dà zuò 明、清时科举考试的惯用语。当时，凡用“四书”文句命题的称“小题”，用“五经”文句命题的称“大题”。用做“五经”文的章法做“四书”文的，便称为“小题大做”。比喻把小事情渲染得很大。也比喻故意借小事情制造事端。[例句]这事情原本就不严重，你何必～。

【小枉大直】xiǎo wǎng dà zhí 枉：曲；直：正直。指在小处可以有些枉曲，而在大处却必须保持正直。[例句]在这个问题上，他虽有些不对的地方，但是～，其显著的成绩仍应该得到大家的肯定。

【小心谨慎】xiǎo xīn jǐn shèn 小心：留心、谨慎。形容说话、做事非常慎重，不敢松懈大意。[例句]他为人～，办事认真负责。

【小心翼翼】xiǎo xīn yì yì 翼翼：恭敬慎重的样子。举动谨慎的样子。[例句]她捧着仪器，～地走进了实验室。

【晓以利害】xiǎo yǐ lì hài 晓：使人知道、明白。指把利害、得失等关系跟对方讲清楚。[例句]我～，他终于同意了与我合作。

【孝子贤孙】xiào zǐ xián sūn 孝顺贤德的儿孙。[例句]我们要继承优秀的民族文化传统，而不是要做封建意识的～。

【笑里藏刀】xiào lǐ cáng dāo 形容人表面和善，内心阴险毒辣。[例句]王伦嫉贤妒能、～，表面上对林冲很客气，心里却不愿让林冲在梁山容身。

典故

唐朝的李义府曾任中书令，他表面上谦恭和善，与人交谈时脸上总挂着微笑，心底却十分阴险歹毒，凡是得罪他的人，都遭到了他陷害。因此，人们给他起了个绰号叫“笑中刀”。

【笑容可掬】xiào róng kě jū 掬：用手捧起。盈盈笑容好像都可以用手捧起。形容笑意明显。[例句]王局长～地跟每个到会的同志打招呼。

【笑逐颜开】xiào zhú yán kāi 逐:追随;颜:面容、脸色。形容眉开眼笑,十分高兴的样子。[例句]听到原油哗哗地喷进输油干线的声音,采油队的姑娘们个个～。

xie

【邪不干正】xié bù gān zhèng 干:冒犯。邪恶不能压倒正义。[例句]无论犯罪分子多么嚣张,但～,他们终究逃不出人民的法网。

【邪魔外道】xié mó wài dào 原为佛家语。指佛法以外的教派或妖魔。后指异端邪说。亦指不正当的门路或事情。[例句]我们要搞公开竞争,反对～。

【胁肩谄笑】xié jiān chǎn xiào 胁肩:耸起双肩装出恭敬的样子;谄笑:献媚地强笑以讨好。形容巴结讨好人的谄媚样子。[例句]正直的人对那些～、阿谀奉承者,从来都是嗤之以鼻的。

【挟山超海】xié shān chāo hǎi 挟:挟持、夹着;超:超越,指跨过。挟着泰山跨过北海。比喻难以做到的事。[例句]这事我不敢承担,这岂不是让我～吗?

【泄漏天机】xiè lòu tiān jī 天机:指很神秘的事。后指透露了不该透露的机密。[例句]小王不小心～,将会议精神透露了出去,引出了一场轩然大波。

【卸磨杀驴】xiè mò shā lǘ 磨完东西就把拉磨的驴子杀掉。比喻事成之后就把有功之人抛弃或除掉。[例句]生意做完后他便抛弃了合作伙伴,这种～的举动让大家都非常寒心。

【谢天谢地】xiè tiān xiè dì 感谢天地神明。也用作办事顺利时的口头语。[例句]～,你终于回家了。

【邂逅相遇】xiè hòu xiāng yù 邂逅:未约而相逢。没有事先约定而相遇。[例句]这两个～的老朋友就在茶室里畅谈起来了。

xin

【心安理得】xīn ān lǐ dé 自以为事情做得合乎情理而觉得坦然自在。[例句]这些钱都是他辛辛苦苦挣来的,花起来自然~,。

【心安神泰】xīn ān shén tài 泰:安宁。心神安宁,泰然自若。[例句]老人家~,起居有常,看不出有什么异样的地方。

【心谤腹诽】xīn bàng fù fěi 见"腹诽心谤"。

【心不在焉】xīn bù zài yān 焉:于此,在这里。心思不在这儿。形容注意力不集中。[例句]他讲话时一副~的样子,像是有什么心事。

【心潮澎湃】xīn cháo péng pài 澎湃:波涛冲击的声音。心情像波涛冲击一样。形容心情十分激动,不能平静。[例句]听了王政委的讲话,我~。

【心慈面软】xīn cí miàn ruǎn 慈:仁慈和善;软:柔和、温和。心地慈善,面貌温和,容易同情或迁就人。[例句]奶奶是一个~的人,见不得别人受委屈。

【心慈手软】xīn cí shǒu ruǎn 慈:仁慈和善;手软:处事不果断,不忍心下手。形容该断不断,心怀恻隐不忍下手。[例句]惩治贪官污吏,绝不能~。

【心粗气浮】xīn cū qì fú 粗:粗疏、轻率;浮:浮躁。心地粗疏,性情浮躁。[例句]如果你总是~,那么这件事你是绝对办不成的。

【心存芥蒂】xīn cún jiè dì 芥蒂:本指细小的梗塞物,后比喻心里的不满或不快。指心里对人对事有怨恨或不愉快的情绪。[例句]对待朋友应宽宏大量,不能因一点小事就~。

【心烦意乱】xīn fán yì luàn 形容心情烦躁郁闷,思绪杂乱。[例句]这件事弄得他~,坐立不安。

【心服口服】xīn fú kǒu fú 服:信服。心里嘴上都信服。形容真心实意地信服。[例句]队长的一番话,说得她~。

【心腹之交】xīn fù zhī jiāo 心腹:指亲信。多指贴心的好朋友或信得过的人。[例句]我们是～,有话直说,不必顾忌。

【心腹重患】xīn fù zhòng huàn 多指严重的隐患或重要部门的大患。[例句]历代封建统治者都把农民起义当作～。

【心高气傲】xīn gāo qì ào 傲:高傲、自高自大。要强好胜,自视高人一等。[例句]把无知和虚荣换成虚心和勤奋,多看多问多想,才能有所作为,一个～的人,是难以取得大的成就的。

X

【心狠手辣】xīn hěn shǒu là 心肠凶狠,手段毒辣。[例句]这些刽子手～,什么事都干得出来。

【心花怒放】xīn huā nù fàng 心花:佛教语,比喻清静善良的心;怒放:盛开。心里高兴得像花朵盛开。形容心情极其舒畅愉快。[例句]拿到大学录取通知书后,他乐得～。

【心怀鬼胎】xīn huái guǐ tāi 鬼胎:喻指不可告人的念头。心里揣着不可告人的坏主意或事情。[例句]那人神色慌张,说话含糊,只怕是～,我们不可麻痹大意。

【心怀叵测】xīn huái pǒ cè 叵:不可。居心不良,不可猜测。[例句]他的提议,看似很合理,其实是～,醉翁之意不在酒啊!

【心慌意乱】xīn huāng yì luàn 心里着慌,乱了主意。[例句]老李没有经历过这种场合,一时～,手足无措。

【心灰意懒】xīn huī yì lǎn 灰:消沉;懒:疲倦。形容灰心失望,意志消沉。[例句]事情还有挽回的余地,你不要～,应该振作起精神来才是。

【心急火燎】xīn jí huǒ liǎo 燎:燃烧。心里急得像火烧一样。形容十分焦急的心情。[例句]眼看厂里的效益出现滑坡,他～,吃不香,睡不好。

【心急如焚】xīn jí rú fén 焚:烧。心里急得像火烧一样。形容极其焦灼的心情。[例句]工厂停工待料,厂长～。

【心惊胆战】xīn jīng dǎn zhàn 惊:惊慌;战:发抖。形容极其惊慌害怕。[例句]他听到这个消息后,吓得～。

【心惊肉跳】xīn jīng ròu tiào 形容内心十分恐惧不安。也形容预感有灾祸临身而极其担心、忧愁。[例句]听他这么一说,使人不由得~,惶恐不安。

【心旌摇曳】xīn jīng yáo yè 旌:古代的一种旗帜;摇曳:摆动。心神像旗帜一样摇摆不定。多形容情思荡漾,无法自主。[例句]他没想到世上还有如此美貌的女子,不由得~起来。

【心口不一】xīn kǒu bù yī 嘴里说的和心里想的不一致。形容为人虚伪。[例句]他向来都是~的,切不要轻信他的话。

【心口如一】xīn kǒu rú yī 说的和想的一致。形容为人诚实、直爽。[例句]他为人处世光明磊落,对待朋友~。

【心旷神怡】xīn kuàng shén yí 旷:开朗、开阔;怡:愉快。心境开朗,精神愉快。[例句]正是清风送爽之时,那乐声穿林渡水而来,自然使人~。

【心力交瘁】xīn lì jiāo cuì 交:一齐、同时;瘁:疲劳。精神和体力同时都极度疲劳。[例句]厂长为了把工厂办好,真是废寝忘食,~。

【心灵手巧】xīn líng shǒu qiǎo 头脑灵敏,手艺巧妙。[例句]她是个~的小姑娘,大家都很喜欢她。

【心领神会】xīn lǐng shén huì 心、神:指思想深处;领、会:领悟、理解、领会。指对方虽然没有明说,自己心里已经领会理解了。[例句]阅读古诗词时,我常感到虽能~,却难以用语言具体而又明确地表达出来。

【心乱如麻】xīn luàn rú má 心里烦乱,像一团找不到头绪的乱麻。[例句]一下子布置了这么多任务,真叫我有点~了。

【心满意足】xīn mǎn yì zú 形容心中非常满足。[例句]把这些书都送给你,你可~了吧!

【心明眼亮】xīn míng yǎn liàng 心里明白,眼睛也很亮。指对问题看得很明白,能明辨是非。[例句]一个社会学家应有广博的知识和敏锐的眼光,这样,在面对现实社会时,才能做到~。

【心平气和】xīn píng qì hé 心情平静,态度温和。[例句]老师~地批评了他的错误。

【心如刀割】xīn rú dāo gē　心里像刀割一样。形容极其难过。[例句]看着老王为工作而心力交瘁的样子，战友们～，同时为这位党的好儿子感到骄傲和自豪。

【心如古井】xīn rú gǔ jǐng　古井：年代久远的枯井。比喻内心像枯井一样平静，不为欲念所动。[例句]任凭别人怎么说，她反正是～，毫不为之所动。

X

【心如寒灰】xīn rú hán huī　心里像冷却了的灰一样。原比喻心境沉寂，不为外界事物诱惑。现多形容灰心失意的样子。[例句]在大家的劝说开导下，～的小张重新鼓起了生活的勇气。

【心如木石】xīn rú mù shí　心像树木山石。心灵像木石一样没感觉、没欲念。[例句]这么好的一个机会摆在他面前，他却～，无动于衷。

【心如死灰】xīn rú sǐ huī　死灰：熄灭的灰烬。心像熄灭的灰烬。形容心境枯寂冷漠，无所欲求。[例句]工厂破产以后，他一度～。重新就业后，他决心干出一番事业。

【心如止水】xīn rú zhǐ shuǐ　心像静止的水一样平静。比喻坚守信念，不受外界影响。[例句]面对着一次又一次的诱惑，他～，从不越雷池一步。

【心神不定】xīn shén bù dìng　定：安定。心里不平静，神志不安定。[例句]他～，不时地看表。

【心神不宁】xīn shén bù níng　见“心神不定”。

【心神恍惚】xīn shén huǎng hū　恍惚：神志不定的样子。形容神思不安定，精神不集中。[例句]小李这几天～，不知有什么心事。

【心事重重】xīn shì chóng chóng　心事：心里所思念的，也指忧思；重重：一层又一层。心里盘算的事一桩接一桩。形容思虑的事很多。[例句]王经理走进办公室，一副～的样子。

【心术不正】xīn shù bù zhèng　心术：心计。心地不正派，居心不良。[例句]他这个人一向～，这次怎么这么好心？

【心往神驰】xīn wǎng shén chí 往:去、向往。指一心向往某种事物。[例句]我一直对美丽的长白山～。

【心无二用】xīn wú èr yòng 一心不能同时用来做两件事。形容做事要一门心思,要专注。[例句]～,当你做某件事时,应暂时把其他的全部放下。

【心细如发】xīn xì rú fà 心思细密得像头发一样。形容考虑问题非常细致,很周密。[例句]八九年的部队生活和她特殊的地位,养成了她举止老练、大方,明辨是非、遇事果决而又～的作风。

【心向往之】xīn xiàng wǎng zhī 向往:崇敬仰慕。从心灵深处表示崇敬仰慕。[例句]对于西湖,我久已～。

【心心相印】xīn xīn xiāng yìn 心:心意、思想感情;印:符合。本为佛教用语,指传授佛法不借助于文字或语言,而以心互相印证。后多形容彼此的心意非常投合。[例句]这对恋人尽管相隔甚远,但却～。

【心绪不宁】xīn xù bù níng 宁:安宁、安定。形容心情不安定。[例句]小玲一想起那件烦人的事就～,坐卧不安。

【心血来潮】xīn xuè lái cháo 来潮:潮水上涨。心中对某人或某事突然产生感应而预知。后多指突然产生某种念头。[例句]做一个有作为的商人是他一生的志愿,并非一时～。

【心痒难挠】xīn yǎng nán náo 挠:搔。心里痒却难以挠。比喻无法克制心里的某种意念。[例句]看到小红得了第一名,我羡慕得～。

【心有余悸】xīn yǒu yú jì 悸:心跳、害怕。事情虽然过去,但心里还感到恐惧。[例句]这件事虽已过去二十多年了,但至今仍令人～。

【心猿意马】xīn yuán yì mǎ 思想好像猿跃马奔一样控制不住。形容心思不专、不定,主意变化无常。[例句]学习应专心致志,积少成多,如果～,心浮气躁是很难达到理想的境界的。

【心悦诚服】xīn yuè chéng fú 悦:喜悦、愉快;诚:确实;服:服从、服气、佩服。发自内心的高兴,真心实意地服从或佩服。[例句]听了王经理这番肺腑之言,工人们~。

【心照不宣】xīn zhào bù xuān 照:知道;宣:公开说出。彼此心里明白,不用挑明说出来。[例句]周瑜和诸葛亮对破曹之计早已成竹在胸,只是各为其主,彼此~。

X

【心直口快】xīn zhí kǒu kuài 直:直爽。性情直爽,有话就照直说出。[例句]她是个出了名的~的姑娘。

【心中有数】xīn zhōng yǒu shù 对情况和问题有基本的了解,处理问题有一定把握。[例句]在谈判之前,为了做到~,我们查阅了大量资料,并做了认真分析。

【欣然自喜】xīn rán zì xǐ 欣然:高兴的样子。心情愉快,自觉高兴。[例句]爷爷对他的躬耕生活~。

【欣喜雀跃】xīn xǐ què yuè 高兴得像鸟雀那样跳来跳去。形容非常欢喜。[例句]听说妈妈要回来了,小妹~。

【欣喜若狂】xīn xǐ ruò kuáng 欣喜:快乐、高兴;若:像;狂:失常、失去控制。欣喜得像发狂一样。形容高兴至极。[例句]赢球后,球迷们~,把这个主力队员举过头顶,以示庆贺。

【欣欣向荣】xīn xīn xiàng róng 欣欣:草木旺盛的样子;荣:茂盛。形容草木长得茂盛。也比喻事业发展兴盛。[例句]春天来了,大地一片~的景象。

【欣欣自得】xīn xīn zì dé 心情愉快,自觉得意。[例句]他虽只考了第六名,却仍不免~。

【新陈代谢】xīn chén dài xiè 陈:陈旧的;代:替换;谢:衰亡、凋谢。指生物体不断以新物质替换旧物质的过程。泛指不断发生发展的新事物,更替不断衰亡的旧事物。[例句]物质~是机体生命活动的物质基础,没有这种代谢就没有生命。

【新愁旧恨】xīn chóu jiù hèn 新添的愁闷和原来的惆怅。形容愁怨很多,难以排遣。[例句]凄风苦雨中,她思前想后,~都涌上了心头。

【新婚燕尔】xīn hūn yàn ěr 燕尔：即“宴尔”，快乐愉悦。形容新婚愉快的情形。[例句]正值～的他，又接到上级的任命，真是双喜临门。

【新来乍到】xīn lái zhà dào 乍：刚刚。新近来到或刚刚来到(一个地方)。[例句]这些来京的农民工～，人地生疏，在求职、生活各方面难免会遇到种种困扰。

【信笔涂鸦】xìn bǐ tú yā 信笔：随便地书写；涂鸦：喻乱画。指随便涂画。形容字写得很差或胡乱写作、绘画。[例句]孩子们画的画不讲究什么透视与比例，在一些人看来只不过是～，但在这位老艺术家眼里却是充满了童趣，别有一种美感。

【信口雌黄】xìn kǒu cí huáng 信口：随便开口；雌黄：一种可用作颜料的黄色矿物。古时写字用黄纸，写错了就用雌黄涂抹后重写。比喻毫无根据地随意评说。[例句]他的话夸大其词，骇人听闻，一听就是在～。

【信口开河】xìn kǒu kāi hé 开河：指说话。不加考虑地随便乱说。[例句]～是不负责任，存心欺骗更是无耻。

【信马由缰】xìn mǎ yóu jiāng 骑在马上，不拉缰绳，任由马自己行走。比喻没有目标地随意乱逛。[例句]我们一群同学～，在郊外四处漫游。

【信誓旦旦】xìn shì dàn dàn 信誓：表示诚信的誓言；旦旦：诚恳的样子。誓言恳切诚挚。[例句]当年他～地许下诺言，而今天却自食其言，出尔反尔。

【信手拈来】xìn shǒu niān lái 信手：随手；拈：捏取。随手拿来。多形容写作时能熟练地运用各种材料、词汇等，用不着怎么思考。[例句]平时多积累素材和各种词汇，写作时才能～，左右逢源。

【信心十足】xìn xīn shí zú 非常有信心。[例句]校运会上，选手们个个～。

【信以为真】xìn yǐ wéi zhēn 相信它是真的。指把假的当作真的相信了。[例句]刚才他说的可都是假的，大家千万不可～。

X

xing

【兴邦立国】xīng bāng lì guó 邦:国家。建立和振兴国家。[例句]我们要从小树立~的远大志向。

【兴风作浪】xīng fēng zuò làng 兴、作:掀起。原指妖魔掀起风浪。比喻挑起事端、进行捣乱。[例句]这里有一座镇龙桥,据说是仙人所造,用来镇压龙王,不让它~,为害百姓。

【兴家立业】xīng jiā lì yè 建立家庭,创立事业。[例句]现在农民靠科学种田,也能~了。

【兴灭继绝】xīng miè jì jué 兴:复兴;灭:灭亡了的国家;绝:已经没有后代的世家贵族。指复兴已经衰微、灭亡了的国家和世家贵族。也指将已经衰微了的事物振兴起来,保存下去。[例句]东汉末年,刘备起兵后一心要~,光复汉室。

【兴师动众】xīng shī dòng zhòng 兴、动:发动;师、众:军队、大队人马。大规模出兵。后常指为了某事而发动大量人力。[例句]办这么点小事,也值得~吗?

【兴师问罪】xīng shī wèn zuì 兴师:举兵。发动军队,讨伐罪状。后泛指谴责对方过错。[例句]小强打碎了王大伯家的窗户,王大伯怒气冲冲地去找小强的父母~了。

【兴妖作怪】xīng yāo zuò guài 迷信说法中指妖魔鬼怪作祟,祸害于人。比喻坏人破坏捣乱。[例句]革命队伍中的团结,是抵制别有用心的人~的有力武器。

【星火燎原】xīng huǒ liáo yuán 燎:延烧;燎原:烧遍原野。一点点小火星可以烧遍整个原野。现常用以比喻初始显得微弱的革命力量或新生事物,很快就能发展壮大,有无限远大的前途。[例句]革命力量以~之势发展起来了。

【星罗棋布】xīng luó qí bù 罗:罗列;布:分布。像群星那样罗列,像棋盘上的棋子那样分布。形容众多而又分散罗列着的样子。[例句]在绿色的大草原上,~地矗立着千百座白色的油井房。

【星星之火】xīng xīng zhī huǒ 星星：细小的点。像星星那样大的火点。多比喻微小的事物。也比喻物体虽小，威力极大。［例句］“～，可以燎原”的真理已为中国革命的实践所证明。

【星夜兼程】xīng yè jiān chéng 星夜：有星光的夜晚；兼：两倍的；兼程：走双倍的路程。连夜加倍地赶路。［例句］为了赶在敌人前边占领山头，他们～。

【腥风血雨】xīng fēng xuè yǔ 风里带着腥味，雨点带着鲜血。形容战场上屠杀的残酷。比喻凶险的气氛或环境。也比喻反动势力残暴的统治。［例句］在～的年代里，他在对敌战斗中立下了赫赫功勋。

【行兵布阵】xíng bīng bù zhèn 布：排列、陈设。调遣兵力，排列战斗阵势。［例句］此人很有才，特别是他的～，很令人叹服。

【行不苟合】xíng bù gǒu hé 苟：苟且、随便。行为正直，不无原则地附和别人。［例句］他从政十年，～，清正廉洁，是个群众信得过的好干部。

【行步如飞】xíng bù rú fēi 走路的步子像飞起来一样。［例句］他～，得益于长期坚持跑步锻炼。

【行成于思】xíng chéng yú sī 行：做事；思：思考。做事情之所以能成功主要在于多思考。［例句］～，我们在工作和学习中要善于思考，才能取得好的成绩。

【行将就木】xíng jiāng jiù mù 行将：快要；就：前往；木：指棺木。接近死亡。［例句］这位～的老人立下了一份遗嘱，以防止自己去世后子女为争家产而闹矛盾。

【行若狗彘】xíng ruò gǒu zhì 彘：猪。指人的行为如同猪狗一样丑恶。［例句］他是一个～的人，你又何必同他一般见识！

【行若无事】xíng ruò wú shì 行：行为。好像没有这么一回事。形容从容镇定。有时也指对坏人坏事置之不管。［例句］发生了这么大的事，他竟能～，泰然处之！

【行色匆匆】xíng sè cōng cōng　行色：外出时的神情、形态。形容出行时的匆忙之态。[例句]他～，来不及同大家打招呼，就夹着皮包走出了办公室。

【行尸走肉】xíng shī zǒu ròu　比喻徒具形骸，庸碌无能，无所作为的人。[例句]他染上毒瘾又迷恋赌博，整天浑浑噩噩，无异于～。

X

【行思坐想】xíng sī zuò xiǎng　走着坐着都在想。指无时无刻不在思考或想念。[例句]我对那个问题～，依然想不出个所以然来。

【行凶撒泼】xíng xiōng sā pō　撒泼：耍无赖。待人凶恶，蛮横无理。[例句]这事明明是你的错，你就别～了。

【行易知难】xíng yì zhī nán　行：实施；知：知晓。实施起来容易，懂其道理却很难。[例句]你先别骄傲，这件事可是～。

【行云流水】xíng yún liú shuǐ　像飘动着的云和流动着的水。形容诗文、书法等洒脱自然，毫无拘束。也形容事物流转不定，易于消逝。[例句]他的散文文笔流畅、自然，有如～。

【行之有效】xíng zhī yǒu xiào　实行起来很有效果。多指已经实施过的方法或措施确实有效。[例句]事实证明，这个方法还是～的。

【形单影只】xíng dān yǐng zhī　形：身体；只：单独。孤零零的一个人、一个影子。形容孤单。[例句]他在乡下～地度过了晚年。

【形容枯槁】xíng róng kū gǎo　形容：形体、容貌；槁：干枯。指形体消瘦，面容憔悴，脸色枯黄。[例句]这孩子～，一看就知道是营养不良。

【形同虚设】xíng tóng xū shè　形式上有而实际不发挥作用。[例句]这家百货广场虽地处黄金地段，建成五年却一直～。

【形销骨立】xíng xiāo gǔ lì　销：消瘦。身形消瘦，只余一把骨头。形容身体极为消瘦。[例句]他那～的样子，叫人看了实在担心。

【形形色色】xíng xíng sè sè　形形：原指形成这种形体；色色：原指生出这种颜色。种类繁多，各式各样。[例句]这样一个大都市，～，什么样的人没有呢？

【形影不离】xíng yǐng bù lí 像形体同它的影子那样不分开。形容彼此关系亲密，不可分离。[例句]他们俩每天一块上学，一块回家，～。

【形影相吊】xíng yǐng xiāng diào 形：身体；吊：慰问。身体和影子互相安慰。形容孤独一人，没依没靠。[例句]民政部门将～的王伯伯安排到了福利院，与其他老人们一起生活。

【兴高采烈】xìng gāo cǎi liè 兴：兴致；采：文采、精神；烈：激烈、旺盛。形容兴奋、欢快的样子。[例句]晚会上，同学们个个～，神采飞扬。

【兴会淋漓】xìng huì lín lí 兴会：兴致；淋漓：酣畅。形容兴致很高，精神愉快。[例句]联欢会上，平日沉默寡言的老张也～地朗诵了他自己写的一首诗。

【兴味索然】xìng wèi suǒ rán 索然：没兴致的样子。形容毫无意味，兴致全无。[例句]他的报告冗长、枯燥，令人～。

【兴致勃勃】xìng zhì bó bó 兴致：兴趣；勃勃：旺盛的样子。形容兴趣很浓厚，情绪很高。[例句]住在内地的人，对新疆大都有浓厚的兴趣，遇到有谁从天山南北回来，总要～地攀谈一番。

【杏脸桃腮】xìng liǎn táo sāi 杏花是白色的，桃花是红色的，白脸红腮。多形容女子面容秀美。[例句]她高雅的气质远比她～的容颜更能赢得大家的赞许。

【幸灾乐祸】xìng zāi lè huò 幸：庆幸；乐：高兴。为别人遭受灾祸而庆幸、高兴。[例句]对犯错误的同志要热情帮助，切不可～。

【性命交关】xìng mìng jiāo guān 生命到了重要关头。形容事关生死，非常重要。[例句]煤矿安全设施是否合格，是～的大事，万万不可疏忽大意。

xiong

【凶多吉少】xiōng duō jí shǎo 凶：不幸；吉：吉利、吉祥。凶险多，吉利少。指根据某种迹象估计到事态不妙。[例句]你单独去，恐

～，请三思而行。

【凶神恶煞】 xiōng shén è shà 煞：凶神。原指凶恶的神。后借指凶恶的坏人或形容人凶恶可怕。［例句］这个绑匪表面上～一般，其实内心里极度恐惧。

【凶相毕露】 xiōng xiàng bì lù 毕：完全。凶恶的面目全都暴露。［例句］他在～的敌人面前无所畏惧，大义凛然。

X

【兄弟阋墙】 xiōng dì xì qiáng 阋：争吵；墙：指墙内。兄弟在家争吵。比喻内部纷争。［例句］大敌当前，如果再像以前那样～，是绝对不行的。

【兄友弟恭】 xiōng yǒu dì gōng 兄长对弟弟友爱，弟弟对兄长恭敬。指兄弟间关系和睦。［例句］他们俩一向～，手足情深。

【汹涌澎湃】 xiōng yǒng péng pài 汹涌：水猛烈上涌的样子；澎湃：波浪互相撞击。形容水势很大，波浪互相撞击，发出巨响。也比喻声势浩大。［例句］大海浩瀚无边，～，掀起万顷波澜。

【胸无城府】 xiōng wú chéng fǔ 城府：城池和府库，比喻令人难以揣测的深远用心。比喻心胸坦率、坦白，没有什么隐藏。［例句］他这人～，为人坦率，大家都愿意同他交往。

【胸无点墨】 xiōng wú diǎn mò 墨：墨水，比喻学问。胸中没有一点文墨。形容文化水平很低或没有文化。［例句］他～，却故作风雅，实在滑稽可笑。

【胸有成竹】 xiōng yǒu chéng zhú 见“成竹在胸”。

【胸有甲兵】 xiōng yǒu jiǎ bīng 甲兵：军队，此指用兵的谋略。比喻胸中有韬略，善于用兵。［例句］老将军一生能征惯战，～。

【雄才大略】 xióng cái dà lüè 略：谋略。杰出的才能和远大的谋略。［例句］他有～，定能干出一番事业来。

【雄心勃勃】 xióng xīn bó bó 勃勃：旺盛的样子。形容非常有抱负、有志向。［例句］他～地制定了两年内将产品打入欧美市场的计划。

【雄心壮志】 xióng xīn zhuàng zhì 远大的抱负、志愿。［例句］历史

上的曹操是个有～的政治家、军事家，又是个文采风流的诗人。

【雄姿英发】xióng zī yīng fā 形容雄伟壮美的姿态。[例句]看那受阅的解放军战士，一个个～，多么威武！

【熊心豹胆】xióng xīn bào dǎn 熊的心，豹子的胆。比喻胆大。[例句]这些歹徒真是～，竟敢在光天化日下抢劫行人财物。

xiu

【休戚相关】xiū qī xiāng guān 休：欢乐、吉庆；戚：忧愁、悲哀、不幸。彼此之间的忧乐和祸福互相关联。形容关系非常密切，利害完全一致。[例句]我们是～的朋友，他的困难，就是我的困难。

典故

春秋时，晋悼公在未做国君之前，因受到排挤，于是到洛阳生活。但他时刻关心着晋国，听说晋国有灾难时就非常担心；听说晋国有喜事时就非常高兴。洛阳的人很赞赏他，认为他能与晋国休戚相关，将来一定大有前途。后来，晋厉公被杀，晋悼公终于回国做了国君。

【休戚与共】xiū qī yǔ gòng 彼此之间祸福、忧喜都共同承受。指同甘共苦。[例句]我国社会主义大家庭中，五十六个民族～。

【休养生息】xiū yǎng shēng xī 休养：休息保养；生息：繁殖人口。指在大动乱或大变革后保养民力，增殖人口，以恢复生产，安定社会秩序，发展经济。[例句]经过多年的战乱之后，必须实行～的政策，以恢复国家的元气。

【修身齐家】xiū shēn qí jiā 齐家：管理好家庭。指修养好自己，整顿好家庭中的事。[例句]他从小就接受了～治国平天下那一套教育。

【修心养性】xiū xīn yǎng xìng 原指休养心性。泛指通过自我修养，使身心人格达到完美的境界。[例句]练习书法可以～、陶冶情操。

【羞愧难当】xiū kuì nán dāng 当：忍受。耻辱和惭愧叫人难以忍受。[例句]评模会上他落选了，觉得～。

【羞人答答】xiū rén dā dā 羞：害臊；答答：指害羞的样子。形容难为情，不好意思。[例句]这个孩子有些怕生，人多的时候总是显得～。

X

【羞与为伍】xiū yǔ wéi wǔ 为伍：做伙伴。因为与某人相处为伴而感到耻辱。表示对某人的轻视。[例句]他同那帮赌博成性的人，一向是～的。

【朽木不雕】xiǔ mù bù diāo 腐朽的木头是不能用来雕刻的。比喻人或事情糟糕到无法挽救。[例句]真是～，我一个月的辛苦指导竟没有使他稍有长进。

【朽木粪土】xiǔ mù fèn tǔ 朽木：烂木；粪土：脏土。朽烂的木头，肮脏的泥土。比喻不堪造就的人或不中用的东西。[例句]这些～对社会毫无用处。

【秀色可餐】xiù sè kě cān 秀色：美丽的颜色或容颜；餐：当饭吃。形容妇女的美貌或花木山色的秀丽。[例句]苏州园林的景致，早晚不一，姿态各异，可谓～。

【秀外慧中】xiù wài huì zhōng 中：内心。容貌秀美，内心聪慧。[例句]姐姐从小饱读诗书，～，很受父母喜爱。

【臭味相投】xiù wèi xiāng tóu 臭味：气味；投：投合。气味相投合。因秉性、志趣等相同而合得来。现“臭”常读作“chòu”，指因有相同的坏思想、坏作风而合得来。[例句]这两人都嗜赌如命，～，所以经常混在一起。

【袖手旁观】xiù shǒu páng guān 袖手：手揣在袖筒里。手揣在袖子里在一旁观看。形容置身事外，不伸手帮忙。[例句]现在正是关键时刻，你再也不能～了。

xu

【须眉男子】xū méi nán zǐ 须眉：胡须和眉毛。古代人认为男子重眉密须是美的。泛指男子汉大丈夫。[例句]今天的巾帼女子也干出不少伟业，绝不亚于那些～。

【虚怀若谷】xū huái ruò gǔ 虚：谦虚；谷：山谷。胸怀谦虚得像山谷一样深广。形容非常虚心。[例句]他～，博采众议，很受士兵们拥戴。

【虚情假意】xū qíng jiǎ yì 虚假的情意。指虚伪做作，假装殷勤。[例句]他这个人不会～，有什么说什么。

【虚位以待】xū wèi yǐ dài 虚：闲着、空着。指空出位子等候。表示期待贤才。[例句]像他这样的能人我们是～，希望来得越多越好。

【虚无缥缈】xū wú piāo miǎo 虚无：空虚；缥缈：隐隐约约、若有若无的样子。形容空虚渺茫，不可捉摸。[例句]人类探索、了解宇宙的理想并不～，而是正在实现之中。

【虚有其表】xū yǒu qí biǎo 虚：空；表：外表。空有好看的外表。指外表好看、强大，实际上没有真才实学。[例句]不要看他表面上气宇轩昂，实际上是～，没什么才学。

【虚与委蛇】xū yǔ wēi yí 虚：假；委蛇：随便应付。指对人虚情假意地敷衍应酬。[例句]他一见那些人都是一副毕恭毕敬、感恩戴德的样子，不得不强打起精神～一番。

【虚张声势】xū zhāng shēng shì 张：张扬、夸大。假装出强大的声势。指假装出盛大气势来吓唬别人。[例句]谁都明白她是～，威风只在嘴皮子上罢了。

【虚左以待】xū zuǒ yǐ dài 虚：空着；左：古时以左为尊。空出左边的位置等待所敬重的人。后也指特意留出位置恭候他人。[例句]像他这样的人才，我们是愿意～的。

【嘘寒问暖】xū hán wèn nuǎn 嘘寒：向受冷的人呵热气使之温暖。形容对人关怀备至。[例句]班主任对我们总是～，关怀备至。

【徐娘半老】xú niáng bàn lǎo 徐娘：南朝梁元帝妃徐昭佩。徐娘已人到中年。泛指风韵犹存的中年妇人。[例句]她虽已～，却风韵犹存。

【栩栩如生】xǔ xǔ rú shēng 栩栩：生动活泼的样子。形容艺术形象被刻画得生动逼真，像活的一样。[例句]他并不善于说话，他的表情也不生动；可是他那沉着、英勇、顽强的神态却一直到今天还～地在我脑际闪现。

X

【旭日初升】xù rì chū shēng 旭日：早晨的太阳。早晨太阳刚刚升起。比喻精力充沛，富有朝气。[例句]这些朝气蓬勃的年轻人犹如～，必将成就一番事业。

【絮絮叨叨】xù xù dāo dāo 絮絮：不断重复。形容说话啰唆。[例句]他这个人说话总是～的。

xuan

【轩然大波】xuān rán dà bō 轩然：高高涌起的样子。高高涌起的大波涛。比喻大的纠纷或风波。也比喻强烈的反响。[例句]郭沫若的《甲申三百年祭》是曾经引起过～的一篇文章。

【喧宾夺主】xuān bīn duó zhǔ 喧：大声吵嚷；夺：压倒、盖过。客人的喧嚷压过了主人的声音。比喻客人占了主人的地位或外来的、次要的占据了支配地位，压倒了本来的、主要的。[例句]这段景物描写太多，与主人公的思想又无关联，真是～了。

【悬梁刺股】xuán liáng cì gǔ 股：大腿。因怕困倦影响学习，而把头发束起来吊在屋梁上或用锥子刺大腿。形容勤学苦读。[例句]为了能够考上公务员，他夜以继日地学习，几近～。

典故

战国时期，苏秦用功读书，夜以继日地勤学苦思，每当疲劳至极时，他便用锥子刺自己的大腿。汉朝的孙敬十分好学，为免得自己因疲倦打瞌睡，他用绳子拴住头发，再把绳子系到房梁上。

【悬崖勒马】xuán yá lè mǎ 悬崖：高而陡峭的山崖；勒马：收住缰绳，使马止步不前。在陡峭的山崖边上勒住马的缰绳。比喻在危险关头及时醒悟悔改。[例句]那些搞不正之风的人,要~,立即改正。

【悬崖峭壁】xuán yá qiào bì 悬崖:又高又陡的山崖;峭壁:像墙壁一样陡立的山崖。陡峭的山崖。[例句]西岳华山到处都是~,山势十分险要。

【旋乾转坤】xuán qián zhuǎn kūn 乾:八卦之一,代表天;坤:八卦之一,代表地。把天地旋转过来。比喻扭转大局,彻底改变局面。比喻从根本上改变社会的面貌。[例句]人民群众具有~的力量,创造出了一个个历史的奇迹。

【选贤任能】xuǎn xián rèn néng 选:选拔;任:任用;能:有能力的人。选拔任用有德有才的人。[例句]现在很多用人单位~,都注重真才实学,而不再偏重一纸文凭。

【烜赫一时】xuǎn hè yī shí 烜赫:声势浩大。形容名声气势在一段时间内很盛大。[例句]唐代文化在世界文化史上确实是~的。

【绚丽多彩】xuàn lì duō cǎi 灿烂艳丽,色彩丰富。形容五彩缤纷,非常好看。[例句]无数盆鲜花把节日的广场装饰得更加~。

【绚丽多姿】xuàn lì duō zī 见“绚丽多彩”。

xue

【削铁如泥】xuē tiě rú ní 切削钢铁如同削泥。形容刀刃锋利。[例句]这把刀~,锋利异常。

【削足适履】xuē zú shì lǚ 适:适应;履:鞋。把脚削小,使它适应小鞋。比喻不合理地迁就现成条件,或生搬硬套,勉强凑合。[例句]我们必须按照规律办事,切不可~,生搬硬套。

【学而不厌】xué ér bù yàn 厌:满足。学习总感到不满足。形容勤奋好学。[例句]具有~的精神,是自学成才的重要条件之一。

【学非所用】xué fēi suǒ yòng 学:学到的;用:用到的。学到的不是实践工作中用得上的。[例句]学习要注意学以致用,切忌~。

【学富五车】xué fù wǔ chē 形容学问渊博。[例句]王教授~,才高八斗，在学术界颇有影响。

【学疏才浅】xué shū cái qiǎn 学问浅陋，才能低下。[例句]他学识渊博，却谦称自己～。

【学以致用】xué yǐ zhì yòng 致用：得到应用。学习了要能应用。[例句]要结合实际工作的需要，～，勤学苦练，才能达到事半功倍的效果。

【雪上加霜】xuě shàng jiā shuāng 比喻灾难祸患接连而至，苦上加苦。[例句]他做买卖亏了本，所购股票又被套牢，真是～。

【雪中送炭】xuě zhōng sòng tàn 下雪天给人送炭。比喻在别人最需要时给予帮助，救人之急。[例句]正当我资金周转不灵的时候，得到这笔贷款，真好比～。

【血海深仇】xuè hǎi shēn chóu 因亲人被害而引起的极大的仇恨。[例句]他怀着对日本侵略者的～，奔赴抗战前线。

【血口喷人】xuè kǒu pēn rén 比喻用非常恶毒的话诬蔑别人。[例句]你不要～，我们是为了工作，而不是为了自己的利益。

【血流成河】xuè liú chéng hé 河：河流。鲜血流成了河。形容被杀的人极多，场景惨烈。[例句]这场战斗十分惨烈，～，尸横遍野，让人触目惊心。

【血流漂杵】xuè liú piāo chǔ 漂：浮起；杵：古代作战时防身用的大盾牌。流血很多，以致防身用的大盾牌都漂起来了。形容战争的残酷。[例句]赤壁一战，曹军被杀得～，尸积如山。

【血流如注】xuè liú rú zhù 注：灌。血流得如水灌注。形容血控制不住地往外流，流得又多又急。[例句]他伤得很重，～。

【血盆大口】xuè pén dà kǒu 盆：盆子。血淋淋的如盆子般大的嘴。用于形容猛兽妖魔。也比喻剥削者、侵略者的巨大胃口。[例句]狮子张开～，正吞食一只小鹿。

【血气方刚】xuè qì fāng gāng 血气：精力；方：正；刚：刚强、旺盛。年轻人精力正旺盛。[例句]年轻人～，要学会克制自己。

【血肉横飞】xuè ròu héng fēi 横飞：四处飞溅。血肉四处乱溅。形容死伤时的惨烈场面。[例句]我们的炮弹毫不留情地落在敌人中间，炸得敌人～。

【血肉模糊】xuè ròu mó hú　模糊：不清楚。血和肉已分不清楚。形容受伤创面到了无法收拾的地步。[例句]这名战士腿部受伤已～，仍不愿撤离火线。

【血肉相连】xuè ròu xiāng lián　像血和肉一样互相联系着。比喻彼此之间关系非常密切。[例句]党和人民群众永远～。

xun

【寻根究底】xún gēn jiū dǐ　寻求、追踪事物的根由底细。[例句]为了弄清事情真相，他不顾危险去～。

【寻欢作乐】xún huān zuò lè　寻：寻找。寻找快乐。后多指追寻低级趣味，贪图放纵的生活。[例句]那些花花公子，只知～。

【寻事生非】xún shì shēng fēi　事：事端；非：纠纷。指寻找事端，制造纷争。[例句]父母最担心儿子在外面～。

【寻死觅活】xún sǐ mì huó　形容人遇到为难的事而表现出近似发狂，不想活下去的动作。[例句]闻听此事，她便～闹将起来。

【寻章摘句】xún zhāng zhāi jù　寻：搜寻；摘：摘录。搜寻、摘记一些词句。指写作时套用现成的词句，不做深入研究，缺乏创造性。[例句]读书要学以致用，自出机杼，不可一味～。

【循规蹈矩】xún guī dǎo jǔ　循：依照、遵循；规、矩：圆规，角尺，定方圆标准的工具，借指规则、准则；蹈：踩。按照规则行事。比喻拘泥保守，墨守成规，一点也不敢有所变动。[例句]在学习上既要～，又要机动灵活。

【循环往复】xún huán wǎng fù　循环：周而复始；往复：重复。周而复始，反复不断地进行。[例句]实践、认识、再实践、再认识，～以至无穷，而实践和认识每循环一次，都意味着人类认识自然、改造自然能力的提高。

【循名责实】xún míng zé shí　循：依照；责：求；实：实质内容。按着名称或名义去考核实际内容，使得名副其实。[例句]选拔人才要～，不能光看外表。

【循序渐进】xún xù jiàn jìn 循：依照、按照；序：次序。指事物发展或学习工作按照一定的顺序或步骤逐步深入或提高。[例句]学习知识不能急于求成，要～。

【徇私舞弊】xùn sī wǔ bì 徇：谋求；舞：舞弄、玩花招；弊：指坏事。为了私利而采用欺骗手段弄虚作假。[例句]这次反腐行动中，很多～的官员都被免职了。

Y y

ya

【压倒元白】yā dǎo yuán bái 压倒：超出、胜过；元白：指唐朝著名诗人元稹、白居易。原指文章写得好，超过元稹、白居易。后比喻诗文胜过同时代著名作家的作品。[例句]这些名家诗作的确手笔不凡，足可～。

【鸦雀无声】yā què wú shēng 形容非常寂静。[例句]观众被这动人的剧情所吸引，整个剧院一下子变得～。

【牙牙学语】yá yá xué yǔ 牙牙：形容婴儿说话的声音。指婴儿学说话的情形。[例句]邻居家的小宝正值～的时候，大家都喜欢逗他玩。

【睚眦必报】yá zì bì bào 睚眦：因发怒而瞪眼睛。因生气而瞪一眼的怨恨都一定要报复。形容心胸狭隘。[例句]他气量狭小，是个～的人。

【睚眦之怨】yá zì zhī yuàn 睚眦：因发怒而瞪眼睛。瞪一眼的怨恨。指极小的怨恨。[例句]～，不必挂在心上。

【哑口无言】yǎ kǒu wú yán 像哑巴一样说不出话来。形容无言对答。[例句]见对方证据确凿，他自知理亏，也就～了。

【哑然失笑】yǎ rán shī xiào 哑然：形容笑声；失笑：不由自主地发笑。忍不住笑出声来。[例句]这段滑稽的小品，使观众～。

【雅俗共赏】yǎ sú gòng shǎng 雅俗：旧时把文化水平高的知识分子称作“雅人”，文化水平低的劳动人民称为“俗人”。指不论文化水平高低，都能够欣赏。形容文艺作品既优美又通俗，能为各种人所接受。[例句]这台迎春文艺晚会真正是～。

【揠苗助长】yà miáo zhù zhǎng 见“拔苗助长”。

yan

【烟波浩渺】yān bō hào miǎo 烟波：烟雾笼罩的水面；浩渺：广阔无边。形容烟雾笼罩的江湖水面极其辽阔。[例句]望着～、景色壮观的洞庭湖，他文思泉涌，下笔成章。

【烟消云散】yān xiāo yún sàn 像烟和云那样消散净尽。形容消失干净，不见踪迹。[例句]在一段沉默的日子后，许多忧郁的情绪都～了。

【湮没无闻】yān mò wú wén 湮没：埋没；无闻：不为人所知。形容名声被埋没，谁也不知道。[例句]时间是最好的证人，真正的文学大家其作品永远被后世传诵，而那些自命不凡的文人，随着时光的流逝，早已～了。

【嫣然一笑】yān rán yī xiào 嫣然：笑得很甜美的样子。形容女子甜美无邪的笑容。[例句]她～，目光中充满了喜悦，也充满了对未来幸福的憧憬。

【延年益寿】yán nián yì shòu 延：延长；益：增加。延长年岁，增加寿命。多用作祝贺老人长寿的颂词。[例句]坚持练习太极拳，可以强身健体，～。

【严惩不贷】yán chéng bù dài 严：严厉；贷：宽恕。严加惩办，毫不宽容。[例句]军纪森严，如有违反，必定～。

【严刑峻法】yán xíng jùn fǎ 峻：严厉。指严酷的刑法。也指施行严厉的刑法。[例句]秦末统治者以～和沉重赋役欺压百姓，以致爆发大规模农民起义。

【严于律己】yán yú lǜ jǐ 律：约束。对自己约束得很严。即对自己要求严格。[例句]在跟同事们相处的时候，要～，宽以待人。

【严阵以待】yán zhèn yǐ dài 严：严整。摆好严整的阵势，准备打击来犯的敌人。指已做好充分的战斗准备。[例句]战士们～,准备与敌人大战一场。

【言必有据】yán bì yǒu jù 据:根据。说话一定要有根据。[例句]无论是写作还是交谈,都应该～。

【言必有中】yán bì yǒu zhòng 中:说中,正好对上。话说得合适,都能说到点子上。[例句]他平日不言不语,可一到关键时刻总是～。

【言不及义】yán bù jí yì 及:到;义:事理,这里指正经事情。指谈论的不是正经的事。[例句]我觉得与小张在一起很没意思,因为他总是～,东拉西扯。

【言不由衷】yán bù yóu zhōng 由:从;衷:内心。话不是从内心发出来的,即说的话不是出于真心实意。指心口不一。[例句]他是个聪明绝顶的人,～的花言巧语蒙蔽不了他。

【言出法随】yán chū fǎ suí 言:指法令或命令;法:法律。指法令一经颁布,立即严格按法执行。[例句]法律是严肃的,～,任何人都不得触犯。

【言传身教】yán chuán shēn jiào 言传:口头上传授、讲解;身教:亲自在行动上示范。既用语言来讲解、传授,又以实际行动起示范作用。[例句]周总理～,亲自带领干部察看地形,对如何在黄河上架设浮桥做了指示。

【言而无信】yán ér wú xìn 说话不算数,没有信用。[例句]好你个～的刁滑之徒!

【言而有信】yán ér yǒu xìn 信:信用。说了就能做到,讲信用。[例句]一个人只有～才会获得别人对你的信任。

【言归于好】yán guī yú hǎo 言:句首助词,没有意义;归于:回到。矛盾过后,和好如初。[例句]小雨在老师面前表示,愿意与刘明～。

【言归正传】yán guī zhèng zhuàn 话语回归正题。评书和旧小说中常用的套语。[例句]我现在不同你谈这个,还是～吧。

【言过其实】yán guò qí shí 实：实际。指言语浮夸，超过其实际能力。多指说话夸张不实。[例句]商品广告应该真实，～会误导消费者。

【言简意赅】yán jiǎn yì gāi 赅：完备、全。言语简练而意思完备。[例句]你应该～地把这篇文章的内容和表达上的特点给学生讲清楚。

【言来语去】yán lái yǔ qù 你一言、我一语地彼此应答。[例句]他俩～，不料话不投机，竟不欢而散。

【言三语四】yán sān yǔ sì 随口乱说话。指乱加评论。[例句]那篇文章完全不顾事实地～，让人读了十分气愤。

【言谈举止】yán tán jǔ zhǐ 言：言语；举止：行动。谈吐和动作。[例句]面试的时候，这位应聘者～落落大方，给评委们留下了很好的印象。

【言听计从】yán tīng jì cóng 听：听从；从：依从。说的话、出的主意都采纳照办。表示对某人十分信任。[例句]总经理对他的这位得力助理向来是～的。

【言外之意】yán wài zhī yì 指没有在话里明说出来或在文章里写出来的意思。[例句]这句看似好笑的话，是有其～的。

【言无不尽】yán wú bù jìn 尽：完。把想要说的话全部说完。多指毫无保留地提供意见或建议。[例句]对待多年的老朋友，你看到他身上的缺点就应该知无不言，～。

【言行一致】yán xíng yī zhì 说的和做的一个样。[例句]他是一个～、光明磊落的人。

【言犹在耳】yán yóu zài ěr 犹：还，仍然。说过的话好像还在耳边回响。形容刚刚说过或记忆犹新。[例句]多少年过去了，老师的话仍～，时刻激励着我。

【言之成理】yán zhī chéng lǐ 之：代词，指所说的事。话讲得合乎道理。[例句]只要～，我们就不必墨守成规。

【言之无物】yán zhī wú wù 物：指内容。文章或言论内容空洞。

[例句]～的文章，即使辞藻华丽，也不会有生命力。

【言之有理】yán zhī yǒu lǐ 见“言之成理”。

【言之有物】yán zhī yǒu wù 物：内容。指文章、讲话内容具体而充实。[例句]鲁迅的杂文语言精练，含义深刻，虽然篇幅短小却～。

【言之凿凿】yán zhī záo záo 凿凿：确实。指话说得有根有据，确实可靠。[例句]王老师的讲话有理有据，～，令人信服。

【岩居穴处】yán jū xué chǔ 穴：洞穴；处：住。住在深山洞窟之中，指居住条件原始而简陋。也指隐居。[例句]这一带山区，至今还偶然能发现原始部落～的遗迹。

【炎黄子孙】yán huáng zǐ sūn 炎黄：指炎帝和黄帝，他们分别是中国原始社会中两位不同部落的首领，也被人们称为中华民族的始祖。因而，人们往往称中华民族是“炎黄子孙”。[例句]我们都是～，无论身在何方都心系祖国。

【沿波讨源】yán bō tǎo yuán 沿：顺着；波：水流；讨：探求；源：水的源头。顺着水流，探求水源。比喻写文章渐入主题，点明中心。也比喻根据线索探求根源。[例句]他的文章～，层层深入，把我们带到了一个幽深的境界。

【颜筋柳骨】yán jīn liǔ gǔ 颜：颜真卿；柳：柳公权。颜、柳皆为唐代大书法家。形容书法苍劲有力，也泛指书法极佳。[例句]小王的书法可谓～，深得书法行家赞赏。

【奄奄一息】yǎn yǎn yī xī 奄奄：气息微弱的样子；息：呼吸时进出的气。只剩下微弱的一口气。形容临近死亡。引申为事物即将消亡、湮没或毁灭。[例句]等儿子从百里之外赶回家时，父亲已是～了。

【掩鼻而过】yǎn bí ér guò 掩：遮盖；过：过去。捂住鼻子走过去。形容对肮脏的东西极其厌恶。[例句]因缺乏管理，垃圾场污秽不堪，臭气熏天，路人不得不～。

【掩耳盗铃】yǎn ěr dào líng 掩：捂住；盗：偷。捂住耳朵偷铃铛。比喻自己骗自己。[例句]你找各种借口来掩饰自己贪污的事实，不过是～罢了。

典故

古时候,有个人在大街上看见一口钟,想把它偷走。可是钟太大搬不动,把它砸破吧,又会发出响声。他想了一会儿,便用布把自己的耳朵塞起来,用锤子使劲砸起钟来。他以为自己听不见响声,别人也不会听见。

【掩面失色】yǎn miàn shī sè 掩:遮盖;失:失掉;色:脸色。用手遮着脸,变了脸色。形容惊慌恐惧。[例句]眼看着一只小猫就要撞在迎面而来的汽车上,她不禁～。

【掩人耳目】yǎn rén ěr mù 掩:遮盖。遮盖别人的耳朵和眼睛。比喻用假象蒙骗人。[例句]他这种～的鬼把戏,骗得了别人,可骗不了我。

【掩映生姿】yǎn yìng shēng zī 掩映:彼此遮掩而互相映衬;姿:姿态。景物相互映衬而显得更美。[例句]初春时节,桃李～,放眼望去,美不胜收。

【眼高手低】yǎn gāo shǒu dī 眼界很高,能力却很低。指要求的标准高,实际上自己却做不到。[例句]你应尽量克服～的毛病,脚踏实地地去干好每一件事。

【眼花缭乱】yǎn huā liáo luàn 缭乱:纷乱。眼睛看到纷繁复杂的东西或耀眼的光芒而感到迷乱。比喻现象复杂,无法辨清,使人感到迷乱或困惑。[例句]来到科技馆,各种高科技的发明弄得他～。

【眼空四海】yǎn kōng sì hǎi 空:指看不起;四海:指全国各处,泛指世上的东西。形容骄傲自大,目空一切。[例句]越是无知的人,越容易～。

【眼明手快】yǎn míng shǒu kuài 看得准,下手快。形容眼光敏锐,动作利索。[例句]他～,中途截球,突然反攻,打了对方一个措手不及。

【眼中疔，肉中刺】yǎn zhōng dīng，ròu zhōng cì 疔：疔疮。比喻极其厌恶痛恨的人。[例句]王安石的新法触及了大地主的利益，所以他们视王安石为～。

【偃旗息鼓】yǎn qí xī gǔ 偃：放倒。放倒战旗，停敲战鼓。指军队为不暴露目标而隐蔽行踪。也指停止战争。后也比喻事情中止或声势减弱。[例句]将军把部队分成数组，～，悄悄向山上冲去。

【艳如桃李】yàn rú táo lǐ 艳：娇艳；桃李：桃花、李花。形容人容颜如桃李那样娇艳美丽。[例句]听了她的哭诉，我这时才知道，原来眼前这个～的女子竟有这么多伤心事。

【晏然自若】yàn rán zì ruò 晏然：平静的样子；自若：不变常态。形容在形势紧迫时仍毫不慌张，平静如常。[例句]大敌当前，他～，指挥若定。

【宴安鸩毒】yàn ān zhèn dú 宴安：闲散懒惰，贪图享乐；鸩毒：鸩是传说中的一种毒鸟，可用其羽毛制毒酒、毒药。贪图安逸享乐等于饮毒酒自杀。[例句]可叹隋炀帝不懂～之理，以致隋朝两代而亡。

【雁过拔毛】yàn guò bá máo 拔：拔下来。指大雁飞过也要拔根毛下来。比喻非常贪心，见到任何利益都想捞一把。[例句]这部作品中描写的贪官，利用职务之便借机敛财，几近～的程度。

【燕语莺声】yàn yǔ yīng shēng 莺：黄莺。形容春意盎然的景象。也比喻女子娇美的嗓音。[例句]春游活动使孩子们领略了～的大自然风光。

yang

【泱泱大国】yāng yāng dà guó 泱泱：气势宏大。形容气势宏大的国家。[例句]历史博物馆的文物陈列展览展示了中国～的深厚文化底蕴。

【扬长避短】yáng cháng bì duǎn 发扬长处，避开短处。[例句]在今天的比赛中，她～，发挥了参加比赛多、经验丰富的优势，顺利取胜。

【扬长而去】yáng cháng ér qù 扬长:大模大样的样子。大模大样地径直离开了。[例句]他骑车撞倒老人,不但不去扶,反而出言不逊,~。

Y

【扬眉吐气】yáng méi tǔ qì 扬眉:扬起眉头;吐气:吐出闷气、怨气。形容被压抑的心情得到舒展而高兴、得意的神情。[例句]在东亚四强赛中,中国男足以三战不败的成绩夺冠,终于~了。

【扬名后世】yáng míng hòu shì 指名声流传于后世。[例句]刘勰著成《文心雕龙》,成一家之言,~。

【扬名显姓】yáng míng xiǎn xìng 名声传扬,姓氏显耀。[例句]有些人只看重~,却忽略了脚踏实地创业。

【扬汤止沸】yáng tāng zhǐ fèi 汤:开水。把开水从锅里舀起来再倒回去,想制止水的沸腾。比喻治标不治本。[例句]你这么做无异于~,根本解决不了问题。

【扬扬得意】yáng yáng dé yì 扬扬:得意的样子。形容神气十足、十分得意的样子。[例句]看到自己的一篇文章登在了小报上,他便~起来。

【羊肠鸟道】yáng cháng niǎo dào 形容山路崎岖狭窄,曲折险峻。[例句]这里通往外界的路都是些~,人们出行十分不便。

【羊肠小道】yáng cháng xiǎo dào 见“羊肠鸟道”。

【羊落虎口】yáng luò hǔ kǒu 比喻陷入险地,有死无生。[例句]你对敌军城内情况不明,就这样冒失前去,无疑是~。

【羊质虎皮】yáng zhì hǔ pí 质:本性、实质。本来是羊,只是披上老虎的皮。原指羊披上虎皮,而怯弱的本性不变。后比喻外强内弱,虚有其表。[例句]这些歹徒虽然手段残忍,却掩盖不了~的怯懦本性。

【阳春白雪】yáng chūn bái xuě 战国时楚国的一种艺术性高、难度大的乐曲。后泛指高深典雅的、不通俗易懂的文学艺术。常与“下里巴人”对举。[例句]那篇学术论文专业性太强,写得过于高深，有如～，我看不太懂。

【阳奉阴违】yáng fèng yīn wéi 阳：外露的、表面的；奉：信奉、遵照；阴：暗中、背地里；违：违背。表面上顺从，暗中却违抗。[例句]他采取～的手段，表面上服从上司的命令，暗中却扩充自己的势力。

【阳关大道】yáng guān dà dào 原指古代经过阳关（在今甘肃敦煌西南）通往西域的大道。泛指宽阔平坦的大路。也比喻光明的道路。[例句]他很迷茫，不知道怎样是对怎样是错，怎样的选择才会最终走上幸福的～。

【洋洋大观】yáng yáng dà guān 洋洋：形容众多或盛大的样子；大观：事物丰富多彩，气象宏大。形容事物丰富多彩的景象。[例句]在我国陶瓷史上，其种类可谓～，造型也是五花八门。

【洋洋得意】yáng yáng dé yì 见“得意洋洋”。

【洋洋洒洒】yáng yáng sǎ sǎ 洋洋：形容众多或盛大的样子；洒洒：连续不断的样子。比喻说话、写文章内容多而流畅。也泛指其他事物连续不断。[例句]他激动之余就动起笔来，几天时间～几万字的文章就写出来了。

【洋洋自得】yáng yáng zì dé 形容神气十足、非常得意。[例句]他小富即安，当了个小老板，就～起来。

【仰人鼻息】yǎng rén bí xī 仰：依赖；鼻息：指呼吸时进出的气。靠别人而生存下去。比喻迎合别人的意旨。[例句]他不想再这样～地混日子了，决定自己创业。

【养兵千日，用在一时】yǎng bīng qiān rì, yòng zài yī shí 养兵：供养和训练士兵。比喻长期的培养蓄积，是为了一时的需要。也指在关键时刻要发挥作用。[例句]“兵可千日而不用，不可一日而不备”，说的就是～的道理。

【养虎遗患】yǎng hǔ yí huàn 遗：留下；患：祸患。养着老虎不除掉，最终留下祸患。比喻姑息纵容敌人或坏人，就会留下后患，最终害了自己。[例句]要严厉打击黑恶势力的嚣张气焰，否则，～，定会给社会带来极大的危害。

【养家糊口】 yǎng jiā hú kǒu 见“养家活口”。

【养家活口】 yǎng jiā huó kǒu 活：使活着。养活一家人。[例句]他终日奔波劳碌，为的就是～。

Y

【养精蓄锐】 yǎng jīng xù ruì 养：保养、休养；蓄：积蓄；锐：锐气。保养精神，储蓄锐气。[例句]军队经过长时期的～，战斗力大大增强了。

【养尊处优】 yǎng zūn chǔ yōu 养：指生活；尊：尊贵；处：处于；优：优裕。在尊贵、优裕的环境中生活。[例句]～的优越感，让队员们丧失了拼搏的精神，这是导致他们在球赛中失利的主要原因。

【怏怏不乐】 yàng yàng bù lè 怏怏：不满的样子。形容心中郁闷、很不高兴的神情。[例句]听到大家的批评指责，老赵～，一言不发。

yao

【幺麽小丑】 yāo mó xiǎo chǒu 幺麽：微小、细微。指微不足道的坏人。[例句]此种～惯于造谣生事，落井下石。

【吆五喝六】 yāo wǔ hè liù 吆、喝：大声喊叫。大声喝令、呼叱。形容蛮横霸道的样子。[例句]别这样～，有话好好说。

【妖魔鬼怪】 yāo mó guǐ guài 传说中的妖精、魔鬼。也比喻形形色色作恶害人的坏人。[例句]这本小说对上帝、天堂、地狱、～等做了生动的描写。

【妖言惑众】 yāo yán huò zhòng 妖言：没有事实根据的、荒诞离奇的话；惑：迷乱。用荒诞不经的话欺骗、煽动众人。[例句]21世纪了，还有一些人搞迷信，～，严重妨碍了精神文明建设。

【腰缠万贯】 yāo chán wàn guàn 贯：钱贯，过去穿铜钱用的绳索，每一千文为一贯。腰上缠着万贯钱财。形容极其富有。[例句]他是位～的大富翁。

【邀功求赏】 yāo gōng qiú shǎng 邀功：把别人的功劳抢来当自己的。原指用别人的功劳来求取奖赏。后泛指求取功劳与奖赏。

[例句]有些人只知~,根本不讲奉献精神。

【尧天舜日】yáo tiān shùn rì 尧、舜:传说中上古的贤德明君。借指政治清明的太平盛世。[例句]古往今来,只有人民当家做主的新时代才堪称~。

【摇旗呐喊】yáo qí nà hǎn 原指古代作战时观战人摇着旗子,大声喊杀助长气势。现比喻替他人、他事助长声势。[例句]今天学校举行长跑比赛,我们不停地为自己的队员~。

【摇身一变】yáo shēn yī biàn 原是小说中描写有神通的人或妖怪能用法术改变自己本来的模样。形容变化得快。现多指人的身份、立场、态度、面目等一下子变了样。[例句]他~成为政府首脑,接着又流星似的消失了。

【摇首顿足】yáo shǒu dùn zú 顿:跺。摇晃着头,跺着脚。形容着急惋惜或非常懊恼的样子。[例句]总经理为失去这个能独当一面的人才而~,悔恨不已。

【摇头摆尾】yáo tóu bǎi wěi 形容欢喜时悠然自得的样子。也用来形容人得意轻浮的样子。[例句]鱼缸里的金鱼~,悠然自得地游着。

【摇头晃脑】yáo tóu huàng nǎo 晃:晃动。脑袋摇动不停。形容自得其乐或自以为是的样子。[例句]语文老师在课堂上诵读这篇古文时,不由自主地~起来。

【摇尾乞怜】yáo wěi qǐ lián 乞:乞求;怜:怜悯、爱怜。像狗那样摇着尾巴,乞求主人爱怜。比喻卑躬屈膝地献媚、讨好,以求得到一点好处。[例句]我们对那~的落水狗绝对不能手软。

【摇摇欲坠】yáo yáo yù zhuì 摇摇:摇晃;坠:落下。摇摇晃晃地像快要掉下来一样。形容非常不稳固,十分危险。[例句]地基严重开裂,使这座小楼~。

【遥相呼应】yáo xiāng hū yìng 遥:远远地。远远地互相照应、配合。[例句]南方工人罢工游行与北伐军~,使第一次国内革命战争进入了高潮。

Y

【遥遥无期】yáo yáo wú qī 遥遥：形容时间长久；期：期限。遥远地看不到期限。形容离达到目标、愿望的时间还很远。［例句］这项工程资金不足，竣工～。

【遥遥相对】yáo yáo xiāng duì 遥遥：远远地；对：对着、向着。形容两者远远相对。［例句］在晴朗的夏夜，可以看到天河两边的两颗～的星星，那就是牛郎星和织女星。

【瑶池玉液】yáo chí yù yè 瑶池：传说中西王母所住的地方；玉液：指美酒。仙人酿制的美酒。比喻酒极其名贵醇美。［例句］贵州茅台酒乃酒中珍品，称之为～丝毫都不过分。

【杳如黄鹤】yǎo rú huáng hè 杳：远得不见踪影；黄鹤：传说中仙人所乘的鹤。比喻一去不返，再无踪影。［例句］费了九牛二虎之力完成的稿子，寄出去后却～，小林心里很不是滋味。

【杳无人迹】yǎo wú rén jì 见"杳无人烟"。

【杳无人烟】yǎo wú rén yān 杳：远得不见踪影；人烟：炊烟，借指人家。偏远荒凉，无人居住。［例句］水泉沟原是个～的地方，后经开发，现今已变成车水马龙的城镇了。

【杳无音信】yǎo wú yīn xìn 杳：远得不见踪影；音信：来往的书信和消息。指一直得不到消息。［例句］在我三岁的时候，父亲悄悄地离家出走，下了关东，一去几年，～。

【杳无踪迹】yǎo wú zōng jì 杳：远得见不到踪影。无影踪，无痕迹。指不知去向。［例句］这位农妇日日寻找自己丢失的儿子，但三年过去了，仍是～。

【咬文嚼字】yǎo wén jiáo zì 过分地斟酌字句。多指不顾篇章整体内容，只纠缠于个别字词。现多形容卖弄学识。［例句］他对语言的运用十分讲究，有时到了～的程度。

【咬牙切齿】yǎo yá qiè chǐ 切齿：咬紧牙齿，形容痛恨。形容极端痛恨或仇恨的样子。［例句］眼看着绑匪将人质杀害，武警战士个个恨得～，发誓要将他们一网打尽。

【窈窕淑女】yǎo tiǎo shū nǚ 窈窕：娴静的样子；淑女：温和善良的

女子。美丽而又贤德的女子。[例句]她虽不是大多数人眼中的～,但性情豪爽,心地善良,同样吸引人。

【药石之言】yào shí zhī yán 石:古时指治病用的石针。指诫意规劝他人改过的良言。[例句]您的话是～,我今后一定会照您的劝导去改正自己的缺点。

【要言不烦】yào yán bù fán 要:简要;烦:烦琐。形容说话或写文章简明扼要,不烦琐。[例句]他的演讲主题思想突出、条理分明,～,比较吸引听众。

【要言妙道】yào yán miào dào 要言:重要而又中肯的话;妙道:神妙或深微的道理。切要而精微的言谈理论。[例句]课堂上,导师的～使我们茅塞顿开。

【耀武扬威】yào wǔ yáng wēi 炫耀武力,显示威风。[例句]昔日那个～、作威作福的贪官,被绳之以法了,百姓无不拍手称快。

ye

【冶容诲淫】yě róng huì yín 冶容:打扮得妖艳的容貌;诲:诱导、招致;淫:邪恶。指女子妖艳的装束易招致淫邪之事。[例句]女孩子着装要端庄大方,不能～。

【野心勃勃】yě xīn bó bó 勃勃:欲望强烈的样子。形容野心非常大。也形容对权势、名利等有十分强烈的欲望。[例句]这个电器集团总裁～,想重新打造中国家电行业的商业模式。

【业精于勤】yè jīng yú qín 业:学业;精:精通、精深;勤:努力,勤奋。学业的精深造诣在于勤奋。[例句]～,只要下功夫,没有学不到的知识。

【叶公好龙】yè gōng hào lóng 好:喜爱。比喻自称爱好某事物,实际上并不真正爱好,甚至是害怕它。[例句]对于"精简机构",一些人～,表面上赞成,一旦具体落实到自己头上又害怕得要命。

典故

古代有个叫叶公的人,他非常爱好龙,家里到处都画着龙。天上的真龙听说后非常高兴，就来拜访他。这一天真龙从天而降。龙的头刚凑近叶公住房的窗子，尾巴已经甩到了正厅，叶公吓得面如土色，跌倒在地。人们听说后才知道，叶公喜爱的是假龙，并不是真龙。

Y

【叶落归根】yè luò guī gēn 树叶凋落又回归到树根边上。原为佛家语，比喻事物都有一定的归宿。现多比喻客居他乡的人终究要回到故土。[例句]树高千丈，～，我希望在有生之年可以回归祖国。

【叶落知秋】yè luò zhī qiū 知：知道。看到叶子落了，就知秋天到了。比喻由细微的变化能探知事物的发展趋势。也比喻由现象或部分推知本质或全体。[例句]只从局部出发，借口～，就断言全局是不妥的。

【夜不闭户】yè bù bì hù 闭户：关上门。晚上睡觉不用关上门。形容社会治安好。[例句]这是个路不拾遗、～的边陲小镇。

【夜长梦多】yè cháng mèng duō 比喻时间拖久了，事情可能发生各种不利的变化。[例句]这件事要抓紧办，免得～。

【夜静更长】yè jìng gēng cháng 更长：指夜深。形容夜深没有声响，非常寂静。[例句]～，他思乡心切，辗转难眠。

【夜郎自大】yè láng zì dà 夜郎：汉代我国西南地区的小国。小小的夜郎国，国人以为自己国土广大，可与汉朝比大小。形容人无知，妄自尊大。[例句]骄傲自满、故步自封、～的毛病，我们要竭力克服。

典故

西汉时，在我国西南地区有一个小国，叫夜郎。它的面积只相当于汉朝的一个县，人口少，出产也很少。夜郎国的国王从来没有出过国门，却自以为他的国家很大很富。有一次，汉朝的使者来访问，他竟问汉朝的使者，汉朝和他的国家相比，哪一个大？

【夜以继日】yè yǐ jì rì 继：继续。用夜晚的时间接上白天的时间。

形容日夜不停地从事某个活动。多形容十分勤奋、忙碌。[例句]工人们～地加紧施工,保证了这条公路在国庆节前竣工通车。

yi

【一败如水】yī bài rú shuǐ 形容军队溃败,像水泼到地上那样不可收拾。[例句]这支球队在本次比赛中三战皆输,～,实在出人意料。

【一败涂地】yī bài tú dì 原指一旦失败就肝脑涂地。后多形容失败到不可收拾的地步。[例句]敌人落入我们的包围圈,被打得～。

【一般无二】yī bān wú èr 一般:一样;二:两样。完全相像,没有两样。[例句]这两篇作文内容～,必定有一篇是抄袭之作。

【一板一眼】yī bǎn yī yǎn 板、眼:民族音乐或戏曲中的节拍,强拍(击板)叫板,次强和弱拍(用鼓签敲鼓按拍)叫眼,多少板配多少眼有一定规矩。演唱合乎节拍,有板有眼。形容说话做事认真、很有条理。有时也形容过于死板,不知变通。[例句]在长辈眼里,他做事～,很合规矩。

【一本万利】yī běn wàn lì 本:本钱;利:利润。用很少的本钱去获得很大的利润。[例句]这个人妄图投机取巧,～,谁知到头来竟是竹篮打水一场空。

【一本正经】yī běn zhèng jīng 形容端庄正派,严肃认真。有时含有讽刺或诙谐意味。[例句]看着两岁的小东～的样子,大家情不自禁地笑了起来。

【一笔勾销】yī bǐ gōu xiāo 用笔在书面材料上勾画一下。比喻一下子把所有的都取消或一概不计较。[例句]从今天起,我们的旧账可以～。

【一笔抹杀】yī bǐ mǒ shā 抹杀:涂抹、勾销。比喻不加辨别地把功劳、优点全部否定。[例句]他虽然毛病较多,但你应该一分为二,不能～他的优点。

Y

【一碧千里】yī bì qiān lǐ 形容天空、水面、草原等的碧绿景象。[例句]雨后的天空,万里无云,~。

【一碧万顷】yī bì wàn qǐng 碧:青绿色。形容一片青绿,无边无际。[例句]从轮船上极目远眺,海天相连,~。

【一臂之力】yī bì zhī lì 臂:手臂。指从旁协助的部分力量或不太大的力量。[例句]你若能助我~,日后我定当重谢。

【一表非凡】yī biǎo fēi fán 形容人外表英俊,气度不凡。[例句]大凡小说中的英雄人物都~,气宇轩昂。

【一表人才】yī biǎo rén cái 形容人的相貌十分俊美。[例句]船头那位先生长得~,举止不凡。

【一波三折】yī bō sān zhé 波:指书法中的捺;折:指写字转变笔锋。一捺要三次转变笔锋的方向。原形容书法笔势曲折多变化。也比喻事情进行中阻碍、枝节很多。[例句]这篇小说的故事情节~,主人公的遭遇离奇曲折。

【一波未平,一波又起】yī bō wèi píng,yī bō yòu qǐ 原比喻诗文写得波澜起伏。后比喻事情在进行中波折很多,一个问题还没有解决,另一个问题又发生了。[例句]他的太太患病尚在住院,不料~,又传来在美国留学的儿子车祸受伤的消息。

【一不做,二不休】yī bù zuò,èr bù xiū 指要么不干,既然干了就索性干到底。[例句]为掩盖罪行,这个歹徒竟然~,连房子都烧了。

【一步到位】yī bù dào wèi 只经过一个步骤就把事情办完办好。[例句]电脑更新的速度非常快,把它作为~的追求或买来保值的想法无疑是十分愚蠢的。

【一步登天】yī bù dēng tiān 登:由低处到高处。一步就登上了青天。比喻一下子达到极高的境界或程度。也讽刺人突然爬上高位。[例句]路要一步一步踏踏实实地走,~是不可能的。

【一步一趋】yī bù yī qū 见“亦步亦趋”。

【一草一木】yī cǎo yī mù 一棵草、一株树。比喻极微小或极平常的东西。[例句]毕业三年后,再次回到母校,对这里的~都备感亲切。

【一差二错】yī chā èr cuò 指意外失误或差错。[例句]这件事很重要,千万不能有～。

【一倡百和】yī chàng bǎi hè 倡:也作"唱",倡议;和:应和、附和。一人提出,百人附和。形容响应的人非常多。[例句]陈胜吴广起义～。

【一唱一和】yī chàng yī hè 和:随着别人唱。一人首唱,一人应和。形容两人感情相通。比喻互相配合,彼此呼应。[例句]他们夫妇俩～,配合得真默契。

【一尘不染】yī chén bù rǎn 尘:佛家把色、声、香、味、触、法称为六尘;染:沾染。原指佛教徒修行,排除欲念,保持心地洁净。后形容为官廉洁或人品纯洁,不受坏思想、坏风气的影响。也形容非常清洁、干净。[例句]实验器具擦得～。

【一成不变】yī chéng bù biàn 成:形成;变:改变。原指刑法一旦制定,就不能再变动。泛指墨守成规,固定不变。[例句]万事万物都不是～的,而是发展的。

【一筹莫展】yī chóu mò zhǎn 筹:古代用以计数和计算的用具,引申为谋划、计策;展:施展。一点计策也想不出。形容没有任何办法。[例句]在大家～的时候,他忽然灵机一动,想出一个绝好的办法。

【一触即发】yī chù jí fā 触:碰;即:就。原指箭在弦上,一碰就会发射出去。比喻事态发展到了十分紧张的阶段,稍一触动就立刻爆发。[例句]双方剑拔弩张,战争～。

【一触即溃】yī chù jí kuì 触:碰。稍碰一下,就马上溃败。形容很容易被打垮。[例句]他们是支老弱病残之伍,～。

【一锤定音】yī chuí dìng yīn 原指制造铜锣时,最后的一锤决定锣的音色。比喻凭一句话做出最后决定。[例句]这事咱们就别争论了,让总经理～吧。

【一蹴而就】yī cù ér jiù 蹴:踏;就:成功。迈一步就成功。形容事情很容易就能完成。[例句]发明创造绝非～的事情。

【一代楷模】 yī dài kǎi mó 楷模:模范。一个时代的榜样人物。[例句]～张海迪身残志坚,用顽强的毅力谱写出壮美之歌。

【一代文宗】 yī dài wén zōng 宗:大师。被一个时代所尊崇、景仰的文坛大师。[例句]钱钟书先生学贯中西,博古通今,堪称～。

【一刀两断】 yī dāo liǎng duàn 一刀斩为两段。比喻坚决断绝关系,彻底决裂。[例句]经过大家的批评教育,他和那些赌友～了。

【一发千钧】 yī fà qiān jūn 钧:古代重量单位,合三十斤。一根发丝吊着千钧重物。比喻情势极其危险。[例句]在这～的危急时刻,飞机终于冲出了冷气团,脱离了险境。

【一帆风顺】 yī fān fēng shùn 帆船一路顺风行驶。比喻境遇非常顺利或办事容易。常用为祝福语。[例句]这几年他～,工作上取得了显著的成绩。

【一反常态】 yī fǎn cháng tài 常态:平时的状态。完全改变了平常的状态。[例句]他今天不知怎么了,～,对我很冷淡。

【一饭千金】 yī fàn qiān jīn 困窘时受人一饭之恩,得志时即以千金重报。比喻受人点滴之恩,必以厚报。[例句]古人尚知～,你的救命之恩,我一生一世难以报答。

【一夫当关,万夫莫开】 yī fū dāng guān, wàn fū mò kāi 一夫:一个人;当:把守。一个人把守关隘,一万个人也攻不进来。形容地势险要,易守难攻。[例句]这里～,素来都是兵家必争之地。

【一概而论】 yī gài ér lùn 概:过去量谷物时刮平斗斛的器具,引申为标准;一概:同一标准、一律。用同一标准来衡量。指处理事情、问题不做具体分析,笼统地同样看待。[例句]我们应该具体问题具体分析,不可～。

【一干二净】 yī gān èr jìng 形容一点儿也不剩。也形容洁净整齐。[例句]她把那段艰苦的日子早忘得～了。

【一鼓作气】 yī gǔ zuò qì 鼓:敲响战鼓;作:振作;气:士气、勇气。原指战斗开始时,击第一通战鼓以振作士气。现多用来指振奋精神,鼓足干劲,一口气把事情干完。[例句]在这次战役中,战士们~连过三关,夺取了最后的胜利。

典故

春秋时,齐国攻打鲁国,鲁庄公带着曹刿前去迎战。齐军敲过三次鼓后,曹刿才让鲁军敲第一次战鼓并进攻。最后,鲁军取得了胜利。鲁庄公问曹刿原因,曹刿解释说:"打仗要靠勇气。打第一通鼓的时候士气正旺;打第二通鼓的时候士气就衰弱了一些;打第三通鼓的时候士气就已耗尽了。用一支士气旺盛的军队去进攻一支士气已耗尽的军队,当然能取得胜利。"

Y

【一顾倾城】 yī gù qīng chéng 顾:回头望;倾:倾倒。一回头看,全城人为之倾倒。形容女子美丽绝伦。[例句]汉末,王允利用貂蝉~的美貌,实施"离间计",挑拨董卓与吕布的关系,除掉了董卓。

【一官半职】 yī guān bàn zhí 指有一定官职,多指普通的官职。[例句]他工作上不努力,却想用歪门邪道谋个~。

【一国两制】 yī guó liǎng zhì "一个国家,两种制度"的简称。是中国共产党在十一届三中全会后提出的完成祖国统一的基本方针。基本内容是在祖国统一的前提下,国家的主体坚持社会主义制度,同时在台湾、香港、澳门保持原有的资本主义制度和生活方式长期不变。[例句]"~"是符合我国国情的正确方针。

【一国三公】 yī guó sān gōng 公:国君。一个国家三个君主。比喻政令出于多方,权力不统一,使人不知所从。[例句]~,国家何以太平?

【一哄而散】 yī hòng ér sàn 哄:吵闹、喧嚷。形容聚拢在一起的人们在一片吵闹声中散去了。[例句]警车开了过来,这伙打架斗殴的人便~了。

【一呼百诺】 yī hū bǎi nuò 诺:答应的声音。呼唤一声就有上百人应答。形容威势烜赫,侍者众多。也形容随声应和者很多。[例句]刚从~的领导岗位上退下来时,他还有点不适应,总有一种莫名的失落感。

【一呼百应】 yī hū bǎi yìng 应:应诺、响应。一人呼喊,众人响应。形容接应的人多。[例句]秦末,陈胜、吴广揭竿而起,天下~。

Y

【一挥而就】 yī huī ér jiù 挥:指挥笔;就:完成。笔一挥就完成了。形容文思敏捷或笔法娴熟。[例句]齐白石老人画虾~,栩栩如生。

【一己之私】 yī jǐ zhī sī 个人的私利或私意。[例句]那些只为~就胆敢践踏国法的人,理应受到严惩。

【一技之长】 yī jì zhī cháng 技:技能、本领;长:特长、专长。某种技能或专长。[例句]领导要善于运用人才,让员工充分发挥他们的~。

【一见倾心】 yī jiàn qīng xīn 倾心:一心向往、爱慕。初一见面就生出爱慕之心。[例句]这些小说总脱不掉才子佳人~,私订终身,经过波折后大团圆的俗套。

【一见如故】 yī jiàn rú gù 故:老朋友。初次见面就意气相投,像老朋友一样。[例句]他们谈得那样投合,真是~。

【一见钟情】 yī jiàn zhōng qíng 钟:集中;钟情:感情专注。指男女之间一见面就产生了爱情。[例句]小李和刘明~,不久就喜结连理了。

【一箭双雕】 yī jiàn shuāng diāo 雕:一种凶猛的大鸟。发一箭而同时射中两只雕。原形容射箭技术高超。后多比喻做一件事达到两个目的。[例句]这次外语竞赛,既提高了我的英语会话水平,又结识了几位外国朋友,真可谓~。

典故

南北朝时,北周有个大将名叫长孙晟。有一次,他奉周宣帝的命令,护送公主到突厥去成婚。突厥可汗很看重他,挽留他在突厥住了一年。长孙晟在突厥期间,有一天和可汗一道出外打猎,忽见空中有两只雕,可汗给长孙晟两支箭,请他把雕射下来。长孙晟抬头一看,两只雕正在争夺一块肉,于是拉弓搭箭一射,两只雕都被这一箭射中了。

【一举成名】yī jǔ chéng míng 举:科举及第。旧社会指一旦科举及第,就会天下闻名。后泛指因某事的成功一下子就出了名。[例句]他不肯踏踏实实地学习和工作,却异想天开地想干一件~的大事。

【一举两便】yī jǔ liǎng biàn 见"一举两得"。

【一举两得】yī jǔ liǎng dé 举:行动。做一件事,得到两方面的好处。[例句]大家一致认为这是个可以~的好办法。

【一举一动】yī jǔ yī dòng 举:动作、行动。每一个举动。[例句]敌人的~尽在我们掌握之中。

【一决雌雄】yī jué cí xióng 决:决定;雌雄:比喻高低、胜负。比出高低胜负。[例句]两位选手都做好了充分准备,要在赛场上~。

【一决胜负】yī jué shèng fù 见"一决雌雄"。

【一蹶不振】yī jué bù zhèn 蹶:跌倒,指失败;振:振作。跌倒了再也爬不起来。比喻一经挫折就不能再行振作。[例句]你因为一次考试不理想就~,这样怎么能行呢?

【一刻千金】yī kè qiān jīn 刻:古时以漏壶计时,分一昼夜为一百刻;一刻:指短暂的时间。短短的一刻就值千金。比喻时间极其宝贵。[例句]~,我们不能虚度光阴,而应珍惜时光,多学些知识。

【一孔之见】yī kǒng zhī jiàn 孔:洞穴、小窟窿。从一个小窟窿里所看到的。比喻狭隘、片面的见解。[例句]有一种人,抱着一技之长和~,再也没有进步。

【一匡天下】yī kuāng tiān xià 匡:匡扶、纠正。纠正天下的混乱局面,将一切纳入正轨。引申为统一天下。[例句]刘备从小就有~的志向。

【一来二去】yī lái èr qù 来来往往,反反复复。指经过一段时间的来往(逐渐产生某种情况)。[例句]两个小伙伴~,就熟识了。

Y

【一览无余】yī lǎn wú yú 览:看;一览:举目纵观;无余:没有剩余的。一眼就可望见全貌。[例句]站在山顶,远山近景~。

【一劳永逸】yī láo yǒng yì 费一次辛苦而得到永久的安逸。[例句]思想工作不是~的。

【一了百当】yī liǎo bǎi dàng 了:完结;当:适当、妥当。事情完结,各方面都安排得当。形容办事妥当、彻底。[例句]做事要分清主次,主要的办好了,其他相关的才能~。

【一了百了】yī liǎo bǎi liǎo 主要的事完结了,其余有关的事也随之彻底完结。[例句]依我之见,不如大家当面把问题讲清楚,来个~。

【一鳞半爪】yī lín bàn zhǎo 龙置身云中,偶尔露出部分鳞和爪。比喻事物的一部分或者零星片断。[例句]你对情况没有全面了解过,怎能根据自己看见的~,轻率地下结论呢?

【一路平安】yī lù píng ān 一路:指整个行程。一路上平平安安。多用于祝福出门的人。[例句]全家人都希望他这次出国能~。

【一落千丈】yī luò qiān zhàng 原指琴声陡然由高音降到低音。后形容声誉、境况、地位等一下子变得很差。[例句]父亲去世后,家里的境况~。

【一马当先】yī mǎ dāng xiān 策马走在最前面。形容领先,带头。[例句]在祖国危机四伏之际,他~,表现了高度的爱国主义精神。

【一马平川】yī mǎ píng chuān 平川:平原。可以策马疾驰的平原。广阔平坦的地区。[例句]内蒙古大草原~,望不到尽头。

【一脉相承】yī mài xiāng chéng 一脉:一个血统或派别;相承:前后、上下继承。指从一个血统或派别世代相续流传下来。常比喻某种思想、学说之间的承续。[例句]马克思主义、列宁主义、毛泽东思想和邓小平理论是~的。

【一毛不拔】yī máo bù bá 连一根毫毛也舍不得拔。形容非常吝啬、小气。[例句]巴尔扎克笔下的葛朗台是个~的吝啬鬼。

【一面之词】yī miàn zhī cí 单方面(多指争执双方的一方)说的话。

多指片面性的言论。[例句]对这件事我们要全面调查,不能听信～。

【一面之辞】yī miàn zhī cí 见“一面之词”。

【一面之交】yī miàn zhī jiāo 交:交情。只见过一次面的交情。形容交情浅,了解不深。[例句]我与他只是～,所以我不敢妄下结论。

【一面之缘】yī miàn zhī yuán 缘:机缘、缘分。只见过一面的缘分。[例句]我和他只有～,没有太多的来往。

【一鸣惊人】yī míng jīng rén 鸣:叫。一声鸣叫让人震惊。比喻平日默默无闻的人,突然做出惊人的举动或成就。[例句]这次体操赛上,他～,获得冠军。

【一命呜呼】yī mìng wū hū 呜呼:古人表示哀叹的语气词。指死亡。常含幽默诙谐意味。[例句]袁世凯倒行逆施,妄图恢复帝制,最终在全国人民的一片讨袁声中～了。

【一模一样】yī mú yī yàng 样子完全相同。[例句]他们两兄弟生得～,外人很难分辨。

【一目十行】yī mù shí háng 一眼同时看十行文字。形容阅读速度极快。[例句]他～地把这本书粗读了一遍。

【一沐三捉发】yī mù sān zhuō fà 三:指多次;捉:握着。洗一次头发停下多次,握着头发去迎客。比喻求贤急切。[例句]西周时期,周公为求得贤才,～,谦虚地接待每一位来访者,至今仍传为美谈。

【一男半女】yī nán bàn nǚ 一个儿子或女儿。形容子女很少。[例句]这位老人一生不曾留得～。

【一年半载】yī nián bàn zǎi 对时间的大约估计,多则一年,少则半年。[例句]少林功夫可不是～就能学成的。

【一念之差】yī niàn zhī chā 念:念头;差:差错。一个念头的差错。常指因一时疏忽或考虑不周而产生严重后果。[例句]由于～,他走上了犯罪的道路。

Y

【一诺千金】yī nuò qiān jīn 诺:许诺、诺言;千金:形容贵重。许下的一个诺言有千金的价值。形容说话极有信用。[例句]～,是做人的重要原则之一。

【一拍即合】yī pāi jí hé 拍:节拍。一打拍子就合于乐曲节奏。形容一下子就能相互吻合。[例句]两位老总～,就共同发展路桥建设达成共识。

【一盘散沙】yī pán sǎn shā 比喻人心涣散,缺乏组织。也比喻彼此不团结。[例句]新的领导班子上任后,经过整顿,厂里～的状况大有改观。

【一炮打响】yī pào dǎ xiǎng 做成一件事就出了名。[例句]这个节目在电视台播出后,～,迅速传遍了大街小巷。

【一片冰心】yī piàn bīng xīn 冰心:清明纯洁的心。比喻心地纯洁,性情淡泊。[例句]几十年来,他～,潜心于文学创作。

【一片丹心】yī piàn dān xīn 一片诚心。[例句]他怀着对祖国的～,把自己的得失都置之度外。

【一贫如洗】yī pín rú xǐ 穷得像被水冲洗过一样。形容赤贫,一无所有。[例句]他做生意赔光了本,现在是～。

【一颦一笑】yī pín yī xiào 颦:皱眉。指脸上或高兴或不悦的表情。[例句]尽管她已离去了,但她的～却印在我的心底。

【一曝十寒】yī pù shí hán 曝:晒。晒一天,冻十天。形容做事没有恒心,用功少,荒废多。[例句]学习不能～,应当循序渐进,坚持不懈。

【一气呵成】yī qì hē chéng 一气:形容连续不断;呵:呼气。一口气做成功。形容文章流畅紧凑,一次写成。也指做事不间断,迅速完成。[例句]几百句的长诗,他竟然～,真是才思敏捷。

【一钱不值】yī qián bù zhí 见“不值一钱”。

【一腔热血】yī qiāng rè xuè 人的全身流动着的血液。满腔都是为正义事业献身的激情。[例句]他们～奔赴战斗前线。

【一窍不通】yī qiào bù tōng 窍:孔,这里指心窍,古人认为人心有窍，心窍多者聪明；不通：闭塞。没有一个窍是通的。比喻一点都不懂。[例句]我对网络知识可说是～。

【一清二白】 yī qīng èr bái 清、白：纯洁，没有污点。形容十分清楚、明白。也形容品德纯洁、清白。[例句]他为人做事向来～，决不会做鼠窃狗偷的事。

【一清二楚】 yī qīng èr chǔ 形容非常清楚、明白。[例句]大雾散去后，远处山顶上的塔都能看得～。

【一穷二白】 yī qióng èr bái 穷、白：指基础差、底子薄。形容贫穷落后。[例句]几年未见，二叔已从～的普通村民成了一个致富能手。

【一人得道，鸡犬升天】 yī rén dé dào, jī quǎn shēng tiān 一人得道成仙，全家乃至鸡狗都跟着升入天堂。后比喻一人得势，和他有关系的人跟着沾光。[例句]我们不能不对当前这种"～"的人事提拔模式提出尖锐的看法。

典故

淮南王刘安广招天下懂道术之人，集奇方异术炼成仙药。据说淮南王服仙药得道，举家升天。他家的鸡犬吃了剩下的药，居然也随着刘安飞升了。

【一仍旧贯】 yī réng jiù guàn 一：全部；仍：依照；贯：同"惯"。一切都按照惯例从事。[例句]对于好的传统，我们应～，而对于坏的，则应抛弃。

【一日千里】 yī rì qiān lǐ 一天之内，行走一千里。原形容马跑得极快。现形容发展极其迅速，进步非常快。[例句]在市民的积极配合下，本市的城市建设工作～。

【一日三秋】 yī rì sān qiū 秋：指一季或一年。过一天就像过了三年。形容对人思念殷切。[例句]他与恋人分别后，才真正体味到了什么叫"～"。

【一如既往】 yī rú jì wǎng 一：都、完全；既往：从前。完全像过去一样。[例句]中国将～，全力支持各国人民为维护民族独立和国家主权而进行的正义斗争。

【一扫而空】yī sǎo ér kōng 一下子扫得干干净净。比喻什么东西都不留，完全清除干净。[例句]太阳一出来，满天雾气～。

Y

【一身是胆】yī shēn shì dǎn 浑身都是胆。形容胆量大，无所畏惧。[例句]他果然是个～的英雄。

【一声不响】yī shēng bù xiǎng 不吭声，没一句话。[例句]你有气就对我发吧，不要～的。

【一石二鸟】yī shí èr niǎo 扔一块石头打中两只鸟。比喻一举两得。[例句]工厂的减员措施既减少了开支，又提高了效益，真是～之举。

【一时半刻】yī shí bàn kè 短时间。[例句]这饭～还熟不了，你先吃些饼干吧。

【一事无成】yī shì wú chéng 连一件事情也没有做成。形容毫无成就。[例句]他活了大半辈子，仍是～，不免伤心。

【一视同仁】yī shì tóng rén 一：同样、一律；仁：仁爱。原指对百姓同样看待，同等施仁。后指对人同样看待，不分厚薄。[例句]以～的态度处理人际关系，才能使大家心无芥蒂地团结起来，搞好工作。

【一手遮天】yī shǒu zhē tiān 用一只手就能遮住天。比喻倚仗权势，玩弄手段，蒙蔽世人。[例句]贪官污吏纵使有～的本领，也难免有一天会被揭露出来，受到法律严惩。

【一丝不苟】yī sī bù gǒu 苟：苟且、马虎。形容办事认真，连细微之处都毫不马虎。[例句]整幅画运笔工细，～。

【一丝不挂】yī sī bù guà 佛教用语。本指钓竿不系丝线。比喻没有任何尘俗的牵累。后多形容全身赤裸。[例句]飓风袭击了整个村庄，将一切能卷走的物品都卷走了，连多年的老树也被剥得～。

【一丝一毫】yī sī yī háo 丝：一毫的十分之一；毫：一厘的十分之

一。形容极其微少。[例句]这个信念不能有~的动摇。

【一死一生】yī sǐ yī shēng 死亡和出生。多指关系生死的关键时刻。[例句]经历了~,才知情深义重。

【一塌糊涂】yī tā hú tú 形容混乱到不可收拾或糟糕到了极点。[例句]这篇文章修改得~,他自己也几乎认不出它的原形。

【一潭死水】yī tán sǐ shuǐ 潭:深水池子。一池子死水。比喻长期无变化的、沉闷而无生气的局面。[例句]因为领导无能,单位上下如~。

【一统天下】yī tǒng tiān xià 统一全国。也指被某些人或某种势力所把持的局面。[例句]秦始皇~之后,统一了文字、度量衡及货币。

【一头雾水】yī tóu wù shuǐ 情况不明,让人摸不着头脑。[例句]这个深奥的物理学原理搞得在场的所有人~。

【一团和气】yī tuán hé qì 本指态度和蔼可亲,现在多指无原则地一味讲求和气。[例句]老张这个人~,和大家相处得都很好。

【一网打尽】yī wǎng dǎ jìn 比喻一下子全部获取或彻底肃清,没有遗漏。[例句]公安机关将这个犯罪团伙~。

【一往情深】yī wǎng qíng shēn 一往:一直、始终。形容始终具有深厚的感情。[例句]将军对部队生活~,对以前的战友更是念念不忘。

【一往无前】yī wǎng wú qián 往:一直向前进;无前:前面没有东西能挡得住。形容勇敢前进,无所畏惧。[例句]他的全部生涯似乎就在不断承受重担中度过,而且担子愈重,愈唤出他那~、全力以赴的英雄气概。

【一望无际】yī wàng wú jì 际:边际。一眼望不到边。形容非常辽阔。[例句]海边的沙地上种着~的西瓜。

【一无可取】yī wú kě qǔ 没有一点可取的地方。指没有任何优点或对的地方。[例句]他的意见虽不全面,但并非~。

【一无是处】yī wú shì chù 一:一概、完全;是:对、正确。全是错的,没有一点对的地方。[例句]对人的评价要实事求是,切不可说好就好得无疵可指,说坏就坏得~。

【一无所长】yī wú suǒ cháng 没有任何特长。[例句]在当今社会,~之人是没有立足之地的。

【一无所成】yī wú suǒ chéng 一点成就都没有。[例句]"求索""曲折""顿悟"是成就大学问的境界,也是事业成功的必由之路,缺少哪一点,都将会~。

【一无所得】yī wú suǒ dé 没有任何收获。[例句]许多人成功的关键并不在于他们有非凡的才华,而是他们能够战胜自我,无法战胜自我的人,最终只能是~。

【一无所好】yī wú suǒ hào 没有任何喜好。[例句]父亲除喜爱花草外,~。

【一无所获】yī wú suǒ huò 见"一无所得"。

【一无所取】yī wú suǒ qǔ 没有拿任何财物。[例句]郑板桥当县令时,两袖清风,~,深受当地百姓拥戴。

【一无所有】yī wú suǒ yǒu 什么都没有。多形容非常贫穷或空荡荡的。[例句]这家公司因经营不善而倒闭了,其创办人也由百万富翁而变得~了。

【一无所知】yī wú suǒ zhī 什么都不知道。[例句]对于王、杨两家闹矛盾的事,我~。

【一五一十】yī wǔ yī shí 指以五为单位清点数目。指从头至尾,原原本本地叙述,没任何遗漏。[例句]我把钞票~点好给了他。

【一息尚存】yī xī shàng cún 息:呼吸、气息;尚:还。还有一口气在。指还活着。[例句]我虽是花甲之人,血还热,~,就得学习真理,追求真理!

【一席之地】yī xí zhī dì 铺一张坐席的地方。指一点点地方。也指一个位置。[例句]他提出的这种新理论肯定会在物理学发展史上占有~的。

【一相情愿】yī xiāng qíng yuàn 一相:原作"一厢",一边、单方面。

只是单方面的愿望,不考虑对方是否愿意或客观条件是否具备。[例句]你这是～,对方是什么态度还难说呢。

【一笑置之】yī xiào zhì zhī 置:放。笑一笑就把它搁在一边。表示没放在心上,不多理会。[例句]听到那些流言蜚语,他心里很生气,但在表面上～,不辟谣,不辩解,使人们摸不着头脑。

【一泻千里】yī xiè qiān lǐ 泻:水向下急流。形容江河水势奔腾直下,流得又远又快。也比喻文笔或乐曲气势奔放。[例句]闸门一开,洪水～。

【一心二用】yī xīn èr yòng 指做事不专心。[例句]边写作业边看电视,～怎么能做好作业呢?

【一心一德】yī xīn yī dé 一德:信念一致。形容思想认识一致,大家一条心。[例句]只要我们～,任何困难都能克服。

【一心一意】yī xīn yī yì 一:全。只有一个心思。形容全心全意,专心致志。[例句]他练习书法～,一年来有很大长进。

【一言半语】yī yán bàn yǔ 指极少的几句话。[例句]这道题我大半天都做不出来,没想到王老师～就给我点透了。

【一言不发】yī yán bù fā 一声不吭,不说一句话。[例句]她～,只是低声哭泣。

【一言九鼎】yī yán jiǔ dǐng 九鼎:传说古时夏禹所铸的九个鼎,象征九州。一句话重于九鼎。形容说话极有分量,能起到极大的作用。[例句]他在出版界享有很高的声誉,用～来形容,实不为过。

【一言难尽】yī yán nán jìn 不是一句话所能说完的。形容事情曲折复杂。[例句]这些年我经历的种种困难,真是～。

【一言为定】yī yán wéi dìng 一句话说定,不更改,也不反悔。[例句]明天去春游,咱们～,不准反悔。

【一言兴邦】yī yán xīng bāng 一句话可以使国家兴盛。[例句]春秋战国史,留在人们脑海中的不是王侯将相,而是那些纵横捭阖、～的谋士。

【一言一行】yī yán yī xíng 一句言语和一个行动。也指每句话,每个行动。[例句]从一个人的～之中,就能看出他的品质。

【一言中的】yī yán zhòng dì 的:箭靶中心。一句话就说中。[例句]老王讲话总是言简意赅,～。

Y

【一叶知秋】yī yè zhī qiū 从一片树叶的凋落,知道秋天的到来。比喻通过个别的细微的迹象、征兆,可以看到事物发展趋向与结果。[例句]俗话说～,我从你的一个眼神就能看透你的心思。

【一衣带水】yī yī dài shuǐ 一条衣带那么宽的河流。形容狭窄或距离近。也形容江河湖海不足阻挡两岸来往。[例句]日本同中国是～的邻邦。

【一意孤行】yī yì gū xíng 孤行:独自行事。原意是谢绝请托,坚持自己的主张。后用来指不听劝告,固执地照自己的意思行事。[例句]他固执己见,～,才导致事故发生。

【一应俱全】yī yīng jù quán 一应:一切;俱:全、都。该有的都有了。形容一切具备。[例句]这家连锁超市,大至冰箱、彩电,小至针线、纽扣,～。

【一拥而入】yī yōng ér rù 形容很多人一下子挤了进来。[例句]超市的门刚一开,人们便～。

【一语道破】yī yǔ dào pò 道:说;破:揭穿。一句话就点明真相。[例句]这其中奥妙,被他～。

【一语破的】yī yǔ pò dì 破的:射中箭靶,比喻击中要害。一句话说中要害。[例句]众人之中,只有他～,把大家争论不休的问题,一下子解决了。

【一张一弛】yī zhāng yī chí 张:拉开弓弦;弛:放松弓弦。原指施政要宽严互补。现多用以比喻工作的紧松和生活的劳逸要适当调节,不能过头。[例句]工作和学习,要～,劳逸结合,这样才能收到好的效果。

【一着不慎,满盘皆输】yī zhāo bù shèn, mǎn pán jiē shū 一着:下棋时下一子或走一步。原指下棋时关键的一步棋没有走好,以致全盘都输了。比喻对全局有决定意义的问题处理不当,将会招致彻底的失败。[例句]广告宣传是否到位对于整个营销计划具有关键意义,~。

【一朝一夕】yī zhāo yī xī 朝:早晨;夕:晚上。一个早晨或一个晚上。比喻短时间。[例句]拆除旧宅,建设新区,对几万人的村子来说,这个工程可不是~能完成的。

【一针见血】yī zhēn jiàn xiě 一针扎下去就立即能看到血。比喻写文章、说话直截了当,切中要害。[例句]他批评人,从来都是~。

【一枕黄粱】yī zhěn huáng liáng 黄粱:小米。比喻虚幻不实的事或梦想破灭。[例句]他的天才的理想不过是~。

【一枝独秀】yī zhī dú xiù 指独自保持好的发展势头。[例句]在全球经济低迷时,中国~,长期保持着高速的增长。

【一知半解】yī zhī bàn jiě 知道得很少,理解得不深。[例句]~和自诩渊博,对于我们年轻人来说,都是前进中的绊脚石。

【一纸空文】yī zhǐ kōng wén 一张没有用处的空头文件。只是写在纸上却没有兑现或不能兑现的条约、规定、计划等。[例句]王安石被贬,他的法令变成了~。

【一掷千金】yī zhì qiān jīn 掷:扔、投;千金:指很多钱。指赌博时一注就投下千金。用钱满不在乎,一花就是很多。形容挥霍无度。[例句]这个贪官挪用公款赌博,~,简直置国法于不顾。

【一柱擎天】yī zhù qíng tiān 擎:托、顶。一根柱子顶起了天。比喻独力担当重任。[例句]在公司面临倒闭的危急时刻,总经理~,力挽狂澜,使公司走出困境。

【一字褒贬】yī zì bāo biǎn 褒:赞扬;贬:贬斥。一字之中蕴含着评论好坏的意思。后多指记事论人,措辞严谨且有分寸。[例句]鲁迅的文章~,可称得上不刊之论。

【一字千金】yī zì qiān jīn 一个字价值千金。形容诗文、书法价值很高。[例句]王羲之的书法可谓~。

典故

战国时，秦国的国相吕不韦让门客们各自写下见闻，汇编成《吕氏春秋》这本书。他让人将书在秦国都城咸阳的城门边公布，并宣称能增添或删去一个字的人将会拿到千金的赏赐。

Y

【一字之师】yī zì zhī shī 改正一个字的老师。指能改动别人诗文中一个字而有点铁成金之妙的人。[例句]这位大作家亲切地称这位年轻读者为～。

【衣不解带】yī bù jiě dài 带：束腰的带子。形容侍奉辛苦，睡觉都顾不上脱衣服。[例句]为侍候病重的母亲，他常～。

【衣冠楚楚】yī guān chǔ chǔ 衣冠：衣服、帽子；楚楚：鲜明整洁的样子。形容人穿戴整齐、鲜亮。[例句]他～，好一副绅士派头。

【衣冠褴褛】yī guān lán lǚ 衣帽都很破。[例句]旧社会，人们整年拼死拼活地劳作，仍然～，食不果腹。

【衣冠禽兽】yī guān qín shòu 冠：帽子。穿着衣服戴着帽子的禽兽。比喻不知礼义、品德败坏、行为像畜生一样的人。[例句]他表面上装得斯斯文文，暗地里却干了不少伤天害理的勾当，无异于～。

【衣架饭囊】yī jià fàn náng 挂衣服的架子、盛饭的袋子。比喻无能、无用的人。[例句]他一生追求精神世界的完美，这和～沉湎于自我物欲的满足是不可同日而语的。

【衣锦还乡】yī jǐn huán xiāng 衣：穿。穿着华丽的锦衣回家。指富贵后荣归乡里。[例句]在科举时代，文人十年寒窗，刻苦攻读，梦想一朝科举及第，～。

【衣衫褴褛】yī shān lán lǚ 褴褛：指衣服破烂。衣服破破烂烂。[例句]路边坐着一个～的乞丐，看样子已经饿了好几天了。

【衣食父母】yī shí fù mǔ 提供衣食的父母。指赖以生活的人。[例句]农民是我们的～，我们要尊重他们。

【衣食住行】yī shí zhù xíng 穿衣、吃饭、住宿、行路。指生活上的基本需要。[例句]学校的管理非常正规，教师们不仅在学习上帮助学生，而且还关心他们的～。

【依然故我】yī rán gù wǒ 依然：仍旧；故：过去、从前；故我：从前的我。依旧是我旧日的老样子。指没作改变。[例句]他～地过着深居简出的生活，毫不在意人们的议论。

【依然如故】yī rán rú gù 依然：仍旧；故：过去、从前。仍旧和过去一样。[例句]重返故里，这里的一切～。

【依违两可】yī wéi liǎng kě 依：同意；违：反对。赞同与反对都可以。形容态度含糊，不明确表态。[例句]他～的态度让我们生气。

【依依不舍】yī yī bù shě 依依：留恋的样子。形容非常留恋，舍不得分开。[例句]列车虽然载着他走得很远了，但他心里仍回味着大家～时的深情厚谊。

【仪表堂堂】yí biǎo táng táng 仪表：外表、风度；堂堂：容貌庄严的样子。形容人容貌、风度庄严大方。[例句]李先生的这位弟子不仅才华出众，而且～。

【怡情悦性】yí qíng yuè xìng 怡、悦：高兴、愉快。使心情愉快舒畅。[例句]读书是最可～的。

【怡然自得】yí rán zì dé 怡然：安适、愉快的样子。形容快乐而自我满足的样子。[例句]他摇着芭蕉扇，看着小孙子，～。

【贻害无穷】yí hài wú qióng 贻：留下；穷：尽。留下的祸害没有穷尽。[例句]乱砍滥伐，～。

【贻人口实】yí rén kǒu shí 贻：遗留；口实：话柄。留给别人话柄。[例句]为人师表者更应谨言慎行，不拘小节难免～。

【贻笑大方】yí xiào dà fāng 贻笑：见笑；大方：指内行人、专家。让内行人见笑。[例句]他觉得自己见识短浅，恐～，所以研讨会上始终沉默不语。

【移东补西】yí dōng bǔ xī 用一部分钱物弥补另一部分的空缺。形容临时应付，不做长久之计。[例句]他家总是～，生活清苦。

【移风易俗】 yí fēng yì sú 移:改动;易:变易、改换。转移风气,改变习俗。[例句]如今的农村也～,讲究婚事新办,婚事简办了。

【移花接木】 yí huā jiē mù 原指嫁接花木。比喻暗中采取手段,用假的替换真的。[例句]他想采用～的手段,将警方的注意力转移到别处,不料,阴谋尚未实施,自己就被同伙枪杀了。

【移山倒海】 yí shān dǎo hǎi 使大山移动,使大海翻转。比喻法术高超神妙。也常用来形容人类改造自然的巨大力量和宏伟气魄。[例句]三峡工程可谓是～的宏伟工程。

【移山填海】 yí shān tián hǎi 移动山岳,填平大海。形容仙术、法力神通广大。也形容征服自然、改造社会、战胜困难的力量和气魄非常大。[例句]群众中蕴藏着～的力量,这就是我们克服困难、人定胜天的保证。

【移樽就教】 yí zūn jiù jiào 樽:酒杯;就:靠近。端着酒到别人席上共饮,以便请教。指主动地去向别人求教。[例句]这道题太难了,我只好～。

【遗臭万年】 yí chòu wàn nián 遗:留下;臭:指恶名。坏名声永远流传后世。[例句]秦桧卖国求荣,陷害忠良,落了个～的可耻下场。

【遗恨千古】 yí hèn qiān gǔ 遗恨:到死仍感到悔恨。留下的悔恨永远存在。[例句]我们要奋发图强,不要因浪费时光而～。

【颐神养性】 yí shén yǎng xìng 颐:保养。指保养精神元气。[例句]练太极拳的老年人,特别注意～,所以他们的身体大都很健康。

【颐指气使】 yí zhǐ qì shǐ 颐:颊、腮。用面部表情和鼻口出气来示意、指使别人。形容指挥别人时的傲慢骄横态度。[例句]他对下级和颜悦色,从不～。

【疑难杂症】 yí nán zá zhèng 难以诊断、治疗的各种疾病。比喻难以理解或难以解决的问题。[例句]无论何种～,到了他这儿就全解决了。

【疑神疑鬼】yí shén yí guǐ 怀疑这，怀疑那。形容神经过敏，无中生有，胡乱猜疑。[例句]他这个人总是～的。

【以此类推】yǐ cǐ lèi tuī 依照这个来推出与其同类的其他事物。[例句]用排除法来做这道习题省去了很多时间，～，其他的习题也可以用这种方法来解决。

【以德报德】yǐ dé bào dé 报：报答、回报；德：恩惠、好处。用恩德回报别人给予的恩德。[例句]中国人有～的优良传统。

【以德报怨】yǐ dé bào yuàn 报：报答、回报。不记别人的仇，反而用恩德去回报仇怨。[例句]这夫妇俩被老人～的行为感动了，同时也为自己莽撞的行为追悔不已。

【以德服人】yǐ dé fú rén 用德行来让人敬服。[例句]作为领导者，应～。

【以毒攻毒】yǐ dú gōng dú 本指用有毒的药物来治疗毒疮等疾病。比喻利用不良事物本身的特点、弊病应对不良事物或用一种坏东西对付另一种坏东西。[例句]咱们～，不怕制服不了这个坏蛋。

【以讹传讹】yǐ é chuán é 讹：谬误、错误。把本来就错误的东西又错上加错地流传开去，结果越传越错。[例句]对于小道消息，我们要动脑筋分析，不要～。

【以功赎罪】yǐ gōng shú zuì 以功劳抵消罪过。[例句]给你一次机会，希望你能～。

【以攻为守】yǐ gōng wéi shǒu 以主动进攻作为防御的手段。[例句]我军采取～的策略，主动出击，消灭了敌人的有生力量。

【以观后效】yǐ guān hòu xiào 后效：后来的效果。指对犯法或犯错误的人做出宽恕处理的决定，以便在今后的一段时间内观察其是否有悔改的表现。[例句]校方决定对严重违反校规的刘云从宽处理，～。

【以管窥天】yǐ guǎn kuī tiān 窥：从小孔或狭缝中看。指从竹管中去看天。比喻见闻狭隘。[例句]我们了解问题的情况时应做到细致全面，切不可～。

【以己度人】 yǐ jǐ duó rén　度：揣测。用自己的想法去揣测别人的心思。[例句]这种事情，只有像他这种见利忘义的人才会做，而他却～，认为别人也会和他一样。

【以儆效尤】 yǐ jǐng xiào yóu　以：用；儆：告诫；效：效法；尤：过错。用严肃处理坏人坏事的办法来警诫学做坏事的人。[例句]对罪大恶极的犯罪分子要依法严惩，～。

【以泪洗面】 yǐ lèi xǐ miàn　泪流满脸，如同洗脸一般。形容极度悲痛，终日流泪。[例句]儿子在矿难中丧生，母亲整日～，悲痛不已。

【以蠡测海】 yǐ lí cè hǎi　蠡：盛水的瓢。用瓢来测量海水。比喻用浅陋的见识揣度大的事物。[例句]有人说他～，他还很不服气呢。

【以礼相待】 yǐ lǐ xiāng dài　用礼貌的态度对待别人。[例句]我去看他并没有别的意思，只是～，回访一下而已。

【以理服人】 yǐ lǐ fú rén　用道理来使人信服。[例句]做法律工作要～。

【以邻为壑】 yǐ lín wéi hè　壑：大水坑。把邻国当作排洪的大水坑。比喻只顾自己的利益，把困难或祸害推给别人。[例句]这家化工厂～，把有毒废水排入附近河道，造成严重污染。

【以卵击石】 yǐ luǎn jī shí　见"以卵投石"。

【以卵投石】 yǐ luǎn tóu shí　投：扔。用蛋去打石头。比喻不能正确估计自己的能力，必然失败。[例句]他不自量力，～，怎么会不失败呢？

【以貌取人】 yǐ mào qǔ rén　只凭外貌就衡量人的品质和才能，并决定对待的态度。[例句]想不到这件巧夺天工的玉雕竟然出自一位残疾人之手，真是不可～啊。

【以强凌弱】 yǐ qiáng líng ruò　凭借强力欺凌压迫弱小。[例句]我们坚决反对国与国之间～的霸权行径。

【以勤补拙】yǐ qín bǔ zhuō 用勤奋来弥补笨拙。多含自谦之意。[例句]~不失为一种学习的好方法。

【以屈求伸】yǐ qū qiú shēn 原指尺蠖通过弯曲身子而向前伸展。比喻以退为进。[例句]谈判中的退让,绝不是妥协,而是为了~。

【以权谋私】yǐ quán móu sī 利用职权,谋取私利。是党政官员和企事业领导的一种违法犯罪行为。[例句]要想杜绝~的现象,就必须加强廉政建设。

【以人为本】yǐ rén wéi běn 原为现代管理学概念,指从满足人在生存、相互关心、成长方面的需求出发,调动个人工作的积极性和创造性;企业发展兼顾员工发展,通过制订员工职业生涯发展计划等方式,以实现企业与员工发展"双赢"的格局。今指尊重人的人格,维护人的权益,发展人的潜能,满足人的需要。[例句]我们必须坚持~,树立全面、协调、可持续的发展观。

【以柔制刚】yǐ róu zhì gāng 通过柔和的手段去制服刚强的。[例句]这种武术套路看似软弱无力,实际是采用了~的方法,最宜用来对付那种又快又猛的招数。

【以弱制强】yǐ ruò zhì qiáng 制:遏制、制服。以弱小的力量遏制强大的力量。[例句]淝水之战就是~的成功战例。

【以杀去杀】yǐ shā qù shā 用杀戮来制止人们互相攻杀,以达到消除杀戮的目的。也比喻用与别人相同的手段来攻击别人。[例句]公安干警击毙了这名实施抢劫后挟持人质拒捕的歹徒,正是所谓~。

【以身试法】yǐ shēn shì fǎ 身:本身;试:尝试。以自己的行为来试法律的威力。指明知违背法律,还要做违法的事,以图侥幸。[例句]无论是谁,胆敢~,必将受到法律的严惩。

【以身殉国】yǐ shēn xùn guó 为保卫国家而献身。[例句]张自忠将军率部下与日寇浴血奋战,不幸~。

【以身殉职】yǐ shēn xùn zhí 为忠于本职工作而贡献出生命。[例句]阴雨绵绵的山城内,党政领导和各界群众都来为这位~的张局长送行。

【以身作则】yǐ shēn zuò zé 则：准则、表率。拿自身的实际行动给大家做表率。[例句]一个～的好干部，必然会得到大家的尊重。

Y

【以手加额】yǐ shǒu jiā é 古人习俗，把手放在额上，表示欢欣、庆幸。[例句]岳家军打了胜仗班师回朝，京城里的百姓～，欢呼雀跃。

【以守为攻】yǐ shǒu wéi gōng 以防守作为击破敌人的手段。[例句]我军决定暂时～，消耗敌人兵力，然后伺机进行反攻。

【以汤沃雪】yǐ tāng wò xuě 汤：开水；沃：浇。用开水浇雪，雪立即融化。比喻轻而易举，很容易成功。[例句]如果我们趁夜黑风高去偷袭敌营必是～，马到成功。

【以一当十】yǐ yī dāng shí 一个人可以抵得上十个人。多指军队斗志旺盛或勇敢善战。[例句]激发出战士的斗志，则可～。

【以一警百】yǐ yī jǐng bǎi 警：告诫。惩罚一个人以警戒提醒众人。[例句]对那些屡教不改的人，要严加惩处，～。

【以逸待劳】yǐ yì dài láo 逸：安闲。多指作战时采取守势，养精蓄锐，等待敌人攻击，待其疲劳后，乘机出击制胜。[例句]我军占领险要地势，～，击退了敌人一次又一次的进攻。

【以怨报德】yǐ yuàn bào dé 用怨恨回报别人的恩德。[例句]～是忘恩负义的表现。

【倚老卖老】yǐ lǎo mài lǎo 卖：卖弄。仗着年纪大，卖弄老资格。[例句]这个领导～，令年轻人很难施展自己的才华。

【倚马可待】yǐ mǎ kě dài 倚：靠。靠着出征的战马起草文件，可以立等完稿。形容文思敏捷，很快能写好文章。[例句]李强是我校有名的才子，写这么简单的通讯报道，他是～。

【倚门傍户】yǐ mén bàng hù 倚、傍：依靠。形容依傍或因袭他人。[例句]～、趋炎附势令人不齿；独立自强、发奋进取将受到众人的尊敬。

【倚强凌弱】yǐ qiáng líng ruò 倚：倚仗、凭借；凌：欺压。凭仗自己强大，欺负弱小。[例句]同学之间要平等和睦待人，不能～。

【旖旎风光】yǐ nǐ fēng guāng 旖旎：柔和美好。柔和而美丽的韵致风采或自然风景。[例句]海南岛的～使游人流连忘返。

【义不容辞】yì bù róng cí 道义上不允许推辞。[例句]他觉得～，就慨然地答应并承担起照顾这个孤儿的责任。

【义愤填膺】yì fèn tián yīng 义愤：由不合理或非正义的行为所激起的愤怒；填：充满；膺：胸。胸中充满了义愤。[例句]他这个人侠肝义胆，每每看到不平事便～，少不得伸手管一管。

【义气相投】yì qì xiāng tóu 彼此志趣、性格相投合。[例句]我们俩～，无话不谈。

【义无反顾】yì wú fǎn gù 义：道义；反顾：回头看。为了正义勇往直前，不回顾退缩。[例句]他～走上了革命的道路。

【义形于色】yì xíng yú sè 形：表现；色：面容、脸色。原指正义之气见于神色。后也指义愤的神情流露在脸上。[例句]光天化日下有人抢夺行人财物，这位青年～，奋不顾身上前擒拿歹徒。

【义正词严】yì zhèng cí yán 见“词严义正”。

【义正辞严】yì zhèng cí yán 见“词严义正”。

【议论纷纷】yì lùn fēn fēn 形容众人谈论不休，说法众多。[例句]实行规划住宅的消息传来，街头巷尾到处～。

【议论风生】yì lùn fēng shēng 谈论得生动而又风趣。[例句]研讨会上，专家学者们各抒己见，～，气氛非常热烈。

【亦步亦趋】yì bù yì qū 亦：也；步：慢走；趋：快走。人家慢走我也慢走，人家快走我也快走。形容事事都模仿和追随别人，自己没有主见或创造性。[例句]我们必须坚持走自己的路，不能跟在别人后面～。

【异端邪说】yì duān xié shuō 异端：与正统思想不同的学说、学派；邪说：被看作是有害的学说。泛指不正当、非正统的观点、言论。[例句]哥白尼的“日心说”曾经被教会诬为～。

【异乎寻常】yì hū xún cháng 异：不同；寻常：平常。和平常不同。

［例句］今天，他的行为～，好像有啥事瞒着大家。

【异军突起】 yì jūn tū qǐ 异军：另一支与众不同的军队；突：突然。比喻另一种力量、派别一下子兴起，独树一帜。［例句］当前网络文化～，势不可当。

【异口同声】 yì kǒu tóng shēng 不同的人说出同样的话。形容许多人说法相同，意见一致。［例句］大家～地赞扬这个见义勇为的青年。

【异曲同工】 yì qǔ tóng gōng 曲：曲调；工：精致、美妙。曲调虽然不同，但演奏得同样精彩。比喻作品不同，但同样出色。也比喻不同的做法收到了同样的效果。［例句］这两首曲子虽风格不同，但有着～之妙。

【异香扑鼻】 yì xiāng pū bí 异乎寻常的香气迎面吹来。［例句］这时，远处有一股～，令人心旌摇曳。

【异想天开】 yì xiǎng tiān kāi 异：奇特；天开：天门打开，比喻凭空的、根本没有的事情。奇特的想法从天外启发出来。形容想法非常离奇。［例句］在成人眼里，孩子们的很多想法都是～，但对孩子们来说那却是一个精彩的世界。

【抑恶扬善】 yì è yáng shàn 抑：压抑、压制。压制邪恶，褒扬良善。［例句］他任职期间，～，得到百姓的称赞。

【抑强扶弱】 yì qiáng fú ruò 压制强暴，扶助弱小。［例句］他行走江湖多年，～，行侠仗义。

【抑扬顿挫】 yì yáng dùn cuò 抑扬：降低和提高，高低起伏；顿挫：停顿和转折，委婉有节奏。高低起伏，停顿转折。多形容诗文的音调优美，吟诵起来和谐悦耳。［例句］这乐声时高时低，～，如诉如吟，入耳动心。

【易地而处】 yì dì ér chǔ 易地：对调一下地方。指彼此互换（看待处理问题）所处的地位或角度。［例句］你不必自责，如果我们～，也许我还不如你呢。

【易如反掌】 yì rú fǎn zhǎng 反：翻。像翻一下手掌那样容易。形容事情非常容易做成。[例句]这种事情对于当总经理的他来说，简直是～。

【易如拾芥】 yì rú shí jiè 拾：俯拾；芥：小草、草芥。容易得像俯身拾取小草一样。形容事情很容易办成功。[例句]这起案件牵扯人员众多，涉及面大，办起来并非～，需认真对待。

【益国利民】 yì guó lì mín 有益于国家，有益于人民。[例句]发展教育事业是～的大事。

【益寿延年】 yì shòu yán nián 见“延年益寿”。

【逸闻轶事】 yì wén yì shì 逸、轶：散失。散失不传、人们不太知晓但很感兴趣的传闻故事。[例句]作家必须深入生活中去寻找素材，因为民间流传有很多～。

【意气风发】 yì qì fēng fā 意气：意志和气概；风发：像风一样迅猛。形容精神振奋，气志昂扬。[例句]在党中央的领导下，全国人民～，为建设社会主义强国而奋勇前进。

【意气相合】 yì qì xiāng hé 见“意气相投”。

【意气相投】 yì qì xiāng tóu 意气：志趣和性格。彼此志趣投合。[例句]他俩～，形影相伴。

【意气轩昂】 yì qì xuān áng 神采焕发、气度不凡的样子。[例句]这人虽穿着朴素，但却～。

【意气扬扬】 yì qì yáng yáng 意气：意志和气概；扬扬：得意的样子。形容神气十足，自负得意的样子。[例句]他近来喜事连连，因而显得～。

【意气用事】 yì qì yòng shì 意气：偏激任性的情绪。指凭感情办事，缺乏理智。[例句]我们做任何工作都不能～。

【意气自得】 yì qì zì dé 意气：意志和气概；自得：自觉得意。形容十分骄傲、得意的样子。[例句]他刚取得了一点成绩，就～地向人炫耀。

【意味深长】 yì wèi shēn cháng 意味：意趣和情味。意思含蓄深刻，耐人寻味。[例句]这几句话～，我一直铭记在心。

Y

【意兴索然】yì xìng suǒ rán 索然：乏味、没有兴致的样子。毫无意味或毫无兴致的样子。[例句]会议上，大家正讨论得起劲，谁知闯进一个不速之客，让人～。

【意在言外】yì zài yán wài 所要表达的真正意思在言语、文辞之外。指话语含蓄，真正的意义在话语之外，让别人自去体会。[例句]鲁迅先生的杂文看似平淡，其实～，意味深长。

【溢美之辞】yì měi zhī cí 溢：过度、过分。过分赞美的话语。后多指吹捧的话。[例句]对这种～他从来不予理会。

【溢于言表】yì yú yán biǎo 溢：流露。指感情通过言谈、神情流露出来。也指虽未明说，但可以体会到。[例句]他喜悦的心情～。

【毅然决然】yì rán jué rán 毅然：坚定的样子；决然：果断的样子。形容十分坚决果断。[例句]当敌人侵占我国领土时，他～地走上了参军抗敌的道路。

yin

【因材施教】yīn cái shī jiào 因：依照；施：施行。根据受教育者的不同情况，采用相应的教育方法。[例句]教师对学生应～，发挥其长处。

【因地制宜】yīn dì zhì yí 制：制定；宜：适宜的措施。根据当地的具体情况，制定或采取适当的措施。[例句]山区不同于平原，必须～地制订生产计划。

【因祸得福】yīn huò dé fú 遭遇灾祸是坏事，但由于种种原因反而获得了好处。指坏事转变为好事。[例句]肆虐我国的"非典"为祸一时的同时，福州一些"健康住宅"的销售却～。

【因陋就简】yīn lòu jiù jiǎn 因：沿袭；陋：简陋；就：将就。原指沿袭简陋的状况，不求改进。现指凭借简陋的条件节约办事。[例句]这里的学校都是～办起来的，现在设施还比较差。

【因时制宜】yīn shí zhì yí 因：依据；制：制定；宜：适当的措施。根据不同时期的具体情况，制定适宜的措施。[例句]由于所遇到的情况不同,所以我们要~。

【因势利导】 yīn shì lì dǎo 因:根据、顺着;势:趋势;利导:引导。顺着事物发展的趋势很好地加以引导。[例句]我们班主任善于~地做同学们的思想工作。

【因小失大】 yīn xiǎo shī dà 由于小事疏忽而耽误了大事。指贪图小利而造成大损失。[例句]这件事我们要权衡利弊,择善而从,不能~。

【因循守旧】 yīn xún shǒu jiù 因循:沿袭。沿袭旧的一套,不思更新。[例句]在社会主义建设的大潮中,我们应不断吸收世界上先进的科学技术,决不能~,故步自封。

【因噎废食】 yīn yē fèi shí 噎:食物堵塞住喉咙;废:停止。怕吃饭卡住喉咙,索性就不再吃。比喻因偶然受到一次挫折或因为出了一点问题或怕出问题,就把本来应该做的事情停下来或根本不干了。[例句]要创新就难免有挫折,我们不能~,止步不前。

【阴错阳差】 yīn cuò yáng chā 比喻由于多种偶然因素而造成了差错。[例句]我们盼望多年的机会就这样~地失掉了,真令人遗憾。

【阴谋不轨】 yīn móu bù guǐ 阴谋:暗中做坏事的计谋;不轨:不守法度。暗中策划做不法之事。多指进行叛乱活动。[例句]古代的皇帝大多疑心很重,一旦他认为某人~,便会抢先下手将其除掉。

【阴谋诡计】 yīn móu guǐ jì 阴谋:暗中做坏事的计谋;诡计:狡诈的打算。暗中干坏事的计谋,阴险狡诈的计策。[例句]他们的~一旦被揭露,就再也无法继续兴风作浪了。

【阴阳怪气】 yīn yáng guài qì 形容态度暧昧,言行诡秘,让人捉摸不透。[例句]这个人~,实在难以共事。

【音容宛在】 yīn róng wǎn zài 声音容貌宛然就在眼前。多用作对死者的吊唁之词。[例句]张老师虽已去世多年,但~,他诲人不倦的形象铭刻在学生心中。

【音容笑貌】 yīn róng xiào mào 见“声音笑貌”。

【殷鉴不远】 yīn jiàn bù yuǎn 殷：商朝的别称；鉴：镜子，引申为可以作为教训的事；殷鉴：原指可以作为殷朝借鉴的事，即夏朝灭亡的教训，后泛指可以作为后人借鉴的事。前人的教训就在眼前，应该借鉴。［例句］中国近代的那段屈辱历史对我们来说，～，所以，大力发展生产力，增强综合国力理应成为我国社会主义初级阶段的主要任务。

【吟风弄月】 yín fēng nòng yuè 吟：吟咏；弄：玩赏。原指诗人吟咏风花雪月等自然景色。现多指作品内容空虚无聊。［例句］南唐时期的文学作品并非全是～，也有对社会进行讽刺的。

【吟风咏月】 yín fēng yǒng yuè 见“吟风弄月”。

【银样镴枪头】 yín yàng là qiāng tóu 镴：锡铅合金。表面像银质，实际上是焊锡做的枪头。比喻虚有其表、中看不中用的人或事物。［例句］他外表英俊潇洒，腹内空空，无一点知识，是个名副其实的～。

【银装素裹】 yín zhuāng sù guǒ 雪天户外的东西被白雪包起来像穿上了银白色的衣服。形容雪景的美丽。［例句］在冬季，哈尔滨的玉树冰花、～，把你带入洁白而高雅的世界。

【寅支卯粮】 yín zhī mǎo liáng 原意是本年支用下一年的粮。比喻经济困难，入不敷出。［例句］自从有了孩子后，家里的生活更是～，捉襟见肘，她不得不随着丈夫外出打工了。

【引风吹火】 yǐn fēng chuī huǒ 利用风来吹火，使火越烧越旺。比喻挑动别人去扩大事端。［例句］他这人惯于～，挑拨离间，你不可不防。

【引吭高歌】 yǐn háng gāo gē 引：拉、伸；吭：喉咙、嗓子。放开嗓子，高声歌唱。［例句］战士们～，欢度节日。

【引火烧身】 yǐn huǒ shāo shēn 引火烧自已。比喻自讨苦吃，自找麻烦。现也比喻主动批评自己，争取别人的帮助。［例句］有意见，我就要提，就算是～，我也不怕。

【引经据典】yǐn jīng jù diǎn 引:援引、引用;据:依据。引用经典著作作为依据。[例句]各个领域的理论家们~,都试图来考证柏拉图笔下的亚特兰梯斯岛在历史上的地理位置。

【引狼入室】yǐn láng rù shì 把狼引到屋里来。比喻主动把坏人或敌人引入内部。[例句]此人向来重利忘义,你同他合作,无异于~。

【引人入胜】yǐn rén rù shèng 引:引导、吸引;胜:胜境,美妙的境地。吸引人进入美妙的境地。现多形容山水风景或文艺作品美妙动人,很吸引人。[例句]舞台上传来的琴声婉转悠扬,~。

【引人注目】yǐn rén zhù mù 引:引起、吸引;注目:注视、注意。形容人或事物不一般,能吸引人们注意。[例句]这个巨幅广告牌横架在马路上方,特别~。

【引以为戒】yǐn yǐ wéi jiè 戒:警戒。把过去的教训作为警戒,避免重蹈覆辙。[例句]对工作中的失误,我们要~,避免再犯。

【引玉之砖】yǐn yù zhī zhuān 比喻为引出别人的高见而发表的粗浅拙陋的意见。常用作谦辞。[例句]我的话是~,希望大家提出宝贵意见。

【引锥刺股】yǐn zhuī cì gǔ 锥:锥子;股:大腿。形容学习刻苦。[例句]要想成才不仅要有~的刻苦精神,还要勇于实践。

【饮恨而终】yǐn hèn ér zhōng 饮恨:把怨恨咽到肚里;终:去世。怀恨而死。[例句]他的冤案终于得到昭雪,可他却早已~了。

【饮恨吞声】yǐn hèn tūn shēng 饮恨:把怨恨咽下肚里;吞声:强忍住哭声。形容虽有怨恨却只能深藏内心,不能表露。[例句]在旧社会,恶人当道,百姓只得~。

【饮食起居】yǐn shí qǐ jū 指日常生活。[例句]妈妈三十年如一日地照顾着爷爷的~。

【饮水思源】yǐn shuǐ sī yuán 喝水时想到水的源头。比喻做人不能忘本,要记得别人恩德。[例句]西海固的群众~,忘不了给水兵团冒着严寒为他们找水打井的事迹。

【饮鸩止渴】yǐn zhèn zhǐ kě 鸩:传说中的毒鸟,用其羽毛泡酒,有剧毒。用毒酒解渴。比喻采取极有害的方法来解决眼前的困难,不顾严重后果。[例句]破坏生态环境而获取利益,其实是一种～的愚蠢行为。

Y

【隐恶扬善】yǐn è yáng shàn 隐:隐瞒;扬:宣扬。对待别人不谈其坏处,只表扬其好处。[例句]～,是忠厚待人的美德。

【隐晦曲折】yǐn huì qū zhé 隐晦:不明显。指说话或写文章含糊其辞,令人费解。[例句]我们写文章不要～,以免读者看不明白。

【隐姓埋名】yǐn xìng mái míng 不表露自已的真实姓名,以防别人知晓。[例句]这个通缉犯虽然～二十多年,但最终还是落入了法网。

【隐隐约约】yǐn yǐn yuē yuē 指看起来或听起来模糊,不很清梦,感觉不很明显。[例句]早晨,刘大爷正在湖边晨练,这时从前方传来～的求救声。

【隐约其辞】yǐn yuē qí cí 形容说话或作文语意隐晦,令人难以捉摸。[例句]他不肯泄露秘密,所以说话支支吾吾,～。

ying

【应有尽有】yīng yǒu jìn yǒu 应该有的都有。形容一切齐备。[例句]超市里各种商品琳琅满目,～。

【英雄本色】yīng xióng běn sè 杰出人物的本来面貌。指杰出人物超越一般人的行为。[例句]人们常说:乱世方显～。

【英雄气短】yīng xióng qì duǎn 英雄:指才能出众的人。有才志的人因遭遇挫折或沉迷于爱情而失去进取心。[例句]面对堆积如山的积压产品,这个刚强的汉子也不禁～,失去了往日的豪迈气概。

【英姿飒爽】yīng zī sà shuǎng 飒爽:豪迈矫健。形容姿态英武,神采飞扬。[例句]女兵们～地走过检阅台。

【莺歌燕舞】yīng gē yàn wǔ 黄鹂在欢唱,燕子在飞舞。原形容春日的美好景象。现也形容蓬勃兴盛的大好形势。[例句]春天的郊外，到处～，一派生机勃勃的景象。

【鹦鹉学舌】yīng wǔ xué shé 鹦鹉学人说话。比喻没有主见，完全跟着别人说话。[例句]他的文章多是～，很少有自己独到的见解。

【鹰扬虎视】yīng yáng hǔ shì 如鹰飞翔，似虎雄视。形容威武奋勇。[例句]训练场上，士兵们个个～，英姿勃发。

【迎风招展】yíng fēng zhāo zhǎn 招展：飘动、摇动。形容旗子等物随风飘扬。[例句]广场中央，一面五星红旗在晨光中～。

【迎来送往】yíng lái sòng wǎng 见“送往迎来”。

【迎难而上】yíng nán ér shàng 在困难面前毫不退缩，勇敢地迎接。[例句]人民子弟兵在大灾大难面前从不退缩，无论哪里有危险，他们都是～。

【迎刃而解】yíng rèn ér jiě 迎：正对着；刃：刀口；解：分开。原指劈竹子，头上几节破开后，下面的就迎着刀口裂开了。比喻事情很容易解决。[例句]工程的启动资金能得到合理解决，其他材料都可～。

【迎头赶上】yíng tóu gǎn shàng 加紧追赶最前面的。[例句]我国科学技术距世界先进水平还有一定差距，所以我们必须奋起直追，～。

【迎头痛击】yíng tóu tòng jī 迎头：迎面、当头；痛：狠狠地。当头给以沉重打击。[例句]敌人若敢偷袭，我们必～。

【盈盈一水】yíng yíng yī shuǐ 盈盈：形容水清澈的样子。隔着一条清澈的河，只能彼此相望。[例句]牛郎、织女“～间，脉脉不得语”的遭遇启发了这位诗人的创作灵感。

【营私舞弊】yíng sī wǔ bì 营私：谋求私利；舞弊：用欺骗的方式做违法的事。指为牟取私利，采用欺骗手段，做违法乱纪的事。[例句]一些人利用手中的职权，～，严重损害了国家和人民的利益。

Y

【蝇头微利】yíng tóu wēi lì 蝇头:苍蝇的头,喻物之小。苍蝇头那样的小利益。比喻极微不足道的利益。[例句]你不要盲目追求这些～,应以学业为重。

【影影绰绰】yǐng yǐng chuò chuò 形容模模糊糊,若隐若现。[例句]晨雾中,～望见公园里有几个人在打太极拳。

【应答如响】yìng dá rú xiǎng 响:回声。回答别人的问题像回声一样。形容对答敏捷。[例句]答辩会上,学子们～,博得了评委们的一致赞许。

【应付裕如】yìng fù yù rú 裕如:从容而不费力。形容处理问题很有办法,不费力气。[例句]公司的事务再繁忙,我也可以～。

【应际而生】yìng jì ér shēng 际:际遇。指顺应时运而生。[例句]随着社会的发展,许多新兴产业～。

【应接不暇】yìng jiē bù xiá 暇:空闲。原指景物繁多,来不及观赏。后形容来人或事情太多,应付不过来。[例句]新产品上市后,生产厂家不断地接到订货单,简直～。

yong

【庸医杀人】yōng yī shā rén 庸医:医术低劣的医生。医术不高的医生由于诊治不当而致人死亡。[例句]这起～事件引起了全社会极大的关注。

【庸庸碌碌】yōng yōng lù lù 形容人才学平庸,没有志气,无所作为。[例句]青少年不能～地虚度年华,应在学业上有所长进。

【庸中佼佼】yōng zhōng jiǎo jiǎo 庸:平常的人;佼佼:胜过一般水平的。在平常人中显得比较突出的。[例句]小红虽在普通班,但却是～。

【雍容尔雅】yōng róng ěr yǎ 雍容:文雅大方,从容不迫。形容仪态大方文雅。[例句]画家画的是一位～的贵妇人,形象逼真,令人赞叹。

【雍容华贵】yōng róng huá guì 雍容:文雅大方,从容不迫;华贵:

华丽而富贵。形容人仪表大方，衣着华丽富贵。[例句]舞会上，女主人～，仪态万方，在人群中格外引人注目。

【饔飧不饱】yōng sūn bù bǎo 饔：早餐；飧：晚餐。整天吃不到一顿饱饭。形容生活贫困。[例句]他自幼～，饱尝了生活的艰辛。

【永垂不朽】yǒng chuí bù xiǔ 垂：流传后世；朽：腐烂、磨灭。指人的名声、功业、精神等长久地流传后世，永不磨灭。[例句]在中国革命和建设事业中牺牲的人民英雄～！

【永世长存】yǒng shì cháng cún 永世：永远。永远存在下去。[例句]鲁迅先生的伟大精神和光辉事迹是～的。

【永无止境】yǒng wú zhǐ jìng 止境：尽头、终点。永远没有到头的时候。[例句]追求知识，～。

【咏月嘲风】yǒng yuè cháo fēng 咏：吟咏，有节奏地诵读；嘲：嘲弄。原指诗人以风花雪月为题材，即兴吟咏写作，抒发其闲情逸致。后多指吟咏写作空泛无聊或逃避现实。[例句]鲁迅先生批评～的无聊文人，并指出他们于国于民大有害处。

【勇而无谋】yǒng ér wú móu 勇敢但缺乏谋略。[例句]球场如同战场，如果～，是很难战胜对方的。

【勇夫悍卒】yǒng fū hàn zú 勇猛凶悍的武夫和士兵。指徒有勇力的人。[例句]这支队伍虽不乏～，但纪律不严，素质较差。

【勇冠三军】yǒng guàn sān jūn 冠：居于第一位；三军：古代军队建制分上、中、下三军，借指全军。作战勇猛为全军第一。形容英勇过人。[例句]叶挺率领的独立团在北伐战争中～。

【勇猛精进】yǒng měng jīng jìn 原为佛家语，指勤勉修行，就能求得佛教真谛。后多用来指通过顽强刻苦地学习而突飞猛进，具备高深的造诣。[例句]为了能在奥运会上取得好成绩，运动员们刻苦训练，～。

【勇往直前】yǒng wǎng zhí qián 不畏艰险，勇敢地一直往前。[例句]中国人民在建设中国特色社会主义的道路上～。

【用兵如神】yòng bīng rú shén 用兵：调遣兵将，指挥战争。形容非常善于用兵，指挥作战变化莫测。[例句]红军在长征中四渡赤水，搞得敌人晕头转向，显示了毛泽东～、高超的军事指挥才能。

【用管窥天】yòng guǎn kuī tiān　以竹管为镜，观看上天，所见极小。比喻眼光狭窄，见识短浅。[例句]人不可～，而应放眼世界。

【用尽心机】yòng jìn xīn jī　心机：心思。形容挖空心思，用尽计谋，以达到某种目的。[例句]他～地讨领导欢心，结果却招来责骂，好不懊恼。

【用其所长】yòng qí suǒ cháng　使用人的长处。[例句]领导对待员工，应～，以充分调动他们的积极性。

【用武之地】yòng wǔ zhī dì　适宜进行战争的地方。比喻可以施展自己才能的地方或机会。[例句]在计算机领域里，我才算是有了～。

【用贤任能】yòng xián rèn néng　任用贤能的人。[例句]企业能否兴旺发达，关键要看能不能真正做到～。

【用心良苦】yòng xīn liáng kǔ　用心：居心、存心；良：很。费尽心思考虑。[例句]对于孩子的教育问题，他俩可谓～。

【用之不竭】yòng zhī bù jié　竭：尽、完。用不完。形容极其丰富。[例句]这个地区的水利资源十分丰富，真可以说是取之不尽，～。

you

【优柔寡断】yōu róu guǎ duàn　优柔：犹豫不决；寡：少。形容办事犹豫，缺乏决断力。[例句]在机会面前，我们不能～，要善于把握。

【优胜劣败】yōu shèng liè bài　本指生物界生存竞争中，竞争力强的才能保存下来，而弱者必然被淘汰。后指人类社会竞争中的弱肉强食。[例句]自然界遵循着～、适者生存的规律，在不断地变化发展着。

【优哉游哉】yōu zāi yóu zāi　优、游：悠闲舒适的样子；哉：文言语气词。形容从容不迫、闲适自得的样子。[例句]老王退休后钓钓鱼，打打拳，真是～。

【忧公忘私】yōu gōng wàng sī 心想着国家或集体的事而忘了顾及自己的私利。[例句]焦裕禄是如此的～，以致积劳成疾。

【忧国爱民】yōu guó ài mín 忧劳国家大事，爱护百姓。[例句]他一生～，为后世所景仰。

【忧国忘家】yōu guó wàng jiā 一心忧劳国事，把家事置之度外。[例句]他为官一任，造福一方，是个～的好干部。

【忧国恤民】yōu guó xù mín 忧虑国事，体恤百姓。[例句]他一生～，为国家的富强和民族的振兴而奋斗不息。

【忧国忧民】yōu guó yōu mín 忧虑国家大计和人民疾苦。[例句]范仲淹一生～，为后世所景仰。

【忧患余生】yōu huàn yú shēng 忧患：困苦患难。指饱经困苦患难之后留存下来的生命。[例句]这位在旧社会～的老学者，为新中国培养了大批优秀人才。

【忧心忡忡】yōu xīn chōng chōng 忧心：忧虑；忡忡：忧愁的样子。形容心事重重、忧愁不安的样子。[例句]这几天他总是～，一定是家里出了什么事。

【忧心如焚】yōu xīn rú fén 焚：烧。心里愁得火烧火燎的。形容非常焦急忧虑。[例句]我们在一起谈论国家大事，～。

【悠然自得】yōu rán zì dé 悠然：悠闲的样子；自得：自觉得意舒适。形容神态从容，心情舒畅。[例句]老太太坐在阳光下面～地听着收音机。

【悠闲自在】yōu xián zì zài 闲暇舒适，无忧无虑。[例句]老人们在树荫下～地聊天。

【由此及彼】yóu cǐ jí bǐ 从一个问题推及另一个问题。[例句]我们想事情、看问题要～，多方面联系。

【由衷之言】yóu zhōng zhī yán 衷：内心。发自内心的话，真心话。[例句]这是我的～，望你三思而行。

【犹豫不决】yóu yù bù jué 犹豫：迟疑。迟疑动摇，无法决断。

Y

[例句]到底是参加学校足球队，还是参加乒乓球队，他一时～。

【油腔滑调】 yóu qiāng huá diào 形容说话圆滑轻浮，没诚意。[例句]他是个严肃而正派的人，不习惯于～。

【油然而生】 yóu rán ér shēng 形容某种好的思想感情很自然而然地产生。[例句]中秋之夜，他仰望明月，一股思乡之情～。

【油头粉面】 yóu tóu fěn miàn 形容打扮得花哨轻浮(多指男子)。[例句]他打扮得～，让人一看就觉得特别不舒服。

【油盐酱醋】 yóu yán jiàng cù 比喻日常琐事或添枝加叶的内容。[例句]他一生平平凡凡，常为～之类的生活琐事所累。

【油嘴滑舌】 yóu zuǐ huá shé 形容说话油滑，态度轻浮。[例句]父亲见儿子～的，便狠狠地批评了他一顿。

【游刃有余】 yóu rèn yǒu yú 原指解牛的技术熟练，刀子在牛的骨头缝里自由移动，没有一点阻碍。后用以比喻技艺精熟，经验丰富，做事轻而易举。[例句]他做了几十年的电工，修只电表，对他来说是～。

【游山玩水】 yóu shān wán shuǐ 游览观赏山水名胜。[例句]谢灵运喜欢～，吟咏风景，是著名的山水诗人。

【游手好闲】 yóu shǒu hào xián 游手：空手，闲着不做事；好闲：喜爱安逸。游荡成性，不事生产。形容游荡懒散，什么也不干。[例句]如今，无事生非、～的人少了，大家都知道只有靠勤劳的双手才能换来幸福的生活。

【有板有眼】 yǒu bǎn yǒu yǎn 板、眼：戏曲音乐的节拍。指戏曲音乐唱腔合乎节拍。也比喻说话、做事有条理，一本正经。[例句]她做事总是～，令人佩服。

【有备无患】 yǒu bèi wú huàn 患：灾祸、患难。事先有防备就可以免除祸患。[例句]出外旅行，应带上治疗常见病的药物，～。

【有胆有识】 yǒu dǎn yǒu shí 有胆量，有气魄，有见识。[例句]小王工作踏实，～，深受公司经理的器重。

【有的放矢】 yǒu dì fàng shǐ 的：箭靶的中心；矢：箭。对准箭靶中心放箭。比喻目标明确。[例句]我们无论做事情，还是写文章，都应做到～。

【有福同享，有难同当】 yǒu fú tóng xiǎng, yǒu nàn tóng dāng 有好处共同分享，有灾祸共同承担。[例句]你我弟兄，生死之交，～。

【有害无利】 yǒu hài wú lì 只有害处，没有一点好处。[例句]吸烟～，这是大家都清楚的事实。

【有机可乘】 yǒu jī kě chéng 机：机会；乘：趁。有机会利用，有空子钻。[例句]在大家休息的时候，这个小偷以为～，溜到财务室行窃，不料被抓个正着。

【有脚书厨】 yǒu jiǎo shū chú 指对学识渊博者的称誉。[例句]黄教授学识渊博，人称"～"。

【有教无类】 yǒu jiào wú lèi 无类：不分类别。指教育应普及于所有的人，不受等级、地域的限制。[例句]我们坚持～的原则，无论是谁，都有受教育的权利。

【有惊无险】 yǒu jīng wú xiǎn 虽受到惊吓但还是安全脱离险境。[例句]小刚在帮助家里摘果子时，差点从树上掉下来，真是～。

【有口皆碑】 yǒu kǒu jiē bēi 碑：记功碑。所有人的嘴都是记功碑。比喻为人们普遍称颂。[例句]敬爱的周总理为中国革命建立的伟大功勋，已经～，载入史册。

【有口难辩】 yǒu kǒu nán biàn 见"有口难分"。

【有口难分】 yǒu kǒu nán fēn 有嘴却难以分辩。形容蒙受冤屈，难以辩白。[例句]有人栽赃陷害于他，使他一时～。

【有口难言】 yǒu kǒu nán yán 心里的话不能或不便对别人说。常指一些隐私。[例句]产品计划书外泄，秘书小李是～。

【有口无心】 yǒu kǒu wú xīn 说话漫不经心，不加考虑。也指心直口快。[例句]他这人向来～，你千万别见怪。

【有劳有逸】 yǒu láo yǒu yì 劳：劳作；逸：安闲。工作与休息结合。[例句]我们平日应～，这样才能提高办事效率。

【有利可图】 yǒu lì kě tú 图：谋取。有利益可以谋取。[例句]这种污水处理业市场前景极为开阔，一定～。
【有名无实】yǒu míng wú shí 空有名声而没有实际内容。[例句]我们不能轻信那些～的广告。

【有凭有据】yǒu píng yǒu jù 凭：凭证；据：根据。指说话做事有根据，不虚妄。[例句]我们手里～，不怕他到时候不认账。
【有气无力】yǒu qì wú lì 形容身体虚弱。也形容人精神懒散、没精打采的样子。[例句]疲劳和干渴，把他们折磨得～。
【有求必应】yǒu qiú bì yìng 只要有请求，就一定允诺。[例句]无论他有多忙，我向他请教，他总是～。
【有伤风化】yǒu shāng fēng huà 伤：损害。指言语、行动对风俗教化有损害。[例句]在那个年代，女生剪短发是被视为～的。
【有生之年】yǒu shēng zhī nián 年：岁月。人在世的岁月。[例句]张先生的愿望是在～完成这部历史小说的创作。
【有声有色】yǒu shēng yǒu sè 形容说话或表演具体生动，十分精彩。[例句]那位朋友将自己协助警察抓住毒贩的经过～地讲了一遍。
【有识之士】yǒu shí zhī shì 识：见识、知识。有见识的人。[例句]县文化艺术节的成功举办，深深触动了陈宝亮，这位～决定献身于家乡的文化事业。
【有始无终】yǒu shǐ wú zhōng 终：结尾。有开头没有结尾。多指做事不能坚持到底。[例句]尽管项羽举义～，不足为训；但江东八千子弟兵，在推翻秦二世的农民战争中所建树的功绩，在历史上是不可磨灭的。
【有始有终】yǒu shǐ yǒu zhōng 有开头，也有结尾。指做事认真，能持之以恒。[例句]他做事向来都是～。
【有恃无恐】yǒu shì wú kǒng 恃：倚仗、依靠；恐：害怕。因为有倚仗就无所畏惧。[例句]他倚仗后台，～地横行乡里。
【有损无益】yǒu sǔn wú yì 损：减少、损失；益：增加、好处。只减少，不增加。也指只有害处，没有好处。[例句]这件事你可千万别说出去，否则对咱俩～。

【有条不紊】yǒu tiáo bù wěn 条：条理、秩序；紊：乱。形容说话做事有条理次序，丝毫不乱。[例句]老王在这方面有很强的指挥能力，满地里男女老少将近二百口子人，让他指挥得～。

【有条有理】yǒu tiáo yǒu lǐ 整齐有序，层次分明，顺畅而不乱。[例句]他做起事来～，仔细认真。

【有头无尾】yǒu tóu wú wěi 只有开头，没有收尾。指做事不能坚持到底。[例句]他经常都是这样，～，毛手毛脚，办起事来实在叫人不放心。

【有头有脸】yǒu tóu yǒu liǎn 有脸面，有身份，有威信，有声誉。[例句]他在这群人中是个～的人物。

【有头有尾】yǒu tóu yǒu wěi 有开头又有结尾。指做事能坚持始终。[例句]他做每件事都是～的，深得人们赞许。

【有闻必录】yǒu wén bì lù 闻：听到的；录：记录。听到什么一定都记录下来。[例句]写报告文学并不是～，而是有选择和侧重，以表达作者的观点和意图。

【有心无力】yǒu xīn wú lì 有某种愿望或设想，却没有力量实现。[例句]在这件事上，我是～，很是惭愧。

【有血有肉】yǒu xuè yǒu ròu 比喻文艺作品刻画人物生动，内容充实。[例句]在这部小说里，作者塑造了一个～、个性鲜明的人物形象。

【有言在先】yǒu yán zài xiān 指在事情发生以前发表过意见，也就是事先打过招呼。[例句]～，我们不能明知故犯。

【有眼无珠】yǒu yǎn wú zhū 眼：眼眶；珠：眼珠、眼球。有眼眶却没有长眼珠。比喻见识短浅，没有识别能力。[例句]他将花言巧语的骗子当成了好人，上了大当后才发现自己～。

【有勇无谋】yǒu yǒng wú móu 只有胆量，没有计谋。比喻做事或打仗只是猛冲猛干，而缺乏计划和策略。[例句]在禁毒第一线工作，～是绝对行不通的。

Y

【有约在先】yǒu yuē zài xiān 约：约定。事情怎样处理，双方事先就已约定。［例句］我和他～，不管这笔生意成功与否，我俩得共同分担风险。

【有则改之，无则加勉】yǒu zé gǎi zhī，wú zé jiā miǎn 加：加以；勉：勉励。指对于别人指出的缺点或错误，如果有就改正，没有就进一步勉励自己。后多指虚心听取、正确对待别人的批评意见。［例句］对于别人的批评，我们应虚心接受，认真反省，～。

【有增无损】yǒu zēng wú sǔn 不断增加扩展，一点也不减少、缩小。［例句］经过多次帮助教育，他的坏毛病依然～，真让人失望。

【有朝一日】yǒu zhāo yī rì 指将来有那么一天。［例句］即使这是梦，但我相信～我的作品发表，梦就会变成现实。

【有志难酬】yǒu zhì nán chóu 志：志向；酬：实现。指胸中的抱负难以实现。［例句］有志于写作的老范，由于公务繁忙，始终没有时间静心写作，常感～。

【有志之士】yǒu zhì zhī shì 有志向、有胆略的人。［例句］近百年来，在民族革命解放战争中，有多少～献出了宝贵的生命，他们将永垂不朽。

【诱敌深入】yòu dí shēn rù 指引诱敌人进入预定地区加以歼灭。［例句］我军～，使敌人兵力分散，伺机聚而歼之。

yu

【迂回曲折】yū huí qū zhé 迂回：回旋、环绕；曲折：弯曲。山势曲折，道路随之回旋。比喻事物发展过程中出现的波折和反复。［例句］那条小路在山间～，通到了山的深处。

【于事无补】yú shì wú bǔ 补：好处、益处。对事物没什么好处。［例句］事已至此，你再埋怨他也～了。

【于心何忍】yú xīn hé rěn 心里如何忍受。表示对受害者的同情。［例句］舍下不满周岁的孩子外出打工，你做母亲的～？

【予取予求】yú qǔ yú qiú 予：我。从我这里求取。后也指任意索取。[例句]他们作为老板,就可以～,不受任何限制了吗?

【余音袅袅】 yú yīn niǎo niǎo 袅袅:婉转悠扬。形容声音婉转悠扬,连绵不绝。也比喻诗文隽永,令人回味无穷。[例句]悠扬的笛声从青竹林中传来,～,令人不由得驻足聆听。

【余音绕梁】 yú yīn rào liáng 余音:指歌声结束后耳边好像还留有声音;绕梁:绕着屋梁,形容歌声久留不散。形容歌声优美动听,给人留下深刻的印象。也指诗文意味深长。[例句]这琴声悦耳动听,～,有很大的感染力。

【余勇可贾】 yú yǒng kě gǔ 余:剩余的;贾:卖。还有剩余的勇气可以卖。后用来表示还有力量没有用尽。[例句]这位老教授退休后仍觉～,经常指导年轻教师。

【鱼沉雁杳】 yú chén yàn yǎo 鱼、雁:这里都指代书信;杳:不见踪迹。比喻音讯不通。[例句]他们夫妻自从那年因战乱离别后,～,没有一点消息。

【鱼贯而出】 yú guàn ér chū 贯:连贯。像鱼群一样一个接着一个地连续出来。[例句]那间饭店的门太小,客人又多,人们只好～。

【鱼贯而入】 yú guàn ér rù 贯:连贯。像鱼群那样一个挨一个地连续进去。[例句]在乐曲声中,喜气洋洋的选民们从左右两门～。

【鱼烂土崩】 yú làn tǔ bēng 鱼烂:鱼从内脏开始腐烂;崩:倒塌。形容像鱼烂土崩一样垮台。比喻由于自身腐化或内部动乱而导致灭亡。[例句]如果再不注意内部协调的话,我们这个组织就有可能～了。

【鱼龙混杂】 yú lóng hùn zá 比喻各色各样的人混在一起,成分复杂,好坏难分。[例句]这个～的农贸市场,经过整顿后面目焕然一新,秩序井然。

【鱼米之乡】 yú mǐ zhī xiāng 盛产鱼和米的乡村。泛指农副水产丰富的地方。[例句]钱塘江流域农副水产丰富,是个有名的～。

【鱼目混珠】 yú mù hùn zhū 混:掺杂、冒充。拿鱼的眼睛掺杂在珍珠里面。比喻以假乱真,以次充好。[例句]不少奸商采用～的方法制造伪劣产品,坑害消费者,骗取钱财。

【鱼水和谐】 yú shuǐ hé xié 像鱼和水的关系一样融洽。形容关系好(多指夫妻)。[例句]小张的爷爷奶奶~,共同生活了四十年,从未吵过一次嘴。

【鱼游釜底】 yú yóu fǔ dǐ 釜:古代一种煮饭菜的锅。鱼儿在锅中游来游去。比喻身处险境,面临灭亡的危险。[例句]那帮匪徒已落入圈套,如~,很快就将被捉拿归案。

【鱼游釜中】 yú yóu fǔ zhōng 见"鱼游釜底"。

【瑜不掩瑕】 yú bù yǎn xiá 瑜:美玉;瑕:斑点。本指玉的光泽遮盖不住其瑕疵。比喻优点遮盖不了缺点。[例句]这篇文章有些地方写得好,但~,有些地方仍然表现出作者的不成熟。

【愚不可及】 yú bù kě jí 原意是指由于对现实社会不满而装傻。后多指极其愚蠢。[例句]这几个人~,在受骗上当后还把骗子当恩人。

【愚公移山】 yú gōng yí shān 比喻做事不畏险阻,有坚定不移的意志。[例句]他们发扬~的精神,终于在悬崖峭壁上开出一条小路。

典故

古时候,在太行、王屋两座大山前住着一位叫愚公的老人,大山挡住了他的出路,他决心铲平两座大山。邻居智叟听了之后,认为这是不可能的事。愚公说:"我死了还有儿子,儿子死了,还有孙子,子子孙孙没有穷尽,而这两座山是不会增高的,总有一天会把它铲平。"他的决心感动了天帝,天帝派两名大力士把太行、王屋二山背到了别的地方。

【愚昧无知】 yú mèi wú zhī 愚:笨、不聪明;昧:糊涂、不明白。形容愚笨而又不明事理。[例句]在科学发达的今天,仍有人靠巫术符咒来治病,真是~。

【愚者千虑,必有一得】 yú zhě qiān lǜ, bì yǒu yī dé 虽然是笨人,在

多种思考中总有一处是可取的。常用于自谦,指自己意见虽然不是很好,然而也有可取之处。[例句]你别担心了,~,他总没你想象的那么糟。

【与狐谋皮】 yǔ hú móu pí 想做一件皮衣而跟狐狸商量要它的皮。比喻要办的事与谋求的对象有利害冲突,不可能办到。[例句]让这个吝啬的人提供赞助,无异于~。

【与虎添翼】 yǔ hǔ tiān yì 翼:翅膀。比喻帮助坏人,增加恶人的势力。[例句]他那样做,简直是~,定会贻害无穷的。

【与民同乐】 yǔ mín tóng lè 跟百姓一起享受快乐。[例句]国庆期间,一些中央领导分别在各地参加了当地的文艺晚会,~,欢度佳节。

【与人为善】 yǔ rén wéi shàn 为:做;善:好事。原指和别人一同做好事。现指善意对待别人,帮助别人。[例句]张主任一向~,他的批评是诚恳的、坦率的。

【与日俱增】 yǔ rì jù zēng 与:跟、和。随着时间一天天增加而增长。形容不断增长或增长速度很快。[例句]久居异国的侨胞,随着岁月的流逝,他们的思乡之情也~。

【与时俱进】 yǔ shí jù jìn 与:随着;俱:一起。随着时代的前进而不断进步。[例句]马克思主义具有~的理论品格。

【与世长辞】 yǔ shì cháng cí 辞:辞别。同人世永远告别了。委婉地称死去。[例句]1883 年 3 月 14 日,全世界无产阶级的导师和领袖卡尔·马克思~了。

【与世沉浮】 yǔ shì chén fú 与:和、同;世:人世。形容附和世俗,不作抗争。[例句]他遇事有自己的主见,从不~。

【与世隔绝】 yǔ shì gé jué 与外界社会断绝了来往。[例句]演出结束后,演员们~,向观众致谢。

【与世无争】 yǔ shì wú zhēng 跟世人没有争执。形容不慕名利,处世随和。[例句]他始终保持着一种~的态度,一生热衷于游历山山水水。

【与众不同】yǔ zhòng bù tóng 跟大众不一样。[例句]这座立交桥设计独特,造型优美,真是～。

【羽毛未丰】yǔ máo wèi fēng 丰:丰满。小鸟的羽毛还没长好。比喻还未成熟或没有成长壮大。[例句]趁着这伙歹徒～之时,赶快铲除它。

【羽扇纶巾】yǔ shàn guān jīn 羽扇:羽毛扇子;纶巾:丝帛做的头巾。羽扇与纶巾,汉末名士多如此装束。形容有雄谋大略而风度儒雅的人。[例句]车上坐着孔明,～,鹤氅皂绦。

【雨后春笋】yǔ hòu chūn sǔn 春雨以后,竹笋长得又多又快。比喻新事物大量涌现,蓬勃发展。[例句]改革开放后,新人新事如～般涌现出来。

【语不惊人】yǔ bù jīng rén 语言平淡,没有惊人的地方。[例句]杜甫作诗,字斟句酌,讲求"～死不休"。

【语无伦次】yǔ wú lún cì 伦次:次序、条理。话讲得颠三倒四,毫无条理。[例句]看她那慌里慌张、～的样子,就知道准是有什么事情发生了。

【语焉不详】yǔ yān bù xiáng 语:说话;焉:古汉语助词,表停顿;详:详细。虽然提到了,但说得不详细、不清楚。[例句]这部著作,多处～,真叫人费解。

【语言无味】yǔ yán wú wèi 语言干巴没有味道。形容说话、写文章枯燥乏味。[例句]如果一篇文章没有一点生动活泼的语言,颠来倒去,总是那么几个词,就会弄得～,面目可憎。

【语重心长】yǔ zhòng xīn cháng 话语诚恳、郑重而又情意深长。[例句]临别时,宋老师对我～的教诲,我至今铭记在心。

【玉不琢,不成器】yù bù zhuó, bù chéng qì 琢:雕。玉不经过雕琢加工,就不能成器物。比喻人不经过教育、培养,就不能成才。[例句]～,你需要名师点拨。

【玉洁冰清】yù jié bīng qīng 像玉那样纯洁,像冰那样清澈。比喻人的品德高尚,行为光明磊落。[例句]她操守清白,～,犹如莲花出淤泥而不染。

【玉石不分】 yù shí bù fēn 美玉和石头放在一块儿分不清。比喻优劣、善恶不分。[例句]像他这种~的主管,你跟着他,能有什么成就。

【玉石俱焚】 yù shí jù fén 俱:全、都;焚:烧。美玉和石头一起烧毁。比喻好的、坏的同归于尽。[例句]幕后的狂风暴雨、雷鸣闪电也烘托渲染了这一家~的悲剧。

【玉树临风】 yù shù lín fēng 形容人风度潇洒,美丽多姿。[例句]这两位少年翩然而至,如~,吸引了众人的目光。

【郁郁不乐】 yù yù bù lè 郁郁:烦闷的样子。因有不如意的事情,心情烦闷不快活。[例句]也不知道什么原因,她最近老是~的。

【郁郁葱葱】 yù yù cōng cōng 形容草木苍翠茂盛。也形容美好兴旺的景象。[例句]经过两三年的植树造林,这一带荒山已是~,山清水秀了。

【郁郁寡欢】 yù yù guǎ huān 寡:少;欢:欢乐、快乐。忧愁苦闷,难得有高兴的时候。[例句]向来天真活泼的她近来却~、寡言少语的。

【浴血奋战】 yù xuè fèn zhàn 浑身是血还在勇敢地战斗。形容条件艰苦仍在顽强战斗。[例句]运输队冒着枪林弹雨,给在前线~的部队送去了弹药、给养。

【欲罢不能】 yù bà bù néng 罢:停止、歇。想停又停不下来。也指已形成某种局势而无法改变。[例句]这项工程已经进行到关键时刻,~,必须克服困难,按期完成。

【欲盖弥彰】 yù gài mí zhāng 盖:遮掩;弥:更加;彰:明显。想要掩盖错误或真相,反而暴露得更明显。[例句]这个骗子对欺诈老年人的事一再狡辩,简直是~。

【欲壑难填】 yù hè nán tián 欲:欲望;壑:山沟。欲望像深沟一样难以填平。形容贪婪的欲望太大,不能满足。[例句]她奢华无度,~,落到今天这个下场也是咎由自取。

【欲加之罪,何患无辞】 yù jiā zhī zuì, hé huàn wú cí　患:担心;辞:言辞,这里指借口。要想加罪于人,不愁找不到罪名。指随心所欲地诬陷人。[例句]秦始皇要除掉吕不韦,当然是~。

【欲擒故纵】 yù qín gù zòng　擒:捉拿;纵:放纵。想捉住他,故意先放纵他。比喻为了进一步控制,先故意放松一步以诱其上当。[例句]这次释放了一名盗匪,只不过是采用~的手法,以诱捕匪首。

【欲说还休】 yù shuō huán xiū　还:又;休:停。想说又停下来不说。形容情绪复杂、难以启齿的样子。[例句]她~,眼睛瞥了一下父亲,好像有什么顾虑。

【欲速不达】 yù sù bù dá　过于性急求快,反而不能达到目的。[例句]古人云:~,对孩子的早期教育可不能心急。

【遇难成祥】 yù nàn chéng xiáng　难:危难;祥:吉祥。指遇到灾难转化为吉祥。[例句]妻子在心中暗暗祈求丈夫~,闯过这一关。

【遇人不淑】 yù rén bù shū　淑:善良。遇到个不善良的人。旧指女子嫁了不好的丈夫。[例句]她~,婚后的生活并不幸福。

【愈演愈烈】 yù yǎn yù liè　指坏的事情演变得越来越严重。[例句]两国的军事对峙~,大有一触即发之势。

【誉满天下】 yù mǎn tiān xià　誉:名声、名誉。名声好使得天下所有的人都知道。形容名声好到了极点。[例句]华夏古文明~。

【鹬蚌相持,渔人得利】 yù bàng xiāng chí, yú rén dé lì　鹬:一种水鸟;持:争持、对抗。比喻双方相争,两败俱伤,却使第三者得利。[例句]你们不要闹得两败俱伤,以免~。

典故

从前,有只蚌张开壳在河滩上晒太阳,有只鹬奔过来,把长嘴伸进蚌壳里去啄食它的肉。蚌立刻合上硬壳,把鹬的嘴夹住了。双方谁都不肯放松。这时一个渔翁走过来,看到这种情形,很轻松地便把它们都捉住了。

【鬻儿卖女】yù ér mài nǚ 鬻：卖。因生活所迫而卖掉子女。[例句]在旧社会，沉重的苛捐杂税又加上自然灾害，弄得百姓生活无着落，甚至～。

yuan

【冤家路窄】yuān jiā lù zhǎi 冤家：仇人。仇敌相逢在窄路上。指偏偏同不愿见的人或有过节的人相遇。[例句]小陈和小王刚吵了架，偏偏第二天还必须一起外出，真是～。

【冤冤相报】yuān yuān xiāng bào 形容仇人之间互相报复，没完没了。[例句]他在经历多年的～之后，领悟了人生，发誓不再与人争斗，将别人的羞辱都忍耐下来。

【元方季方】yuán fāng jì fāng 元方：汉代人陈纪的字；季方：陈纪弟弟陈谌的字。元方和季方两个人都非常有才德。形容兄弟俩才德兼备不分上下。[例句]他们兄弟俩德才兼备，真如～，难分高下。

【原封不动】yuán fēng bù dòng 原封：没有开封。完全是原样，一点也没变动。[例句]这批货不符合我们的型号要求，现在～退还你们，请予调换。

【原始要终】yuán shǐ yāo zhōng 原：查究、探求；要：求。指探求事物发展的始末。[例句]治学严谨的人，对待问题，往往会探幽索隐，～，一丝不苟。

【原形毕露】yuán xíng bì lù 原形：原来的形状，本相；毕：完全。本来面目完全暴露。[例句]这个骗子的骗术被大家识破，～，赶紧逃之夭夭了。

【原原本本】yuán yuán běn běn 从头到尾一点不漏地叙述出来。[例句]他把这件事～地讲述了一遍。

【原汁原味】yuán zhī yuán wèi 比喻保存原貌，不走样。[例句]他是个戏迷，能唱一口～的京戏，让很多专业演员都自愧不如。

【援笔成章】yuán bǐ chéng zhāng 援：拿；章：文章。提起笔就写成文章。形容文思敏捷，善于创作。[例句]写作能力的提高需要有个艰苦习作的过程，要想一下子就～是难以办到的。

【缘木求鱼】yuán mù qiú yú 缘：沿着、顺着；缘木：爬树。爬上树去找鱼。行动和目的相反，只能劳而无功。[例句]你这样～，死死要求每一细节都要符合历史的真实情况，就永远写不出像样的历史小说来。

【源源不绝】yuán yuán bù jué 源源：水流不断的样子；绝：断。形容连续不断的样子。[例句]铁路修成以后，从山区运出的土产～，对繁荣当地经济起了巨大的作用。

【源源而来】yuán yuán ér lái 连续不断地到来。[例句]这条路一修通，各种物资就会从四面八方～。

【源远流长】yuán yuǎn liú cháng 原指河流的源头很远，水流的行程很长。比喻历史悠久，根底深厚。[例句]中华五千年文明～。

【远见卓识】yuǎn jiàn zhuó shí 卓：卓越。远大的目光和卓越的见识。[例句]周总理是一位具有～的政治家、外交家。

【远交近攻】yuǎn jiāo jìn gōng 结交离得远的国家而进攻邻近的国家。这是战国时秦国用以吞并六国，建立统一王朝的一种外交策略。[例句]自古强国多是以～来扩张其领土的。

【远近闻名】yuǎn jìn wén míng 形容人或物等非常有名气。[例句]山西五台山是～的佛教圣地。

【远走高飞】yuǎn zǒu gāo fēi 比喻到很远的地方去。也比喻摆脱困境，寻找光明的前途。[例句]他高中毕业后就离开家乡，～，到大城市寻找出路了。

【怨气冲天】yuàn qì chōng tiān 怨愤之气冲到天空。形容怨恨情绪极为强烈。[例句]看你那～的样子，告诉我到底为了什么事？

【怨入骨髓】yuàn rù gǔ suǐ 怨恨进入了骨髓。形容极度怨恨。[例句]这伙作恶多端的歹徒被绳之以法后，对他们～的人们燃放鞭炮、奔走相庆。

【怨声载道】yuàn shēng zài dào 载道：充满了道路。怨恨的声音充满了道路。形容人们普遍不满。[例句]这个贪官肆意搜刮民财,弄得民不聊生,～。

【怨天尤人】yuàn tiān yóu rén 怨:恨;天:这里指命运;尤:责备、归罪。遇到挫折时抱怨命运,责怪别人,而不找自身原因。[例句]对这些年来的坎坎坷坷、风风雨雨,我并不伤感,也不～。

yue

【约定俗成】yuē dìng sú chéng 约定:共同议定;俗成:根据习俗形成。指事物的名称最初由人们相约命定,长期习用,逐渐被整个社会公认。泛指由于长期习用而被社会公认。[例句]许多简体字,来源于大众沿用已久、～的简笔字。

【约法三章】yuē fǎ sān zhāng 约定三条法律。原指刘邦进入咸阳,废除秦法之后制定的三条简单法令。泛指事先约好或提出几条共同遵守的规定。[例句]主任～:工作时不聊天,不随便走动,不干私事。

【月白风清】yuè bái fēng qīng 月色皎洁,微风凉爽。形容恬静美好的夜景(多指秋夜)。[例句]入夜,这一带～,水波不兴,游人被这迷人的景色陶醉了。

【月黑风高】yuè hēi fēng gāo 高:大。没有月亮,风又特别大。比喻环境险恶。[例句]她独自一人走在～的路上,看见前面一个人影晃动,顿觉毛骨悚然。

【月朗风清】yuè lǎng fēng qīng 朗:明朗。月光明朗,清风微动。[例句]在～的夜晚,从山顶上就可以看见湖中的游船。

【月落乌啼】yuè luò wū tí 形容天色快要明却又没明时的景象。[例句]～,校园里传来阵阵读书声。

【月缺难圆】yuè quē nán yuán 比喻关系一旦破裂或事情一旦做过就难以挽回。[例句]兄弟之间不要因为一些小事伤了感情,否则～!

【月下老人】yuè xià lǎo rén 称主管男女婚姻的神为月下老人。后泛指媒人。[例句]你俩彼此有意,我就为你们做一回～吧。

【月盈则食】yuè yíng zé shí 盈:指月圆;食:指月亏。月亮到了最圆的时候就开始逐渐亏缺。比喻事物发展到极点就开始衰退。[例句]很多事物都不可能永远地向前发展下去,因为～,物极必反。

【跃马扬鞭】yuè mǎ yáng biān 跃:跳。跳上马背,扬起鞭子。形容扬鞭催马急驰而去的样子。[例句]看着通讯员～地朝这边赶来,指导员琢磨着一定又出现了什么紧急情况。

【跃然纸上】yuè rán zhǐ shàng 跃然:活跃地呈现出来的样子。活生生地显现在纸上。形容刻画、描写得非常生动、逼真。[例句]他擅长画鹰,在他的笔下,鹰的机警、勇猛的神态栩栩如生,～。

【跃跃欲试】yuè yuè yù shì 跃跃:因急切期待而心情激动的样子。形容对某事有兴致,迫不及待地想试一下。[例句]教练员一番鼓劲的话起了作用,原本怕水的他也～了。

【越俎代庖】yuè zǔ dài páo 越:跨过、超越;俎:古代祭祀时放祭品的器具;庖:厨师。原指人各有专职,厨师即便不尽职,司祭也不能代他办酒席。比喻越权办事或包办代替。[例句]他～的行为,引起公司其他职员的不满,受到领导的批评。

yun

【晕头转向】yūn tóu zhuàn xiàng 转向:辨不清方向。头脑昏乱,辨不清方向。也指事情太忙或环境、话题生疏而使人不知所措。[例句]她被这突如其来的变故弄得～。

【云程万里】yún chéng wàn lǐ 比喻前程非常远大。[例句]青年朋友们,你们～,可得好好珍惜现在的学习时光呀!

【云谲波诡】yún jué bō guǐ 谲、诡:怪异。云彩和水波千态万状,不可捉摸。后比喻事态发展变幻莫测。[例句]国际形势发展～,瞬息万变,让人难以预测。

【云开见日】yún kāi jiàn rì 开:拨开。拨开乌云,看到太阳。比喻黑暗消失,又重现光明。[例句]新中国的建立如同~,人民当家做了主人。

【云山雾罩】 yún shān wù zhào　山被云雾笼罩。比喻糊里糊涂,搞不清状况。也比喻说话不着边际,让人困惑不解。[例句]当我们对一种文本感到~、不知所云时,必然会对它的生命力持怀疑态度。

【云消雾散】 yún xiāo wù sàn　像云和雾那样消失散尽。指天气转晴。比喻某种事物或情绪消失得干干净净。[例句]弟弟的病一好,妈妈的忧愁马上就~了。

【云蒸霞蔚】 yún zhēng xiá wèi　蒸:兴起;蔚:聚集。云升腾,彩霞涌聚。形容景象绚丽灿烂。[例句]峨眉山上,草木葱葱,~,犹如仙境。

【芸芸众生】 yún yún zhòng shēng　芸芸:众多的样子;众生:佛教指一切有生命的东西。泛指世间众多有生命的东西。也指广大人民或一大群平凡的人。[例句]传说古时天上有十个太阳,后羿射下了九个,拯救了~。

【运筹帷幄】 yùn chóu wéi wò　运:运用;筹:计谋、谋划;帷幄:古代军队的帐幕。在军营之中谋划计策。常指在后方决定作战方案。也泛指主持大计,考虑决策。[例句]老将军~,用兵如神,是位出色的军事指挥家。

【运用自如】 yùn yòng zì rú　运用得非常熟练、自然。[例句]学习外语要经常练习,这样才能~。

Z

Z z

za

【咂嘴弄舌】zā zuǐ nòng shé 咂：张开。形容贪吃的馋相。也形容口里念念叨叨、说个不停的样子。［例句］她正在那儿～地说得起劲呢。

【杂乱无章】zá luàn wú zhāng 章：条理、章法。形容乱七八糟，没有条理。［例句］这篇文章思路～，实在太糟了。

zai

【再接再厉】zài jiē zài lì 见“再接再砺”。

【再接再砺】zài jiē zài lì 接：交锋。持续努力，坚持不懈。［例句］希望你们～，争取夺冠！

【再三再四】zài sān zài sì 再：连续。连续多次。指一再地做某事。［例句］老师～地跟大家说上课一定要注意做笔记。

【再生父母】zài shēng fù mǔ 指对自己有大恩的人。多指曾经救过自己命的人。［例句］这个失足青年把教育挽救了他的老师视为～。

【再衰三竭】zài shuāi sān jié 衰：减弱；竭：尽。形容军队逐渐丧失了开始时的锐气，战斗力越来越弱。［例句］打仗一定要一鼓作气，等到～之时往往会出现无法控制的变数。

【再作冯妇】zài zuò féng fù 指重操旧业。［例句］没想到，晚年他又拿起了搁置二十年的剃头刀，真正是～了。

Z

【在此一举】zài cǐ yī jǔ 在：在于、决定于；举：举措、措施。事情能否成功就由这一行动决定了。[例句]十几年的寒窗苦读能否有个好结果，就～了。

【在劫难逃】zài jié nán táo 劫：旧时把天灾人祸等厄运称为“劫”或“劫数”。命中注定要遭受灾祸，逃脱不了。现在也借指不可避免的事情。[例句]随着“打假”力度的不断加大，那些制假售假者是～了。

【在所不辞】zài suǒ bù cí 辞：推辞。指无论在什么时候或什么情况下都不推辞。[例句]为灾区人民献爱心，我们～。

【在所不惜】zài suǒ bù xī 惜：吝惜。无论在什么时候什么情况下都不吝惜。[例句]只要祖国需要，就算流血牺牲也～。

【在所难免】zài suǒ nán miǎn 免：避免。的确避免不了。[例句]这类问题本身就复杂，对于初学者来说，出点错误也是～的。

【在天之灵】zài tiān zhī líng 迷信指人死了以后升入天界的灵魂。后尊称死者或其不灭的精神。[例句]他发誓一定要好好学习，以慰母亲～。

【载歌载舞】zài gē zài wǔ 载：助词，表示两个动作同时发生。又唱歌，又跳舞。形容尽情欢乐。[例句]村民们～，热烈庆祝这个盛大的节日。

【载笑载言】zài xiào zài yán 载：助词，表示两个动作同时发生。又笑又说。[例句]在迎春茶话会上，大家欢聚一堂，～，气氛热烈。

zan

【赞不绝口】zàn bù jué kǒu 赞：称赞；绝：停。不停口地夸赞。[例句]大家对他这种助人为乐的精神～。

zang

【臧否人物】zāng pǐ rén wù 臧否：褒贬、评论。对人物的好坏进行评论。[例句]他为人谦虚谨慎,从不轻易～。

Z

zao

【糟糠之妻】zāo kāng zhī qī 糟糠:贫穷人用来充饥的酒糟、糠皮等粗劣的食物。指贫穷时共患难的妻子。[例句]妻子与他同舟共济,一起走过那段艰难岁月,可谓～。

【凿壁偷光】záo bì tōu guāng 凿穿墙壁以借邻家的光亮。形容勤学苦读。[例句]古人～、勤奋好学的精神永远值得我们学习。

典故

汉朝时有一个叫匡衡的人,小时家里很穷,但他却想尽办法读书。由于买不起蜡烛,一到晚上就无法读书。看到邻居家每晚都有灯火,于是他偷偷地在墙壁上凿了一个小洞。邻居家的灯光从洞中透过来,他就对着这光读书。后来匡衡成了一个非常有学问的人。

【凿凿可据】záo záo kě jù 确实有所依据、凭据。[例句]他说的～,不由人不信。

【早出晚归】zǎo chū wǎn guī 归:回来。清晨出门,晚上才回来。形容非常勤劳。[例句]他为了供弟弟上学,每天～,不辞辛劳地拼命挣钱。

【造化弄人】zào huà nòng rén 造化:旧指上天或命运;弄:捉弄。指命运捉弄人。[例句]真是～,别人想得到这份工作却得不到,而我不喜欢却意外获得了这份工作。

【造谣惑众】zào yáo huò zhòng 惑:迷惑。制造谣言,迷惑群众。[例句]那些～、影响社会安定团结的行为,必将受到法律的严厉制裁。

【造谣生事】zào yáo shēng shì 捏造谣言,生出是非。[例句]对那些居心叵测、～的人,我们应严加提防。

【造谣中伤】zào yáo zhòng shāng 中伤:诬蔑别人使之受损害。捏造谣言祸害他人。[例句]这人品质恶劣，为了发泄私愤，～他人。

ze

【责无旁贷】 zé wú páng dài 责：责任；贷：推卸。责任不能往旁人身上推卸。表示自己理应把责任承担起来。[例句]追求真理与传播真理是作家～的义务。

【责有攸归】 zé yǒu yōu guī 责：责任；攸：所；归：归属。谁的责任谁承担。指谁的责任应由谁承担，是不容推卸的。[例句]～，这件事出了问题，找其负责人就行了。

【择交而友】 zé jiāo ér yǒu 择：选择；交：结交。有选择地交朋友。指不随便交友。[例句]大家要～，不要与不三不四的人来往。

【择木而栖】 zé mù ér qī 鸟儿选择合适的树木栖身。比喻选择贤明之主侍奉。[例句]社会动荡时，许多仁人志士～，选择了正义与光明。

【择善而从】 zé shàn ér cóng 择：挑选；从：跟从、追随，引申为学习。选定其中好的而遵循、依从。意思是发现别人的优点，并学习这些优点。[例句]你～，进步就会更快些。

【啧有烦言】 zé yǒu fán yán 啧：争论；烦言：气愤不满的语言。指很多人都不满意。[例句]工厂效益不好，工人工资太低，大家早已～。

zei

【贼喊捉贼】 zéi hǎn zhuō zéi 偷东西的人叫喊捉贼。比喻坏人为了自己逃脱，故意制造混乱，反诬别人是坏人。[例句]这个小偷～，妄图制造混乱，趁机逃脱。

【贼眉鼠眼】 zéi méi shǔ yǎn 形容神情鬼鬼祟祟。[例句]那个人～、鬼鬼祟祟，引起了人们的警觉。

【贼去关门】 zéi qù guān mén 贼走了才去关门。比喻出了事以后才懂得防范。[例句]小区的安全工作平时就要抓紧，否则～，为时已晚。

【贼人心虚】zéi rén xīn xū 指做坏事的人害怕被人察觉，内心胆怯。[例句]这个逃犯一看到警察便心里发慌，真是～啊！

【贼头鼠脑】zéi tóu shǔ nǎo 形容偷偷摸摸、鬼鬼祟祟的样子。[例句]她后面跟着个～的人。

zeng

【曾参杀人】zēng shēn shā rén 曾参：孔子的学生，向来以孝贤出名。比喻流言的可怕。[例句]谎言与流言的可怕，犹如～。

zha

【诈败佯输】zhà bài yáng shū 诈、佯：假装。指假装失败，诱人受骗。[例句]刘老师～，但老张不知是计，棋失一着，最终让刘老师赢了这盘棋。

【诈哑佯聋】zhà yǎ yáng lóng 诈、佯：假装。指装聋作哑。[例句]妈妈一开始说他，他就～。

zhai

【宅心忠厚】zhái xīn zhōng hòu 宅心：居心；忠厚：忠心而厚道。形容一个人忠心而厚道。[例句]他父亲是个～的农民。

【债台高筑】zhài tái gāo zhù 形容欠了很多债。[例句]这家公司在经历了一次较大的变故之后就～了。

zhan

【沾亲带故】zhān qīn dài gù 沾：挨；亲：亲戚；故：老朋友。有亲戚朋友关系。[例句]公司员工没有和老板～的，全是公开招聘来的。

【沾沾自喜】zhān zhān zì xǐ 沾沾：轻飘飘得意的样子。自以为了不起而得意洋洋。[例句]技术组长带着～的神气走了。

【瞻前顾后】zhān qián gù hòu 瞻:向前望;顾:回头看。看看前面,又回头看看后面。形容做事谨慎,考虑周密。也形容顾虑多,犹豫不决。[例句]关键时刻,要当机立断,不要～,犹豫不决。

【斩草除根】zhǎn cǎo chú gēn 锄草要连根拔,使它不能再生长出来。比喻除去祸根,不留后患。[例句]对于干部的腐化堕落,我们要～,彻底铲除产生腐败的根源。

【斩钉截铁】zhǎn dīng jié tiě 比喻说话、办事果断坚决,明快利落。[例句]他办事总是拖泥带水的,从来没有～的时候。

【斩尽杀绝】zhǎn jìn shā jué 尽:完;绝:完、尽。全部杀掉,彻底消灭。[例句]曹操明知误杀,却仍将吕伯奢一家～。

【展眼舒眉】zhǎn yǎn shū méi 展、舒:舒服、展开。睁大眼睛,舒展眉毛。形容称心如意的样子。[例句]看到父亲～的样子,她的心里十分快活。

【崭露头角】zhǎn lù tóu jiǎo 崭:突出;露:显露;头角:比喻人的气概和才华。比喻显示出超群的本领。[例句]在这次乒乓球比赛中,不少青少年选手～,打出了水平,打出了风格。

【辗转反侧】zhǎn zhuǎn fǎn cè 辗转:身体翻来覆去;反侧:反复。形容心中有事,翻来覆去地睡不着觉。[例句]夜很深了,但他躺在床上～。

【辗转相传】zhǎn zhuǎn xiāng chuán 辗转:多次转移。形容转移、传布的次数多。[例句]这个故事经过～,现在已经面目全非了。

【战不旋踵】zhàn bù xuán zhǒng 战:作战、打仗;踵:脚后跟。打仗的时候脚后跟不向后转。形容作战奋勇直前。[例句]我们的解放军战士,在战场上个个都～,英勇无比。

【战火纷飞】zhàn huǒ fēn fēi 形容战斗激烈。[例句]他们在～的年代结成的友谊是永不磨灭的。

【战天斗地】zhàn tiān dòu dì 战、斗:斗争、征服。和天地斗争。形容征服大自然的英雄气概。也形容干劲十足。[例句]灾区人民以～的英雄气概，克服了地震带来的困难，正恢复生产，重建家园。

【战无不胜】zhàn wú bù shèng 打仗没有不取胜的，攻一个地方没有攻不下来的。形容军队百战百胜，或做任何事情都能成功。[例句]这是一支有着高度组织纪律性的、～的人民空军。

【战战兢兢】zhàn zhàn jīng jīng 战战：恐惧发抖的样子；兢兢：小心谨慎的样子。形容非常恐惧、小心谨慎的样子。也形容因害怕而颤抖的样子。[例句]突然一声霹雳，吓得小孩子～的。

zhang

【张灯结彩】zhāng dēng jié cǎi 张：陈设；结：系、扎。挂上灯笼，扎上彩绸。形容喜庆或节日的景象。[例句]钱家大厅里～，宾朋满座，大家都来为老爷子过九十大寿。

【张冠李戴】zhāng guān lǐ dài 冠：帽子。姓张的帽子戴到姓李的头上。比喻认错对象或搞混事实。[例句]他对英语中的形容词和副词弄不清楚，经常～，错误百出。

【张皇失措】zhāng huáng shī cuò 张皇：慌张；失措：举止失去常态。形容慌慌张张，不知怎么办是好。[例句]汽车行驶中突然起火，司机一时～。

【张口结舌】zhāng kǒu jié shé 嘴张着说不出话来。形容因理屈或害怕、紧张、惊恐等说不出话来。[例句]他被问得～，无言以对。

【张牙舞爪】zhāng yá wǔ zhǎo 舞：挥舞。原指野兽的凶相。后常形容恶人凶相毕露的样子。[例句]小孩看见～的泥雕龙，吓得哭了。

【獐头鼠目】zhāng tóu shǔ mù 獐头：獐子的头，小而尖；鼠目：老鼠的眼睛，小而圆。原形容人贫贱寒酸的样子，后多用来形容相貌猥琐而神情狡黠的人。[例句]此人～，秃顶黄须，说话一副公鸭嗓。

【长幼尊卑】zhǎng yòu zūn bēi 指辈分大小，地位高低。[例句]你也算个文化人，竟然不顾～，像个什么样子。

【掌上明珠】zhǎng shàng míng zhū 原比喻极受钟爱的女子。后比喻深受父母疼爱的儿女。[例句]他今年四十五岁了，才有了这么个女儿，自然爱若～。

【仗势欺人】zhàng shì qī rén 仗：依仗、依靠。凭借权势欺压他人。[例句]他当了村主任后～，不到一年就被群众赶下了台。

【仗义疏财】zhàng yì shū cái 仗义：主持正义；疏财：分散财产。讲义气，拿出自己的钱财来帮助有困难的人。[例句]他是个～的好人。

【仗义执言】zhàng yì zhí yán 仗义：主持正义；执言：说公道话。为了伸张正义，激昂陈词。[例句]他为人正直，做事豪爽，遇到不合理的事敢于～，替人主持公道。

zhao

【招兵买马】zhāo bīng mǎi mǎ 招：招集、征募。招募士兵，购买战马。本指组织武装，扩充军队。也比喻组织或扩充人力。[例句]这家公司正在～，以扩大规模。

【招财进宝】zhāo cái jìn bǎo 旧时迷信，指招引财气进门以发财致富。[例句]你们家这棵大树，树大根深，绿荫覆盖，受日月精华滋养，本是棵～的摇钱树。

【招风揽火】zhāo fēng lǎn huǒ 比喻招惹是非，引生事端。[例句]那几个家伙平素不务正业，游手好闲，专喜欢～，惹是生非。

【招是惹非】zhāo shì rě fēi 招惹是非，指无缘无故地滋生事端。[例句]这几个孩子，成天调皮捣蛋，～，就是不肯好好学习。

【招降纳叛】zhāo xiáng nà pàn 招：招收；纳：接纳。原指收容接纳敌方叛逃或投降的人。今泛称网罗坏人，扩大自己的势力。[例句]出狱后，这个家伙变本加厉，～，日益作恶多端了。

【招摇过市】zhāo yáo guò shì 招摇：故意显示，引别人注意；市：

Z

街。形容故意显示声势，夸耀自己，以引起别人的注意。[例句]那个暴发户自恃有了几个钱，便经常开着小车～来摆阔。

【招摇撞骗】 zhāo yáo zhuàng piàn 招摇：故意炫耀自己；撞骗：找机会欺骗人。借用名义，到处炫耀，进行欺诈、蒙骗。[例句]那个假冒记者到处～的不法分子落入了法网。

【昭然若揭】 zhāo rán ruò jiē 昭然：明显的样子；揭：举。指真相毕露或所有含义都已显现了出来。[例句]案情大白，他企图嫁祸于人的丑行终于～了。

【朝不保夕】 zhāo bù bǎo xī 早晨不能保证晚上不发生变化。形容情势很危急，随时会发生难以预料的情况，以致无法自保。[例句]我现在也是～，实在帮不了你。

【朝不谋夕】 zhāo bù móu xī 谋：谋划、打算。早晨不能考虑晚上该怎么办。形容形势危急或事情紧急。只能顾及眼前，无暇做长远打算。[例句]当时的情形，我是～，哪里顾得上那么多。

【朝东暮西】 zhāo dōng mù xī 早晨在东，晚上在西。形容行踪不定。也比喻感情不专一，变得很快。[例句]他这人行事很神秘，～的。

【朝过夕改】 zhāo guò xī gǎi 早晨犯的过失，晚上就改正了。形容改正错误非常快。[例句]我们不能讳疾忌医，要有～的精神。

【朝梁暮陈】 zhāo liáng mù chén 朝：清晨；暮：晚上；梁、陈：我国南北朝时，南朝（宋、齐、梁、陈）的两个朝代，当时朝代的寿命不长，更迭较快。早晨在梁朝做官，晚上就成为陈朝的臣子了。比喻不守节操，反复多变。[例句]历史上那些～的变节臣子，同坚持民族气节的文天祥真是不可同日而语。

【朝令夕改】 zhāo lìng xī gǎi 早晨发布了命令，晚上就改变了。形容政令多变。[例句]对这种～的做法，群众大都表示不满。

【朝气蓬勃】 zhāo qì péng bó 朝气：早晨的清新空气，引申为积极向上、努力进取的精神；蓬勃：旺盛的样子。形容很有生气，蓬勃向上，充满青春活力。[例句]青年人～，好像早晨八九点钟的太阳。

【朝秦暮楚】zhāo qín mù chǔ 战国时，秦、楚两个大国对立，邻近的一些小国根据双方形势时而投靠秦国，时而投靠楚国。比喻没有原则，反复多变。[例句]春秋战国时代的所谓“纵横家”之流，往往随机应变，～。

【朝三暮四】zhāo sān mù sì 早晨三个晚上四个变为早上四个晚上三个。原比喻只变名目而不变实质来欺骗人。后比喻常常变卦，反复无常。也形容数目多。[例句]学习应该脚踏实地，持之以恒，而不能见异思迁，～。

典故

战国时，宋国有个老人养了一群猴子，这些猴子的食量非常大，供养它们十分吃力。老人想出了一个限制猴子食量的办法。他给猴子们喂橡子时说：“以后每天早晨给三颗，晚上给四颗，行吗？”猴子们听了都嫌少，又跳又叫。老人马上又说：“那么就每天早晨四颗，晚上三颗吧。”猴子们听后都高兴得蹲在地上不动了。

【朝生暮死】zhāo shēng mù sǐ 早晨生晚上死。指生命短暂。[例句]有些生物生命非常短暂，只有几小时，可谓是～。

【朝思暮想】zhāo sī mù xiǎng 从早到晚一直在想念。形容思念心切。[例句]她～出门在外的儿子。

【朝夕相处】zhāo xī xiāng chǔ 朝夕：指天天、时时；相处：一起居住交往。时时处在一起。形容关系密切。[例句]经过一年的～，他俩感情越来越融洽。

【朝朝暮暮】zhāo zhāo mù mù 日日夜夜。也指短暂的时间。[例句]他～地陪伴着重病的妻子，直到她病体痊愈。

【照本宣科】zhào běn xuān kē 照：按照、依照；宣科：原指旧时道士念经。照样子宣读。比喻只是死板地照本子念，不能结合实际，灵活发挥。[例句]教师讲课不能～，而应突出重点，进行启发式教学。

Z

【照猫画虎】zhào māo huà hǔ 照着猫画虎。比喻只是从形式上模仿,实际上并不理解。[例句]这篇文章并无新意,只是~,模仿名家的作品罢了。

zhe

【遮前掩后】zhē qián yǎn hòu 多指说话藏头露尾,遮遮盖盖。[例句]你不必~的,有什么事你就直说吧!

【遮人耳目】zhē rén ěr mù 遮:遮掩;目:眼睛,引申为看。遮盖他人视听。指玩弄花招,遮掩事实真相。[例句]他的和善,只是为了~而已。

【遮天蔽日】zhē tiān bì rì 某种物体遮住了天,以致不见日光。形容山峰、树木、旗帜以及飞虫、飞鸟等多而密。[例句]这片茂密的树林,~,真是个纳凉的好地方。

【遮天盖地】zhē tiān gài dì 遮住天空,覆盖大地。形容人马很多或风沙、雨雪很大。[例句]这几天天气不好,狂风吹沙,~。

【折冲千里】zhé chōng qiān lǐ 折冲:使敌人的战车后退。施展计谋在千里之外战胜敌人。多指外交谈判取胜。[例句]在毛泽东的正确领导下,解放军~,迅速扭转了战局。

【折戟沉沙】zhé jǐ chén shā 戟:古代的一种兵器。折断的戟埋没在泥沙里,成了废铁。形容惨重的失败。[例句]赤壁之战中,孙、刘联军利用火攻,将曹军杀得~,大败而归。

【折节下士】zhé jié xià shì 指屈己以待贤能之士。[例句]正因为方经理~,选贤任能,才会有了公司如今的大好局面。

【折腰五斗】zhé yāo wǔ dǒu 腰:弯腰;五斗:五斗米,借指官俸。后借喻为谋生忍受屈辱。[例句]他早就厌烦了那种~的官场生涯。

zhen

【针锋相对】zhēn fēng xiāng duì 针锋:针尖。针尖对针尖。比喻针对对方的论点或行动进行回击。也比喻双方的观点、论点、行动、策略等尖锐地对立。[例句]双方～，展开了激烈的论辩。

【珍禽异兽】 zhēn qín yì shòu 珍奇的飞禽走兽。[例句]这个自然保护区里，有许多～。

【珍馐美味】 zhēn xiū měi wèi 珍馐：珍贵的食物。珍奇而味道鲜美的食物。[例句]满桌的～，使人馋涎欲滴。

【真才实学】 zhēn cái shí xué 真实的才能、学问。也泛指真正的本领、技能。[例句]有～的人到任何地方都是受欢迎的。

【真金烈火】 zhēn jīn liè huǒ 真正的黄金虽经烈火也不变本色。比喻经过严峻考验而品质不变。[例句]能经受～考验的人，才能成就伟业。

【真凭实据】 zhēn píng shí jù 凭、据：证据。指确凿的凭据。[例句]说话要有～，切莫胡言乱语伤人。

【真情实意】 zhēn qíng shí yì 真实的情意。形容对人真诚。[例句]朋友相交，贵在～。

【真伪莫辨】 zhēn wěi mò biàn 伪：假；莫：不。无法分出真假。[例句]现在有些商品～，让人大伤脑筋。

【真相大白】 zhēn xiàng dà bái 真相：指本来面目；大白：彻底弄清楚。事情的真实情况已彻底弄清楚了。[例句]过去许多被老百姓认为神秘的现象，现在～了。

【真心诚意】 zhēn xīn chéng yì 真：真实；诚：诚恳。心意真实诚恳。形容完全发自内心。[例句]只要我～待人，别人也会～待我。

【真心实意】 zhēn xīn shí yì 指真实的心意，真正的思想感情。形容心意真诚、实在。[例句]作为一名领导干部，只要你～地为群众着想，就会得到群众的拥护。

【真知灼见】 zhēn zhī zhuó jiàn 灼：明白、透彻；见：见解、观点。正确深刻的认识和高明的见解。[例句]他的～深深吸引了我。

【枕戈待旦】 zhěn gē dài dàn 枕：枕着；戈：兵器。枕着兵器等待天亮。形容时刻准备作战。[例句]战士们～,随时准备击退敌人的进攻。

【枕戈汗马】zhěn gē hàn mǎ 枕:枕着;戈:兵器;汗马:将士骑马作战,马累得出汗,比喻立战功。头枕兵器,疾驰战马。形容时刻准备杀敌立功。[例句]戍边将士～,拒敌于国门之外。

【枕石漱流】zhěn shí shù liú 枕:枕着。枕着山石睡觉,用流水漱口。形容隐居山林、回归大自然的生活。[例句]陶渊明不满于黑暗的社会现实,辞官归隐,过着～的生活。

【振臂一呼】zhèn bì yī hū 振:挥动。挥动手臂,一声高呼。指发出号召。[例句]秦朝末年,陈胜、吴广揭竿而起,～,天下英豪群起而响应。

【振奋人心】zhèn fèn rén xīn 使人们的情绪、精神振作奋发。[例句]～的消息传来,人们一片欢呼。

【振振有词】zhèn zhèn yǒu cí 振振:理直气壮的样子。自认为理直气壮,说个没完。[例句]争论双方都～,各抒己见。

【震耳欲聋】zhèn ěr yù lóng 震:震动。把耳朵震得快要聋了。形容声音极大。[例句]除夕之夜,～的鞭炮声响个不停。

【震古烁今】zhèn gǔ shuò jīn 烁:照射。指震惊了古代,光耀了当世。形容功业伟大。[例句]无数的人运用这双手,窥探了宏观世界和微观世界,干出了许多惊天动地、～的事业。

【震撼人心】zhèn hàn rén xīn 震:震动;撼:动摇。指某件事深深震动人们内心。[例句]～的时刻终于来到了,大家一片欢腾。

【震天动地】zhèn tiān dòng dì 震动了天地。形容声势浩大、气势雄伟或声音响亮。[例句]改革开放这一～的举措,令世界瞩目。

【镇定自若】zhèn dìng zì ruò 遇到紧急的情况不慌不忙,和平时一样沉着冷静。[例句]面对强手,你作为领导者,不能～,自己先乱了阵脚,太让下属失望了。

zheng

【争长论短】zhēng cháng lùn duǎn 指在小事上争论利害得失。［例句］张师傅为人忠厚，从不与人～。

【争分夺秒】zhēng fēn duó miǎo 不放过一分一秒。指抓紧一切时间。［例句］我们的任务很重，而时间很紧，必须～，加紧干。

【争风吃醋】zhēng fēng chī cù 风：风韵，多指为女子。因男女之情而相互嫉妒。［例句］历代野史中记载了不少宫中嫔妃～的逸事。

【争名夺利】zhēng míng duó lì 名：名誉；利：利益。争夺名誉和利益。［例句］那些热衷于～的人，常为大家所不齿。

【争奇斗艳】zhēng qí dòu yàn 形容争相比美。［例句］公园里，百花盛开，～，使人赏心悦目。

【争强好胜】zhēng qiáng hào shèng 形容非常要强，处处都想胜过别人。［例句］为人切忌一味～，否则很难和别人相处。

【争权夺利】zhēng quán duó lì 争夺权力和利益。［例句］由于公司领导～，各自为政，导致公司陷入了内外交困的境地。

【争先恐后】zhēng xiān kǒng hòu 争着向前，唯恐落后。［例句］为了能够买到打折商品，一大早人们就～地在商场门口排起了队。

【峥嵘岁月】zhēng róng suì yuè 峥嵘：高峻的样子，引申为突出、不平凡。形容不平凡的日子。［例句］老战士们聚在一起，回忆起当年抗日战争时期的～，感慨万千。

【蒸蒸日上】zhēng zhēng rì shàng 蒸蒸：上升、兴盛的样子。形容事业等日益兴旺发达，不断向上。［例句］改革开放以来，伟大的社会主义建设事业～。

【整旧如新】zhěng jiù rú xīn 修整陈旧的、破损的东西，使之如同新的一样。［例句］经过半个月的修葺，房屋～。

【整军经武】zhěng jūn jīng wǔ 整：整顿；经：整治。管理军备，整治军事。［例句］除了用全力～和他们周旋之外，没有第二条路可走。

Z 【整装待发】zhěng zhuāng dài fā 整好行装，等待出发。[例句]前来接应的车就快来了，我们～。

【正本清源】zhèng běn qīng yuán 正本：从根本上整顿；清源：从源头上清理。比喻从根源上进行整顿清理，彻底解决问题。[例句]要真正减轻学生的负担，必须从改革教育制度着手，做到～。

【正本溯源】zhèng běn sù yuán 正本：从根本上整顿；溯源：寻找源头。从根本上整顿和清理。比喻彻底解决问题。[例句]他们～，找到问题的关键所在了。

【正冠纳履】zhèng guān nà lǚ 冠：帽子；履：鞋子。指李树下整帽子，瓜田里提鞋子。比喻做容易引起怀疑的事。[例句]我为人光明磊落，做事坦坦荡荡，不怕～之嫌。

【正襟危坐】zhèng jīn wēi zuò 襟：衣襟；危坐：端正地坐着。整整衣服，端正坐着。形容端正严肃地坐着的样子。[例句]只见他～，正专心致志地看书。

【正气凛然】zhèng qì lǐn rán 正气：正直的气节和光明正大的作风；凛然：令人敬畏的样子。形容因正直无私而令人敬畏的样子。[例句]看着这个～的战士，连敌人都不由得肃然起敬。

【正人君子】zhèng rén jūn zǐ 原来是指品行端正的人。现多用来讽刺假装正经的人。[例句]鲁迅用他犀利的笔，揭穿了那些靠造谣、诬陷而生存的所谓～的丑恶嘴脸。

【正言不讳】zhèng yán bù huì 讳：忌讳。说话直率，无所避忌。[例句]在讲求公正、诚信的现代社会，～的人越来越受到公众的欢迎。

【正言厉色】zhèng yán lì sè 正：严正；厉：严厉，严肃；色：脸色，表情。话语严正，表情严肃。[例句]不管敌人怎样诱降，史可法始终～，不为所动。

【正颜厉色】zhèng yán lì sè 颜：面容；色：脸色。表情严厉，脸色严肃。形容神情非常严厉。[例句]张师傅正在那儿～地训斥儿子。

【正直无私】zhèng zhí wú sī 公正坦率，没有私心。[例句]只有做一个～、廉洁奉公的领导，才能受到群众拥护。

【正中下怀】zhèng zhòng xià huái 下怀：指自己的心意。正合自己的心意。[例句]小赵正在为难之际，听了何叔叔的话，～，便立刻表示同意。

【郑人买履】zhèng rén mǎi lǚ 履：鞋。比喻只相信教条，不相信实际。[例句]办什么事都要从实际出发，切不可墨守成规，犯～的错误。

典故

春秋时，郑国有个人想买双鞋。他先在家里用绳子量好脚的尺码，然后到集市上去买。等到了卖鞋的地方，却发现尺码忘带了。卖鞋的人让他试一双合适的，他固执地说只相信尺码不相信脚，于是回家去取。等他取了尺码回来时，集市已经散了，鞋没买到。

【郑重其辞】zhèng zhòng qī cí 指说话时态度十分严肃认真。[例句]离校时，老师～地告诫我们"要做一个正直的人，做一个对国家、对社会有用的人"。

【郑重其事】zhèng zhòng qí shì 郑重：严肃认真。形容对事情的态度十分严肃认真。[例句]这一切都说明，一个人要求进步，就必须下苦功，～地去进行自我修养。

【政出多门】zhèng chū duō mén 指政令不统一，常由许多部门发出，说明国家权力分散。[例句]一个国家如果～，那绝不会太平。

【政令不一】zhèng lìng bù yī 发布的行政命令不统一，一会儿这样，一会儿那样。形容政务混乱。[例句]朝令夕改、～，是造成社会动荡不安的主要原因之一。

【政清狱简】zhèng qīng yù jiǎn 狱：诉讼案件。政治清明，刑狱简省。[例句]历史上，很少有王朝能做到～。

【政通人和】zhèng tōng rén hé 通:通达、顺利。政治昌明,人民和乐。[例句]21 世纪的中国,~,民心团结,大家都在为创建一个和谐、发展的社会贡献自己的力量。

zhi

【之乎者也】zhī hū zhě yě 这四个字属古代汉语中的虚词。形容半文不白的话和文章。人们常用来讽刺过分咬文嚼字。[例句]这个人满口~,简直是个新时代的"孔乙己"。

【支离破碎】zhī lí pò suì 支离:分散、残缺。形容零散破碎,不成整体。也形容散乱没有条理。[例句]此时他的心就像窗外被风吹得~的树枝一样摇曳不定。

【支吾其词】zhī wú qí cí 支吾:说话躲躲闪闪,含混应付。指企图用含混不清的话语应付搪塞,以掩饰真情。[例句]看他~的样子,一定有什么事瞒着我。

【支支吾吾】zhī zhī wú wú 说话吞吞吐吐,闪烁其辞。[例句]王鹏为什么要离开乐队,请你告诉我事情的真相,别~的。

【只身孤影】zhī shēn gū yǐng 孤身一人,无依无靠。[例句]相依为命的老伴去世后,他~地度过了晚年。

【只手擎天】zhī shǒu qíng tiān 擎:举。一只手便可把天举起。形容力量大,本事强。[例句]没有人能~,本领再高强的人也需要集体的力量。

【只字不提】zhī zì bù tí 一个字也没有提起。形容故意不说。[例句]对怎么赔偿一事,他~,真令人气愤。

【芝兰玉树】zhī lán yù shù 本比喻高尚的子弟。后也用作对优秀子弟的美称。[例句]张老师,你的学生个个~,您该欣慰了。

【枝繁叶茂】zhī fán yè mào 繁:繁密;茂:茂盛。树木的枝叶繁密茂盛。比喻儿孙后代很多。[例句]老李头一家人丁兴旺,~,四世同堂。

【知彼知己】zhī bǐ zhī jǐ 对敌我双方的优劣长短都完全了解。[例句]无论对敌作战，还是向大自然挑战，都要～，才能克敌制胜，达到预期的目的。

【知法犯法】zhī fǎ fàn fǎ 法：法律；犯：触犯。知道是法律、法令、规章所禁止的而故意违犯。指明知故犯。[例句]你是律师，怎么能～呢？

【知根知底】zhī gēn zhī dǐ 清楚地知道根由、底细。[例句]他们是多年的老搭档了，已经～，怎么配合都不需讨论。

【知过必改】zhī guò bì gǎi 过：错误、过失。知道自己的过错，就一定要改正。[例句]～，才能不断进步。

【知己之遇】zhī jǐ zhī yù 知：了解、赏识。指别人对自己了解、欣赏的恩遇。[例句]我永远不能忘记张老师对我的～。

【知己知彼】zhī jǐ zhī bǐ 见“知彼知己”。

【知难而进】zhī nán ér jìn 明知有困难，却不后退。指迎着困难上。[例句]我们要～，才能战胜困难，取得成功。

【知难而退】zhī nán ér tuì 本指作战时要见机而行，不硬做做不到的事情。后指遇见困难退缩不前，没有勇气去克服。[例句]～的人是永远达不到成功的顶峰的。

【知难行易】zhī nán xíng yì 见“行易知难”。

【知情达理】zhī qíng dá lǐ 达：通晓。懂得人情，通晓事理。[例句]他是个～的人，绝不会在这件事情上胡搅蛮缠。

【知情识趣】zhī qíng shí qù 懂情意，善体贴。指人知道进退，不惹人讨厌。[例句]找一个～的朋友，真不容易。

【知人论世】zhī rén lùn shì 原指为了了解历史上的人物而论述有关他的时代背景。后来泛指鉴别人物的好坏，议论世事的得失。[例句]～不能只凭个人的主观感情色彩，要依据一定的科学规律去看待。

【知人善任】zhī rén shàn rèn 知：了解；任：任用、使用。了解下属而且善于任用。[例句]只有～的好领导，才能调动职工的积极性。

【知人之明】 zhī rén zhī míng 指鉴识别人的品行和才能的能力。[例句]作为领导，要有～，才能不浪费人才。

【知书达礼】 zhī shū dá lǐ 达：懂得。有文化，懂礼貌。形容人有教养。[例句]他认为～的女性是最有魅力的。

【知疼着热】 zhī téng zháo rè 形容十分关心爱护，多用于夫妻或亲属之间。[例句]她十分体贴人，～地关心大家，使人对她的敬意油然而生。

【知往鉴今】 zhī wǎng jiàn jīn 往：过往、以前。了解历史，以之作为今天的借鉴。[例句]历史是一面镜子，通过它我们可以～。

【知遇之恩】 zhī yù zhī ēn 受到赏识和重用的恩惠。[例句]受到别人的～，我们应努力报答。

【知足常乐】 zhī zú cháng lè 知道满足就会经常快乐。常用以劝人勿苦心追求富贵、享乐。[例句]～，你不要苛求那么多了。

【执法如山】 zhí fǎ rú shān 如山：比喻坚定不动摇。执行法令极其严厉。[例句]他～，我是早有耳闻的。

【执迷不悟】 zhí mí bù wù 执：坚持、固执；迷：迷惑，分辨不清；悟：觉悟。坚持错误，一直不觉悟。[例句]～的人会在错误的道路上越滑越远，最终后悔莫及。

【直奔主题】 zhí bèn zhǔ tí 径直、直接地投入主要问题，不拐弯抹角。[例句]谈判双方坐下来后～，很快就达成了协议。

【直捣黄龙】 zhí dǎo huáng lóng 黄龙：黄龙府，金朝都城，在今吉林农安，后泛指敌巢。指直冲敌人巢穴，彻底消灭敌人。[例句]警方这次～，一举端了这些不法分子的老窝。

【直截了当】 zhí jié liǎo dàng 形容说话、做事干脆爽快，不绕弯子。[例句]他决定就公司的管理方式问题，～地向领导提出自己的意见。

【直来直去】zhí lái zhí qù 说话做事直接，不绕弯子。[例句]他这个人喜欢～，从不隐瞒自己的观点。

【直情径行】zhí qíng jìng xíng 情：意思、想法；径：直接。凭着自己的想法径直地去做。[例句]她总是～地做事，毫不顾忌他人感受。

【直上青云】zhí shàng qīng yún 见"青云直上"。

【直抒己见】zhí shū jǐ jiàn 直：直爽；抒：抒发、表达。爽快地说出自己的看法。[例句]在小组讨论会上，大家都～，发言十分踊跃。

【直言不讳】zhí yán bù huì 直：直爽、坦率；讳：隐讳、避忌。有话直说，无所忌讳。[例句]我喜欢他这种热情奔放、～的爽朗性格。

【直言取祸】zhí yán qǔ huò 说话直接而招致祸患。[例句]杨修才华横溢、聪明盖世，但恃才傲物，终因～而被曹操所杀 。

【直言正色】zhí yán zhèng sè 言辞正直，表情严肃。[例句]他～地对这种破坏团结的行为提出了批评。

【只见树木，不见森林】zhǐ jiàn shù mù，bù jiàn sēn lín 比喻只看到局部，看不到全体。[例句]看问题要客观全面，不能～。

【只可意会，不可言传】zhǐ kě yì huì，bù kě yán chuán 只能用心去揣摩体会，无法用话语具体地表达出来。[例句]这篇文章的妙处，～。

【只争旦夕】zhǐ zhēng dàn xī 旦夕：早晨和晚上。抓紧一切时间，力争在最短时间内达到目的。[例句]现代科学技术的发展日新月异，我们要有～的精神，奋发图强迎头赶上。

【纸上谈兵】zhǐ shàng tán bīng 在文字上谈用兵的策略。比喻空谈理论，而不切实际。[例句]这人只会～，没有解决实际问题的能力。

典故

战国时，赵国名将赵奢的儿子赵括，从小熟读兵书，善谈用兵之道，连赵奢都说不过他。但是赵奢认为，如果将来赵括当将军，

Z

一定会使赵国失败。赵奢死后，赵王用赵括代替廉颇，同秦军交战。由于他没有实际作战经验，只会照兵书上说的去指挥，结果大败。赵括被乱箭射死，四十万赵军全部被歼灭。后人根据这件事指出：赵括只会纸上谈兵。

【纸醉金迷】zhǐ zuì jīn mí 形容使人陶醉的繁华富丽景象。也形容奢侈豪华的享乐生活。[例句]结婚之后，他彻底远离了那种～的生活。

【指东画西】zhǐ dōng huà xī 指说话东拉西扯，文不对题或没有中心。形容说话时以手势比画的动作。[例句]她们几个好朋友聚在一起时，常常～地一聊就是半天。

【指东说西】zhǐ dōng shuō xī 见“指东画西”。

【指挥若定】zhǐ huī ruò dìng 若：如；定：定局。指挥起来就像事先定好似的。形容指挥从容不迫，稳操胜算。[例句]虽然比分有些落后，但教练～，丝毫没有慌乱。

【指鸡骂狗】zhǐ jī mà gǒu 指着鸡骂狗。比喻表面上骂这人，实际上骂那人。[例句]她在家时，稍不如意就摔碗砸盆，～，弄得大家都不想回家。

【指鹿为马】zhǐ lù wéi mǎ 指着鹿，说是马。比喻有意颠倒黑白，混淆是非。[例句]我确实见过一些人大言不惭地颠倒是非，～。

【指名道姓】zhǐ míng dào xìng 明确指出姓名。多指对人公开批评或攻击。[例句]不～的骂街，是这一带妇女发泄私愤的传统方式。

【指日成功】zhǐ rì chéng gōng 指不久即可成功。[例句]这项试验的关键问题已经解决，可以～了。

【指日可待】zhǐ rì kě dài 指日：可以指出日子，意思是为期不远；待：等待。表示不用等多久就可达到目的。[例句]随着医药事业的发展和医疗技术的进步，攻克这类顽疾已是～了。

【指桑骂槐】zhǐ sāng mà huái 指着桑树骂槐树。比喻表面上指着这个而暗中骂着那个。[例句]她总爱～，跟邻里之间处得很不好。

【指山卖磨】 zhǐ shān mài mò 磨：石磨。指着尚未开凿的山，说要卖给别人石磨。比喻要手段，说空话哄人。[例句]做什么事情都应该踏踏实实地去干，而不要～。

【指手画脚】 zhǐ shǒu huà jiǎo 说话时手脚做出各种动作。多表示说话放肆、随便或神气活现的样子，也表示说话时用手脚示意。引申为乱加批评、指点或瞎指挥。[例句]别人干点儿事，他总爱～的，很令人讨厌。

【指天誓心】 zhǐ tiān shì xīn 对着上天起誓，表白自己忠诚之心。[例句]她～说她压根儿没骗过他。

【指一说十】 zhǐ yī shuō shí 指着一说是十。形容不顾事实，随意夸大。[例句]小王介绍自己的工作成绩时，总喜欢～。

【咫尺千里】 zhǐ chǐ qiān lǐ 咫：古代称八寸为咫。尺把长的画幅，展现了千里山河的景象。比喻虽近在咫尺，却似远隔千里。也比喻篇幅虽小而事物的内容丰富或含义深远。[例句]这首五言绝句，短短四行，却包含了丰富的内容与深刻的道理，真可谓～。

【咫尺天涯】 zhǐ chǐ tiān yá 咫：古代称八寸为咫；天涯：天边。比喻虽然近在咫尺，但很难相见，就像远在天边一样。[例句]他就在隔壁，我却不能去见他，真正是～呀！

【趾高气扬】 zhǐ gāo qì yáng 高举阔步，神气十足。形容骄傲自满、得意洋洋的样子。[例句]～是没有知识的表现。

【至高无上】 zhì gāo wú shàng 至：最、极。最高，没有超过它（他）的了。形容高于一切。[例句]在封建国家中，皇帝有～的权力。

【至理名言】 zhì lǐ míng yán 至理：最正确的道理；名言：精辟的、有价值的言论。最正确、最有价值的话。[例句]马克思有一句～："人类也依照美的规律来造型。"

【至亲骨肉】 zhì qīn gǔ ròu 关系最密切的亲人，一般指父母子女、兄弟姐妹。[例句]陈老师待那些孤儿如～。

Z

【至亲好友】zhì qīn hǎo yǒu 感情至深的亲人，关系最好的朋友。[例句]咱们都是～，何必客气呢？

【至死不变】zhì sǐ bù biàn 到死都不改变。形容极为坚定。[例句]他坚持共产主义的信念，～。

【志大才疏】zhì dà cái shū 志：志向；才：才能；疏：粗疏、稀松。指志向远大而能力不够。[例句]她不是那种～的人。

【志得意满】zhì dé yì mǎn 形容得意满足。[例句]做人要谦虚谨慎，即使是～的时候，也不要盛气凌人。

【志高气扬】zhì gāo qì yáng 志向高远，神气昂扬。[例句]老张教育～的儿子，一定要脚踏实地，走好人生的每一步。

【志气凌云】zhì qì líng yún 凌云：直达云霄。志气直达云霄。形容志向远大、宏伟，意气豪迈。[例句]这几位大学生～，毕业后便来到西部，投身到西部大开发的行列中来。

【志士仁人】zhì shì rén rén 有远大志向和高尚道德的人。现指爱国进步人士。[例句]有多少～为中华崛起而献出了宝贵的生命。

【志同道合】zhì tóng dào hé 志：志向；道：主张，指信仰。有相同的志向、信仰。形容彼此志趣相同、主张一致。[例句]他俩既是夫妻，又是～的同事，在工作和生活中都配合得十分默契。

【志在千里】zhì zài qiān lǐ 志向在千里以外的地方。形容志向非常宏伟、远大。[例句]他～，并不满足于现有的一点成绩。

【志在四方】zhì zài sì fāng 形容有志向远大。[例句]好男儿～，我要出去闯一闯。

【质疑问难】zhì yí wèn nàn 问难：反复质问、辩论。提出疑问，进行辩论。[例句]在教学中，要多开些辩论会，多给学生一些～的机会。

【炙手可热】zhì shǒu kě rè 炙：烤。手一挨近就觉得热得烫人。比喻权势盛大，气焰嚣张。[例句]别看这个贪官～，一旦群众觉悟，他的地位就岌岌可危了。

【治病救人】 zhì bìng jiù rén 治疗疾病，挽救病人。比喻真心诚意地帮助别人纠正错误或缺点。[例句]对待犯错误的同志，要采取～的态度，耐心帮助。

【治国安民】 zhì guó ān mín 治：治理；安：使安定，这里是使人民各安其业的意思。治理国家，安定民众。[例句]～的人不仅要有雄才大略，更要有爱民之心。

【栉风沐雨】 zhì fēng mù yǔ 栉：梳头发；沐：洗头发。风梳发，雨洗头。形容人在外奔波、劳动，历尽辛劳。[例句]勘探队员们长年奔波，～，把青春献给了祖国的地质事业。

【掷地有声】 zhì dì yǒu shēng 掷：扔。扔到地上会发出响亮的声音。比喻诗文优美，声调铿锵。也比喻才华很高或赞美话语坚定有力、气势豪迈。[例句]如此～的文章，难怪会获大奖。

【智勇双全】 zhì yǒng shuāng quán 智：智谋。智谋和勇气都具备。[例句]他是一个～的人，做事很有分寸。

【智者千虑，必有一失】 zhì zhě qiān lǜ, bì yǒu yī shī 智者：聪明人；虑：考虑、谋划；失：失误。指聪明人对问题即使深思熟虑，也难免出现差错。[例句]～，重大问题的决策，还是要多听听群众的意见。

【置若罔闻】 zhì ruò wǎng wén 置：放；若：好像；罔：没有。放在一边，好像没有听见一样。指不予理会。[例句]那些对国家法令～，乱砍滥伐林木的人，终于受到了法律的制裁。

【置身事外】 zhì shēn shì wài 身：自身。把自己放在事情之外。形容推卸责任或不关心某事。[例句]这事关系到孩子的前途，你怎能～，不闻不问呢？

【置之不理】 zhì zhī bù lǐ 之：代词，它；理：理睬。放在一边，不予理睬。形容对某人某事十分冷淡。[例句]他对那些诽谤，诅咒的言论和漫骂，不屑一顾，～。

【置之高阁】 zhì zhī gāo gé 见“束之高阁”。

Z

【置之脑后】 zhì zhī nǎo hòu 比喻不放在心上。形容极不重视。[例句]没过几天,小明就把老师的忠告~了。

zhong

【中饱私囊】 zhōng bǎo sī náng 中饱:经手钱财,以欺诈手段从中谋利;囊:口袋。指经手钱财,从中贪污。[例句]那个~的贪官已被查处了。

【中流砥柱】 zhōng liú dǐ zhù 中流:水流的中央;砥柱:山名,在河南三门峡东北的黄河中,因其形如柱,故名。如同砥柱山一样屹立于黄河的急流之中。比喻能承担重任、支撑危局的个人或集体。[例句]加入公司才短短几年,他已经成了业务部的~。

【中流击楫】 zhōng liú jī jí 中流:水流的中央;楫:桨。船到中流时敲击船桨。比喻收复失地的雄心壮志。[例句]郑成功以~之志激励将士,终于收复了台湾。

【中西合璧】 zhōng xī hé bì 璧:古代玉器,扁平圆形中间有孔;合璧:半圆形的玉叫半璧,两个半璧合成一个圆形叫合璧。比喻中国和西方的精华结合在一起。[例句]这座建筑物融汇东西方文化的精华,可谓~的佳构。

【中庸之道】 zhōng yōng zhī dào 道:主张、学说、处世态度。儒家的一种主张,指待人接物不偏不倚,调和折中的态度。[例句]儒家的~是他的处世哲学。

【中原逐鹿】 zhōng yuán zhú lù 中原:古指我国中部地区,泛指天下;逐:追逐、争夺。比喻群雄竞起争夺天下。[例句]人民解放军~,迅速取得了三大战役的伟大胜利。

【忠肝义胆】 zhōng gān yì dǎn 形容赤胆忠心,见义勇为。[例句]自古以来,中华民族~的英雄人物层出不穷。

【忠君报国】 zhōng jūn bào guó 忠于国君,报效国家。[例句]杨家将~、血染沙场的故事家喻户晓。

【忠孝两全】 zhōng xiào liǎng quán 对国家的忠诚和对父母的孝

道，两者都能做到。[例句]作为军人，他无法做到～，只能对父母说声对不起。

【忠心耿耿】zhōng xīn gěng gěng　耿耿：忠诚的样子。形容非常忠诚。[例句]周总理对党的事业～，鞠躬尽瘁，死而后已。

【忠言逆耳】zhōng yán nì ěr　逆耳：不顺耳。诚恳正直的劝告，听起来很刺耳。[例句]～的道理他虽明白，但当他听了别人的批评还是很不舒服。

【忠贞不渝】zhōng zhēn bù yú　忠贞：意志或操守坚定不移；渝：改变、违背。忠诚坚定，永不改变。[例句]他对党是～的。

【终南捷径】zhōng nán jié jìng　终南：终南山，在陕西西安西南；捷径：近便的道路。比喻求取官职、名利或达到某种目的的最佳途径。[例句]你别把行贿看成～，那实际是通向监狱大门之路。

【终身大事】zhōng shēn dà shì　关系一辈子的大事情。多指男女婚嫁。[例句]她一心扑在科研事业上，却耽搁了自己的～。

【终天之恨】zhōng tiān zhī hèn　终天：终身，一般用于死丧等不幸的事。到死的时候还不能消除的恨事。[例句]她至死未能与恋人再见一面，不无～。

【钟灵毓秀】zhōng líng yù xiù　钟：聚集、集中；毓：产生、孕育。凝聚了天地间的灵气，孕育着优秀的人物。指山川秀美，人才辈出。[例句]在～的浙江出过不少像鲁迅那样的名人。

【众寡不敌】zhòng guǎ bù dí　人少抵挡不过人多。[例句]虽～，我军仍坚守阵地三昼夜，掩护大部队顺利转移。

【众寡悬殊】zhòng guǎ xuán shū　众：多；寡：少；悬殊：差别很大。双方人数相差很大。[例句]我军在～的情况下，采取"蘑菇"战术，终于战胜了敌军。

【众口纷纭】zhòng kǒu fēn yún　纷纭：繁杂。众人有的这样说，有的那样说，议论纷纷。[例句]对取消"五一"黄金周这件事，大家～。

Z

【众口难调】 zhòng kǒu nán tiáo 调：调配。原意是各人的口味不同，很难做出一种使所有的人都感到可口的饭菜。也比喻人多意见多，很难协调到所有的人都满意。[例句]在不少国有大企业中，僧多粥少，～，要改革很不容易。

【众口铄金】 zhòng kǒu shuò jīn 铄：熔化。原比喻舆论的力量强大，足以熔化金属。现多比喻错误的议论或谣言一多，可以颠倒是非。[例句]～，谣言有时可以使你有口难辩。

【众口一词】 zhòng kǒu yī cí 大家说的完全一致。[例句]社区居民～，都认为应加强小区的治安管理。

【众目共视】 zhòng mù gòng shì 所有人的眼睛都看见了。形容极其明显。[例句]你的言行～，所以没必要再遮掩了。

【众目睽睽】 zhòng mù kuí kuí 睽睽：睁大眼睛注视。大家都睁大眼睛注视着。指在众人的注视、监督之下。[例句]～之下，他从容自若地登上了演讲台。

【众目所归】 zhòng mù suǒ guī 众人的目光一致集中之处。形容一致赞赏。[例句]你现在是～了，大家都等着你拿个主意。

【众目昭彰】 zhòng mù zhāo zhāng 昭彰：明显。大家都把事情看得清清楚楚。[例句]你做的这些坏事，已是～，不容抵赖。

【众怒难犯】 zhòng nù nán fàn 犯：触犯。大众的愤怒触犯不得。[例句]你难道不知～？当今之计，还是马上离开为好。

【众叛亲离】 zhòng pàn qīn lí 众：众人；叛：背叛；亲：亲戚；离：离开。众人和亲属都背离了自己。形容陷于孤立无援的境地。[例句]他一意孤行，完全不听别人对他的善意忠告，最后～。

【众擎易举】 zhòng qíng yì jǔ 擎：往上托；易：轻易、容易。许多人一起用力，就容易把东西举起来。比喻大家齐心协力就会很容易把事情办成。[例句]～，只有大家齐心协力才会办成大事。

【众矢之的】 zhòng shǐ zhī dì 矢：箭；的：箭靶的中心。许多箭所射的靶子。比喻大众一起攻击的目标。[例句]他的谬论一经出口，就成了～。

【众所周知】zhòng suǒ zhōu zhī 周：普遍、全。所有人都知道、熟悉。[例句]我们的对外政策是～的、持久不变的。

【众望所归】zhòng wàng suǒ guī 众望：众人的希望；所：代词，“归”的宾语前置，指代归向的对象。大众的愿望一致归向的。指为众人所敬仰、期待的。[例句]鲁迅、茅盾都是现代～的文学巨匠。

【众星拱辰】zhòng xīng gǒng chén 比喻四方归向一处。[例句]老画家挥毫泼墨，学生～般地围在他跟前。

【众星捧月】zhòng xīng pěng yuè 群星衬托着月亮。比喻许多人拥戴一个人，或许多东西围绕一个中心。[例句]她的漂亮、聪明、能干使她成为～的人物。

【众志成城】zhòng zhì chéng chéng 万众一心，像坚固的城堡一样不可摧毁。比喻大家团结一心，力量就无比强大。[例句]正所谓～，只要大家团结一致，便容易成功。

【重义轻财】zhòng yì qīng cái 指重仁义而轻钱财。[例句]他是一个～的人，做他的朋友挺值。

【重于泰山】zhòng yú tài shān 比泰山还要重。常用来比喻意义重大。[例句]为人民利益而牺牲就～，人民永远怀念他。

zhou

【周而复始】zhōu ér fù shǐ 周：环绕一圈；复始：重新开始。形容循环往复，继续不断地周转。[例句]也许宇宙里一切事物的发展，不过都是～的运动。

【周公吐哺】zhōu gōng tǔ bǔ 周公：西周政治家姬旦。曾助兄周武王灭商，因采邑在周（今陕西岐山北），故称；吐哺：吐出正在咀嚼的食物。指周公吃饭时为了接待贤士，吐出了正咀嚼着的食物。形容礼贤下士，尊重贤才。[例句]没有古人～的精神，招揽贤才只能是一句空话。

【肘腋之忧】zhǒu yè zhī yōu 肘腋：胳膊肘和胳肢窝，指贴身之处。

比喻身边的、内部的忧患。[例句]要有鉴别人的能力，避免出现～。

【昼夜兼行】 zhòu yè jiān xíng 不分白天黑夜地赶路。[例句]即使～，在天亮以前也难以到达目的地。

zhu

【朱唇粉面】 zhū chún fěn miàn 唇红面白。形容容貌美丽。多指女子美貌。[例句]几年不见，那个不起眼的小女孩出落得～、亭亭玉立。

【朱唇皓齿】 zhū chún hào chǐ 红唇白齿。形容女子容貌美丽。[例句]她身材修长，～，是舞蹈学院的高才生。

【诛求无已】 zhū qiú wú yǐ 诛求：苛求、勒索；无已：没有个完。指勒索、榨取没完没了。[例句]政府不应该不顾人民的困难，～，那样只能是竭泽而渔。

【诛心之论】 zhū xīn zhī lùn 诛心：谴责真正的用心。谴责别人不良用心的批评或深刻的议论。[例句]张干事的～，使大家的头脑一下子变得清醒起来。

【珠光宝气】 zhū guāng bǎo qì 珠：珍珠；宝：宝石。形容穿着衣饰或陈设华丽。[例句]她那～的打扮并不能使她内心充实起来。

【珠联璧合】 zhū lián bì hé 璧：中间有孔的扁平圆形玉器，也泛指美玉。珍珠串在一起，美玉合成双。比喻杰出的人才或美好的事物聚集在一起，完满无缺。[例句]这两支队伍联合作战，真是～，一定能给敌人以致命的打击。

【珠围翠绕】 zhū wéi cuì rǎo 珍珠、翡翠围绕。形容厅室等装饰华丽。也形容妇女妆饰华贵。也指众多姬妾侍女围绕身旁。[例句]荣、宁二府钟鸣鼎食，～，曾几何时便风流云散，可见富贵无常。

【珠圆玉润】 zhū yuán yù rùn 像珍珠一样圆，像美玉一样光润。比喻歌声宛转优美或诗文流畅明快。[例句]这篇文章字字珠玑，

～，不愧是一篇名作。

【诸如此类】zhū rú cǐ lèi 诸：众多；此：这。与这相似的种种事物。表示其他以此类推。[例句]暴力、凶杀、色情，～的非法书刊，我们一定要彻底禁绝。

【诸子百家】zhū zǐ bǎi jiā 诸子：旧指老子、庄子、墨子、韩非子等。先秦至汉初各种学术思想流派的总称。[例句]战国时期，学说文化空前繁荣，～，流派纷呈。

【蛛丝马迹】zhū sī mǎ jì 蜘蛛吐的细丝，马蹄的印迹。比喻若有若无、依稀可辨的线索和痕迹。[例句]毒贩尽管很狡猾，还是留下些～。

【蛛网尘封】zhū wǎng chén fēng 被蛛网所缠绕，被尘土所封盖。形容居室、器物等长期闲置，无人过问。[例句]这间房子因长期无人住，已经是～。

【竹苞松茂】zhú bāo sōng mào 苞：茂盛。指松竹繁茂。比喻体格强健，精神旺盛。多用作向人祝寿时的颂词。[例句]苏州园林内～，景致优雅。

【竹报平安】zhú bào píng ān 报平安：指平安家书，也用作春联语。写信告诉全家平安。[例句]～，春节时收到哥哥的来信，妈妈很高兴。

【煮豆燃萁】zhǔ dòu rán qí 萁：豆秸。比喻骨肉相残。[例句]你们弟兄二人要同心协力，决不能做～、自相残害的傻事。

【助桀为虐】zhù jié wéi nüè 桀：夏代末君主名，旧时相传是个暴君；虐：残暴。协助桀干暴虐的事。后比喻帮助恶人干坏事。[例句]那"～"的东西，实在比敌人还可恶可恨十倍。

【助人为乐】zhù rén wéi lè 把帮助别人当作快乐。[例句]新时期，我们更要学习雷锋同志勤奋学习、艰苦奋斗和～的崇高品质。

【助纣为虐】zhù zhòu wéi nüè 纣：商朝的最后一个统治者，相传是个暴君。协助纣干暴虐的事。比喻帮着恶人行凶作孽。[例句]

Z

这个犯罪团伙的首恶被绳之以法，那些～的团伙成员也受到法律的制裁。

【著书立说】zhù shū lì shuō 著：写作、撰述；立：建树。从事著述，创立自己的学说。[例句]他以满腔热忱，～，抒发了对祖国的热爱之情。

【著述等身】zhù shù děng shēn 著作和身体一样高。形容著作极多。[例句]这位～的学者，实际上是自学成才的。

【铸成大错】zhù chéng dà cuò 铸：铸造；错：锉刀，王莽时代的钱币名称，借指错误。指造成重大错误。[例句]他不听朋友的劝告，疏忽大意，～。

【筑巢引凤】zhù cháo yǐn fèng 修好巢穴，引来凤凰。比喻国家或地方政府等完善投资环境，以招商引资、吸引人才。[例句]近年来，市政府花大力气～，经济发展取得了前所未有的成绩。

zhua

【抓耳挠腮】zhuā ěr náo sāi 抓耳朵，搔腮帮子。形容焦急、苦恼或忙乱时无计可施的样子。也形容高兴得说不出话来的样子。[例句]他急得～，还是回答不上来。

zhuan

【专横跋扈】zhuān hèng bá hù 专横：专断蛮横、任意妄为；跋扈：霸道、蛮不讲理。专断强暴，蛮不讲理。[例句]那些～、唯我独尊的人不适宜担任领导职务。

【专心致志】zhuān xīn zhì zhì 致：极、尽；志：志向、志趣。用心专一，聚精会神。[例句]一个晚上，他都坐在那儿～地做作业。

典故

古时候，有个著名的棋手叫弈秋。弈秋收了两个学生，给他们同时上课，教他们下棋。他们两人中的一个专心致志地听讲，另一个一会儿看看窗外的田野和树林,一会儿又看看天空,心里想着与下棋无关的事情。后来,认真学习的那个学生棋艺进步很快,那个不认真学习的学生什么也没学到。

【转悲为喜】zhuǎn bēi wéi xǐ 悲伤变成喜悦。[例句]接过爸爸新买的玩具,女儿~,蹦蹦跳跳地跑开了。

【转祸为福】zhuǎn huò wéi fú 灾害变为幸福,坏事变成了好事。[例句]大家运用智慧使这件事~了。

【转弯抹角】zhuǎn wān mò jiǎo 转弯:拐弯;抹角:挨着墙角绕过。不直走路而沿着弯路走。比喻说话办事委婉曲折。[例句]有话你应当直说,何必如此~的?

【转危为安】zhuǎn wēi wéi ān 指局势、病情等由危急转为平安。[例句]生命垂危的他,在医生的抢救下,终于~。

【转眼之间】zhuǎn yǎn zhī jiān 形容极短促的一刹那。[例句]~,我们已经是大学生了,时间过得真快呀!

【转战千里】zhuǎn zhàn qiān lǐ 在千里之遥的广大地域内辗转作战。[例句]在解放战争中,这支英雄的部队~,为人民解放事业建立了不朽的功勋。

zhuang

【装疯卖傻】zhuāng fēng mài shǎ 故意装作疯癫痴呆的样子。[例句]你要彻底交代你的罪行,别再~了。

【装聋作哑】zhuāng lóng zuò yǎ 假装聋哑。指故意不理睬,装作不知或不懂。[例句]面对无可辩驳的证据,他再也无法~了。

【装模作样】zhuāng mú zuò yàng 模、样:姿态、样子。故意做出某种姿态给人看。[例句]小弟弟~地学着模特走猫步的样子,逗得全家人哈哈大笑。

【装腔作势】zhuāng qiāng zuò shì 腔:腔调;势:姿势。故意装出一种腔调,做出一种姿态。指故意做作。[例句]这些演员素质不高，所以演起戏来，总给人～之感。

Z【装神弄鬼】zhuāng shén nòng guǐ 装鬼神吓人。比喻玩弄手段蒙骗人。也比喻故意把事情弄得玄妙莫测，使人无法捉摸。[例句]骗子们虽然～、花样百出，但还是无法逃过执法人员的眼睛。

【壮心不已】zhuàng xīn bù yǐ 壮心：壮志；不已：不停止。壮志不停。指有志之士虽年老而雄心壮志不减。[例句]老周虽已退休，但～，自筹资金开了一家小工厂。

【壮志凌云】zhuàng zhì líng yún 壮志：宏伟的志愿；凌云：直上云霄。形容志向远大。[例句]他们年轻时都是～的有为青年。

【壮志未酬】zhuàng zhì wèi chóu 壮志：宏伟的志愿；酬：实现。宏伟的志愿没有实现。[例句]辛弃疾的一些诗词中充满了～的悲愤之情。

zhui

【追本溯源】zhuī běn sù yuán 追：追究、追索；溯：往上推求；源：指水流的源头。追究事物发生的根源。[例句]研究问题要～，透过现象看本质。

【追悔何及】zhuī huǐ hé jí 追悔：追忆过去而悔恨；何：哪里。悔恨过去的事，哪里还来得及挽回。[例句]回想起青年时代虚度光阴，他～。

【锥处囊中】zhuī chǔ náng zhōng 处：放置、居住；囊：口袋。锥子放在口袋里，锥尖就会露出来。比喻有才智的人终能显露头角，不会长久被埋没。[例句]是金子到哪儿都会发光，～，就不怕显露不出来。

【惴惴不安】zhuì zhuì bù ān 惴：担心、忧惧。形容因担心、害怕而心神不宁。[例句]他昨晚因贪看电视没有完成作业，现在一听老师要检查作业，就有些～。

zhun

【谆谆不倦】zhūn zhūn bù juàn 谆谆：耐心恳切的样子。恳切耐心地教导，不知疲倦。[例句]老师～的教诲让我们受益终生。

【谆谆告诫】 zhūn zhūn gào jiè 谆谆：教导恳切、耐心的样子；告诫：规劝。恳切、耐心地教导。[例句]老师～我们，青年时代是人的一生中最宝贵的年华，一定要尽量多读书，多掌握知识。

【谆谆善诱】 zhūn zhūn shàn yòu 谆谆：教诲恳切、耐心的样子。耐心、恳切，善于教导。[例句]新来的语文老师～，使同学们的语文成绩提高很快。

zhuo

【捉襟见肘】 zhuō jīn jiàn zhǒu 襟：衣襟，即衣服的前幅；见：露出来。拉一拉衣襟，就露出了胳膊肘。形容衣服破烂。也比喻处境窘迫，顾了这儿顾不了那儿。[例句]过去，我们家经济条件很差，爸妈那点工资要供我们吃穿上学，常常是～。

【捉摸不定】 zhuō mō bù dìng 捉摸：猜测、预料。无法猜测。[例句]他的葫芦里到底卖的什么药实在让人～。

【卓有成效】 zhuó yǒu chéng xiào 卓：卓越、突出。有卓越的成绩、效果。[例句]他在微分数学方面的研究～。

【斫轮老手】 zhuó lún lǎo shǒu 指技艺纯熟或经验丰富的人。[例句]这个问题对～的他来说是很简单的。

zi

【孜孜不倦】 zī zī bù juàn 孜孜：勤勉、努力不懈。勤奋努力，不知疲倦。[例句]竺可桢年届七十，仍然～地进行科学研究的态度，值得我们青年学习。

【趑趄不前】 zī jū bù qián 趑趄：行走困难，形容犹豫不前的样子。欲进而犹豫不前。形容碰到困难不敢向前走的样子。[例句]一遇困难就～是创业者的大忌，大凡成功者无不是在克服困难中一步步到达胜利的彼岸的。

【锱铢必较】 zī zhū bì jiào 锱、铢：古代极小的重量计算单位；较：

计较。形容对很少的钱或很小的事都要计较。[例句]会计做账应该～，我们为人处世却应宽宏大度。

【龇牙咧嘴】 zī yá liě zuǐ　龇：露齿。露齿张口。形容凶狠狰狞的样子。也形容因疼痛难忍而失态。[例句]他这几天犯牙疼，疼得～的。

【子虚乌有】 zǐ xū wū yǒu　汉代大赋家司马相如曾作《子虚赋》，文章假托子虚、乌有先生、无是公三人互相问答。指虚构的、不存在的人或事情。[例句]你别信那些不用努力就能挣大钱的事，那纯属～。

【自暴自弃】 zì bào zì qì　暴：糟蹋、损害；弃：抛弃、鄙弃。自己轻视并糟蹋自己，甘于落后。[例句]犯了错误要勇于改正，切不可～。

【自不量力】 zì bù liàng lì　见“不自量力”。

【自惭形秽】 zì cán xíng huì　形秽：形态丑陋，引申为缺点或不足。因自觉形态鄙俗而感到惭愧。泛指自己觉得不如别人而感到惭愧。[例句]他总是因自己知识水平不高而～。

【自成一家】 zì chéng yī jiā　指在学问或技艺上有独特的创见或风格，能自成体系。[例句]他的剪纸艺术，独具风格，～。

【自出机杼】 zì chū jī zhù　机杼：织布机，比喻写作时对全文的构思。比喻写文章能创造出一种新的风格。[例句]你这场戏的设计真是～，不同凡响啊！

【自吹自擂】 zì chuī zì léi　擂：打鼓。自己吹喇叭，自己打鼓。比喻自己吹嘘自己。[例句]一个人的威信绝不是靠～、弄虚作假树立起来的。

【自得其乐】 zì dé qí lè　自己从中得到乐趣。[例句]有些人很会～，从小事中也能得到乐趣。

【自高自大】 zì gāo zì dà　自以为了不起，高人一头。[例句]一个人要有自知之明，不能～，应该实事求是地估计自己。

【自告奋勇】 zì gào fèn yǒng　告：表示。积极主动要求担当某项艰巨的任务。[例句]小王大学毕业后，～到边远山区去教学了。

【自顾不暇】 zì gù bù xiá　暇：空闲。自己顾自己还来不及。指无暇顾及他人。[例句]他已经是～了，哪里还能照顾你们！

【自给自足】 zì jǐ zì zú　给：供给；足：满足。自己生产，满足自己的需要。[例句]这里的农民发挥当地资源优势，加工土特产品，不仅能～，还能出口创汇。

【自掘坟墓】 zì jué fén mù　掘：挖。自己为自己挖掘坟墓。比喻自寻死路。[例句]吸食毒品无异于～。

【自力更生】 zì lì gēng shēng　更生：重新获得生命，比喻振兴起来。不借助外力，单靠自己的力量把事情办起来。[例句]我们要依靠人民的力量，～，艰苦奋斗，把社会主义建设事业推向前进。

【自立门户】 zì lì mén hù　户：人家。指自己创立派别或结成宗派。也指自建家庭。[例句]现在他终于有能力～干自己的事业了。

【自卖自夸】 zì mài zì kuā　自己卖什么就夸什么好。也比喻吹嘘自己。[例句]商家为了赚钱，对自己的产品常常～。

【自鸣得意】 zì míng dé yì　得意：自满自足。自己表示很得意，自以为了不起。形容极力炫耀自己、洋洋自得的样子。[例句]他的～，足以显露出他的浅薄与可笑。

【自命不凡】 zì mìng bù fán　自命：自己认为。自己以为自己了不起。[例句]这人毕业于北大，又留学美国，颇有点～。

【自欺欺人】 zì qī qī rén　用自己都无法相信的话或手法来欺骗别人。[例句]你这种一夜暴富的想法，不过是～罢了。

【自强不息】 zì qiáng bù xī　自强：自己努力向上；息：停止。自己努力向上，永不停止。[例句]他～，靠自学考上了大学。

【自轻自贱】 zì qīng zì jiàn　贱：轻视。自己看不起自己。[例句]别人轻贱你是他们的错，你～就是你的不对了。

【自取灭亡】 zì qǔ miè wáng　自己招致灭亡。[例句]一个人如果逆历史潮流而行，结果只能是～。

Z

【自然而然】zì rán ér rán 自然：不受外力影响，自由发展；然：如此、这样。出于自然之势，不经人力干预而成为这样。[例句]经过长时间的相处，他们～地成为了好朋友。

【自生自灭】zì shēng zì miè 自然地产生、发展，又自然地消灭。指自然发展，不加干预。[例句]有些人觉得旧文艺没有什么前途，以为它总是要消灭的，因此就产生不重视它，让它～的心理。

【自食其果】zì shí qí guǒ 自己吞食自己种出来的果实。比喻自己做了坏事，自己承受后果。[例句]他是知法犯法，～。

【自食其力】zì shí qí lì 不靠别人帮助，自己劳动养活自己。[例句]因为家庭贫困，这几个孩子很早就开始～了。

【自食其言】zì shí qí yán 食：吃；其：他的；言：话。说出的话又吃回去。比喻说话不算数，不守信用。[例句]你说话可要算数，千万不要～。

【自始至终】zì shǐ zhì zhōng 至：到。从开始到最后。形容始终如一。[例句]每一事物的发展过程中都存在着～的矛盾运动。

【自私自利】zì sī zì lì 非常自私，只考虑自身利益。[例句]她～的性格使她失去了许多朋友。

【自讨苦吃】zì tǎo kǔ chī 讨：招惹。指本来无事，自己为自己找麻烦。[例句]这么劳神费力的做法，不是～吗？

【自讨没趣】zì tǎo méi qù 讨：招惹；没趣：没有了面子，难堪。做事不得当，反使自己难堪、窘迫。[例句]面对大家不满的目光，他也不想～，就灰溜溜地走了。

【自投罗网】zì tóu luó wǎng 投：进入；罗网：捕捉鱼、鸟的器具。自己进入罗网里去。比喻自己主动投入别人所设的圈套。[例句]野鸡惊慌失措，夺路而逃，却正好～，钻进了我们设置的网套。

【自我陶醉】zì wǒ táo zuì 自我：自己；陶醉：满意地沉浸在某种情

绪或境界中。自己沉醉于某种事物或境界而盲目地自我欣赏。[例句]当他因一点点成就而～的时候,别人已经超过他了。

【自我作古】 zì wǒ zuò gǔ 指由自己创始,不因袭古人。[例句]王先生的画作,继承传统而不因袭前人,～,胆敢独造,因而颇受画界推崇。

【自相残害】 zì xiāng cán hài 自己人之间相互残害。[例句]大敌当前,我们要一致对外,决不能～,做亲者痛、仇者快的事。

【自相残杀】 zì xiāng cán shā 见“自相残害”。

【自相矛盾】 zì xiāng máo dùn 比喻人的言行前后抵触,不相应合。[例句]学生作文中出现～的语句,说明他们缺乏逻辑学的基本常识。

典故

从前有一个卖兵器的人。一天,他带着矛和盾来到集市上。他拿着盾对围观的人高声说:“我的盾非常坚固,无论多么锋利的东西都刺不穿它!”接着,他又举起矛夸耀说:“我的矛非常锋利,无论怎样坚固的东西都能刺穿!”这时有人问他:“如果用你的矛去刺你的盾,会怎样呢?”那人被问得张口结舌,说不出话来。

【自行其是】 zì xíng qí shì 是:正确的。自己做自己认为正确的事。形容固执,不听人劝。[例句]我们要按照规章办事,不能～。

【自言自语】 zì yán zì yǔ 没人应答,自己跟自己说话。[例句]老人在那儿一边干活儿,一边～。

【自以为是】 zì yǐ wéi shì 是:对的。自己认为自己正确,不接受别人的意见。[例句]作为领导要虚心听取群众意见,不能～,盛气凌人。

【自由自在】 zì yóu zì zài 没有拘束,安闲舒适。[例句]傍晚来到海边,他最喜欢看那些在天边～地飞翔的海鸟。

【自有公论】 zì yǒu gōng lùn 指众人自会做出公正的评论。[例句]你我都不必再说了,谁是谁非,～。

Z

【自圆其说】 zì yuán qí shuō　圆:周全。能把自己的话说周全,使之前后不矛盾。[例句]他极力辩白,却又无法～,显得十分尴尬。

【自怨自艾】 zì yuàn zì yì　艾:割草,比喻改正错误。原意是自己感到悔恨,自己改正错误。现指自我悔恨。[例句]你应该勇敢面对生活,战胜挫折,而不能垂头丧气,一味～。

【自在逍遥】 zì zài xiāo yáo　见"逍遥自在"。

【自知之明】 zì zhī zhī míng　自知:自己了解自己;明:看清事物的能力。对自己能做出正确的看法和估计的能力。[例句]一个人只有正确地认识和评价自己,有～,才能扬长避短,通过不懈的努力取得成功。

【自作聪明】 zì zuò cōng míng　自己觉得自己挺聪明而轻率逞能。[例句]～的蒋干去东吴劝降,却中了周瑜的反间计,使曹操错杀了两员大将。

【自作多情】 zì zuò duō qíng　自己单方面表现出感情很深的样子。[例句]他的所作所为,不过是～罢了。

【自作自受】 zì zuò zì shòu　受:承受。自己做错了事,自己承受不良后果。[例句]他被判刑,是～,罪有应得。

【字里行间】 zì lǐ háng jiān　字里:词语里面;行间:一行行文字中间。字句之间。指某种思想感情从文章字句中隐隐透露出来。[例句]这篇散文～充满了作者对故乡的热爱之情。

【字斟句酌】 zì zhēn jù zhuó　斟、酌:考虑、衡量。对一字、一句都认真考虑,仔细推敲。形容写作或说话的态度慎重。[例句]这篇文章的作者在语言的运用上功夫独到,真正做到了～的程度。

【字正腔圆】 zì zhèng qiāng yuán　字音咬得准,行腔委婉圆转。形容吐字清晰,腔调圆润。[例句]她的诗朗诵～、声情并茂。

【字字珠玑】 zì zì zhū jī　珠玑:比喻优美的文章或词句。每个字都像珍珠那样有光彩。形容文章极为优美,价值很高。[例句]那段充满哲理的议论,真是～,掷地有声!

zong

【总而言之】 zǒng ér yán zhī 总括起来说。[例句]～，这本书还是不错的。

【总角之好】 zǒng jiǎo zhī hǎo 总角：古时小儿将发梳成髻，泛指童年时代。指小时候很要好的朋友。[例句]他二人为～，后来却成为战场上的劲敌。

【纵横捭阖】 zòng héng bǎi hé 纵横：合纵和连横的简称，是战国时策士的外交主张和策略。在政治上、外交上动用分化与联合的手段。[例句]国际形势变幻莫测，一个国家要想在其中～，实为不易。

【纵横驰骋】 zòng héng chí chěng 纵：南北的方向；横：东西的方向；驰骋：纵马奔驰。放开马往来奔驰，毫无阻挡。形容作战勇猛，无人能挡。也比喻在文艺创作上自由发挥，不受拘束。[例句]闲暇时，我喜欢发呆，让自己在想象的天地间～。

【纵横交错】 zòng héng jiāo cuò 交错：交叉、错杂。横的、竖的交叉在一起。形容事物或情况复杂，交叉错杂的样子。[例句]乡村里，田间小路～。

【纵横天下】 zòng héng tiān xià 纵横：奔驰无阻。驰骋于整个天下。比喻天下无敌。[例句]曹操的志向是～，一统九州。

zou

【走火入魔】 zǒu huǒ rù mó 原指练功达到了痴迷的地步。引申指对某事物的喜爱或追求达到了癫狂的状态。[例句]小丽是个歌迷，对歌星的崇拜简直到了～的地步。

【走漏风声】 zǒu lòu fēng shēng 指消息透漏出去。[例句]由于他的不小心，使这件事～。

【走马换将】 zǒu mǎ huàn jiàng 走：奔跑。马奔驰过去，骑在马上的将领更换过来。比喻更换管理人员。[例句]过于频繁地～，不利于管理者深刻了解情况。

Z

【走马看花】 zǒu mǎ kàn huā 走:跑。骑在马上看花。比喻匆忙地不深入细致地观察事物。[例句]一个作家对待生活不应采取～的态度。

【走马上任】 zǒu mǎ shàng rèn 走马:骑马奔驰。指新官员到任。后也泛指就任新职。[例句]我县建立了村级信访联络员制度,二百多名各村级信访联络员即将～。

【走南闯北】 zǒu nán chuǎng běi 形容到处闯荡,经历丰富。[例句]他～,到过许多地方。

【走投无路】 zǒu tóu wú lù 投:投奔。无路可走。比喻陷入困境,无计可施。[例句]她真是～了,只好来求老主人。

zu

【足不出户】 zú bù chū hù 不走出大门一步。[例句]如今是信息时代,虽～,也能通过电视和互联网了解天下大事。

【足智多谋】 zú zhì duō móu 足:充足。有丰富的智慧,善于谋划。[例句]他在大半个世纪中,指挥了无数次战役,九次负伤,屡建奇功,以～的"独目将军"闻名于世。

zuan

【钻牛角尖】 zuān niú jiǎo jiān 比喻死抠不值得研究的、以及无法解决的问题。也比喻固执、认死理。[例句]他什么事都爱～,而对实质性问题却往往忽视。

zui

【罪不容诛】 zuì bù róng zhū 诛:处死。罪行大到诛杀都不能抵偿。形容罪大恶极,杀了也抵不了罪行。[例句]秦桧卖国求荣,陷害忠良,是一个～的大奸臣。

【罪大恶极】 zuì dà è jí 罪恶大到了极点。[例句]这些～的罪犯被绳之于法，人民群众无不拍手称快。

【罪恶如山】zuì è rú shān 犯下的罪像山一样高。形容罪恶极深。[例句]法西斯统治～，为一切爱好和平、自由的人民深恶痛绝。

【罪恶滔天】zuì è tāo tiān 滔：大水弥漫。罪恶满天。形容罪恶极大。[例句]陈某～，受到了法律的严惩。

【罪恶昭著】zuì è zhāo zhù 昭著：明白、明显。罪恶非常明显，有目共睹。[例句]这个～的杀人凶手，被处以极刑。

【罪该万死】zuì gāi wàn sǐ 万死：处一万次死刑。按其罪恶应该处死一万次。形容罪恶极大。[例句]那些大肆制毒、贩毒的毒枭们，为了金钱，不顾别人的死活，真是～。

【罪加一等】zuì jiā yī děng 加：增加。指用更重一级的条款来处罚。一般用于处罚情节特别严重或明知故犯的人。[例句]他知法犯法，纵子行凶，理应～。

【罪魁祸首】zuì kuí huò shǒu 魁、首：头目。指作恶犯罪的首要分子。[例句]他是整个事件的～，必须严惩。

【罪上加罪】zuì shàng jiā zuì 本来已经做了罪恶之事，又加了一重罪恶。[例句]他不仅抢劫出租车，而且将司机杀人灭口，真是～。

【罪有应得】zuì yǒu yīng dé 所受惩处与所犯罪行相当。[例句]他被处决是～，怨不得别人。

【醉生梦死】zuì shēng mèng sǐ 像喝醉酒或者做梦一样，昏昏沉沉、糊里糊涂地过日子。形容生活目的不明确。[例句]妻子去世后，他～了很长时间，才从悲痛中解脱出来。

zun

【尊师重道】zūn shī zhòng dào 尊敬老师，重视其所传之道。[例句]～是中华民族的传统美德。

zuo

【左冲右撞】zuǒ chōng yòu zhuàng 到处乱闯乱撞。[例句]激荡的怒涛在礁石间～，江面上雾气蒙蒙。

Z【左辅右弼】zuǒ fǔ yòu bì 辅、弼：辅佐之臣。指在君主左右辅佐的重臣。泛指重要的辅助人物。［例句］他二人为公司的发展做出了重要贡献，是公司领导的～。

【左顾右盼】zuǒ gù yòu pàn 顾、盼：看。左看看，右看看。形容仔细打量或窥探的样子。也形容志得意满或犹豫不决的神态。［例句］他坐在那儿～，根本不安心学习。

【左邻右舍】zuǒ lín yòu shè 指寓所周围的邻居。［例句］一见他家出了事，～都赶来帮忙。

【左思右想】zuǒ sī yòu xiǎng 思来想去，反复考虑。［例句］经过～，他终于决定放弃国外的优裕条件，返回祖国。

【左右逢源】zuǒ yòu féng yuán 逢：遇到；源：水源。各方面都遇到水源。原指做学问到了一定程度，自然用之不尽，取之不竭。比喻做事得心应手，非常顺利。也讽刺为人圆滑，善于投机。［例句］他善于看风使舵，在交际场上～。

【作壁上观】zuò bì shàng guān 壁：壁垒，军营周围的高墙；观：观看。比喻将自己置身于事外，在一旁观望不表示意见或态度。［例句］对待歪风邪气我们应自觉抵制，而不能熟视无睹，～。

【作恶多端】zuò è duō duān 恶：极坏的行为；端：项目、方面。形容做的坏事很多。［例句］像他这样一个～的人，迟早会遭受惩罚。

【作法自毙】zuò fǎ zì bì 法：法律；毙：死。自己立法，自己受害。比喻自作自受。［例句］他想陷害别人，没想到～，反而害了自己。

【作福作威】zuò fú zuò wēi 见“作威作福”。

【作奸犯科】zuò jiān fàn kē 奸：坏事；科：法律条文。为非作歹，触犯法律。［例句］敌我不分，互相勾结，～，害党害国，这是走上危险道路的官僚主义。

【作茧自缚】zuò jiǎn zì fù 蚕吐丝作茧，最终把自己包在里面。比喻人做事使自己陷入困境。也比喻自己束缚自己。[例句]古往今来的思想家,～,终而至于发狂的人,不知道有多少了。

【作牛作马】 zuò niú zuò mǎ 像牛马一样受人驱使。[例句]旧社会人民地位低下,～,新中国人民翻身当家做了主人。

【作威作福】 zuò wēi zuò fú 威、福:指刑罚和奖赏。原指统治者独揽威权,专行赏罚。后多用来形容滥用权力,独断专行。[例句]这个～、失信于民的贪官终于被民众掀下了台。

【坐不安席】 zuò bù ān xí 席:座位。在位子上坐不安稳。形容非常焦急不安。[例句]儿子出走后,老王夫妻俩便～,整日愁容满面。

【坐吃山空】 zuò chī shān kōng 只坐着吃,一座山都会被吃空。形容只知花费而不知生产,即使财富堆成山,也会吃光用尽。[例句]好逸恶劳,纵有万贯家产,也会～的。

【坐而论道】 zuò ér lùn dào 古代指王公大臣陪侍帝王议论政事。后指坐着空谈大道理而不见行动。[例句]我们争得面红耳赤,但细想来没有联系实际,都不过是～而已!

【坐观成败】 zuò guān chéng bài 对别人的成功失败采取旁观态度。[例句]刘备大举伐吴,曹操～,伺机而动。

【坐怀不乱】 zuò huái bù luàn 形容男子作风正派,虽与女子相处而不迷乱。也形容安心恬静。[例句]他是一个知书识礼、～的人。

【坐井观天】 zuò jǐng guān tiān 观:看。坐在井里看天。比喻目光狭窄,见识短浅,很有局限性。[例句]我们看待事物要客观,有远见,不能～或主观主义至上。

典故

从前有一只青蛙,它一直生活在一口废井里,抬起头只能看到井口大的一片天空。有一天来了一只大鳖,把头探入井口往下望。青蛙看到它就向它夸耀井里的好处。大鳖听后说:"你这是什么破地方,我的家乡在东海,那里非常大,无边无际。住在大海里才真正自在快活呢!”青蛙听了大鳖的话非常吃惊,它从来不知道井外边还有更广阔的天地、更快乐的世界。

【坐立不安】 zuò lì bù ān 坐也不是,站也不是。形容焦躁紧张而心神不宁的样子。[例句]面对老师的屡次提问,他~,十分紧张。

【坐山观虎斗】 zuò shān guān hǔ dòu 观:看。比喻坐看别人互相争斗,等到两败俱伤后再从中取利。[例句]他挑拨你我二人闹矛盾,自己~,妄想从中得利。

【坐失良机】 zuò shī liáng jī 因不主动而白白失去好时机。[例句]在淝水之战中,苻坚因轻敌而~,以致被晋军击败。

【坐视不救】 zuò shì bù jiù 视:看。对别人的危难采取旁观态度,不予帮助。[例句]见人有难,我们绝不能~。

【坐卧不安】 zuò wò bù ān 卧:躺。坐着躺着都不安宁。形容心绪烦乱。[例句]听说儿子学习成绩下降,她开始~了。

【坐享其成】 zuò xiǎng qí chéng 什么也不干,享受别人创造的成果。[例句]青年人应勤奋自立,锐意进取,而不应~,不思建树。

【坐以待毙】 zuò yǐ dài bì 待:等待;毙:死。坐着等死。指遭遇危难时不去想办法解决,而是听之任之,任其发展。[例句]虽然身陷虎口,我们仍要想办法出去,不能~。

【坐以待旦】 zuò yǐ dài dàn 旦:天亮。坐着等天亮。多形容做事十分勤勉。也形容因心中烦躁等原因无法入睡。[例句]母亲住院后,她一直守候在床前,~,不敢离开一步。

【座无虚席】 zuò wú xū xí 座:座位;虚:空。所有的座位没有空的。形容观众、听众出席的人很多。[例句]这部电影已经是第三次放映了,礼堂里还是~。

【做贼心虚】 zuò zéi xīn xū 指做了坏事,因为怕人发觉而内心不安。[例句]王胖子~,一经审问,便对自己的犯罪事实供认不讳。

词目笔画索引

一画

二画

〔一〕

〔丿〕

〔乛〕

三画

〔一〕

五画

〔一〕

〔丨〕

六画

〔一〕

七画

〔一〕

八画

〔一〕

〔丨〕

词目笔画索引

〔㇕〕

九画

〔一〕

〔丶〕

词目笔画索引

词目笔画索引

十一画

十二画

〔一〕

〔一〕

十三画

〔一〕

词目笔画索引

十四画

十五画

十六画

十七画

图书在版编目(CIP)数据

成语小词典：双色版 / 唐文辞书编委会编.—郑州：海燕出版社，2015.4

ISBN 978-7-5350-6187-4

Ⅰ.①成… Ⅱ.①唐… Ⅲ.①汉语-成语词典-中小学 Ⅳ.①G634.303

中国版本图书馆CIP数据核字（2015）第053453号

选题策划：黄天奇
责任编辑：胡宜峰
特约编辑：王 勇
责任校对：李培勇 李红彦
责任印制：邢宏洲
责任发行：贾伍民
封面设计：苏毅强

出版发行：海燕出版社
（郑州市北林路16号 邮政编码 450008）
发行热线：0371-65734522
经 销：全国新华书店
印 刷：河南新华印刷集团有限公司
开 本：850毫米×1168毫米 1/64
印 张：11
字 数：550千
版 次：2015年4月第1版
印 次：2015年4月第1次印刷
定 价：15.80元

容易写错的成语

（括号中为别字）

唉（哀）声叹气
按部（步）就班
班（搬）门弄斧
别出心（新）裁
不假（加）思索
不省（醒）人事
察（查）言观色
陈词滥（烂）调
出人头（投）地
川（穿）流不息
大器（气）晚成
戴（带）罪立功
丢三落（拉）四
翻来覆（复）去
奋（愤）不顾身
甘拜（败）下风
各抒（书）己见
各行其是（事）
诡（鬼）计多端
鬼鬼祟祟（崇）
好高骛（鹜）远
和（合）盘托出
哄（轰）堂大笑
黄粱（梁）一梦
金碧（壁）辉煌

脍炙（灸）人口
墨守成（陈）规
恼（脑）羞成怒
拈（沾）轻怕重
迫不及（急）待
轻歌曼（慢）舞
屈（曲）指可数
融会（汇）贯通
如火如荼（茶）
山清（青）水秀
世外桃源（园）
首（手）屈一指
随声附和（合）
完璧（壁）归赵
万古长（常）青
委曲（屈）求全
误入歧（岐）途
销（消）声匿迹
兴高采（彩）烈
一筹（愁）莫展
倚（以）老卖老
怨天尤（忧）人
再接再厉（励）
直截（接）了当
走投（头）无路